U0903898

解读

最高人民法院司法指导性文件

综合卷

人民法院出版社　编

人民法院出版社

图书在版编目（CIP）数据

解读最高人民法院司法指导性文件. 综合卷/人民法院出版社编. —北京：人民法院出版社，2019.5

ISBN 978－7－5109－2536－8

Ⅰ. ①解… Ⅱ. ①人… Ⅲ. ①法律解释—汇编—中国 Ⅳ. ①D920.5

中国版本图书馆 CIP 数据核字（2019）第 087837 号

解读最高人民法院司法指导性文件　综合卷

人民法院出版社　编

责任编辑　王　婷　　**执行编辑**　杨钦云

出版发行　人民法院出版社

地　　址　北京市东城区东交民巷 27 号（100745）

电　　话　（010）67550658（责任编辑）　67550558（发行部查询）
65223677（读者服务部）

客 服 QQ　2092078039

网　　址　http://www.courtbook.com.cn

E－mail　courtpress@sohu.com

印　　刷　三河市国英印务有限公司

经　　销　新华书店

开　　本　787×1092 毫米　1/16

字　　数　752 千字

印　　张　39.5

版　　次　2019 年 5 月第 1 版　2019 年 5 月第 1 次印刷

书　　号　ISBN 978－7－5109－2536－8

定　　价　119.00 元

未经许可，不得以任何方式复制或抄袭本书之部分或全部内容。
版权所有　侵权必究

编辑出版说明

最高人民法院司法指导性文件是除司法解释以及司法行政管理、人事管理类文件之外的，涉及法律适用问题的司法文件。根据最高人民法院周强院长主编的《最高人民法院司法解释汇编（1949～2013）》一书的界定和分类，1997 年 4 月 1 日以后，最高人民法院或者最高人民法院有关部门单独以及联合其他有关部门发布的涉及法律适用问题但不是以“法释”字编号的规范性文件；1997 年 4 月 1 日以前，最高人民法院或者最高人民法院有关部门仅针对某一具体案件的个案答复，以及由外单位牵头、最高人民法院会签的文件，最高人民法院重要工作会议领导讲话和会议纪要等文件，均属于此类。

司法指导性文件虽然不属于司法解释，不能在人民法院裁判文书中援引作为裁判依据，但公认对各级人民法院审判执行工作具有重要的指导意义。

本书精选最高人民法院近年来制发的司法指导性文件，涵盖“意见”“决定”“纪要”“通知”“讲话”等不同文体种类。为便于读者准确理解，对部分司法指导性文件约请司法指导性文件的起草人撰写对该指导性文件内容及背景加以分析和阐述的解读性文章。本书共分为六卷，即综合卷、刑事卷、民事卷、商事卷、知识产权 · 行政卷、民事诉讼卷。

本书的特点：1. 权威。司法指导性文件的来源权威准确，现行有效。解读性文章也均由司法指导性文件起草人撰写，从中可以了解最高人民法院对一些法律问题的司法政策、观点。2. 全面。几乎涵盖了近年来最高人民法院作出的全部现行有效的司法指导性文件。3. 实用。分类清楚，方便读者查检使用。

本书同我社的《解读最高人民法院司法解释（含指导性案例）》《解读最高人民法院司法复函》共同构成了“解读最高人民法院司法文件书系”，其各有侧重、互为补充、相得益彰，是审判人员在审判实践中可资参考的工具书，也可供律师、仲裁员等办案时参考使用。本书此次再版，与《解读最高人民法院司法解释（含指导性案例）》《解读最高人民法院司法复函》首次一齐推出。使用本书时，应注意国家最新公布的法律和最高人民法院最新颁布的司法解释，凡与前者有抵触的，应以前者为准。

本卷收录综合性的司法指导性文件共66件。

人民法院出版社

2019年5月

总 目 录

目　录

第一编　总　　类

第二编　司法服务与保障

第三编　司法责任制

第四编　法院组织与队伍建设

（一）法院组织

(二)队伍建设

第五编　审判工作及多元化纠纷解决机制

（一）审判工作

（二）多元化纠纷解决机制

第六编　其　　他

（一）司法解释

（二）案例指导及自由裁量规范

（三）裁判文书

(四) 律　师

（五）其　他

第一编　总　　类

最高人民法院
关于切实践行司法为民大力加强公正司法不断提高司法公信力的若干意见

2013年9月6日　　法发〔2013〕9号

为深入贯彻落实党的十八大关于加快建设社会主义法治国家的重大部署和习近平总书记关于法治建设的重要论述，积极回应人民群众对于新时期人民法院工作的新要求和新期待，切实践行司法为民，大力加强公正司法，不断提高司法公信力，充分发挥人民法院的职能作用，现提出如下意见。

一、提高思想认识，始终把司法为民、公正司法作为人民法院工作的主线

1. 深刻认识司法为民、公正司法的重大现实意义。各级人民法院要认真学习党的十八大报告和习近平总书记关于法治建设的重要论述，充分领会“努力让人民群众在每一个司法案件中都感受到公平正义”的深刻涵义，全面认识践行司法为民，加强公正司法，提高司法公信力对于树立人民法院良好形象，维护司法权威，保障宪法法律有效实施，推进依法治国，建设法治中国的重大现实意义。

2. 牢牢把握人民法院发展的有利条件和历史机遇。党中央高度重视法治建设，十分重视司法工作，支持审判机关依法独立公正行使审判权，为人民法院开展工作提供了强有力的政治保障；人民群众对法治进步和公正司法的热切期盼，为人民法院开展工作提供了不竭的动力；几代法院工作人员在建设中国特色社会主义司法制度的长期过程中积累的丰富经验，为人民法院科学发展打下了坚实的基础。各级法院要倍加珍惜并充分利用这些有利条件，牢牢把握这一历史机遇，以公正、高效、为民、廉洁司法的卓越实践，全面开创人民法院工作的新局面，谱写人民法院发展的新篇章。

3. 切实解决法院工作面临的突出问题。当前，人民法院工作面临的形势十分复杂，任务十分艰巨，人民群众对司法工作的要求越来越高。全体法官和法院其他工作人员都要增强责任意识和忧患意识，正视人民法院工作与党中央要求、人民群众期待之间的差距，认真排查并切实解决人民群众反映强烈的突

出问题，立足自身查找原因，总结经验教训，改进工作，努力将司法为民、公正司法和司法公信力提高到新的水平。

二、坚持依法独立审判，忠实履行宪法法律赋予的职责

4. 严格依法办案。全体法官要进一步强化崇尚法治、忠于法律、严格执法的信念，不断提高熟练掌握法律、准确理解法律、正确适用法律的能力，始终坚持“以事实为根据，以法律为准绳”的原则，不得以任何理由突破法律底线，杜绝任何超越法律、歪曲法律以及其他违法枉法裁判现象的发生。审理每一起案件，都要贯彻认定事实清楚、适用法律正确、处理结果公正、审判程序合法、法律文书规范的基本要求，确保裁判经得起法律和历史的检验。

5. 坚持依法独立行使审判权。坚决贯彻人民法院依法独立行使审判权的宪法原则，坚决抵制各种形式的地方和部门保护主义，坚决排除权力、金钱、人情、关系等一切法外因素的干扰，不断健全保障人民法院依法独立公正行使审判权的制度机制，坚决维护宪法法律的尊严和权威。全体法官都要养成敢于坚持原则、敢于坚持真理、敢于依法办案、敢于担当责任的职业品格。各级法院的院长、副院长、审判委员会委员、庭长和副庭长，要坚决支持合议庭和独任庭依法公正审理案件，上级法院要坚决支持下级法院依法独立公正行使审判权。

6. 坚持正确实施法律。进一步加强和完善审判监督指导，努力提高司法政策、司法解释的针对性、科学性、合理性和实效性，充分发挥指导性案例和参考案例的重要作用。建立健全适用法律的规则体系，规范自由裁量权，统一司法尺度，严格裁判标准，继续推进量刑规范化。规范案件改判、发回重审及提起再审的标准。上级法院既要尊重下级法院的自由裁量权，又要依法纠正下级法院的错误裁判。

7. 发挥司法裁判的导向作用。要在准确把握法律精神、全面体察社情民意的基础上，依法公正裁判，充分发挥司法裁判对彰显法治精神、强化规则意识、引领社会风尚、维护公共秩序的重要作用，坚决维护法律的严肃性，体现正确的价值导向。要把涉诉信访纳入法治化的解决轨道，既要畅通依法信访的渠道，又要依法处置无理缠诉闹访行为，坚决维护司法裁判的既判力和权威性。

三、坚持服务大局，努力实现法律效果与社会效果的统一

8. 立足国情正确把握人民法院创新与发展的思路。针对我国经济社会发展不平衡的实际，各级法院既要不断提升正规化、专业化、职业化水平，又要不断创新符合审判规律、简单易行、便民利民的审判方式方法，满足有效化解

各类矛盾纠纷的要求。要在维护法制统一的前提下，妥善处理因发展不平衡和利益格局调整而产生的法律适用难题，注重司法政策、司法解释对不同地区不同情况的包容性，注重司法规则对不同阶层社会成员适用的公平性。

9. 围绕司法职能积极服务大局。坚持能动司法，发挥司法职能，恪守司法本职，用好司法手段，努力服务大局。正确处理能动司法、服务大局与依法履行审判职能的关系，不断增强大局意识，自觉把人民法院工作置于党和国家的工作大局之中。通过制定和实施司法政策、司法解释，努力实现审判工作与大局工作的有机结合；通过个案裁判，审慎、妥善处理因经济社会发展失衡、社会建设滞后、社会管理缺失引发的各种纠纷，全面考量案件涉及的各种因素和裁判对各方面的影响，防止因个案处理失当激化社会矛盾，影响社会稳定。严禁法院工作人员参与地方招商、联合执法，严禁提前介入土地征收、房屋拆迁等具体行政管理活动。

10. 注重司法审判工作与社会生活的融合。准确把握人民群众对法院工作的需求与期待，高度重视人民群众对法院工作的关切和评价，切实尊重人民群众对司法公正的普遍认知和共同感受。不断加强对社会生活的调查研究，认真了解各类社会关系和社会交往的主要方式与规则习惯，善于总结和运用人民群众公认的常识与经验，努力使司法过程和处理结果在法律规定的范围内贴近人民群众的公平正义观念。大力推进司法诚信和社会诚信建设，利用诉讼活动和司法裁判，加大对诚信行为的保护力度和对失信行为的惩罚力度，提高诚信效益，增大失信成本，严格防范并依法制裁当事人利用诉讼手段逃避责任或谋取不正当利益。

四、狠抓执法办案，全面提升审判工作的质量与效率

11. 强化审判质量。深刻认识实现审判工作的高质量、高效率、好效果，是践行司法为民、加强公正司法、提高司法公信力的坚实基础。坚持把执法办案作为第一要务，把保证审判质量作为第一责任，把推动当事人息诉止争及自动和解作为重点环节，切实提高庭审质量和裁判文书制作质量。根据提升审判质量的要求，科学设置内设机构，合理配置职权职责，优化配置审判资源，配齐配强审判力量，切实做到将优质审判资源配置到司法办案第一线。建立健全并认真落实保证审判质量的各项制度机制，不断总结并及时推广有利于提升审判质量的各种经验和做法。

12. 建立健全审判质量控制体系。根据审判工作的特殊性，构建“点、线、面”多角度、全方位的案件质量控制体系。“点”上集中把握好重点岗位、重点案件和重点判项；“线”上重点把握好审判活动的重要流程和重要环节；“面”上重点把握好审判工作的基本态势和发展趋势。建立健全审判质效分析

制度、二审案件发回重审或改判及再审案件分析研判制度、常规案件类型化处理制度、典型案件通报制度、审判经验交流制度、庭审观摩评议制度以及裁判文书评查和抽查制度等有助于保证和提升审判质量的制度。

13. 提高审判执行效率。加强立案、审判、执行的沟通、协调与配合，形成审判部门与执行部门的工作合力；进一步规范审判流程，合理确定各审判节点的时限，消除审判流程中的瓶颈和阻滞；进一步规范送达方式，尽量缩短有效送达的时间；有效实行案件的繁简分流，依法适用督促程序、简易程序和小额诉讼程序。在保证案件质量的前提下，努力缩短诉讼周期，使当事人的合法权益能够尽快实现。同时，注重均衡结案，不得因提高结案率而不收案或忽视质量而突击结案。

14. 完善审判质量评估体系。进一步完善审判质量评估体系，合理设定各种评估指标及其权重，不断提升审判质量评估体系的科学化水平。坚持正确的司法绩效观，正确认识、综合运用好案件质量评估体系，坚决反对在司法统计和审判质量评估中弄虚作假，避免片面、孤立地追求某些单项评价指标，充分发挥评估体系在反映审判工作的真实水平，引导审判活动公正高效运行，提高法院及法官工作积极性方面的作用。

15. 健全和完善错案评价标准和问责机制。根据审判工作实际，建立科学公正的错案评价体系，明确错案的认定标准；健全错案的分析和问责机制，完善错案分析和问责的相关程序，分清错案的不同情形及不同执法过错的相应责任。通过全面建立健全防范错案的工作机制，最大限度地避免冤假错案，在司法审判环节坚决守住防范冤假错案的底线。

16. 正确运用调解与判决方式。正确处理调解与判决的关系，充分发挥两种方式的作用和优势。积极推进和规范诉前调解。对双方当事人均有调解意愿且有调解可能的纠纷、家庭与邻里纠纷、法律规定不够明确以及简单按照法律处理可能失之公平的纠纷，应当在充分尊重双方当事人意愿的情况下，优先用调解方式处理。在调解中，坚持贯彻合法自愿原则。对当事人不愿调解或者有必要为社会提供规则指引的案件纠纷，应当在尊重当事人处分权的前提下，注重采用判决的方式。

五、完善制度机制，深化司法公开与司法民主

17. 深入推进审判公开的制度化建设。坚持以公开促公正，认真总结审判公开的成功经验，进一步深化司法公开的各项举措。从有利于强化社会对审判工作的监督，有利于提高审判工作的社会公信力出发，对审判公开的范围、内容、对象、时间、程序、方式等作出明确规定，稳妥有序地推进司法公开，坚持不懈地提高司法透明度，逐步完善司法公开的制度机制。

18. 建立健全司法与社会沟通的平台。各级法院都要开通 12368 电话热线，及时接受和处理群众咨询、投诉、举报，听取意见和建议。加快建设审判流程公开、裁判文书公开、执行信息公开三大平台，适时公布审判活动信息。完善法院领导干部接待日制度和新闻发言人制度，增进社会与法院之间的相互了解、理解与信任。积极开展法院主题开放日活动，主动邀请和组织社会各界代表到法院旁听审判或参观考察，了解法院的审判流程，了解审判工作的特点，了解审判人员的工作状况。

19. 充分发挥现代信息技术的作用。重视运用网络、微博、微信等现代信息技术和方式，扩大司法公开的影响力，丰富司法民主的形式和内容。对社会广泛关注的案件和普遍关心的纠纷，要主动、及时、全面、客观地公开相关情况，有针对性地回应社会公众的关切和疑惑。要研究和把握自媒体时代舆情与司法审判相互影响的规律与特征，加强对网络舆情的分析研判，正确对待来自社会各方面的意见与建议，勇于纠正工作中的缺点，及时弥补工作中的不足，敢于抵制非理性、非法的诉求以及恶意的舆论炒作，善于正面引导社会舆论，逐步形成司法审判与社会舆论常态化的良性互动。

20. 自觉接受各方面监督。自觉主动接受人大监督、政协民主监督和检察机关的诉讼监督。依法主动向人大报告工作，积极配合人大开展执法检查。做好人大代表议案建议、政协委员提案的办理工作。落实人大代表、政协委员视察、巡视及旁听庭审等工作。认真对待检察建议，依法审理抗诉案件。广泛听取社会各界对法院工作的意见和建议，自觉接受人民群众、新闻媒体对法院工作的监督。

21. 充分发挥人民陪审员作用。优化人民陪审员的选任、退出机制，完善人民陪审员的选任条件，扩大人民陪审员的选任范围，提高基层群众比例，增选适应审判工作需要的专家型陪审员。根据审判工作的要求逐步扩大人民陪审员规模，实施两年内实现人民陪审员数量翻一番的“倍增计划”。依法拓展人民陪审员陪审案件的范围，明确人民陪审员的权利和义务，加强人民陪审员的培训工作，提高人民陪审员的能力水平，强化人民陪审员的责任意识，保障人民陪审员充分行使陪审权利。

22. 切实保障当事人行使诉讼权利。贯彻尊重和保障人权原则要求，切实保证当事人依法自由表达诉求，充分陈述理由，适时了解审判进程，批评、控告侵犯诉权行为等权利。尊重当事人的程序选择权，对依法可以由当事人自主或协商决定的程序事项，应当尽量让当事人自主或协商决定。加强对法律适用的解释、程序问题的释明和裁判活动的说理，裁判文书要认真对待、全面回应当事人提出的主张和意见，具体说明法院采纳或不采纳的理由及依据。在诉讼过程中，对当事人提出的申请或质疑，应及时给予回应并说明理由。

23. 高度重视律师作用的发挥。理解并尊重律师的职业立场和关切重点，切实保障律师在审判过程中依法履行职责，保障律师依法行使阅卷、举证、质证、辩护等诉讼权利，认真对待并全面回应律师对案件处理的主张和意见。进一步规范法官与律师的关系，在诉讼活动中各司其职、彼此尊重、互相监督。完善律师对法官违法行为的投诉及反馈机制。依法处理律师违反法庭纪律，恶意投诉，诋毁法官、法院声誉等不当行为。

24. 深入开展与法学理论界的交流互动。建立人民法院与教学科研单位之间的信息、业务及人员的经常性交流互动机制。鼓励法官与专家学者共同承担法学理论或司法调研课题，共同研究司法理论与实践问题。在总结审判经验、制定司法解释和司法政策过程中，要注意听取并认真对待专家学者提出的意见和建议，及时吸纳法学理论研究成果，推动法学理论研究与人民法院司法审判工作的相互促进和共同提高。

六、创新和落实便民利民措施，增强司法为民的实际效果

25. 加强诉讼服务窗口建设。建设好、管理好、运用好诉讼服务中心、立案大厅以及涉诉信访接待窗口，完善各类窗口的实际功能，严格执行统一的工作流程、司法礼仪和服务规范。切实改进工作作风，善于用人民群众听得懂、易接受的语言和方式进行沟通交流，坚决克服对诉讼参与人冷硬横推的现象，坚决消除门难进、脸难看、话难听、事难办等不良作风，坚决杜绝任何刁难诉讼参与人或应当作为而不作为的现象，努力为人民群众参与各项诉讼活动提供热情、合法、高效的服务。

26. 提高便民利民措施实效。根据人民群众的需求和审判工作的实际需要，因地制宜地开展好节假日预约办案、巡回办案、网上立案、网上办案等便民利民举措。进一步细化和完善立案、审判、执行和信访等环节的便民利民措施，提高便民利民实效。注重发挥人民法庭接近基层、了解民情的特殊优势，强化人民法庭在解决基层民间纠纷中的作用，赋予人民法庭作为法院诉讼服务点的职能，方便基层群众起诉、应诉及参与其他诉讼活动。

27. 加强对当事人的诉讼指导与帮助。从现阶段当事人参与诉讼的能力和条件差异较大的实际出发，在保证程序公正和平等对待的前提下，注意为当事人特别是没有委托律师辩护、代理的当事人参与诉讼提供必要的程序性指导与帮助。强化诉讼权利义务、举证责任、诉讼风险等事项告知工作。当事人提出调取证据申请，符合法律规定的，或者法庭认为有必要调查、核实的证据，应当依职权调取、核实。要确保诉讼程序及诉讼活动专业化、规范化的不断提升，始终与人民群众诉讼能力的不断提高相适应。要让有理无钱的当事人打得起官司，让有理有据的当事人打得赢官司，让打赢官司的当事人及时实现

权益。

28. 降低当事人的诉讼成本。在保证审判质量的前提下，依法选择并适用更为经济的诉讼程序和程序性措施，积极引导当事人理性选择诉讼成本低、负面作用小的诉讼程序，尽可能避免诉讼过程对当事人正常生产生活造成不应有的消极影响，杜绝滥用强制措施损害当事人合法权益的现象。推动司法救助纳入社会救助制度体系，拓宽司法救助资金筹集渠道，完善诉讼费缓减免制度，不断扩大司法救助的受惠范围。

七、深化司法工作机制改革，构建科学合理的审判运行机制

29. 正确把握司法改革的总体要求。紧紧抓住中央推进新一轮司法改革的有利时机，努力通过深化司法体制与机制改革，切实解决影响司法公正和制约司法能力的深层次问题。注重改革的整体设计和通盘考虑，兼顾近期目标与长远目标，统筹内部改革与外部改革，加强改革措施之间的协调配合。改革方案的设计与实施，应尊重司法规律，因地制宜，循序渐进。对事关重大的改革举措，必须充分论证，先行试点，总结经验后再全面推广。坚持自上而下有序推进改革，在不违反法律和司法改革总体要求的前提下，鼓励地方法院就具体改革举措先行探索，积累改革经验，但对事关全局的重大改革，必须在中央统一部署下稳步推进。

30. 逐步完善四级法院职能定位。根据宪法和人民法院组织法等法律的规定，按照解决案件纠纷的实际需要，遵循司法规律，进一步明确各级人民法院的职能分工和工作重点。在注重案件审判的专门化、类型化分工的同时，逐步完善各级人民法院的司法职能定位。

31. 深化案件管辖制度改革。在依法保障当事人诉讼权利、方便人民群众诉讼的基础上，逐步改变主要以诉讼标的额确定案件级别管辖以及主要以行政区划确定案件地域管辖的做法。进一步完善指定管辖、提级管辖和集中管辖制度，使依法独立审判可能受到非法干扰的案件、法律适用有疑难的案件和新类型案件，能够由其他法院或上级法院审理，消除当事人对案件管辖可能导致审判不公的质疑，并为下级法院裁判类似案件提供示范，统一裁判尺度。

32. 深化审判权内部运行机制改革。进一步落实合议制，深化合议庭改革，完善合议庭的议事方式及合议庭成员的职权与责任，切实解决合而不议、简单附议等问题。建立健全合议庭绩效考评制度，在充分发挥合议庭整体职能的同时，探索推进主审法官负责制，提高合议庭审判绩效。深化审判委员会制度改革，充分发挥审判委员会对于统一法律适用和监督、指导审判工作的独特作用。完善审判委员会的构成，明确审判委员会专职委员的职责，改进和完善审判委员会工作规则和议事规程，落实民主集中制审议原则，建立审判委员会

决议督办机制。深化院长、庭长审判管理职责改革，院长、庭长的审判管理职责，应集中在对相关程序事项的审核批准、对综合性审判工作的宏观指导、对审判质效进行全面监督管理以及排除不良因素对审判活动的干扰等方面。建立院长、庭长行使审判管理权全程留痕的制度，加强对院长、庭长行使审判管理权的约束和监督，防止审判管理权的滥用。

33. 深化执行制度机制改革。建立统一管理、统一协调、分权制约的执行模式，完善执行联动机制。创新执行工作方式，完善被执行人财产调查制度，强化落实被执行人财产申报制度，用足用好强制执行措施，有效运用各种手段制裁抗拒执行或规避执行的行为。加快执行信息化建设，推动执行案件信息共享，实施失信被执行人名单公开制度，并将该名单与社会征信体系对接。加强执行规范化建设，进一步规范执行程序和执行行为，促进处理执行异议、复议和涉执行审判工作的专业化。进一步完善执行考评机制，加大对消极执行、违法执行行为的责任追究力度。

34. 深化人民法庭改革。合理调整人民法庭的区域布局，强化人民法庭基本职能，加强人民法庭人员配置，适度扩大人民法庭案件管辖范围。在综合考虑案件情况、人口数量、区域特点和其他相关因素的基础上，按照就地解决纠纷和工作重心下移的思路，统筹考虑、合理布设人民法庭。

八、坚持从严治院方针，努力建设一支过硬法院队伍

35. 切实加强思想政治建设。继续深化对法官和法院其他工作人员的社会主义法治理念与司法核心价值观教育，不断加强司法良知和司法职业伦理操守教育，努力塑造刚正不阿、执法如山的司法品质。大力弘扬法治精神和中国特色社会主义法治文化与法院文化，进一步坚定法官及法院其他工作人员的理想信念，不断增强法官及法院其他工作人员对中国特色社会主义的道路自信、理论自信和制度自信。

36. 扎实推进公正司法能力建设。高度重视对法官及法院其他工作人员的司法综合能力培养，不断强化法学理论与法律知识的教育与培训，拓展其他相关领域的知识教育。各级法院要全面提升做好新形势下群众工作能力、维护社会公平正义能力、新媒体时代社会沟通能力、信息化技术应用能力。全体法官要着力提高驾驭庭审、认定事实、适用法律、化解矛盾的能力。完善法官培训制度，健全法官培训机构，保障法官培训经费。严格保证预备法官的培训时间，建立健全专业审判岗位任职资格和岗前培训制度，适度延长法官任职及晋级的脱产培训时间。改进培训方式，丰富培训内容，充分运用网络培训、在职培养、续职培养、联合培养、交流挂职和定期轮训、专题培训等形式，积极拓宽法官成才平台。加强对青年法官的培养，不断壮大专家型法官队伍。

37. 全面加强司法廉洁建设。认真落实党风廉政建设责任制，深入推进人民法院惩治和预防腐败体系建设。加强司法廉洁教育和廉政文化建设，教育全体法官和法院其他工作人员保持高尚品格和廉洁操守，守住公正司法的职业道德底线。针对容易滋生腐败的体制弊端和管理漏洞，改革创新体制机制，进一步完善抵御金钱诱惑、人情关系干扰以及避免利益冲突的廉政制度，并以更加有力的措施确保廉政制度的刚性运行。以审判权运行为核心，继续构建符合审判规律的廉政风险防控机制，强化司法巡查、审务督察以及在审判执行部门设立廉政监察员等内部监督措施，切实加强审判权运行的制约和监督，确保公正司法、廉洁司法。继续狠抓"五个严禁"等纪律规定的贯彻执行，坚决查处贪赃枉法、腐化堕落、滥用职权等腐败、违法行为。

38. 进一步加强司法作风建设。始终把一切为了群众，一切依靠群众，从群众中来、到群众中去作为人民法院工作的出发点和落脚点，找准人民法院工作与坚持群众路线的结合点。始终站稳群众立场，坚持群众观点，增强群众感情，维护同人民群众的血肉联系，努力赢得群众信赖，把司法为民的理念内化于心，外化于行。发扬理论联系实际，一切从实际出发，坚持求真务实的工作作风，鼓励和培养广大法官及法院其他工作人员树立吃苦耐劳、不畏艰辛、淡泊名利、敢于担当、勇于奉献的职业精神，用优良操守和人格魅力赢得社会尊重。

39. 稳步推进人民法院队伍分类管理的制度建设。切实遵循审判工作规律和干部管理规律，按照"正规化、职业化、专业化"的标准，逐步建立起分类科学、结构合理、职责明晰、管理规范的制度体系。按照中央司法改革的总体要求，坚持从我国国情和审判工作实际出发，进一步明确法官、审判辅助人员和司法行政人员责权关系，结合工作要求和岗位职责等因素，科学设置各类人员职级比例和职数编制。进一步完善法官单独职务序列制度及配套措施，推进书记员、司法警察的职务序列管理，健全审判辅助人员、司法行政人员管理措施。

40. 逐步推进法官选任制度改革。通过推动相关立法的完善，进一步严格法官任职条件。完善并落实法官逐级遴选机制，逐步实行上级法院法官从下级法院法官中选拔。进一步扩大法官遴选范围，注重从律师群体及其他法律实务部门且具有基层工作经历的人员中选拔法官，吸引社会上的优秀法律人才加入法官队伍。优化法官选任程序和方式，切实保证选准选好法官人才。

41. 完善法官业绩考评机制。建立以信息技术为支撑、符合审判工作规律、科学合理的审判业绩考评机制，在晋职晋级、评先评优等方面充分体现考评结果的作用。建立完善常态化表彰奖励机制，有效激发法官立足岗位建功立业的荣誉感和责任心。通过开展创先争优、评选业务标兵等活动，培养和推出精通业务的专家型法官，充分发挥专家型法官的示范引领作用。推动建立法官任职退出机制，对不适合从事审判工作的法官，适时调离审判岗位并免去法官职务。

九、进一步加强司法保障，为司法为民、公正司法提供有力支持

42. 建立健全法官职业保障机制。贯彻落实法官法，加强法官职业保障，建立健全法官职务身份保障机制、依法履职履责保障机制、人身安全保护机制等，切实保障法官依法履行司法职责。逐步改善法官的工作生活条件，不断增强法官职业的责任感和尊荣感。

43. 继续加强司法经费保障。巩固和深化法院经费保障体制改革成果，建立健全法院办案办公经费有序增长机制，推动中央财政加大向中西部地区中级、基层法院办案经费的转移支付力度。

44. 加快推进法院信息化建设。按照科技强院的要求，以“天平工程”建设为载体，推动全国四级法院信息化基础设施一体建设、全面覆盖和协调应用。建设全国法院有效衔接、统一管理的案件信息管理系统、案件信息查询系统、裁判文书网络发布系统和人民法院官方网站等信息载体或平台。坚持基础建设、升级提高与深度应用紧密结合，发挥信息网络在司法统计、网上办案、网上办公、司法公开、审判监督、审判管理、法官培训、法院宣传、司法调研和理论研究等方面的作用。

45. 进一步夯实基层基础。始终坚持面向基层、服务基层、建设基层的方针，继续加强基层法院和人民法庭的规范化、信息化和基础设施建设，着力改善基层法院和人民法庭办案条件。坚持把对基层法院和人民法庭的专项补贴落实到位，积极协调解决基层基础建设欠债等问题。加大对基层法院法官的遴选、补充和培训力度。积极改善基层法官的工作和生活环境，推动相关部门提高基层法官职级比例和生活待遇，切实解决基层人才流失、法官断层等现实问题，努力营造优秀人才乐于留在基层、安心干在基层的制度机制。加大对基层法院工作的指导力度，建立健全上级法院法官到基层交流任职制度，帮助基层法院和人民法庭不断提高司法能力和水平，推动全国法院基层工作协调平衡发展。

切实践行司法为民，大力加强公正司法，不断提高司法公信力，既是人民法院肩负的光荣历史责任，也是十分复杂的系统工程。各级人民法院必须始终坚持党的领导，自觉接受各级人民代表大会及其常委会的监督、政协民主监督，依靠政府支持和其他执法机关的配合，不断取得人民群众的信任、理解与支持。要充分调动和发挥全体法官及法院其他工作人员的积极性和创造性，把工作重心和注意力集中到司法办案的各项工作之中，精心审理每一起案件，扎实做好每一项工作，既要有效解决当前存在的突出问题，让社会各界感受到人民法院工作的新风貌、新成效，更要着眼于制度和机制建设，从根本上保证司法为民、公正司法的长期效果，保证司法公信力持续稳定提高。

【解　　读】

解读《关于切实践行司法为民大力加强公正司法不断提高司法公信力的若干意见》

为深入贯彻落实党的十八大关于加快建设社会主义法治国家的重大部署和习近平总书记关于法治建设的重要论述，积极回应人民群众对于新时期人民法院工作的新要求和新期待，最高人民法院2013年9月6日发布了《关于切实践行司法为民大力加强公正司法不断提高司法公信力的若干意见》（以下简称《意见》）。为便于司法实践中正确理解与适用，现就《意见》的制定背景、有关考虑、特色亮点和主要内容等介绍如下。

一、《意见》的制定背景

《意见》宣示了新时期人民法院的工作主线，突出了三个方面的内容，一是切实践行司法为民宗旨，这是人民法院对优良司法传统的继承，也是新形势下人民司法保持人民性的目标追求；二是大力加强公正司法，这是全面推进依法治国基本方略，加快建设社会主义法治国家所追求的核心目标；三是不断提高司法公信力，这是人民司法所面临的重大现实挑战。《意见》突出强调要实现三个方面的任务和目标。

一是贯彻落实党中央和习近平总书记对司法工作提出的新要求。党的十八大突出强调要全面推进依法治国基本方略，加快建设社会主义法治国家。要推进科学立法、严格执法、公正司法、全民守法，保证有法必依、执法必严、违法必究。习近平总书记就法治建设做出了一系列重要论述，强调“要努力让人民群众在每一个司法案件中都感受到公平正义”，为人民法院在司法工作目标、司法工作宗旨、司法体制改革、提升司法公信力等方面指明了方向，提出了更高要求。最高人民法院出台《意见》，是学习贯彻党的十八大精神和习近平总书记关于法治建设重要论述的重大举措，是深入开展群众路线教育实践活动的重要成果。

二是更好地满足人民群众对司法工作的新要求、新期待。近年来人民群众的司法需求不断增长，人民法院每年受理的案件量不断攀升。2008 年以来，人民法院每年受理案件都在 1000 万件以上，不仅数量大，而且新类型案件、复杂案件多，调判难度大。更重要的是新时期人民群众对司法工作的新要求、新期待，使人民司法工作面临更大的压力和挑战，主要表现为：人民群众更加渴望司法公正，要求法院排除干扰，严格依法独立办案；更加渴望司法高效，要求法院严格按照法律规定的审限办案，尽可能减少其诉讼成本；更加渴望司法权威，要求法院及时兑现裁判，使其胜诉权益尽快实现；更加渴望司法公开，要求办理案件的过程公开透明，杜绝任何“暗箱操作”；更加渴望尊严，要求法院尊重其诉讼权利，受到平等对待，等等。

三是要着力解决人民法院在司法为民、公正司法和司法公信力方面存在的突出问题。多年来，人民法院司法为民、公正司法取得了一定成绩，但也存在不少困难和挑战：办案数量不断增加，保持审判工作良性循环的压力更加突出，一些案件质效不高、裁判不公等问题仍然存在；一些制约人民法院工作发展的体制机制障碍尚未破除，许多领域的改革还需要继续探索；部分法院案多人少、人才流失、法官断层等问题仍然比较严重，一些法院的法官持续超负荷工作，身心健康堪忧；少数干警作风不正，有的法院和法官发生腐败问题，造成恶劣影响等等。

正是基于上述背景，最高人民法院于 2013 年 3 月决定制定《意见》。经深入调查研究，广泛听取各方意见，反复修改论证，完成了起草工作。在起草过程中，我们主要考虑了以下几点：

一是在目标定位方面，《意见》是人民法院深入贯彻落实党的十八大精神和习近平总书记关于法治建设重要论述，全面回应人民群众对司法为民、公正司法的要求与期待，系统展示最高人民法院新一届领导集体工作思路的重要文件，反映了院党组和周强院长对司法为民、公正司法的新思考，即坚持以为民司法为宗旨，以严格司法为特色，以公正司法为抓手，以提高司法公信为追求；内容突出强调了坚持党的领导，坚持服务大局，坚持司法为民，坚持法治精神，坚持公正司法。

二是在历史与现实方面，《意见》体现了创新与继承的统一，即不是抛弃过往，而是在认真总结提炼最高人民法院历届党组工作经验的基础上，结合当前形势、任务的新要求，经过充分调查研究形成的系统化要求。《意见》不仅要反映既往的司法理念和司法方针，体现承前启后、继往开来，还要坚持司法政策和工作思路的连续性与创新性的有机结合。

三是在工作思路方面，《意见》既要认真回应新时期社会各界的关切与期待、全国法院广大干警的关切和期盼，澄清一些模糊认识，解决一些突出问题，明确基本工作思路；又要坚持以自我解决法院内部问题为主，以促进改善外部环境为辅，以解决方向、思路、理念和思想认识为主，以解决具体操作问题为辅，以落实现有工作举措为主，以改革创新机制举措为辅。

二、《意见》的特点和亮点

一是旗帜鲜明地提出人民法院工作的主线。《意见》要求各级人民法院广大法官及其他工作人员、所有工作都要始终坚持司法为民、公正司法这条主线不动摇，明确要求各级法院各项工作都要根据这条主线来谋划，围绕这条主线来展开，按照这条主线来衡量。

二是强化依法办案理念。《意见》针对当前部分法官严格依法办案意识不强、敢于依法办案精神不足的现象“亮剑”，要求法官严格依法办案，敢于依法办案，敢于担当责任，不能以任何理由突破法律底线，坚决排除权力、金钱、人情、关系等一切法外因素的干扰。上级法院特别是最高人民法院要加强监督指导，提高司法政策、司法解释的科学性、实效性，探索建立健全适用法律的规则体系，统一司法尺度，严格裁判标准，确保法律得到统一、正确实施。

三是强调依法服务大局。《意见》在总结经验的基础上，提出了司法服务大局的三个着力点：通过制定司法政策、司法解释，实现审判工作与大局工作有机结合；通过个案裁判，审慎、妥善化解矛盾，维护社会和谐稳定；充分发挥司法裁判导向作用，彰显法治精神，强化规则意识，引领社会风尚，维护公共秩序。

四是注重以诉讼诚信维护社会诚信。《意见》强调要发挥司法的评价和指引功能，切实保障并大力促进道德诚信建设。要求各级法院通过依法打击犯罪、保障人权，厘清责任、明辨是非，充分发挥司法裁判的教育、评价、指引和示范等功能，引导全体公民切实增强法律意识、规则意识和自律意识，自觉遵守宪法和法律，依法行使权利，主动履行义务，使社会生产生活的方方面面都井然有序。要求通过依法审理案件，保护诚实守信行为，制裁违约欺诈行为，促进完善社会征信体系，推动在全社会形成守信光荣、失信可耻的氛围。

三、《意见》的主要内容

《意见》全文共计九个部分四十五个条文，内容丰富、思想深刻，几乎涵盖了人民法院司法理念、执法办案、队伍建设、司法改革和司法保障等所有工作领域。本文将重点介绍四个方面的内容：(1) 人民法院践行司法为民宗旨的新要求；(2) 人民法院加强公正司法的新举措；(3) 人民法院提高司法公信力的新探索；(4) 人民法院深化司法改革的新设想。

(一) 人民法院践行司法为民宗旨的新要求

1. 注重司法审判工作与社会生活的融合（《意见》第十条）。司法是运用法律解决现实生活中各种矛盾纠纷的具体活动，社会性是司法的基本属性，法官司法必须在观念和方法上贴近社会，尊重人民群众的社会生活经验。人民群众是社会生活的主体，也是司法服务的对象，法官在解读规则、把握政策的时候，不能脱离对人民群众思想观念、行为习惯的体察，要体现对社会常识的尊重。人民群众的生活经验和社会常识可以弥补法官司法的知识盲点，矫正法律思维带来的职业偏见，使法律在最大限度内贴近服务对象。因此，司法审判必须高度重视与社会生活紧密融合，切实尊重人民群众的普遍认知和共同感受。

要注意司法审判与社会融合的尺度和方法，注意把握好两个重点。一是正确认识与对待民意。一方面，人民群众对司法的认识来自生活，建立在直观感受之上，具有直接性、客观性，其认识和感受能反映法律实施的状况、司法工作的水平，是改进司法工作的重要依据。另一方面，人民群众对司法的感受也会受到利益、情绪、道德等因素的左右，具有随意、盲目的成分，可能产生偏差。因此，法官司法要尊重民意表达、辨析民意倾向、分析民意内涵，真诚接纳入民群众的批评建议，通过沟通对话排除民意中的非理性成分，使人民群众的意愿真正成为推动司法文明进步的正能量。二是正确运用经验法则。除了法律规范以外，维系人们交往关系的还有经验法则。在基层社会，经验法则以灵活的方式调整民间交往，以朴素的道理规范人们的行为。大多数经验法则都经历了广泛深厚的实践积累，汇聚了人民群众集体的常识、习惯和风俗，凝结着民族的智慧和共识。法官在司法审判中将法律规则与民间经验法则有机地结合起来，不仅有利于丰富裁判的正当性理据，而且可以弥合理性的司法正义观与朴素的民间正义观之间的距离。

2. 切实保障当事人行使诉讼权利（《意见》第二十二条）。诉讼权利是法律赋予当事人进行诉讼活动、实施诉讼行为的基本权利和行为手段，司法实践证明，当事人充分行使诉讼权利并与审判权力相互协调和相互制约，既有利于审判权力的有效运行，又能够防止审判权力的滥用，保证诉讼活动顺畅有序地推进和法院合乎逻辑地作出裁判，促进息诉服判和裁判结果的及时执行。

在实践中，要切实保障当事人五个方面的诉讼权利：(1) 保障当事人的起诉权和获得司法救助的权利。要针对一些地方、一些领域存在的告状难、违法立案等问题，进一步规范立案和保全工作，严格依法定的立案条件、管辖规定和立案期限审查立案，无论立案和不立案都要讲清理由和依据，并完备立案手续。同时加强诉讼指导，立案时告知当事人享有的诉讼权利和应履行的义务、诉讼风险等内容，确保其充分有效地行使权利和履行义务。(2) 保障当事人在庭审活动中的诉讼权利。法官要重点保障当事人举证、质证、陈述、辩论等诉讼权利的实现，使当事人有理讲在法庭，有证举在法庭。在开庭审理之前，不能以与案件无关为由拒收当事人提交的证据，对当事人超举证期间提交的证据应区别不同情况依法妥善处理；在庭审中不得无故打断或阻止当事人，对他们陈述事实或发表意见时过于冗长、杂乱或不能扣准争议焦点的，法官要及时提醒；对缺乏诉讼经验又没有聘请律师的当事人，通过法官释明权的积极行使，加强诉讼指导。(3) 保障当事人对裁判结果和理由的知情权。要根据案件的不同情况，综合使用裁判文书说理、判前说理或判后释法等方式，让当事人明白胜诉的原因、败诉的理由，使当事人打一场明明白白的官司。通过裁判文书评查等措施，督促法官在裁判文书中认真对待、全面回应当事人提出的主张和意见。(4) 保障当事人在法定审限内获得裁判结果的权利。教育法官牢固树立审限意识，严格遵守审限管理规定，加强案件流程管理，制定实施审限管理规定，严格报延审批程序，减少延期案件，在各类案件审理中把超审限问题作为重点下大力气解决好。(5) 保障当事人对诉讼财产的合法权利。要加强诉讼财产的严格管理，对保全、执行、评估、拍卖、附带民事赔偿和破产财产等诉讼阶段进行全过程、全方位跟踪管理和动态监督，努力使诉讼财产的流转过程及最终的处理结果都公开透明，确保当事人诉讼财产权益不受损害。

3. 加强诉讼服务窗口建设（《意见》第二十五条）。诉讼服务窗口是人民群众表达诉求、参与诉讼、解决纠纷的重要场所，也是人民法院了解社情民意、服务涉诉群众、联系社会各界的桥梁纽带。审判实践中，进一步加强诉讼服务窗口建设应当注意以下几点：一是强化各类窗口的基本功能建设。要进一步强化窗口的诉讼引导、立案审查、立案调解、帮助服务、查询咨询、材料收转、判后答疑、信访接待等功能，满足涉诉群众多样化需求。不同审级、不同地区的法院可根据群众需求和地区特点，灵活设置窗口功能，做到既功能齐全，又突出重点。二是强化行为规范建设。窗口服务水平与法官行为直接代表着人民法院的司法形象，要按照法官行为规范的要求，注重法官礼仪，时刻保持良好的精神状态；对待来访群众应态度诚恳、亲切，语言规范、语气温和、语调平和，要用人民群众听得懂、易接受的语言和方式进行沟通交流；平等对待每一位来访群众，关心体贴老弱病残孕等特殊群体。三是强化制度建设。要明确和强化接待来访的窗口工作人员职责，公开承诺诉讼服务的办理时间、期限和要求，公开立案信访工作职责、工作流程、投诉电话及其他相关信息，实行诉讼服务定岗、定人、定责，不断提高立案信访窗口的制度化、规范化水平。四是强化诉讼服务窗口队伍建设。从诉讼服务窗口建设的长远发展考虑，建立干部相对稳定与定期轮岗相结合的管理机制，配齐配强立案信访领导班子和审判长岗位；对拟任法官和部门领导职务的人员，实行先到立案信访窗口考察锻炼的制度；加大交流轮岗力度。同时加强立案信访队伍的政治思想、职业道德、审判业务和司法廉洁教育，不断提高立案信访队伍的政治思想水平和审判业务能力。

4. 提高便民、利民措施实效（《意见》第二十六条）。近年来，人民法院在完善司法为民，便民、利民措施方面进行了许多有益探索，积累了丰富经验。《意见》突出强调司法便民、利民的实效问题，要求细化和完善司法便民、利民的制度措施，坚持以方便群众诉讼为出发点，把便民、利民各项工作做细做实，不搞花架子，不作表面文章，扎扎实实为群众办实事，尽可能为群众提供热情周到的服务，让人民群众真正从司法便民措施中得到实惠。

在司法实践中，要注意以下两个问题：一是切实解决人民群众诉讼难的问题。近年来，各地法院积极探索、创新立案受理和开庭审理的便民措施。如巡回办案，非工作日立案和信访接待，电话、网络预约立案，为行动不便的伤病患者、残疾人、老年人上门立案，网上视频办案等，有效地缓解了人民群众诉讼难，受到了人民群众的一致好评。实践中，各地法院应当结合当地实际情况和人民群众实际需要，根据案情、院情，因地制宜、因案施策，推出切实可行的方便人民群众诉讼的措施。二是不断拓展人民法庭的服务职能。人民法庭处在维护社会稳定的第一线，处于化解和调处矛盾纠纷的前沿，促进经济和社会发展、维护社会稳定的责任重大，是“基层中的基层、基础中的基础”。当前，要进一步加强人民法庭的立案工作，通过设立固定立案联络点、巡回立案、预约立案等方式，解决人民群众在立案方面的困难；要进一步加强人民法庭调解工作，充分发挥人民法庭根植基层、了解民情、便于就地解决矛盾纠纷的优势，积极推动建立矛盾纠纷“大调解”工作体系建设，努力将矛盾纠纷化解在基层；可以选择人口集中、矛盾多发的行业、场所设立人民法庭诉讼服务站点，定期指派法官在市场服务站现场办公，开通专线服务热线，发放便民联系卡，随时提供法律咨询服务，实现诉讼事项就近办理；要进一步加强人民法庭建设，强化对法庭工作的指导，更好地发挥人民法庭在基层化解纠纷、便民利民的作用。

（二）人民法院加强公正司法的新举措

1. 强化审判质量（《意见》第十一条）。案件质量是人民法院的“生命线工程”，案件的质量能否经得起历史、人民和法律的检验，直接关系到能否履行好宪法和法律赋予的神圣职责，直接关系到人民法院的司法公信力。衡量审判质量有三个基本标准：一是公正，主要表现为实体公正、程序公正和形象公正三个方面；二是效率，主要表现为审判活动迅速及时、方便快捷、呈均衡状态，不拖延、不繁琐；三是效果，包括法律效果与社会效果两个方面。近年来，各级法院以上述三个基本标准为着力点积极探索，形成了许多有利于提升审判质量的经验和做法，如广东省佛山市法院、深圳市福田区法院的审判长负责制、阳西县法院的综合审判机制，以及深圳法院人员分类管理改革初步方案等，可以通过实践检验、总结并及时推广。

在实践中，进一步提高审判质量还需要把握两个重点：第一，提高庭审质量。一方面要认真做好开庭审理前的各项准备工作。承办法官在开庭前要仔细阅卷，认真审查双方当事人诉辩要点，列出书面庭审提纲，梳理案件争议焦点，以备开庭时引导当事人围绕争议焦点进行诉讼；适用普通程序审理的案件，在合议庭组成人员确定后，在法律规定期限内告知当事人。另一方面要严格审判程序。法官在庭审活动中要准确驾驭庭审，引导各方当事人有序进行庭审议程；对诉讼各方提供的证据必须当庭质证和认证，对开庭后一方当事人新提供的证据，须重新开庭质证后方可认定；准确把握法庭调查、辩论、最后陈述各个环节，既引导各方围绕争议焦点切中要害、简明扼要，又要防止简单了事走过场，避免当事人的猜疑和误解，真正让当事人有话讲在法庭，有理辩在法庭。第二是保证裁判文书质量。近些年来，人民法院裁判文书质量逐步提升，但也存在一些不容忽视的问题：有些裁判文书千篇一律，说理不充分或说理不当，有些裁判文书不符合技术格式要求、有病句、当事人名称不统一、法律援引不当、文书结构缺项、事实叙述混乱、主文模糊或有歧义、遗漏诉讼费用、漏判超判等。为了避免这些问题，办案法官首先要严格按照最高人民法院制定发布的各种诉讼文书样式及要求制作法律文书，严格按照相关规定进行排版，规范使用数字、字母和标点符号等，从细节上统一标准，严格要求。其次，裁判文书不仅要客观准确地归纳双方当事人争执焦点、权利义务关系，而且要展现采信证据、认定事实与适用法律的过程及逻辑关系。第三，裁判文书要努力追求“五理”并茂的最高层次。“五理”包括事理、法理、学理、情理、文理。事理即案件的事实真相及来龙去脉，法理即裁判所适用的法律依据、司法政策、司法解释和指导案例，学理即裁判所应用的科学理论与专门知识等，情理即裁判所遵循的公序良俗和社情民意，文理即裁判所运用的语言、文字、数据、逻辑等。其中，事理是基础，法理是尺度，学理是辅助，情理是“佐料”，文理是工具。裁判文书要体现说理性，就要立足事理，严守法理，辅以学理，佐以情理，善用文理。

2. 强化案件质量管理（《意见》第十二条）。创新和加强案件质量管理，是人民法院为经济社会发展大局服务的必然要求，是促进司法公正、廉洁、为民的必然要求，是实现人民法院科学发展的必然要求。近年来，各级法院进一步提高了对案件质量管理重要性的认识，通过设立机构、建章立制明确了有关人员的职责，通过审限检查活动，长期未结诉讼案件专项清理活动，发回重审、指令再审案件专项评查活动，庭审和裁判文书“两评查”活动等专项活动关注并回应人民群众的需求和期待，取得了积极的效果。

《意见》在总结四川省成都市中级人民法院审判权运行机制改革的基础上首次明确提出构建“点”“线”“面”案件质量控制体系，形成以点成线、以线促面，“点”“线”“面”相互影响的多角度、多层次、立体化、全方位的案件质量监控网络。实践中，要注意以下问题：(1)“点”上集中把握好重点岗位、重点案件和重点判项。抓“点”关键是抓重点案件，重点抓涉法涉诉信访案件、上访案件、上诉改判和发回重审案件、代表委员关注案件、复杂疑难案件、重大影响案件以及长期未结案件。一些法院对这些案件除认真开展常规评查外，还适时开展重点评查、有针对性开展专项评查、定期开展裁判文书评查，对上诉、抗诉、上级法院发回重审、改判、涉诉信访案件，组织审判委员会、审判管理部门、纪检监察等部门进行全部、全面评查，在评查的基础上分析问题产生的原因，并责成案件所属业务庭室限期整改，审判管理部门全程进行动态跟踪管理。重点岗位是指从事审判、执行及相关工作的岗位，包含从事审判执行工作的重点人员。(2)“线”上重点把握好审判活动的重要流程和重要环节。抓“线”关键是抓审判流程，细化节点，规范运行，强化监督，严格控制，强化分权制衡，实现流程管理的动态化、精细化。将诉讼活动分解为立案、分案、排期、送达、保全、立案调解、开庭审理、结案、执行、卷宗装订、案件评查、归档等审判环节。制定和完善审判流程管理办法，深入推进网上办案，建立健全流程信息检索通报制度，确保审判信息录入及时准确。在案件管理系统中同步设立立案管理、案件审批、分案管理、排期管理、送达管理、案件审理、结案管理、执行管理、辅助人员管理、案件评查、归档管理等流程节点。通过对诉讼程序的合理分解及对案件管理系统软件操作节点的合力设置，形成精细化的审判工作运行机制。(3)“面”上重点把握好审判工作的基本态势和发展趋势。抓“面”关键是抓审判态势运行情况以及审判质效情况分析通报。科学设定和运用公正、效率、效果等案件质效考核指标，优化完善各级法院年度工作目标考核指标体系。开展“人机比对”，核查案件信息与自动生成数据的一致性，确保考核真实可靠。审判管理或司法统计部门对审判态势进行及时分析，形成月报、季报、半年总结、年终总结，发现带有苗头性、倾向性的问题，有针对性地提出对策建议，以便本院、本地区根据审判态势及时调整司法政策、工作部署。

3. 完善案件质量评估体系（《意见》第十四条）。案件质量评估是人民法院顺应当代公共管理科学化的时代潮流，借鉴政府行为质效评估经验而发展起来的一种评估形式。近年来的实践证明，案件质量评估指标体系已经成为反映审判运行态势的体检表，成为人民法院进行审判管理的指挥棒，总体上是科学的、可行的，但工作中也出现了不同的声音和一些不容忽视的问题，如片面追求单项指标排名、唯数据论、弄虚作假现象严重等。《意见》就这些问题提出了有针对性的举措，在实践中要注意把握以下几点：

一要注意指标之间的相互制约性。例如，在人民法院前些年的考核指标中有结案率这一指标，其本意是考察法官的办案效率。但是迫于考核的压力，一些法院和法官为提高结案率，年底不收案、少收案，同时，年底突击结案，这不仅影响了办案质量，也会影响当事人的诉讼权利，人民群众反映强烈。人民法院案件质量评估指标体系为克服这一现象和做法，设计了审限内结案率和结案均衡度两个指标，在一定程度上有利于改变过于追求结案率的做法。二要注意指标体系的层次性。首先，司法统计指标体系，应当综合考虑每个法院、每个部门及法官的情况，科学制定标准，不能一概而论。如案件审理均衡度，一审法院应高于二审法院，因为二审收案数来源于一审结案数且具有不可控性。其次，应兼顾各类不同性质案件的审理差异。区分一审、二审、再审，刑事、民事、行政案件的差异，使对各类型案件的衡量具有公正性和可比性，而不能简单地整齐划一。如可以设置刑事附带民事诉讼案件调解率，最大限度地实现保护人权与实现刑事附带民事诉讼原告的诉求，从而也可以达到与民事调解率的可比。再以民事调解率为例，对一审民事案件可以设置成一定的参考值，使矛盾在基层得到最大限度的化解。对二审、再审民事案件就不宜设置调解率标准，因为二审、再审民事案件主要是对前置裁判的纠错和校偏，当事人进入二审或再审程序时已对调解功效有了利害判断，二审及再审强调调解已无实质意义。最后，司法统计指标体系设置应考虑时限、地域因素。仍以当庭宣判率为例，西部地区法院的阀值应相对较低一些，促使其在可望而可及的范围内增强司法本领，而对人均办案数较多的东部沿海经济发达的地区法院就应重视超审限未结案件情况指标的评估。三是注意指标系统的区间性。2013 年 5 月 29 日，最高人民法院通过了《编制人民法院案件质量评估指数办法（试行）》（以下简称《办法》），于 2013 年 7 月 1 日开始实施，其中有关指标满意区间、指标警示区间、指数区间等内容的规定，都体现着明显的约束和导向功能。例如，满意区间好比体检表中的正常值参考范围，这个参考范围是经过大量的观察分析后确定的。评估指标值落入满意区间，在一定程度上表明此项指标的运行是正常的。警示区间是指在满意区间的基础上所设定的警示性的指标值范围。警示区间的范围一般处于满意区间之外，用于对指标的异常情况进行警示。指数区间适用于案件质量评估综合指数、公正指数、效率指数、效果指数以及三级指数。

4. 健全和完善错案评价标准和问责机制（《意见》第十五条）。冤假错案是对社会公平正义的极大伤害。对人民法院来说，冤假错案是审判工作的致命伤。近些年来，虽然人民法院案件质量总体上不断提高，但也确实存在个别冤假错案，虽然为数不多，却引起社会的广泛关注。及时纠正并采取切实有效措施防止冤假错案，是政法机关当前和今后一个时期重要而紧迫的任务。《意见》提出要全面建立健全防范错案的工作机制，在实践中要注意几个问题：

一是树立科学的司法理念，坚持刑事诉讼基本原则、坚持尊重和保障人权原则、坚持依法独立行使审判权原则、坚持程序公正原则、坚持审判公开原则、坚持证据裁判原则。二是严格执行法定证明标准，强化证据审查机制。定罪证据不足的案件，应当坚持疑罪从无原则，依法宣告被告人无罪，不得降格作出留有余地的判决。定罪证据确实、充分，但影响量刑的证据存疑的，应当在量刑时作出有利于被告人的处理。死刑案件，认定对被告人适用死刑的事实证据不足的，不得判处死刑。重证据，重调查研究，注重实物证据的审查和运用。只有被告人供述，没有其他证据的，不能认定被告人有罪。采用刑讯逼供或者非法方法收集的被告人供述，应当排除。三是切实遵守法定诉讼程序，强化案件审理机制。庭前会议应当归纳事实、证据争点。审判案件应当以庭审为中心，事实证据调查在法庭，定罪量刑辩论在法庭，裁判结果形成于法庭。除法律允许庭外核实的以外，证据未经当庭出示、辨认、质证等法庭调查程序查证属实，不得作为定案的根据。依法应当出庭作证的证人没有正当理由拒绝出庭或者出庭后拒绝作证，其庭前证言真实性无法确认的，不得作为定案的根据。保障被告人及其辩护人在庭审中的发问、质证、辩论等诉讼权利。定罪证据存疑的，应当书面建议人民检察院补充调查。四是建立健全监督制约机制。严格依照法定程序和职责审判案件，不得参与公安机关、人民检察院联合办案。切实保障辩护人会见、阅卷、调查取证等辩护权利。辩护人申请调取可能证明被告人无罪、罪轻的证据，应当准许。重大、疑难、复杂案件，可以邀请人大代表、政协委员、基层群众代表等旁听观审。对确有冤错可能的控告和申诉，应当依法复查。原判决、裁定确有错误的，依法及时纠正。建立健全审判人员权责一致的办案责任制。

（三）人民法院提高司法公信力的新探索

1. 以司法公开促公信。公开是自信的表现，是让社会消除疑虑、认知司法、让司法取信于民最直接、最有效的措施。《意见》在这方面提出一系列新措施。

第一，深入推进审判公开的制度化建设（《意见》第十七条）。深入推进以审判公开为核心的司法公开制度化建设，是实现人民法院工作科学发展的重要支撑。近年来，人民法院审判公开制度化建设取得了显著成绩，但实践中仍然存在不少问题，要求我们着重把握好司法公开的几个原则：一是依法公开。严格执行和遵守法律和司法解释规定的司法公开的制度和程序，统一司法公开的范围和尺度，既要防止各取所需的选择性公开和随心所欲的无序公开，也要避免违背司法规律的过度公开，在强调司法公开的同时，也要重视保护当事人和其他诉讼参与人的合法权益。二是全面公开。以公开为原则、不公开为例外。司法公开的内容，应当涵盖司法审判的全过程和法院工作的各个方面，除涉及国家秘密、商业秘密和个人隐私等依法不能公开的以外，人民法院应当将立案、审判、执行信息和其他司法信息一律依法向当事人和社会公开。三是及时公开。司法公开必须严格遵循法律、司法解释及规范性文件规定的公开时限，在法定时限内及时、完整地公开司法信息。法律、司法解释及规范性文件没有规定公开时限的，应当在合理时限内尽可能快速地公开。四是便民公开。人民法院应当充分运用现代科学技术，拓宽各种公开渠道，提供灵活多样的便捷方式，为当事人提供各种便民服务，方便当事人行使诉讼权利，方便社会公众全面了解法院的工作。

第二，建立健全司法与社会沟通的平台（《意见》第十八条）。为了进一步加强与社会各界的沟通交流，《意见》要求加强司法与社会沟通的四大平台建设，分别是12368电话热线，审判流程公开、裁判文书公开、执行信息公开平台，领导干部接待日制度和新闻发言人制度，以及公众开放日活动。这些平台在司法实践中已被证明是行之有效的，增进了社会公众对人民法院的了解、理解和支持。但是充分发挥四大平台的功能，还需要注意两个问题：一是避免选择性公开。目前，少数法院对有利于法院自身管理和有利于法院开展工作的公开，如数字法庭建设、拍卖公开、公开被执行人失信信息、公众开放日积极推进，但对有利于当事人和社会公众的公开，如案件信息网上查询、诉讼档案电子化、裁判文书上网等，积极性则相对较弱，采取选择性公开态度，想公开的就公开，不想公开的就不公开，有违司法公开的基本原则，应当引起高度重视。《中共中央关于全面深化改革若干重大问题的决定》提出："推进审判公开、检务公开，录制并保留全程庭审资料。增强法律文书说理性，推动公开法院生效裁判文书"，对司法公开提出了更加明确具体的要求，必须坚决贯彻落实好。二是注意协调司法公开与隐私权、个人信息权利保护的关系。公开是社会公众的民主权利对司法活动的要求，但是司法公开必然对当事人的私权利有所限制，因此，司法公开必须保持在合理限度内。在司法公开的过程中，必须对当事人的隐私权、个人信息权利进行适当的保护，以平衡公共利益与个人利益。

第三，充分发挥现代信息技术的作用（《意见》第十九条）。信息技术具有创新速度快、通用性广、渗透力强的特点，已经成为当今世界支撑、引领经济发展和人类进步的主要动力，也是法院破解工作难题、加强自身建设的重要切入点。《意见》提出了"重视、研究、善用"的工作思路。在司法实践中，要将《意见》的精神落到实处，必须从三个方面加强网站等信息平台的规范管理：一是要防止重开通、轻维护的思想。一些法院在认证开通时比较积极，开通后却不会更新、不懂更新，导致受众寥寥，难以发挥作用。二是要防止重发布、轻回应的思想。要深刻认识网络时代瞬息万变的特点，及时回应网民的疑问和疑虑，将网络上的负能量消灭在萌芽状态，使官方主流的声音能在第一时间公开，避免酿成网络公共危机。三是要规范发布、回应、报告程序。一些法院缺乏日常舆情监控和预警制度，信息传播内容偏离公众需求，在关键时刻屡屡出现网络失语和舆情应对被动等情况，影响了官网、官微的形象。微博等平台需有既懂业务又懂新媒体的专人进行管理，信息的发布、回应、报告等各程序均需制定相应规范，要高度重视动态地维护官网、官微的权威性和真实性。

2. 以司法民主促公信。司法民主是人民民主的重要内容，是中国特色社会主义司法制度优越性的重要体现，也是实现公正司法和提高司法公信力的重要保障。《意见》在强调进一步做好自觉接受监督和加强与理论界交流有关工作的基础上，重点从发挥人民陪审员和律师的作用两个方面深入推进司法民主。

第一，充分发挥人民陪审员作用（《意见》第二十一条）。人民陪审员制度具有实现司法民主、确保司法公正两大价值功能。人民陪审员参与审判，既可以从不同的角度分析案件，使法官听取来自业外人士的意见，也可以在参与审判活动的过程中，对于法官严格遵循办案程序依法裁判案件，客观上会形成一种监督和约束。《意见》要求从四个方面切实发挥人民陪审员的作用：一是做好选任工作。要根据最高人民法院“倍增计划”的要求，结合本地实际，按照适当高于基层法院法官人数的比例，进一步扩大人民陪审员规模；审判任务重、地域面积广、辖区人口多的基层法院，可根据条件按照本院法官人数 2 倍的比例增补，要将全国法院人民陪审员数量增至 20 万左右。针对人民陪审员在代表性和广泛性上明显不足的问题，要注意提高基层群众特别是工人、农民、进城务工人员、退伍军人、社区居民等群体的比例，确保基层群众所占比例不低于新增人民陪审员的 2/3。二是提高人民陪审员的陪审能力。各级法院要大力加强人民陪审员培训，特别是“倍增计划”中新增人员庭审礼仪、诉讼程序、证据规则等方面的岗前培训；要通过观摩规范化庭审、赠阅《人民法院报》等方式，开展培训与自学相结合，确保陪审员具有相应的实际履职能力。三是依法保障人民陪审员履职。实践中，陪审员进行庭前阅卷的比例偏低，导致开庭时对案件一无所知，合议时多简单附和法官观点，有的甚至不参与合议，严重影响了陪审职能的发挥。要注意规范人民陪审员参与审理案件的方式和流程，认真落实随机抽取原则；在程序安排上依法保障陪审员的各项审判权利，预留充裕时间，及时保障陪审员的诉讼知情权、参与权，切实保障人民陪审员依法履职。四是依法拓展陪审案件的范围。要在全国人民代表大会常务委员会《关于完善人民陪审员制度的决定》第二条关于陪审案件范围的基础上，开展当事人申请陪审员参加案件审判的改革探索。各地法院应当注重程序设计，在当事人权利义务告知阶段，应当及时主动告知当事人有选择人民陪审员陪审的权利，以保障当事人对人民陪审员的主动选择权。

第二，高度重视发挥律师的作用（《意见》第二十三条）。律师是司法活动的重要参与者，是司法公正的重要推动力量，是司法民主的重要保障力量。《意见》高度重视发挥律师的积极作用，提出了发挥律师作用的两条主要途径：一是依法保障律师执业。要求理解并尊重律师的职业立场。律师是当事人的代理人和代言人，为当事人据理力争是份内之事，只要律师的行为不逾越法律的边界，其追求委托人利益最大化的目标便无可厚非。要尊重律师的人格尊严。在诉讼过程中，避免对律师盛气凌人、冷硬横推等不良作风。注重司法礼仪，不随意打断或制止律师的发言和答辩；规范庭审用语，不得使用歧视、偏袒一方的语言；提高驾驭庭审的能力，恪守中立原则，平等保护当事人的诉讼权利。要认真对待并全面回应律师对案件处理的主张和意见。在庭审中，充分听取律师的辩护和代理意见；在裁判文书中，准确反映律师的辩护意见和代理意见的主要观点。二是规范法官与律师的关系。法官与律师在诉讼活动中应当各司其职，遵循相互独立的原则，根据各自的职责范围，做好所承担的工作。禁止法官与律师在诉讼过程中私自单方接触。律师对于法官的违法行为，可以自行或者通过司法行政部门、律师协会向有关人民法院反映情况，或者署名举报，提出追究违纪法官党纪、政纪或者法律责任的意见。实践中，多地法院已对律师的监督机制进行了有益探索或形成了规范性文件，如廉政监督卡制度、律师评法官活动等。对于律师违反法庭纪律、抵毁法官声誉等不当行为，人民法院可以依法采取警告、训诫、责令具结悔过、责令退出法庭、强行带出法庭、罚款、拘留等多种措施，情节严重、构成犯罪的，依法追究其刑事责任。

3. 以加强队伍建设促公信。队伍建设是人民法院工作永恒主题，是公正司法和提高司法公信力的根本保证。《意见》在系统总结近年来人民法院加强队伍建设经验的基础上，提出了加强四大建设的工作部署。

第一，切实加强思想政治建设（《意见》第三十五条)。《意见》从人民法院队伍实际出发，就加强思想政治建设的主要内容提出了三点要求：一要牢牢抓住理想信念教育这个根本。加强思想政治建设，最重要的是坚定理想信念。习近平总书记指出，理想信念坚定是好干部第一位的标准，是共产党人精神上的“钙”，理想信念坚定，骨头就硬，否则就会“缺钙”，就会得“软骨病”。各级法院要组织广大干警认真学习中国特色社会主义理论体系，深化对党的基本理论、基本路线、基本纲领、基本经验、基本要求的认识，深化对邓小平理论、“三个代表”重要思想、科学发展观的学习，深化对党的十八大精神和习近平总书记关于法治建设重要论述的学习理解，不断增强对中国特色社会主义的道路自信、理论自信、制度自信，确保在大是大非面前旗帜鲜明、立场坚定。二要切实抓好道德建设这个基础。事实充分证明，现在很多干部出问题，不是出在“才”上，而是出在“德”上。各级人民法院要把职业道德培养作为思想政治建设的重要内容，教育干警深入学习、践行法官职业道德基本准则。积极采取有力措施，经常性开展职业道德教育，不断强化对法律的忠诚和对公平正义的信仰与追求，培养广大法官良好的职业道德品质。三要着力创新思想政治建设的方式方法。思想政治建设不能因循守旧、一成不变，必须做到常抓常新。这里的“新”，既有内容上的贴近时代和实际、与时俱进，更有形式、手段和方法上的创新。实践证明，那种形式主义、简单化、填鸭式的理论说教和宣传，只能是隔靴搔痒，已经不能适应时代的发展要求。面对新形势、新任务，各级人民法院要密切结合工作和队伍思想实际，不断创新思想政治建设的形式和手段，充分利用现代科技手段和信息网络技术，切实运用广大干警喜闻乐见的方式，增强渗透力、影响力和吸引力。

第二，扎实推进公正司法能力建设（《意见》第三十六条）。司法能力是党的执政能力的重要方面，是严格规范公正文明司法、维护社会公平正义的重要保证。加强司法能力建设，首先要厘清对司法能力的认识问题。司法能力不是简单的司法技巧和法学理论知识素养，而是集思想品格、理论业务素质和社会阅历、实践经验等为一体的综合能力。对人民法院整体工作而言，主要包括做好新形势下群众工作能力、维护社会公平正义能力、新媒体时代社会沟通能力、信息化技术应用能力。具体到每一名法官，则主要体现在驾驭庭审、认定事实、适用法律、化解矛盾的能力。这些能力，概括起来，用通俗的话说，就是解决实际问题的能力。提升这些能力，目的就是使人民法院工作更好地服务大局，更好地化解矛盾、促进和谐，使每一名法院干警都能够并善于从法律、社会、民众等多角度观察、分析和处理问题，兼顾办案的法律效果、社会效果和政治效果，真正实现为民司法、公正司法。加强司法能力建设，还要高度重视加强教育培训工作。各级人民法院要充分认识教育培训工作在法院队伍建设中的先导性、基础性、战略性地位，把教育培训工作纳入法院工作整体布局。要进一步完善教育培训工作机制，建立健全组织调训为主、自主选学为辅的干警参训机制。要建立培训、考核、任用三位一体的激励约束机制，完善干警教育培训电子信息档案，及时记录干警学习的培训情况，作为年度考核、晋升任用的重要依据。要完善预备法官培训机制，逐步实现统一标准、统一管理、统一教材、统一考核。要切实提高教育培训工作的实用性、针对性和有效性。紧贴法院工作实际，以提高实际工作能力为目标，完善培训教学计划及实施方案，提高解决司法实践复杂、疑难问题的能力和水平。

第三，全面加强司法廉洁建设（《意见》第三十七条）。司法廉洁建设是人民法院队伍建设的重要任务，关系人心向背和人民司法事业的生死存亡。习近平总书记在对新形势下政法工作的重要指示中明确指出，“坚决反对执法不公、司法腐败。”近年来，各级法院虽然在司法廉洁建设上下了很大工夫，取得了一定成效，但仍然存在一些薄弱环节。《意见》紧密结合审判执行工作和法院队伍建设实际，就新形势下全面加强司法廉洁建设提出了明确要求。在实践中，要注意把握以下几个问题：一是落实好党风廉政建设责任制。周强院长在全国法院加强纪律作风建设电视电话会议上要求各级法院领导干部做到“三个管住”（管住案子、管住队伍、管住自己）、“三个不出”（案件不出问题、队伍不出问题、自己不出问题）。这既是对领导干部的工作要求，也是领导干部的政治责任。落实好党风廉政建设责任制，首先要把“三个管住”、“三个不出”纳入法院领导干部责任范围，作为对领导班子、领导干部进行考核评价的重要内容。其次，要建立党风廉政建设述职制度，党组成员每年要向党组述职，中层干部向主管领导或党组述职，接受干警评议。最后，要认真落实责任追究制度，防止和克服怕影响评先评优和个人政绩不愿追究，怕影响同事关系不想追究，因分工不细责任不明不便追究，以及大事化小、小事化了不真追究等现象，切实履行好一岗双责。二是坚持从严监督。抓好司法廉洁建设，必须加强对权力运行的监督，做到关口前移，防范在先。要进一步加强对审判执行岗位的监督，针对各审判执行岗位权力运行的不同规律和特点，综合运用审判时限控制、案件质量评查、执法过错追究等措施，对审判执行活动进行全方位、全过程的监督。要进一步完善合理分权、公开示权、有效控权的廉政风险防控机制，强化管理监督责任，加大问责追究力度。三是坚持从严查处。各级人民法院要以对腐败现象“零容忍”的态度，铁腕反腐，坚决纠正查案工作中存在的“失之于软、失之于宽”现象。各级人民法院党组要大力支持纪检监察部门查办案件，支持他们动真格，对腐败现象、对违反“五个严禁”等规章制度的行为，不管涉及什么人，不管其职务高低，都要做到有案必查、有腐必惩，绝不姑息、绝不手软，坚决清除队伍中的腐败分子和害群之马。

第四，进一步加强司法作风建设（《意见》第三十八条）。人民法院的工作作风，特别是审判作风和执行作风，是社会和人民群众检验和评价人民法院工作的重要方面，也是人民法院提升司法公信、树立司法权威的必要条件。《意见》围绕极少数法官在司法作风方面存在的突出问题，有针对性地提出了相关要求：一要始终保持与人民群众的血肉联系。改进司法作风必须做到真正与人民群众鱼水相依、血肉相连。要进一步树立群众观点和为民意识，加强对广大干警的权力观教育，进一步解决好“权从何来、为谁掌权、为谁司法、为谁服务”这一根本问题。要进一步健全联系群众制度。保障民意能够充分表达、及时反馈，确保群众诉求能够得到依法满足、妥善处理。二要大力培养广大干警的务实作风和创新精神。引导广大干警把工作目标定位在对党的事业、对人民利益、对审判工作有实际贡献上，养成“察实情、说实话、鼓实劲、出实招、办实事、求实效”的良好习惯。要鼓励广大干警独立思考、开拓创新，创造性地开展工作，只要是有利于更好地为大局服务、有利于更好地保护人民群众的根本利益、有利于更好地贯彻执行法律的办法和措施，就可以大胆尝试、积极探索。三要积极推进司法行为规范化建设。要采取多种形式，组织干警认真学习《法官行为规范》和《人民法院文明用语基本规范》，引导干警自觉遵守司法文明礼仪，注重工作方法，防止简单粗暴，做到严格司法与热情服务相统一。要加强司法作风监督检查和专项治理，对司法作风方面存在的突出问题进行专项检查和集中整治。当前，要以深入开展党的群众路线教育实践活动为契机，以整治“四风”问题为切入点，深入查找队伍建设存在的突出问题和薄弱环节，全面整顿作风，严肃纪律，严格责任。

（四）人民法院深化司法改革的新设想

司法改革是中国特色社会主义司法制度的自我完善和发展，是推进公正司法的不竭动力。党的十八大做出了“进一步深化司法体制改革”的战略部署，强调要“坚持和完善中国特色社会主义司法制度，确保审判机关、检察机关依法独立公正行使审判权、检察权”。《意见》根据党的十八大精神和中央关于司法改革的总体部署，有针对性地提出了下一步司法改革的总体要求和重点。现就其中部分内容介绍如下：

1. 正确把握司法改革的总体要求（《意见》第二十九条）。各级法院高度重视司法改革工作，取得了较好成效，但是目前工作机制上的改革较为集中，体制层面的改革进展缓慢，许多深层次的问题还没有得到彻底解决。下一阶段改革可能面临的体制性、机制性、保障性障碍必将更深刻，政治性、政策性、法律性必将更强，工作难度必将更大。为此，我们要坚持好三个原则。

一要坚持司法改革的整体性，坚持总体规划和顶层设计。司法改革属于我国政治体制改革的范畴，涉及国家司法权的重大调整，必须坚持总体规划和顶层设计，必须和其他领域的改革共同谋划、通盘考虑。深化司法改革，既要完善司法工作机制方面的改革，构建和规范科学合理的审判权运行机制，提高司法审判工作的质量和效率；也要深化体制层面的改革，切实解决影响司法公正和制约司法能力的深层次问题，进一步推动解决司法地方化、行政化等问题。既要抓好重点突破，推进重点领域的司法改革，也要做好统筹规划，完善相关配套机制，加强改革措施之间的协调配合，使各项改革措施整体均衡推进。二要坚持司法改革的法治性，尊重司法规律。坚持法治性是司法改革的应有之义。任何一项司法改革措施的出台，都必须符合宪法和法律的规定，在现有法律的框架内依法有序推进，维护国家法制的统一。对于不需要通过立法程序修改法律，属于人民法院内部工作机制改革措施的，应当抓紧落实；对于法律没有明确规定的，应当根据宪法和法律的基本原则，积极探索；对于与现行法律有冲突，或者需要通过立法加以规范的，可以先行组织研究论证，待意见成熟后由最高人民法院向有关部门提出立法建议；对于现行法律规定完善且具有可操作性，但实践中没有遵循法律规定另搞一套的，必须坚决予以纠正。改革方案的设计与实施，应切实尊重司法工作客观规律，因地制宜，循序渐进。三要坚持司法改革的统一性，自上而下有序推进。我国是单一制的国家结构，司法权本质上属于中央事权，统一不可分割。这就要求人民法院司法改革必须坚持自上而下的原则，统一有序推进，防止自行其是、各自为战。但是，我们也要看到，我国城乡之间、地区之间司法发展的差异性仍然比较明显，这就决定了人民法院在司法工作中既面临着许多共性问题，也面临着大量个性问题。同时，基层法院和基层干警身处司法第一线，对法院工作中的问题和困难有着切身的体验，对改革有着迫切的要求和很高的热情，蕴涵着巨大的改革能量。因此，深化人民法院司法改革，要正确处理自上而下推进改革与激发基层创造性的关系。既要从更高层面来加强对司法改革的组织推动，特别是事关全局的重大改革，必须在中央统一部署下稳步推进，从而确保改革的统一有序；又要正视司法发展的差异性，尊重基层的首创精神，鼓励基层大胆改革创新。在不违反法律和司法改革总体要求的前提下，鼓励地方法院就具体改革举措先行探索，积累改革经验。

2. 逐步完善四级法院职能定位（《意见》第三十条）。我国宪法和人民法院组织法规定了四级法院两审终审制的结构设置，这完全与行政区划相对应，有其历史原因和国情特点，体现了诉讼效率和诉讼经济的原则，对于维护司法的公正与效率，有着积极的意义和存在的合理性。但是，随着社会的发展，其弊端也表现得越来越突出。一是表现在四级法院职能定位的同一化。从审判职能上区分，无论一审、二审、再审还是复核审，各级法院均贯彻全面审理原则，既审查事实问题，也审查法律问题。除了法律规定必须由最高人民法院审理的案件，经由申请再审、案件请示等渠道，任何种类、标的额的案件，都可能由最高人民法院处理。因此，我国并没有严格意义上的上诉法院，只有上级法院与下级法院之分。上下级法院缺乏职能分层，多一级法院只是增加一层行政级别。二是表现在人民法院司法权的地方化。根据我国宪法的规定，司法权属于中央事权。但是，由于四级法院的结构设置完全与行政区划相对应，法院的人财物也受制于地方，造成近年来司法权地方化问题日趋严重，成为影响人民法院依法独立公正行使审判权的最关键因素。因此，在新一轮的司法改革中，要根据宪法和人民法院组织法等法律的规定，按照解决案件纠纷的实际需要，遵循司法规律，在法院的设置上应当综合考虑各地的不同情况以及民族区域自治地方的特点，按照有利于维护审判独立、有利于弱化和消除司法的地方化倾向、有利于促进司法的效率和节约诉讼成本以及有利于方便人民群众进行诉讼的原则，重新对我国法院系统内部各审级职能加以定位。如，可以考虑将基层法院的主要职能定位在一审解决纠纷上，将中级法院的主要职能定位在二审定分止争上，将高级法院的主要职能定位在再审监督纠错上，将最高人民法院的主要职能定位在统一法律适用上。

3. 深化案件管辖制度改革（《意见》第三十二条）。案件管辖权是人民法院依法行使案件审判权的前提和基础，也是程序正义的必然要求。根据我国民事、行政、刑事三大诉讼法的规定，目前我国法院确定地域管辖的标准是采用与行政区划完全对应的模式，而确定级别管辖的标准是根据案件的性质、繁简程度、影响范围和诉讼标的金额大小来确定。这种案件管辖制度对于保障案件当事人的诉权、便利案件当事人诉讼，起到了积极的作用，但也逐渐暴露出一些不足之处。在民商事审判领域主要表现为：案件标的额虽大但案情简单的民事案件增多的趋势日益明显，继续单纯地按照标的额划分级别管辖将会增加当事人诉讼成本，也会使高级法院和最高人民法院陷入繁重的案件审理工作中；有些民事案件，主体间存在事实上的不平等或不平衡，纠纷发生地法院审理压力大，不利于公正司法；法律规定的确定地域管辖的连结点过多，有管辖权的法院往往有多个，规避管辖法律规定的问题比较突出，造成管辖无序；等等。在行政审判领域主要表现为：管辖权的确定没能根据实际情况明确体现向弱者倾斜的原则，以至于管辖级别较低，案件的受理和审理往往受到不当干预；有的地方行政案件不均衡，法院受案不多甚至无案可办；等等。在刑事审判领域主要表现为：由于近年来人口流动性增大、犯罪地点增多和犯罪嫌疑人住所地不稳定，使得很多刑事案件管辖法院的确定难以把握；由于职务犯罪案件的被告人在当地有一定的影响，许多案件都通过指定管辖在异地起诉，但由于缺乏统一的管辖变更规定，一些案件在起诉受理阶段产生脱节，影响诉讼效率；等等。

在充分认识这些问题的基础上，《中共中央关于全面深化改革若干重大问题的决定》提出：探索建立与行政区划适当分离的司法管辖制度，保证国家法律统一正确实施。当前，应当在法律规定的范围内，从改革现行案件管辖制度入手，充分运用诉讼法规定的指定管辖、提级管辖和集中管辖等制度，并对诉讼法确定管辖标准所规定的重大、复杂等情形做出具体的规定。在这个过程中，应当坚持以下原则：一是诉权保障原则，依法保障当事人的诉讼权利；二是诉讼便利原则，方便人民群众诉讼；三是诉讼效率原则，提高诉讼效率，节约诉讼成本；四是审判独立原则，弱化直至消除司法的地方化和地方保护主义现象。同时，要认真总结各地法院对于案件管辖制度改革的探索经验。以民事诉讼管辖为例，有的法院尝试把案件标的额与案件当事人住所地、案件类型结合起来，当事人跨区域、争议标的额较大的民事案件，在适用法律上有普遍意义的新类型案件，确定由级别较高的法院进行一审；合理利用指定管辖制度，把不便于在本地解决的民事纠纷，依法指定其他法院管辖或适当提高审级；又如，关于行政诉讼的管辖，最高人民法院在总结各地经验的基础上，先后印发了《关于行政案件管辖问题的若干规定》和《关于开展行政案件相对集中管辖试点工作的通知》，通过提级管辖、指定管辖和相对集中管辖等方式，在现行法律框架下实现司法审判区域与行政管理区域有限分离。

4. 深化审判权内部运行机制改革（《意见》第三十二条）。构建科学、合理的审判权内部运行机制，是保障人民法院依法独立行使审判权、实现司法公正与效率的基础和前提。《意见》将建立和完善科学的审判权内部运行机制作为一个重点内容加以规定。

第一，深化合议庭改革。合议庭是人民法院的基本审判组织。近些年来，虽然最高人民法院采取一系列措施完善合议庭工作机制，但合议庭“形合实独，合而不议”等现象仍较为普遍，必须加以改革。进一步落实合议制，关键在于理顺和明确合议庭内部审判长、承办法官、合议庭其他成员的职权与责任，充分发挥合议庭的整体优势。合议庭评议案件时，合议庭全体成员必须参加，成员缺席时不得评议，杜绝不参加评议只在评议笔录上签字的做法。合议庭成员应当针对案件的证据采信、事实认定、法律适用、裁判结果以及诉讼程序等问题充分发表意见，独立行使表决权，不得拒绝陈述意见或者仅作同意与否的简单表态。同意他人意见的，也应当提出事实根据和法律依据，进行分析论证。在强化合议庭职能的同时，必须加强对合议庭工作的考核和监督。对合议庭考核应注意强调对合议庭整体的考核监督。合议庭是一个整体，对其进行考核也应以整体为单位，合议庭成员应当共同对案件审理负责。只有这样，才能深化合议庭的共同决策意识，调动合议庭所有成员的积极性，从根本上解决合议庭“形合实独”的问题。在强调对合议庭整体考核的同时，还要对合议庭内部责任进行明确划分，探索推进主审法官负责制，建立以主审法官负责制为中心的司法权运行和监督机制。

第二，深化审判委员会制度改革。审判委员会是我国各级人民法院内部的最高审判组织，在保证审判质量，发挥审判人员集体智慧，统一司法尺度，实现审判民主，加强执法监督等方面一直发挥着重要作用。深化审判委员会制度改革，充分发挥审判委员会的职能作用，首先要规范审判委员会的工作职责，实现审判委员会工作重心的转移。在强化合议庭职责、不断提高案件审判质量的基础上，审判委员会逐步做到只讨论合议庭提请院长提交的少数疑难、复杂、重大案件，使审判委员会从讨论个案为主转变为总结审判工作经验与其他有关审判工作并重，以充分发挥其对审判工作中带有根本性、全局性问题进行研究和作出权威性指导的作用。其次，要规范审判委员会的运作程序。审判委员会讨论案件应充分体现民主集中制原则，凡是审判委员会成员均有同等发言权和表决权。审判委员会委员应当客观、公正、独立、平等地发表意见。对审判委员会作出的决定，要加强督促检查，敦促相关部门在规定期限内予以落实，并及时向审判委员会反馈情况，以促进审判委员会决定的正确执行，提高审判委员会决策的权威，促进审判委员会工作的健康有序发展。第三，要加强审判委员会的专业化建设，提高审判委员会委员的政治素质、道德素质和法律专业素质，增强司法能力，确保审判委员会组成人员成为人民法院素质最好、水平最高的法官。审判委员会除由院长、副院长、庭长担任委员外，还应当配备若干名不担任领导职务，政治素质好、审判经验丰富、法学理论水平较高、具有法律专业高等学历的资深法官委员。要充分发挥审判委员会专职委员的职能作用，专职委员除参加审判委员会会议，履行一般审判委员会委员的职责外，其专职性必然要求其承担与其他审判委员会委员所不同的职能，其中包括一定的管理职能，如审判委员会机构的运行、审判委员会议题的审查、审判委员会决定事项的督查督办、案件质量管理等，通过审查案件和参加审判委员会讨论，监督、指导审判工作。

第三，深化院长、庭长审判管理职责改革。院长、庭长的审判管理是审判管理体系的重要组成部分，是对审判工作最基础、最直接的管理，对提高案件审判质量和效率发挥着不可替代的作用。当前，在人民法院审判管理活动中，院长、庭长审判管理的行政化痕迹依然较浓。深化院长、庭长审判管理职责改革，核心是要正确认识和处理审判管理与审判活动的关系，科学界定院长、庭长审判管理的范围、内容，做到既坚持管理又不影响审判权的独立行使。因此，院长、庭长的审判管理职责，应集中在对相关程序事项的审核批准、对综合性审判工作的宏观指导、对审判质效进行全面监督管理以及排除不良因素对审判活动的干扰等方面，即院长、庭长审判管理应当坚持规范性和有限性原则，主要是对案件审判质量、审判效率、裁判方法、司法能力、业绩考评、运行态势等事项进行管理、指导和监督，要充分尊重法官的主体地位，不得影响审判组织依法独立行使审判权。深化院长、庭长审判管理职责改革，还要注意加强对院长、庭长行使审判管理权的约束和监督。在审判管理过程中，由于对院长、庭长审判管理缺乏限制性规定，易出现审判管理启动的随意性、管理形式的口头化倾向。实践中，除了履行法定的审批手续外，极少有院长、庭长行使审判管理权采取书面形式，致使这种管理方式不留档案痕迹，即使管理不当，也很难查证。因此，要完善院长、庭长审判管理的监督制约机制，建立院长、庭长行使审判管理权全程留痕制度，规范院长、庭长审判管理行为，防止审判管理权的滥用，保障法官依法履行审判职责。

（撰稿人：胡云腾　孙争鸣）

【链　　接】

将司法为民公正司法落在实处

——最高人民法院研究室负责人就《关于切实践行司法为民大力加强公正司法不断提高司法公信力的若干意见》答记者问

2013年9月6日，最高人民法院公布了《关于切实践行司法为民大力加强公正司法不断提高司法公信力的若干意见》（以下简称《意见》），最高人民法院研究室负责人就《意见》回答了记者提问。

出台背景

一、问：最高人民法院出台《意见》的背景是什么？

答：最高人民法院出台的《意见》，宣示了新时期人民法院的工作主线，突出了三个方面的内容：一是“切实践行司法为民”宗旨，这是人民法院对优良司法传统的继承，也是新的时代背景下人民司法如何保持本色的根本性的目标追求；二是“大力加强公正司法”，这是我们全面推进依法治国基本方略，加快建设社会主义法治国家所孜孜追求的核心目标；三是“不断提高司法公信力”，这是人民司法所面临的重大的现实问题。

《意见》突出强调要实现三个方面的任务和目标：

一是贯彻落实党中央对人民法院工作提出的新要求。党的十八大明确提出全面推进依法治国，加快建设社会主义法治国家。要推进科学立法、严格执法、公正司法、全民守法，保证有法必依、执法必严、违法必究。习近平总书记就法治建设作了一系列重要论述，强调“要努力让人民群众在每一个司法案件中都感受到公平正义”。这些都为人民法院在司法工作目标、司法工作宗旨、司法体制改革、提升司法公信力等方面指明了方向，提出了更高要求。最高人民法院出台《意见》，是学习贯彻党的十八大精神的重大举措，是学习贯彻习近平总书记关于法治建设重要论述精神的重大举措，是深入开展党的群众路线教育实践活动的重大举措。

二是更好地满足人民群众对司法工作的新要求、新期待。近年来人民群众的司法需求不断增长，人民法院每年受理的案件数量不断攀升，2008年以来，人民法院每年受理案件都在1000万件以上，不仅量大，而且新类型案件、复杂案件越来越多，调处难度越来越大。更重要的是，新时期人民群众对司法工作的新要求、新期待，使人民司法工作面临更大的压力和挑战，主要表现为：人民群众更加渴望司法公正，要求法院排除干扰，严格依法独立办案；更加渴望司法高效，要求法院严格按照法律规定的审限办案，尽可能减少他们的诉讼成本；更加渴望司法权威，要求法院及时“兑现”裁判，使他们的胜诉权益尽快实现；更加渴望司法公开，要求法院办理案件的过程公开透明，杜绝任何“暗箱操作”；更加渴望尊严，要求法院尊重他们的各项权利，平等对待各方当事人，等等。《意见》强调要高度重视这一问题。

三是要着力解决人民法院在司法为民公正司法和司法公信力方面存在的突出问题。多年来，人民法院司法为民公正司法取得了一定成绩，但也存在不少困难和问题：办案数量不断增加，保持审判工作良性循环的压力更加突出，一些案件质效不高、裁判不公等问题仍然存在；一些制约人民法院工作发展的体制机制障碍尚未破除，许多领域的改革还需要继续探索；部分法院案多人少、人才流失、法官断层等问题仍然比较严重，一些法院的法官持续超负荷工作，身心健康堪忧；少数民警作风不正，有的法院和法官发生腐败问题，造成恶劣影响，等等。

创新和亮点

二、问《意见》有哪些创新和亮点？

答：《意见》是在认真总结提炼最高人民法院历届党组工作经验的基础上，结合当前形势、任务的新要求，经过充分调查研究形成的，主要体现了以下四个特点：

一是旗帜鲜明地提出人民法院工作的主线。《意见》要求各级人民法院广大法官及其他工作人员的所有工作都要始终坚持“司法为民公正司法”这条主线不动摇。《意见》体系完整，内全面，目标明确，要求具体，非常务实，要求各级法院各项工作都要根据这条主线来谋划，围绕这条主线来展开，按照这条主线来衡量。

二是强化依法办案理念。《意见》不喊空洞口号，用实实在在的举措，针对当前部分法官不依法办案、不敢依法办案的现象“亮剑”，要求法官严格依法办案，敢于依法办案，敢于担当责任，不能以任何理由突破法律底线，坚决排除权力、金钱、人情、关系等一切法外因素的干扰。《意见》要求各级法院打好“组合拳”，既要加强监督指导，提高司法政策、司法解释的科学性、实效性，又要建立健全适用法律的规则体系，统一司法尺度，严格裁判标准，确保法律得到统一、正确实施。

三是强化依法服务大局。《意见》在总结过去经验的基础上，提出了司法服务大局的三个着力点：第一，通过制定司法政策、司法解释，实现审判工作与大局工作的有机结合；第二，通过个案裁判，审慎、妥善化解矛盾，维护社会和谐稳定；第三，充分发挥司法裁判的导向作用，彰显法治精神，强化规则意识，引领社会风尚，维护公共秩序。

四是明确提出司法改革的总体要求。《意见》在前三个"五年改革纲要"的基础上，根据中央关于司法改革的总体思路和当前实际，提出了下一步加强改革的方向和目标。要求注重改革的整体设计和通盘考虑，兼顾近期目标与长远目标，统筹内部改革与外部改革，加强改革措施之间的协调配合。坚持自上而下有序推进改革，在不违反法律和司法改革总体要求的前提下，鼓励地方法院就具体改革举措先行探索，积累改革经验，但对事关全局的重大改革，必须在中央统一部署下稳步推进。

司法为民六思路

三、问：在践行司法为民方面，《意见》提出了哪些新的思路？

答：在总结过去工作经验的基础上，《意见》提出了六个方面的新思路：

一是注重司法审判工作与社会生活的融合。《意见》提出，各级法院和广大法官必须注重司法审判与社会生活的融合，准确把握人民群众对法院工作的需求和期待，切实尊重人民群众对司法公正的普遍认知和共同感受，努力使司法过程和处理结果在法律规定的范围内贴近人民群众的公平正义观念。这就要求广大法官不断加强对社会生活的调查研究，认真了解各类社会关系和社会交往的主要方式与规则习惯，善于总结和运用人民群众公认的常识与经验。

二是切实保障当事人行使诉讼权利。《意见》用列举的方式说明了哪些权利应切实保障，包括依法自由表达诉求、充分陈述理由等，一方面提示人民群众注意维护这些权利；另一方面也警示法官不要侵犯这些权利。《意见》高度关注保障人民群众的参与，要求法官充分尊重当事人的程序选择权，对依法可以由当事人自主或协商决定的程序事项，尽量由其自主或协商确定。规定裁判文书要认真对待、全面回应当事人提出的主张和意见，具体说明采纳或不采纳的理由和依据，让当事人打一场明明白白的官司。

三是加强诉讼服务窗口建设。《意见》在强调继续抓好窗口建设，完善窗口功能，统一工作流程、司法礼仪、服务规范的基础上，重点强调了窗口建设中的司法作风问题，一个笑脸、一句问候、一杯热水，往往会起到意想不到的效果，司法为民更多还是要在点点滴滴的细节中体现出来。

四是提高便民利民措施实效。《意见》在司法便民利民方面突出强调了"实效"二字。对于已经被实践证明行之有效的便民利民措施，如节假日预约办案、巡回办案、网上立案等，要求继续坚持好、利用好、推广好。对于人民群众的新要求，则要求在立案、审判、执行、信访等环节细化、完善，注重取得实效。《意见》还从方便基层群众诉讼的角度出发，提出发挥人民法庭的特殊优势，强化其作用，赋予其作为法院诉讼服务点的职能。这里的诉讼服务点可以看成基层法院诉讼服务中心（或窗口）的延伸，可以为偏远乡镇和农村群众提供标准统一的规范化服务，较好实现诉讼事项就近办理。目前，诉讼服务点的做法在实践中受到了群众的认可，应该大力推广。

五是强化对当事人的诉讼指导与帮助。《意见》在肯定有关措施的前提下，重点就两个问题作出规定：第一，从当前诉讼当事人参与诉讼的能力差异较大的现实出发，为保证程序公正和平等对待，注意为当事人特别是没有委托律师辩护、代理的当事人参与诉讼提供必要的程序性指导和帮助。第二，提出确保诉讼程序和诉讼活动的专业化、规范化的不断提升，始终与人民群众诉讼能力的不断提高相适应，防止诉讼专业化、规范化脱离国情，超越实际。

六是降低当事人的诉讼成本。《意见》在坚持我国诉讼费制度改革的基础上，提出了进一步降低当事人诉讼成本的两个路径：第一，在诉讼程序上做好功课，依法选择并适用更为经济的诉讼程序和程序性措施，积极引导当事人理性选择诉讼成本低、负面作用小的诉讼程序，杜绝滥用强制措施等损害当事人合法权益的现象。第二，在司法救助上找出路，千方百计推动司法救助纳入社会救助制度体系，拓宽司法救助资金筹集渠道，完善诉讼费缓、减、免制度，扩大受惠范围，努力让有理无钱的当事人打得起官司。

公正司法四举措

四、问在公正司法方面，《意见》提出了哪些新的举措?

答：《意见》主要有四个方面的新措施：

一是强化庭审质量。庭审是查明案件事实的重要场所、彰显司法公正的重要阵地和展现法官职业风采的重要舞台。《意见》非常关注强化庭审质量，并从两个方面提出了思路：第一，将提高开庭质量作为保证审判质量的重点环节，真正做到事实调查在法庭、证据展示在法庭、控诉辩护在法庭、裁判说理在法庭，切实突出庭审的中心地位。第二，配齐配强合议庭等审判组织的力量，根据提升审判质量的要求，切实做到将优质审判资源配置到司法办案第一线。

二是强化案件质量管理。《意见》首次明确提出构建人民法院"点、线、面”多角度、全方位的案件质量控制体系，围绕重点岗位、重点案件和重点判项，抓住重要流程和重要环节，把握基本态势和发展趋势，实现全程管理。《意见》还高度重视提高审判执行效率问题，力图通过立审执的沟通、规范审判流程、规范送达方式、实行繁简分流等方式努力缩短诉讼周期，使当事人的合法权益能够尽快实现。同时，注重均衡结案，不得因提高结案率而不收案或忽视质量而突击结案。

三是完善案件质量评估体系。《意见》要求进一步完善审判质量评估体系，合理设定各种评估指标及其权重，不断提升审判质量评估体系的科学化水平。坚持正确的司法绩效观，正确认识、综合运用好案件质量评估体系，坚决反对在司法统计和审判质量评估中弄虚作假，避免片面、孤立地追求某些单项评价指标，充分发挥评估体系在反映审判工作的真实水平方面的作用。

四是健全和完善错案评价标准和问责机制。冤假错案是司法公信的大敌。《意见》根据审判工作实际，要求探索建立科学公正的错案评价体系，明确错案的认定标准；要求健全错案的分析和问责机制，完善错案分析和问责的相关程序，力图通过全面建立健全防范错案的工作机制，最大限度地避免冤假错案。2013 年 7 月，中央政法委出台了首个防止冤假错案的指导意见后，最高人民法院为了落实好指导意见的有关规定，已组织专人起草了关于防范刑事冤假错案工作机制的意见，目前正在修改论证阶段，近期即将发布，相信这一意见的出台，将会对防范冤错案件起到积极作用。

司法公信力提升之道

五、问在进一步提高司法公信力方面，《意见》有哪些新的举措？

答：从司法统计数据和案件质量评估情况看，人民法院审判工作的质效近年来显著提高，但司法公信力不高仍是客观存在的问题，《意见》从四个方面采取了积极措施：

一是以司法公正促公信。具体措施在上个问题中已经谈到，这里不再赘述。

二是以司法公开促公信。《意见》在司法公开方面提出一系列新的措施。最核心的，一个是深入推进审判公开的制度化建设。《意见》要求对审判公开的范围、内容、对象、时间、程序、方式等作出明确规定，稳妥有序地推进司法公开，坚持不懈地提高司法透明度，逐步完善司法公开的制度机制。另一个是建立健全司法与社会沟通的平台。在坚持继续推动 12368 电话热线，审判流程公开、裁判文书公开、执行信息公开三大平台，领导干部接待日，法院主题开放日等措施的同时，强调高度重视网络、微博、微信等现代信息技术和方式，主动、及时、全面、客观公开相关情况，有针对性地回应社会公众的关切和疑惑。

三是以司法民主促公信。除进一步做好自觉接受监督和加强与理论界交流外，《意见》重点从发挥人民陪审员和律师的作用两个方面加强司法民主：第一，充分发挥人民陪审员作用。根据审判工作的要求逐步扩大人民陪审员规模，实施2～3年内实现人民陪审员数量翻一番的“倍增计划”。第二，高度重视律师作用的发挥。理解并尊重律师的职业立场和关切重点，切实保障律师在审判过程中依法履行职责，保障律师依法行使阅卷、举证、质证、辩护等诉讼权利，认真对待并全面回应律师对案件处理的主张和意见。进一步规范法官与律师的关系，在诉讼活动中各司其职、彼此尊重、互相监督。

四是以加强队伍建设促公信。《意见》以“四个建设”和“三项改革”全面推进队伍建设：通过深化社会主义法治理念和司法核心价值观教育，加强思想政治建设；全面推进法官培训制度改革，加强公正司法能力建设；坚持惩防并重，加强司法廉洁建设；坚持群众路线，加强司法作风建设。稳步推进人民法院队伍分类管理制度改革，科学设置各类人员职级比例和职数编制。逐步推进法官选任制度改革，完善并落实法官逐级遴选机制，进一步扩大法官遴选范围，注重从律师群体及其他法律实务部门且具有基层工作经历的人员中选拔法官。完善法官业绩考评机制改革，关心基层法院人才培养成长，建立完善常态化表彰奖励机制，推动建立法官任职退出机制，对不适合从事审判工作的法官，适时调离审判岗位并免去法官职务。

司法改革新思路

六、问：在改革创新方面，《意见》有哪些新思路？

答：《意见》就司法改革提出了六个方面的新思路：

一是高度重视完善四级法院职能定位。《意见》要求进一步明确各级人民法院的职能分工和工作重点，在注重案件审判的专门化、类型化分工的同时，逐步完善各级人民法院的司法职能定位。

二是要求深化案件管辖制度改革。《意见》要求逐步改变主要以诉讼标的额确定案件级别管辖以及主要以行政区划确定案件地域管辖的做法，进一步完善指定管辖、提级管辖和集中管辖制度。

三是继续深化审判权内部运行机制改革。《意见》提出，要深化合议庭改革，建立健全合议庭绩效考评制度；要深化审判委员会制度改革，完善审判委员会的构成，明确审判委员会专职委员的职责，改进和完善审判委员会工作规则和议事规程，建立审判委员会决议督办机制；要深化院、庭长审判管理职责改革，建立院、庭长行使审判管理权全程留痕的制度，加强对院、庭长行使审判管理权的约束和监督，防止审判管理权的滥用。

四是深入推进执行制度机制改革。《意见》指出，要大力创新执行新模式和工作机制，完善执行联动机制、被执行人财产调查制度，落实被执行人财产申报制度，用足用好强制执行措施，有效运用各种手段制裁抗拒执行或规避执行的行为。要加快执行信息化建设，加强执行规范化建设，进一步完善执行考评机制。

五是进一步深化人民法庭改革。《意见》要求合理调整人民法庭的区域布局，强化人民法庭基本职能，加强人民法庭人员配置，适度扩大人民法庭案件管辖范围。

六是巩固深化经费保障体制改革。《意见》提出，要积极争取不断加大中央财政转移支付的规模，逐步通过中央专项转移支付将审判业务经费基本全覆盖推进。要推动中央实行区域差异化对待，优先对中西部落后地区的人民法院审判业务经费进行高比例乃至全额保障。要建立基层法院经费保障基础数据库，完善对基层法院的绩效考评工作，保证中央和省级转移支付资金及时足额到位、专款专用，提高各项经费管理效率。

七、问：《意见》印发后，最高人民法院将如何推进司法公开三大平台建设？

答：《意见》正式印发后，最高人民法院将继续抓好以下几项工作：一是做好统筹规划，有序推进三大平台建设。抓紧制定人民法院推进司法公开三大平台建设的“路线图”和“时间表”，将其纳入2014年发布的《人民法院第四个五年改革纲要（2014～2018)》，把推进司法公开确定为人民法院深化司法体制改革的突破口。二是做好督促检查，确保三大平台建设发挥实效。最高人民法院将尽快确定评估标准，加强监督指导，在评价工作效果时，更加注重三大平台运行的系统性、顺畅性和有效性，不追求排名和指标，更不搞形式主义。三是总结梳理经验，及时公布司法公开改革成效。根据全国法院深化司法公开的总体情况，最高人民法院将在总结司法公开三大平台建设经验的基础上，适时发布《人民法院司法公开工作白皮书》，如实反映人民法院推进司法公开三大平台、打造阳光司法工程的主要做法、重要成就以及存在的问题。

最高人民法院
关于深入整治"六难三案"问题加强司法为民公正司法的通知

2014年6月9日　　　　法〔2014〕140号

各省、自治区、直辖市高级人民法院，解放军军事法院，新疆维吾尔自治区高级人民法院生产建设兵团分院：

当前，全国法院系统第一批党的群众路线教育实践活动整改工作在不断深化，第二批教育实践活动在扎实推进。从开展活动情况看，人民群众对司法作风反映强烈的问题，主要是"门难进、脸难看、事难办"问题、"立案难、诉讼难、执行难"问题和"人情案、关系案、金钱案"问题。"六难三案"问题是"四风"问题在法院工作中的集中表现，严重背离党的群众路线，伤害群众感情，损害人民利益，危害人民法院司法公信力，必须坚决进行整治。为进一步扎实推进全国法院系统教育实践活动，大力加强司法为民、公正司法，进一步提高诉讼服务水平，努力实现让人民群众在每一个司法案件中都感受到公平正义的目标，根据中央有关部署要求，现就深入整治"六难三案"问题通知如下。

一、进一步强化诉讼服务

1. 推进诉讼服务中心建设。增强诉讼服务意识，整合立案大厅、信访接待窗口、诉讼服务信息平台等功能，建立诉讼服务中心，为当事人提供"一站式"诉讼服务，集中办理各项诉讼服务事项，切实解决群众打官司"办事难"的问题。

2. 完善诉讼服务设施。诉讼服务大厅实行柜台式或窗口式办公，统一提供诉讼引导、立案审查、查询咨询、收转送达、约见法官、判后答疑等诉讼服务。设置无障碍通道、休息座椅、饮水器具和书写、复印、传真、网络等设备，提供诉讼指导资料。

3. 严格诉讼接待要求。完善诉讼服务流程，规范诉讼服务标准，公布诉讼服务制度。接待群众要文明礼貌，举止得体，态度热情，服务周到，高效快捷。坚决杜绝高高在上、盛气凌人等衙门习气，坚决杜绝冷硬横推、拖延扯皮等行为。

4. 增设网上诉讼服务。加强诉讼服务信息平台建设，及时主动推送、更新诉讼信息数据，提供案件信息查询、诉讼指引、网上立案、预约立案、提交申请、网上申诉信访、网上预约接访、投诉建议等服务。

5. 拓展12368热线服务功能。普遍开通12368诉讼服务热线，依托移动互联网延伸热线功能，构建与网上服务平台、诉讼服务大厅互联互通的移动通讯服务平台，为群众快捷便利地提供各类诉讼信息服务。

二、进一步加强立案受理

6. 方便群众诉讼立案。建立预约立案制度，积极做好特殊情况的节假日立案工作。因地制宜地推行远程立案、网上立案，为行动不便的伤病患者、残疾人、老年人等提供上门立案服务。在交通不便的偏远地区，可指定人民法庭审查立案。

7. 及时受理起诉和申请。严禁在法律规定之外另设受理条件，不得对符合立案条件的诉求拒绝立案、推诿立案、拖延立案。严格执行立案受理法定期限，及时告知当事人立案审查结果。依法规范诉前调解程序，杜绝久调不立。

8. 准确告知立案材料要求。向当事人提供诉状样本，耐心回答当事人的询问，全面准确告知立案材料有关要求。当事人立案材料不全或诉状内容、形式不符合规定的，一次讲清如何补齐或更正，避免当事人多次往返、反复修改。

9. 依法提供司法救助。对符合诉讼费缓、减、免条件的当事人，及时办理有关手续，确保有理无钱的人打得起官司。对不符合诉讼费缓、减、免条件的当事人，要耐心说明理由。

10. 加强诉讼风险告知。做好诉讼指引工作，全面告知诉讼权利和义务。善意提示诉讼风险，引导当事人理性对待诉讼，依法提出合理诉求。

11. 开展巡回接访、视频接访。在群众涉诉信访集中的地方开展巡回接访，促使涉诉信访问题就地化解。依托法院远程视频接访系统，让人民群众在当地就可以向上级法院反映诉求，由上级法院法官通过视频进行远程接访。

三、进一步改进案件审理

12. 保障当事人诉讼权利。切实保障当事人表达诉求、充分陈述理由的权利，尊重当事人依法自愿作出处分决定。对当事人提出的申请或疑问，应及时回应并说明理由。依法保障律师在诉讼活动中阅卷、举证、质证、辩护等权利，认真听取当事人及委托代理人诉讼意见。

13. 合理简化诉讼程序。实行案件繁简分流，加快案件审理进度。依法适用督促程序、简易程序和小额诉讼程序，提高案件审判效率。经过双方当事人同意的案件，可依法简化程序审理，减轻当事人诉讼负担。

14. 加强巡回审判。适当增设巡回法庭和巡回审判点，增配巡回审判车，积极开展巡回审判，及时就地立案、就地开庭、就地调解、就地结案。推行法律文书远程审批、电子签章，提高工作效率。

15. 建立追索案件“绿色通道”。对于劳动争议、追索工资报酬、追索工伤赔偿等涉及城镇职工、农民工切身利益的案件，以及当事人追索赡养费、抚育费、扶养费等案件，按照“快立、快调、快审、快执”的原则建立“绿色通道”，尽快受理，适时调解，及时判决，优先执行。

16. 提倡调解化解纠纷。健全诉讼与非诉讼相衔接的矛盾纠纷解决机制，积极推进诉讼调解与人民调解、行政调解、行业调解的衔接联动，努力把矛盾纠纷化解在基层和诉前，促进社会和谐。坚持依法、自愿原则，认真做好诉前调解和诉讼调解。加强对人民调解的指导，及时依法确认其调解协议司法效力。

17. 全面深化司法公开。依法公开审理各类案件，为群众旁听提供便利。利用司法公开三大平台，全面推进审判流程、裁判文书和执行信息公开。实行裁判文书全部上网公开，完善网上检索查询系统；扩大庭审网上直播，完善法院微博、微信和新闻客户端信息发布机制，充分保障群众知情权、监督权。

18. 强化审限内结案。加强审判流程管理，建立审限提示与预警机制，防止拖延办案、久拖不决。规范延长审限、中止诉讼的审批，切实提高审限内结案率。健全完善清理长期未结诉讼案件工作机制，防止边清边积。严格规范案卷移交要求，切实解决拖延迟缓问题。

19. 健全错案防范机制。恪守罪刑法定、证据裁判、疑罪从无等原则，强化证据审查机制，依法排除非法证据，切实保障无罪的人不受刑事追究。对冤假错案坚决予以纠正。

20. 防止恶意诉讼和虚假诉讼。坚决防止和纠正以规避法律为目的，以虚构事实提起诉讼或滥用诉讼权利，故意逃避法律义务、损害国家利益或他人合法权益的行为。

四、进一步强化案件执行

21. 有效运用强制执行措施。综合运用财产申报、失信被执行人黑名单、限制高消费、限制出境、联合信用惩戒等制度措施与威慑机制，促使被执行人主动履行债务。依法准确适用罚款、拘留等强制措施，以及拒不执行判决裁定罪、妨害公务罪等刑罚措施，坚决制裁暴力抗拒执行、规避执行、妨碍执行、消极协助执行等行为。

22. 加大执行监督力度。完善人民法院与其他部门执行工作联动查控机制，建立执行案件关键节点网络化管理系统，以信息化手段加大对各级法院执行案件的即时监控、全程监控力度，努力提高案件执结率。

23. 积极推广网上司法拍卖。坚持公开、便捷、效率原则，积极推进司法拍卖上网竞价，扩大司法拍卖社会参与度，防止暗箱操作，努力实现被执行财产最大价值，既保障申请执行人的权益充分实现，也防止侵害被执行人的合法权益。

24. 切实规范执行行为。制定执行案件操作规程，统一执行法律适用尺度，规范执行法官自由裁量权。完善对执行案件当事人和利害关系人的程序救济措施，实行被执行人变更追加情形法定化，切实保障当事人、利害关系人的异议、复议权。

25. 坚决治理消极执行。开展清理各种执行积案的专项活动，有效解决久执不结案件。强化执行期限预警机制。严格规范暂缓执行、中止执行、终结本次执行、终结执行、延长期限等情形适用条件及审批手续，及时纠正消极执行行为。坚决整治在执行工作中不作为、拖延执行、推诿扯皮等行为。

26. 严禁违规收取执行费用。严禁向申请执行人和被执行人违规收取办案费、报销差旅费，严禁向案件当事人摊派其他费用，坚决整治执行工作中的吃拿卡要行为。

27. 严格执行款管理和划付。严格遵守执行款管理制度，严禁截留或挪用。严格按规定期限办理执行款结算手续，无正当理由不得延期划付，确需延期划付的应按规定说明原因。

五、进一步加强廉政监督

28. 严格执行廉政纪律。认真落实“五个严禁”、任职回避、防止内部干扰、防止利益冲突等制度。在立案、审判、执行等环节，向当事人随案发放监督卡，主动接受当事人监督。开通举报信箱、举报电话，建立举报网站，认真受理、核查群众投诉和举报线索，及时反馈核查处理结果。

29. 从严监督领导干部。认真落实党组和审判委员会议事规则、决策程序。不断强化上级法院对下级法院领导班子进行协管监督的政治责任。充分运用司法巡查、谈话函询、举报核查、述职述廉等方式，加强对各级法院领导干部的管理和监督。

30. 加强审判岗位监督。完善内部监督机制，严格规范立案、审判、执行等环节的岗位管理和监督。严格执行涉诉材料集中收转、过问案件全程留痕、遇到干扰及时报告等规定。

31. 加强案件质量评查。健全评查制度，完善评查标准，实行案件质量评查常态化，定期考核案件质量情况，预防和纠正办案拖延、以案谋私、枉法裁判。

32. 建立健全问责机制。推进审判权运行机制改革，建立法官办案责任制，落实让审理者裁判、由裁判者负责，对造成冤假错案的责任人员实行终身问责。

33. 严查违纪违法行为。以“零容忍”的态度反对司法腐败，坚持有案必查、有腐必惩。坚决惩处以案谋私、徇私舞弊、贪赃枉法等行为。从严坚决查处法院工作人员接受请托、影响和干扰他人办案的行为。

六、整治工作要求

各级法院要认真贯彻落实中央关于深化“四风”突出问题专项整治的部署要求，把深入整治“六难三案”问题摆到重要位置来抓，坚持高标准、严要求，动真碰硬，集中攻坚，以“准狠韧”的劲头抓好整治工作。

整治“六难三案”问题是各级法院党组落实党风廉政建设主体责任的具体行动。各级法院党组要加强对此项工作的统筹领导，进行专题研究，狠抓工作落实。党组主要负责同志要亲自审定方案，加强督促指导，切实承担第一责任人的责任。各级法院教育实践活动领导小组要把整治“六难三案”问题作为指导教育实践活动的工作重点，明确专门力量负责整治工作，加强组织推进和协调指导，加大舆论宣传力度，总结推广好的经验，及时通报典型案例，充分发挥引导和警示作用。

各级法院要采取项目化推进的方法抓整治工作。从各自实际出发，因地制宜确定整治重点项目，制定具体方案，建立整改项目责任制，明确目标要求、牵头单位、责任主体和进度安排。要一项一项盯紧抓实，做到定一项改一项、改一项成一项，防止整治工作大而化之、华而不实。上级法院要采取专项检查、审务督察、案件评查等形式，加强对下级法院整治工作的督促指导和执纪检查。对开展整治重视不够、工作不力、措施不实的，要严肃指出、及时纠正。通过全国法院系统上下共同努力，确保整治“六难三案”问题取得群众看得见、感受得到的成效，进一步促进司法作风明显改进、审判质量不断提高、司法公信力有效提升。

最高人民法院
关于进一步做好司法便民利民工作的意见

2014 年 11 月 20 日　　　　　　　　　　法〔2014〕293 号

各省、自治区、直辖市高级人民法院，解放军军事法院，新疆维吾尔自治区高级人民法院生产建设兵团分院：

为深入贯彻落实党的十八大、十八届三中、四中全会精神，进一步扎实推进党的群众路线教育实践活动，积极回应人民群众对司法工作的新要求和新期待，牢牢把握“司法为民、公正司法”工作主线，现就人民法院进一步做好司法便民利民工作，提出如下意见。

一、统一思想，提高认识，进一步增强做好司法便民利民工作的自觉性

1. 司法便民利民是人民法院努力实现“让人民群众在每一个司法案件中都感受到公平正义”的必然要求，是全面推进依法治国，建设平安中国、法治中国的重要途径。各级人民法院要准确把握我国全面深化改革进程中出现的新情况、新特点，将方便人民群众诉讼作为做好各项工作的出发点和落脚点，扎扎实实为人民群众办实事，更好地满足新时期人民群众的多元司法需求。

2. 司法便民利民是人民法院深入贯彻执行党的群众路线，积极践行司法为民根本宗旨的重要内容。各级人民法院要自觉把做好司法便民利民工作与扎实推进党的群众路线教育实践活动紧密结合起来，时刻摆正与人民群众的关系，准确把握人民群众对法院工作的需求与期待，始终坚持人民司法为人民，切实加强人权司法保障，不断改进司法作风，通过一个个具体鲜活的司法便民利民举措，更好地维护最广大人民群众的根本利益。

3. 司法便民利民是深化司法改革，加快建设公正高效权威的社会主义司法制度的重要环节。各级人民法院要把人民群众是否满意作为衡量司法改革成败的根本标准，把完善和落实司法便民利民举措作为深化司法改革的重要切入点，不断健全保障人民群众参与司法的制度措施，着力构建开放、动态、透明、便民的阳光司法机制，让司法改革成果更多更公平地惠及全体人民群众，不断提高司法公信力。

二、求真务实，加强规范，切实做好司法便民利民工作

4. 积极探索建立健全司法便民利民工作的长效机制。人民法院要在狠抓执法办案第一要务的同时，进一步细化和完善立案、审判、执行和信访等环节的便民利民措施，为人民群众提供热情、便捷、高效的司法服务。

5. 建设好、管理好、运用好诉讼服务平台。深入推进诉讼服务中心的标准化、规范化建设，全面整合诉讼服务功能，优化诉讼服务窗口建设。认真做好诉调对接、立案登记、诉讼风险提示、诉讼材料接转、诉讼费用缴纳、财产保全、案件流程查询、信访接待等各方面的工作，努力为当事人提供“一站式”和“全方位”的诉讼服务。

6. 健全方便立案的新机制。根据人民群众的需求和审判工作的实际需要，积极推进立案登记工作，对人民法院依法应该受理的案件，做到有案必立、有诉必理，切实保障当事人诉权。做好预约立案工作，积极为行动不便的伤病患者、残疾人、老年人、未成年人等提供立案、送达、调解等方面的便民服务，方便当事人诉讼。

7. 依法及时采取保全措施。人民法院应当根据案件具体情况依法合理确定保全的担保方式和担保数额。对保全实施工作归口管理，暂时没有实行归口管理的人民法院，应积极采取措施方便当事人申请和查询。

8. 健全案件繁简分流机制。充分发挥简易程序、小额诉讼程序、督促程序、刑事和解程序、轻微刑事案件快速审理机制等制度优势，在保证审判质量的前提下，努力降低当事人诉讼成本，减轻当事人诉累。

9. 依法为当事人举证提供帮助。当事人申请人民法院调查取证，符合法律规定条件的，或者人民法院认为有必要调查的证据，人民法院应当及时调查取证；积极探索委托律师调查取证，方便当事人举证。

10. 加强审判流程管理。树立科学均衡结案意识，正确理解、运用均衡结案指标，不能单纯追求均衡结案率而故意拖延结案或者突击结案。强化审判流程公开平台建设，整合各类审判流程信息，为当事人提供全面、全程、及时的审判流程公开服务。实行审限监督制度，严格扣除审限、延长审限的审批，完善案件审限通报制度，及时告知当事人扣除审限、延长审限的理由、期限。

11. 加强案卷移交工作。积极推进诉讼档案电子化工程，做好一审、二审、再审和执行案卷移交工作，明确移交期限，统一移交方式，落实移交责任，缩短移交时间，确保移交顺畅。

12. 依法保障各方诉讼权利。强化诉讼过程中当事人和其他诉讼参与人的知情权、陈述权、辩护辩论权、申请权、申诉权的制度保障。尊重和保障当事人庭审权利，让当事人依法充分表达诉求，完整陈述事实理由。对依法可以由当事人自主或者协商决定的程序事项，尽量让当事人自主或者协商确定。切实保障律师在审判过程中依法履行职责。在保证程序公正的前提下，注意为当事人特别是没有委托律师辩护、代理的当事人参与诉讼提供必要的程序性指导与帮助。

13. 完善案件庭审旁听制度。人民法院对于公开审理的案件，应当依法公告案件名称、开庭时间、法庭编号、旁听席位等开庭信息，方便人民群众旁听案件庭审。人民法院应当定期或者不定期邀请人大代表、政协委员旁听案件庭审。

14. 加强裁判文书释法说理。裁判文书要认真对待、全面回应当事人提出的主张和意见，具体说明法院采纳或者不采纳的理由和法律依据，做到认定事实清楚、适用法律正确。用语要力求规范、简洁、易懂，便于当事人明白理解。

15. 切实解决执行难。积极探索完善有利于保障民生的快速执行、主动执行等机制，以失信被执行人信用监督、威慑、惩戒法律制度和点对点网络查控联动机制为抓手，积极推进反规避执行和反消极执行，依法保障胜诉当事人及时实现权益。综合运用财产申报、限制高消费、限制出境、联合信用惩戒等措施，依法适用强制措施和刑罚威慑机制，促使被执行人主动履行债务，努力提高执行效率。

16. 完善交纳诉讼费用的便民措施。要根据实际情况，设立自动取款机、POS 机等设施，方便当事人交费、退费。当事人到基层人民法院办理诉讼费用的结算和退费确有困难的，有条件的人民法庭可以代为办理。

17. 做好司法救助工作。健全司法救助体系，完善诉讼费缓减免制度和特困群体执行救助制度，依法及时有效落实对加害人无力赔偿、被执行人无财产可供执行等案件的困难受害人以及其他涉诉困难群众的司法救助，不断拓宽司法救助的范围和方式。

18. 做好涉诉信访工作。完善“诉访分离”和案件终结机制，保障当事人依法行使申诉权利。积极开展网上信访、巡回接访、带案下访、远程视频接访等工作，建立健全律师等第三方参与化解涉诉信访的工作机制，及时就地解决涉诉信访问题。把信访纳入法治化轨道，保障合理合法诉求依照法律规定和程序就能得到合理合法的结果。

19. 健全人民法庭基层诉讼服务窗口的职能。坚持和发扬“枫桥经验”，发挥人民法庭在多元化纠纷解决机制中的纽带作用，努力实现矛盾纠纷的就地化解。推进以中心法庭为主、巡回审判点为辅的法庭布局形式，优化人民法庭布局，构建便捷高效的司法服务网络。人民法庭可以依法直接受理和执行案件，并将其直接受理和执行案件的范围通过适当方式在本辖区内公布。

20. 加强巡回审判工作。对于边远地区等交通不便地区，要以方便人民群众诉讼为出发点，尽可能就地立案、就地开庭、就地审理、就地执行；要以便于解决社会矛盾纠纷为出发点，深入到企业、社区等群众集中、纠纷集中的地区进行巡回审判。大力推广车载法庭等巡回审判模式，让“流动的人民法庭”最大限度满足人民群众诉讼的需求。

21. 建立健全特定类型案件的“快立、快调、快审、快执”机制。对于追索工资报酬、工伤赔偿等涉及广大职工和农民工切身利益的案件以及追索赡养费、抚育费、扶养费等案件，应当按照“快立、快调、快审、快执”的原则，尽快受理，适时调解，及时判决、执行。

22. 积极推进和规范调解工作。对双方当事人均有调解意愿且有调解可能的纠纷、家庭与邻里纠纷、法律规定不够明确以及简单处理可能失之公平的纠纷，应当在充分尊重双方当事人意愿的情况下，优先运用调解方式，快速化解矛盾。加强对调解协议的司法确认工作，实现诉讼调解与人民调解、行政调解、行业调解的有效对接，完善调解联动工作体系，健全调处化解矛盾的多元化纠纷解决机制。

23. 不断改进司法作风。要善于运用人民群众听得懂、易接受的语言和方式进行沟通交流，充分尊重公序良俗，坚决克服对诉讼参与人冷硬横推的现象，坚决消除门难进、脸难看、话难听、事难办等不良作风，坚决杜绝任何刁难诉讼参与人的现象。

三、加强领导，切实保障，确保司法便民利民工作取得实效

24. 加强组织领导。各级人民法院要高度重视司法便民利民工作，院党组要把做好司法便民利民工作摆上重要议事日程，主要领导亲自抓，分管领导具体抓，班子成员共同抓，做到措施到位、责任到位、工作到位，切实抓好各项制度、措施的落实。

25. 积极争取各方支持。各级人民法院要积极争取党委、人大、政府和政协对司法便民利民工作的支持，加强与有关部门的沟通协调，为司法便民利民工作在经费等方面提供切实保障。上级人民法院要加强对本辖区内人民法院司法便民利民工作的指导、支持和监督，做到一级抓一级，层层抓落实，使这一工作更加科学规范。

26. 全面加强信息化建设。各级人民法院要以“天平工程”建设为载体，加快审判流程公开、裁判文书公开、执行信息公开三大平台建设，充分发挥现代科技信息手段在司法便民利民方面的作用。因地制宜地推行远程立案、网上立案、网上办案、网上公告、预约办案、电子签章、电子送达、视频提讯等便民措施；通过 12368 诉讼服务热线、电子触摸屏、微博、微信、手机短信等载

体为当事人提供方便快捷的司法服务。

27. 加强便民利民的场所设施建设。各级人民法院要根据实际情况配备当事人、诉讼代理人等诉讼参与人的候审室或者休息室，在法庭所在区域配备必要的物品保管箱、饮水器具、复印机等便民设施；为行动不便的伤病患者、残疾人、老年人等参加庭审活动提供无障碍设施等便利。

28. 积极听取各方意见建议。各级人民法院要自觉接受同级人大、政协以及社会各界的监督，注重发挥人民陪审员与人民群众沟通的桥梁作用，多渠道收集人民群众的意见建议，畅通民意沟通和反馈机制，勇于纠正工作中的缺点，及时弥补工作中的不足，不断完善司法便民利民制度措施。

29. 大力加强法制宣传。各级人民法院要通过多种方式加强法制宣传，使人民群众在充分了解司法便民利民措施的同时，发挥司法裁判规范、指导、评价、引领社会价值的重要作用，大力弘扬社会主义法治精神，着力推动全民守法。

30. 及时总结先进经验。各地人民法院要加强调查研究，及时总结成熟的经验做法。最高人民法院和各高级人民法院在积极改进和完善自身司法便民利民工作的同时，应当及时总结下级人民法院的典型经验，推进司法便民利民工作不断取得新进展。

【解　　读】

解读《关于进一步做好司法便民利民工作的意见》

2014 年 11 月 20 日，最高人民法院发布并施行《关于进一步做好司法便民利民工作的意见》（以下简称《意见》），这是最高人民法院贯彻落实党的十八届四中全会精神的重要举措，也是最高人民法院党的群众路线教育实践活动整改方案中的一项重要工作任务。《意见》作为当前和今后一个时期人民法院做好司法便民利民工作，切实规范司法行为的重要指导性文件，为便于审判实践中正确理解和把握，现就《意见》的制定背景、基本思路及主要内容进行简要说明。

一、《意见》的制定背景

当前，我国全面建成小康社会进入决定性阶段，改革进入攻坚期和深水期，人民群众的司法需求呈现多元化的特点，且始终处于动态发展之中。党的十八届四中全会通过的中共中央《关于全面推进依法治国若干重大问题的决定》明确要求“构建开放、动态、透明、便民的阳光司法机制”。面对全面深化改革进程中的新情况、新特点，人民法院做好司法便民利民工作的任务更加艰巨，使命更加光荣，意义更加重大。

长期以来，最高人民法院高度重视司法便民利民工作。早在2009年，最高人民法院就制定了《关于进一步加强司法便民工作的若干意见》（法发〔2009〕6号，以下简称《09年意见》），指导全国法院将司法便民落到实处，取得了积极成效。随着近几年形势政策的发展变化，特别是党的十八大以来，最高人民法院新一届党组和周强院长更加注重完善司法便民利民制度措施，要求把方便人民群众诉讼作为人民法院做好各项工作的出发点，扎扎实实为人民群众办实事，并将此作为最高人民法院深入开展党的群众路线教育实践活动的一项重要内容，作出了一系列重大部署。同时，通过调研了解到《09年意见》中的多数要求各地人民法院已经落实到位，有些地方更是不断创新便民利民举措，积累了一些新的好经验。《09年意见》需要补充完善新的制度措施，需要修改相关内容，需要进一步加强一些措施，需要进一步改进一些方法。

为更好地满足信息化时代人民群众的多元司法需求，人民法院的便民利民工作也要与时俱进，创新发展。因此，最高人民法院决定对《09年意见》进行修改，制定新的关于便民利民的意见。这项工作列为最高人民法院党的群众路线教育实践活动提前做好建章立制有关准备工作的重大事项，也是群众路线教育实践活动整改工作任务。

最高人民法院研究室牵头相关部门经过深入调研和广泛征求意见，多次修改完善，经最高人民法院党组会议审议通过后，《意见》正式发布，自2014年12月4日起施行。

二、《意见》的基本思路和主要内容

《意见》坚持贯彻党的十八大、十八届三中、四中全会精神，紧紧围绕“让人民群众在每一个司法案件中都感受到公平正义”的工作目标，牢牢把握“司法为民公正司法”这条主线，按照周强院长提出的“要依法维护人民群众合法权益，要努力消除群众诉讼障碍，要继续探索创新司法便民措施，让有理无钱的人打得起官司，让有理有据的人打得赢官司，让打赢官司的当事人及时实现权益，让确有错误的裁判依法得到纠正”的要求，坚持问题导向，致力于推动解决当前人民法院存在的“六难三案”问题，对《09年意见》进行系统修改，全面规定了司法便民利民制度措施。《意见》共计30条，分为三大部分，从思想认识、具体措施、组织保障三方面对做好司法便民利民工作提出了要求，作出了部署。第一部分从思想认识方面对加强司法便民利民措施的重要意义和基本目标进行了阐述；第二部分从具体措施方面按照案件处理在诉前、立案、审理、执行的先后环节及其他专门工作的顺序，规定了做好司法便民利民工作的20项具体制度措施；第三部分从组织保障方面提出了落实司法便民利民措施的具体要求，以确保司法便民利民工作取得实效。这些内容基本涵盖了人民法院依法发挥职能作用，做好司法便民利民工作的各个方面、各个环节。

(一)《意见》起草的基本思路

《意见》的起草，主要遵循了以下思路：

1. 坚决贯彻中央有关政策精神。党的十八大、十八届三中、四中全会对于司法工作作出了一系列重大部署，习近平总书记多次就法治建设和司法工作发表重要论述，为人民法院工作指明了方向和道路。最高人民法院新一届党组成立后，坚决贯彻中央要求，明确提出了“让人民群众在每一个司法案件中都感受到公平正义”的工作目标和“司法为民公正司法”的工作主线。完善司法便民利民措施是这一工作目标和工作主线的题中应有之意。院党组对于完善司法便民利民制度措施高度重视，周强院长在多次讲话中也都对完善司法便民利民制度措施发表了重要论述。《意见》对上述内容予以坚决贯彻和充分吸收。

2. 坚持法治原则并充分吸收最新立法成果。人民法院开展司法便民利民工作，必须在法律规定的框架内进行，这也是《意见》应当遵循的基本原则。同时，最新的立法（如2012年《民事诉讼法》）修改、增加了一系列司法便民利民规则和制度，如新增了小额诉讼程序、案件繁简分流等内容，进一步强化了督促程序的适用等，对于解决立案难、执行难等问题也作了一些新规定。《意见》对这些内容予以充分体现。

3. 全面总结地方法院的先进经验做法。《09年意见》出台以来，各地都不断强化司法便民利民措施，积累了较为丰富的经验。比如，绍兴市中级人民法院继承和发扬“枫桥经验”，推行站点式法庭服务做法，方便人民群众诉讼等。《意见》也对这些先进经验做法予以吸收。

4. 高度注重信息技术手段作用。信息技术是当今世界创新速度最快、通用性最广、渗透力最强的高新技术之一。信息技术的进步，对司法工作已经产生并必将进一步产生深刻影响。周强院长指出，“加快推进信息技术在司法领域的全面应用，满足审判工作和人民群众的多元化需要，是新时期人民法院的一项重要任务”。完善司法便民利民措施，离不开现代信息技术手段的运用，《意见》对此也予以了充分考虑。

5. 遵循司法规律。司法活动受司法规律的制约，司法职能具有法定性和程序性，不是所有矛盾纠纷都属于司法的管辖范围，司法要有所作为也要依法作为。司法便民利民制度措施也要遵循司法规律，不能绝对化，尤其是在“案多人少”的大背景下，不能给人民法院造成过重负担，甚至影响审判执行第一要务的实效。

6. 注重因地制宜。我国幅员辽阔，各地经济社会发展并不平衡，司法便民利民措施也不能“一刀切”，因此《意见》也充分考虑地区差异，在一些条文中强调了各地人民法院要因地制宜推行司法便民利民措施。

(二)《意见》的主要内容

概言之,《意见》的主要内容包括以下六个方面:

1. 全面整合诉讼服务功能，打造统一的便民服务平台。诉讼服务中心是人民法院直接面对群众、联系群众的重要窗口，其职能作用的发挥对于人民法院依法妥善化解矛盾纠纷、减轻当事人诉累具有重要意义。目前，全国95%的人民法院已经建立了专门的诉讼服务中心，全国法院诉讼服务场所面积超过85万平方米，很好地发挥了诉讼服务窗口便民利民的作用，取得了良好的社会反响。比如，四川成都武侯区人民法院诉讼服务中心自建立3年来，共接待群众21万余人次，日均接待群众300余人次，办理、受理、对接各类诉讼事务6.9万余件次，贴心、周到的诉讼服务得到了人民群众的普遍好评。但也有些法院诉讼服务还存在功能分散、服务不规范的问题。为此，《意见》明确要求各地人民法院积极推进诉讼服务中心的标准化、规范化建设，全面整合诉讼服务功能，把诉调对接、立案登记、诉讼风险提示、诉讼材料接转、诉讼费用缴纳、财产保全、案件流程查询、信访接待服务职能归口到诉讼服务中心，努力为当事人提供“一站式”和“全方位”的诉讼服务。

2. 积极推进立案登记制度改革，不断创新便民立案机制。立案信访是人民法院与群众打交道最多的环节。近年来，人民群众的司法需求不断增长，人民法院每年受理的案件数量不断攀升。2008年以来，人民法院每年受理的案件都有1000多万件，案件不仅量大，而且新类型案件、复杂案件越来越多，调处难度越来越大。在“案多人少”矛盾比较突出的大背景下，各级人民法院严格执行立案标准，对符合受理条件的及时立案，保障当事人诉权，取得积极成效，但是一些群众反映的立案难问题，在一定程度上仍然存在。为此，《意见》坚决贯彻中共中央《关于全面推进依法治国若干重大问题的决定》关于“变立案审查制为立案登记制”的重大部署，明确要求各级人民法院根据人民群众的需求和审判工作的实际需要，积极推进立案登记工作，对人民法院依法应该受理的案件，做到有案必立、有诉必理，切实保障当事人的诉权。同时，要求做好预约立案工作，积极为行动不便的伤病患者、残疾人、老年人、未成年人等提供立案、送达、调解等方面的便民服务，方便当事人诉讼。

3. 依法实行案件繁简分流，切实减轻当事人诉累。近年来，各地人民法院因地制宜地推广巡回办案、车载法庭、网上查询、视频开庭等做法，试点运用小额速裁程序审理简易案件，提高了诉讼效率，减轻了当事人诉讼负担。《意见》在肯定上述有关措施的基础上，提出了进一步提高诉讼效率，减轻当事人诉累的路径：一是更多地适用简便程序提高诉讼效率。要求各级人民法院充分发挥简易程序、小额诉讼程序、督促程序、刑事和解程序、轻微刑事案件快速审理机制等制度优势，在保证审判质量的前提下，大力提高诉讼效率，减轻当事人诉累。二是通过巡回审判方便当事人诉讼。《意见》要求基层人民法院深入到企业、社区、农村等群众集中、纠纷集中的地区进行巡回审判，就地立案、就地开庭、就地审理、就地执行，让车载法庭等成为“流动的人民法庭”，最大限度方便人民群众诉讼。三是充分运用信息网络技术提高诉讼效率。《意见》要求各地人民法院因地制宜地推行远程立案、网上立案、网上公告、预约办案、电子送达、视频提讯等便民措施；通过 12368 诉讼服务热线、微博、微信等载体为当事人提供方便快捷的司法服务。

4. 加强司法人权保障，切实维护人民群众诉讼权利。依法保障当事人及其他诉讼参与人的诉讼权利，是人民法院不断加强人权司法保障，切实保障人民群众参与司法不可或缺的重要举措。《意见》坚决贯彻中共中央《关于全面推进依法治国若干重大问题的决定》精神，明确要求在四个方面加强人权司法保障：一是全面强化诉讼过程中当事人和其他诉讼参与人的知情权、陈述权、辩护辩论权、申请权、申诉权的制度保障。二是充分尊重和保障当事人庭审权利，让当事人依法充分表达诉求，完整陈述事实理由，大力保障律师在审判过程中依法履行职责。三是保障当事人依法行使诉讼处分权利，对依法可以由当事人自主或者协商决定的程序和实体事项，尽量让当事人自主或者协商确定。四是健全司法救助体系，完善诉讼费缓减免制度和特困群体执行救助制度，不断拓宽司法救助的范围和方式。2006 年以来，各级人民法院为确有困难的当事人减免诉讼费 13.06 亿元。

5. 强化人民法庭服务基层窗口作用，全力提升服务水平。人民法庭是人民法院服务基层的最前沿，处于做好司法便民利民工作的第一线，加强人民法庭的司法便民职能作用，对于解决当前存在的“六难三案”问题，提升司法便民利民水平具有根本性作用。各地人民法庭也都立足自身特点，发挥自身优势，在完善司法便民利民制度措施方面积累了较丰富的经验。比如，绍兴市中级人民法院坚持和发扬“枫桥经验”，推行站点式法庭服务模式，以辖区内各人民法庭为中心，在法庭内、法庭外分别设立服务站点，方便群众诉讼，实现矛盾就地化解，取得积极成效。《意见》在肯定和总结各地经验做法的基础上，从方便基层群众诉讼的角度出发，要求进一步强化人民法庭作为服务基层窗口的作用，坚持和发扬“枫桥经验”，充分发挥多元化纠纷解决机制的纽带作用，努力实现矛盾纠纷的就地化解。同时，根据周强院长在第三次全国人民法庭工作会议上的讲话精神，明确要求“推进以中心法庭为主、巡回审判点为辅的法庭布局形式，优化人民法庭布局，构建便捷高效的司法服务网络”。在具体操作层面，为消除当事人诉讼障碍，降低诉讼成本，规定“人民法庭可以依法直接受理和执行案件，并将其直接受理和执行案件的范围通过适当方式在本辖区内公布”。

6. 加快信息化建设，构建便民利民保障新机制。信息技术的进步，对司法工作已经产生并必将进一步产生深刻影响。周强院长指出，“加快推进信息技术在司法领域的全面应用，满足审判工作和人民群众的多元化需要，是新时期人民法院的一项重要任务”。人民法院全面加强信息化建设，对于坚决贯彻落实党的十八届四中全会精神，不断推进审判公开，建立生效法律文书统一上网和公开查询制度，构建开放、动态、透明、便民的阳光司法机制，具有不可或缺的作用。《意见》将依托信息化建设推进人民法院便民利民工作的要求贯穿于立案、审理和执行的各个环节。要以“天平工程”建设为载体，加快审判流程公开、裁判文书公开、执行信息公开三大平台建设，在全力推进阳光司法、不断提升审判质量的基础上不断健全便民利民工作的长效机制。在具体措施上，不仅要因地制宜地推行远程立案、网上立案、网上办案、网上公告、预约办案、电子送达、视频提讯等便民措施，而且要通过12368诉讼服务热线、微博、微信等载体为当事人提供方便快捷的司法服务。

此外，《意见》为贯彻落实党的十八届四中全会精神，结合审判实践及有关政策精神，对涉诉信访、司法救助、调解工作、庭审旁听、切实解决执行难等内容也作了明确规定。

（撰稿人：郭　锋　吴兆祥　司艳丽　陈龙业）

最高人民法院
关于进一步深化司法公开的意见

2018年11月20日　　　　　　法发〔2018〕20号

加强司法公开是落实宪法法律原则、保障人民群众参与司法的重大举措，是深化司法体制综合配套改革、健全司法权力运行机制的重要内容，是推进全面依法治国、建设社会主义法治国家的必然要求。党的十八大以来，以习近平同志为核心的党中央高度重视司法公开工作，党的十八届三中、四中全会将推进司法公开，构建开放、动态、透明、便民的阳光司法机制作为全面深化改革和全面依法治国的重要任务，作出一系列重大部署。人民法院坚决贯彻落实党中央决策部署，紧紧围绕“努力让人民群众在每一个司法案件中感受到公平正义”的工作目标，推进司法公开达到前所未有的广度和深度，取得显著成效。目前，司法公开规范化、制度化、信息化水平显著提升，审判流程公开、庭审活动公开、裁判文书公开、执行信息公开四大平台全面建成运行，开放、动态、透明、便民的阳光司法机制已经基本形成，在保障人民群众知情权、参与权、表达权和监督权，促进提升司法为民、公正司法能力以及弘扬法治精神、讲好中国法治故事等方面发挥了重要作用。司法公开是新时代法治中国建设的生动实践，已经成为我国在开展国际司法交流合作中的一张亮丽名片。

党的十九大明确提出深化依法治国实践、深化司法体制综合配套改革的重大任务，并对深化权力运行公开作出新的重大部署，强调“要加强对权力运行的制约和监督，让人民监督权力，让权力在阳光下运行，把权力关进制度的笼子”，为人民法院进一步深化司法公开指明了方向，提出了新的更高要求。为深入学习贯彻习近平新时代中国特色社会主义思想和党的十九大精神，贯彻落实党中央关于推进司法公开的一系列重大决策部署，总结司法公开工作经验，巩固党的十八大以来司法公开工作取得的成果，推动开放、动态、透明、便民的阳光司法机制更加成熟定型，实现审判体系和审判能力现代化，促进新时代人民法院工作实现新发展，现对进一步深化司法公开工作提出以下意见。

一、总体要求

1. 指导思想。坚持以习近平新时代中国特色社会主义思想为指导，全面贯彻党的十九大和十九届一中、二中、三中全会精神，紧紧围绕“努力让人民群众在每一个司法案件中感受到公平正义”的工作目标，高举新时代改革开放旗帜，进一步深化司法公开，不断拓展司法公开的广度和深度，健全完善司法公开制度机制体系，优化升级司法公开平台载体，大幅提升司法公开精细化、规范化、信息化水平，推进建设更加开放、动态、透明、便民的阳光司法机制，形成全面深化司法公开新格局，促进实现审判体系和审判能力现代化，大力弘扬社会主义核心价值观，促进增强全民法治意识，讲好中国法治故事，传播中国法治声音。

2. 基本原则。

(1) 坚持主动公开。深刻领会习近平总书记提出的“让暗箱操作没有空间，让司法腐败无法藏身”重要指示要求，充分认识深化司法公开工作的重大意义，进一步增强主动接受监督意识，真正变被动公开为主动公开，继续健全完善阳光司法机制，努力让正义不仅要实现，还要以看得见的方式实现。

（2）坚持依法公开。严格履行宪法法律规定的公开审判职责，切实保障人民群众参与司法、监督司法的权利。严格执行法律规定的公开范围，依法公开相关信息，同时要严守国家秘密、审判秘密，保护当事人信息安全。尊重司法规律，明确司法公开的内容、范围、方式和程序，确保司法公开工作规范有序开展。

（3）坚持及时公开。严格遵循司法公开的时效性要求，凡属于主动公开范围的，均应及时公开，不得无故延迟。有明确公开时限规定的，严格在规定时限内公开。没有明确公开时限要求的，根据相关信息性质特点，在合理时间内公开。

（4）坚持全面公开。以公开为原则、以不公开为例外，推动司法公开覆盖人民法院工作各领域、各环节。坚持程序事项公开与实体内容公开相结合、审判执行信息公开与司法行政信息公开相结合、通过传统方式公开与运用新媒体方式公开相结合，最大限度保障人民群众知情权、参与权、表达权和监督权。

（5）坚持实质公开。紧紧围绕人民群众司法需求，依法及时公开当事人和社会公众最关注、最希望了解的司法信息，切实将司法公开重心聚焦到服务群众需求和保障公众参与上来。不断完善司法公开平台的互动功能、服务功能和便民功能，主动回应社会关切，努力把深化司法公开变成人民法院和人民群众双向互动的过程，让司法公开成为密切联系群众的桥梁纽带。

二、进一步深化司法公开的内容和范围

3. 全面拓展司法公开范围。尊重司法活动规律，根据四级法院职能定位，进一步明确司法公开的内容和范围。对涉及当事人合法权益、社会公共利益，需要社会广泛知晓的司法信息，应当纳入司法公开范围，根据其性质特点，区分向当事人公开或向社会公众公开。对于人民法院基本情况、审判执行、诉讼服务、司法改革、司法行政事务、国际司法交流合作、队伍建设等方面信息，除依照法律法规、司法解释不予公开以及其他不宜公开的外，应当采取适当形式主动公开。

4. 深化人民法院基本信息公开。人民法院应当主动公开以下基本信息，坚持动态更新，保证准确、清晰、易获取，方便人民群众及时、准确了解掌握。

（1）机构设置；

（2）司法解释；

（3）指导性案例；

（4）规范性文件；

（5）向同级人民代表大会所作的工作报告；

（6）重要会议、重大活动和重要工作等动态信息；

（7）其他需要社会广泛知晓的基本信息。

5. 深化审判执行信息公开。人民法院应当主动公开以下审判执行信息，逐步推进公开范围覆盖审判执行各领域，健全完善审判执行信息公开制度规范，促进统一公开流程标准，确保审判执行权力始终在阳光下运行。

（1）司法统计信息；

（2）审判执行流程信息；

（3）公开开庭审理案件的庭审活动；

（4）裁判文书；

（5）重大案件审判情况；

（6）执行工作信息；

（7）减刑、假释、暂予监外执行信息；

（8）企业破产重整案件信息；

（9）各审判执行领域年度工作情况和典型案例；

（10）司法大数据研究报告；

（11）审判执行理论研究、司法案例研究成果；

（12）其他涉及当事人合法权益、社会公共利益或需要社会广泛知晓的审判执行信息。

6. 深化诉讼服务信息公开。人民法院应当主动公开以下诉讼服务信息，着力提升诉讼服务信息获取的便捷性，提高诉讼服务水平，切实方便当事人诉讼。

（1）诉讼指南；

（2）人民法院公告；

（3）司法拍卖和确定财产处置参考价相关信息；

（4）司法鉴定、评估、检验、审计等专业机构、专业人员信息，破产管理人信息，暂予监外执行组织诊断工作信息，专家库信息；

（5）特邀调解员、特邀调解组织、驻点值班律师、参与诉讼服务的专家志愿者等信息；

（6）申诉信访渠道；

（7）其他涉及当事人合法权益、社会公共利益或需要社会广泛知晓的诉讼服务信息。

7. 深化司法改革信息公开。人民法院应当主动公开以下司法改革信息，提高司法改革工作透明度，增强人民群众对司法改革的获得感。

(1) 人民法院司法改革文件;

(2) 人民法院重大司法改革任务进展情况;

(3) 人民法院司法改革典型案例;

(4) 其他需要社会广泛知晓的司法改革信息。

8. 深化司法行政事务信息公开。人民法院应当主动公开以下司法行政事务信息，及时回应社会关切，自觉接受社会监督，切实提高司法行政事务办理的透明度和规范化水平。

(1) 涉及社会公共利益或社会关切的人大代表议案建议和政协提案办理情况;

(2) 部门预算、决算公开说明;

(3) 人民法院信息化技术标准;

(4) 其他需要社会广泛知晓的司法行政事务信息。

9. 深化国际司法交流合作信息公开。人民法院应当主动公开以下国际司法交流合作信息，加强司法文明交流互鉴，充分展示中国法院良好国际形象，促进提升我国司法的国际竞争力、影响力和公信力。

(1) 人民法院开展的重要国际司法交流合作活动情况;

(2) 人民法院举办和参与重要国际司法会议情况;

(3) 其他需要社会广泛知晓的国际司法交流合作信息。

10. 深化队伍建设信息公开。人民法院应当主动公开以下队伍建设信息，为社会公众知晓、参与和监督人民法院队伍建设工作提供便利。

(1) 党的建设情况;

(2) 人事工作情况;

(3) 纪检监察信息;

(4) 先进典型信息;

(5) 教育培训工作情况;

(6) 司法警察工作情况;

(7) 法院文化建设情况;

(8) 其他需要社会广泛知晓的队伍建设情况。

11. 建立完善司法公开内容动态调整制度。根据党中央和最高人民法院关于司法公开工作的部署要求，结合社会公众关切和人民法院实际，按年度明确司法公开工作重点，动态调整更新司法公开内容，稳步有序拓展司法公开范围。

12. 推进司法公开规范化标准化建设。最高人民法院要健全完善司法公开制度规范体系，围绕人民法院工作重点领域、关键环节和人民群众关注的重要司法信息，总结各地法院工作经验，加强司法公开规范化标准化建设，积极研究出台相关技术标准和操作规程，强化对下监督和分类指导，不断提升司法公开质效。各高级人民法院要指导推进本辖区司法公开规范化标准化建设工作。

三、完善和规范司法公开程序

13. 健全司法公开形式。司法公开形式应当因地制宜、因事而定、权威规范、注重实效，便于公众及时准确获取，坚决防止形式主义。最高人民法院就司法公开形式有统一要求的，应当按照相关要求进行公开。鼓励基层人民法院探索行之有效、群众喜闻乐见的司法公开形式。结合实际，可以通过以下载体进行公开：

（1）报刊、广播、电视、网络等公共媒体；

（2）依照《人民法院法庭规则》开放旁听或报道庭审活动；

（3）人民法院公报、公告、规范性文件或其他正式出版物；

（4）人民法院政务网站或其他权威网站平台；

（5）新闻发布会、听证会、论证会等；

（6）人民法院官方微博、微信公众号、新闻客户端等新媒体；

（7）人民法院诉讼服务大厅、诉讼服务网、12368诉讼服务热线、移动微法院等诉讼服务平台；

（8）其他便于及时准确获取的方式。

14. 畅通当事人和律师获取司法信息渠道。仅向当事人或利害关系人公开的信息，必须严格依照相关诉讼法及有关规定公开，不得向社会公开发布。在确保信息安全前提下，可以充分运用信息化手段为当事人或利害关系人获取司法信息提供便利。大力加强律师服务平台建设，为律师依法履职提供便利，更好发挥律师在促进司法为民、公正司法中的重要作用。

15. 明确司法公开责任主体。按照属地管理、归口管理、分级负责的原则，明确各项司法公开内容的责任主体，负责办理司法公开事项、管理公开内容，并对其合法性、完整性、准确性、时效性、安全性负责。建立健全司法公开协调机制，公开内容涉及多个人民法院、人民法院多个内设机构或者其他单位的，应当经协调一致后予以公开，确保司法公开信息准确完整。

16. 完善司法公开流程和管理机制。建立健全司法公开工作机制，完善工作流程，明确管理责任，规范有序推进司法公开工作。各部门提出拟公开事项，应对具体公开内容进行核实把关，需要审批的经履行审批程序后予以公开。建立健全公开重大敏感事项前的风险评估机制。建立健全社会关注热点的跟踪回应机制，加强司法公开政策解读工作，切实回应社会关切和群众司法需求。对于社会舆论因不了解情况产生模糊认识或错误看法的，要主动发布权威信息，澄清事实、释疑解惑。司法公开平台载体的管理者、运营者以及其他相关责任主体，依职权对拟在其平台载体上公开的事项，履行好编辑把关责任和日常监测管理责任。

17. 严格落实司法公开保密审查机制。建立健全司法公开保密审查机制。承办司法公开事项时应当同步进行保密审查，加强对国家秘密、审判秘密、商业秘密、公民隐私权和个人信息安全的保护，实现依法公开与保守秘密的有机统一。属于司法公开内容范围的，严格按照人民法院工作国家秘密范围或已定密事项开展定密工作，不得随意扩大定密范围。

四、加强司法公开平台载体建设管理

18. 加强人民法院公报、白皮书工作。充分发挥公报作为各类重要司法信息标准文本和权威载体的作用，及时准确刊登重要法律文献、司法解释、司法文件、司法统计、典型案例等重要司法信息。积极推进历史公报数字化工作，建立完善覆盖全面的人民法院公报数据库，提供开放在线服务。重点围绕服务大局、司法为民、公正司法的重要司法政策、重大司法举措以及重要审判工作情况，扎实做好白皮书编写、制作、发布和宣传工作，切实增强白皮书权威性、规范性和可读性。对于具有重要影响的白皮书，加大宣传推介力度，推进多语言译制工作，提高人民法院白皮书的传播力、影响力。

19. 加强人民法院政务网站建设管理。主动适应信息技术发展、传播方式变革趋势，提高人民法院政务网站服务司法公开、回应社会关切、弘扬法治精神的能力，努力将人民法院政务网站建设成为及时、准确、规范、高效的司法公开平台、互动交流平台和公共服务平台。加强政务网站内容建设和规范管理，强化信息发布更新，及时归并或关闭内容更新没有保障的栏目版块，避免因内容更新不及时、信息发布不准确、意见建议不回应影响司法公开效果。

20. 加强全国法院政务网站建设统筹。编制完善全国法院政务网站发展指引，明确四级法院政务网站功能定位和内容建设要求，分级统一相关技术标准。推进全国法院政务网站集约化建设，将确实缺乏可靠人力、财力和机制保障的基层人民法院网站迁移到上级人民法院网站技术平台统一运营或向安全可控的云服务平台迁移，避免重复建设，保证技术安全。加强各级人民法院政务网站间的协同联动，推进全国法院政务网站群建设，促进资源整合共享，形成一体化司法公开服务网络，增强人民法院政务网站传播效果。

21. 进一步深化司法公开四大平台建设。深化中国审判流程信息公开网建设，全面落实通过互联网公开审判流程信息的规定，完善相关业务规范和技术标准，推进网上办案数据自动采集，推动实现审判流程信息精准推送。扩大庭审公开范围，推进庭审网络直播工作，通过对更多案件特别是有典型意义的案件进行网络直播，主动接受社会监督，促进提升司法能力，深入开展法治教育。加大裁判文书全面公开力度，严格不上网核准机制，杜绝选择性上网问题，规范上网裁判文书管理，加强裁判文书数据资源研究利用。加大执行信息公开力度，拓展执行信息公开范围，推动完善“一处失信、处处受限”信用惩戒大格局，强化公开、透明、规范执行，促进执行工作高水平运行。加大司法公开四大平台建设整合力度，注重用户体验，优化平台功能，完善程序制度，更加重视移动互联时代新特点，促进平台从单向披露转为多向互动，让诉讼活动更加透明、诉讼结果更可预期。

22. 充分发挥现代信息技术促进司法公开作用。全力推动智慧法院由初步形成向全面建设迈进，逐步实现全业务网上办理、全流程依法公开、全方位智能服务。探索大数据、云计算、人工智能、区块链等现代信息技术在司法公开中的深度应用，推动实现司法信息自动生成、智能分析、全程留痕、永久可追溯等功能，进一步提高司法公开自动化信息化智能化水平。深入开展司法大数据挖掘研究和拓展应用，推进全国法院全面实现电子卷宗随案同步生成和深度应用工作，加强中国司法大数据研究院建设，深化司法大数据研究成果转化利用。大力加强网络安全建设，切实维护人民法院信息数据安全。

23. 增强司法公开平台服务民族地区群众和对外宣传功能。加强最高人民法院、民族地区人民法院政务网站和其他重要司法公开平台的民族语言版块建设，积极推进重要司法公开内容的民族语言译制工作，切实保障民族地区群众参与司法、监督司法的权利，更好满足民族地区群众司法需求。加强最高人民法院政务网站、国际商事法庭网站等司法公开平台的外文版建设，强化对外宣传服务功能。海事法院和对外交往频繁、涉外案件较多的法院根据自身条件，推进司法公开平台外文版或外文版块建设，开展多语言译制和对外宣传推介工作。

24. 加强与新闻媒体的良性互动。进一步畅通与新闻媒体的合作渠道，充分运用新闻媒体资源，主动接受舆论监督。加强人民法院新闻发布工作，建立完善人民法院新闻发言人制度，健全优秀新闻发言人培养选拔机制。逐步建立覆盖全国法院的例行新闻发布制度，完善和规范新闻发布流程标准，及时权威发布人民法院工作重大举措和社会关注热点案件等重要司法信息。

25. 加强人民法院自有媒体建设和新闻宣传工作。加强人民法院自有传统媒体和新媒体平台的建设管理，促进传统媒体与新媒体融合发展，充分运用各类新媒体平台，拓宽司法公开渠道，提升司法公开效果。加强新时代人民法院新闻舆论宣传工作，自觉承担起举旗帜、聚民心、育新人、兴文化、展形象的使命任务，牢牢把握正确舆论导向，充分展现法治中国建设和司法事业发展重大成就，广泛传播社会正能量。

五、强化组织保障

26. 落实司法公开工作责任制。各级人民法院要将司法公开工作列入重要议事日程，建立健全司法公开工作责任制，加强组织领导，统筹协调推进，进一步提升司法公开保障水平。各级人民法院院长承担本单位司法公开领导责任，每年至少听取一次司法公开工作汇报，研究部署和督促落实深化司法公开重点工作。细化实化各责任部门工作职责，严格按照职责权限落实具体责任，推动司法公开工作不断向纵深发展。

27. 完善评估督导和示范引领机制。健全司法公开工作成效评估机制，纳入人民法院绩效考核体系，加强对司法公开准确性及时性全面性、平台载体建设、制度落实情况、群众满意度等方面的评估。完善司法公开工作督导制度，加大上级法院对下监督指导力度，督促落实司法公开工作责任制，确保深化司法公开各项政策举措落地见效。发挥司法公开示范法院典型引领作用，逐步扩大示范法院范围，总结推广示范法院先进经验，引领全国法院司法公开工作持续向更大范围、更高层次和更深程度推进。

28. 加强司法公开业务培训。坚持需求导向，开展司法公开培训交流，加强司法公开政策理论学习和业务能力锻炼。将司法公开业务培训纳入国家法官学院及其分院等培训规划和常态化培训课程。人民法院领导干部要准确把握司法公开新部署新要求，切实提高站位，及时更新理念，增强运用司法公开推动法院工作的本领，提高在信息时代背景下解读司法政策、回应社会关切能力。

29. 加强司法公开调查研究。扎实开展司法公开实践调研和理论研究，准确把握人民群众对深化司法公开工作的新要求新期待。注重总结司法公开实践好经验好做法，提炼规律性认识，促进形成高质量理论研究成果和制度转化成果。坚持问题导向，着力解决制约司法公开优化升级的深层次问题，立足中国司法实际积极吸收借鉴域外司法公开理论成果和实践经验，深入推进司法公开理论创新、制度创新和实践创新。

30. 健全司法公开监督体系。拓宽司法公开监督渠道，畅通民意沟通表达机制，自觉接受人大监督、民主监督、检察机关诉讼监督和社会各界监督。充分发挥司法公开平台的监督和互动功能，建立健全意见建议、监督投诉的收集、分析、转化和反馈机制，认真汲取人民群众提出的意见建议，及时研究解决反映的重大问题，主动公布采纳建议、解决问题等情况，更好加强和改进人民法院工作。

31. 加强法治宣传教育。加强司法公开工作宣传，引导当事人和社会公众正确认识司法公开，更好掌握获取司法公开信息的途径方法，确保人民法院深化司法公开的政策、举措、成效为公众知悉、受公众检验、被公众认可。严格落实“谁执法谁普法”的普法责任制，通过多种形式的司法公开工作，进一步传播宪法法律知识，增强全民法治观念，大力弘扬社会主义核心价值观，推进法治国家、法治政府、法治社会一体建设。

各级人民法院要充分认识进一步深化司法公开工作的重大意义，切实把思想和行动统一到党中央决策部署上来，认真落实本意见要求，进一步明确本辖区本单位司法公开重点任务，制定实施办法，细化具体措施，狠抓工作落实，推动形成全面深化司法公开新格局，奋力推进新时代人民法院工作实现新发展。

最高人民法院
印发《关于推进司法公开三大平台建设的若干意见》的通知

2013 年 11 月 21 日　　法发〔2013〕13 号

全国地方各级人民法院，各级军事法院，新疆生产建设兵团各级法院：

现将《最高人民法院关于推进司法公开三大平台建设的若干意见》予以印发，请认真贯彻执行。

附：

关于推进司法公开三大平台建设的若干意见

为贯彻党的十八届三中全会精神，进一步深化司法公开，依托现代信息技术，打造阳光司法工程，全面推进审判流程公开、裁判文书公开、执行信息公开三大平台建设，增进公众对司法的了解、信赖和监督，现结合人民法院工作实际，提出如下意见。

一、推进司法公开三大平台建设的意义、目标和要求

1. 充分认识推进司法公开三大平台建设的重大意义。建设司法公开三大平台，是人民法院适应信息化时代新要求，满足人民群众对司法公开新期待的重要战略举措。人民法院应当以促进社会公平正义、增加人民福祉为出发点和落脚点，全面推进司法公开三大平台建设。

2. 努力实现推进司法公开三大平台建设的基本目标。人民法院应当通过建设与公众相互沟通、彼此互动的信息化平台，全面实现审判流程、裁判文书、执行信息的公开透明，使司法公开三大平台成为展示现代法治文明的重要窗口、保障当事人诉讼权利的重要手段、履行人民法院社会责任的重要途径。通过全面推进司法公开三大平台建设，切实让人民群众在每一个司法案件中都感受到公平正义。

3. 准确把握推进司法公开三大平台建设的总体要求。人民法院应当提高认识，转变观念，严格按照以下要求推进司法公开三大平台建设：

（1）统一规划，有序推进。人民法院应当在最高人民法院的统一指导下，在各高级人民法院的统筹规划下，立足实际，循序渐进，有计划、分批次地推进司法公开三大平台建设。司法公开示范法院和信息化建设有一定基础的法院，应当率先完成建设任务。

（2）科技助推，便捷高效。人民法院应当依托现代信息技术，不断创新公开方式，拓宽公开渠道，通过建立网上办案系统与司法公开平台的安全输送、有效对接机制，实现各类信息一次录入、多种用途、资源共享，既方便公众和当事人查询，又避免重复劳动，最大限度地减少审判人员的工作负担。

（3）立足服务，逐步拓展。人民法院应当充分发挥司法公开三大平台在资讯提供、意见搜集和信息反馈方面的作用，逐步开发其在远程预约立案、公告、送达、庭审、听证、查控方面的辅助功能，提升互动服务效能。公众通过平台提出的意见和建议，应当成为人民法院审判管理、审判监督、纪检监察和改进工作的重要依据。

二、推进审判流程公开平台建设

4. 人民法院应当加强诉讼服务中心（立案大厅）的科技化与规范化建设，利用政务网站、12368 电话语音系统、手机短信平台、电子公告屏和触摸屏等现代信息技术，为公众提供全方位、多元化、高效率的审判流程公开服务。

5. 人民法院应当通过审判流程公开平台，向公众公开以下信息：（1）法院地址、交通图示、联系方式、管辖范围、下辖法院、内设部门及其职能、投诉渠道等机构信息；（2）审判委员会组成人员、审判人员的姓名、职务、法官等级等人员信息；（3）审判流程、裁判文书和执行信息的公开范围和查询方法等司法公开指南信息；（4）立案条件、申请再审、申诉条件及要求、诉讼流程、诉讼文书样式、诉讼费用标准、缓减免交诉讼费用的程序和条件、诉讼风险提示、可供选择的非诉讼纠纷解决方式等诉讼指南信息；（5）审判业务文件、指导性案例、参考性案例等审判指导文件信息；（6）开庭公告、听证公告等庭审信息；（7）人民陪审员名册、特邀调解组织和特邀调解员名册、评估、拍卖及其他社会中介入选机构名册等名册信息。

6. 人民法院应当整合各类审判流程信息，方便当事人自案件受理之日起，凭密码从审判流程公开平台获取以下信息：（1）案件名称、案号、案由、立案日期等立案信息；（2）合议庭组成人员的姓名、承办法官与书记员的姓名、办公电话；（3）送达、管辖权处理、财产保全和先予执行情况；（4）庭审时间、审理期限、审限变更、诉讼程序变更等审判流程节点信息。

7. 人民法院应当积极推进诉讼档案电子化工程，完善转化流程、传送机制和备份方式，充分发挥电子卷宗在提高效率、节约成本、便民利民方面的功能。

8. 人民法院应当积极创新庭审公开的方式，以视频、音频、图文、微博等方式适时公开庭审过程。人民法院的开庭公告、听证公告，至迟应当于开庭、听证三日前在审判流程公开平台公布。

9. 人民法院应当加强科技法庭建设，对庭审活动全程进行同步录音录像，做到"每庭必录"，并以数据形式集中存储、定期备份、长期保存。当事人申请查阅庭审音像记录的，人民法院可以提供查阅场所。

三、推进裁判文书公开平台建设

10. 最高人民法院建立中国裁判文书网，作为全国法院统一的裁判文书公开平台。地方各级人民法院应当在政务网站的醒目位置设置中国裁判文书网的网址链接，并严格按照《最高人民法院关于人民法院在互联网公布裁判文书的规定》，在裁判文书生效后七日内将其传送至中国裁判文书网公布。人民法院可以通过政务微博，以提供链接或长微博等形式，发布社会关注度高、具有法制教育、示范和指导意义的案件的裁判文书。

11. 在互联网公布裁判文书应当以公开为原则，不公开为例外，不得在法律和司法解释规定之外对这项工作设置任何障碍。各级人民法院对其上传至中国裁判文书网的裁判文书的质量负责。

12. 人民法院应当严格把握保障公众知情权与维护公民隐私权和个人信息安全之间的关系，结合案件类别，对不宜公开的个人信息进行技术处理。对于因网络传输故障或技术处理失误导致当事人信息被不当公开的，人民法院应当依照程序及时修改或者更换。

13. 中国裁判文书网应当提供便捷有效的查询检索系统，方便公众按照关键词对在该网公布的裁判文书进行检索，确保裁判文书的有效获取。

14. 最高人民法院率先推动本院裁判文书在互联网公布，并监督指导地方各级人民法院在互联网公布裁判文书的工作。各高级人民法院监督指导辖区内法院在互联网公布裁判文书的工作。各级人民法院应当指定专门机构，负责在互联网公布裁判文书的组织、管理、指导和监督工作，并完善工作流程，明确工作职责。

四、推进执行信息公开平台建设

15. 人民法院应当规范执行信息的收集、交换和使用行为，在确保信息安全的前提下，实现上下级法院之间、异地法院之间、同一法院的立案、审判与执行部门之间的执行信息共享。

16. 人民法院应当整合各类执行信息，方便当事人凭密码从执行信息公开平台获取以下信息：（1）执行立案信息；（2）执行人员信息；（3）执行程序变更信息；（4）执行措施信息；（5）执行财产处置信息；（6）执行裁决信息；（7）执行结案信息；（8）执行款项分配信息；（9）暂缓执行、中止执行、终结执行信息等。

17. 人民法院应当通过执行信息公开平台，向公众公开以下信息：（1）执行案件的立案标准、启动程序、执行收费标准和根据、执行费缓减免的条件和程序；（2）执行风险提示；（3）悬赏公告、拍卖公告等。

18. 人民法院应当对重大执行案件的听证、实施过程进行同步录音录像，并允许当事人依申请查阅。有条件的人民法院应当为执行工作人员配备与执行指挥中心系统对接的信息系统，将执行现场的视频、音频通过无线网络实时传输回执行指挥中心，并及时存档，实现执行案件的全程公开。

19. 人民法院应当充分发挥执行信息公开平台对失信被执行人的信用惩戒功能，向公众公开以下信息，并方便公众根据被执行人的姓名或名称、身份证号或组织机构代码进行查询：（1）未结执行实施案件的被执行人信息；（2）失信被执行人名单信息；（3）限制出境被执行人名单信息；（4）限制招投标被执行人名单信息；（5）限制高消费被执行人名单信息等。

20. 人民法院应当为各类征信系统提供科学、准确、全面的信息，实现执行信息公开平台与各类征信平台的有效对接。

五、工作机制

21. 加强组织领导，强化工作保障。最高人民法院统一指导全国法院的司法公开三大平台建设工作，制定推进规划，开发配套软件，确定评估标准，定期督促检查。各高级人民法院具体统筹辖区内法院的司法公开三大平台建设工作，完善实施细则，协调解决问题，总结推广经验。各级人民法院主要领导要把司法公开三大平台建设作为“一把手”工程，列入重要议事日程，积极主动争取党委、人大和政府的支持。要切实采取有效措施，不断完善硬件设施和技术条件，为司法公开三大平台建设提供强有力的物质保障。

22. 做好统筹协调，完善配套机制。各级人民法院要明确管理机构，专门负责推进司法公开三大平台建设工作。要建立有效的协调机制，加强司法公开管理部门与业务部门的沟通配合，提升一线人员在司法公开工作上的责任心、积极性。要加强上级法院对下级法院深化司法公开工作的指导责任，及时总结经验、纠正偏差。

23. 加强督促检查，狠抓工作落实。对司法公开三大平台建设工作的检查评估，要采取督查、抽查和自查相结合的方式，注重三大平台运行的系统性、顺畅性和有效性，不能只追求排名和指标，更不能搞形式主义。要扎实做好司法公开三大平台的宣传工作，确保人民法院深化司法公开的举措为公众知悉，受公众检验，被公众认可。

【链 接】

依托现代信息技术 打造阳光司法工程

——最高人民法院司改办负责人就《关于推进司法公开三大平台建设的若干意见》答记者问

2013 年 11 月 21 日，最高人民法院发布了《关于推进司法公开三大平台建设的若干意见》（以下简称《意见》），就人民法院如何全面推进审判流程公开、裁判文书公开和执行信息公开三大平台建设提出了具体要求。就此，最高人民法院司改办负责人回答了记者的提问。

一、问：请简要介绍一下《意见》的起草背景？

答：人民法院历来高度重视司法公开工作，始终把深化司法公开作为推进司法改革的重要内容。近年来，最高人民法院开通了中国裁判文书网，成立新闻局和信息中心，出台了一系列关于司法公开的意见和规定，在全国确定 200 个司法公开示范法院，充分显示了人民法院全面推进司法公开的信心和决心。地方各级人民法院在深化司法公开方面进行了积极有效的探索，积累了许多好的经验。

党的十八届三中全会从全面深化改革、建设法治中国的高度，对人民法院推进司法公开提出了更新更高的要求。随着信息技术的飞速发展和经济社会形势的不断变化，公众获取信息的渠道更多元、方式更便利、效率更快捷，对公共事务日益关切，对人民法院的司法公开工作也有了更多新要求新期待，如希望随时查询案件进程、在线预约诉讼服务、获取裁判文书、向法院反馈信息，等等。为贯彻十八届三中全会精神，适应信息化时代新要求，满足人民群众对司法公开的新期待，最高人民法院在广泛调研的基础上制定并公开发布这个《意见》，就全面推进司法公开三大平台建设提出明确目标和具体要求。

二、问：《意见》主要包括哪些内容？有哪些主要特点？

答：《意见》包括五大部分，第一部分明确了推进司法公开三大平台的重大意义、基本目标和总体要求。第二、三、四部分依次对审判流程公开、裁判文书公开、执行信息公开三大平台建设提出了具体要求。第五部分对推进司法公开三大平台建设的工作机制提出明确要求，涉及组织领导、物质保障、统筹协调和督促协调等各个层面。

为了使《意见》更加符合时代需求和审判实际，最高人民法院在文件起草期间，召开了数十场调研会，广泛听取了地方各级人民法院和互联网专家、法律学者与律师群体的意见建议。《意见》的主要特点在于：一是具有时代特色。集中反映了人民群众对司法公开的最新需求，吸收了各地法院深化司法公开的新经验，体现了互联网时代信息技术发展的新特色。二是尊重司法规律。根据人民法院审判、执行工作的特点，科学界定了司法公开的范围、时限和方式，避免发生盲目公开或无序公开的现象。三是密切联系实际。结合各地法院硬件建设和经济发展的实际水平，提出了务实有序、逐步拓展的建设要求，强调要确保各类信息一次录入、多种用途、资源共享，不增加一线审判人员工作负担，禁止搞形式主义，避免让三大平台建设成为“政绩工程”或“面子工程”。

三、问：请解释一下“平台”的含义，并说明三大平台之间的关系。

答：平台是指依托计算机硬件和软件搭建的信息传送系统，具备在线办事、查询检索、沟通交流、及时反馈等功能。传统的司法公开方式，主要是单向的信息发布，而通过建设司法公开信息化平台，公众和当事人可以与人民法院进行双向互动，交流、办事和查询将更加方便，获取信息的方式更为多元、便捷。

需要强调的是，司法公开三大平台并不是三个各自为阵、互不相关的独立平台，而是一个有机联系的整体。它是以人民法院的政务网站为基础，通过互联网聚合联通的三大板块，功能上各有侧重，资源上互联互通，内容上互为补充。司法公开三大平台，既是人民群众在打官司过程中最关心的三个关键环节，又是制约和影响司法公正的三个关键节点。推进司法公开三大平台建设，着力发挥现代信息技术在服务、交流方面的核心作用，真正将纸面上的司法公开落到实处、发挥实效。

四、问：请介绍一下推进审判流程公开平台建设的主要内容。

答：审判流程是人民法院在立案、庭审、听证、合议、宣判等诉讼过程中产生的各类静态和动态信息。建设审判流程公开平台，就是借助信息化手段，将人民法院上述信息依法向当事人和社会公开。具体要求包括：一是以政务网站为基础平台，通过手机短信、电话语音系统、电子触摸屏、微博、微信等技术手段，为公众和当事人提供全方位、多元化的司法服务。二是开发完善统一的审判流程查询系统，方便当事人查询案件进展情况，增加审判工作透明度，最大程度压缩信息寻租的空间。三是充分发挥审判流程公开平台在远程预约立案、公告、送达、庭审、听证方面的辅助功能。四是大力推进诉讼档案电子化工程，切实提升工作效率，减轻当事人讼累。五是积极创新庭审公开方式，以视频、音频、图文、微博等方式及时公开庭审过程。六是加强科技法庭建设，对庭审活动全程进行同步录音录像，逐步实现“每庭必录”，并方便当事人依法查阅。

五、问：请介绍一下推进裁判文书公开平台建设的主要内容。

答：裁判文书是人民法院审判工作的最终产品，是承载全部诉讼活动与法官推理的重要载体。最高人民法院已经在今年7月1日开通了中国裁判文书网，并积极推动最高人民法院符合条件的裁判文书全部上网。我们所说的裁判文书公开平台，其实就特指以中国裁判文书网为基础形成的全国统一的操作系统。截至目前，中国裁判文书网与各高院裁判文书传送平台已经联通，从2014年1月1日起，全国各级人民法院的生效裁判文书将陆续在该网公布，最终实现四级法院依法能够公开的裁判文书全部上网。《意见》强调，在互联网公布裁判文书要以公开为原则，不公开为例外，各级人民法院对其在中国裁判文书网公布的裁判文书的质量负责。《意见》还配合《最高人民法院关于人民法院在互联网公布裁判文书的规定》，对如何保障公众知情权与维护公民隐私权和个人信息安全之间的关系、如何确保裁判文书能够被有效查询检索、如何完善裁判文书上网的工作机制，提出了具体而明确的要求。

六、问：请介绍一下推进执行信息公开平台建设的主要内容。

答：执行信息是人民法院在执行过程中产生的各类信息，它可以全面及时地反映人民法院依法进行的执行活动。人民法院通过建立执行信息公开平台，可以及时公开执行信息，让公众和当事人及时了解人民法院为实现当事人的胜诉权益所采取的执行措施，争取人民群众对法院执行工作的理解，最大程度挤压利用执行权寻租的空间，充分发挥执行公开的防腐功能。具体要求包括：一是完善执行信息查询系统，开发执行信息短信发送平台，方便当事人随时查询、了解执行案件进展情况。二是对重大执行案件的听证、实施过程进行同步录音录像，并允许当事人依申请查阅

二是将生效裁判文书“上网审批”改为“不上网审批”；三是强调当事人实名公开；四是要求上网文书原则上不得修改、更换和撤回；五是明确中国裁判文书网作为各级人民法院文书上网的统一平台。

《规定》明确，涉及国家秘密的、涉及个人隐私的、涉及未成年人违法犯罪的以及以调解方式结案的等四种情形，裁判文书可以不在互联网公布。对于裁判文书中当事人的姓名或者名称等真实信息，《规定》规定三种情况可以进行匿名处理：婚姻家庭、继承纠纷案件中的当事人及其法定代理人；刑事案件中被害人及其法定代理人、证人、鉴定人；被判处三年有期徒刑以下刑罚以及免予刑事处罚，且不属于累犯或者惯犯的被告人。同时，对自然人的家庭住址、通讯方式、身份证号码、银行账号、健康状况等个人信息，及未成年人的相关信息，法人以及其他组织的银行账号、商业秘密等不宜公开的内容，进行删除处理。

最高人民法院
关于在人民法院工作中培育和践行社会主义核心价值观的若干意见

2015年10月12日　　　　　　法发〔2015〕14号

为贯彻落实中共中央《关于培育和践行社会主义核心价值观的意见》和习近平总书记关于培育和践行社会主义核心价值观的系统论述，在人民法院工作中加强培育和践行社会主义核心价值观，努力实现富强、民主、文明、和谐的价值目标，努力追求自由、平等、公正、法治的价值取向，努力践行爱国、敬业、诚信、友善的价值准则，大力加强法官职业道德建设，保证法官正确履行宪法法律职责，促进全社会不断提高社会主义核心价值观的建设水平，根据

《中华人民共和国宪法》《中华人民共和国法官法》和有关规定，制定本意见。

在人民法院培育和践行社会主义核心价值观，必须高举中国特色社会主义伟大旗帜，必须始终坚持党的领导。党的领导是中国特色社会主义法治最本质的特征和最根本的政治保证，也是培育和践行社会主义核心价值观的根本保证。广大法官和法院其他工作人员要在思想上、行动上与以习近平同志为总书记的党中央保持高度一致，确保党中央的各项方针政策在审判、执行及其他工作中得到不折不扣的贯彻执行。人民法院的全部工作都要始终坚持党的领导，致力于巩固党的执政地位，全体党员特别是领导干部都要在培育和践行社会主义核心价值观中发挥模范带头作用。

一、坚持司法为民

牢固树立人民性是人民司法根本属性的理念，努力实现司法工作服务人民、依靠人民、造福人民和保护人民的宗旨。人民群众是审判执行工作质量、效率、效果的直接受益者和最终评判者，司法公信力及其尊严权威归根结底是人民群众的口碑。要把公正高效审理执行好各类案件，最大限度地化解各类社会矛盾，依法保障好人民群众的合法权益作为人民司法的工作目标和根本任务。要按照“人民群众对美好生活的向往就是我们的奋斗目标”的要求，畅通人民群众依法维权渠道，积极回应人民群众对公正司法的关切和期待，为人民群众参与诉讼提供优质高效的司法服务。要通过完善诉讼服务中心、信访大厅、巡回审判、网络平台和服务热线等便民、利民的措施或设施，让司法便利群众、接近群众，让群众走进司法。要不断总结、推广司法为民的各种好经验、好做法，充分运用现代信息技术，在法律和政策的范围内把司法的便民、利民、亲民体现到审判执行工作的每一个环节中去。

二、忠于宪法法律

宪法法律是党的主张和人民共同意志的体现，是全体公民、一切政党和所有社会组织共同遵守的基本行为准则，是中华民族在建设中国特色社会主义法治国家的伟大实践中共同创造的制度成果和精神财富，也是人民法院行使权力、履行职责的根本依据。忠于宪法法律是忠于党和人民的重要方面，捍卫宪法法律尊严是维护党和人民权威的集中体现。全体法官和法院其他工作人员要衷心拥护、发自内心地信仰宪法法律，带头遵守和服从宪法法律，严格、正确、公正地实施宪法法律。要充分发挥司法在促进法治国家建设和法治社会发展中的重要作用，审判执行各类案件，制定司法政策，出台司法解释，发布指导性案例等司法活动，都必须忠于宪法法律的内容和精神，严格实施宪法法律的规定和要求，坚决维护宪法法律的尊严和权威，坚决落实党中央关于依宪治国和依法治国的决策部署。

三、尊重保障人权

坚决落实宪法法律关于尊重和保障人权的各项规定，始终把尊重和保障人权作为人民法院的基本职责和任务。要最大限度地发挥司法的人权保障功能，坚持保障个人人权与集体人权、公民政治权利与经济社会文化权利、多数人权利与少数人权利的统一，更加重视运用司法手段保障公民的发展权和环境权益。在审判执行工作中，对人民法院依法应当受理的案件，要做到有案必立、有诉必理，切实保障当事人的诉权。要依法保障当事人和其他诉讼参与人对诉讼活动的知情权、陈述权、辩护权、代理权、申请权、申诉权等各项诉讼权利，不得滥用司法权力限制、剥夺或变相限制、剥夺。要加强对妇女、未成年人、老年人人权的司法保护，积极创造条件不断加大人权司法救济力度。要坚决落实罪刑法定、疑罪从无、非法证据排除等法律原则和制度，健全冤假错案有效防范、及时纠正机制，努力提高司法保障人权的效果和水平。

四、坚持平等保护

高度重视人民群众追求平等的热切期盼，认真研判不平等现象及其潜藏的社会风险，依法审理好当事人针对违法不平等对待提起的诉讼案件，敢于对违背法律和没有法律依据的各类不平等现象和做法亮剑说不，积极化解因社会不平等引发的矛盾冲突，促进社会稳定和谐，促进平等在发展中不断实现。要切实保障法律面前人人平等原则在司法活动中得到贯彻落实，努力为所有当事人创造平等的诉权实现条件和诉权实现机制。在刑事、民事、行政等诉讼活动中，要保障任何公民不因民族、种族、性别、职业、家庭出身、宗教信仰、教育程度、财产状况、居住期限等不同而在法律面前受到不平等对待。在刑罚执行、决定减刑、假释、暂予监外执行等工作中，要坚持严格依法办事，决不允许任何人享有法外特权。在涉外案件审判执行中，要平等保护中外当事人合法权益。

五、捍卫公平正义

公正是法治的生命线，是司法公信和司法权威的基石。要以严格司法规范司法行为，审慎行使自由裁量权，确保公正司法。要坚持实体公正与程序公正并重，处理各类诉讼案件，要坚决做到认定事实清楚，适用法律正确，裁判结果公正，审判程序合法，裁判说理充分，法律文书规范。要以司法公开倒逼和促进司法公正，让司法公正以人们看得见的方式实现，切实增强司法裁判的可接受性和被认同性，努力让人民群众在每一个司法案件中感受到公平正义。要充分发挥司法公正对社会公正的引领作用，坚决避免因司法不公贻害社会公正，保障在全社会实现公平正义。要依法惩治藐视法庭权威、妨害人民法院公正司法、维护社会公平正义的审判执行活动的行为，加大打击拒不履行生效裁判违法犯罪行为的力度，让公正裁判得到执行，让胜诉当事人享受到公平正义的成果。

六、弘扬法治精神

在全社会弘扬法治精神是全面推进依法治国的重要内容，审判执行工作是弘扬法治精神的重要途径，要把办案过程作为宣传法治理念、弘扬法治精神的过程。要通过严格、公正司法引导各类主体遵守经济、社会秩序和法律规则，促进全社会形成尊法、学法、用法、守法、信法的良好风尚。要严肃制裁各类破坏法律规则的行为，用活生生的案例培养讲规则、守规则、信规则和按规则办事的社会习惯，切实树立法律的尊严和权威。要为公众旁听法院审判、了解法院工作、参与司法活动、接受法治教育创造机会和条件，使公民走进法院、旁听审判、参与司法成为法治社会的一道亮丽风景。要通过公开统计数据、直播庭审活动、公布裁判文书、发布典型案例等方式大力宣传社会主义法治成就，弘扬社会主义法治精神，培育社会主义法治文化，推动形成人人依法行使权利、依法维护权利、自觉履行义务和守法光荣、违法可耻的社会氛围。

七、维护公共利益

公共利益关系人民群众的切身利益、共同福祉和整体利益。重视保护公共利益、不断增进公共利益是社会主义制度的本质特征和巨大优越性，倡导个人利益服从公共利益是社会主义道德的重要内容。要充分发挥司法职能，落实宪法法律维护公共利益的规定，依法严惩严重危害国家主权和领土完整的危害国家安全犯罪，保卫国家主权和领土完整。依法严惩严重危害公共安全和社会稳定的暴力、恐怖活动犯罪、黑社会性质组织犯罪和严重危害社会治安的犯罪，保证各族人民安居乐业。要依法严惩破坏土地矿产资源、污染生态环境、危害食品药品安全、制售假冒伪劣产品、侵占国有资产等侵害人民群众合法权益或损害社会公共利益的违法犯罪案件，切实维护人民群众的生态环境权益和共同的切身利益。要充分发挥司法职能，正确处理公共利益和个人权利之间的关系，促进全社会形成自觉维护公共利益的社会主义法律意识和道德风尚。

八、推进廉政建设

司法廉洁是廉政建设的重要方面和有力抓手。全体法官和法院其他工作人员要坚定理想信念，坚持职业操守，珍惜司法荣誉，恪守清正廉洁，以司法廉洁保障司法公正，树立司法权威，提高司法公信，促进政治清明，净化社会风气，引领社会风尚。要清醒认识到审判、执行权已成为诉讼掮客围猎的重点领域，必须坚守廉洁自律底线，彻底破除各种腐败潜规则，坚决杜绝关系案、人情案、金钱案，切实维护司法的声誉与形象。要坚决杜绝与当事人、律师、特殊关系人、中介组织的不正当接触、交往和利益输送行为，严格执行法官任职回避、过问案件全程留痕、防止利益冲突等制度规定。要以司法公开促进司法廉洁，让司法腐败在阳光下无处藏身。要严格落实“五个严禁”规定，依法严惩法院干警违法犯罪行为，坚决清除队伍中的害群之马，坚决落实对违法犯罪被开除公职司法人员终身禁业的要求，对司法腐败坚持零容忍，从制度上保障司法清正廉洁。

九、鼓励诚实守信

诚实守信是人类社会普遍崇尚的基本价值，诚实信用原则被公认为民商事活动的根本原则，要通过倡导诉讼诚信促进诚信社会建设。在审判、执行活动中，司法人员除了要查明案件的实体争议和纠纷的是非曲直外，还要对当事人在纠纷发生和诉讼过程中的诚实守信情况进行审查并作为裁判的重要依据。要依法保护、鼓励诚实守信的当事人，不让讲诚信的当事人在诉讼中吃亏；要依法制裁、谴责不讲诚信的当事人，决不让奸猾失信之人通过诉讼占便宜。要坚决防止、依法惩处各种出于非法目的，虚构事实提起诉讼或滥用诉讼权利，故意逃避法律义务，损害国家利益、公共利益或他人合法权益的恶意诉讼和虚假诉讼等行为，严肃处理伪造证据、当庭撒谎和滥诉、缠诉等行为。要通过维护和奖掖诚信诉讼，树立国家司法的权威，提高司法的公信力。

十、尊重意思自治

意思自治是民事主体依法享有的基本权利，也是从事民事活动必须遵循的基本原则。意思自治是民事主体行使自由权利的集中体现，对意思自治的尊重就是对民事主体享有的自由权利的尊重。人民法院要通过审判执行活动，引领、指导、支持、保护自然人和各类社会组织在市场经济活动和社会生活中正确行使意思自治权利，严格要求各类民事主体对意思自治支配下的行为及其后果负责，严肃惩治各种非法干预他人行使意思自治权利的行为。在处理相关案件中，要按照意思自治、法律规定、交易习惯和公序良俗等不同效力和习惯顺序进行裁判，保障当事人在意思自治下作出的对实体权益的合法处分权和对程序权利的合法选择权，在坚持严格司法和保障程序公正的范围内，积极引导、鼓励当事人在诉讼程序和执行程序中自愿选择调解、和解等体现当事人自主解决纠纷的方式。

十一、维护公序良俗

公共秩序和善良风俗是法治国家与法治社会建设的重要内容，也是衡量社会主义法治与德治建设水准的重要标志。倡导、培育和维护公序良俗，谴责、制裁、摒除各类缺德行为或丑恶现象，是人民法院肩负的重要职责。要深刻理解、准确把握公共秩序和善良风俗的时代内涵和建设重点，针对当前存在的见死不救、遇难不助、损人利己、不孝不仁等突出问题，大力倡导“与人为善”“以和为贵”“宽容互让”“尊老爱幼”“助人为乐”“见义勇为”等高尚行为。要充分发挥调解、和解、协调等方式在纠纷解决中的重要作用，努力营造人与人之间相互尊重、相互理解、和谐相处、友善相待的社会氛围。要通过具体案件的处理引领良好的社会风尚，使讲仁爱、重民本、守诚信、崇正义、尚和合、求大同等中华优秀传统文化在新的历史条件下得到弘扬和传承，促使道德和法律共同发挥作用，实现依法治国与以德治国整体推进。

各级人民法院要立足本地本院工作实际，坚持因地制宜，坚持以法为媒，不断创新形式，扎扎实实地培育和践行社会主义核心价值观。要结合开展“三严三实”教育实践活动和向邹碧华同志学习活动，抓住理想信念这个核心，抓住世界观、人生观、价值观这个总开关，将培育和践行社会主义核心价值观坚定不移、深入持久地开展下去，务求取得实实在在的成效。

【链　　接】

《关于在人民法院工作中培育和践行社会主义核心价值观的若干意见》的新闻发布稿

最高人民法院研究室主任　颜茂昆

（2015 年 10 月 13 日）

今天新闻发布会的主题是发布《最高人民法院关于在人民法院工作中培育和践行社会主义核心价值观的若干意见》（以下简称《意见》）。为了使大家能够更加充分地了解这方面的工作，下面由我向各位通报《意见》起草的背景情况和主要内容，然后就大家关心的有关问题回答提问。

一、《意见》起草的背景及重大意义

党的十六届六中全会提出建设社会主义核心价值体系的重大战略任务。党的十八大提出“三个倡导”，积极培育和践行社会主义核心价值观。党的十八届三中全会强调，坚持中国特色社会主义文化发展道路，培育和践行社会主义核心价值观，巩固马克思主义在意识形态领域的指导地位，巩固全党全国各族

人民团结奋斗的共同思想基础。十八大以来，习近平总书记始终把社会主义核心价值观建设放在十分重要的位置，多次作出重要论述。2013年底，中央下发了《关于培育和践行社会主义核心价值观的意见》。为深入贯彻落实党的十八大、十八届三中全会关于培育和践行社会主义核心价值观的重大部署和习近平总书记重要论述精神，充分发挥人民法院规范、指导、评价、引领社会价值的重要作用，在全面建成小康社会、全面深化改革、全面依法治国、全面从严治党的战略中大力弘扬和践行社会主义核心价值观，最高人民法院党组经过多次讨论，制定了本《意见》。

社会主义核心价值观是中国共产党领导人民开创和发展中国特色社会主义事业进程中形成的重大理论成果，是中国共产党凝聚全党全社会价值共识作出的重要论断，是中华民族共同的精神财富。习近平总书记指出："核心价值观，承载着一个民族、一个国家的精神追求，体现着一个社会评判是非曲直的价值标准。"培育和践行社会主义核心价值观，与中国特色社会主义发展要求相契合，与中华优秀传统文化和人类文明优秀成果相承接，是凝魂聚气、强基固本的基础工程，是推进中国特色社会主义伟大事业、实现中华民族伟大复兴中国梦的战略任务。积极培育和切实践行社会主义核心价值观，对于在全社会形成广泛的价值认同、文化认同，对于促进人的全面发展、引领社会全面进步，对于集聚全面建成小康社会、实现中华民族伟大复兴中国梦的强大正能量，具有重要的现实意义和深远的历史意义。

培育和践行社会主义核心价值观，是全党全社会的共同责任。人民法院作为国家审判机关，承担着执法办案、明断是非、定分止争、惩恶扬善、维护正义的神圣职责，在培育和践行社会主义核心价值观方面肩负着重要使命，发挥着规范、指引、评价、引领社会价值的特殊作用。各级人民法院要深刻领会社会主义核心价值观的丰富内涵，准确把握其在国家层面、社会层面和公民层面的具体要求，以人民法院的全部工作促进国家富强、民主、文明、和谐，促进社会自由、平等、公正、法治，促进公民爱国、敬业、诚信、友善。要立足审判职能，切实承担起倡导社会主义核心价值观的责任，把培育和践行社会主义核心价值观与推进平安中国、法治中国建设紧密结合起来，与司法为民、公正司法紧密结合起来，努力以审判工作推进社会主义核心价值观建设。

二、《意见》的主要内容

《意见》共11条，内容十分丰富，涵盖了在人民法院工作中培育和践行社会主义核心价值观的指导思想、基本原则和目标任务等方面的内容，主要体现在三个方面：

（一）努力实现富强、民主、文明、和谐的价值目标

中国特色社会主义政治发展道路，是我们党领导全国各族人民在长期革命

和斗争中探索作出的历史选择，也是实现国家富强、民主、文明、和谐的根本保障。坚持中国特色社会主义政治发展道路，关键是坚定不移地坚持党的领导、人民当家作主、依法治国的有机统一。《意见》在序言中指出，在人民法院培育和践行社会主义核心价值观，必须高举中国特色社会主义伟大旗帜，必须始终坚持党的领导。党的领导是中国特色社会主义法治最本质的特征和最根本的政治保证，也是培育和践行社会主义核心价值观的根本保证。《意见》第一条即为坚持司法为民。人民群众是审判执行工作质量、效率、效果的直接受益者和最终评判者，司法公信力及其尊严权威归根结底是人民群众的口碑。各级人民法院要按照“人民群众对美好生活的向往就是我们的奋斗目标”的要求，牢固树立人民性是人民司法根本属性的理念，努力实现司法工作服务人民、依靠人民、造福人民和保护人民的宗旨。要把公正高效审理执行好各类案件，最大限度地化解各类社会矛盾，依法保障好人民群众的合法权益作为人民司法的工作目标和根本任务。《意见》第二条是忠于宪法法律。宪法法律是党的主张和人民共同意志的体现，是全体公民、一切政党和所有社会组织共同遵守的基本行为准则，是中华民族在建设中国特色社会主义法治国家的伟大实践中共同创造的制度成果和精神财富，也是人民法院行使权力、履行职责的根本依据。忠于宪法法律是忠于党和人民的重要方面，捍卫宪法法律尊严是维护党和人民权威的集中体现。全体法官和法院其他工作人员要衷心拥护、发自内心地信仰宪法法律，带头遵守和服从宪法法律，严格、正确、公正地实施宪法法律。《意见》以坚持党的领导、人民当家作主、依法治国三者有机统一为统领，指明了在人民法院工作中培育和践行社会主义核心价值观的前进方向。

(二) 努力追求自由、平等、公正、法治的价值取向

《意见》第三条为尊重保障人权。各级人民法院要坚决落实宪法法律关于尊重和保障人权的各项规定，始终把尊重和保障人权作为人民法院的基本职责和任务。要最大限度地发挥司法的人权保障功能，坚持保障个人人权与集体人权、公民政治权利与经济社会文化权利、多数人权利与少数人权利的统一，更加重视运用司法手段保障公民的发展权和环境权益。在审判执行工作中，要切实保障当事人的诉权，坚决落实罪刑法定、疑罪从无、非法证据排除等法律原则和制度，健全冤假错案有效防范、及时纠正机制，努力提高司法保障人权的效果和水平。《意见》第四条为坚持平等保护。高度重视人民群众追求平等的热切期盼，认真研判不平等现象及其潜藏的社会风险，依法审理好当事人针对违法不平等对待提起的诉讼案件，敢于对违背法律和没有法律依据的各类不平等现象和做法亮剑说不，积极化解因社会不平等引发的矛盾冲突，促进社会稳定和谐，促进平等在发展中不断实现。要切实保障法律面前人人平等原则在司法活动中得到贯彻落实，努力为所有当事人创造平等的诉权实现条件和诉权实

现机制。《意见》第五条为捍卫公平正义。公正是法治的生命线，是司法公信和司法权威的基石。要以严格司法规范司法行为，审慎行使自由裁量权，确保公正司法。要坚持实体公正与程序公正并重，处理各类诉讼案件，要坚决做到认定事实清楚，适用法律正确，裁判结果公正，审判程序合法，裁判说理充分，法律文书规范。要充分发挥司法公正对社会公正的引领作用，坚决避免因司法不公贻害社会公正，保障在全社会实现公平正义。《意见》第六条为弘扬法治精神。在全社会弘扬法治精神是全面推进依法治国的重要内容，审判执行工作是弘扬法治精神的重要途径，要把办案过程作为宣传法治理念、弘扬法治精神的过程。要通过严格、公正司法引导各类主体遵守经济、社会秩序和法律规则，促进全社会形成尊法、学法、用法、守法、信法的良好风尚。要严肃制裁各类破坏法律规则的行为，用活生生的案例培养讲规则、守规则、信规则和按规则办事的社会习惯，切实树立法律的尊严和权威。

（三）努力践行爱国、敬业、诚信、友善的价值准则

《意见》第七条为维护公共利益。要充分发挥司法职能，落实宪法法律维护公共利益的规定，依法严惩严重危害国家主权和领土完整的危害国家安全犯罪，保卫国家主权和领土完整。依法严惩严重危害公共安全和社会稳定的暴力、恐怖活动犯罪、黑社会性质组织犯罪和严重危害社会治安的犯罪，保证各族人民安居乐业。要依法严惩破坏土地矿产资源、污染生态环境、危害食品药品安全、制售假冒伪劣产品、侵占国有资产等违法犯罪案件，切实维护人民群众的生态环境权益和社会公共利益。《意见》第八条为推进廉政建设。全体法官和法院其他工作人员要坚定理想信念，坚持职业操守，珍惜司法荣誉，恪守清正廉洁，以司法廉洁保障司法公正，树立司法权威，提高司法公信，促进政治清明，净化社会风气，引领社会风尚。要清醒认识到审判、执行权已成为诉讼掮客围猎的重点领域，必须坚守廉洁自律底线，彻底破除各种腐败潜规则，坚决杜绝关系案、人情案、金钱案，切实维护司法的声誉与形象。《意见》第九条为鼓励诚实守信。诚实守信是人类社会普遍崇尚的基本价值，通过倡导诉讼诚信促进诚信社会建设。要依法保护、鼓励诚实守信的当事人，不让讲诚信的当事人在诉讼中吃亏；依法制裁、谴责不讲诚信的当事人，决不让奸猾失信之人通过诉讼占便宜。要坚决防止、依法惩处各种出于非法目的，虚构事实提起诉讼或滥用诉讼权利，故意逃避法律义务，损害国家利益、公共利益或他人合法权益的恶意诉讼和虚假诉讼等行为，严肃处理伪造证据、当庭撒谎和滥诉、缠诉等行为。《意见》第十条为尊重意思自治。人民法院要通过审判执行活动，引领、指导、支持、保护自然人和各类社会组织在市场经济活动和社会生活中正确行使意思自治权利，严格要求各类民事主体对意思自治支配下的行为及其后果负责，严肃惩治各种非法干预他人行使意思自治权利的行为。在坚

持严格司法和保障程序公正的范围内，积极引导、鼓励当事人在诉讼程序和执行程序中自愿选择调解、和解等体现当事人自主解决纠纷的方式。《意见》第十一条为维护公序良俗。公共秩序和善良风俗是法治国家与法治社会建设的重要内容，也是衡量社会主义法治与德治建设水准的重要标志。倡导、培育和维护公序良俗，谴责、制裁、摒除各类缺德行为或丑恶现象，是人民法院肩负的重要职责。针对当前存在的见死不救、遇难不助、损人利己、不孝不仁等突出问题，要大力倡导“与人为善”“以和为贵”“宽容互让”“尊老爱幼”“助人为乐”“见义勇为”等高尚行为。要通过具体案件的处理引领良好的社会风尚，使讲仁爱、重民本、守诚信、崇正义、尚和合、求大同等中华优秀传统文化在新的历史条件下得到弘扬和传承，促使道德和法律共同发挥作用，实现依法治国与以德治国整体推进。

我要通报的情况就是这些，谢谢大家！

最高人民法院
关于印发《最高人民法院关于宪法宣誓的组织办法》的通知

2016 年 4 月 19 日　　　　法发〔2016〕9 号

本院各单位：

《最高人民法院关于宪法宣誓的组织办法》已经院党组 2016 年第 16 次会议讨论通过，现印发给你们，请遵照执行。

附：

最高人民法院关于宪法宣誓的组织办法

第一条　为增强宪法意识，激励和教育人民法院工作人员忠于宪法、遵守宪法、维护宪法，根据《全国人民代表大会常务委员会关于实行宪法宣誓制度的决定》，制定本办法。

第二条　最高人民法院副院长、审判委员会委员、庭长、副庭长、审判员和军事法院院长，在依照法定程序产生后，进行宪法宣誓。

最高人民法院其他国家工作人员，在就职时进行宪法宣誓。

第三条　宪法宣誓誓词为：

我宣誓：忠于中华人民共和国宪法，维护宪法权威，履行法定职责，忠于祖国、忠于人民，恪尽职守、廉洁奉公，接受人民监督，为建设富强、民主、文明、和谐的社会主义国家努力奋斗！

第四条　宣誓场所应当庄重、严肃，悬挂中华人民共和国国旗或者国徽。

宪法宣誓的领誓人、宣誓人统一着法袍或者其他制式服装、正装。

第五条　宣誓仪式可以采取单独宣誓或者集体宣誓的形式。

最高人民法院副院长、审判委员会委员、庭长、副庭长、审判员和军事法院院长集体宣誓，由最高人民法院院长或者其委托的资深法官领誓。

最高人民法院其他国家工作人员集体宣誓，由最高人民法院院长或者其委托的人员领誓。

法官等级晋升或者非领导职务晋升时，可以根据需要组织集体宣誓。

宣誓仪式可以由最高人民法院院长或者其委托的人员进行监誓。

第六条　举行宣誓仪式，应当奏唱中华人民共和国国歌。

单独宣誓时，宣誓人面向国旗或者国徽站立，左手抚按《中华人民共和国宪法》，右手举拳，拳心朝前，诵读誓词。

集体宣誓时，领誓人面向国旗或者国徽站立，左手抚按《中华人民共和国宪法》，右手举拳，拳心朝前，领诵誓词；宣誓人在领誓人身后整齐站立，面向国旗或者国徽，右手举拳，拳心朝前，跟诵誓词；誓词宣读完毕，在领誓人读出“宣誓人”后，报出自己姓名。

第七条　组织宪法宣誓应当公开进行，可以邀请人大代表、政协委员、有关方面代表参加宣誓仪式。

第八条　举行重要活动时组织的重温誓词活动，参照本办法执行。

第九条　本办法自发布之日起施行，《中华人民共和国法官宣誓规定（试行）》同时废止。

【链　　接】

树立宪法意识　弘扬宪法精神　维护宪法权威　履行宪法使命

——最高人民法院政治部负责人就《关于宪法宣誓的组织办法》答记者问

2016年4月19日，最高人民法院印发了《关于宪法宣誓的组织办法》（以下简称《宣誓组织办法》。最高人民法院政治部负责人就《宣誓组织办法》回答了记者提问。

一、问：请介绍一下出台《宣誓组织办法》的背景及意义？

答：建立宪法宣誓制度，是树立宪法权威、增强宪法观念的重要举措，是增强国家工作人员责任感、使命感的重要方式。党的十八届四中全会决定建立宪法宣誓制度。2015年7月1日，十二届全国人大常委会第十五次会议审议通过了《全国人民代表大会常务委员会关于实行宪法宣誓制度的决定》（以下简称《宣誓决定》）。《宣誓决定》对宪法宣誓的情形、誓词、仪式等作出规定，同时规定负责组织宣誓仪式的机关可结合实际对宪法宣誓的具体事项予以规定。为进一步明确最高人民法院组织宪法宣誓仪式的具体内容，最高人民法院政治部根据全国人大常委会《宣誓决定》，结合近年组织开展法官宣誓情况，在借鉴《全国人民代表大会常务委员会委员长会议关于宪法宣誓的组织办法》基础上，研究起草了《最高人民法院关于宪法宣誓的组织办法》（以下简称《宣誓组织办法》）。2016年4月11日，《宣誓组织办法》经最高人民法院党组会议审议通过。《宣誓组织办法》，是最高人民法院贯彻落实党的十八届四中全会精神和《宣誓决定》的重要措施，目的在于激励和教育人民法院工作人员忠于宪法、遵守宪法、维护宪法，促使人民法院工作人员牢固树立宪法意识，恪守宪法原则，维护宪法权威，履行法定职责。

二、问：《宣誓组织办法》适用于哪些人员？

答：根据《宣誓决定》，最高人民法院院长的宪法宣誓仪式由全国人民代表大会会议主席团组织。《宣誓组织办法》主要适用于以下人员：一是全国人大常委会任命的最高人民法院副院长、审判委员会委员、庭长、副庭长、审判员和军事法院院长；二是最高人民法院其他国家工作人员。根据《宣誓决定》，地方法院工作人员宪法宣誓仪式的具体组织办法由各省（区、市）人大常委会制定。虽然《宣誓组织办法》适用范围不包括地方法院国家工作人员，但各地法院在省（区、市）人大常委会具体组织办法未出台前，组织宪法宣誓仪式时可以参照《宣誓组织办法》执行。

三、问：《宣誓组织办法》规定宪法宣誓仪式的具体情形和组织形式包括哪些？

答：按照《宣誓组织办法》相关规定，最高人民法院组织宪法宣誓仪式的情形具体有如下两种：一是全国人大常委会任命的最高人民法院副院长、审判委员会委员、庭长、副庭长、审判员和军事法院院长，在依照法定程序，即由最高人民法院院长提请全国人大常委会任命后进行宣誓；二是最高人民法院其他国家工作人员在就职时进行宣誓。按照《宣誓组织办法》相关规定，最高人民法院组织宪法宣誓仪式的组织形式，包括单独宣誓和集体宣誓两种情况。考虑到最高人民法院队伍实际，《宣誓组织办法》规定对法官等级晋升、非领导职务晋升的情形，可以根据需要进行集体宣誓。此外，《宣誓组织办法》还规定，在举行重要活动时可以组织重温誓词活动。

四、问：《宣誓组织办法》从哪些方面对全国人大常委会《宣誓决定》进行细化？

答：《宣誓组织办法》主要从四个方面进行了细化：一是细化相关人员的具体宣誓动作要求。《宣誓组织办法》规定，宣誓人、领誓人面向国旗或者国徽站立，左手抚按《中华人民共和国宪法》，右手举拳，拳心朝前，诵读誓词。誓词宣读完毕，在领誓人读出宣誓人后，宣誓人报出自己姓名。二是强调宣誓仪式的公开。《宣誓组织办法》规定，最高人民法院组织宪法宣誓仪式，可以邀请人大代表、政协委员、有关方面代表参加宣誓仪式。三是细化相关人员的具体着装要求。《宣誓组织办法》结合我院实际，规定领誓人、宣誓人要统一着法袍或者其他制式服装、正装。四是规定了监誓制度。《宣誓组织办法》规定，宣誓仪式可以由最高人民法院院长或者其委托的人员进行监誓。

五、问：《中华人民共和国法官宣誓规定（试行）》是否继续适用？

答：考虑到《宣誓组织办法》对法官宣誓的目的、誓词、程序等均已明确规定，故《宣誓组织办法》正式公布后，2012 年 12 月最高人民法院发布的《中华人民共和国法官宣誓规定（试行）》同时废止。

第二编　司法服务与保障

最高人民法院
关于进一步发挥职能作用维护国防利益和军人军属合法权益的意见

2014 年 10 月 29 日　　　　　　法〔2014〕271 号

人民法院作为国家司法机关，肩负着为经济社会发展和国家安全提供司法保障的历史重任。近年来，各级人民法院始终把涉军维权工作作为重要政治任务常抓不懈，紧贴部队官兵维权需要，积极履职尽能，不断探索创新，开展了多种形式的司法拥军活动，有力服务和保障了国防和军队建设。为落实中央政法委有关加强维护国防利益和军人军属合法权益工作的精神，进一步发挥人民法院职能作用，加强新形势下涉军维权工作力度，维护国防利益和军人军属合法权益，全面推进人民法院涉军维权工作，结合审判工作实际，提出如下意见：

一、深化思想认识，切实增强做好涉军维权工作的责任感使命感

1. 人民法院要站在党和国家工作全局高度，充分认识涉军维权工作的重要意义。建设强大国防和军队是实现国家长治久安的坚强后盾，是促进经济社会发展的安全保障。侵害国防利益、损害部队战斗力的案件，严重影响部队的安全稳定，危害国防安全和军事斗争准备。依法妥善审理涉军案件，严厉惩处侵害国防利益和军人军属合法权益的违法犯罪活动，优先化解各类涉军纠纷，为国防和军队建设提供司法保障，是人民法院开展涉军维权工作的主要途径，是落实党和国家拥军优属政策法规的实际举措，是服务国家安全稳定大局的重要内容。

2. 各级人民法院和广大干警，要深入学习贯彻党的十八大和十八届二中、三中、四中全会精神和习近平总书记系列重要讲话精神，依法公正及时审理涉军案件，切实维护国防利益和军人军属合法权益，充分发挥司法职能，为促进部队全面建设、提升部队战斗力提供有力司法保障，努力为实现强军目标作出积极贡献。

二、充分发挥人民法院职能作用，依法做好涉军案件审理工作

3. 依法做好涉军案件的受理工作。按照《最高人民法院关于进一步加强人民法院涉军案件审判工作的通知》《最高人民法院、最高人民检察院、公安部、国家安全部、司法部、解放军总政治部关于印发〈办理军队和地方互涉刑事案件规定〉的通知》《最高人民法院关于军事法院管辖民事案件若干问题的规定》等要求，准确确定涉军案件的受理和管辖范围。有需求、有条件的人民法院应在立案大厅设立涉军案件立案窗口，加强诉讼引导。要结合本地区特点，创新司法服务，为军人军属提供必要的诉讼指导，充分保障军人军属的诉讼权利。要通过诉前调解等方式，积极引导当事人理性对待诉讼，合理选择纠纷解决方式，提高部队和军人军属依法解决纠纷的能力。对符合立案条件的，要做到尽快受理，并及时将诉讼材料移送涉军案件审判组织。对边海防和驻地偏远的部队及军人军属，可以通过上门、远程、信函、传真等多种方式立案。

4. 依法对涉军案件当事人实施司法救助和法律援助。对经济确有困难的军人、军属请求给付赡养费、抚养费、抚育费、抚恤金、社会保险金、经济补偿金、人身损害赔偿金等案件，要积极落实司法救助政策，依法准许其免交、减交、缓交诉讼费用。对需要法律援助的军人、军属，要主动协调有关法律援助机构，及时提供法律援助。

5. 依法审理好各类涉军案件。依法严厉打击破坏武器装备、军事设施、军事通信，聚众冲击军事禁区，聚众扰乱军事管理区秩序等侵害国防利益的犯罪，切实维护军事安全；依法严惩冒充军人招摇撞骗，伪造、变造、买卖或者盗窃、抢夺部队公文、证件、印章，非法生产、买卖部队制式服装，伪造、盗窃、买卖或者非法提供、使用武装部队专用标志等涉军造假犯罪，维护军队声誉、形象；依法惩处侵害军人军属人身财产权益的犯罪活动，有效保障军人军属合法权益。依法妥善处理涉及国防工程建设、军事设施保护、军用土地权属、军事禁区管理等涉军民事案件，保障部队正常的战备、训练和工作秩序；依法稳妥处理涉及军人军属的各类民事纠纷，维护好军人军属合法权益；依法审慎解决可能导致群体性事件以及因历史遗留问题引发的重大纠纷案件，维护军队的良好声誉。依法为军队核心产业、军工企业的科学发展提供司法支持，保障优势资源真正依法依规应用于充实核心国防力量。

6. 切实保障诉讼绿色通道畅通。要坚持按照优先立案、优先审结、优先执行的原则，确保涉军案件得到优质高效的审理和执行。对依法适用简易程序、小额诉讼程序审理的案件，要加大审判力度，缩短办案周期；严格执行审限制度，无法定事由不得擅自延长审限；对确因军事需要不能在法定期限内参加诉讼的官兵，依法采取中止诉讼等方式保障其诉讼权利。对涉军案件中涉及

损害国防利益的事实和相关程序性事项，人民法院应当依职权主动调查取证；对军队一方当事人确有困难，无法自行收集的证据，人民法院可依职权调取证据。要积极开展巡回审判，结合本地涉军案件的实际和特点，通过建立驻军巡回办案点、开设“假日法庭”、实施远程视频开庭等方式，方便当事人诉讼，及时就地调处涉军纠纷。

7. 深入扎实做好涉军纠纷调解工作。要把维护军政、军民、军地团结作为涉军纠纷案件审判工作重要的价值取向，切实将调解优先原则贯彻于涉军案件审判工作全过程。要坚持预防为主、关口前移，强化涉军矛盾纠纷排查调处工作，充分运用诉讼与非诉讼相衔接的纠纷解决机制，努力把涉军纠纷化解在诉讼之前；要在认真做好地方当事人调解工作的同时，通过部队做好军队一方当事人的思想工作，引导军地双方当事人达成共识、消除纷争；要着眼于纠纷的实质性解决，充分运用军地资源，积极选聘军人、复退转业军人、军属担任人民陪审员、特约调解员等，做好纠纷调处工作，创新调解方式方法；对重大涉军案件，要积极协调人民武装部、团以上部队政治机关等形成合力，共同做好调解工作，最大限度地实现法律效果、社会效果和政治效果的统一；对达成调解协议的案件，要督促和引导当事人按照协议约定自觉履行。

8. 切实加强涉军案件裁判执行工作。人民法院在向军队一方当事人送达生效裁判文书时，应当释明有关法律规定，指导其及时申请执行，督促其及时履行生效裁判确定的义务。在执行中，对军队一方为申请执行人的，应当依法加大执行力度，对执行确有困难的，必要时可及时提请上级人民法院提级执行或者指令其他人民法院执行；对军队一方为被执行人的，可通过部队组织督促被执行人履行法定义务，必要时可以委托部队所在地有管辖权的军事法院执行。有需求、有条件的人民法院，可以通过设立专门的涉军案件执行机构、确定相对固定的执行人员等方式，提高案件执行效率，保障案件执行效果。

9. 加强涉军司法服务。各地人民法院要结合本地区实际，创新和丰富宣传教育的手段载体，选择危害国防利益和军人军属合法权益的典型案例，开展法制宣传教育，增强广大人民群众的国防法制观念，广泛宣传涉军案件审判执行工作的先进事迹、做法经验，不断扩大涉军案件审判执行工作的社会影响，营造拥军优属的社会氛围。要结合部队工作需要和特点，通过积极开展庭审观摩进军营、法律咨询进军营、法律培训进军营等活动，增强官兵依法办事意识和解决涉法涉诉问题的能力，促进部队依法治军。要不断创新司法拥军的内容和形式，通过发送司法建议、开设涉军纠纷法律咨询电话、网站专栏、电子邮箱、微博微信，向部队、军人军属发放“维权服务联系卡”，设置驻军部队司法信箱等方式，为部队和军人军属依法维权提供司法服务。

三、健全完善审判工作机制，努力提高涉军维权工作质量和效果

10. 完善工作机制。各级人民法院要加强对涉军审判工作的组织领导，完善相关业务庭和各职能部门的沟通协调机制，建立健全研究解决涉军审判重大问题的工作制度。要结合审判工作实际，健全涉军审判工作的组织机构，明确岗位职责，配备政治素养好、业务能力强的审判人员。各级人民法院要定期向上级人民法院书面报告辖区内涉军审判工作情况，重大问题随时报告。针对涉军案件出现的新情况、新问题，要适时开展检查调研，提出针对性的措施办法。规范涉军案件登记管理，完善涉军案件统计制度，提高审判工作效率。

11. 密切军地协作。各级人民法院要坚持依法独立行使审判权与积极服务国防和军队建设相统一、公平公正执法与保护国防利益相统一，把党和国家的拥军优属政策和各项法律规定贯彻落实到审判活动全过程。要重视加强与部队的联系沟通，下级法院因审理案件需要与军队联系沟通存在困难的，应当及时向上级法院报告，由上级法院提供协调和帮助。要认真落实军地联席会议、涉军案件信息通报、重大涉军案件督办等制度，充分听取军事法院、部队有关涉军案件审判工作的意见建议，尊重军事活动的特点规律，合理组织开展审判活动。要加强与部队政治部门、军事法院、省军区系统的协调配合，发挥部队思想政治工作优势，做好当事人思想工作和调解工作，争取对涉军案件审判工作的理解支持。

12. 探索建立和完善涉军案件统计制度。设计科学、运行顺畅的台账及统计制度，是加强涉军案件审判管理和决策分析的前提基础。各级人民法院要在立案、审判、执行等案件审理流程中，加强对涉军案件的管理和统计，适时开展专项司法统计分析，积极探索借助信息网络平台建设，促进涉军案件审判管理的规范化、信息化。

13. 加强工作考评，落实奖惩制度。各级人民法院要把年度综治考评作为推动涉军案件审判工作落实的重要手段，坚持高标准、严要求，搞好组织实施。要加强对涉军案件审判工作的考核评比，发挥考评的激励督导作用，要将涉军案件审判工作情况列入年终考核内容，纳入部门岗位责任目标管理，作为评先创优、选拔使用的重要政治指标。对工作不力造成不良后果的部门和法院，要及时督办问责，适时给予通报批评，情节严重的取消评先评优资格。要适时对涉军案件审判工作成绩突出的单位和个人进行通报表扬，及时依法依纪追究因工作懈怠造成严重后果者的责任。

四、进一步加强组织领导，推动涉军维权工作再上新台阶

14. 搞好统筹和组织协调。各级人民法院要在党委政法委统一领导和支持

下，依法履行审判职能，科学统筹审判工作与支持国防和军队建设的关系，自觉将涉军案件审判纳入司法拥军范畴，作为维护国防利益和军人军属合法权益的重要手段。要根据涉军案件特点，科学制定审判流程管理和案件质量工作细则，合理安排涉军案件的立案、分案、排期、开庭、结案等环节，在事关案件审判的全局性、普遍性问题上，及时把关定向。要积极参与和支持各地涉军维权工作领导小组工作，与其他职能部门紧密配合，积极开展跨区域协作，依法妥善处理工作中遇到的困难和问题，保障涉军案件审判工作顺利进行。

15. 全力支持军事法院做好涉军维权工作。近年来，在党中央、中央军委的坚强领导下，军事法院充分发挥职能作用，依法组织开展涉军维权工作，积极回应官兵维权需求。随着官兵法律需求的不断增长，军事法院涉军维权工作任务日益繁重。地方各级人民法院要把支持军事法院开展涉军维权工作作为重要任务，发挥本部门本地区工作优势，在重大疑难案件处理、涉军案件执行、法官学习培训、司法实践锻炼、审判业务交流等方面及时提供支持和帮助。要有序推进军地法院之间内部网络建设，加大设备和技术投入，尽快落实网络互联互通，实现信息资源共享。要支持军事法院开展国防和军队建设重大涉法问题调查研究，积极提供人才服务、资料互通、法理研究等方面的帮助，合力推动工作发展。

16. 强化审判工作物质保障。各级人民法院要从涉军维权工作实际需要出发，按照办公有场所、办案有装备、办事有经费的要求，不断提升物质保障水平。要将经费保障纳入年度预算，建立与工作任务相适应的增长机制，为顺利开展工作创造条件。

【链　　接】

最高人民法院民一庭负责人就《关于进一步发挥职能作用维护国防利益和军人军属合法权益的意见》答记者问

最高人民法院2014年10月29日发布了《关于进一步发挥职能作用维护国防利益和军人军属合法权益的意见》（以下简称《意见》），对加强新时期、新形势下人民法院涉军维权工作提出具体要求。值《意见》发布之际，最高人民法院民一庭负责人就有关问题接受了记者的采访。

一、问：最高人民法院制定《意见》的背景和意义是什么？

答：人民法院作为国家司法机关，肩负着为经济社会发展和国家安全提供司法保障的历史重任。最高人民法院历来高度重视处理涉军纠纷的重要性。2000年最高人民法院与解放军总政治部联合发布了《关于认真处理涉军纠纷和案件切实维护国防利益和军人军属合法权益的意见》，2010年最高人民法院发布了《关于进一步加强人民法院涉军案件审判工作的通知》，对指导全国各级人民法院做好涉军案件的审理工作，起到了重要作用。各级人民法院将涉军维权工作作为重要政治任务常抓不懈，紧贴部队官兵维权需要，积极履职尽能，不断探索创新，开展了多种形式的司法拥军活动，有力服务和保障了国防和军队建设。

2014年4月，中央政法委与有关部门联合下发《关于加强维护国防利益和军人军属合法权益工作的意见》，对深入贯彻党中央关于加快推进国防和军队现代化战略部署，妥善解决涉军矛盾纠纷，巩固和提高部队战斗力，维护部队和社会和谐稳定，提出了新的要求。为落实中央政法委的相关文件精神，进一步发挥人民法院职能作用，加强新形势下涉军维权工作力度，维护国防利益和军人军属合法权益，全面推进人民法院涉军维权工作，最高人民法院结合审判工作实际，在深入调研和反复征求多方意见的基础上，制定了《意见》。《意见》的出台，将对人民法院工作更好地服务于党和国家工作大局，推进人民法院涉军审判工作科学发展，具有十分重要的意义。

二、问：涉军纠纷案件相比较人民法院受理的其他类型案件，具有比较突出的特点，《意见》在涉军案件审理方面有什么具体规定？

答：《意见》从案件受理、司法救助、案件审理、诉讼保障、纠纷调解、裁判执行、司法服务等多个方面，对涉军案件的整个诉讼程序以及相关纠纷的诉讼外化解等工作，提出具体指导意见。案件受理方面，《意见》要求，要继续贯彻落实最高人民法院相关司法解释和指导性意见的要求，准确确定涉军案件的受理和管辖范围。有需求、有条件的人民法院应在立案大厅设立涉军案件立案窗口，加强诉讼引导。对边海防和驻地偏远的部队及军人军属，可以通过上门、远程、信函、传真等多种方式立案。司法救助方面，《意见》要求，对经济确有困难的军人、军属请求给付赡养费、抚养费、抚育费、抚恤金、社会保险金、经济补偿金、人身损害赔偿金等案件，要积极落实司法救助政策，依法准许其免交、减交、缓交诉讼费用。对需要法律援助的军人、军属，要主动协调有关法律援助机构，及时提供法律援助。案件审理方面，《意见》要求，严厉打击侵害国防利益犯罪，依法严惩涉军造假犯罪，依法妥善处理各类涉军民事案件，特别要审慎解决可能导致群体性事件以及因历史遗留问题引发的重大纠纷案件，依法为军队核心产业、军工企业的科学发展提供司法支持，保障优势资源依法依规应用于充实核心国防力量。诉讼保障方面，《意见》要求，切实保障诉讼绿色通道畅通，积极开展巡回审判，结合各地实际和特点，通过建立驻军巡回办案点、开设“假日法庭”、实施远程视频开庭等方式，及时就地调处涉军纠纷。纠纷调解方面，《意见》要求，坚持预防为主、关口前移，强化涉军矛盾纠纷排查调处工作，充分运用军地资源，积极选聘军人、复退转业军人、军属担任人民陪审员、特约调解员等，创新调解方式方法，对重大涉军案件，要积极协调人民武装部、团以上部队政治机关等形成合力，共同做好调解工作。裁判执行方面，《意见》提出，有需求、有条件的人民法院，可以设立专门的涉军案件执行机构、确定相对固定的执行人员，提高案件执行效率，保障案件执行效果。司法服务方面，《意见》要求，各地人民法院要结合本地区实际，创新和丰富宣传教育的手段载体，增强广大人民群众的国防法制观念，通过发送司法建议、开设涉军纠纷法律咨询电话、网站专栏、电子邮箱、微博微信，向部队、军人军属发放“维权服务联系卡”，设置驻军部队司法信箱等方式，为部队和军人军属依法维权提供司法服务。

三、问：组织领导和审判管理是做好涉军审判工作的重要保障，《意见》关于加强人民法院涉军审判工作的组织领导，完善此类纠纷案件审判管理等，有什么具体规定？

答：加强组织领导，是推动人民法院涉军审判工作科学发展的必然要求。《意见》要求，各级人民法院要在党委政法委统一领导和支持下，依法履行审判职能，科学统筹审判工作与支持国防和军队建设的关系，自觉将涉军案件审判纳入司法拥军范畴，作为维护国防利益和军人军属合法权益的重要手段。要从涉军维权工作实际需要出发，按照办公有场所、办案有装备、办事有经费的要求，不断提升物质保障水平。全力支持军事法院做好涉军维权工作，有序推进军地法院之间内部网络建设，实现信息资源共享、重大涉法问题调查研究互助和资料互通，合力推动工作发展。建立健全完善的审判工作机制，提高审判管理水平，是人民法院涉军审判工作质量和效果的重要保障。《意见》要求各级人民法院，完善沟通协调机制，建立健全研究解决涉军审判重大问题的工作制度，密切军地协作。在新形势下，要注重探索建立和完善涉军案件统计制度，积极探索借助信息网络平台建设，促进涉军案件审判管理的规范化、信息化。《意见》还对加强涉军审判工作考评，落实奖惩制度等具体方面作出了规定。

最高人民法院
关于充分发挥审判职能作用推动国家新型城镇化发展的意见

2014 年 11 月 14 日 法发〔2014〕20 号

新型城镇化是促进社会全面进步的必然要求，是“十二五”时期国民经济和社会发展的重大战略部署。为深入贯彻落实党的十八大、十八届三中、四中全会和中央城镇化工作会议精神，充分发挥审判职能作用，推动国家新型城镇化发展，提出以下意见。

一、提高思想认识，增强保障新型城镇化的责任感和使命感

1. 充分认识推进新型城镇化的重要意义。城镇化是现代化的必由之路，是解决农业农村农民问题的重要途径，是推动区域协调发展的有力支撑，是扩大内需和促进产业升级的重要抓手。当前，我国正处于经济转型升级和加快推进现代化的重要时期，也是城镇化深入发展的关键时期。积极稳妥扎实有序推进新型城镇化，对全面建成小康社会、加快社会主义现代化建设进程、实现中华民族伟大复兴的中国梦，具有重大现实意义和深远历史意义。

2. 切实增强发挥审判职能作用，保障新型城镇化的责任感。推进新型城镇化，涉及政治、经济、社会、文化、生态文明建设等方方面面，审判工作必将面临更多的新情况、新任务和新要求。要深刻认识新型城镇化对经济社会发展的重大意义，深刻把握中央关于推进新型城镇化的各项决策部署，把审判工作置于经济社会发展大局之中，不断增强责任意识和服务意识，充分发挥审判职能作用，运用法治思维和法治方式有效化解矛盾纠纷，及时妥善处理好新型城镇化进程中出现的各种利益冲突，为国家新型城镇化战略的推进以及经济社会和谐发展提供有力的司法保障。

二、保障农业转移人口合法权益，助力全体居民公平共享现代化建设成果

3. 依法保障农业转移人口的基本公共服务权利。要密切关注国家相关政策的调整，坚持依法、平等、循序渐进的原则，妥善审理涉及教育培训、就业

创业、社会保障、公共卫生等基本公共服务方面的民事、行政纠纷案件，充分发挥司法引导作用，促进在城镇就业居住但未落户的农业转移人口平等享受城镇基本公共服务问题的逐步解决，真正实现农业转移人口融入企业、子女融入学校、家庭融入社区、群体融入社会。

4. 依法促进农业转移人口住房保障渠道的拓宽。妥善审理涉及基本住房保障的民事、行政纠纷案件，尤其是要慎重处理因集体经济组织利用农村集体建设用地建设公共租赁住房、开发区和产业园区建设公共租赁住房、企业建设农民工集体宿舍引发的相关权益纠纷，要加强对有关法律规定的理解和把握，准确研判国家政策导向，并注重加强与有关行政主管部门的沟通，通过多种方式有效化解矛盾纠纷。

三、服务产业转型升级，增强新型城镇化产业支撑力

5. 依法保护投资者权益，服务经济结构优化调整。在审理各类投资纠纷案件时，要平等保护投资者合法权益，促进社会投资主体多元化，充分发挥司法裁判的指引作用，鼓励资本向新能源、新材料、节能环保、生物医药、信息网络和高端制造产业转移，支持和引导战略性新兴产业的大力发展，增强经济活力。

6. 营造良好的融资创业环境。妥善审理非金融借贷纠纷案件，正确认定非金融借贷合同效力，既要维护金融安全和社会稳定，又要保护合法的民间借贷和企业融资行为，维护债权人合法权益，拓宽企业尤其是中小微企业的融资渠道，促进企业健康发展。

7. 依法保障现代服务业发展。对于旅游、电信、物流、信息、研发、工业设计、商务、节能环保等服务合同纠纷案件，要合理平衡服务提供者与消费者利益，既要支持和保障面向生产、服务民生的现代服务业的自身发展，又要及时纠正服务提供者的不当行为，规范和引导服务提供者不断完善经营管理、提高服务水平。加强与服务业主管部门、行业协会的信息交流，及时通报案件审理中发现的服务行业发展存在的问题，提出司法建议。

8. 促进劳动力市场的规范健康发展。妥善审理产业转型升级过程中劳动者与用人单位之间的劳动争议纠纷，依法保障劳动者合法权益，规范劳动用工制度。要注重通过调解、和解等方法解决纠纷，力促用人单位与劳动者实现互利共赢。

四、推动新型城镇建设，提高城镇综合承载力

9. 为新型城镇建设依法有序开展创造良好法治环境。妥善处理城镇化建设过程中因城市功能区、市政公用设施、交通路网等基础设施建设以及棚户区

改造、危旧住房和非成套住房改造、新居住区等居民区建设等引发的土地征收、城市房屋拆迁和城乡拆违等民事、行政案件，要高度关注“农转非”“村改居”“撤组转户”之后剩余集体土地的征收与补偿工作，既要严格执行土地征收和房屋拆迁补偿安置标准，保护被拆迁人合法权益，又要依法支持城镇建设，为城镇建设的有序、高效推进提供优质的司法保障。

10. 依法服务新型城镇建设的推进，促进城市载体服务功能提升。妥善化解在城市功能区、市政公用设施、交通路网等基础设施建设中发生的建设工程、劳动争议等矛盾纠纷，依法平等保护各方当事人合法权益，维护安全规范的建筑市场、劳动市场等市场秩序，保障城市基础设施建设，增强对人口聚集和服务的支撑能力。

五、强化生态环保案件审判工作，推动城乡绿色发展

11. 加大对城乡生态环境的司法保护力度。高度关注资源开发、土壤污染、空气污染、水资源污染、噪声污染防治等环境保护问题，强化环境资源案件审判工作，依法制裁污染、危害环境的违法行为。妥善审理城镇化进程中出现的环境侵权纠纷案件，正确适用举证责任分配规则，准确认定环境污染与损害后果之间的因果关系。积极完善环境公益诉讼制度，探索建立妥善处理重大环境污染索赔案件工作机制，依法维护受害人的合法权益，保护生态环境安全。

12. 推动形成生态环保良好社会氛围。在环境资源审判中积极贯彻落实公众参与原则，完善人民陪审员参加环境资源案件审判等制度，并通过执法办案、法制宣传等多种方式，大力宣传节约资源和保护环境的基本国策，大力宣传国土资源开发、资源集约利用、发展循环经济等方面的政策法律，引导人民群众增强生态意识、节约意识、环保意识，推动形成环境保护人人有责的良好社会氛围。

六、服务城乡发展一体化，增强农村发展活力

13. 依法保障平等就业、同工同酬制度的落实。进一步发挥审判职能，在劳动条件、安全生产、劳动报酬，以及工伤、医疗、养老保险等各个方面，严格按照新工伤保险条例及其司法解释等有关劳动保障的法律、行政法规的规定审理案件，助力城乡劳动者一律平等目标的逐步实现，保障全体劳动者参与新型城镇化建设的合法权益，推动建立城乡统一的人力资源市场。

14. 促进城乡统一的建设用地市场的形成。要在符合土地利用规划和用途管制的前提下，依法平等保护集体经营性建设用地与国有土地享有平等的权利。在审理涉及集体经营性建设用地的纠纷案件过程中，既要严格执行法律、

行政法规，又要处理好法律、行政法规与政策和体制机制创新之间的关系。

15. 维护农业基础设施工程建设市场秩序。进一步加强涉及农业基础设施建设工程案件的审判，依法加大对小型农田水利设施、小流域综合治理等建设项目投资者利益的保障力度，注重保护农民参与农业基础设施建设的积极性和主动性。

16. 慎重处理涉农土地纠纷，切实保障农民的合法权益。在审理农村土地征地补偿、农村集体土地使用权流转等民事纠纷案件时，要尊重当事人意思自治，着重引导各方主体通过自愿协商达成权利义务平衡的协议；涉及农村集体成员资格界定标准的，要在现行法律规定框架内，最大限度地保护农民特别是农村老人、妇女、儿童的合法权益。要严格遵照国家法律法规规定，依法公平认定当事人的权利义务范围；作出司法裁判要合法合理，并要考虑个案的示范效应，避免因个案裁判而引发群体性事件。

17. 加强耕地的司法保护力度，切实保障粮食安全。要妥善审理涉及耕地尤其是基本农田的纠纷案件，坚持最严格的耕地保护制度和最严格的节约用地制度，确保实现“用途管制、节约利用、严格管理”的耕地保护目标，坚决守住耕地保护红线，确保国家粮食安全。

18. 促进现代农业产业化发展。要密切关注和全面掌握国家政策精神，统筹协调维护土地承包经营权与促进土地承包经营权流转之间的关系，妥善审理因土地承包经营权流转、互利互换而引发的纠纷，按照既有利于土地承包经营权有序流转和规范流转，也有利于农民土地承包各项合法权益充分保障的原则，鼓励和支持土地向专业大户、家庭农场、农民合作社流转。依法妥善审理现代农业发展中出现的各类新型纠纷案件，保障设施农业、生态农业、观光农业建设，促进绿色、优质、安全的现代都市型农业加快发展。

19. 保障农产品流通体系的完善。加强农产品生产、加工、包装、运输、销售等各环节纠纷案件的审判，明确农产品流转过程中各方当事人的权利义务，既要保护农产品消费者的人身安全和财产权益，也要坚持各负其责的原则，明确农产品收购者、运输者、加工者、销售者的各自责任，推动安全、高效、便捷的农产品流通体系的建设。

20. 助推美丽乡村建设。对农村民事、行政纠纷，要善于发挥乡村干部、司法协理员等多种社会力量，尽量多做调解工作，力促案结事了人和；要妥善化解农村道路联网、农村电气化、农村环境整治等矛盾纠纷，引导农民追求科学健康文明低碳的生产生活方式。

七、完善工作机制，增强司法保障的针对性和实效性

21. 健全完善运行高效的审判工作制度。深入推进司法公开，不断完善各

类涉新型城镇化建设纠纷快速化解机制，依法及时保护人民群众的合法利益诉求。对涉及新型城镇化建设重点项目的诉讼案件，在现行法律框架范围内，要开辟高效快捷的诉讼通道，最大限度确保新型城镇化建设的顺利推进。

22. 依法参与社会治理。对新型城镇化建设过程中发生的矛盾纠纷，要按照“不缺位、不越位、不错位”的原则，加强与其他国家机关、基层组织和群众自治组织的沟通与协作，依法支持其调处社会矛盾纠纷，依法指导人民调解委员会调解民间纠纷，对当事人经人民调解达成调解协议并共同提出司法确认申请的，要依法做好司法确认工作。要高度重视并认真研判有关新型城镇化建设纠纷案件审判中发现的新情况、新问题，及时向地方党委、人大报送专项报告，向政府及其他相关部门提出司法建议。

23. 落实司法为民便民利民措施。深化诉讼服务机制，继续推行巡回审判、社区法庭、假日法庭、街道诉讼服务站等便民举措。运用信息技术，大力完善司法便民利民举措，全力搭建涵盖立案、审判、执行的全方位便民服务平台。做好程序告知和举证指导，对诉讼能力较弱的当事人提供必要的帮助，最大限度地及时化解城镇化进程中引发的矛盾纠纷，消弭社会不和谐因素。加大司法救助力度，对经济确有困难的当事人给予必要的帮助。积极探索“进城务工人员权益保护”“涉及农村农民权益争议调解”等专项工作机制，综合运用多元纠纷解决机制、审判绿色通道、司法救助等机制，有效维护农民的合法权益。

【链　　接】

充分发挥审判职能作用　推动国家新型城镇化发展

——最高人民法院民一庭负责人就《关于充分发挥审判职能作用推动国家新型城镇化发展的意见》答记者问

2014 年 11 月 14 日，最高人民法院公布了《关于充分发挥审判职能作用推动国家新型城镇化发展的意见》（以下称《意见》），对人民法院依法及时妥善化解新型城镇化进程中出现的各种矛盾纠纷，推动国家新型城镇化发展提出具体要求。值此《意见》发布之际，最高人民法院民一庭负责人就有关问题接受了记者的采访。

《意见》的出台是人民法院服务党和国家工作大局的体现

一、问：最高人民法院制定这部指导意见的背景和意义是什么？

答：人民法院作为国家司法机关，肩负着为经济社会发展提供司法保障的历史重任。面对我国城镇化不断推进的大潮，各级人民法院都立足于党和国家的工作大局，积极履行职责，不断探索创新，充分发挥审判职能作用，有力保障和推动了城镇化的发展。

《中共中央关于全面深化改革若干重大问题的决定》（以下简称《决定》）明确提出，要健全城乡发展一体化体制机制，形成以工促农、以城带乡、工农互惠、城乡一体的新型功能城乡关系。去年 12 月召开的中央城镇化工作会议根据《决定》精神，对推进城镇化的一系列重大问题进行了具体部署。今年 3 月 12 日，中共中央、国务院印发了《国家新型城镇化规划（2014—2020 年)》，明确了未来城镇化的发展路径、主要目标和战略任务。《规划》是指导全国城镇化健康发展的宏观性、战略性、基础性文件，对全面建成小康社会、加快推进社会主义现代化具有重大现实意义和深远历史意义。今年 11 月，党的十八届四中全会通过了《中共中央关于全面推进依法治国若干重大问题的决定》，提出了关于依法治国的一系列新观点、新举措。随着规划的逐步推进实施，在全面推进依法治国的新形势下，人民法院对于新型城镇化依法稳妥扎实有序推进的作用将更加凸显。

为此，最高人民法院结合审判工作实际，在深入调研和反复征求多方意见的基础上，制定了本《意见》。《意见》的出台，对于人民法院工作更好地服务于党和国家工作大局，依法及时妥善化解新型城镇化进程中出现的各种矛盾纠纷，推动国家新型城镇化和经济社会的和谐发展，都将具有十分重要的意义。

《意见》从五个方面对法院工作提出具体要求

二、问：《意见》对人民法院处理涉新型城镇化纠纷案件所应遵循的理念、原则以及追求的目标、效果是如何阐述的？

答：《意见》从“保障农业转移人口合法权益，助力全体居民公平共享现代化建设成果”“服务产业转型升级，增强新型城镇化产业支撑力”“推动新型城镇建设，提高城镇综合承载力”“强化生态环保案件审判工作，推动城乡绿色发展”“服务城乡发展一体化，增强农村发展活力”等五个方面，对人民法院充分发挥审判职能作用，推动国家新型城镇化发展提出了具体要求。

在“保障农业转移人口合法权益，助力全体居民公平共享现代化建设成果”方面，《意见》要求，要坚持依法、平等、循序渐进的原则，妥善审理涉及教育培训、就业创业、社会保障、公共卫生等基本公共服务方面的民事、行政纠纷案件，充分发挥司法引导作用，依法保障农业转移人口的基本公共服务权利；要妥善审理涉及基本住房保障的民事、行政纠纷案件，加强对有关法律规定的理解和把握，准确研判国家政策导向，依法促进农业转移人口住房保障渠道的拓宽。

在“服务产业转型升级，增强新型城镇化产业支撑力”方面，《意见》要求，要充分发挥司法裁判的指引作用，依法保护投资者权益，服务经济结构优化调整；营造良好的融资创业环境，促进企业健康发展。规范和引导服务提供者不断完善经营管理、提高服务水平，保障现代服务业发展；依法保障劳动者合法权益，促进劳动力市场的规范健康发展，实现用人单位与劳动者的互利共赢。

在“推动新型城镇建设，提高城镇综合承载力”方面，《意见》要求，要妥善处理城镇化建设过程中因城市功能区、市政公用设施、交通路网等基础设施建设以及棚户区改造、危旧住房和非成套住房改造、新居住区等居民区建设等引发的土地征收、城市房屋拆迁和城乡拆违等民事、行政案件，为新型城镇建设依法有序开展创造良好法治环境；依法服务新型城镇建设的推进，维护安全规范的建筑市场、劳动市场等市场秩序，保障城市基础设施建设，促进城市载体服务功能提升。

在“强化生态环保案件审判工作，推动城乡绿色发展”方面，《意见》要求，要高度关注资源开发、土壤污染、空气污染、水资源污染、噪声污染防治等环境保护问题，健全制度机制，加大对城乡生态环境的司法保护力度；积极贯彻落实公众参与原则，完善人民陪审员参加环境资源案件审判等制度，并通过执法办案、法制宣传等多种方式，大力宣传节约资源和保护环境的基本国策及政策法律，推动形成生态环保良好社会氛围。

在“服务城乡发展一体化，增强农村发展活力”方面，《意见》要求，要依法保障平等就业、同工同酬制度的落实，保障全体劳动者参与新型城镇化建设的合法权益，推动建立城乡统一的人力资源市场；要在符合土地利用规划和用途管制的前提下，促进城乡统一的建设用地市场的形成；依法加大对小型农田水利设施、小流域综合治理等建设项目投资者利益的保障力度，维护农业基础设施工程建设市场秩序；慎重处理涉农土地纠纷，切实保障农民的合法权益；坚持最严格的耕地保护制度和最严格的节约用地制度，妥善审理涉及耕地尤其是基本农田的纠纷案件，切实保障粮食安全；密切关注和全面掌握国家政策精神，统筹协调维护土地承包经营权与促进土地承包经营权流转之间的关系，鼓励和支持土地向专业大户、家庭农场、农民合作社流转，促进绿色、优质、安全的现代都市型农业加快发展；加强农产品生产、加工、包装、运输、销售等各环节纠纷案件的审判，明确农产品流转过程中各方当事人的权利义务，保障农产品流通体系的完善；要善于多种社会力量，尽量多做调解工作，力促案结事了人和，同时，引导农民追求科学健康文明低碳的生产生活方式，助推美丽乡村建设。

综合运用多种机制，及时化解各种矛盾纠纷

三、问：《意见》对于完善相应的工作机制有什么具体规定？

答：完善相关工作机制，对于切实增强司法保障的针对性和实效性是十分必要的。《意见》要求，要深入推进司法公开，健全完善运行高效的审判工作制度，依法及时保护人民群众的合法利益诉求，保障新型城镇化建设的顺利推进。要依法参与社会治理，要按照“不缺位、不越位、不错位”的原则，加强与其他国家机关、基层组织和群众自治组织的沟通与协作，依法支持其调处社会矛盾纠纷，依法指导人民调解委员会调解民间纠纷，对当事人经人民调解达成调解协议并共同提出司法确认申请的，要依法做好司法确认工作。要落实各项司法为民便民利民措施，深化诉讼服务机制，全力搭建涵盖立案、审判、执行的全方位便民服务平台，并综合运用多元纠纷解决机制、审判绿色通道、司法救助等机制，最大限度地及时化解城镇化进程中引发的矛盾纠纷，消弭社会不和谐因素。

最高人民法院
关于依法平等保护非公有制经济促进非公有制经济健康发展的意见

2014年12月17日　　　　法发〔2014〕27号

非公有制经济作为社会主义市场经济的重要组成部分，与公有制经济共同构成我国经济社会发展的重要基础。改革开放以来，非公有制经济不断发展壮大，在支撑增长、促进创新、扩大就业、增加税收等方面都发挥了重要作用，成为促进经济社会发展的重要力量。支持非公有制经济健康发展是坚持和完善我国基本经济制度的必然要求，也是人民法院为经济社会发展提供司法保障的重要方面。各级人民法院要充分发挥司法审判的职能作用，为非公有制经济健康发展提供有力的司法保障。

一、提高认识，切实增强依法保障非公有制经济健康发展的主动性和责任感

1. 贯彻党的十八届三中全会精神，正确认识非公有制经济的重要地位。公有制为主体、多种所有制经济共同发展的基本经济制度，是中国特色社会主义制度的重要支柱，也是社会主义市场经济体制的根基。党的十八届三中全会进一步明确了非公有制经济在社会主义市场经济中的重要地位，提出必须毫不动摇鼓励、支持、引导非公有制经济发展，激发非公有制经济活力和创造力。各级人民法院要深入学习贯彻十八届三中全会精神，依法支持、保障、促进非公有制经济的健康发展。

2. 贯彻党的十八届四中全会精神，依法平等保护各种所有制经济共同发展。法律面前人人平等是我国宪法确立的基本原则。非公有制经济与公有制经济一样，是社会主义市场经济的重要组成部分，都是我国经济社会发展的重要基础。党的十八届四中全会决定指出，平等是社会主义法律的基本属性。人民法院在依法保障公有制经济发展，不断增强国有经济活力、控制力和影响力的同时，要依法平等保护非公有制经济的合法权益，坚持各类市场主体的诉讼地位平等、法律适用平等、法律责任平等，为各种所有制经济提供平等司法保障。

3. 及时审理执行相关案件，有效化解非公有制经济发展中的各类纠纷。当前，非公有制经济发展迅速，投资经营过程不可避免会产生一些纠纷，这些纠纷将有相当部分通过诉讼程序进入人民法院。各级人民法院要充分考虑非公有制经济的特点，依法公正高效审理执行相关案件，及时化解非公有制经济投资经营中的各类纠纷。

二、加强民商事审判工作，依法维护公开平等的市场交易秩序

4. 正确认定民商事合同效力，保障非公有制经济的合法交易。要处理好意思自治与行政审批的关系，对法律、行政法规规定应当办理批准、登记等手续生效的合同，应当允许当事人在判决前补办批准、登记手续，尽量促使合同合法有效。要正确理解和适用合同法第五十二条关于无效合同的规定，严格限制认定合同无效的范围。对故意不履行报批手续、恶意违约的当事人，依法严格追究其法律责任，保护守信方的合法权益。要依法审理涉及非公有制经济主体的金融借款、融资租赁、民间借贷等案件，依法支持非公有制经济主体多渠道融资。要根据物权法定原则的最新发展，正确认定新型担保合同的法律效力，助力提升非公有制经济主体的融资担保能力。

5. 妥善审理权属及劳动争议纠纷案件，保护非公有制经济的合法权利。

充分发挥民商事审判职能，理顺产权关系，既要依法保护公有制经济，有效防止国有资产流失，也要防止超越法律规定和合同约定，不当损害非公有制经济主体的正当权利。对产权有争议的挂靠企业，要在认真查明投资事实的基础上明确所有权，防止非法侵占非公有制经济主体财产。要严格按照有关法律、法规和政策，审理企业改制纠纷案件，准确界定产权关系，保护非公有制经济主体的合法权益。妥善审理涉及境外投资案件，保障非公有制企业实施“走出去”战略，扩大对外投资。妥善审理涉及非公有制企业的劳动争议案件，依法维护劳动者的合法权益，支持非公有制企业依法管理。

6. 妥善审理破产、清算案件，促进生产要素的优化组合和非公有制经济的转型升级。依法受理企业破产案件和强制清算案件，积极引导非公有制经济主体依法有序退出市场，实现优胜劣汰。充分发挥破产重整程序的特殊功能，帮助非公有制企业压缩和合并过剩产能，推动企业业务流程再造和技术升级改造，优化资金、技术、人才等生产要素配置，帮助和支持符合国家产业政策要求的企业恢复生机，重返市场。要依法保障非公有制经济参与各类企业的破产重组，通过生产要素的优化组合，实现经济效率的整体提升。

7. 妥善审理各类知识产权案件，保障和推动非公有制经济的自主创新。充分运用知识产权司法保护手段，加大对各种侵犯知识产权行为的惩治力度。妥善审理技术改造升级过程中引发的技术开发、技术转让、技术咨询和技术服务合同纠纷案件，鼓励非公有制经济主体通过技术进步和科技创新实现产业升级，提升核心竞争力。及时受理反不正当竞争纠纷案件，依法制裁各种形式的不正当竞争行为，保障非公有制经济主体平等地参与市场竞争。加强反垄断案件的审理，依法制止占有市场支配地位的垄断者滥用垄断地位，严格追究违法垄断行为的法律责任，为各种所有制经济主体提供竞争高效公平的市场环境。

三、严格执行刑事法律和相关司法解释，确保非公有制经济主体受到平等刑事保护

8. 平等适用刑法，依法维护非公有制经济主体合法权益。对非法侵害非公有制经济主体合法权益，构成犯罪的，要依法追究刑事责任；对犯罪分子非法占有、处置非公有制经济主体的财产，要依法予以追缴或者责令退赔；犯罪分子非法毁坏非公有制经济主体财产，非公有制经济主体提起附带民事诉讼的，依法予以支持。非公有制经济主体或者其工作人员实施诈骗、非法集资、行贿等行为，构成犯罪的，要依法追究刑事责任。

9. 坚持罪刑法定，确保无罪的非公有制经济主体不受刑事追究。准确把握立法精神，正确适用法律和司法解释，严格区分罪与非罪、犯罪与行政违法、犯罪与民商事纠纷。对非公有制经济主体在生产、经营、融资活动中的创新性行为，要依法审慎对待，只要不违反法律和司法解释的规定，不得以违法论处。违反有关规定，但尚不符合犯罪构成条件的，不得以犯罪论处。在合同签订、履行过程中产生的争议，如无确实、充分的证据证明行为人有非法占有的目的，不得以合同诈骗罪论处。

10. 严格办案程序，切实保障非公有制经济主体的诉讼权利。对于确已涉嫌犯罪的，要根据所涉犯罪的性质、危害程度等具体案件情况，依法慎重决定是否适用强制措施以及适用强制措施的种类，是否采取查封、扣押、冻结、处理涉案财物措施以及查封、扣押、冻结、处理涉案财物的范围，最大限度减少对涉案非公有制经济主体正常生产经营活动的影响。要坚持证据裁判原则，对非公有制经济主体或者其工作人员涉嫌犯罪的案件，经审理认为事实、证据存在疑问，不能排除合理怀疑的，应当依法宣告无罪。

四、切实发挥行政审判职能，依法维护非公有制经济主体行政相对人合法权益

11. 监督和促进行政机关依法行使职权，依法纠正违法行政行为。非公有制经济主体起诉认为行政机关作出的行政行为逾越法定权限、违背法定程序，侵犯其合法权益，其主张事实依据充分的，人民法院应依法纠正相关行政行为。要正确审理涉及税收、工商管理、质量监督、物价、海关监管、经营自主权等行政案件，依法纠正对非公有制经济主体乱收费、乱罚款、乱摊派等违法干预非公有制企业自主经营的行为。对非公有制经济主体实施的行政强制措施和行政处罚，要与违法行为的性质、情节及危害后果相适应，显失公正的，人民法院要依法撤销或者变更。行政机关违法侵权并给非公有制经济主体造成损失的，要依法承担赔偿责任。

12. 坚持审判中立，确保非公有制经济与行政机关同受法律保护和约束。促进行政机关转变职能，维护行政机关与非公有制经济主体在行政管理过程中依法达成的行政合同的有效性和稳定性。审理好政府招商引资合同案件，监督政府机关诚实守信地履行政府文件和合同所约定的义务。妥善审理政府采购过程中发生的政府采购合同案件和其他行政诉讼案件，落实非公有制经济主体的平等待遇，促进公平竞争。依法保护非公有制经济主体由于对行政机关的信赖而形成的利益，维护行政行为的稳定性。行政机关为公共利益的需要，依法变更或者撤回已经生效的行政许可、行政审批，或者提前解除国有土地出让等自然资源有偿使用合同的，人民法院应依法支持非公有制经济主体关于补偿财产损失的合理诉求。

13. 维护非公有制经济主体的合法权益和经营自主权，推动建立公平公正的市场竞争秩序。人民法院审理行政案件，要正确处理好权利与权力的关系，对非公有制经济主体要坚持“法无禁止即可为”的原则，对行政权力要坚持“法无授权不可为”的原则。正确处理政府与市场的关系，完善产权保护制度，尊重非公有制经济主体经营自主权。要通过裁判推动社会主义市场经济体制进一步完善，依法支持行政机关规范和整顿市场经济秩序，依法打击制售假冒伪劣商品，支持行政机关对违法侵权行为进行治理整顿，切实维护非公有制经济主体的商标、专利等知识产权。加大对行政机关不作为、不依法履行法定职责行政案件的审理力度，帮助防范少数行政机关懒政、惰政。

14. 依法受理和审理政府信息公开案件，推动建立公开透明的市场环境。依法受理和审理非公有制经济主体提起的政府信息公开行政案件，推动政府信息的主动公开和依申请公开。非公有制经济主体因为自身生产和科研等特殊需要，申请获取不涉及国家秘密、商业秘密、个人隐私的政府信息，人民法院应予支持。非公有制经济主体请求撤销行政机关以未经事先公布的规范性文件为依据作出的行政行为，事实依据充分的，人民法院应予支持。非公有制经济主体要求行政机关提供在履行职责过程中制作或者获取的本地区、本行业企业生产经营信息，人民法院亦应依法予以支持。

五、加强执行工作，依法保障非公有制经济主体合法权益

15. 坚持平等原则，确保非公有制经济合法权益及时实现。对非公有制经济主体与国有经济、集体经济主体同等对待，不得因申请执行人和被执行人的所有制性质不同而在执行力度、执行标准上有所不同，树立市场诚信，公正高效地保护守信方当事人的合法权益。要紧紧围绕依法突出执行工作强制性、全力推进执行工作信息化、大力加强执行工作规范化的总体思路，充分发挥执行联动机制、公布失信被执行人名单等制度的作用，确保生效法律文书确定的非公有制经济主体的债权及时得以实现。

16. 采取有效措施，积极破解执行难问题。以执行工作信息化建设为依托，逐步实现执行信息查询和共享，力求破解被执行人难找、被执行财产难查问题；将失信被执行人名单信息向社会公布，同时向相关单位定向通报，及时予以相应的信用惩戒，挤压被执行人的生存空间，迫使其自动履行；对规避执行和拒不执行生效裁判文书的坚决予以打击；对不积极协助法院执行甚至阻碍执行的要及时向有关单位及其上级主管部门进行反映并依法追究其法律责任；因地方保护主义和部门保护主义的干扰无法及时执结的，要采取协调、督促、提级执行等方式，努力使非公有制经济主体申请执行人的债权及时得到实现。

17. 保护申请执行人的合法权益，切实维护非公有制经济的正常生产经营。在采取诉讼保全和查封、冻结、扣押、拘留等强制执行措施时，要注意考量非公有制经济主体规模相对较小、抗风险能力相对较低的客观实际，对因宏

观经济形势变化、产业政策调整所引起的涉诉纠纷或者因生产经营出现暂时性困难无法及时履行债务的被执行人，严格把握财产保全、证据保全的适用条件，依法慎用拘留、查封、冻结等强制措施，尽量减少对企业正常生产经营活动可能造成的不当影响，维持非公有制经济主体的经营稳定。

六、完善审判工作机制，不断提高司法保障水平

18. 改进司法工作作风，切实保障非公有制经济主体的诉讼权利。要依法保障非公有制经济主体的诉权，对符合法律规定应当受理的案件要及时立案，并尽快做出裁判。依法适用督促程序，进一步落实便利诉讼原则，不断扩展适用简易程序的范围，减轻当事人诉累。完善诉讼代理人出庭制度，为非公有制企业参加诉讼提供便利。规范庭审程序，平等地听取包括非公有制经济主体在内的各方当事人的意见，依法全面审查各方当事人提供的证据。依法纠正确有错误的裁判，维护当事人的合法权益。支持和推动非公有企业人士担任人民陪审员，妥善审理涉非公有企业的各类案件。充分发挥商会、行业协会等组织的作用，建立适合于非公有制经济特点的多元纠纷解决机制，构建诉调对接工作平台，促进非公有制经济主体纠纷的及时有效化解。

19. 加大司法公开力度，不断提升信息化服务水平。要加快推进人民法院信息化建设，全面提升司法公开水平。要充分发挥“中国审判流程信息公开网”等载体作用，向包括非公有制经济主体在内的社会公众依法全面公开审判执行活动。借助失信被执行人数据库平台，会同有关部门和社会组织共同开展诚信建设。大力推进裁判文书上网，加强裁判文书对案件事实认定和法律适用理由的论证，增强各类所有制主体对其经营行为及其法律后果的可预测性。要通过公开审判、以案说法、发布重要新闻和典型案例等形式，宣传涉及非公有制经济的法律法规，提高非公有制企业的法律意识。

20. 加强司法建议工作，积极为非公有制企业提供司法服务。要加强调查研究，及时总结经验，结合审判工作实际，对非公有制经济主体在经济发展新常态中加快转型升级和“走出去”过程中遇到的法律风险和法律问题进行深入研究，及时向工商联、相关行业商协会、有关政府部门发出司法建议。要牢固树立服务意识，充分发挥司法裁判的规范、指引作用，促进非公有制企业切实增强法治观念和依法经营意识，不断完善生产经营管理制度，提升行业管理水平，增强国际竞争力和影响力，保障非公有制经济健康顺利发展。

【解　读】

解读《关于依法平等保护非公有制经济，促进非公有制经济健康发展的意见》

改革开放以来，我国非公有制经济不断发展壮大，成为促进经济社会发展的重要力量。党的十八届三中全会明确提出，公有制经济和非公有制经济都是社会主义市场经济的重要组成部分。国家保证各种所有制经济依法平等使用生产要素、公开公平公正参与市场竞争、同等受到法律保护。支持非公有制经济健康发展是人民法院为经济社会发展提供司法保障的重要方面。该《意见》是最高人民法院首次以司法指导意见的形式对依法保障非公有制经济健康发展的相关问题进行规定，包括六部分，共20条。

起草过程中，我们对涉及非公有制经济平等保护的法律法规进行全面梳理，对非公有制经济在司法审判中遇到的问题进行大量调研，并通过全国工商联邀请国内有影响的民营企业代表就在司法审判工作中加强对非公有制经济平等保护法律问题进行座谈。在综合各方面意见的基础上，经多次讨论修改和研究论证，形成送审稿，提请最高人民法院审判委员会审议后通过。

《意见》突出强调，当前非公有制经济发展迅速，投资经营过程中不可避免会产生一些纠纷，这些纠纷将有相当部分通过诉讼程序进入人民法院。各级人民法院要充分考虑非公有制经济的特点，依法公正高效审理执行相关案件，及时化解非公有制经济投资经营中的各类纠纷。《意见》主要包括以下五个方面内容：

一、依法维护公开平等的市场交易秩序

非公有制经济与公有制经济一样，都是社会主义市场经济的主体，都应当受到平等保护。为保障非公有制经济的合法交易，《意见》要求在审理涉及非公有制经济民商事纠纷时，要正确认定民商事合同效力，处理好意思自治与行政审批的关系，对法律、行政法规规定应当办理批准、登记等手续生效的合同，应当允许当事人在判决前补办批准、登记手续，尽量促使合同合法有效。

为帮助化解非公有制经济面临的融资难问题，《意见》要求要依法审理涉及非公有制经济主体的金融借款、融资租赁、民间借贷等案件，依法支持非公有制经济主体多渠道融资。

为保护非公有制经济的合法权利，在审理涉及非公有制经济权属纠纷时，对产权有争议的挂靠企业，要在认真查明投资事实的基础上明确所有权，防止非法侵占非公有制经济主体财产；在审理劳动争议纠纷案件时，要妥善审理涉及非公有制企业的劳动争议案件，依法维护劳动者的合法权益，支持非公有制企业依法管理。

为推动非公有制经济的自主创新，《意见》还要求妥善审理各类知识产权案件，保障和推动非公有制经济的自主创新；鼓励非公有制经济主体通过技术进步和科技创新实现产业升级，提升核心竞争力；加强反垄断案件的审理，依法制止占有市场支配地位的垄断者滥用垄断地位，严格追究违法垄断行为的法律责任，为各种所有制经济主体提供竞争高效公平的市场环境。

二、确保非公有制经济主体受到平等刑事保护

经济发展进入新常态，应当更加注重非公有制经济在促进经济发展中的重要作用，更加重视发挥企业家才能。《意见》提出，要准确把握立法精神，正确适用法律和司法解释，严格区分罪与非罪、犯罪与行政违法、犯罪与民商事纠纷。

对非公有制经济主体在生产、经营、融资活动中的创新性行为，要依法审慎对待，只要不违反法律和司法解释的规定，不得以违法论处；违反有关规定，但尚不符合犯罪构成条件的，不得以犯罪论处。在合同签订、履行过程中产生的争议，如无确实、充分的证据证明行为人有非法占有的目的，不得以合同诈骗罪论处。

为切实保障非公有制主体的诉讼权利，《意见》要求，对于确已涉嫌犯罪的，依法慎重决定是否适用强制措施以及适用强制措施的种类，是否采取查封、扣押、冻结、处理涉案财物措施以及涉案财物的范围，最大限度减少对涉案非公有制经济主体正常生产经营活动的影响。

要坚持证据裁判原则，对非公有制经济主体或者其工作人员涉嫌犯罪的案件，经审理认为事实、证据存在疑问，不能排除合理怀疑的，应当依法宣告无罪。

三、依法维护非公有制经济主体行政相对人合法权益

转变政府职能，发挥市场在资源配置中的决定性作用，是实现非公有制经济健康发展的重要条件。《意见》要求人民法院要正确审理涉及税收、工商管理、质量监督、物价、海关监管、经营自主权等行政案件，依法纠正对非公有制经济主体乱收费、乱罚款、乱摊派等违法干预非公有制企业自主经营的行为。

为平等保护非公有制经济，《意见》还规定行政机关为公共利益的需要，依法变更或者撤回已经生效的行政许可、行政审批，或者提前解除国有土地出让等自然资源有偿使用合同的，人民法院应依法支持非公有制经济主体关于补偿财产损失的合理诉求。

为推动建立公平公正的市场竞争秩序，《意见》提出，人民法院在审理行政案件时，要正确处理好权利与权力的关系，对非公有制经济主体要坚持“法无禁止即可为”的原则，对行政权力要坚持“法无授权不可为”的原则。

为推动建立公开透明的市场环境，人民法院要依法受理和审理非公有制经济主体提起的政府信息公开行政案件，推动政府信息的主动公开和依申请公开。非公有制经济主体请求撤销行政机关以未经事先公布的规范性文件为依据作出的行政行为，事实依据充分的，人民法院应予支持。

四、依法保障非公有制经济主体合法权益

对于困扰包括非公有制经济主体在内的执行难问题，《意见》要求采取有效措施积极破解，要以执行工作信息化建设为依托，将失信被执行人名单信息向社会公布，同时向相关单位定向通报，及时予以相应的信用惩戒，挤压被执行人的生存空间，迫使其自动履行；因地方保护主义和部门保护主义的干扰无法及时执结的，要采取协调、督促、提级执行等方式，努力使非公有制经济主体申请执行人的债权及时得到实现。

为维护非公有制经济的正常生产经营，《意见》要求采取诉讼保全和查封、冻结、扣押、拘留等强制执行措施时，要注意考量非公有制经济主体规模相对较小、抗风险能力相对较低的客观实际，对因宏观经济形势变化、产业政策调整所引起的涉诉纠纷或者因生产经营出现暂时性困难无法及时履行债务的被执行人，严格把握财产保全、证据保全的适用条件，依法慎用拘留、查封、冻结等强制措施，尽量减少对企业正常生产经营活动可能造成的不当影响，维持非公有制经济主体的经营稳定。

五、完善审判工作机制提高司法保障水平

为切实保障非公有制经济主体的诉讼权利，人民法院还要不断地改进司法工作作风，进一步落实便利诉讼原则，不断扩展适用简易程序的范围，减轻当事人诉累。规范庭审程序，平等地听取包括非公有制经济主体在内的各方当事人的意见，依法全面审查各方当事人提供的证据。依法纠正确有错误的裁判，维护当事人的合法权益。支持和推动非公有企业人士担任人民陪审员，妥善审理涉非公有企业的各类案件。充分发挥商会、行业协会等组织的作用，建立适合于非公有制经济特点的多元纠纷解决机制，构建诉调对接工作平台，促进非

公有制经济主体纠纷的及时有效化解。

《意见》要求，人民法院要不断加强司法建议工作，及时总结经验，结合审判工作实际，对非公有制经济主体在经济发展新常态中加快转型升级和“走出去”过程中遇到的法律风险和法律问题进行深入研究，及时向工商联、相关行业商协会、有关政府部门发出司法建议。各级人民法院将通过公开审判、以案说法、发布重要新闻和典型案例等形式，宣传涉及非公有制经济的法律法规，提高非公有制企业的法律意识。

【链　　接】

最高人民法院民二庭负责人就《关于依法平等保护非公有制经济，促进非公有制经济健康发展的意见》答记者问

2014 年 12 月 17 日，最高人民法院公布了《关于依法平等保护非公有制经济，促进非公有制经济健康发展的意见》（以下简称《意见》）最高人民法院民二庭负责人就《意见》回答记者提问。

一、问：现在我们都知道我国的经济发展已经进入“新常态”，对非公有制经济发展也是提出了新的要求。请介绍一下这份文件是怎么体现有关要求的?

答：党的十八届三中全会明确公有制经济和非公有制经济都是社会主义市场经济的重要组成部分，都是我国社会经济发展的重要基础。提出了必须毫不动摇地鼓励支持引导非公有制经济的发展。最近，刚刚闭幕的中央经济工作会议对经济新常态发展的特征进行了深入分析，并对 2015 年经济工作进行了全面部属，面对经济发展新常态，在全面推进依法治国的新形势下，人民法院对于非公有制经济健康发展的保护和促进作用将更加凸显，任务也更加繁重。《意见》中大家也可以看出，针对新常态的这样一种新的形势，我们要求人民法院在各个方面，包括刑事政策方面，包括民商审判方面，包括加强执行方面，包括完善审判工作机制方面，都要有针对性地保护非公经济在经济社会发展中的平等发展。

二、问：刚才介绍了很多，比如非公有制经济发展面临的市场准入，还有融资难等等方面的问题，人民法院应该从哪些方面为非公有制经济的健康发展提供司法保障?

答：大家知道，非公有制经济的发展经历了一个逐渐壮大、逐渐繁荣的过程，特别是改革开放之后，非公有制经济的发展进步是非常明显的。在这个过程中，不可否认非公有制经济的发展碰到了一些困难，就像刚才提到的融资难的问题、市场准入难的问题，在这样的一些问题中间也发生了一些纠纷，这些纠纷就进入人民法院。针对这样的情况我们这次的《意见》有针对性地提出了一些观点，要求全国各级人民法院在审理相关案件时注意帮助解决非公经济主体面临的问题。比如我们要求要妥善审理相关民商事案件，保障非公有经济主体平等参与市场竞争。国有企业和民营企业在打官司时，国有企业在财产处置方面有比较详细的强制性规定，重大资产的处置需要经过国资管理部门的批准，但是对于这样一些批准，它的性质是什么。这样一些问题长期以来在我们法院系统审理民商事案件时处于模糊状态。《意见》在这个问题上也提出了要求，要求要正确认识民商事合同效力，要正确处理好意思自治和行政审批的关系，要注意维护交易安全，进而维护在这样交易中民营企业的合法权益。再比如，我们还要求要依法保护金融创新，推动化解非公有制经济面临的融资难、融资贵的问题，民营企业融资时，商业银行可能出于降低风险的考虑，会更慎重、更谨慎，相对于国营企业来说民营企业会感到更困难一些。在这样的情况下，当事人可能会有担保方面、融资方面的创新做法，比如让与担保等新型的担保行为，我们要求对这样一些担保行为，一些创新性的做法，尽量采取一种宽容的态度，从而通过这样一些案件的审理，能够维护或者是帮助非公经济主体解决融资难问题。我们还要求要妥善审理相关的行政案件，帮助建立统一的市场体系。在执行措施中，对非公有制经济主体为被执行人的案件中，要考量非公有制经济主体规模相对较小，抗风险能力相对较低的特点，在执行措施要尽量人性化，尽量在法律规定框架范围之内，减少对企业正常经营生产活动造成的不良影响。比如查封房产，在我们的术语中一个叫“死封”，一个叫“活封”，能够采取活封的尽量采取活封，通过这样一些方式能够使我们的非公经济面临的困难得到一些缓解。

三、问：非公有制经济的平等保护一直是社会比较关注的话题，《意见》如何实现对非公有制经济的平等保护?

答：平等保护相对方就是公有经济。人民法院在审理执行案件中，无论是刑事案件，民商事案件，还是执行案件、行政案件，都涉及到非公有经济和非公有经济主体的保护问题。《意见》要求在刑事法律的适用、民商事案件的审理、具体执行措施的采取等方面，多方位、立体化的采取适当措施，对非公有经济提供必要的司法保障。

四、问：刚才介绍这份《意见》是首次以司法指导意见的形式对依法保障非公有制经济健康发展相关问题进行了规定，我想请问这份《意见》对完善相应的审判工作机制有什么具体的规定？

答：应当说作为规范性的文件，人民法院应当有多种形式，比如针对一般法律适用的司法解释，针对具体法律适用的批复等。指导意见应当说不是一种司法解释，它仅仅是一些原则性、指导性、倡导性的要求。《意见》是第一次以专门意见的形式对非公有制经济健康发展进行规定，涵盖非公有制经济健康发展的各方面内容，其中一些要求有时候不是那么具体，但是地方各级人民法院会根据这样一些指导意见更妥善审理相关案件。具体工作机制方面，我们要求进一步改进司法工作作风，加大公开力度，加强司法建议工作等方面。

五、问：刚才发言人在讲话时有一句话，我注意到他说了两遍，人民法院在审理行政案件时要正确处理好权利与权力的关系，对非公有制经济主体要坚持"法无禁止即可为"的原则，对行政权力要坚持"法无授权不可为"的原则，请您解释一下这句话背后有什么具体意义？

答：这个原则法律人是非常熟悉的，权力和权利，在汉语里发音是一样的，但写法不一样。力量的"力"，一般是指公权力，利益的利，一般是指私权利，二者含义完全不同。说到公权力，大家都知道是国家机关根据宪法和相关法律赋予的权力，该权力的行使是基于社会公共利益的需要，必须有法律的授权，否则社会成员的私人权利就会受到侵害，因此，对于公权力，法无授权不可为。反之，权利是私主体的民事权利，这样的权利是广泛的，涉及到每个公民日常生活的方方面面。私权利是法理学上的自然权利，不需要法律的授权，也不应该受到任何限制，除非为了公共利益的需要。为防止私有权利受到侵犯，只有法律明确规定的情况下，私有权利才受到限制，因此，对于私权利，当然应坚持法不禁止即可为。我想这是这两个基本原则背后的基本背景。

最高人民法院
关于人民法院为“一带一路”建设提供司法服务和保障的若干意见

2015年6月16日 法发〔2015〕9号

“一带一路”（丝绸之路经济带和21世纪海上丝绸之路），是以习近平同志为总书记的党中央，主动应对全球形势深刻变化、统筹国内国际两个大局作出的重大战略决策。为充分发挥人民法院审判职能作用，有效服务和保障“一带一路”建设的顺利实施，提出以下指导意见。

一、统一思想，提高认识，切实增强为“一带一路”建设提供司法服务和保障的责任感与使命感

1. 深刻认识“一带一路”建设的重大意义和人民法院肩负的重要使命。“一带一路”传承和发扬古代丝绸之路“和平合作、开放包容、互学互鉴、互利共赢”精神，高举和平、发展、合作、共赢旗帜，秉持亲诚惠容的外交理念，遵循共商、共建、共享原则，旨在凝聚各国共识和力量，实现政策沟通、道路联通、贸易畅通、货币流通、民心相通的“五通”蓝图，打造政治互信、经济融合、文化包容的利益共同体、命运共同体和责任共同体。“一带一路”建设的实施，将对开创我国全方位对外开放新格局、推动经济增长、促进和平发展产生现实而深远的影响。在“一带一路”建设中，法治是重要保障，司法的作用不可或缺。各级人民法院要深入学习贯彻党和国家关于“一带一路”建设的重大决策以及习近平总书记的系列重要论述，充分认识肩负的神圣职责，自觉担当时代使命，主动服务和融入“一带一路”建设进程。

2. 准确把握“一带一路”建设司法服务和保障的内涵与基本要求。要积极回应“一带一路”建设中外市场主体的司法关切和需求，大力加强涉外刑事、涉外民商事、海事海商、国际商事海事仲裁司法审查和涉自贸区相关案件的审判工作，为“一带一路”建设营造良好法治环境。要全面贯彻法律平等原则，坚持平等保护中外当事人的合法权益，有效维护公平竞争、诚实守信、和谐共赢的区域大合作环境。要全面统筹协调，找准人民法院工作与“一带一

路”建设的结合点和着力点，研究规律性，突出前瞻性，富于创新性，全面提升人民法院涉外审判工作水平。要立足我国实际，坚定不移走中国特色社会主义法治道路，积极开展与沿线各国的司法国际合作交流，夯实“一带一路”建设的法治基础。

二、充分发挥审判职能作用，提升“一带一路”建设司法服务和保障的国际公信力

3. 充分发挥刑事审判职能作用，为“一带一路”建设营造和谐稳定的社会环境。要加强刑事审判工作，深化与“一带一路”沿线国家刑事司法合作，严厉打击暴力恐怖势力、民族分裂势力、宗教极端势力，严厉惩处海盗、贩毒、走私、洗钱、电信诈骗、网络犯罪、拐卖人口等跨国犯罪。要妥善审理国际投资、国际贸易、跨国金融、港口、航运、仓储、物流等领域刑事案件，坚持罪刑法定，严格办案程序，把握好刑事政策尺度和罪与非罪界限，确保每一起案件都经得起法律和历史的检验。

4. 公正高效审理涉“一带一路”建设相关案件，营造公平公正的营商投资环境。要密切关注新亚欧大陆桥经济走廊建设等国际经济合作，依法及时审理相关的基础设施建设、经贸往来、产业投资、能源资源合作、金融服务、生态环境、知识产权、货物运输、劳务合作等涉外民商事案件，依法积极保障“走出去”“引进来”战略实施。要密切关注重点港口、航运枢纽等海上战略通道建设，依法及时妥善审理相关的港口建设、航运金融、海上货物运输、海洋生态保护等海事海商案件，依法促进海洋强国战略。要正确理解和把握自贸区建设有关“准入前国民待遇”和“负面清单”的相关规定和政策，处理好当事人意思自治与行政审批的关系，及时修订和调整相关司法政策，严格限制认定合同无效的范围，促进对外开放。要严格贯彻对中外当事人平等保护原则，坚持各类市场主体的诉讼地位平等、法律适用平等、法律责任平等。

5. 依法行使司法管辖权，为中外市场主体提供及时、有效的司法救济。要充分尊重“一带一路”建设中外市场主体协议选择司法管辖的权利，通过与沿线各国友好协商及深入开展司法合作，减少涉外司法管辖的国际冲突，妥善解决国际间平行诉讼问题。要遵循国际条约和国际惯例，科学合理地确定涉沿线国家案件的连结因素，依法行使司法管辖权，既要维护我国司法管辖权，同时也要尊重沿线各国的司法管辖权，充分保障“一带一路”建设中外市场主体的诉讼权利。要严格落实《最高人民法院关于人民法院登记立案若干问题的规定》，对依法应当受理的涉“一带一路”建设相关案件，一律接收诉状，当场登记立案，依法尽快做出裁判，及时解决纠纷。要进一步完善境外当事人身份查明、境外证据审查、境外证人作证等制度，最大限度方便中外当事人诉讼。

6. 加强与“一带一路”沿线各国的国际司法协助，切实保障中外当事人合法权益。要积极探讨加强区域司法协助，配合有关部门适时推出新型司法协助协定范本，推动缔结双边或者多边司法协助协定，促进沿线各国司法判决的相互承认与执行。要在沿线一些国家尚未与我国缔结司法协助协定的情况下，根据国际司法合作交流意向、对方国家承诺将给予我国司法互惠等情况，可以考虑由我国法院先行给予对方国家当事人司法协助，积极促成形成互惠关系，积极倡导并逐步扩大国际司法协助范围。要严格依照我国与沿线国家缔结或者共同参加的国际条约，积极办理司法文书送达、调查取证、承认与执行外国法院判决等司法协助请求，为中外当事人合法权益提供高效、快捷的司法救济。

7. 依法准确适用国际条约和惯例，准确查明和适用外国法律，增强裁判的国际公信力。要不断提高适用国际条约和惯例的司法能力，在依法应当适用国际条约和惯例的案件中，准确适用国际条约和惯例。要深入研究沿线各国与我国缔结或共同参加的贸易、投资、金融、海运等国际条约，严格依照《维也纳条约法公约》的规定，根据条约用语通常所具有的含义按其上下文并参照条约的目的及宗旨进行善意解释，增强案件审判中国际条约和惯例适用的统一性、稳定性和可预见性。要依照《涉外民事关系法律适用法》等冲突规范的规定，全面综合考虑法律关系的主体、客体、内容、法律事实等涉外因素，充分尊重当事人选择准据法的权利，积极查明和准确适用外国法，消除沿线各国中外当事人国际商事往来中的法律疑虑。要注意沿线不同国家当事人文化、法律背景的差异，适用公正、自由、平等、诚信、理性、秩序以及合同严守、禁止反言等国际公认的法律价值理念和法律原则，通俗、简洁、全面、严谨地论证说理，增强裁判的说服力。

8. 依法加强涉沿线国家当事人的仲裁裁决司法审查工作，促进国际商事海事仲裁在“一带一路”建设中发挥重要作用。要正确理解和适用《承认及执行外国仲裁裁决公约》（以下简称《纽约公约》），依法及时承认和执行与“一带一路”建设相关的外国商事海事仲裁裁决，推动与尚未参加《纽约公约》的沿线国家之间相互承认和执行仲裁裁决。要探索完善撤销、不予执行我国涉外、涉港澳台仲裁裁决以及拒绝承认和执行外国仲裁裁决的司法审查程序制度，统一司法尺度，支持仲裁发展。实行商事海事仲裁司法审查案件统一归口的工作机制，确保商事海事仲裁司法审查标准统一。要探索司法支持贸易、投资等国际争端解决机制充分发挥作用的方法与途径，保障沿线各国双边投资保护协定、自由贸易区协定等协定义务的履行，支持“一带一路”建设相关纠纷的仲裁解决。

三、建立完善工作机制，为“一带一路”建设营造良好的法治环境

9. 深化改革、强化公开，不断提升涉外案件的国际影响力和公信力。要

积极探索主审法官、合议庭办案责任制，探索将相关新类型案件集中到涉外审判部门审理，进一步发挥专业化审判的优势。要根据第四次全国涉外商事海事审判工作会议精神，及时总结海事审判管辖制度改革试点经验，推广将与海事密切关联的部分海事行政案件纳入海事法院专门管辖等，从体制机制方面有效保护海洋经济和海洋生态文明，不断巩固我国亚太地区海事司法中心地位。要强化司法公开，充分发挥涉外司法的国际窗口作用，不断满足中外当事人的知情权。要研究制定人民法院接受外国公民申请旁听案件庭审的具体办法，为外国公民旁听案件提供便利条件，积极邀请沿线各国驻华使节、国际合作交流人员旁听典型案件庭审，回应国际社会关切。

10. 建立常态化调研指导机制，增强工作的系统性与针对性。要将“一带一路”建设司法保障作为一项常规性工作抓紧抓实，坚持近期问题与长期应对相结合，坚持司法专门保障与国家整体推进相结合，坚持司法职能与中央战略规划、地方实际相结合，及时研究“一带一路”建设中的司法需求和司法政策。要深入分析研判“一带一路”建设各类相关案件的特点和规律，加强司法解释和案例指导，规范自由裁量，统一法律适用，及时为市场活动提供指引。要建立健全涉“一带一路”相关案件的专项统计分析制度，发布典型案例，及时向有关部门和社会发出司法建议和司法信息，有效预防法律风险。要与国家和地方相关部门建立沟通联系机制，深入研究国际法规则和沿线国家法律法规，提出前瞻性应对策略，增强推进“一带一路”建设的整体合力。

11. 支持发展多元化纠纷解决机制，依法及时化解涉“一带一路”建设的相关争议争端。要充分尊重当事人根据“一带一路”沿线各国政治、法律、文化、宗教等因素作出的自愿选择，支持中外当事人通过调解、仲裁等非诉讼方式解决纠纷。要进一步推动完善商事调解、仲裁调解、人民调解、行政调解、行业调解、司法调解联动工作体系，发挥各种纠纷解决方式在解决涉“一带一路”建设争议争端中的优势，不断满足中外当事人纠纷解决的多元需求。

12. 拓展国际司法交流宣传机制，增进沿线各国的法治认同。要充分发挥上海合作组织最高法院院长会议、中国—东盟大法官论坛、亚太首席大法官会议、金砖国家大法官会议等现有多边合作机制，办好区域国际司法论坛，共同研讨解决“一带一路”建设中的相关问题，与沿线各国携手打造稳定透明、公平公正的“一带一路”国际法治环境。要推动建立新机制，进一步加强我国与沿线国家司法机构之间的交流与合作，建立外国法查明工作平台，支持国内相关单位与“一带一路”沿线国家高等院校、科研机构之间积极开展法学交流活动，增进国际社会对中国司法的了解，促进各国法治互信。

13. 积极参与相关国际规则制定，不断提升我国司法的国际话语权。要进一步拓宽国际司法交流渠道，密切关注亚洲投资银行、丝路基金建设的进展，及时研究相关的国际金融法、国际贸易法、国际投资法、国际海事规则等国际法的发展趋势，积极参与和推动相关领域国际规则制定。

四、加强工作指导、组织保障和信息化建设，不断提高司法服务和保障“一带一路”建设的能力与水平

14. 加强经验总结和工作指导，确保“一带一路”建设的司法服务和保障工作扎实有序推进。要充分发挥地方各级人民法院积极性，鼓励地方法院立足本地实际，发挥各自优势，积极探索，创造有益经验，促进服务和保障工作深入开展。要根据“一带一路”建设的推进重点，加强重点示范，发挥其示范引领作用。要注意总结司法保障工作的经验做法，推广可复制、可借鉴的先进经验和典型案（事）例。要加强宏观指导，强化分工落实，抓好督促检查和案件评估，不断增强“一带一路”建设司法保障能力。

15. 加强专业人才培养，不断提升与“一带一路”建设相适应的司法能力。要制定培养规划，加强专题专项培训，加快建立专门的审判队伍。要加强业务能力培训，强化“一带一路”建设相关知识的学习，增强司法综合素质。要拓展法官国际视野，鼓励法官参加国际交流，提高法官应对处理国际事务的能力，努力造就一批能够站在国际法律理论前沿、在国际民商事海事审判领域具有国际影响的法官。

16. 加强信息化建设，全面提高“一带一路”建设司法服务和保障工作的实效和水平。要围绕公开、透明、便捷、高效、共享、互通的原则，加强“一带一路”建设司法保障信息化建设的顶层设计，坚持创新驱动，推进信息技术与审判业务深度融合，信息技术与司法公开深度融合，信息技术与司法便民深度融合，构建符合信息时代特征的网络法院、阳光法院和智慧法院。要高度重视相关工作的舆论引导和宣传工作，建设最高人民法院和涉外商事海事审判英文网站，充分运用新媒体技术，对“一带一路”建设司法服务和保障进行宣传，打造对外交流宣传平台，通过多种方式向国际社会提供及时、全面、翔实的涉“一带一路”建设的法治信息，全面展示我国司法建设和法治建设的成就。

最高人民法院
关于充分发挥审判职能作用切实维护公共安全的若干意见

2015 年 9 月 16 日　　　　　　　　　　法发〔2015〕12 号

为充分发挥人民法院职能作用，切实维护公共安全，保障人民群众合法权益，营造和谐稳定的社会环境，提出以下意见。

一、提高思想认识，切实增强维护公共安全的责任感和使命感

1. 充分认识维护公共安全的重大意义。公共安全是人民安居乐业、社会安定有序、国家长治久安的重要保障。党的十八大以来，以习近平同志为总书记的党中央高度重视公共安全问题，把维护公共安全摆在了更加突出的位置，作出了一系列重要部署。在中共中央政治局第二十三次集体学习时，习近平总书记发表重要讲话，深刻阐述了维护公共安全的重要意义，科学分析了公共安全形势，明确指出了当前维护公共安全需要重点做好的各项工作任务。各级人民法院和广大干警要站在为“四个全面”战略布局提供有效司法服务和保障的高度，自觉把维护公共安全放在维护最广大人民根本利益的高度上来认识，坚持居安思危、未雨绸缪，不断增强维护公共安全的责任感和使命感。

2. 准确把握发挥审判职能作用维护公共安全的基本要求。要坚持立足本职。人民法院的主要职能是审判案件，案件是社会矛盾的集中反映，也是凸显社会安全的风险点，要通过依法公正高效审判，实现惩治犯罪、化解矛盾、防范风险；要坚持问题导向。坚持从人民群众反映最强烈、现实社会最突出的问题入手，扎实做好有关农产品质量安全、食品药品安全、生产安全、环境安全、网络安全等案件的审判工作，根据不同时期、不同地方公共安全的形势和特点，有针对性地强化相关案件审判工作；要延伸审判职能。综合运用庭审直播、案例发布等方式，增强案件裁判的法律和社会效果，开展法制宣传和公共安全教育，推动健全多元化纠纷解决体系，积极参与社会治安综合治理，推进社会治安综合防控体系建设，着力解决影响社会安定的深层次问题。

二、依法严惩严重刑事犯罪，有效维护社会稳定

3. 依法严惩暴力恐怖犯罪活动。暴力恐怖犯罪严重危害广大人民群众的生命财产安全，严重危害社会和谐稳定。对暴力恐怖犯罪活动，要坚持严打方针不动摇，对首要分子、骨干成员、罪行重大者，该判处重刑乃至死刑的应当依法判处；要立足打早打小打苗头，对已经构成犯罪的一律依法追究刑事责任，对因被及时发现、采取预防措施而没有造成实际损害的暴恐分子，只要符合犯罪构成条件的，该依法重判的也要依法重判；要注意区别对待，对自动投案、检举揭发，特别是主动交代、协助抓捕幕后指使的，要体现政策依法从宽处理。要通过依法裁判，树立法治威严，坚决打掉暴恐分子的嚣张气焰，有效维护人民权益和社会安宁。

4. 依法严惩严重危害社会治安犯罪。依法严惩故意杀人、故意伤害、抢劫、绑架、爆炸等严重暴力犯罪，严惩盗窃、抢夺、诈骗等多发侵财性犯罪，切实增强人民群众安全感。依法严惩黑恶势力犯罪，坚决打掉其赖以生存、坐大的保护伞和经济基础，有效维护社会秩序。依法惩治组织、利用邪教破坏国家法律实施，进行杀人、强奸、诈骗的犯罪，努力消除邪教危害。依法严惩拐卖妇女、儿童和性侵儿童犯罪，加大对收买被拐卖的妇女、儿童犯罪的惩治力度，强化对妇女、儿童的司法保护。依法严惩毒品犯罪以及因吸毒诱发的故意杀人、故意伤害、抢劫、盗窃、以危险方法危害公共安全等次生犯罪，坚决遏制毒品蔓延势头。

5. 强化涉众型犯罪案件的审判工作。针对社会公众实施的非法吸收公众存款、集资诈骗、电信诈骗、操纵证券、期货市场及组织、领导传销等涉众型犯罪，影响面广、危害性大、关注度高，要精心组织好相关案件的审判工作。要加大对此类犯罪的惩治力度，对犯罪数额特别巨大、犯罪情节特别恶劣、危害后果特别严重的，依法判处重刑。要高度重视犯罪分子的违法所得追缴和涉案财物的依法处置工作，最大限度维护人民群众的合法权益，稳定社会秩序。要强化司法公开力度，及时披露有关信息，回应社会关切。

三、依法惩治危害安全生产犯罪，促进安全生产形势根本好转

6. 加大对危害安全生产犯罪的惩治力度。坚持发展是第一要务，安全是第一保障。针对近年来非法、违法生产，忽视生产安全的现象十分突出，造成群死群伤的重特大生产安全责任事故屡有发生的严峻形势，充分发挥刑罚的惩罚和预防功能，加大对各类危害安全生产犯罪的惩治力度，用严肃、严格、严厉的责任追究和法律惩罚，推动安全生产责任制的有效落实，促进安全生产形势根本好转，确保人民生命财产安全。

7. 准确把握打击重点。结合当前形势并针对犯罪原因，既要重点惩治发生在危险化学品、民爆器材、烟花爆竹、电梯、煤矿、非煤矿山、油气运送管道、建筑施工、消防、粉尘涉爆等重点行业领域企业，以及港口、码头、人员密集场所等重点部位的危害安全生产犯罪，更要从严惩治发生在这些犯罪背后的国家机关工作人员贪污贿赂和渎职犯罪。既要依法追究直接造成损害的从事生产、作业的责任人员，更要依法从严惩治对生产、作业负有组织、指挥或者管理职责的负责人、管理人、实际控制人、投资人。既要加大对各类安全生产犯罪的惩治力度，更要从严惩治因安全生产条件不符合国家规定被处罚而又违规生产，关闭或者故意破坏安全警示设备，事故发生后不积极抢救人员或者毁灭、伪造、隐藏影响事故调查证据，通过行贿非法获取相关生产经营资质等情节的危害安全生产的犯罪。

8. 依法妥善审理与重大责任事故有关的赔偿案件。对当事人因重大责任事故遭受人身、财产损失而提起诉讼要求赔偿的，应当依法及时受理，保障当事人诉权。对两人以上实施危及他人人身、财产安全的行为，其中一人或者数人的行为造成他人损害，能够确定具体责任人的，由责任人承担赔偿责任，不能确定具体责任人的，由行为人承担连带责任。被告人因重大责任事故既承担刑事、行政责任，又承担民事责任的，其财产应当优先承担民事责任。原告因重大责任事故遭受损失而无法及时履行赡养、抚养等义务，申请先予执行的，应当依法支持。

四、做好涉民生案件审判工作，切实保障人民群众合法权益

9. 妥善审理涉农案件。依法严惩针对农村留守老人、妇女、儿童实施的抢劫、盗窃、强奸、猥亵、拐卖等犯罪，确保农村社会秩序稳定和农民生命财产安全。依法严惩向农村地区贩卖毒品犯罪，坚决遏制毒品向农村地区蔓延的势头。依法严惩生产、销售伪劣农药、化肥、种子以及其他农用物资等坑农、害农犯罪，保证农业生产顺利进行。依法审理、执行好涉及“三农”的民事、行政案件，切实维护农民合法权益。

10. 依法惩治危害食品药品安全犯罪。食品药品安全形势不容乐观，重大、恶性食品药品安全犯罪案件时有发生，党中央高度关注，人民群众反映强烈。要以“零容忍”的态度，坚持最严厉的处罚、最严肃的问责，依法严惩生产、销售有毒、有害食品、不符合卫生标准的食品，以及生产、销售假药、劣药等犯罪。要充分认识此类犯罪的严重社会危害，严格缓刑、免刑等非监禁刑的适用。要采取有效措施依法追缴违法犯罪所得，充分适用财产刑，坚决让犯罪分子在经济上无利可图、得不偿失。要依法适用禁止令，有效防范犯罪分子再次危害社会。

11. 强化生态环境司法保护。保护生态环境，建设美丽中国，事关广大人民群众的生命健康，事关中华民族的永续发展，是实现中华民族伟大复兴中国梦的重要内容。全面加强环境资源审判工作，扎实推进生态环境建设，回应民众关切，增进人民福祉。依法惩治污染环境、乱砍滥伐、非法猎杀野生动物、乱采滥挖矿产等破坏环境资源犯罪。依法公正审理环境侵权案件，落实全面赔偿规定，探索建立环境修复、惩罚性赔偿等制度，依法严肃追究违法者的法律责任。充分保障环境公益诉讼原告诉权，及时受理、依法审理环境公益诉讼案件；会同检察机关积极稳妥地开展检察机关提起公益诉讼的试点工作，有效维护国家利益和社会公共利益。

12. 从严惩治危害民生的职务犯罪。对于制售伪劣食品药品、破坏环境资源所涉及的国家工作人员渎职犯罪，发生在社会保障、征地拆迁、灾后重建、企业改制、医疗、教育、就业等领域严重损害群众利益、社会影响恶劣、群众反映强烈的国家工作人员贪污贿赂犯罪、渎职犯罪，发生在事关民生和公共安全的重点领域、重点行业的严重商业贿赂犯罪等，要依法从严惩处。

五、依法惩治信息网络犯罪，维护社会秩序

13. 依法惩治利用网络实施的各类犯罪。网络空间是现实社会的延伸，网络秩序是公共秩序的有机组成部分。要针对近年来利用信息网络实施的各类违法犯罪活动日益突出，危害十分严重的实际，坚决依法打击网上造谣、传谣行为，惩治利用网络实施的盗窃、诈骗、敲诈勒索、寻衅滋事、贩卖毒品、传播淫秽信息等犯罪，切实维护网络秩序，净化网络空间，决不允许网络成为法外之地。

14. 依法惩治网络攻击破坏犯罪。信息时代，网络已深度融入经济社会的各个方面，网络安全已成为公共安全的重要组成部分，与广大人民群众的信息安全、财产安全乃至人身安全密切相关。要依法打击非法侵入、破坏计算机信息系统以及制作、销售、使用“伪基站”设备等犯罪活动，从严惩治针对基础信息网络、重要行业和领域的重要信息系统、军事网络、重要政务网络、用户数量众多的商业网络的攻击破坏活动，从严惩治利用攻击破坏非法获取国家秘密、商业秘密、公民个人信息等犯罪活动。

六、积极参与社会治安综合治理，促进健全公共安全体系

15. 积极参与社会治安防控体系建设。按照系统治理、依法治理、综合治理、源头治理的总体思路，扎实做好审判环节的社会治安综合治理工作。积极参与禁毒、打拐、打黑除恶、治爆缉枪、打击“两抢一盗”等专项整治活动。充分运用传统媒体和微信、微博、新闻客户端等新媒体，通过公开审判、以案

说法、发布典型案例等形式，强化法制宣传，震慑违法犯罪。加强未成年人刑事审判工作，会同有关部门做好刑满释放人员、社区矫正对象等特殊人群的帮教管理，预防再次犯罪，消除社会治安隐患。

16. 加强司法建议、司法调研工作。针对审判执行工作中发现的管理漏洞、治安隐患，要及时向有关单位或职能部门提出完善规章制度、强化日常管控、加强源头治理的意见和建议，推动公共安全体系的健全完善。不断加强人民法院信息化建设，推进信息技术与审判业务深度融合，充分利用信息技术手段和审判信息大数据，强化司法统计和调研工作，准确研判公共安全形势，为建立健全公共安全形势分析制度，及时消除公共安全隐患提供决策参考。

17. 做好人民法院自身安全工作。人民法院安全工作事关涉诉群众和法院干警的切身利益，是公共安全的重要组成部分。要始终坚持司法为民，切实改进工作作风，强化司法便民利民，决不允许因自身工作问题引发群体性、突发性和个人极端事件。要不断提高安全防范意识，认真汲取各类公共安全事件的教训，深入研判法院安全工作面临的新情况、新问题，严格落实安全管理各项制度，健全完善法院安全人防、物防、技防网络，确保人民法院人员安全、场所安全、信息安全。

最高人民法院
关于为京津冀协同发展提供司法服务和保障的意见

2016 年 2 月 3 日　　　　法发〔2016〕5 号

为全面贯彻落实《中共中央关于制定国民经济和社会发展第十三个五年规划的建议》和《京津冀协同发展规划纲要》的战略部署，充分发挥人民法院审判职能，为京津冀协同发展提供优质高效的司法服务和保障，制定如下指导意见。

一、充分认识京津冀协同发展战略的重大意义，准确把握司法服务和保障的基本要求

1. 充分认识京津冀协同发展国家战略的重大意义，增强人民法院司法服务和保障的责任感与使命感。京津冀协同发展，是一项重大国家战略，对于协

调推进“四个全面”战略布局，实现“两个一百年”奋斗目标和中华民族伟大复兴的中国梦，具有重大现实意义和深远历史意义。为京津冀协同发展提供优质高效的司法服务和保障，是人民法院肩负的重大政治责任和光荣历史使命。京津冀三地法院要统一思想，提高认识，切实增强司法服务和保障的自觉性、主动性。

2. 准确把握服务和保障京津冀协同发展的基本要求，找准切入点、结合点、着力点。要按照《京津冀协同发展规划纲要》确定的目标、方向、思路和重点，特别是围绕有序疏解北京非首都功能，优化提升首都核心功能，推动交通一体化、生态环境保护、产业升级转移三大重点领域率先取得突破，大力促进创新驱动发展，统筹推进协同发展相关任务，持续深化体制机制改革等具体目标，充分发挥人民法院审判职能作用，依法妥善审理、执行各类案件，为京津冀协同发展提供有力司法保障。

3. 积极适应京津冀协同发展的司法需求，切实增强司法服务和保障的能力、水平和实效。坚持党的领导，紧紧依靠京津冀党委、政府，积极运用社会纠纷多元化解机制，共同化解矛盾，维护稳定，促进发展。坚持能动司法、协同司法，创新司法理念，不断改革和完善适应京津冀协同发展的司法体制机制。增强大局意识，在协同发展中谋划人民法院工作，对京津冀协同发展中涉及到的司法问题，提前预判，早做研究，及时应对，妥善处理，努力实现法律效果与社会效果的有机统一。

二、依法履行人民法院审判职能，促进京津冀地区创新、协调、绿色、开放、共享发展

4. 依法惩罚京津冀地区破坏社会稳定、经济发展、金融安全、生态保护的各种犯罪。依法惩罚阻挠破坏承接非首都功能重大项目建设的犯罪，确保重点建设项目的顺利开展；依法惩罚破坏市场秩序、侵犯知识产权和侵吞、挪用企业资金等经济犯罪，保障产业转移升级；依法惩罚非法吸收公众存款、集资诈骗、电信诈骗、操纵证券期货市场等金融领域犯罪，维护投资环境和金融秩序；依法惩罚破坏资源、污染环境犯罪和环境资源监管失职渎职犯罪，促进京津冀地区绿色发展。

5. 依法审理涉及疏解北京非首都功能的民商事案件。围绕疏解北京非首都功能，及时审理因部分企业搬迁和区域性物流基地、区域性专业市场外迁引发的租赁合同、补偿安置、劳动争议纠纷等案件，依法审理因产业结构调整升级、淘汰落后产能引发的企业重组、破产、强制清算、股东权益纠纷等案件，促进京津冀产业优化升级和产业园区建设。

6. 依法审理涉及公共服务、扶贫脱贫的民生案件。围绕疏解公共服务功

能，妥善审理京津冀公共服务领域的教育、医疗卫生、文化、社会保障等涉民生案件，保障人民群众生命健康权益，促进就业创业、教育公平和社会保障体系建设。重视对京津冀地区实施精准扶贫、精准脱贫所涉案件的审理，促使贫困地区生产生活条件明显改善，推进实现共享发展。

7. 依法保障京津冀地区金融创新、金融安全。密切关注金融政策、新型融资方式对京津冀社会经济发展的影响，依法审理民间借贷、互联网金融等区域性金融案件，保护金融债权和金融消费者权益，促进缓解中小微企业融资难、融资贵难题，维护金融创新与金融安全，推进金融创新运营示范区的健康发展。注意从司法角度发现和防范区域性、系统性金融风险，及时向有关部门提出司法建议。

8. 进一步加大京津冀知识产权司法保护的力度。加强对京津冀高科技、新能源、新领域、知名品牌以及文化创新产业的司法保护，发挥知识产权司法对激发社会创新动力、创造潜力和创业活力的独特保护、促进作用，营造有利于新兴产业孵化发展、知名品牌的培育和保护以及文化艺术保护、传承、创新的良好法治环境。依法审理好涉及专利、商标和著作权等知识产权案件，保护创新成果，推动科技创新，促进经济转型升级。

9. 依法审理矿产资源、污染环境等环境资源类民商事案件和行政案件。大力推进环境公益诉讼，妥善处理好环境公共利益与私人利益、发展经济与保护环境、开发资源与节约资源之间的关系。坚持预防性和恢复性司法理念，依法引入第三方治理环境污染的损害赔偿责任承担方式，确保环境恢复效果，推动京津冀生态文明建设、低碳循环经济和资源节约高效利用，促进人与自然和谐共生。

10. 依法审理海事案件和海洋环境污染等案件。充分发挥天津海事法院专业性及跨区域管辖的独特优势，通过依法履行审判职责，促进京津冀地区对外开放、自贸区建设，推动海运、物流、仓储等行业发展，保护海洋生态环境，保障互利共赢开放战略和海洋强国战略实施，切实维护国家主权、安全和发展利益。

11. 依法审理京津冀协同发展中的行政案件。通过审理因京津冀交通一体化建设、城市功能区建设、市政公用设施、交通路网等基础设施建设以及住房改造、新居住区建设等引发的工商、税务、土地、城建、交通、环保、劳动保障等方面的行政案件，依法维护行政相对人合法权益，监督和支持行政机关依法行政。

12. 依法执行涉及京津冀协同发展中的重点项目和重点工程案件。充分运用法律规定的各种执行措施，上下联动，多方协同，保障各项工作具体落实。积极开展涉金融执行积案清理，推进金融创新运营示范区的良性发展。加大对涉民生案件执行力度，提高司法救助数额和比例，增强执行案件办理的法律效果与社会效果。

三、建立健全京津冀法院工作联络机制，提升司法服务保障的能力和水平

13. 建立京津冀三地法院联席会议机制。由最高人民法院召集，京津冀三地法院参加。联席会议下设日常工作机构，负责三地法院日常沟通、协调、会商、联动等工作。联席会议重点研究和解决京津冀协同发展中的重大司法事项、司法需求、司法政策和重大疑难法律适用问题，促进司法裁判尺度的统一。

14. 加强京津冀三地法院在信息化软件开发、平台建设和大数据应用等方面的合作。实现三地平台共建、信息互通、资源共享、业务协同。推进京津冀三地诉讼服务和诉讼标准一体化，立案信息共享，建立统一协调的诉讼服务机制。实现京津冀三地法院视频衔接，为远程开庭、执行联动、远程接访等业务提供技术保障。

15. 进一步推动并不断完善京津冀法院执行联动协作。推动三地各级法院执行系统的纵向贯通，执行联动单位的横向联网，实现三地执行指挥中心和财产网络查控系统有效对接和三地法院执行办案的“同城效应”。在执行委托、执行协调、执行协助等方面加强配合，以有效遏制跨区域转移财产、规避执行行为，最大限度地实现资源共享，优势互补，互惠共赢。

16. 积极探索特定类型案件集中管辖或专门管辖。结合京津冀三地法院自身审判特点，对专业性较强的案件实行由特定法院集中管辖，充分发挥三地审判优势资源，推动专业化审判，提高审判质量，统一裁判标准。积极探索知识产权案件、海事海商案件、生态环境保护案件集中管辖或专门管辖制度。进一步推进京津冀设立跨行政区划法院集中审理跨区划重大民事案件、行政案件试点工作。充分运用指定管辖、异地管辖、提级管辖制度，积极破解司法难题。

17. 建立健全京津冀三地法院人员培训和法官任职交流机制。积极推进三地法官统一培训、学习和交流，实现人员资源互通互融。探索实行三地法官异地挂职、任职交流，努力实现三地法官司法能力共同提升。

18. 建立京津冀三地法院常态化调研协调机制。共同调研京津冀协同发展中的法律、司法问题，增强司法工作的系统性、针对性和及时性。通过调研工作，加强与京津冀地区政府法制部门、行政执法机关、信访部门的联系，及时通报涉诉信访情况和存在的问题，充分调动各方面的积极性，有效化解社会矛盾纠纷。

最高人民法院
关于为长江经济带发展提供司法服务和保障的意见

2016 年 2 月 24 日　　　　　　　　　　法发〔2016〕8 号

为深入贯彻落实党的十八届三中、四中、五中全会精神，协调推进“四个全面”战略布局，主动适应经济社会发展新形势新常态，充分发挥人民法院审判职能作用，公正高效服务和保障长江经济带发展国家战略，依据中共中央《关于制定国民经济和社会发展第十三个五年规划的建议》和国务院《关于依托黄金水道推动长江经济带发展的指导意见》，制定如下意见。

一、切实提高思想认识，增强为长江经济带发展国家战略提供司法服务和保障的责任感与使命感

1. 深刻认识长江经济带发展国家战略的重大意义和人民法院的历史使命。长江经济带发展是党中央、国务院在新的历史时期审时度势，谋划中国经济发展新格局作出的既有利于当前又惠及长远的一项重大国家区域发展战略，对于今后一个时期拓展区域发展空间、引领沿江沿线经济社会的发展，推进“十三五”规划战略布局，实现全面建成小康社会“第一个百年目标”具有重大的现实意义和深远的历史影响。各级人民法院要充分认识肩负的神圣职责和重要使命，切实增强为长江经济带发展提供司法服务和保障的自觉性、主动性。

2. 准确把握长江经济带发展的战略定位和基本内涵。牢固树立和贯彻落实五大发展理念，坚持生态优先、绿色发展，围绕中共中央《关于制定国民经济和社会发展第十三个五年规划的建议》提出的改善长江流域生态环境、高起点建设综合立体交通走廊、引导产业优化布局和分工协作的总体要求，充分发挥审判职能，公正高效审理相关案件，为把长江经济带发展成为生态文明建设的先行示范带、创新驱动带、协调发展带提供有力的司法保障。

3. 充分满足长江经济带发展的司法需求，结合审判实践和地方实际，找准为长江经济带发展提供司法服务和保障的切入点和契合面。从需求导向出发，在绿色发展、创新发展、协调发展大局中谋划法院工作。按照中共中央

《关于制定国民经济和社会发展第十三个五年规划的建议》和国务院《关于依托黄金水道推动长江经济带发展的指导意见》确定的思路、方向和重点，坚持能动司法，创新司法理念，积极探索区域内司法体制机制创新，优化区域内司法资源配置，对新情况、新问题加强预判，及早研究，统筹应对，全方位提升服务和保障长江经济带发展的能力和水平。

二、充分发挥审判职能作用，为长江经济带发展提供公正高效的司法服务和保障

4. 依法惩处相关刑事犯罪，为长江经济带发展提供稳定的社会环境。大力加强涉及环境资源保护刑事案件的审判。依法惩治污染环境、河道非法采砂、滥伐盗伐林木、非法采矿及破坏性采矿、非法捕捞水产品、滥捕野生动物等违法犯罪行为。严厉惩治环境监管失职犯罪、造成环境污染严重后果的重大安全责任事故犯罪，为长江经济带绿色生态廊道筑牢司法保护屏障。依法惩治各类侵犯知识产权犯罪，保护创新发展。严惩各类干扰产业项目转移建设施工、毁坏财产等暴力犯罪案件，有效服务区域内产业优化布局和产业分工协作，促进区域经济的协调发展。

5. 保障长江经济带的生态安全和绿色发展，依法审理环境资源保护民事案件。充分利用海事法院跨行政区划管辖的优势，妥善审理长江流域环境污染、生态破坏案件。加强对陆源及船舶排放、泄漏、倾倒油类、污水或者其他有害物质造成水域污染的损害责任纠纷案件的审理。大力推进水资源环境公益诉讼，探索建立长江流域水资源环境公益诉讼集中管辖制度。依法保障法定机关和有关组织的水资源环境公益诉权。

6. 推进平安黄金水道建设，依法审理各类海事侵权案件。妥善审理发生在长江水域的船舶碰撞、触碰案件，船舶运输特别是危险品运输作业中侵害他人人身权益和财产权益案件，船舶产品质量责任纠纷案件，港口作业事故责任纠纷案件等，规范裁判标准，引导各类市场主体展开有序良性竞争，指引港口、航运、造船企业切实增强安全意识、质量意识，为平安黄金水道建设提供有力司法支撑。

7. 打造涉外商事海事审判精品，提升涉外商事海事审判国际公信力和制度性话语权，增强为区域内企业全面参与全球经济合作和竞争保驾护航的能力和水平。妥善审理涉外商事海事纠纷，特别是国际经济合作和长江经济带投资领域发生的各种纠纷案件。准确适用国际条约，尊重国际惯例，加强外国法的查明和适用，严格适用国际公约承认与执行国际商事海事仲裁裁决，平等保护中外当事人的合法权益，营造长江经济带法治化、国际化、便利化的营商环境，为促进区域内更高层次的全面开放新格局提供有力的司法支持。

8. 依法审理相关水路货物运输、港口码头建设、船舶建造、仓储物流、货运代理、船员劳务等海商案件，维护区域内诚实守信、开放统一的市场。加强涉长江口造船基地建设相关案件的审理，促进现代化船舶产业链的健康有序发展。对于铁水、公水、空铁、水陆空等多式联运合同纠纷案件，通过准确查明案件事实，正确适用相关法律，促进安全便捷、绿色低碳、高起点综合立体交通走廊建设。推动长江经济带和“一带一路”建设的有机衔接。

9. 切实维护区域内金融安全与稳定，加强对船舶融资、港航金融保险等类型案件的审理。密切关注国内经济下行压力持续加大、产能过剩行业关停并转、“僵尸企业”清理整顿过程中对造船、港口、航运等行业的影响，注意及早发现区域性、系统性金融风险。适时提出相关司法建议。稳妥处理包括外商投资企业在内的相关企业的解散和清算案件。依法支持银行保险等金融机构为长江经济带发展推出的创新性金融产品，助推区域内航运金融中心的建设和发展，有效缓解区域内港航企业融资难问题。

10. 加强知识产权司法保护力度，激发创新动力、创造潜力、创业活力。加大对有利于节约能源资源、有利于保护生态环境和有利于长江经济带协调发展的高新技术、新产业和新商业模式相关知识产权的保护力度，激励创新、鼓励创业、保护创造。促进品牌培育创新并形成品牌竞争新优势，营造公平诚信的市场竞争环境，为把长江经济带建设成为我国创新驱动带提供有力司法保障。

11. 加强行政案件审判，监督支持行政机关依法行政。特别要加强对行政机关不履行环境违法违规行为查处职责案件的审理，督促行政机关尽责履职。依法审理区域内与重大生态工程修复、产业优化布局、分工协作有关的不动产征收、拆迁、改建、港口岸线行政确权等行政案件，为相关工程建设创建良好的法治环境。充分发挥海事法院跨行政区划管辖海事行政案件的职能，依法审查长江沿线海事行政机关作出的许可、确权、处罚、征收、检查等海事行政行为以及海事行政机关的不作为，对主要证据不足，适用法律、法规错误，违反法定程序，超越、滥用职权或明显不当的海事行政行为要依法予以撤销或者确认违法，维护行政相对人合法权益。

三、创新司法体制机制，最大限度实现长江经济带区域内司法资源的优化配置

12. 创新审判体制机制，以更科学的审判体制机制服务和保障长江经济带发展。认真总结海事审判跨行政区划管辖的实践经验，坚持改革创新，探索建立契合长江经济带区域发展大局的审判体制机制。加强区域内各地方法院之间、海事法院之间、地方法院和海事法院之间的工作协调机制，对于区域内重

大共性司法政策和司法事项，以及重大疑难复杂法律适用问题，由最高人民法院召集，相关法院参加，共同协商研究解决。

13. 多渠道深层次推进司法公开，构建开放、动态、透明、便民的阳光司法机制，提升人民群众对司法的获得感。深入推进审判流程公开，充分发挥诉讼电子档案促进审判管理公开、便利当事人诉讼查询的功能。加强裁判文书说理。确保裁判文书上网常态化，方便全民检阅，实现看得见的公正司法。继续坚持海事审判白皮书年度发布制度，方便社会公众全面系统了解海事审判工作。

14. 大力推进区域内信息化建设。加强上下游、左右岸、干支流各法院之间的互联互通，推动区域内法院在云计算和大数据应用方面的合作，实现区域内法院信息资源共享。探索打造区域内法院“一站式”网上诉讼服务平台，便利沿江沿线当事人诉讼。注重审判管理方式的信息化创新，通过便利的信息管理系统、人性化的管理手段，最大限度提高审判质效，为公正高效服务长江经济带发展提供科技支撑。

15. 推动建立区域内法院执行协作机制。构建长江经济带执行指挥系统协作机制，逐步实现一体化执行指挥体系。执行法院可以委托异地法院协助查询、冻结、查封、调查或者送达法律文书等有关事项。船舶扣押、拍卖统一由海事法院办理。推动海事法院与长江经济带区域内有关海事行政机关、金融监管机构、有关财产登记机关之间的协作配合。

16. 多元化解，繁简分流，破解难题，高效服务和保障长江经济带发展。加强和各类调解组织、社团行业组织、行政执法机关、信访部门的工作联系，做好诉讼与非诉讼机制之间的有机衔接。对于因生态环境治理与经济社会发展之间的暂时矛盾引发的群体性纠纷，要积极依靠当地党委、政府，统筹社会各方力量，通过多方合力实现矛盾化解。探索推动群体性船员劳务纠纷案件、群体性水上人身伤亡案件的诉调对接，防范社会矛盾激化。依法支持仲裁机构在解决纠纷方面发挥更大作用。大力推进海事海商小额诉讼案件的审理，依法实行一审终审，快捷有效维护当事人合法权益。

最高人民法院
关于充分发挥审判职能作用切实加强产权司法保护的意见

2016 年 11 月 28 日　　　　法发〔2016〕27 号

产权制度是社会主义市场经济的基石，保护产权是坚持社会主义基本经济制度的必然要求。党的十八大以来，以习近平同志为核心的党中央高度重视产权保护工作。党的十八届三中、四中、五中全会明确提出，国家保护各种所有制经济产权和合法利益，强调要健全以公平为核心原则的产权保护制度，推进产权保护法治化。2016 年 11 月 4 日，中共中央、国务院印发《关于完善产权保护制度依法保护产权的意见》，对完善产权保护制度、推进产权保护法治化有关工作进行了全面部署。为充分发挥审判职能作用，切实加强产权司法保护，增强人民群众财产财富安全感，促进经济社会持续健康发展，制定如下意见。

一、坚持产权司法保护的基本原则

1. 坚持平等保护。坚持各种所有制经济权利平等、机会平等、规则平等，对各类产权主体的诉讼地位和法律适用一视同仁，确保公有制经济和非公有制经济财产权不可侵犯。注重对非公有制产权的平等保护。妥善审理各类涉外案件，平等保护中外当事人的诉讼权利和实体权益。

2. 坚持全面保护。既要保护物权、债权、股权，也要保护知识产权及其他各种无形财产权。通过刑事、民事、行政等各种审判及执行活动，依法明确产权归属，制裁各类侵犯产权的违法犯罪行为，特别是利用公权力侵犯私有产权的违法犯罪行为。

3. 坚持依法保护。结合各个时期经济发展的形势和政策，准确把握立法精神，严格公正司法，妥善处理涉及产权保护的各类案件。结合案件审判和司法调研，促进社会主义市场经济法律制度不断健全，推动完善产权保护制度。

二、准确把握、严格执行产权保护的司法政策

4. 依法惩治各类侵犯产权犯罪，平等保护各种所有制经济产权。依法惩

治侵吞、瓜分、贱卖国有、集体资产的犯罪，促进资产监督管理制度不断健全。加大对非公有财产的刑法保护力度，依法惩治侵犯非公有制企业产权以及侵犯非公有制经济投资者、管理者、从业人员财产权益的犯罪。对非法占有、处置、毁坏财产的，不论是公有财产还是私有财产，均依法及时追缴发还被害人，或者责令退赔。

5. 客观看待企业经营的不规范问题，对定罪依据不足的依法宣告无罪。对改革开放以来各类企业特别是民营企业因经营不规范所引发的问题，要以历史和发展的眼光客观看待，严格遵循罪刑法定、疑罪从无、从旧兼从轻等原则，依法公正处理。对虽属违法违规、但不构成犯罪，或者罪与非罪不清的，应当宣告无罪。对在生产、经营、融资等活动中的经济行为，除法律、行政法规明确禁止的，不得以犯罪论处。

6. 严格区分经济纠纷与刑事犯罪，坚决防止把经济纠纷当作犯罪处理。充分考虑非公有制经济特点，严格把握刑事犯罪的认定标准，严格区分正当融资与非法集资、合同纠纷与合同诈骗、民营企业参与国有企业兼并重组中涉及的经济纠纷与恶意侵占国有资产等的界限，坚决防止把经济纠纷认定为刑事犯罪，坚决防止利用刑事手段干预经济纠纷。对于各类经济纠纷，特别是民营企业与国有企业之间的纠纷，不论实际损失多大，都要始终坚持依法办案，排除各种干扰，确保公正审判。

7. 依法慎用强制措施和查封、扣押、冻结措施，最大限度降低对企业正常生产经营活动的不利影响。对涉案企业和人员，应当综合考虑行为性质、危害程度以及配合诉讼的态度等情况，依法慎重决定是否适用强制措施和查封、扣押、冻结措施。在刑事审判中，对已被逮捕的被告人，符合取保候审、监视居住条件的，应当变更强制措施。在刑事、民事、行政审判中，确需采取查封、扣押、冻结措施的，除依法需责令关闭的企业外，在条件允许的情况下可以为企业预留必要的流动资金和往来账户。不得查封、扣押、冻结与案件无关的财产。

8. 严格规范涉案财产的处置，依法维护涉案企业和人员的合法权益。严格区分违法所得和合法财产，对于经过审理不能确认为违法所得的，不得判决追缴或者责令退赔。严格区分个人财产和企业法人财产，处理股东、企业经营管理者等自然人犯罪不得任意牵连企业法人财产，处理企业犯罪不得任意牵连股东、企业经营管理者个人合法财产。严格区分涉案人员个人财产和家庭成员财产，处理涉案人员犯罪不得牵连其家庭成员合法财产。按照公开公正和规范高效的要求，严格执行、不断完善涉案财物保管、鉴定、估价、拍卖、变卖制度。

9. 依法公正审理行政协议案件，促进法治政府和政务诚信建设。对因招商引资、政府与社会资本合作等活动引发的纠纷，要认真审查协议不能履行的原因和违约责任，切实维护行政相对人的合法权益。对政府违反承诺，特别是仅因政府换届、领导人员更替等原因违约毁约的，要坚决依法支持行政相对人的合理诉求。对确因国家利益、公共利益或者其他法定事由改变政府承诺的，要依法判令补偿财产损失。

10. 依法公正审理财产征收征用案件，维护被征收征用者的合法权益。准确把握立法精神，合理把握征收征用适用的公共利益范围，坚决防止公共利益扩大化。遵循及时合理补偿原则，对土地征收和房屋拆迁补偿标准明显偏低的，要综合运用多种方式进行公平合理补偿，充分保护被征收征用者的合法权益。

11. 依法制裁知识产权违法犯罪，加大知识产权保护力度。按照“司法主导、严格保护、分类施策、比例协调”的知识产权司法保护基本政策，加大保护力度，推进知识产权强国建设。积极参与相关法律修订工作，推动完善知识产权侵权损害赔偿制度。适时发布司法解释和指导性案例，通过排除侵权证据妨碍、合理分配当事人的举证责任等途径，依法推进惩罚性赔偿制度的适用。依法审理商标侵权，加强品牌商誉保护。依法审理反不正当竞争纠纷案件，破除行业垄断和市场分割。依法惩治知识产权犯罪，加大对链条式、产业化知识产权犯罪惩治力度。

12. 依法处理历史形成的产权申诉案件，坚决落实有错必纠的要求。建立专门工作机制，抓紧甄别纠正一批社会反映强烈的产权纠纷申诉案件。对涉及重大财产处置的产权纠纷申诉案件、民营企业和投资人犯罪的申诉案件，经审查确属事实不清、证据不足、适用法律错误的，依法及时予以纠正并赔偿当事人损失。严格落实司法责任制，对存在违法审判情形的依法依纪严肃追究，同时完善审判管理，从源头上、制度上有效防范冤错案件的发生。

13. 提高审判执行效率，切实防止因诉讼拖延影响企业生产经营。强化审限监管，严格审限延长、扣除、中止等情形的审批，不断提高审限内结案率，切实解决“隐性”超审限问题。持续开展长期未结诉讼案件和久押不决刑事案件专项清理工作，建立定期通报和督办机制。进一步完善繁简分流审判机制，对符合条件的案件依法适用简易程序、速裁程序。加大执行力度，提升执行速度，及时有效维护胜诉当事人的合法权益。

三、加强产权司法保护的机制建设

14. 坚持党的领导，积极参与产权保护协调工作机制。要主动向党委汇报加强产权司法保护的各项工作部署，积极参与党委牵头，人大、政府、司法机关共同参加的产权保护协调工作机制，形成工作合力。认真听取人大代表、政协委员和专家学者的意见建议，加强与工商联、行业协会的沟通，确保产权司法保护各项举措落到实处、收到实效。

15. 优化资源配置，提升涉产权保护案件审判的专业性和公信力。对法律适用难度较大的涉产权民刑交叉、民行交叉案件，统筹审判资源，组成民刑、民行综合合议庭，确保理清法律关系、准确适用法律。充分发挥北京、上海、广州知识产权法院的示范、引领作用，加快知识产权派出法庭建设，探索设立知识产权上诉法院，完善知识产权审判工作体制机制。推动知识产权民事、行政和刑事案件审判"三合一"，提高知识产权司法保护的整体效能。落实京津冀知识产权技术类案件集中管辖，合理布局全国法院知识产权案件管辖，提升知识产权司法保护水平。

16. 做好司法调研，不断完善产权保护司法政策。推进信息技术与审判业务深度融合，充分利用大数据、云计算等信息技术，准确研判涉产权案件的审判形势。深入调研涉产权审判执行工作中的疑难问题，及时总结司法审判经验，切实加强产权保护司法政策研究，不断健全产权司法保护规则。通过制定司法解释、发布指导性案例等方式，统一涉产权案件的司法尺度、裁判标准。

17. 强化法治宣传，推动形成保护产权的良好社会氛围。利用裁判文书上网、庭审直播等司法公开平台，结合案件审判，大力宣传党和国家平等保护各种所有制经济产权的方针政策和法律法规，使平等保护、全面保护、依法保护观念深入人心，营造公平、公正、透明、稳定的法治环境。总结宣传一批依法有效保护产权的好做法、好经验、好案例，推动形成保护产权的良好社会氛围。

【解　　读】

解读《关于充分发挥审判职能作用切实加强产权司法保护的意见》

一、制定背景

产权制度是社会主义市场经济的基石，保护产权是坚持社会主义基本经济制度的必然要求。党的十八大以来，以习近平同志为核心的党中央高度重视产权保护工作。党的十八届三中、四中、五中全会明确提出，国家保护各种所有制经济产权和合法利益，强调要健全以公平为核心原则的产权保护制度，推进产权保护法治化。2016年8月30日，中央深改组审议通过了《关于完善产权保护制度依法保护产权的意见》（以下简称《产权保护意见》）。11月4日，中共中央、国务院印发《产权保护意见》，对完善产权保护制度、推进产权保护法治化的有关工作作了全面部署，提出了明确要求。

通过审判执行活动，依法保护产权，促进完善产权保护制度，是人民法院的法定职责和重要使命。最高人民法院党组和周强院长高度重视《产权保护意见》的贯彻落实工作。在中央深改组审议通过《产权保护意见》后，最高人民法院党组第一时间召开会议，传达学习中央深改组会议精神，研究部署贯彻落实《产权保护意见》的相关工作。要求站在统筹推进“五位一体”总体布局和协调推进“四个全面”战略布局的高度，充分认识深入学习贯彻《产权保护意见》的重要性和紧迫性；要求立足人民法院职能，结合司法工作实际，研究制定专门文件，明确贯彻落实《产权保护意见》、切实加强产权司法保护的具体举措。

为此，经深入学习《产权保护意见》精神，全面梳理社会各界在产权司法保护方面广泛关注的问题，反复调研论证，最高人民法院制定出台了《关于充分发挥审判职能作用切实加强产权司法保护的意见》（以下简称《意见》），于今天正式发布。

二、《意见》的主要内容

《意见》坚持问题导向，从加强产权司法保护的基本原则、司法政策和机制建设三个方面，用十七个条文，对相关审判执行工作提出了明确要求。第一部分，坚持产权司法保护的基本原则。此部分结合审判工作实际，细化了《产权保护意见》提出的平等、全面、依法保护产权的原则。要求对各类产权主体的诉讼地位和法律适用一视同仁，注重对非公有制产权的平等保护，平等保护中外当事人的诉讼权利和实体权益。要求通过审判执行活动，依法制裁各类侵犯产权的违法犯罪行为，特别是利用公权力侵犯私有产权的违法犯罪行为，全面保护物权、债权、股权、知识产权及其他各种无形财产权。要求结合各个时期经济发展的形势和政策，准确把握立法精神，严格公正司法，妥善处理涉及产权保护的各类案件。

第二部分，准确把握、严格执行产权保护的司法政策。此部分针对社会关切，提出了加强产权保护的十大司法政策，是《意见》的主体内容。一是依法惩治各类侵犯产权犯罪，平等保护各种所有制经济产权。强调既要依法惩治侵犯国有、集体资产的犯罪，也要加大对非公有财产的刑法保护力度，依法惩治侵犯非公有制企业产权以及侵犯非公有制经济投资者、管理者、从业人员财产权益的犯罪。二是客观看待企业经营的不规范问题，对定罪依据不足的依法宣告无罪。强调要以历史和发展的眼光客观看待，严格遵循罪刑法定、疑罪从无、从旧兼从轻等原则，依法公正处理相关案件。对各种经济活动，除法律、行政法规明确禁止的，不得以犯罪论处：对虽属违法违规但不构成犯罪，或者罪与非罪不清的，应当依法宣告无罪。三是严格区分经济纠纷与刑事犯罪，坚决防止把经济纠纷当做犯罪处理。强调充分考虑非公有制经济特点，严格把握刑事犯罪的认定标准，坚决防止把经济纠纷认定为刑事犯罪。对各类经济纠纷，不论实际损失多大，都要始终坚持依法办案、公正审判。四是依法慎用强制措施和查封、扣押、冻结措施，最大限度降低对企业正常生产经营活动的不利影响。要求在刑事审判中，对已被逮捕的被告人，符合取保候审、监视居住条件的，应当变更强制措施；在刑事、民事、行政审判中，确需采取查封、扣押、冻结措施的，除依法需责令关闭的企业外，可以视情为企业预留必要的流动资金和往来账户。五是严格规范涉案财物的处置，依法维护涉案企业和人员的合法权益。要求严格区分违法所得和合法财产，严格区分个人财产和企业法人财产，严格区分涉案人员个人财产和家庭成员财产。按照公开公正和规范高效的要求，严格执行、不断完善涉案财物保管、处置制度。六是依法公正审理行政协议案件，促进法治政府和政务诚信建设。强调对因招商引资、政府与社会资本合作等活动引发的纠纷，要认真审查协议不能履行的原因和违约责任。对政府违反承诺，特别是仅因政府换届、领导人员更替等原因违约毁约的，坚决依法支持行政相对人的合理诉求。七是依法公正审理财产征收征用案件，维护行政相对人的合法权益。要求合理把握征收征用适用的公共利益范围，坚决防止公共利益扩大化。遵循及时合理补偿原则，充分保护被征收征用者的合法权益。八是依法制裁知识产权违法犯罪，加大知识产权司法保护力度。要求适时发布司法解释和指导性案例，依法推进惩罚性赔偿制度的适用；加强品牌商誉保护，依法审理反不正当竞争纠纷案件，加大对链条式、产业化知识产权犯罪惩治力度。九是依法处理历史形成的产权申诉案件，坚决落实有错必纠的要求。要求建立专门工作机制，抓紧甄别纠正一批社会反映强烈的产权纠纷申诉案件。对经审查确属事实不清、证据不足、适用法律错误的，依法及时纠正并赔偿当事人损失。需要说明的是，《意见》对该问题仅作原则规定。最高人民法院专门制定了《关于依法妥善处理历史形成的产权案件工作实施意见》，接下来审监庭滕伟副庭长将作专门介绍。十是提高审判执行效率，切实防止因诉讼拖延影响企业生产经营。要求强化审限管理，进一步完善繁简分流审判司以，及时有效定分止争；加大执行力度，提升执行速度，及时有效维护胜诉当事人的合法权益。

第三部分，加强产权保护的机制建设。此部分从四个方面，就必须进一步健全完善加强产权保护的机制建设提出了要求。强调要坚持党的领导，积极参与党委牵头，人大、政府、司法机关共同参加的产权保护协调工作机制；要优化资源配置，提升涉产权保护案件审判的专业性和公信力；做好司法调研，不断完善产权保护司法政策；加强法治宣传，推动形成保护产权的良好社会氛围。

完善产权保护制度，依法保护产权，对于增强人民群众财产财富安全感，增强社会信心，形成良好预期，增强各类经济主体创业创新动力，维护社会公平正义，保持经济社会持续健康发展和国家长治久安，意义重大而深远。最高人民法院和地方各级人民法院将全面贯彻落实党的十八大和十八届三中、四中、五中、六中全会精神，深入学习贯彻习近平总书记系列重要讲话精神，坚决按照党中央的决策部署，充分发挥审判职能作用，切实加强产权司法保护，为全面建成小康社会、实现中华民族伟大复兴中国梦提供有力司法保障。

（撰稿人：颜茂昆）

最高人民法院
印发《关于依法妥善处理历史形成的产权案件工作实施意见》的通知

2016 年 11 月 28 日　　　　法发〔2016〕28 号

各省、自治区、直辖市高级人民法院，解放军军事法院，新疆维吾尔自治区高级人民法院生产建设兵团分院：

现将《最高人民法院关于依法妥善处理历史形成的产权案件工作实施意见》印发给你们，请各地结合实际，认真贯彻执行。

附：

关于依法妥善处理历史形成的产权案件工作实施意见

为贯彻落实《中共中央、国务院关于完善产权保护制度依法保护产权的意见》（以下简称《意见》），充分发挥人民法院审判职能，依法妥善处理历史形成的产权案件，现提出如下实施意见。

一、充分认识依法妥善处理历史形成的产权案件的重要意义

1. 依法妥善处理历史形成的产权案件，是全面贯彻落实中央完善产权保护制度、依法保护产权决策部署的重大举措。加强产权保护，是坚持社会主义基本经济制度的必然要求，是全面建成小康社会的必然要求，是夯实党长期执政社会基础的必然要求，也是维护国家长治久安的必然要求。依法妥善处理历史形成的产权案件，是中央加强产权保护决策部署的重要内容和重大举措，对于完善现代产权制度、推进产权保护法治化，对于增强人民群众财产财富安全感、增强社会信心、形成良好预期，对于营造公平公正透明稳定的法治环境、激发各类经济主体创业创新动力，对于维护社会公平正义、促进经济社会持续健康发展，都具有十分重要意义。

2. 依法妥善处理历史形成的产权案件，是人民法院肩负的一项重大而紧迫的政治任务。以习近平同志为核心的党中央高度重视产权保护。党的十八届三中、四中、五中、六中全会均有明确要求。今年党中央、国务院就完善产权制度依法保护产权专门作出系统的决策部署，并就中央有关部门贯彻实施作出明确分工，将依法妥善处理历史形成的产权案件确定为人民法院的工作任务。各级人民法院要讲政治、讲大局，切实把思想和行动统一到中央的决策部署上来，站在统筹推进“五位一体”总体布局和协调推进“四个全面”战略布局的高度，增强责任感和使命感，以敢于担当的精神和攻坚克难的勇气，充分发挥审判职能作用，坚决完成好此项重大政治任务。

3. 依法妥善处理历史形成的产权案件，是一项法律性、政策性很强的审判工作。历史形成的产权案件往往时间跨度较长、形成原因复杂。妥善处理此类案件既有严格的法律性，又有严肃的政策性；既要取得好的法律效果，又要取得好的社会效果和政治效果，充分体现政策导向。各级人民法院要坚持司法为民，公正司法，严格按照中央的统一要求，抓紧甄别纠正社会反映强烈的产权纠纷申诉案件，剖析侵害产权的案件，总结宣传依法有效保护产权的好案例，不断丰富和积累产权保护司法经验，着力提高产权保护精准度，努力推进产权保护的法治化。

二、明确目标任务和总体要求

4. 明确办案范围。对于改革开放以来作出的涉及重大财产处置的产权纠纷以及民营企业和投资人违法犯罪的生效裁判，当事人、案外人提出申诉的，人民法院要及时审查，认真甄别；确有错误的，坚决依法纠正。

5. 突出工作重点。着重抓好重大典型案件的甄别、纠正和宣传工作。注重查清案件事实和焦点问题，厘清相关法律政策问题，摸清案件背景和社会反应，准确适用法律和有关政策规定，作出妥善处理。对重点案件要逐案制定包括立案、再审、执行、善后在内的一揽子工作方案。

三、正确把握工作原则

6. 坚持实事求是原则。尊重历史，实事求是，以发展眼光客观看待和依法妥善处理改革开放以来各类企业特别是民营企业经营过程中存在的不规范问题。

7. 坚持平等保护原则。为各类产权主体提供平等的司法保护，坚持法律面前人人平等，畅通产权申诉案件的立案渠道，规范适用再审审理程序，确保诉讼地位平等、诉讼权利平等、法律适用平等。

8. 坚持依法纠错原则。坚持以事实为根据，以法律为准绳，严格遵循法不溯及既往、罪刑法定、在新旧法之间从旧兼从轻等原则，严守法定程序。对符合再审条件的申诉案件，依法启动再审程序；对确有错误的生效裁判，坚决予以纠正，维护公平正义，提升司法公信。

9. 坚持纠防结合原则。通过对产权错案冤案的甄别和纠正，强化审判监督司法救济、倒逼防错和统一法律适用功能；落实司法责任制，加强源头预防。

四、严格甄别纠正工作程序

10. 保障诉讼权利。畅通申诉渠道，做好诉讼服务。充分尊重、依法保障当事人的申请权、申诉权、知情权、陈述权、辩护辩论权和处分权。

11. 强化程序监督。对产权申诉案件，要加强审级监督，上级法院可以提审和改判的，不宜指令再审和发回重审，强化对下级法院办理产权案件的监督和指导，防止程序空转。重视检察监督，依法办理检察机关提起的抗诉和检察建议案件。

12. 维护程序公正。落实接谈要求，完善询问方式，充分听取申诉人的意见。突出庭审功能，注重裁判说理，强化司法公开。加强司法救助与法律援助，为确有困难的涉诉民营企业及投资人减轻负担。

五、审慎把握司法政策

13. 准确把握罪与非罪的法律政策界限。严格区分经济纠纷与经济犯罪特别是合同纠纷与合同诈骗的界限、企业正当融资与非法集资的界限、民营企业参与国有企业兼并重组中涉及的经济纠纷与恶意侵占国有资产的界限。准确把握经济违法行为入刑标准，准确认定经济纠纷和经济犯罪的性质，坚决纠正将经济纠纷当作犯罪处理的错误生效裁判。对于在生产、经营、融资等活动中的经济行为，当时法律、行政法规没有明确禁止而以犯罪论处的，或者虽属违法违规但不构成犯罪而以犯罪论处的，均应依法纠正。

14. 坚决纠正以刑事执法介入民事纠纷而导致的错案。对于以刑事手段迫使当事人作出意思表示，导致生效民事裁判错误的，要坚决予以纠正。对于涉及犯罪的民营企业投资人，在当事人被采取强制措施或服刑期间，依法保障其行使财产权利等民事权利。对于民营企业投资人因被限制人身自由而严重影响行使民事诉讼权利，被解除人身自由限制后，针对民事案件事实提供了新的证据，可能推翻生效裁判的，人民法院应当依职权调查核实；符合再审条件的，应当依法启动再审。

15. 依法妥善处理因产权混同引发的申诉案件。在甄别和再审产权案件时，要严格区分个人财产和企业法人财产，对股东、企业经营管理者等自然人违法的案件，要注意审查在处置其个人财产时是否存在随意牵连企业法人财产的问题；对企业违法的案件，在处置企业法人财产时是否存在随意牵连股东、企业经营管理者个人合法财产的问题。要严格区分违法所得和合法财产、涉案人员个人财产和家庭成员财产，要注意审查在处置违法所得时是否存在牵连合法财产和涉案人员家庭成员合法财产的问题，以及是否存在违法处理涉案财物的问题，尤其要注意审查是否侵害了当事人及其近亲属、股东、债权人等相关方的合法权益。对确属因生效裁判错误而损害当事人财产权的，要依法纠正并赔偿当事人损失。

16. 依法妥善处理与政府行为有关的产权申诉案件。甄别和再审产权案件时，对于在招商引资、政府与社会资本合作等活动中与投资主体依法签订的各类合同，因政府换届、领导人员更替而违约毁约侵犯投资主体合法权益的，或者因法定事由改变政府承诺和合同约定，对投资主体受到的财产损失没有依法补偿的，人民法院应当依法再审和改判。对于政府在土地、房屋等财产征收、征用过程中，没有按照补偿范围、形式和标准给予被征收征用者公平合理补偿的错误裁判，人民法院应当依法审查，启动再审。在再审审查和审理中，要注意运用行政和解协调机制、民事调解方式，妥善解决财产纷争。

17. 依法妥善处理涉案财产处置申诉案件。对于因错误实施保全措施、错误采取执行措施、错误处置执行标的物，致使当事人或利害关系人、案外人等财产权利受到侵害的，应当及时解除或变更强制措施、执行回转、返还财产。执行过程中，对执行标的异议所作裁定不服的，当事人、案外人可以通过执行异议之诉或者审判监督程序等法定途径予以救济；造成损害的，受害人有权依照法律规定申请国家赔偿。

18. 依法审理涉及产权保护的国家赔偿案件。对于因产权申诉案件引发的国家赔偿，应当认真审查，符合立案条件的应当依法立案，符合赔偿条件的应当依法赔偿。坚持法定赔偿原则，加大赔偿决定执行力度。

六、狠抓工作落实

19. 坚持党的领导。完善产权保护制度，依法保护产权是党中央、国务院作出的一项重大决策部署，各级人民法院要自觉把产权司法保护工作置于党的统一领导之下，坚持依法独立行使审判权。对于产权保护中的重大事项，要及时向当地党委报告，在党委的统筹协调下，协同有关部门形成处理产权申诉案件的合力。

20. 建立协调机制。各高级人民法院要加强对涉产权错案冤案甄别纠正工作的组织领导，成立专门工作小组，加强统筹协调，提出工作方案，研究解决突出问题，建立健全敏感案件应急预案，加强对下工作指导，及时报告工作进展情况。工作小组办公室统一归口设置在审判监督庭。

21. 做好宣传引导。突出宣传重点和政策导向，加强信息公开，及时回应社会关切。要向社会适时公布产权保护的典型案例。加强法律解读和政策引导，积极弘扬产权保护法治理念，营造良好的产权保护司法环境和舆论氛围。

22. 严格执纪问责。在甄别和纠正产权申诉案件过程中，要认真落实《领导干部干预司法活动、插手具体案件处理的记录、通报和责任追究规定》《最高人民法院关于完善司法责任制的若干意见》等制度，进一步完善办案质量终身负责制和错案责任倒查问责制，从源头上有效预防错案冤案的发生。

【链　　接】

《关于依法妥善处理历史形成的产权案件工作实施意见》的新闻发布稿

最高人民法院审判监督庭副庭长　滕　伟

（2016 年 11 月 29 日）

《最高人民法院关于依法妥善处理历史形成的产权案件工作实施意见》（以下简称《实施意见》）已于 2016 年 11 月 28 日发布，关于《实施意见》的出台背景和主要内容，现在作简要说明。

一、《实施意见》出台的背景和总体要求

产权制度是社会主义市场经济的基石，加强产权保护是坚持社会主义基本经济制度的必然要求，是全面建成小康社会的必然要求，是夯实党长期执政社会基础的必然要求，也是维护国家长治久安的必然要求。以习近平同志为核心的党中央高度重视产权保护，党的十八届三中、四中、五中全会均有明确要求。11 月 27 日，中共中央、国务院发布了《关于完善产权保护制度依法保护产权的意见》，就完善产权制度依法保护产权专门作出了重大决策部署，将依法妥善处理历史形成的产权案件确定为人民法院的工作任务。为认真学习领会中央精神，贯彻落实中央决策部署，最高人民法院研究制定了这个《实施意见》。

《实施意见》认为，依法妥善处理历史形成的产权案件，是中央加强产权保护决策部署的重要内容和重大举措。做好这项工作对于完善现代产权制度、推进产权保护法治化，对于增强人民群众财富安全感、增加社会信心、形成良好预期，对于营造公平公正透明稳定的法治环境、激发各类经济主体创业创新动力，对于维护社会公平正义、促进经济社会持续健康发展，都具有重要意义。《实施意见》要求，人民法院认真学习领会中央精神，准确把握政策内涵，把思想和行动迅速统一到中央的决策部署上来，站在统筹推进“五位一体”总体布局和协调推进“四个全面”战略布局的高度，增强责任感和使命感，以敢于担当的精神和攻坚克难的勇气，充分发挥审判职能作用，坚决完成好此项重大政治任务。

《实施意见》在征求多方意见的基础上，确定了工作原则、方法和步骤，确保案件办理充分体现政策导向，取得良好的法律效果、社会效果和政治效果，切实提升产权保护精准度，推进产权保护的法治化。

二、《实施意见》的主要内容

《实施意见》包括充分认识依法妥善处理历史形成的产权案件工作重要意见、目标任务和总体要求、工作原则、甄别纠正工作程序、司法政策、工作落实六个部分，共 22 条。

一是明确办案范围和工作重点。根据中央要求，结合人民法院审判监督工作实际，《实施意见》明确提出对于改革开放以来作出的涉及重大财产处置的产权纠纷以及民营企业和投资人违法犯罪的生效裁判，当事人、案外人提出申诉的，人民法院要及时审查，认真甄别；确有错误的，坚决依法纠正。着重抓好重大典型案件的甄别、纠正和宣传工作。注重查清案件事实和焦点问题，厘清相关法律政策问题，摸清案件背景和社会反应，准确适用法律和有关政策规

定，作出妥善处理。对重点案件要逐案制定包括立案、再审、执行、善后在内的一揽子工作方案。

二是正确把握四大基本工作原则。坚持实事求是原则。尊重历史，实事求是，以发展眼光客观看待和依法妥善处理改革开放以来各类企业特别是民营企业经营过程中存在的不规范问题。坚持平等保护原则。为各类产权主体提供平等的司法保护，坚持法律面前人人平等，畅通产权申诉案件的立案渠道，规范适用再审审理程序，确保诉讼地位平等、诉讼权利平等、法律适用平等。坚持依法纠错原则。坚持以事实为根据，以法律为准绳，严格遵循法不溯及既往、罪刑法定、在新旧法之间从旧兼从轻等原则，严守法定程序。对符合再审条件的申诉案件，依法启动再审程序；对确有错误的生效裁判，坚决予以纠正，维护公平正义，提升司法公信。坚持纠防结合原则。通过对产权错案冤案的甄别和纠正，强化审判监督司法救济、倒逼防错和统一法律适用功能；落实司法责任制，加强源头预防。

三是严格甄别纠正工作程序。依法保障申诉人的诉讼权利。畅通申诉渠道，做好诉讼服务。充分尊重、依法保障当事人的申请权、申诉权、知情权、陈述权、辩护辩论权和处分权。落实接谈要求，完善询问方式，充分听取申诉人的意见。要加强审级监督，上级法院可以提审和改判的，不宜指令再审和发回重审，强化对下级法院办理产权案件的监督和指导，防止程序空转。

四是审慎把握甄别纠正司法政策。准确把握罪与非罪的法律界限。严格区分经济纠纷与经济犯罪特别是合同纠纷与合同诈骗的界限、企业正当融资与非法集资的界限、民营企业参与国有企业兼并重组中涉及的经济纠纷与恶意侵占国有资产的界限。准确把握经济违法行为入刑标准，准确认定经济纠纷和经济犯罪的性质，坚决纠正将经济纠纷当作犯罪处理的错误生效裁判。对于在生产、经营、融资等活动中的经济行为，当时法律、行政法规没有明确禁止而以犯罪论处的，或者虽属违法违规但不构成犯罪而以犯罪论处的，均应依法纠正。坚决纠正以刑事执法介入民事纠纷而导致的错误裁判。对于以刑事手段迫使当事人作出意思表示，导致生效民事裁判错误的，要坚决予以纠正。对于涉及犯罪的民营企业投资人，在当事人被采取强制措施或服刑期间，依法保障其行使财产权利等民事权利。对于民营企业投资人因被限制人身自由而严重影响行使民事诉讼权利，被解除人身自由限制后，针对民事案件事实提供了新的证据，可能推翻生效裁判的，人民法院应当依职权调查核实；符合再审条件的，应当依法启动再审。依法甄别和再审因政府行为引发的产权申诉案件。甄别和再审产权案件时，对于在招商引资、政府与社会资本合作等活动中与投资主体依法签订的各类合同，因政府换届、领导人员更替而违约毁约侵犯投资主体合法权益的，或者因法定事由改变政府承诺和合同约定，对投资主体受到的财产损失没有依法补偿的，人民法院应当依法再审和改判。对于政府在土地、房屋等财产征收、征用过程中，没有按照补偿范围、形式和标准给予被征收征用者公平合理补偿的错误裁判，人民法院应当依法审查，启动再审。在再审审查和审理中，要注意运用行政和解协调机制、民事调解方式，妥善解决财产纷争。

此外，《实施意见》还针对案件审理、执行程序中涉案财产的处置、国家赔偿等社会反映较为强烈的问题作出了规定。

最高人民法院
关于为自由贸易试验区建设提供司法保障的意见

2016 年 12 月 30 日　　　　法发〔2016〕34 号

为充分发挥人民法院的审判职能作用，保障我国自由贸易试验区（以下简称自贸试验区）的建设，根据全国人民代表大会常务委员会相关决定，结合审判实践，对人民法院涉自贸试验区案件的审判工作提出以下意见：

一、提高认识，切实增强为自贸试验区建设提供司法保障的责任感和使命感

1. 深刻认识自贸试验区建设的重大意义。自贸试验区是我国改革开放的试验田，是我国构建开放型经济新体制的重要窗口。自贸试验区的建设，对完善我国经济体制机制是有力的推动，在法律实施方面有重大影响。各级人民法院应当积极做好司法应对，从全面推进依法治国的高度树立大局意识，严格依法办事，公正、高效审理各类涉自贸试验区的案件，平等保护中外当事人合法权利，为自贸试验区的建设提供优质高效的司法保障。

2. 依法保障自贸试验区建设的制度创新。自贸试验区的建设肩负着为我国全面深化改革和扩大开放探索新途径、积累新经验的历史使命，也是对凡属重大改革都要于法有据的中央决策的积极尝试。各级人民法院应探索为自贸试验区提供司法保障的改革举措，同时，要确保这些改革举措的探索在法律框架内进行。在准确适用法律的基础上，注重及时调整裁判尺度，积极支持政府职能转变，尊重合同当事人的意思自治，维护交易安全。

积极参与自贸试验区的治理体系和治理能力现代化建设。在自贸试验区进

行的政府职能转变、投资领域开放、贸易发展方式转变、金融领域开放创新、完善法治保障等各项工作中，各级人民法院要结合自身的司法实践，积极配合各项改革措施的实施，主动完善工作机制，创新工作方法，为营造公正、公开、透明的法治环境和法治化、国际化、便利化的营商环境作出积极贡献。

二、充分发挥审判职能作用，为促进自贸试验区健康发展提供司法保障

3. 积极行使刑事审判职能，依法打击涉自贸试验区的刑事犯罪。打击破坏自贸试验区建设、滥用自贸试验区特殊市场监管条件进行的犯罪，维护自贸试验区社会稳定及市场秩序。重视解决侵犯知识产权跨境犯罪问题。依法惩治涉自贸试验区的走私、非法集资、逃汇、洗钱等犯罪行为。同时注意区分虚报注册资本罪、虚假出资罪、抽逃出资罪以及非法经营罪的罪与非罪的界限。

4. 加强涉自贸试验区的民事审判工作，依法保护当事人的民事权益。加强劳动保护，正确处理用人单位与劳动者的劳动争议，促进自贸试验区内企业用工制度的健康发展。保护消费者权益，维护消费者个人信息的安全，严格对服务领域合同格式条款的审查，惩治利用虚假广告侵害消费者的行为。保护生态环境，积极审理有关机关和组织对损害社会公共利益或者具有重大风险的污染环境、破坏生态行为提起的诉讼。

正确处理在自贸试验区较为常见的“民宅商用”“一址多照”问题。正确理解和适用《中华人民共和国物权法》第七十七条规定的将住宅改变为经营性用房的限制条件，保障人民群众正常的生活秩序。对多个公司使用同一地址作为住所地登记的，在审理相关案件时要注意是否存在财产混同、人格混同等情况，依法维护债权人利益。

加强对自贸试验区内知识产权的司法保护。鼓励自主创新，提高侵权成本。完善有关加工贸易的司法政策，促进加工贸易的转型升级。准确区分正常的贴牌加工行为与加工方擅自加工、超范围超数量加工及销售产品的行为。妥善处理商标产品的平行进口问题，合理平衡消费者权益、商标权人利益和国家贸易政策。鼓励以知识产权为标的的投资行为，推动商业模式创新，简化维权程序，提升维权质效。鼓励知识产权质押融资活动，促进知识产权的流转利用。

加强海事审判。规范航运市场建设，支持自贸试验区航运服务业开放、提升国际航运服务能级和增强国际航运服务功能。关注与船舶登记制度改革及其他与航运有关的新类型案件，研究新型海事法律关系的法律适用和专门管辖问题。及时通过典型案件的审理确认有关规则，引导行业行为，促进行业发展。

5. 积极行使行政审判职能，支持和监督政府在自贸试验区依法行政。支持和监督市场监管部门创新服务模式，依法行政。以审判活动促进和规范政府

信息公开。通过外商投资项目备案的企业，其签订的合同违反自贸试验区行业准入要求，导致事实上或法律上不能履行，当事人请求继续履行的，人民法院不予支持。

对在案件审理过程中发现的与自贸试验区市场规则有关的制度缺陷及行政行为不规范等问题，人民法院应及时向行政管理部门反馈意见，或者提出司法建议，促进自贸试验区法治建设的完善。

三、依法支持自贸试验区企业的创新做法，鼓励其探索新的经营模式

6. 鼓励自贸试验区内融资租赁业的创新发展。积极支持自贸试验区内的融资租赁企业在核准的经营范围内依法开展融资业务。充分尊重中外当事人对融资租赁合同纠纷有关管辖和法律适用的约定。正确认定融资租赁合同效力，不应仅以未履行相关程序等事由认定融资租赁合同无效。

7. 支持自贸试验区发展跨境电子商务服务。合理认定消费者与跨境电商企业之间的合同性质。合同约定消费者个人承担关税和邮寄风险的，可认定消费者和跨境电商企业之间成立委托合同关系。电商企业批量进口、分批销售，消费者主张其与电商企业之间成立买卖合同关系的，人民法院应予支持。电商企业以其提供的合同文本与消费者订立仲裁条款，应专门提示，消费者同意的，应认定双方达成了仲裁合意。

四、重视自贸试验区的特点，探索审判程序的改革与创新

8. 完善司法审查、司法确认制度，支持自贸试验区的多元化纠纷解决机制。鼓励运用仲裁、调解等多元化机制解决自贸试验区民商事纠纷，进一步探索和完善诉讼与非诉讼相衔接的矛盾纠纷解决机制。支持仲裁机构、人民调解委员会、商事和行业调解组织的创新发展，为多元化解决自贸试验区民商事纠纷提供司法便利。

加强自贸试验区内法院机构及审判组织建设。自贸试验区所在地基层人民法院可以根据受理案件的数量、种类、性质等实际情况设立专门的法庭或合议庭，审理涉自贸试验区的案件，积累审判经验，统一裁判尺度。鼓励各级人民法院在总结审判经验的基础上形成符合地域特点的审判机制。

9. 正确认定仲裁协议效力，规范仲裁案件的司法审查。在自贸试验区内注册的外商独资企业相互之间约定商事争议提交域外仲裁的，不应仅以其争议不具有涉外因素为由认定相关仲裁协议无效。

一方或者双方均为在自贸试验区内注册的外商投资企业，约定将商事争议提交域外仲裁，发生纠纷后，当事人将争议提交域外仲裁，相关裁决做出后，其又以仲裁协议无效为由主张拒绝承认、认可或执行的，人民法院不予支持；

另一方当事人在仲裁程序中未对仲裁协议效力提出异议，相关裁决作出后，又以有关争议不具有涉外因素为由主张仲裁协议无效，并以此主张拒绝承认、认可或执行的，人民法院不予支持。

在自贸试验区内注册的企业相互之间约定在内地特定地点、按照特定仲裁规则、由特定人员对有关争议进行仲裁的，可以认定该仲裁协议有效。人民法院认为该仲裁协议无效的，应报请上一级法院进行审查。上级法院同意下级法院意见的，应将其审查意见层报最高人民法院，待最高人民法院答复后作出裁定。

10. 探索审判程序创新，公正高效审理涉自贸试验区案件。管辖自贸试验区内一审民商事案件的人民法院，在审理涉自贸试验区案件时，当事人一方或双方为港澳台民事主体的，可以探索选任港澳台居民作为人民陪审员参加合议庭。

人民法院审理涉自贸试验区的涉外、涉港澳台一审民商事案件，事实简单、法律关系明确的，可以探索适用简易程序。

妥善处理以“区内注册、区外经营”的企业为当事人的案件中存在的送达难问题。对在自贸试验区内注册的法人和其他组织，以其注册地为人民法院诉讼文书的送达地址，可以邮寄送达。境外民事主体在自贸试验区设立企业或办事处作为业务代办人的，可以向其业务代办人送达。境外民事主体概括指定其分支机构工作人员或者境内律师事务所律师作为特定时间、特定区域或者特定业务的诉讼代理人的，可以向其送达诉讼文书。

11. 建立合理的外国法查明机制。人民法院审理的涉自贸试验区的涉外民商事案件，当事人约定适用外国法律，在人民法院指定的合理期限内无正当理由未提供该外国法律或者该国法律没有规定的，适用中华人民共和国法律；人民法院了解查明途径的，可以告知当事人。当事人不能提供、按照我国参加的国际条约规定的途径亦不能查明的外国法律，可在一审开庭审理之前由当事人共同指定专家提供。根据冲突法规范应当适用外国法的，人民法院应当依职权查明外国法。

12. 审理好涉自贸试验区案件，总结可复制经验。各高级人民法院应当充分重视涉自贸试验区案件的审理，加强前瞻性研究工作。各地人民法院对在审理与自贸试验区相关的案件中发现的热点、难点问题，应当及时研究总结，形成应对意见，并及时向最高人民法院提出建议。

【解　　读】

解读《关于为自由贸易试验区建设提供司法保障的意见》

2016年12月30日，最高人民法院印发了《关于为自由贸易试验区建设提供司法保障的意见》（以下简称《意见》），对人民法院涉自由贸易试验区（以下简称自贸试验区）案件的审判工作提出了指导性意见。为便于准确理解和适用，笔者特撰本文介绍《意见》的制定背景、指导方针和主要内容。

一、《意见》的制定背景和意义

2013年9月29日，中国（上海）自由贸易试验区正式成立。2015年4月8日，国务院印发广东、天津、福建自贸试验区总体方案和进一步深化上海自贸试验区改革开放方案。2016年党中央、国务院决定，在辽宁省、浙江省、河南省、湖北省、重庆市、四川省、陕西省新设7个自贸试验区，自贸试验区继续扩容。自贸试验区内的有效制度创新，将不定期在全国范围内推广。自贸试验区建设现已进入关键阶段。前不久，习近平总书记对上海自贸试验区的建设作出了重要指示，希望在深入总结评估的基础上，坚持五大发展理念引领，研究明确下一步的重点目标任务，大胆试、大胆闯、自主改，力争取得更多可复制推广的制度创新成果，进一步彰显全面深化改革和扩大开放的试验田作用。

人民法院承担着为自贸试验区建设提供司法保障的重大职责，为贯彻中央决策和习近平总书记指示，在自贸试验区运行三周年之际，适时总结审判经验，为全国各级人民法院涉自贸试验区案件的审判工作提供审判指导，已成为司法实践的迫切需要。最高人民法院在前期进行了为时三年的“中国（上海）自由贸易区司法保障及相关法律问题研究”专题调研、建立自贸试验区司法保障研究基地、举办自贸试验区司法论坛的基础上，经过多次实地考察、征求专家和各地法院意见，制定了本《意见》。目的是发挥最高人民法院的业务指导作用，统一认识，更新审判理念，以实际举措支持自贸试验区内实施的各项改革措施，同时解决涉自贸试验区司法实践中迫切需要解决的、带有普遍性的问题。

二、制定《意见》的主要指导方针

根据工作安排，最高人民法院民四庭负责起草制定本《意见》，其主要遵循了以下指导方针：

一是推动司法工作人员更新观念，树立正确的大局意识。自贸试验区是我国改革开放的试验田，是我国构建开放型经济新体制的重要窗口。建设自贸试验区是在改革进入攻坚期、开放进入新阶段、发展进入新常态的大背景下，党中央、国务院审时度势，从统筹国内国际两个大局的高度，作出建设自贸试验区的重大决策，对推进改革开放和现代化建设具有重要而深远的意义。各级人民法院应当积极做好司法应对，从全面推进依法治国的高度树立大局意识，严格依法办事，公正、高效审理各类涉自贸试验区的案件，平等保护中外当事人的合法权利，为自贸试验区建设提供优质高效的司法保障。

二是坚持法治先行，把握正确的执法尺度。“法治先行”是习近平总书记对全面深化改革提出的要求。2014 年 2 月 28 日，习近平同志在中央全面深化改革领导小组第二次会议上强调：凡属重大改革都要于法有据。在整个改革过程中，都要高度重视运用法治思维和法治方式，加强对相关立法工作的协调。由于《中华人民共和国外资企业法》《中华人民共和国中外合资经营企业法》和《中华人民共和国中外合作经营企业法》《台湾同胞投资保护法》在试验区的调整实施，一些重大事项的审批改为备案制管理，调整裁判尺度已经成为涉自贸试验区司法实践的客观要求。人民法院需要在准确适用法律的基础上，及时调整裁判尺度，积极支持政府职能转变，同时最大限度地尊重合同当事人的意思自治，维护交易安全。

三是坚持改革理念，促进自由贸易试验区制度创新。制度创新是自贸试验区改革措施的关键特征。根据现有的四个自贸试验区的《总体方案》的内容，自贸试验区在加快政府职能转变、扩大投资领域的开放、推进贸易发展方式转变、深化金融领域的开放创新、完善法制领域方面要推行制度性保障，形成与国际投资、贸易通行规则相衔接的基本制度框架。自贸试验区改革任务的实质在于制度创新与建设。习近平总书记指出：自贸试验区建设的核心任务是制度创新。要深化完善基本体系，突破瓶颈、疏通堵点、激活全盘，聚焦商事制度、贸易监管制度、金融开放创新制度、事中事后监管制度等，率先形成法治化、国际化、便利化的营商环境，加快形成公平、统一、高效的市场环境。

在新的历史时期，人民法院将充分发挥审判职能作用，为促进自贸试验区健康发展提供坚实可靠的司法保障。

三、《意见》的主要内容

《意见》共 12 条，分为 4 部分。

（一）第一部分为“提高认识，切实增强为自贸试验区建设提供司法保障的责任感和使命感”

该部分包含了人民法院涉自贸试验区审判工作的基本原则，也是上文介绍的制定《意见》的主要指导方针。

（二）第二部分为“充分发挥审判职能作用，为促进自贸试验区健康发展提供司法保障”

人民法院为自贸试验区建设提供的司法保障是全面的，要求充分发挥刑事、民事、行政等各方面的审判职能作用。

积极行使刑事审判职能，依法打击涉自贸试验区的刑事犯罪。《意见》第3条提出，要注重打击破坏自贸试验区建设、滥用自贸试验区特殊市场监管条件进行的犯罪，打击侵犯知识产权跨境犯罪，惩治走私、非法集资、逃汇、洗钱等犯罪行为。同时，要正确划分罪与非罪的界限。2014年4月24日，第十二届全国人民代表大会常务委员会第八次会议通过立法解释，规定刑法第一百五十八条、第一百五十九条规定的虚报注册资本罪和虚假出资、抽逃出资罪，只适用于依法实行注册资本实缴登记制的公司。人民法院要根据上述立法解释以及自贸试验区的具体情况正确界定罪与非罪。

加强涉自贸试验区的民事审判工作，依法保护当事人的民事权益。《意见》第4条首先强调了人民法院要通过民事审判工作，加强劳动保护、消费者权益保护、生态环境保护，以维护基本的公平正义和社会稳定。

在民商事审判工作中，针对自贸试验区的“民宅商用”“一址多照”等问题提出要求，具有针对性和一定的前瞻性。《中华人民共和国物权法》第七十七条规定：“业主不得违反法律、法规以及管理规约，将住宅改变为经营性用房。业主将住宅改变为经营性用房的，除遵守法律、法规以及管理规约外，应当经有利害关系的业主同意。”由于自贸试验区范围有限、房屋稀缺，民宅商用及市场主体使用同一地址作为住所登记已不鲜见，尤其是“一址多照”问题，在上海已经比较普遍。目前，各地在贯彻《注册资本登记制度改革方案》的过程中，已经允许集中办公区以同一地址作为多家市场主体的经营场所登记、允许有直接或间接投资关联关系的市场主体使用同一地址作为住所登记等规定，登记机关对场所的产权权属、使用功能、法定用途都不再予以审查。对此，司法审判中应注意可能出现的人格混同问题，特别是当几家公司地址相同，公司法定代表人或控制股东又相同时，易出现人格混同情形。

在知识产权司法保护方面，鼓励自主创新，提高侵权成本。自贸试验区进出口货物商标保护问题是目前的焦点问题：1. 外贸贴牌加工中的商标保护问题。在上海自贸区乃至全国，以贴牌加工为主的加工贸易在我国的对外贸易中一直占有重要地位。对贴牌加工行为是否构成侵权，主要争议存在于贴牌行为是否属于商标法第五十二条规定的“使用”行为。对此，最高人民法院已通过颁布相关文件及案例予以规范：（1）加工方对商标的有权使用有必要的审查注意义务（2009年4月《最高人民法院关于当前经济形势下知识产权审判服务大局若干问题的意见》的通知)；(2) 贴牌加工专供出口的产品不属于商标使用行为［最高人民法院2012年6月29日在(2012)行提字第2号判决书，关于株式会社良品计画诉国家工商行政管理总局商标评审委员会商标异议复审行政纠纷一案］。2. 商标产品的平行进口问题。平行进口问题是知识产权的地域性和贸易自由化之间的矛盾。对于专利产品的平行进口，我国采取“国际用尽原则”。《中华人民共和国专利法》第六十九条第一项规定：“专利产品或者依照专利方法直接获得的产品，由专利权人或者经其许可的单位、个人售出后，使用、许诺销售、销售、进口该产品的，不视为侵犯专利权。”商标产品的平行进口涉及消费者权益、商标权人利益和国家贸易政策，需要根据不同情形进行区别化处理。针对自由贸易区的创新实践，意见特别提及促进知识产权的投、融资及流转的要求。

海事审判对保障自贸试验区建设有特别的意义。几个自贸试验区的《总体方案》均提出了“提升国际航运服务能级”“增强国际航运服务功能”的建设目标，规定允许从事国际船舶代理业务的外方持股比例放宽至51%，充分利用现有中资“方便旗”船税收优惠政策，允许中资公司拥有或控股拥有的非五星旗船，试点开展外贸集装箱在国内沿海港口和自贸试验区内港口之间的沿海捎带业务。有关沿海捎带业务的规定已经突破了海商法第四条关于只能由“五星旗船”经营沿海运输的规定。在海事司法实践中，国际海上货物运输适用海商法，而国内沿海运输（中华人民共和国港口之间）则是适用合同法、国务院《国内水路运输管理条例》并参照交通部《国内水路运输管理规定》《国内水路货物运输规则》。在自贸区成立之前，由于国内沿海运输未对外籍船舶开放，采取这种双轨制并不会产生法律适用的冲突，“中资外籍船舶沿海捎带”的实质性启动，其航线性质如何界定，将直接影响到法律适用的选择。对于上述发展和变化，《意见》提出要关注与船舶登记制度改革及其他与航运有关的新类型案件，研究新型海事法律关系的法律适用和专门管辖问题。及时通过典型案件的审理确认有关规则，引导行业行为，促进行业发展。

积极行使行政审判职能，支持和监督政府在自贸试验区依法行政。《意见》第5条对涉自贸试验区的行政审判工作提出了新要求。自贸试验区对于外商投资准入实行负面清单管理模式，此外，还应依法进行国家安全审查和反垄断审查，因此，《意见》提出，通过外商投资项目备案的企业，其签订的合同违反自贸试验区行业准入要求，导致事实上或法律上不能履行，当事人请求继续履行的，人民法院应不予支持。此外，意见提出，以审判活动促进和规范政府信息公开，并充分发挥司法建议在促进法治建设中的重要作用，对在司法实践中发现的法律问题加以总结并及时反馈给行政管理部门，这对于促进自贸试验区依法行政具有重要意义。

（三）第三部分为“依法支持自贸试验区企业的创新做法，鼓励其探索新的经营模式”

为了支持企业创新，人民法院应充分尊重当事人的意思自治，特别是尊重当事人对法律适用和管辖的约定，依法维护合同效力。根据自贸试验区的产业特点，《意见》着重对人民法院审理自贸试验区的融资租赁（第6条）和跨境电子商务（第7条）案件提出了指导性意见，以促进产业发展。

自贸试验区的融资租赁标的物有许多来自境外，融资租赁合同关系往往具有涉外因素，应当允许当事人依法协议选择争议解决方式和管辖法院，选择合同准据法。《中华人民共和国涉外民事关系法律适用法》第四十一条规定：“当事人可以协议选择合同适用的法律。”在判断融资租赁合同关系是否具有涉外因素时，宜采取宽松态度。对于法律、行政法规规定某些融资租赁合同应当经过审批或者登记等手续生效的，如未办理相应手续，应依照《中华人民共和国合同法》第四十四条的规定认定为合同未生效，而非无效。

由于自贸试验区内施行的“一线放开、二线管住”的进出口管理措施，自贸试验区内已经形成了“境内关外”的特殊监管区域，跨境交易成本大降，跨境电子商务行为将日益增多。合理认定消费者与电商企业之间存在的买卖合同关系或委托合同关系，对处理类似合同纠纷、分配关税等费用的缴纳责任具有重要的现实性、基础性意义。电商企业以其提供的格式合同与消费者订立合同时，应注意保护处于弱势地位的消费者的利益。我国法律对仲裁协议的订立和有效性有严格要求，如采取书面形式、必须选定仲裁委员会等。对于消费合同中仲裁条款的效力认定，本条规定采取了务实的做法，即有条件地承认其效力。条件为电商企业应进行专门提示。

（四）第四部分为“重视自贸试验区的特点，探索审判程序的改革与创新”

该部分包括人民法院对多元化纠纷解决机制的支持、法院机构和审判组织建设、审判程序改革创新和外国法查明等方面。

在支持多元化纠纷解决机制方面，人民法院要进一步探索和完善诉讼与非诉讼的衔接，支持各种形式的调解工作，对多元化纠纷解决提供司法便利。为了给自贸试验区企业提供更大的选择争端解决方式的空间，《意见》加大了对仲裁的支持力度。第9条以尽力认定仲裁协议有效为抓手，扩大仲裁对案件的管辖范围。国务院印发的《进一步深化中国（上海）自由贸易试验区改革开放方案》第11条规定：进一步对接国际商事争议解决规则，优化自贸试验区仲裁规则，支持国际知名商事争议解决机构入驻，提高商事纠纷仲裁国际化程度；探索建立全国性的自贸试验区仲裁法律服务联盟和亚太仲裁机构交流合作机制，加快打造面向全球的亚太仲裁中心。《意见》第9条也是对上述国务院文件的具体回应。其主要内容如下：

1. 允许自贸试验区内的外商独资企业在相互之间的合同中选择域外仲裁。典型的案例是西门子国际贸易（上海）有限公司申请承认和执行新加坡仲裁裁决案。西门子国际贸易（上海）有限公司与上海黄金置地有限公司均为在上海自贸试验区内注册成立的外商独资企业。双方约定将合同争议提交新加坡国际仲裁中心进行仲裁解决。在确定是否承认和执行该裁决时，关键问题是双方之间的合同关系是否具有涉外因素。如果是涉外合同关系，当事人可以选择在域外仲裁。反之，中国法院不承认有关仲裁协议的效力。上海市第一中级人民法院认为，当事人双方均为在中国注册的公司法人，合同约定的交货地、作为合同标的物的设备目前所在地均在我国境内，该合同表面上看并不具有典型的涉外因素。然而，综观本案合同所涉的主体、履行特征等方面的实际情况，该合同与普通国内合同明显不同，该合同关系可以认定为涉外民事法律关系。该院认为，双方注册地均在上海自贸试验区区域内，且其性质均为外商独资企业，由于此类公司的资本来源、最终利益归属、公司的经营决策一般均与其境外投资者关联密切，故此类主体与普通内资公司相比具有较为明显的涉外因素。在自贸试验区推进投资贸易便利的改革背景下，上述涉外因素更应给予必要重视。

2. 贯彻“禁止反言”的法律原则。仲裁申请人申请仲裁后，如果仲裁裁决结果对发起仲裁一方不利，该方当事人或许又会以仲裁协议无效为由否定仲裁管辖权，进而达到不承认和执行仲裁裁决的目的。这种行为是不诚信的，违反了“禁止反言”原则，不应予以支持。其他企业与自贸试验区内企业订立域外仲裁条款并在仲裁进行时无异议的，裁决作出后，又以所涉争议无涉外因素导致仲裁协议无效申请人民法院撤销的，人民法院同样不予支持。上述规定都是为了支持当事人按照自愿选择的方式解决争端，客观上会产生支持仲裁事业发展的效应。

3. 根据先行先试的原则和精神，允许自贸试验区内的企业之间订立仲裁协议，以临时仲裁的方式解决纠纷。临时仲裁是国际上普遍使用的一种商事纠纷解决手段。我国法院依照《纽约公约》、双边协定以及有关司法解释承认和执行域外的临时仲裁裁决。而我国仲裁法是20余年前制定的，只规定了机构仲裁，未规定临时仲裁这种形式。随着经济社会的发展，人们对临时仲裁这种灵活高效的方式越来越感兴趣，特别是在国际化程度高的自贸区，不少企业提出了这方面的需求。为此，《意见》对临时仲裁采取了宽容的态度。根据自贸试验区先行先试的原则和精神，人民法院应当充分尊重自贸试验区内注册企业的意思自治，如果它们之间根据真实意思表示约定了特定形式的仲裁方式，应当予以认可。与此同时，我们将这种特定形式的仲裁严格限制在自贸试验区注册企业之间，仲裁地点为内地，且通过法院审级监督的形式予以规范，待经过自贸试验区先行先试后，及时总结实践经验，并上升为可复制推广的做法，推动相关法律的修订。

《意见》第8条第二款旨在强化涉自贸试验区审判工作的专业性。自贸试验区的民事、商事、行政、知识产权、刑事案件许多带有鲜明的自贸试验区特点，与自贸试验区政策息息相关。设立专门法庭（如上海市浦东新区人民法院自由贸易区法庭）或者合议庭（如深圳市南山区人民法院设立了专门的审判团队），有利于相关案件正确审理。在深圳市设立的深圳前海合作区人民法院，服务广东自由贸易试验区前海蛇口片区和深圳前海深港现代服务业合作区，在广州市设立的广东自由贸易区南沙片区人民法院，都进行了许多有益的探索。对于以上探索和创新中取得的可复制的经验，予以推广。

在审判程序改革创新方面，《意见》第10条对人民陪审制度、简易程序、送达等提出了切实可行的意见。《全国人民代表大会常务委员会关于授权在部分地区开展人民陪审员制度改革试点工作的决定》（2015年4月24日）授权最高人民法院进行改革试点。广东省、福建省等地法院均已试行任命港澳台人民陪审员参与案件审理。有关简易程序在涉外案件中的适用、针对自贸试验区存在“区内注册、区外经营”当事人的送达方式等，上海、广州等地法院均进行了有益而富有成效的探索。本条肯定了各地相关法院的做法，并拟推广适用于其他自贸试验区。《民事诉讼法》第一百五十七条规定：“基层人民法院和它派出的法庭审理事实清楚、权利义务关系明确、争议不大的简单的民事案件，适用简易程序；基层人民法院和它派出的法庭审理前款规定以外的民事案件，当事人双方也可以约定适用简易程序。”对于事实简单、法律关系明确、争议不大的涉自贸试验区的涉外、涉港澳台案件，适用简易程序进行审理，可以极大提高司法效率。“送达难”是涉外、涉港澳台审判中普遍存在的问题，这一问题在涉自贸试验区案件的审理中也比较突出。意见明确规定邮件送达、向特定业务代办人和诉讼代理人送达等方式，可以在一定程度上解决“送达难”问题。

建立合理的外国法查明机制是涉自贸试验区民商事审判工作提出的迫切要求。自贸试验区倡导国际化的营商环境，人民法院依法尊重当事人对准据法包括外国法的选择。当事人约定适用外国法的，应在人民法院指定的期限内提供外国法律。《意见》第11条还明确了如何发挥外国法专家在外国法查明中的作用，强调了在根据冲突法规范应当适用外国法的情形下，人民法院应当依职权查明外国法。

自贸试验区建设是一项创举，改革措施层出不穷。为此，《意见》最后一条要求各级人民法院加强实时调研，及时发现问题，探索解决问题的办法与措施，并及时向最高人民法院报告情况，提出建议。

（撰稿人：张勇健　刘敬东　奚向阳　杨兴业）

最高人民法院
关于充分发挥审判职能作用为企业家创新创业营造良好法治环境的通知

2017 年 12 月 29 日　　　　　　　　　　　　　　　法〔2018〕1 号

各省、自治区、直辖市高级人民法院，解放军军事法院，新疆维吾尔自治区高级人民法院生产建设兵团分院：

2017 年 9 月 8 日，中共中央、国务院印发《关于营造企业家健康成长环境弘扬优秀企业家精神更好发挥企业家作用的意见》（以下简称《意见》），这是推进供给侧结构性改革、实施创新发展战略、促进经济持续平稳健康发展的重要举措。为深入贯彻党的十九大精神和《意见》的要求，充分发挥审判职能作用，依法平等保护企业家合法权益，为企业家创新创业营造良好法治环境，现通知如下。

一、深刻认识依法平等保护企业家合法权益的重大意义。企业家是经济活动的重要主体。改革开放以来，一大批优秀企业家在市场竞争中迅速成长，为积累社会财富、创造就业岗位、促进经济社会发展、增强综合国力做出了重要贡献。人民法院充分发挥审判职能作用，依法平等保护企业家合法权益，为企业家创新创业营造良好法治环境，对于增强企业家人身及财产财富安全感，稳定社会预期，使企业家安心经营、放心投资、专心创业，充分发挥企业家在建设现代化经济体系、促进经济持续平稳健康发展中的作用具有重大意义。

二、依法保护企业家的人身自由和财产权利。严格执行刑事法律和司法解释，坚决防止利用刑事手段干预经济纠纷。坚持罪刑法定原则，对企业家在生产、经营、融资活动中的创新创业行为，只要不违反刑事法律的规定，不得以犯罪论处。严格非法经营罪、合同诈骗罪的构成要件，防止随意扩大适用。对于在合同签订、履行过程中产生的民事争议，如无确实充分的证据证明符合犯罪构成的，不得作为刑事案件处理。严格区分企业家违法所得和合法财产，没有充分证据证明为违法所得的，不得判决追缴或者责令退赔。严格区分企业家个人财产和企业法人财产，在处理企业犯罪时不得牵连企业家个人合法财产和家庭成员财产。

三、依法保护诚实守信企业家的合法权益。妥善认定政府与企业签订的合同效力，对有关政府违反承诺，特别是仅因政府换届、领导人员更替等原因违约、毁约的，依法支持企业的合理诉求。妥善审理因政府规划调整、政策变化引发的民商事、行政纠纷案件，对于确因政府规划调整、政策变化导致当事人签订的民商事合同不能履行的，依法支持当事人解除合同的请求。对于当事人请求返还已经支付的国有土体使用权出让金、投资款、租金或者承担损害赔偿责任的，依法予以支持。对企业家财产被征收征用的，要综合运用多种方式进行公平合理的补偿。

四、依法保护企业家的知识产权。完善符合知识产权案件特点的诉讼证据规则，着力破解知识产权权利人“举证难”问题。推进知识产权民事、刑事、行政案件审判三合一，增强知识产权司法保护的整体效能。建立以知识产权市场价值为指引，补偿为主、惩罚为辅的侵权损害司法认定机制，提高知识产权侵权赔偿标准。探索建立知识产权惩罚性赔偿制度，着力解决实践中存在的侵权成本低、企业家维权成本高的问题。坚持依法维护劳动者合法权益与促进企业生存发展并重的原则，依法保护用人单位的商业秘密等合法权益。

五、依法保护企业家的自主经营权。加强金融审判工作，促进金融服务实体经济。对商业银行、典当公司、小额贷款公司等金融机构以不合理收费变相收取高息的，参照民间借贷利率标准处理，降低企业融资成本。加强破产案件审理，对于暂时经营困难但是适应市场需要具有发展潜力和经营价值的企业，综合运用重整、和解等手段，促进生产要素的优化组合和企业转型升级。对违法违规向企业收费或者以各种监督检查的名义非法干预企业自主经营权的，依法予以纠正。严格依法采取财产保全、行为保全等强制措施，防止当事人恶意利用保全手段，侵害企业正常生产经营。对资金暂时周转困难、尚有经营发展前景的负债企业，慎用冻结、划拨流动资金等手段。加强对虚假诉讼和恶意诉讼的审查力度，对于恶意利用诉讼打击竞争企业，破坏企业家信誉的，要区分情况依法处理。

六、努力实现企业家的胜诉权益。综合运用各种强制执行措施，加快企业债权实现。强化对失信被执行人的信用惩戒力度，推动完善让失信主体“一处失信、处处受限”的信用惩戒大格局。同时，营造鼓励创新、宽容失败的社会氛围。对已经履行生效裁判文书义务或者申请人滥用失信被执行人名单的，要及时恢复企业家信用。对经营失败无偿债能力但无故意规避执行情形的企业家，要及时从失信被执行人名单中删除。

七、切实纠正涉企业家产权冤错案件。进一步加大涉企业家产权冤错案件的甄别纠正工作力度，对于涉企业家产权错案冤案，要依法及时再审，尽快纠正。准确适用国家赔偿法，及时启动国家赔偿程序，公正高效审理涉及企业家的国家赔偿案件，加大赔偿决定执行力度，依法保障企业家的合法权益。

八、不断完善保障企业家合法权益的司法政策。进一步加快“智慧法院”建设，充分利用信息技术，深入调研涉企业家案件的审判执行疑难问题，及时总结审判经验，健全裁判规则。加大制定司法解释、发布指导性案例工作力度，统一司法尺度和裁判标准。在制定有关司法政策、司法解释过程中要充分听取企业家的意见、建议。

九、推动形成依法保障企业家合法权益的良好社会氛围。进一步通过公开开庭等生动直观的形式，大力宣传党和国家依法平等保护企业家合法权益弘扬优秀企业家精神的方针政策。持续强化以案释法工作，及时公布一批依法保护企业家合法权益的典型案例和好做法、好经验，推动形成企业家健康成长良好法治环境和社会氛围。

十、增强企业家依法维护权益、依法经营的意识。加大对企业家的法治宣传和培训力度，提高企业家依法维护自身合法权益的意识和能力。依法打击破坏市场秩序、不正当竞争等违法行为，积极引导企业家在经营活动中遵纪守法、诚实守信、公平竞争、恪尽责任，弘扬优秀企业家精神。

各级人民法院要加强组织领导，制定工作方案，切实将依法保障企业家合法权益的工作落到实处。在审判执行工作中遇到新情况新问题的，请及时层报最高人民法院。

【链　　接】

最高人民法院研究室负责人就《关于充分发挥审判职能作用为企业家创新创业营造良好法治环境的通知》答记者问

近日，最高人民法院下发了《关于充分发挥审判职能作用为企业家创新创业营造良好法治环境的通知》（以下简称《通知》）。最高人民法院研究室负责人就此回答了作者提问。

一、问：刚刚发布的《通知》，引起社会广泛关注。请问当前为什么要出台这个通知？

答：企业家是经济活动的重要主体。以习近平同志为核心的党中央高度重视企业家队伍建设，对激发和保护企业家精神作出了一系列决策部署。去年9

月8日，中共中央国务院印发了《关于营造企业家健康成长环境弘扬优秀企业家精神更好发挥企业家作用的意见》（以下简称《意见》），这是推进供给侧结构性改革、实施创新发展战略、促进经济持续平稳健康发展的重要举措。《意见》明确提出要“营造保护企业家合法权益的法治环境”，依法保护企业家的财产权、创新权益、自主经营权等权益。人民法院作为审判机关，每年审理大量的涉企业家的各类案件，在依法平等保护企业家合法权益、营造企业家创新创业良好法治环境方面负有重要责任。最高人民法院发布《关于充分发挥审判职能作用为企业家创新创业营造良好法治环境的通知》，就是认真贯彻落实中央《意见》的具体举措。这个《通知》的出台，将进一步提高全国各级法院依法维护企业家合法权益的水平，增强企业家人身及财产财富安全感，使企业家安心经营、放心投资、专心创业，促进我国经济持续平稳健康发展。

二、问：当前，利用刑事手段插手经济纠纷的现象一定程度存在。请问《通知》在防止利用刑事手段干预经济纠纷方面有哪些具体措施。

答：利用刑事手段插手经济纠纷，是企业家们反映较为突出的问题，直接影响到企业家人身及财产财富安全感，关系到企业家能否真正做到安心经营、放心投资、专心创业。因此，坚决防止利用刑事手段干预经济纠纷，依法保护企业家人身财产权利，对于回应企业家关切，引导企业家预期，激励企业家创新具有重要意义。为此，《通知》提出，对企业家在生产、经营、融资活动中的创新行为，只要不违反刑事法律的规定，不得以犯罪论处。对于在合同签订、履行过程中产生的民事争议，如无确实充分的证据证明符合犯罪构成要件的，不得作为刑事案件处理。严格区分企业家违法所得和合法财产，没有充分证据证明为违法所得的，不得判决追缴或者责令退赔。严格区分企业家个人财产和企业法人财产，在处理企业犯罪时不得牵连企业家个人合法财产和家庭成员财产。

三、问：当前企业家比较关心营造有利于企业家成长发展的公开公平公正的市场环境。《通知》对此有何具体要求？

答：公开公平公正的市场环境，是企业家创业、创新的气候和土壤，也是弘扬企业家精神、发挥企业家作用的重要保障。最高人民法院多年来注重充分发挥司法审判职能作用，营造公开公平公正的市场环境，营造稳定公平透明可预期的营商环境。2017年8月7日，最高人民法院专门出台《关于为改善营商环境提供司法保障的若干意见》，对改善投资和市场环境，营造稳定公平透明、可预期的营商环境，加快建设开放型经济新体制提供司法服务和保障明确了意见，提出相应的具体措施。《通知》在该意见基础上，针对当前企业家关注较为集中的问题，明确提出了进一步加大审判力度、强化企业家合法权益保障的具体措施。其中，比较重要的有三方面内容：

一是针对企业家反映的某些地方政府违约的问题，《通知》规定妥善认定政府与企业签订的合同效力，对政府违反承诺违约、毁约的，依法支持企业的合理诉求；对于确因政府规划调整、政策变化导致当事人签订的民商事合同不能履行的，依法支持当事人解除合同的请求；对于当事人请求返还国有土地使用权出让金、投资款、租金或者承担赔偿损失责任的，依法予以支持；对企业财产被征收征用的，要综合运用多种方式公平合理补偿。

二是针对企业家反映强烈的融资难、融资成本高的问题，《通知》明确把促进金融服务实体经济，作为金融审判的价值导向，提出对商业银行、典当公司、小额贷款公司等金融机构以不合理收费变相收取高息的，应参照民间借贷利率标准处理，即按照《最高人民法院关于审理民间借贷案件适用法律若干问题的规定》第 26 条规定的利率标准处理。

三是针对企业家反映较为突出的实践中存在的知识产权侵权成本低、企业家维权成本高的问题，《通知》明确要求各级人民法院要建立以知识产权市场价值为指引，以补偿为主、惩罚为辅的侵权损害司法认定机制，提高知识产权侵权赔偿标准，并要求在知识产权审判中建立知识产权惩罚性赔偿制度。

四、问：当前社会诚信建设亟需加强。请问人民法院如何通过审判执行工作促进社会诚信建设？

答：一方面，按照中央《意见》中关于实行守信联合激励和失信联合惩戒的规定，《通知》明确要求各级人民法院要推动完善让失信主体“一处失信、处处受限”的信用惩戒大格局，强化对失信被执行人的信用惩戒力度，促进社会诚信建设，实现长效治理。另一方面，《通知》还针对调研中企业家反映较为突出的信用恢复机制问题，按照中央《意见》的精神，要求各级人民法院对已经履行生效裁判文书义务或者申请人滥用失信被执行人名单的，及时恢复企业家信用，保护企业的正常生产经营活动；对经营失败无偿债能力但无逃避执行情形的企业家，及时从失信被执行人名单中删除，营造鼓励创新、宽容失败的社会氛围。

五、问：当前一些当事人恶意利用诉讼程序，虚假诉讼、恶意诉讼的情形一定程度存在。请问《通知》是如何规制虚假诉讼、恶意诉讼问题的？

答：我们在调研中发现，目前利用恶意诉讼、虚假诉讼打击竞争企业，破坏企业家信誉的情况确实存在。对此，《通知》要求各级人民法院要加大对虚假诉讼和恶意诉讼的审查力度，对于构成虚假诉讼和恶意诉讼的，要依法裁定不予受理；已经立案的，裁定驳回起诉，并依法进行制裁；对于构成犯罪的，要依法追究刑事责任。针对恶意利用保全措施侵害企业正常生产经营问题,《通知》要求各级人民法院要严格依法采取财产保全、行为保全等强制措施,避免超标的保全,防止当事人恶意利用保全手段,侵害企业正常生产经营。

六、问:人民法院如何进一步加大涉企业家产权冤错案件的甄别纠正工作力度?

答:2016 年,最高人民法院发布了《关于充分发挥审判职能作用切实加强产权司法保护的意见》《关于依法妥善处理历史形成的产权案件工作实施意见》。针对历史形成的涉产权冤错案件,最高人民法院成立甄别纠正工作小组,审查有关申诉案件或再审申请。经过一年多的努力,最高人民法院对当事人申诉及申请再审的一批案件进行了认真的审查甄别。去年年底,最高人民法院决定对原审被告人张文中诈骗、单位行贿、挪用资金案、原审被告人顾雏军虚报注册资本、违规披露、不披露重要信息、挪用资金案等三起重大涉产权案件启动再审,这是贯彻中央全面依法治国方略和中央关于产权保护意见的重大举措。纠正一起错案胜过制定一打文件。我们相信,对确有错误的涉产权案件特别是具有重大社会影响的涉产权错案进行再审,必将进一步增强广大企业家的财产财富安全感,稳定企业家的预期,对推进当前正在进行的供给侧结构性改革,促进我国经济持续平稳健康发展产生积极而深远的影响。

七、问:《通知》出台后,人民法院将怎样抓好贯彻落实?

答:《通知》针对企业家关心的问题,提出了一系列具体举措。这些举措能否见效,关键在于抓落实。为此,人民法院将做好以下工作:

一是抓指导。最高人民法院和各高级人民法院要进一步深入调研涉企业家审判执行工作中的疑难问题,健全企业家权益依法保护的机制;加大制定涉企业家合法权益保障的司法解释、发布指导性案例等工作力度,统一司法尺度、裁判标准。

二是抓案例。各级人民法院要持续强化以案释法工作,及时公布一批依法保护企业家合法权益的好案例,推动形成企业家健康成长良好法治环境和社会氛围。

三是抓宣传。各级人民法院要进一步通过公开开庭、巡回法庭、庭审现场直播、生效法律文书统上网等生动直观的形式,大力宣传党和国家依法平等保护企业家权益弘扬优秀企业家精神的方针政策和法律法规。

最高人民法院
关于为海南全面深化改革开放提供司法服务和保障的意见

2018 年 8 月 1 日　　　　　　　　法发〔2018〕16 号

为深入学习贯彻习近平新时代中国特色社会主义思想和党的十九大精神，认真贯彻落实以习近平同志为核心的党中央关于支持海南全面深化改革开放的重大决策部署，充分发挥人民法院职能作用，推动海南自由贸易试验区和中国特色自由贸易港建设，根据《中共中央国务院关于支持海南全面深化改革开放的指导意见》和《最高人民法院关于为自由贸易试验区建设提供司法保障的意见》，制定如下意见。

一、切实提高政治站位，增强为海南全面深化改革开放提供司法服务和保障的责任感、使命感

1. 深刻认识海南全面深化改革开放的重大意义，进一步明确人民法院肩负的历史使命。在中国特色社会主义进入新时代的大背景下，赋予海南经济特区改革开放新的使命，是习近平总书记亲自谋划、亲自部署、亲自推动的重大国家战略，有利于完善和发展中国特色社会主义制度，加快推动形成全面开放新格局，把海南建设成为新时代中国特色社会主义新亮点。各级人民法院要始终坚持以习近平新时代中国特色社会主义思想为指导，坚持稳中求进工作总基调，坚持新发展理念，准确把握海南全面深化改革开放的指导思想、战略定位、基本原则和发展目标，充分发挥司法职能，依法公正高效审理相关案件，深化司法体制改革，加强智慧法院建设，不断提升司法能力和水平，为把海南建设成为全面深化改革开放试验区、国家生态文明试验区、国际旅游消费中心、国家重大战略服务保障区提供有力司法服务和保障。

2. 找准为海南全面深化改革开放提供司法服务和保障的切入点、结合点。坚持法治思维，聚焦服务保障海南全面深化改革开放中的重点领域，认真研究新情况、解决新问题，及时制定司法政策、出台司法解释、完善工作机制，确保决策科学、执行有效。增强大局意识，建立健全统一协调机制，充分发挥最

高人民法院第一巡回法庭职能作用，确保各项工作协同、高效。完善审判机制，创新工作方法，提高审判质效，提炼裁判规则，统一裁判尺度，切实提高司法服务保障能力和水平。

二、充分发挥司法职能，推动海南构建法治化、国际化、便利化的营商环境和公平开放统一的市场环境

3. 加强刑事审判，严厉打击影响海南全面深化改革开放的各类刑事犯罪。依法惩治各类刑事犯罪，特别是走私、洗钱、逃税、非法集资等涉及海南改革开放重点领域的经济犯罪，维护市场秩序，保障社会稳定。

4. 加强行政审判，依法支持政府职能转变。支持海南法院探索行政案件跨区域集中管辖，依法服务保障行政体制改革，推动深化简政放权、放管结合、优化服务改革，助力政府提升治理能力。依法支持自由贸易试验区和自由贸易港实行高水平的贸易和投资自由化便利化政策，对外资全面实行准入前国民待遇加负面清单管理制度。依法审理自由贸易试验区内民生社保、内外贸、投融资、财政税务、金融创新、出入境管理等方面的行政案件，服务建设更加灵活的政策体系、监管模式和管理体制。

5. 加强民商事审判，服务建设现代化经济体系。加强产权保护，依法支持政务诚信和营商环境建设。依法审理不正当竞争和垄断案件，维护统一市场和公平竞争。依法审理涉农垦项目和国有农场改革的案件，推动垦区集团化、农场化改革。妥善处理与农村土地征收、集体经营性建设用地入市、宅基地制度改革相关的案件，服务相关改革政策落实落地。依法审理种业、医疗、教育、体育、电信、互联网、文化、维修、金融、航运等重点开放领域的民商事案件，推动现代农业、高新技术产业、现代服务业对外开放。依法审理合同纠纷案件，促进公平交易。依法审理公司纠纷案件，鼓励市场主体和社会主体创新创业。依法审理涉军案件，促进军民融合发展。

6. 加强海事审判，服务海洋强国战略。探索创新海事审判机制，依法对我国管辖海域行使司法管辖权。创新海洋维权审判工作，积极稳妥审理涉及航运、渔业、海上救助、海上能源储备等重点基础设施建设的海事案件，加强南海维权，支持国家重大战略服务保障区建设。依法审理有关邮轮运输、南海岛礁建设、海洋环境保护、海洋资源开发、海上通道安全等案件，支持建设现代化海洋牧场，促进海洋经济发展，保护海洋生态环境，维护国家海洋权益。

7. 加强知识产权审判，服务创新驱动发展战略。依法审理涉及航天科技、深海技术等领域的知识产权案件，支持海南建设航天领域重大科技创新基地和国家深海基地南方中心。妥善审理涉及植物新品种案件，保障国家南繁科研育种基地建设，支持海南建设国家热带农业科学中心和全球动植物种质资源引进中转基地。妥善审理涉及医疗新技术、新设备、新药品的知识产权案件，为博鳌乐城国际医疗旅游先行区建设提供司法服务和保障。依法审理涉及网络文化、游戏动漫、影视制作、虚拟现实、电子竞技等数字产业方面的知识产权案件，推动数字创意产业发展。深化知识产权审判领域改革，支持海南设立知识产权法庭，支持建设中国（海南）国际知识产权交易所，更好发挥司法保护知识产权主导作用。

8. 依法审理金融案件，服务防控金融风险。依法审理借款担保纠纷、票据纠纷、信托纠纷等案件，妥善处理因资产管理等引发的金融纠纷，防范化解金融风险，规范金融创新行为，维护金融市场秩序，促进金融业健康发展。依法审理涉外金融案件，准确认定规避国家外汇管制政策的跨境投资行为法律效力。依法审理互联网金融纠纷案件，规范发展互联网金融。依法审理涉及独立保函、新型融资、跨境担保、外资投资银行、保险、证券等金融领域案件以及人民币业务等新型金融案件，促进投融资创新以及人民币国际化。

9. 依法妥善处理旅游纠纷，支持海南提升旅游消费服务质量，促进旅游消费国际化。建立旅游纠纷集中审判机制，探索国际旅游纠纷速裁程序，依照法律规定，参考国际通行规则，妥善审理旅游合同纠纷和侵权纠纷，促进提升旅游设施和旅游要素的国际化、标准化、信息化水平，为海南建设国际旅游消费中心提供司法服务和保障。

10. 加强环境资源审判，用最严格的制度、最严密的法治保护生态环境。坚持“绿色、循环、低碳”理念，适应国家生态文明试验区建设实际需要，推动环境司法体制机制创新。依法审理自然资源权属争议，维护资源开发利用秩序，规范自然资源交易流转制度。贯彻生态环境监管体制改革要求，依法审理自然生态空间确权登记等案件，推进自然资源确权登记制度实施，加强国有自然资源产权保护。发挥司法的教育引导功能，加大环境司法宣传力度，培育社会公众的生态环境保护意识，推动形成简约适度、绿色低碳的生产生活方式。

11. 加强涉外商事审判，推动形成全面开放新格局。创新涉外商事案件审判方式，完善送达、公证认证等诉讼程序，拓宽外国法查明途径，正确适用冲突规范，准确适用国际条约、国际惯例和外国法律，加强司法协助，依法承认与执行外国法院民商事判决和外国仲裁裁决，平等保护中外当事人合法权益，切实维护国际交易秩序，推动建立开放型经济新体制。

12. 加强前瞻性问题研究，妥善审理新类型案件。依法审理涉及国际能源、航运、大宗商品、产权、股权、碳排放权等案件，促进新型交易模式健康发展。依法审理自然资源有偿使用、森林经营等新类型案件，支持海南在建立完善自然资源资产产权制度和有偿使用制度等方面先行探索。依法审理涉及知识产权证券化、知识产权信用担保、竞猜型体育彩票和大型国际赛事即开彩票等新类型案件，为自由贸易试验区和自由贸易港改革创新提供优质、高效的司法服务。

13. 加强执行工作，保障胜诉当事人及时实现权益。在推进“基本解决执行难”的基础上，进一步优化执行工作长效机制，转变执行管理方式，创新执行工作方法，强化执行规范化建设。加大失信联合惩戒力度，推动社会信用体系建设。

三、支持建立多元化国际商事纠纷解决机构，发挥多元化纠纷解决机制作用

14. 支持建立国际争端调解机构，发挥调解在国际商事纠纷解决中的作用。完善诉调对接平台建设，充分运用现代信息技术，开展在线调解、在线司法确认等，依法确认调解协议效力。加强“一站式”纠纷解决机制建设，特别是在旅游、养老、道路交通、医疗卫生、涉外商事等领域，发挥各类调解组织的功能，积极开展律师参与调解，充分发挥律师在国际商事调解中的作用。

15. 支持建立国际商事仲裁机构，充分尊重当事人选择纠纷解决方式的意愿。自由贸易试验区或自由贸易港民商事案件的主体之间约定将争议提交域外仲裁解决的，不宜以无涉外因素为由认定无效。当事人向人民法院申请执行的，人民法院依照《中华人民共和国民事诉讼法》第二百八十三条的规定处理。

16. 完善跨境电商消费者权益纠纷解决机制，依法维护跨境电子商务消费者的合法权益。跨境电子商务平台经营者使用格式条款与消费者订立仲裁协议，未采取合理方式提醒消费者注意，消费者请求确认仲裁协议无效的，人民法院应予支持。

17. 建立国际商事纠纷案件集中审判机制。集中优势资源，依法审理涉及自由贸易试验区和自由贸易港建设的国际商事纠纷案件，提高案件审判能力和水平。

四、加强智慧法院建设，用信息化手段提高案件审判质效

18. 全面建设智慧法院，提升司法服务保障的信息化水平。突出信息化特色，适应新时代社会发展变化和人民群众司法需求，支持在海南开展司法智能化建设试点，推动现代科技与法院工作的深度融合，促进审判体系和审判能力现代化，使司法服务保障能力与海南全面深化改革开放新要求相匹配。

五、深化司法体制改革，确保各项改革部署落地见效

19. 加强审判体系建设。根据党和国家机构改革方案，结合海南行政区划改革创新要求，积极探索与行政体制改革相适应的司法体制改革。按照优化协同高效原则，扎实推进法院内设机构改革。支持海上巡回法庭和岛屿审判点建设，建立符合自由贸易试验区和自由贸易港需求、更加便捷高效的诉讼机制。

20. 深化司法体制综合配套改革。进一步完善法官员额制，健全员额法官遴选、增补、退出、交流机制，实现员额法官进出常态化、制度化。完善法官培训、考核、惩戒机制，积极推进法官助理、书记员职务序列改革和聘用制书记员管理制度改革，加强审判辅助人员配备和管理，全面提升法院队伍正规化、专业化、职业化水平。

六、加强人才队伍建设，为审判工作提供智力支持

21. 创新人才培养模式。结合人民法院工作实际，构建更加开放的人才培养、引进和交流机制，积极探索改革人才培养和储备机制，对法官加强投资、金融、贸易、航运等专业知识的培训，着力培育具备国际视野、通晓国际规则、精通外语的高层次审判人才。

七、加强国际交流合作，提升我国司法的国际影响力

22. 积极开展国际交流与合作，树立中国法治良好形象。充分发挥自由贸易试验区的窗口作用，加强国际司法交流与合作。支持自由贸易试验区法官对外交流、参加涉外培训及参与相关国际会议，展示我国法治建设成就，增进国际社会对我国自由贸易试验区司法工作的了解，提升我国司法的国际影响力。

最高人民法院
印发《关于为实施乡村振兴战略提供司法服务和保障的意见》的通知

2018年10月23日　　　　法发〔2018〕19号

各省、自治区、直辖市高级人民法院，解放军军事法院，新疆维吾尔自治区高级人民法院生产建设兵团分院：

为深入贯彻落实习近平总书记关于实施乡村振兴战略的重要论述，全面贯彻党的十九大精神和《中共中央国务院关于实施乡村振兴战略的意见》《乡村

振兴战略规划（2018—2022年）》，充分发挥人民法院审判职能作用，为实施乡村振兴战略提供有力的司法服务和保障，我院制定了《最高人民法院关于为实施乡村振兴战略提供司法服务和保障的意见》。现将意见印发给你们，请结合实际认真贯彻执行。执行中有何问题，请及时报告我院。

附：

最高人民法院
关于为实施乡村振兴战略提供司法服务和保障的意见

为深入贯彻落实习近平总书记关于实施乡村振兴战略的重要论述，全面贯彻党的十九大精神和《中共中央国务院关于实施乡村振兴战略的意见》（以下简称《意见》）、《乡村振兴战略规划（2018—2022年）》，充分发挥人民法院审判职能作用，为实施乡村振兴战略提供有力的司法服务和保障，提出以下意见。

一、切实提高政治站位，增强为实施乡村振兴战略提供司法服务和保障的责任感和使命感

1. 实施乡村振兴战略是党的十九大作出的重大决策部署。充分认识实施乡村振兴战略是决胜全面建成小康社会、全面建设社会主义现代化国家的重大历史任务，对于解决人民日益增长的美好生活需要和不平衡不充分的发展之间的矛盾、实现“两个一百年”奋斗目标、实现全体人民共同富裕具有重大意义。深刻领会习近平总书记关于实施乡村振兴战略的重要论述、党的十九大和《意见》精神，自觉承担人民法院肩负的神圣职责和重要使命，切实增强为实施乡村振兴战略提供司法服务和保障的自觉性、主动性，充分发挥人民法院在实施乡村振兴战略中的服务和保障作用。

2. 实施乡村振兴战略是新时期党的“三农”工作的理论创新和政策创新。党的十八大以来，在以习近平同志为核心的党中央坚强领导下，“三农”工作取得了重大成绩，积累了丰富经验。《意见》针对我国社会主要矛盾已经转化为人民日益增长的美好生活需要和不平衡不充分的发展之间的矛盾以及我国发展不平衡不充分问题在乡村最为突出的实际，明确了乡村振兴战略的指导思想、目标任务、基本原则和工作重点。各级人民法院要准确把握《意见》精神，在司法审判执行工作中深入贯彻新时期党的“三农”理论和工作政策。

3. 实施乡村振兴战略是新时代“三农”工作的总抓手。农业、农村、农

民问题是关系国计民生的根本性问题。乡村在保障粮食安全、供给农业产品、提供生态屏障、传承传统文化等方面具有独特功能，在经济社会全面发展中具有不可替代的重要地位。《意见》对实施乡村振兴战略作出顶层设计，把农业农村优先发展作为现代化建设的一个重大原则，把振兴乡村作为实现中华民族伟大复兴的一个重大任务，对做好新时代“三农”工作具有十分重要的指导意义。各级人民法院要抓牢把好乡村振兴战略这一新时代“三农”工作的总抓手，依法妥善处理乡村振兴战略实施过程中的各类矛盾纠纷，推动农业全面升级、农村全面进步、农民全面发展，在中华民族伟大复兴的“三农”新篇章中书写人民司法的精彩一页。

二、准确把握指导思想和基本原则，不断推进为实施乡村振兴战略提供司法服务和保障工作向纵深发展

4. 各级人民法院要以习近平新时代中国特色社会主义思想为指导，全面贯彻党的十九大和十九届二中、三中全会精神。牢固树立新发展理念，促进农业农村高质量发展。紧紧围绕统筹推进“五位一体”总体布局和协调推进“四个全面”战略布局，坚持把开展涉“三农”司法审判、服务和保障实施乡村振兴战略作为人民法院工作的重中之重，坚持农业农村优先发展，增加乡村地区司法资源供给。按照产业兴旺、生态宜居、乡风文明、治理有效、生活富裕的总要求，助推乡村治理体系和治理能力现代化，促进农业农村现代化和城乡融合发展，坚持中国特色社会主义乡村振兴道路。通过发挥人民法院司法审判职能作用，促进全面实现“农业强、农村美、农民富”的目标，让农业成为有奔头的产业，让农民成为有吸引力的职业，让农村成为安居乐业的美丽家园。

5. 人民法院服务和保障实施乡村振兴战略应坚持以下基本原则。坚持服务和保障农业农村优先发展，加大对乡村地区司法资源投入力度，提高乡村司法服务的覆盖面和便利性；坚持稳中求进的工作总基调，着力维护农村基本制度稳定，依法依规支持农村试点地区改革试点工作；坚持依法保障农民主体地位，依法保护广大农民合法权益，尊重农民意愿，调动亿万农民的积极性、主动性、创造性；坚持服务乡村全面振兴，准确把握乡村振兴的科学内涵，积极服务和保障农村经济建设、政治建设、文化建设、社会建设和生态文明建设；坚持助推城乡融合发展，依法破除城乡交易壁垒，推动形成工农互促、城乡互补、全面融合、共同繁荣的新型工农城乡关系；坚持促进人与自然和谐共生，严守生态保护红线，助推乡村绿色发展；坚持聚焦审判、因地制宜，立足于发挥审判职能开展服务和保障工作，因地施策，对症下药，不搞一刀切，不搞形式主义，真抓实干、久久为功。

三、助推农村改革发展，夯实农业农村现代化发展的基础

6. 依法妥善审理农村土地承包案件，深入贯彻落实中央关于承包地“三权分置”改革政策。依法保护农民合作社、家庭农场等农业经营主体的合法权益，维护农村土地集体所有制和家庭承包经营为基础、统分结合的双层经营体制，确保土地承包关系保持稳定并长久不变，促进完善农村基本经营制度。按照“落实集体所有权、稳定农户承包权、放活土地经营权”要求保护农村承包地的土地经营权依法有序流转。按照物权法、农村土地承包法等规定保护农民对承包土地享有的占有、使用、收益等法定权利。在充分尊重农民真实意愿的基础上，合理有序促进农业市场化、集约化、组织化、规模化发展。

7. 依法依规调处农村宅基地“三权分置”、集体经营性建设用地入市等纠纷，保障农村土地制度改革。在保护农村宅基地农户资格权和农民房屋财产权的基础上，依法保护宅基地、农村集体建设用地使用权流转和符合土地利用总体规划的农村住宅、农业设施和休闲旅游设施等建设，大力支持改革试点地区开展农村土地制度改革试点工作。对于违规违法买卖宅基地、违反土地用途管制、工商企业和城市居民下乡利用农村宅基地建设别墅大院和私人会馆的行为，依法认定无效。

8. 依法妥善审理耕地保护纠纷案件，维护国家粮食安全。贯彻落实永久基本农田特殊保护制度，依法依规严肃处理占用耕地特别是占用永久基本农田，违法违规建设非农设施，改变土地性质和用途的行为，涉嫌犯罪的依法追究刑事责任。维护和支持行政机关依法行政，确保实现“用途管制、节约利用、严格管理”的耕地保护目标。坚持恢复性司法理念，对污染或破坏耕地、将基本农田改作他用的，依法判令责任人采取污染治理、复垦等恢复性补救措施，坚守耕地红线。

9. 依法妥善审理农村基础设施建设和基本公共服务案件，推动基础设施建设提档升级和基本公共服务全面发展。加强农业基础设施建设工程案件的审判工作，依法严厉打击破坏农田水利工程、防洪工程等建设工程的犯罪行为，加大对小型农田水利设施、小流域综合治理等建设项目投资者利益的保障力度，促进农村基础设施建设和发展。依法妥善审理农村地区医疗保险、养老保险等纠纷案件，促进农村社会保障体系建设。

10. 依法打击制裁生产、销售伪劣商品等违法犯罪行为，保障实施质量兴农战略。依法惩治生产销售假种子、假化肥、假农药等不符合国家强制性技术标准或安全标准的农业生产资料、伪劣商品等违法犯罪行为，保护农业生产经营秩序，促进农产品从有到优转变、农业从增产导向向提质导向转变。维护市场秩序，引导农村生产经营者树立质量第一、诚信经营的理念。

11. 依法保护乡村投资者等各类市场主体合法权益，激发市场主体活力。依法保护农户间多样化的联合与合作，加大对农民专业合作社、专业服务公司等新型农村市场主体的保护力度，促进小农户和现代农业发展的有机衔接。依法保护乡村投资人权益，引导社会资金流向乡村，补齐乡村发展面临的资金短板。对于农村集体经济组织将资源转变为资产、资金转变为股金、农民转变为股东而形成的新农村集体经济实现形式和运行机制，应依法依规予以保护。

12. 依法妥善审理农村产权保护以及各类合同纠纷案件，筑牢乡村良好营商环境的市场基础。加大对乡村非公有财产权的保护力度，激发产权人的积极性和创造性。依法保护人才、土地、资本等生产要素和商品服务在城乡之间双向流动，促进城乡融合发展。在司法审判中弘扬严守合同、诚实守信的契约精神，发挥市场在乡村资源配置中的决定性作用，积极推动形成全国统一、城乡一体的生产要素市场、产品服务市场、劳动市场和金融市场。

13. 依法保护农业农村知识产权，助力农业转型升级。进一步加强涉农知识产权案件审判工作，促进农业科技成果转化，推动农村经济走转型升级和创新发展道路，补齐农业农村发展面临的科技短板。严厉打击涉农知识产权犯罪，严格依法审判涉农知识产权侵权和违约行为，加大对涉农知识产权、特别是具有自主知识产权的重大农业科技成果和动植物新品种的保护力度。加强对农产品商标、地理标志或集体商标、证明商标的保护，推动农产品的品牌建设。提高对非物质文化遗产的司法保护力度，促进非物质文化遗产的保护和开发。

14. 依法规范各类金融行为，促进金融服务农村实体经济。依法保护资金互助等有利于降低交易成本、适合农民需求、符合法律规定的交易模式，促进农村金融体制改革，引导更多金融资源配置到乡村经济社会发展的重点领域和薄弱环节，助力实现乡村产业兴旺、农民生活富裕。严厉打击“套路贷”诈骗等犯罪行为，严格依法限制高利贷，加大对变相收取高息行为的审查力度，规范和引导民间借贷健康发展。依法保护农业信贷、普惠金融，促进金融资源向“三农”倾斜。

15. 依法妥善审理“三农”领域涉外案件，积极支持农业走出国门。加强农产品国际贸易、农业服务贸易、农业国际投融资领域民商事案件审判。加大打击走私动植物新品种等涉农产品、动植物新品种贸易犯罪行为的力度，维护农业进出口市场秩序。加强与“一带一路”沿线国家和地区的司法交流和司法协作，不断完善服务和保障农产品贸易、农业国际投融资的司法政策。

16. 依法惩治破坏农村经济秩序犯罪，维护安全有序的生产环境。加强对涉“三农”非法集资犯罪的惩治力度，在农村地区通过多种形式开展防范非法集资的宣传教育，提高农村群众的防风险意识，维护农村金融秩序。依法惩治生产安全责任事故犯罪，严格依法追究相关责任人员刑事责任，切实维护乡村生产经营安全、建设工程安全和教育设施安全。

17. 依法加大涉农案件执行力度，及时实现农民合法权利。乡村涉民生案件，优先立案、优先执行、优先发放执行款。用好执行网络查控系统，解决涉农案件查人找物难题。用好失信联合惩戒系统，有效震慑和阻遏规避执行、逃避执行的行为。用好网络司法拍卖平台，解决涉农案件被执行财产特别是农产品、鲜活物品变现难等问题。依托四级法院执行指挥中心，实现执行工作有效联动，形成攻克涉农案件执行难的合力。积极开展涉农执行积案清理专项活动，着力解决农民群众急盼解决的执行难题。

四、强化环境资源保护，助推乡村生态文明建设

18. 准确理解和把握绿色发展与乡村振兴、生态环境保护与乡村经济发展的辩证关系。牢固树立和践行绿水青山就是金山银山的理念，保护和促进乡村旅游产业发展。倡导绿色生活方式，促进乡村不断改善人居环境。围绕建设生态宜居乡村的总体要求，助推农业生产方式由过度消耗资源型向节能减排绿色发展型转变，实现社会生产良性循环。

19. 依法妥善审理环境资源民事案件，引导树立良好的环境保护理念。依法妥善审理涉及乡村土壤、水源污染等环境侵权案件，准确认定责任主体，严格追究民事责任，探索惩罚性赔偿制度在环境污染和生态破坏纠纷案件中的适用，积极营造不敢污染、不愿污染的法治环境。积极稳妥审理乡村生态补偿案件，推动形成生态损害者赔偿、受益者付费、保护者受偿的工作机制。依法妥善审理在发展乡村生态旅游过程中产生的合同纠纷和人身、财产损害等侵权纠纷案件，保障各方当事人合法权益，促进农业生态产品和服务供给。

20. 依法妥善审理环境资源行政案件，促进环境行政执法的法治化、规范化。依法审理涉及乡村土地、森林、山岭、草原、滩涂等行政确权案件，加强对乡村自然资源的保护。依法妥善审理生态功能区生态移民和生态补偿等相关行政案件，推动生态保护补偿机制落实。依法妥善审理因乡村环境监管、污染物排放许可、农业面源污染防治、禁牧轮休以及环境保护税等税费征收引发的行政案件，支持和监督环境资源保护行政主管部门依法履职。

21. 依法妥善审理环境公益诉讼案件、生态环境损害赔偿案件以及其他新型环境资源案件。及时受理和审理符合法定条件的社会组织提起的环境民事公益诉讼案件以及检察机关提起的乡村环境民事、行政公益诉讼案件和刑事附带民事公益诉讼案件，不断完善环境公益诉讼案件审理程序和配套机制。依法妥善审理法定机关提起的乡村生态环境损害赔偿案件，追究责任主体的生态环境损害赔偿责任。

22. 依法妥善审理污染乡村环境、破坏乡村生态刑事案件。依法严惩环境监管失职犯罪和造成环境污染、生态破坏严重后果的重大安全责任事故等犯罪行为，筑牢乡村生态环境安全司法保护屏障。在环境资源刑事案件审理中探索将环境资源生态价值损失作为定罪量刑的情节。对因污染环境、破坏资源的违法犯罪行为受到损害的农民和农村集体经济组织，依法保护其请求损害赔偿的权利。

23. 优化协同审判机制，提升乡村绿色发展司法服务保障水平。强化环境资源专业化审判机构配置和审判人员培养。建立与公安、检察和环境资源保护相关主管部门的执法协调联动机制，积极发挥基层人民调解委员会的职能和作用，推动构建乡村环境资源纠纷多元化解决机制，实现对乡村自然生态系统的全方位保护。

五、弘扬社会主义核心价值观，促进文明和谐平安乡村建设

24. 大力弘扬社会美德，传承发展提升农村优秀传统文化。依法妥善处理乡村邻里纠纷，弘扬守望相助、崇德修睦的乡邻美德，维护熟人社会基于血缘、亲缘、宗缘、地缘关系建立的情感和道德纽带。注意甄别地方风俗、民族习惯，通过司法审判引导农村摒弃高额彩礼、干预婚姻自由、不赡养老人等不良风气。通过司法审判依法监督行政机关在农村公共文化建设、移风易俗行动中依法行使职权，推动乡风文明新气象的形成。

25. 推进家事审判方式和工作机制改革，促进乡村和谐家庭建设。对于陷入危机的婚姻，要加强救治，大力弘扬家庭美德，着力维护家庭稳定。对于感情确已破裂的婚姻，要注意钝化家庭矛盾，预防因家庭纠纷导致恶性伤害事件发生。引导家庭成员树立行为规范，弘扬优良传统道德，培育家庭美德。积极巩固有利于家庭稳定的财产制度和情感基础，着力保护未成年人、妇女和老年人的合法权益。

26. 推动扫黑除恶专项斗争不断向纵深发展，增强农村群众的安全感和幸福感。坚决依法从严从快惩处把持农村基层政权、操纵破坏农村基层换届选举、垄断农村资源、侵吞集体资产的黑恶势力；利用家族、宗族势力横行乡里、称霸一方、欺压残害百姓的“村霸”等黑恶势力；在农村地区征地、租地、拆迁、工程项目建设、交通运输、矿产资源、渔业捕捞等行业、领域，强揽工程、恶意竞标、非法占地、滥开滥采的黑恶势力；在农村地区商贸集市、批发市场欺行霸市、强买强卖、收保护费的“市霸”“行霸”等黑恶势力；在农村地区操纵、经营“黄赌毒”等违法犯罪活动以及非法高利放贷，暴力讨债，插手民间纠纷，充当“地下执法队”的黑恶势力。坚决依法从严从快惩处黑恶势力“保护伞”。

27. 依法惩治危害农村社会安全的犯罪，推进“法治乡村”“平安乡村”建设。贯彻宽严相济刑事政策，促进乡村和谐稳定。依法妥善审理因婚恋纠纷、邻里纠纷、土地权属纠纷、征地拆迁纠纷等引发的刑事案件，做好调解工作，争取案结事了。充分尊重符合社会主义核心价值观的农村风俗和生活习惯，审慎审理因农民日常生产生活引发的刑事案件。将依法惩处与系统治理、综合治理、源头治理有机结合，从源头上防范农村各类犯罪，维护广大农村地区的社会治安稳定。

28. 加大对失信被执行人联合信用惩戒力度，在涉农案件执行领域树立褒奖诚信、惩戒失信的价值导向。注重发挥乡村干部、司法协理员、人民调解员等基层工作者的重要作用，加强执行和解，增进邻里和睦，促进乡村稳定。将执行过程与乡村社会矛盾纠纷多元化解决机制有效对接，与乡规民约、善风美俗建设有效对接，不断推进乡村社会主义核心价值观建设。

六、树立自治法治德治相结合理念，推动乡村治理体系和治理能力现代化

29. 准确把握村民自治与国家法治的关系，积极搭建法治与德治的桥梁，促进完善乡村自治、法治、德治相结合的治理体系。充分保护村民的自治权利，坚持农民在乡村振兴战略中的主体地位，审慎把握村民自治与国家法治之间的边界。在实行自治和法治的同时，注重发挥好德治的作用。坚持寓德治于法治，用法治促德治，让柔性的道德获得有力的推行，使道德与法律相得益彰。通过发挥司法审判的道德引导、行为规范作用，推动礼仪之邦、优秀传统文化和法治社会建设相辅相成。依法打击农村基层“微腐败”“蝇贪”，积极参与基层治理，助力实现乡村治理有效的目标。

30. 坚持政教分离政策，严禁宗教干预国家司法职能的实施。禁止邀请宗教人士利用信教群众的宗教信仰来处理农村矛盾纠纷。正确把握宗教教义与民族习惯、社会道德的边界，依法惩处打着宗教旗号侵害广大信教群众、农村群众的婚姻自由权、人身自由权、人格尊严权、信仰与不信仰宗教自由权和财产权等合法权益的行为，依法严厉打击组织和利用邪教组织犯罪。通过巡回审理、以案说法等方式，教育引导广大信教群众正确认识和处理国法和教规的关系，提高法治观念。

31. 建立健全涉农纠纷多元化解决机制，增强矛盾纠纷预防化解的整体合力。加强人民法院与农村农业管理部门、司法行政管理部门、妇联等政权组织和群众自治组织的沟通与协作，健全乡村调解仲裁、行政裁决、行政复议、司法诉讼有机衔接、相互协调的多元化纠纷解决机制。推进建立“一门式办理”“一站式服务”等综合服务平台，传承发展“枫桥经验”，积极推广“寻乌经验”。建立健全乡村调解、县市仲裁、司法保障相结合的农村土地承包经营纠

纷调处机制。在农业以及乡村交通、环境、市场监管、文化等领域加强与相关行政主管部门的沟通协调，提高司法与行政执法的协同能力，不断完善乡村法律公共服务体系，形成乡村法治建设的合力。

32. 加强基层基础建设，做好人民法庭工作。坚持“三个面向”和“两便”原则，充分发挥人民法庭靠近乡村、贴近群众的优势，切实开展好人民法庭工作。加强人民法庭管理，建立完善案件审判质量、效率考评体系和法庭综合监督评价体系。加强人民法庭建设，着力解决农村人民法庭人员配备、职级待遇、安全保卫、经费和物质装备保障等问题，确保人民法院基层基础工作顺利开展。坚持和完善人民法庭巡回审理制度，不断提高巡回审理的效果和水平。

33. 深入贯彻实施人民陪审员法，不断完善人民陪审员制度。坚持随机抽选人民陪审员候选人、随机抽选确定人民陪审员人选制度，充分发挥人民陪审员的参审作用，推进司法民主，促进司法公正，实现司法专业化判断与老百姓朴素认知的有机统一。积极履行对人民陪审员的指引、提示等义务，但不得妨碍人民陪审员对案件的独立判断。大力宣传人民陪审员制度，着力提升人民陪审员的履职保障水平，推动形成各职能部门协调配合、人民群众理解支持、人民陪审员积极有序参审的良好局面。

34. 加强农村法治宣传教育，提高农村自治组织和农民尊法、学法、守法、用法意识。深入挖掘涉“三农”案例资源，通过以案说法等方式加强农村法治宣传。积极开展法治宣传、开庭审判进村入校活动，对于具有“审理一案、教育一片”效果的案件，积极开展巡回审理。积极与广播电视台等新闻媒体合作，通过法治节目等方式宣传法治，采用群众喜闻乐见的方式、通俗易懂的语言，让广大农村群众接受法治教育。

七、加强权益保护，满足农民日益增长的美好生活需要

35. 依法保护农民合法权益，发挥农民在乡村振兴中的主体作用。要以农民权利保护为出发点和落脚点，正确处理农村集体经济组织、农村承包经营户和农民各类主体之间的权利义务关系，维护农村生产经营秩序。坚持农民集体所有不动摇、集体资产不流失、农民权利不受损的原则，依法妥善处理农村集体产权制度改革中发生的矛盾纠纷。依法妥善审理非法截留、扣缴农民承包收益案件，保护农民承包经营收益。通过加强农民权利的司法保护，调动广大农民的积极性、主动性、创造性。

36. 依法保护农民人格权，加大乡村地区人权司法保护力度。依法惩处为追讨债务而侵害农民人身自由、人格尊严的行为。严厉打击违法用工单位或个人非法拘禁、强迫农民工从事危重劳动，非法收买和使用被拐骗儿童劳动、乞

讨等违法犯罪行为。依法妥善审理农村食品、药品安全纠纷案件，保护农民身体健康权。依法惩处虐待、遗弃等犯罪行为，着力保护农村空巢老人和留守儿童的合法权益。依法督促未成年人的监护人履行保障适龄青少年接受义务教育的义务，保护农村儿童的受教育权。

37. 依法妥善处理农村集体经济组织成员资格问题，保护农民基本财产权利。充分认识集体经济组织成员资格对农民享有土地承包经营权、宅基地使用权和集体收益分配权等基本财产权利的重要意义，审慎处理尊重村民自治和保护农民基本财产权利的关系，防止简单以村民自治为由剥夺村民的基本财产权利。不断加强与农村农业管理部门、土地管理部门等单位的沟通协作，依法依规保护农村外嫁女、入赘婿的合法权益。

38. 依法保护农民工合法权益，发挥农民工在乡村振兴中的积极作用。加大对进城务工农民工在劳动条件、劳动报酬以及工伤、医疗、养老保险等方面合法权益的保护。依法保护进城落户农民的土地承包经营权、宅基地使用权、集体收益分配权和返乡创业农民工合法权益。着力保护在城市生活农民工子女的受教育权、人身安全和人格尊严，让农民工既入得了城、扎得下根，又回得了村、稳得住心。

39. 依法妥善审理农村集体土地征收、农民房屋拆迁及安置补偿纠纷案件，切实保护被征地农民的合法权益。要按照法律规定的征地用途和目的，将是否按照同地同价原则、及时足额对农村集体经济组织和农民予以合理补偿，是否解决好被征地农民就业、住房和社会保障，是否有利于促进农业农村发展、维护农村社会稳定和谐、加强农村生态文明建设等，作为认定征地行为合法性的重要因素。

40. 依法惩治侵害农民权益犯罪，保护农村群众人身和财产安全。依法严惩针对农村留守老人、妇女、儿童实施的强奸、猥亵、拐卖、收买、诈骗等犯罪，积极探索老人、妇女、儿童司法保护与行政、家庭、学校、社会保护衔接机制，推进联动机制试点工作。依法妥善处理校园霸凌等案件，通过司法审判、法治宣传教育引导广大农村青少年健康成长，督促学校加强管理。积极参与打击治理电信网络新型违法犯罪专项工作，着力开展防电信诈骗宣传进农村、进基层活动，有效预防和减少电信诈骗案件发生。

41. 推进智慧法院建设和司法公开，提升农村群众对公正司法的获得感。建设智慧法院、网上司法社区，涵盖涉农案件的网上立案、网上信访、进度查询、材料收转、在线庭审等功能模块，完善道路交通事故纠纷“一键理赔”等在线司法服务，让“信息多跑路，农民少跑腿”。坚持庭审直播和裁判文书上网制度，方便农村群众观看庭审、查阅文书，实现看得见的公正司法。

42. 将党的群众路线与司法专业化相结合，不断满足农民日益增长的对社会公平正义的需求。采用“群众说理、法官说法”等方式，将群众路线、群众工作方法与司法专业化相结合，以农村群众能够理解、感受的方式实现社会公平正义。尊重不违反法律强制性规定的村规民约、乡风民俗，妥善把握民事审判对习惯的适用。完善人民法院网络涉执申诉平台，拓展乡村群众诉求表达渠道。

43. 完善司法为民便民利民措施，不断提高司法服务“三农”的能力。推行上门立案、电话立案、预约立案等工作方式，畅通司法便民“最后一公里”。在交通不便、人员稀少的偏远地区，就地开展法律咨询、代写诉讼文书、调解纠纷，就地立案、开庭、调解，当庭裁判，增强诉讼服务的可得性、易得性。深入推进繁简分流和调解速裁工作机制建设，开辟涉农维权案件绿色通道，完善案件繁简分流机制。加强释明工作，做好对农村群众的诉讼引导和帮助。

44. 积极助力精准扶贫，保障打赢脱贫攻坚战。打好脱贫攻坚战是实施乡村振兴战略的优先任务。依法妥善处理农村劳动争议案件，对拖欠农民工工资、劳务报酬等类型案件做到快立快审快执，帮助有劳动能力的贫困人口通过辛勤劳动脱贫致富。依法妥善审理扶贫搬迁相关案件以及贫困人口医疗保险、社会保障、社会救济纠纷案件，保护贫困人口生活安定。依法审理挪用、贪污扶贫款等案件，严厉惩处扶贫领域的腐败行为。

45. 加强农村司法救助，保护困难群体的基本权利。完善对经济困难的当事人缓、减、免交诉讼费的具体条件与标准，对追索抚养费、赡养费、扶养费、人身损害赔偿金、劳动报酬且经济上确有困难的群众，依法采取缓、减、免交诉讼费措施。加大刑事司法救助力度，对生活困难的被害人及其亲属依法及时给予司法救助。做好执行司法救助工作，细化救助标准，推进救助公开，将司法救助款项精准发放到符合救助条件的农民群众手中。

【解　　读】

解读《关于为实施乡村振兴战略提供司法服务和保障的意见》

一、《最高人民法院关于为实施乡村振兴战略提供司法服务和保障的意见》(以下简称《意见》)的起草背景

农业农村农民问题是关系国计民生的根本性问题。“三农”工作是一项带

有全局性、战略性、根本性的工作。党的十八大以来，以习近平同志为核心的党中央始终坚持把解决好“三农”问题作为全党工作重中之重，扎实推进农业现代化和新农村建设，全面深化农村改革，农业农村发展取得了历史性成就。党的十九大以来，以习近平同志为核心的党中央着眼党和国家事业全局、顺应亿万农民对美好生活的向往，作出实施乡村振兴战略的重大决策部署。今年年初，党中央、国务院以一号文件形式下发《关于实施乡村振兴战略的意见》，对新时代实施乡村振兴战略作出全面部署。《乡村振兴战略规划（2018～2022年）》部署了一系列重大工程、重大计划、重大行动。习近平总书记在对全国实施乡村振兴战略工作推进会议的指示中，在主持2018年7月31日中共中央政治局会议和中共中央政治局第八次集体学习时，多次对实施乡村振兴战略作出重要指示和深刻论述。近日，习近平总书记在广东考察时对新时代改革开放作出重要指示，为新时代农业农村改革开放和实施乡村振兴战略进一步指明了方向。

在党中央坚强领导下，最高人民法院长期以来高度重视服务和保障“三农”发展工作。最高人民法院通过制定司法解释和司法政策指导各级人民法院依法妥善审理各类涉农案件，通过多种形式参与乡村矛盾纠纷化解。最高人民法院近年来先后制定出台《关于审理涉及农村土地承包纠纷案件适用法律问题的解释》《关于审理涉及农村土地承包经营纠纷调解仲裁案件适用法律若干问题的解释》《关于为推进农村改革发展提供司法保障和法律服务的若干意见》等司法解释和规范性文件，落实党中央政策、贯彻法律规定、统一裁判标准。各级人民法院，尤其是基层人民法院及其派出法庭，不断完善多元化纠纷解决机制，与乡村地区基层行政机关、社会团体、群众自治组织等沟通协作，开展源头治理、系统治理。人民法院通过依法支持调解、仲裁等多种方式，参与乡村基层治理，化解了大量乡村矛盾纠纷。各级人民法院积极作为，依法受理、审判各类涉农案件。目前，大量涉农案件统计在侵权责任纠纷、借款合同纠纷、婚姻家庭继承纠纷等案由下。司法统计未对农村案件和城市案件作区分。就目前司法统计中单列的涉农案件案由看，2013年至2017年，全国法院受理农村承包合同纠纷民事一审案件109787件，审结108943件。2017年，各级法院审结土地承包经营权转包、转让、互换、入股、出租和抵押纠纷一审民事案件17790件；审结农业、林业、牧业、渔业承包合同纠纷一审民事案件12319件；审结种植、养殖回收合同纠纷一审民事案件5307件；审结农村房屋买卖合同纠纷一审民事案件3145件、农村建房施工合同纠纷一审民事案件6822件。通过纠纷调处、案件审理，人民法院及时妥善化解乡村矛盾纠纷，依法保护农民合法权利，有力维护乡村社会经济秩序。

近年来，党中央对发展“三农”出台了一系列政策，各项改革试点工作正在稳步推进，我国社会主要矛盾发生变化，农民对美好生活有了新的需求，农业农村在国民经济建设和“五位一体”总体布局中的地位更加凸显，人民法院服务和保障“三农”工作面临新的机遇和挑战。正是在这一背景下，今年2月28日，最高人民法院下发了《关于认真学习贯彻〈中共中央国务院关于实施乡村振兴战略的意见〉的通知》。为进一步深入贯彻落实习近平总书记关于实施乡村振兴战略的重要论述，全面贯彻党的十九大精神和《中共中央国务院关于实施乡村振兴战略的意见》《乡村振兴战略规划（2018～2022年）》，最高人民法院党组决定制定《意见》。最高人民法院高度重视《意见》起草工作，院党组书记、院长周强同志多次对调研、起草工作作出指示。分管副院长亲自带队，由我院参与起草工作的同志与部分全国人大代表共同组成多个调研组，分赴全国各地调研。调研组的同志深入田间地头，与村民、村干部和地方行政主管部门的同志面对面交流，广泛听取农村群众和基层干部的心声，了解农村群众对人民司法的需求和期盼。2018年9月4日，最高人民法院党组书记、院长周强同志亲自参加征求意见座谈会，听取中央党校（国家行政学院）、中央农办、全国人大农业与农村委员会、农业农村部、国务院发展研究中心、中国农业科学院等十多个机关、教学科研机构的领导和专家学者以及部分全国人大代表、最高人民法院特邀咨询员、农村地区人民法庭负责同志的意见和建议。在充分调研和广泛征求意见的基础上，结合人民法院工作实际，最高人民法院高举新时代改革开放旗帜，为充分发挥审判职能作用，妥善审理各类涉农案件，更好服务和保障新时代农业农村改革开放和实施乡村振兴战略，制定本《意见》。

二、《意见》的主要内容

《中共中央国务院关于实施乡村振兴战略的意见》对于实施乡村振兴战略提出了三个阶段的目标任务：一是到2020年，乡村振兴取得重要进展，制度框架和政策体系基本形成；二是到2035年，乡村振兴取得决定性进展，农业农村现代化基本实现；三是到2050年，乡村全面振兴，农业强、农村美、农民富全面实现。《意见》聚焦于不同阶段的目标，进一步将服务“三农”作为人民法院工作的一项重要内容，通过发挥审判职能依法妥善审理各类涉农案件，推动解决城乡发展不平衡和城乡二元结构问题，对人民法院服务和保障实施乡村振兴战略的各项工作进行全面部署，针对新时代“三农”发展对司法工作的需求作了积极回应。全文分为七个部分，共45条。第一部分强调深刻认识实施乡村振兴战略的重大意义；第二部分明确了人民法院服务和保障实施乡村振兴战略的指导思想和基本原则；第三至第七部分分别规定了人民法院如何服务和保障现代农业发展、乡村生态文明建设、文明和谐平安乡村建设、促进乡村治理体系和治理能力现代化和保护农民合法权益。《意见》主要围绕以下几方面作出规定：

一是深刻认识实施乡村振兴战略的重大意义。农业农村农民问题是关系国计民生的根本性问题，当前发展不平衡不充分问题在乡村最为突出，党的十九大作出了实施乡村振兴战略重大决策部署。这是新时代党的“三农”工作的理论创新和政策创新，是新时代“三农”工作的总抓手，对于解决我国当前的主要矛盾、实现“两个一百年”奋斗目标和实现全体人民共同富裕具有重大意义。各级人民法院要深化认识，提高政治站位，切实增强为实施乡村振兴战略提供司法服务和保障的责任感、使命感。

二是人民法院服务和保障实施乡村振兴战略的指导思想和基本原则。思想是行动的先导。各级人民法院要以习近平新时代中国特色社会主义思想为指导，全面贯彻党的十九大和十九届二中、三中全会精神。牢固树立新发展理念，促进农业农村高质量发展。坚持《意见》确定的七项基本原则，即服务和保障农业农村优先发展，坚持稳中求进的工作总基调，依法保障农民主体地位，服务乡村全面振兴，助推城乡融合发展，促进人与自然和谐共生，聚焦审判、因地制宜。推动服务和保障实施乡村振兴战略工作向纵深发展。

三是服务和保障现代农业发展。实现农业现代化的重要条件在于解放农村生产力。解放生产力，要依靠改革。依法妥善审理农村土地承包纠纷案件，深入贯彻党中央关于承包地“三权分置”改革政策。按照“落实集体所有权、稳定农户承包权、放活土地经营权”要求，保护农村承包地的土地经营权依法有序流转。按照物权法、农村土地承包法等法律规定保护农民对承包土地享有的占有、使用、收益等法定权利。依法依规调处农村宅基地“三权分置”、集体经营性建设用地入市等纠纷，大力支持农村土地制度改革试点工作，保障农村土地制度改革。解放生产力，要加强产权保护。依法保护乡村投资者以及农民专业合作社、专业服务公司等新型农村市场主体合法权益，加强农村知识产权等各类产权保护，发挥产权司法保护的激励作用，促进金融服务农村实体经济。依法依规保护农村集体经济组织将资源转变为资产、资金转变为股金、农民转变为股东而形成的新农村集体经济实现形式和运行机制。解放生产力，要维护市场秩序。依法严格保护涉农合同，弘扬诚实守信的契约精神，保护有序竞争，捍卫市场秩序，促进生产要素和商品服务在城乡之间双向流动。

四是服务和保障乡村生态文明建设。提供生态屏障是乡村的基本功能。随着经济发展和人民生活富裕，人民群众对生态环境保护的需求越来越高。牢固树立和践行绿水青山就是金山银山的理念，加大审理环境资源案件的力度，倡导绿色生活方式，促进乡村不断改善人居环境。探索惩罚性赔偿制度在环境污染和生态破坏纠纷案件中的适用，积极营造不敢污染、不愿污染、不能污染的法治环境。依法支持和监督环境资源保护行政主管部门履行监管职责。不断完善环境公益诉讼案件审理程序和配套机制，不断优化协同审判机制，提升乡村绿色发展司法服务保障水平。

五是服务和保障文明和谐平安乡村建设。文化是上层建筑中最具生命力、最体现民族精神和社会进步的因子。乡村文明不仅表现为乡村物质财富的增长，也表现为乡风文明、乡村安宁。乡村振兴最终体现为乡村文明的传承和进步。依法妥善处理乡村邻里纠纷，弘扬守望相助、崇德修睦的乡邻美德。通过司法审判引导农村摒弃高额彩礼、干预婚姻自由、不赡养老人等不良风气。推进家事审判方式和工作机制改革，促进乡村和谐家庭、美好家风建设。农村群众对司法最基本的需求是维护乡村安宁、保护人身财产安全。推动扫黑除恶专项斗争不断向纵深发展，坚决依法从严从快惩处黑恶势力以及黑恶势力“保护伞”，增强农村群众的安全感和幸福感。加强综合治理、源头治理，推进“法治乡村”“平安乡村”建设。

六是促进乡村治理体系和治理能力现代化。乡村治理是国家治理的重要内容，治理有效是实现乡村振兴的重要方面。发挥司法审判职能，正确处理自治、法治和德治的关系，积极参与乡村治理。依法依规保护村民自治权利，审慎把握村民自治与国家法治之间的边界，注重发挥好德治的作用。坚持政教分离政策，严禁宗教干预国家司法事务。依法严厉打击组织和利用邪教组织犯罪。建立健全涉农纠纷多元化解决机制，增强矛盾纠纷预防化解的整体合力。坚持“三个面向”和“两便”原则，发挥人民法庭靠近乡村、贴近群众的优势，切实开展好人民法庭工作。贯彻实施人民陪审员法，大力推进司法民主。加强农村法治宣传教育，提高农村自治组织和农民尊法、学法、守法、用法意识。

七是保护农民合法权益。实施乡村振兴战略，最终目的是要增进农民利益，让农民生活富裕、健康、安宁、文明，实现全体人民共同富裕。农业全面升级、农村全面进步的归宿在于农民全面发展。依法保护农民人格权，保护农民人身自由、人格尊严和身体健康，着力保护农村空巢老人、留守儿童的合法权益以及农村适龄儿童的受教育权，加大乡村地区人权司法保护力度。依法妥善处理集体经济组织成员资格纠纷，防止简单以村民自治为由剥夺村民的基本财产权利。依法依规保护农村外嫁女、入赘婿的合法权益。依法保护农民工合法权益，让农民工既入得了城、扎得下根，又回得了村、稳得住心。将党的群众路线与司法专业化相结合。以农村群众能够理解、感受的方式实现社会公平正义，尊重不违反法律强制性规定的村规民约、乡风民俗。完善司法为民便民利民措施，不断提高司法服务“三农”的能力。积极助力精准扶贫，保障打赢脱贫攻坚战。加强农村司法救助，保护困难群体的基本权利。

三、人民法院贯彻《意见》应处理好六个关系

一分部署，九分落实。《意见》写得再好，终在纸上。下一步，各级人民法院要严格贯彻落实《意见》中的各项规定，让人民法院服务和保障实施乡村振兴战略的司法政策在广大乡村落地生根，让广大农村群众切身感受到司法服务的便捷高效、司法保障的充分有力。在贯彻《意见》时，应注意处理好以下六个关系：

一是服务当前发展和实现长远目标的关系。《中共中央国务院关于实施乡村振兴战略的意见》对于实施乡村振兴战略提出了三个阶段的目标任务。《乡村振兴战略规划（2018～2022 年）》确定了到 2022 年的目标任务。人民法院要全面贯彻落实中央战略决策步骤，既着重解决当前人民法院服务和保障实施乡村振兴战略所面临的突出问题，服务和保障实施乡村振兴战略的近期任务，也着眼于“三农”长远发展，服务和保障中远期目标的实现。在脚踏实地做好当前工作的同时，做好长远谋划，把每一阶段的工作做牢做实，为乡村全面振兴，农业强、农村美、农民富全面实现的目标而努力奋斗。

二是农业农村改革发展与稳定的关系。农业农村农民问题是治国安邦的根本性问题。中国农民对土地有特殊的深厚感情。“三农”发展要“稳”字当先。依法保护农村土地集体所有权、农村基本经营制度，依法维护土地承包关系稳定并长久不变。深入贯彻落实党和国家的政策，全面准确把握相关法律的基本原则和立法精神。落实集体所有权、稳定农户承包权，农民的生活就有了根，就能稳住心。坚守耕地红线，维护国家粮食安全，让中国人的饭碗牢牢端在自己手中。在这个基础上放活土地经营权，推动乡村改革发展，发展才能行稳致远。“三农”发展离不开改革，通过改革解放生产力，促进城乡融合发展。贯彻落实党中央各项改革政策，依法支持各地的改革试点工作，保障改革红利实现。

三是生态保护与乡村发展的关系。乡村振兴，生态宜居是关键，保护生态与发展经济是对立统一体。目前农村环境和生态问题比较突出。准确理解和把握绿色发展与乡村振兴、生态环境保护与乡村经济发展的辩证关系。牢固树立和践行绿水青山就是金山银山的理念，着力加强乡村生态环境司法保护，守住绿水青山，守护美丽乡村。落实节约优先、保护优先、自然恢复为主的方针，促进农村生态环境明显好转，增加农业生态产品和服务供给，以绿色发展引领乡村振兴，助推农业生产方式由过度消耗资源型向节能减排绿色发展型转变，实现社会生产良性循环。

四是乡村文明传承与发展的关系。传统文化是我国的宝贵财富，是中华儿女重要的精神财富和情感纽带。大力弘扬社会主义核心价值观，保护、挖掘农

耕文化中优秀思想、人文精神和道德规范，维护熟人社会基于血缘、亲缘、宗缘、地缘关系建立的情感和道德纽带。同时，对传统文化应有所扬弃和发展，将法治文化融入乡村文化之中，引导农民树立诚信意识、契约精神，引导农村摒弃高额彩礼、干预婚姻自由、不赡养老人等不良风气，促进乡村现代文明建设。

五是自治、法治、德治的关系。当前乡村治理不同于我国古代依靠宗法制度建立的治理体系，也有别于我国城市地区的治理。村民自治在乡村治理中具有重要作用。依法依规保护村民的自治权利，坚持农民在乡村振兴战略中的主体地位，准确把握村民自治与国家法治的关系。既不能干预、妨碍村民自治，又要注意保护村民的基本权利，防止简单以村民自治为由损害村民的人格权利和基本财产权利。在实行自治和法治的同时，注重发挥好德治的作用。坚持寓德治于法治，用法治促德治，让柔性的道德获得有力的推行，使道德与法律相得益彰。通过发挥司法审判的道德引导、行为规范作用，推动礼仪之邦、优秀传统文化和法治社会建设相辅相成。

六是党的群众路线与司法专业化的关系。司法审判是专业性很强的工作，有一套相对独立的术语体系和逻辑规则，但广大农村群众法律知识相对缺乏，对于法律术语和逻辑并不熟悉。因此，司法审判不仅是高度专业化的工作，也是群众工作，尤其在乡村地区，要坚持党的群众观点和群众路线。我们的法官既要有较高的专业素养，更需要较强的群众工作能力，多换位思考、进入农村群众的思维“频道”，尊重不违反法律强制性规定的村规民约、乡风民俗，妥善把握民事审判对习惯的适用。多用“群众说理、法官说法”等方式，将群众路线、群众工作方法与司法专业化相结合，以农村群众听得懂、看得见、能够理解和感受的方式实现社会公平正义，努力让农村群众在每一个司法案件中感受到公平正义。

（撰稿人：江必新）

最高人民法院
印发《关于为深化两岸融合发展提供司法服务的若干措施》的通知

2019 年 3 月 25 日　　　　法发〔2019〕9 号

各省、自治区、直辖市高级人民法院，解放军军事法院，新疆维吾尔自治区高级人民法院生产建设兵团分院：

为了深入学习贯彻习近平新时代中国特色社会主义思想，贯彻习近平总书记关于对台工作的重要论述，更好发挥人民法院在服务、保障、促进两岸经济文化交流合作与融合发展方面的职能作用，现将《最高人民法院关于为深化两岸融合发展提供司法服务的若干措施》印发给你们，请结合实际认真贯彻执行。

附：

最高人民法院
关于为深化两岸融合发展提供司法服务的若干措施

为依法全面平等保护台湾同胞合法权益，促进两岸经济文化交流合作，深化两岸融合发展，结合人民法院工作实际和实践经验，制定以下措施。

一、公正高效审理案件，全面保障诉讼权利

1. 坚持公正高效司法，维护台湾同胞的各项实体权利和诉讼权利，依法保障台湾同胞在大陆学习、创业、就业、生活逐步享有同等待遇。

2. 加强产权司法保护，依法保障台湾同胞在大陆的投资安全、财产安全，加强知识产权保护，让台湾同胞在大陆专心创业、放心投资、安心经营。

3. 对台湾同胞、台湾企业因涉及在大陆享有国家各项政策优惠、补贴、奖励、激励、准入等同等待遇产生的纠纷，属于人民法院受案范围、符合起诉条件的，应当依法及时受理。

4. 依法慎用强制措施、查封扣押冻结措施、限制出境措施，最大限度降低对台湾同胞、台湾企业正常生活、经营的不利影响。

5. 人民法院决定对台湾当事人采取拘留、指定居所监视居住或者逮捕措施的，应当在二十四小时以内通知其家属；无法通知其家属的，可以通知其在大陆的工作单位、就读学校等。

6. 受审在押的台湾被告人，其监护人、近亲属申请会见，经审查认为不妨碍案件审判的，应当准许。

7. 对因犯罪受审或者执行刑罚的台湾居民，应当依法平等适用缓刑、判处管制、裁定假释、决定或者批准暂予监外执行，实行社区矫正。

8. 向台湾居民送达司法文书，应当采取直接送达、两岸司法互助送达等有利于其实际知悉送达内容、更好行使诉讼权利的送达方式；未采取过直接送达、两岸司法互助送达方式的，不适用公告送达。

9. 对涉台案件当事人及其诉讼代理人因客观原因不能自行收集的证据，应当依申请或者主动依职权调查收集；相关证据在台湾地区的，可以通过两岸司法互助途径调查收集。

10. 根据国家法律和司法解释中选择适用法律的规则，确定适用台湾地区民商事法律的，应当适用，但违反国家法律基本原则和社会公共利益的，不予适用。

11. 依法及时审查认可和执行台湾地区民事判决和仲裁裁决的申请；经裁定认可的台湾地区民事判决，与人民法院的生效判决具有同等效力；经裁定认可的仲裁裁决，应当依法及时执行。

12. 涉台案件判决生效后，督促败诉方及时履行生效裁判确定的义务，提高涉台案件执行效率，保障涉台案件执行效果。

二、完善便民利民措施，提供优质司法服务

13. 完善涉台案件诉前、诉中、诉后全流程便民利民措施，为台湾同胞提供便捷、高效的司法服务。

14. 受理涉台案件较多的人民法院可以设立涉台案件专门立案窗口。为伤病、残疾、老年、未成年的台湾同胞提供立案、送达、调解等方面的便利。适应涉台案件特点，不断完善便利台湾同胞的在线起诉、应诉、举证、质证、参与庭审、申请执行等信息化平台。

15. 不断完善对台湾同胞的诉讼指导，为台湾同胞编制在大陆诉讼的指导材料。涉台案件较多的人民法院可以开设专门网站、电话、微博、微信等涉台司法服务平台。推广在台湾同胞聚集区、台湾同胞投资区、台湾创业园区等设

立法院联络点、法官工作室等司法服务机构。

16. 完善各项诉讼服务措施与司法管理设施，便利台湾同胞使用台湾居民居住证、台湾居民来往大陆通行证作为身份证明参与诉讼活动和旁听审判。

17. 持有台湾居民居住证的台湾当事人委托大陆律师或者其他人代理诉讼，代理人向人民法院转交的授权委托书无需公证认证或者履行其他证明手续。

18. 经济确有困难的台湾当事人向人民法院提起民事、行政诉讼的，可以依法准予缓交、减交、免交诉讼费用。

19. 对符合法律援助条件的台湾当事人，主动协调法律援助机构及时提供法律援助。台湾被告人没有委托辩护人的，可以通知法律援助机构指派律师为其提供辩护。

20. 对权利受到侵害无法获得有效赔偿的台湾当事人，符合有关规定条件的，可以提供一次性国家司法救助，帮助解决其生活面临的急迫困难。

21. 台湾当事人申请司法救助和法律援助，依照有关规定应当提交经济困难等有关证明材料，其户籍地难以或者不予提供，而其台湾居民居住证颁发地、在大陆经常居住地的村（居）民委员会或者在大陆的工作单位、就读学校等依照有关规定提供的，可予认可。

三、加强组织机构建设，健全服务保障机制

22. 受理涉台案件较多的人民法院可以设立专门的审判庭、合议庭、审判团队、执行团队等审判、执行组织，负责涉台案件的审理、执行。未设立专门审判、执行组织的法院可以指定相对固定的人员审理和执行涉台案件。探索建立涉台案件综合审判组织，集中负责涉台刑事、民事、行政案件的审理。

23. 涉台案件分散的地区，可以探索实行涉台案件跨区域集中管辖制度。

24. 不断完善便利台湾同胞在互联网法院、知识产权法院、金融法院等新类型法院进行诉讼、维护权利、解决纠纷的制度机制。

25. 建立与涉台案件特点相适应的审判管理机制和绩效考核机制。办理两岸司法互助案件情况纳入司法统计和绩效考核范围。

26. 充分发挥调解机构、仲裁机构作用，完善调解、仲裁、诉讼等有机衔接、相互协调的多元化纠纷解决机制，提高涉台纠纷解决效率，降低纠纷解决成本。

27. 支持涉台案件较多的地区设立台湾地区民商事法律查明专业机构、涉台社区矫正专门机构等。

28. 及时发布涉台审判司法解释、指导性案例、规范性文件和典型案例，探索建立涉台案件审判指导委员会制度，统一涉台案件裁判标准和尺度。

四、扩大参与司法工作，推动两岸司法交流

29. 选任符合条件的台湾同胞担任涉台案件的人民陪审员，为其更好履行职责提供培训等保障。

30. 探索聘请符合相关条件的台湾同胞担任人民法院书记员等司法辅助人员，逐步扩大台湾同胞参与审判工作范围。

31. 依法保障获得大陆律师执业证书的台湾居民的执业权利，鼓励其在人民法院参与律师调解等工作。

32. 聘请台湾同胞担任人民法院监督员、联络员，以及特邀调解员、家事调查员、心理咨询员、缓刑考察员、法庭义工等。

33. 聘请符合条件的台湾同胞担任涉台、知识产权、生态环境、医疗、海事、金融、互联网等审判领域的咨询专家或者鉴定人。聘请对相关法律领域有精深造诣及较大影响力的台湾同胞担任国际商事专家委员会专家委员。

34. 推动人民法院与两岸教学、科研机构共同建立两岸青年学生教学实践基地。鼓励、支持台湾青年学生到人民法院实习，并积极提供相应便利与保障。积极打造两岸青年学生、青年法官的交流交往平台。

35. 鼓励支持台湾法律界人士到国家法官学院及其分院研修、培训、讲学，加入中华司法研究会等专业性社团组织，申报人民法院及其主管的事业单位、社会团体组织发布的司法调研、理论研究课题。

36. 鼓励支持台湾各界人士到人民法院参访、交流，参加人民法院举办的论坛、研讨会等活动。

地方各级人民法院可以根据本规定精神，结合本地区实际情况出台具体落实措施；福建省高级人民法院可以根据中央赋予的先行先试政策统筹谋划，推进落实。各地人民法院出台的有关措施，应当层报最高人民法院台湾司法事务办公室备案。

【解　　读】

解读《关于为深化两岸融合发展提供司法服务的若干措施》

为深入学习贯彻习近平新时代中国特色社会主义思想，贯彻习近平总书记关于对台工作的重要论述，最高人民法院研究制定了《最高人民法院关于为深化两岸融合发展提供司法服务的若干措施》（以下简称《若干措施》），于 2019 年 3 月 25 日发布实施。就《若干措施》出台的有关情况，作简要说明。

一、出台《若干措施》的背景和意义

《若干措施》是最高人民法院历史上，首次发布的依法全面平等保护台湾同胞合法权益的系统性、综合性措施，也是首次发布的为深化两岸融合发展提供司法服务的规范性、实效性措施。

出台《若干措施》是深入学习贯彻习近平新时代中国特色社会主义思想，贯彻习近平总书记关于对台工作重要论述的必然要求和具体体现。党的十八大以来，习近平总书记提出了一系列对台工作新主张和新论述，特别是今年 1 月 2 日，习近平总书记在《告台湾同胞书》发表 40 周年纪念会上，发表了题为《为实现中华民族伟大复兴 推进祖国和平统一而共同奋斗》的重要讲话。习近平总书记的重要讲话全面阐述了我们立足新时代、在民族复兴伟大征程中推进祖国和平统一的重大政策主张，具有划时代的伟大意义，是指引新时代对台工作的纲领性文件，是做好新时代对台工作的根本遵循和行动指南。最高人民法院以习近平总书记对台重要讲话为指导，立足审判职能，结合工作实际，出台《若干措施》，为深化两岸融合发展提供司法服务，是时代赋予人民法院的重大责任与光荣使命，是我们在对台工作中贯彻好以“人民为中心”的发展思想，对台湾同胞一视同仁，像为大陆百姓服务那样造福台湾同胞的行动自觉与主动担当。

出台《若干措施》是秉持“两岸一家亲”理念，积极推进落实“惠及台胞 31 条措施”的必然要求和具体体现。习近平总书记在党的十九大报告中提出，我们秉持“两岸一家亲”理念，愿意率先同台湾同胞分享大陆发展机遇，扩大两岸经济文化交流合作，实现互利互惠。去年 2 月 28 日，国务院台办、国家发改委等 29 个部门联合发布实施了《关于促进两岸经济文化交流合作的若干措施》，人民法院有责任有义务为各项措施落地落实提供法治和司法保障，特别是对于台湾同胞、台湾企业基于“惠及台胞 31 条措施”享受国家各项政策优惠、补贴、奖励、激励、准入等同等待遇过程中遇到的各种矛盾与纠纷，人民法院有责任有义务通过发挥审判职能予以依法妥善化解。出台《若干措施》，是最高人民法院与相关部门协调行动，在司法领域为台湾同胞办实事、做好事、解难事的实际行动。

出台《若干措施》是人民法院服务保障两岸交流合作格局、深化两岸融合发展的必然要求和具体体现。自 1987 年两岸同胞长达 38 年的隔绝状态被打破后，两岸人员往来、经贸合作及各项交流迅速开启，形式愈加多样，内容愈加丰富。近年来，每年往返于两岸之间的人员近千万人次，其中 2018 年台湾同胞来往大陆首次突破 600 万人次，“首来族”达到了 40 万人，均创历史新高；2018 年两岸贸易额再创历史新高，达到 2262 亿美元，相较 1987 年增长 140 多倍，大陆持续成为台湾最大出口市场、最大贸易顺差来源地和最大岛外投资目的地，更多台湾同胞来大陆学习、创业、就业、生活。随着两岸交流交往的日益频繁，两岸互涉纠纷和诉讼案件大幅增加，据统计，2008 年至 2018 年间，人民法院受理一审涉台案件年均达 5000 余件，其中 2012 年最多，有 7000 余件。最高人民法院一直高度重视对台工作，在以习近平同志为核心的党中央的正确领导下，坚定贯彻中央对台工作方针和决策部署，积极服务保障两岸经贸人员的交流与合作，在审判机制、诉讼服务、司法互助、司法交流等方面积累了很多好经验和好做法。出台《若干措施》，一方面是要将对台司法实践中行之有效的各项举措梳理好、总结好；另一方面，更重要的是，要根据新时代两岸融合发展的新形势、台湾同胞对人民法院工作的新需求，研究制定新的具有针对性、实效性的举措，更好发挥人民法院在服务、保障、促进两岸经济文化交流合作与融合发展方面的职能作用。

二、《若干措施》的主要内容和特点

《若干措施》以促进两岸经济文化交流合作、深化两岸融合发展为主题，以依法全面平等保护台湾同胞合法权益为主线，共从四个方面规定了 36 条措施。其中有 12 条措施涉及公正高效审理案件，全面保障台湾同胞的诉讼权利；有 9 条措施涉及完善便民利民措施，为台湾同胞提供优质司法服务；有 7 条措施涉及加强司法组织机构建设，为服务台湾同胞进一步健全保障机制；有 8 条措施涉及扩大台湾同胞参与司法工作，推动两岸司法交流。其中，除第 7 条、第 8 条、第 10 条、第 11 条现有司法解释已作规定以外，其余 32 个条文内容均为首次规定在最高人民法院制定的司法文件中。概括起来，这 36 条措施具有以下三个方面主要特点：

一是坚持严格依法，着力强化全面平等保护。审判执行是人民法院的中心工作，《若干措施》紧密结合人民法院职能，努力找准依法全面平等保护台湾同胞合法权益的结合点、切入点和着力点。通过广泛深入调研，我们对审判执行工作中与台湾同胞切身利益密切相关或者台湾同胞高度关心关注的重大问题，进行了细致排查、全面梳理和认真研究，在刑事、民事、行政三大诉讼领域，从管辖、立案、庭审、执行，到文书送达、调查取证、法律适用、强制措施运用、司法救助、法律援助、审判管理等人民法院审判执行工作的各领域各方面，都规定了保护台湾同胞合法权益的具体措施。

二是坚持问题导向，着力解决实际困难。习近平总书记强调，要始终坚持问题导向，把解决问题作为研究制定政策的起点，把工作的着力点放在解决最突出的矛盾和问题上。着力为台湾同胞参与诉讼和参与司法工作提供便利是起草制定《若干措施》的重要内容之一，我们不仅在形式上用专章规定了相关措施，更是在实质上始终秉持问题意识，坚持问题导向，注重人文关怀，着眼于台湾同胞在大陆学习、创业、就业、生活面临的实际问题和现实困难，以同理心同胞情积极想办法、下功夫，真抓实干、务求实效。比如，根据有关规定，当事人申请司法救助的，需要提交生活困难等证明，实践中此类证明通常由救助申请人户籍所在地或者经常居住地村（居）民委员会或者所在单位出具。在起草《若干措施》的调研中，部分台湾同胞向我们反映，因台湾当事人通常在大陆没有户籍，也没有经常居住地或者单位，故难以向人民法院出具该证明。针对这一问题，《若干措施》专门规定，对于台湾居民居住证颁发地、在大陆经常居住地的村（居）民委员会或者在大陆的工作单位、就读学校等依照有关规定提供的有关证明，人民法院可予认可。再如，针对涉台刑事审判司法实践中，许多台湾被告人的监护人和近亲属有在审判羁押期间会见被告人的愿望，《若干措施》专门规定，人民法院经审查认为有关会见申请不妨碍案件审判的，应当准许。等等，类似的例子在《若干措施》中还有很多。

三是坚持服务融合发展，着力扩大台湾同胞受益面。包括台湾同胞在内的广大人民群众是司法工作的重要参与者和监督者，人民法院各项工作的发展与进步离不开他们的热情关心与大力支持。本着促进融合发展、心灵契合的目的，《若干措施》努力让更多台湾同胞享福祉得实惠，特别是在第四部分有关参与司法工作方面，积极为台湾同胞铺路搭桥、创造条件，努力做到基本向全体台湾同胞开放。比如，《若干措施》第 36 条现有规定是鼓励支持“台湾各界人士”到人民法院参访、交流，参加人民法院举办的论坛、研讨会等活动，这与起初我们基于审判工作专业性考虑而拟定的“台湾法律界人士”相比，范围大大扩宽。总之，我们的目的就是要打开人民法院的大门，热情欢迎所有台湾同胞关心、参与、支持人民法院各项工作。

习近平总书记指出，“两岸同胞是一家人，两岸的事是两岸同胞的家里事”。民族复兴、国家统一是大势所趋、大义所在、民心所向，答好这一时代命题人民法院责无旁贷、大有可为。我们将以《若干措施》的发布实施与具体落实为新起点、新征程，继续深入学习贯彻习近平新时代中国特色社会主义思想，贯彻习近平总书记关于对台工作的重要论述，特别是习近平总书记今年 1 月 2 日对台重要讲话精神，继续秉持“两岸一家亲”理念，奋发有为，勇于探索，努力推动人民法院各项对台工作不断实现新进展、取得新实效、再上新台阶。

（撰稿人：姜启波　周加海）

第三编　司法责任制

最高人民法院
关于完善人民法院司法责任制的若干意见

2015 年 9 月 21 日　　　　　　　　法发〔2015〕13 号

为贯彻中央关于深化司法体制改革的总体部署，优化审判资源配置，明确审判组织权限，完善人民法院的司法责任制，建立健全符合司法规律的审判权力运行机制，增强法官审理案件的亲历性，确保法官依法独立公正履行审判职责，根据有关法律和人民法院工作实际，制定本意见。

一、目标原则

1. 完善人民法院的司法责任制，必须以严格的审判责任制为核心，以科学的审判权力运行机制为前提，以明晰的审判组织权限和审判人员职责为基础，以有效的审判管理和监督制度为保障，让审理者裁判、由裁判者负责，确保人民法院依法独立公正行使审判权。

2. 推进审判责任制改革，人民法院应当坚持以下基本原则：

（1）坚持党的领导，坚持走中国特色社会主义法治道路；

（2）依照宪法和法律独立行使审判权；

（3）遵循司法权运行规律，体现审判权的判断权和裁决权属性，突出法官办案主体地位；

（4）以审判权为核心，以审判监督权和审判管理权为保障；

（5）权责明晰、权责统一、监督有序、制约有效；

（6）主观过错与客观行为相结合，责任与保障相结合。

3. 法官依法履行审判职责受法律保护。法官有权对案件事实认定和法律适用独立发表意见。非因法定事由，非经法定程序，法官依法履职行为不受追究。

二、改革审判权力运行机制

（一）独任制与合议庭运行机制

4. 基层、中级人民法院可以组建由一名法官与法官助理、书记员以及其他必要的辅助人员组成的审判团队，依法独任审理适用简易程序的案件和法律规定的其他案件。

人民法院可以按照受理案件的类别，通过随机产生的方式，组建由法官或者法官与人民陪审员组成的合议庭，审理适用普通程序和依法由合议庭审理的简易程序的案件。案件数量较多的基层人民法院，可以组建相对固定的审判团队，实行扁平化的管理模式。

人民法院应当结合职能定位和审级情况，为法官合理配置一定数量的法官助理、书记员和其他审判辅助人员。

5. 在加强审判专业化建设基础上，实行随机分案为主、指定分案为辅的案件分配制度。按照审判领域类别，随机确定案件的承办法官。因特殊情况需要对随机分案结果进行调整的，应当将调整理由及结果在法院工作平台上公示。

6. 独任法官审理案件形成的裁判文书，由独任法官直接签署。合议庭审理案件形成的裁判文书，由承办法官、合议庭其他成员、审判长依次签署；审判长作为承办法官的，由审判长最后签署。审判组织的法官依次签署完毕后，裁判文书即可印发。除审判委员会讨论决定的案件以外，院长、副院长、庭长对其未直接参加审理案件的裁判文书不再进行审核签发。

合议庭评议和表决规则，适用人民法院组织法、诉讼法以及《最高人民法院关于人民法院合议庭工作的若干规定》《最高人民法院关于进一步加强合议庭职责的若干规定》。

7. 进入法官员额的院长、副院长、审判委员会专职委员、庭长、副庭长应当办理案件。院长、副院长、审判委员会专职委员每年办案数量应当参照全院法官人均办案数量，根据其承担的审判管理监督事务和行政事务工作量合理确定。庭长每年办案数量参照本庭法官人均办案数量确定。对于重大、疑难、复杂的案件，可以直接由院长、副院长、审判委员会委员组成合议庭进行审理。

按照审判权与行政管理权相分离的原则，试点法院可以探索实行人事、经费、政务等行政事务集中管理制度，必要时可以指定一名副院长专门协助院长管理行政事务。

8. 人民法院可以分别建立由民事、刑事、行政等审判领域法官组成的专业法官会议，为合议庭正确理解和适用法律提供咨询意见。合议庭认为所审理的案件因重大、疑难、复杂而存在法律适用标准不统一的，可以将法律适用问题提交专业法官会议研究讨论。专业法官会议的讨论意见供合议庭复议时参考，采纳与否由合议庭决定，讨论记录应当入卷备查。

建立审判业务法律研讨机制，通过类案参考、案例评析等方式统一裁判尺度。

（二）审判委员会运行机制

9. 明确审判委员会统一本院裁判标准的职能，依法合理确定审判委员会讨论案件的范围。审判委员会只讨论涉及国家外交、安全和社会稳定的重大复杂案件，以及重大、疑难、复杂案件的法律适用问题。强化审判委员会总结审判经验、讨论决定审判工作重大事项的宏观指导职能。

10. 合议庭认为案件需要提交审判委员会讨论决定的，应当提出并列明需要审判委员会讨论决定的法律适用问题，并归纳不同的意见和理由。

合议庭提交审判委员会讨论案件的条件和程序，适用人民法院组织法、诉讼法以及《最高人民法院关于人民法院合议庭工作的若干规定》《最高人民法院关于改革和完善人民法院审判委员会制度的实施意见》。

11. 案件需要提交审判委员会讨论决定的，审判委员会委员应当事先审阅合议庭提请讨论的材料，了解合议庭对法律适用问题的不同意见和理由，根据需要调阅庭审音频视频或者查阅案卷。

审判委员会委员讨论案件时应当充分发表意见，按照法官等级由低到高确定表决顺序，主持人最后表决。审判委员会评议实行全程留痕，录音、录像，作出会议记录。审判委员会的决定，合议庭应当执行。所有参加讨论和表决的委员应当在审判委员会会议记录上签名。

建立审判委员会委员履职考评和内部公示机制。建立审判委员会决议事项的督办、回复和公示制度。

（三）审判管理和监督

12. 建立符合司法规律的案件质量评估体系和评价机制。审判管理和审判监督机构应当定期分析审判质量运行态势，通过常规抽查、重点评查、专项评查等方式对案件质量进行专业评价。

13. 各级人民法院应当成立法官考评委员会，建立法官业绩评价体系和业绩档案。业绩档案应当以法官个人日常履职情况、办案数量、审判质量、司法技能、廉洁自律、外部评价等为主要内容。法官业绩评价应当作为法官任职、评先评优和晋职晋级的重要依据。

14. 各级人民法院应当依托信息技术，构建开放动态透明便民的阳光司法机制，建立健全审判流程公开、裁判文书公开和执行信息公开三大平台，广泛接受社会监督。探索建立法院以外的第三方评价机制，强化对审判权力运行机制的法律监督、社会监督和舆论监督。

三、明确司法人员职责和权限

（一）独任庭和合议庭司法人员职责

15. 法官独任审理案件时，应当履行以下审判职责：

（1）主持或者指导法官助理做好庭前会议、庭前调解、证据交换等庭前准备工作及其他审判辅助工作；

（2）主持案件开庭、调解，依法作出裁判，制作裁判文书或者指导法官助理起草裁判文书，并直接签发裁判文书；

（3）依法决定案件审理中的程序性事项；

（4）依法行使其他审判权力。

16. 合议庭审理案件时，承办法官应当履行以下审判职责：

（1）主持或者指导法官助理做好庭前会议、庭前调解、证据交换等庭前准备工作及其他审判辅助工作；

（2）就当事人提出的管辖权异议及保全、司法鉴定、非法证据排除申请等提请合议庭评议；

（3）对当事人提交的证据进行全面审核，提出审查意见；

（4）拟定庭审提纲，制作阅卷笔录；

（5）自己担任审判长时，主持、指挥庭审活动；不担任审判长时，协助审判长开展庭审活动；

（6）参与案件评议，并先行提出处理意见；

（7）根据合议庭评议意见制作裁判文书或者指导法官助理起草裁判文书；

（8）依法行使其他审判权力。

17. 合议庭审理案件时，合议庭其他法官应当认真履行审判职责，共同参与阅卷、庭审、评议等审判活动，独立发表意见，复核并在裁判文书上签名。

18. 合议庭审理案件时，审判长除承担由合议庭成员共同承担的审判职责外，还应当履行以下审判职责：

（1）确定案件审理方案、庭审提纲、协调合议庭成员庭审分工以及指导做好其他必要的庭审准备工作；

（2）主持、指挥庭审活动；

（3）主持合议庭评议；

（4）依照有关规定和程序将合议庭处理意见分歧较大的案件提交专业法官会议讨论，或者按程序建议将案件提交审判委员会讨论决定；

（5）依法行使其他审判权力。

审判长自己承办案件时，应当同时履行承办法官的职责。

19. 法官助理在法官的指导下履行以下职责：

（1）审查诉讼材料，协助法官组织庭前证据交换；

（2）协助法官组织庭前调解，草拟调解文书；

（3）受法官委托或者协助法官依法办理财产保全和证据保全措施等；

（4）受法官指派，办理委托鉴定、评估等工作；

（5）根据法官的要求，准备与案件审理相关的参考资料，研究案件涉及的相关法律问题；

（6）在法官的指导下草拟裁判文书；

（7）完成法官交办的其他审判辅助性工作。

20. 书记员在法官的指导下，按照有关规定履行以下职责：

（1）负责庭前准备的事务性工作；

（2）检查开庭时诉讼参与人的出庭情况，宣布法庭纪律；

（3）负责案件审理中的记录工作；

（4）整理、装订、归档案卷材料；

（5）完成法官交办的其他事务性工作。

（二）院长庭长管理监督职责

21. 院长除依照法律规定履行相关审判职责外，还应当从宏观上指导法院各项审判工作，组织研究相关重大问题和制定相关管理制度，综合负责审判管理工作，主持审判委员会讨论审判工作中的重大事项，依法主持法官考评委员会对法官进行评鉴，以及履行其他必要的审判管理和监督职责。

副院长、审判委员会专职委员受院长委托，可以依照前款规定履行部分审判管理和监督职责。

22. 庭长除依照法律规定履行相关审判职责外，还应当从宏观上指导本庭审判工作，研究制定各合议庭和审判团队之间、内部成员之间的职责分工，负责随机分案后因特殊情况需要调整分案的事宜，定期对本庭审判质量情况进行监督，以及履行其他必要的审判管理和监督职责。

23. 院长、副院长、庭长的审判管理和监督活动应当严格控制在职责和权限的范围内，并在工作平台上公开进行。院长、副院长、庭长除参加审判委员会、专业法官会议外不得对其没有参加审理的案件发表倾向性意见。

24. 对于有下列情形之一的案件，院长、副院长、庭长有权要求独任法官或者合议庭报告案件进展和评议结果：

（1）涉及群体性纠纷，可能影响社会稳定的；

（2）疑难、复杂且在社会上有重大影响的；

（3）与本院或者上级法院的类案判决可能发生冲突的；

（4）有关单位或者个人反映法官有违法审判行为的。

院长、副院长、庭长对上述案件的审理过程或者评议结果有异议的，不得直接改变合议庭的意见，但可以决定将案件提交专业法官会议、审判委员会进行讨论。院长、副院长、庭长针对上述案件监督建议的时间、内容、处理结果等应当在案卷和办公平台上全程留痕。

四、审判责任的认定和追究

（一）审判责任范围

25. 法官应当对其履行审判职责的行为承担责任，在职责范围内对办案质量终身负责。

法官在审判工作中，故意违反法律法规的，或者因重大过失导致裁判错误并造成严重后果的，依法应当承担违法审判责任。

法官有违反职业道德准则和纪律规定，接受案件当事人及相关人员的请客送礼、与律师进行不正当交往等违纪违法行为，依照法律及有关纪律规定另行处理。

26. 有下列情形之一的，应当依纪依法追究相关人员的违法审判责任：

（1）审理案件时有贪污受贿、徇私舞弊、枉法裁判行为的；

（2）违反规定私自办案或者制造虚假案件的；

（3）涂改、隐匿、伪造、偷换和故意损毁证据材料的，或者因重大过失丢失、损毁证据材料并造成严重后果的；

（4）向合议庭、审判委员会汇报案情时隐瞒主要证据、重要情节和故意提供虚假材料的，或者因重大过失遗漏主要证据、重要情节导致裁判错误并造成严重后果的；

（5）制作诉讼文书时，故意违背合议庭评议结果、审判委员会决定的，或者因重大过失导致裁判文书主文错误并造成严重后果的；

（6）违反法律规定，对不符合减刑、假释条件的罪犯裁定减刑、假释的，或者因重大过失对不符合减刑、假释条件的罪犯裁定减刑、假释并造成严重后果的；

（7）其他故意违背法定程序、证据规则和法律明确规定违法审判的，或者因重大过失导致裁判结果错误并造成严重后果的。

27. 负有监督管理职责的人员等因故意或者重大过失，怠于行使或者不当行使审判监督权和审判管理权导致裁判错误并造成严重后果的，依照有关规定应当承担监督管理责任。追究其监督管理责任的，依照干部管理有关规定和程序办理。

28. 因下列情形之一，导致案件按照审判监督程序提起再审后被改判的，不得作为错案进行责任追究：

（1）对法律、法规、规章、司法解释具体条文的理解和认识不一致，在专业认知范围内能够予以合理说明的；

（2）对案件基本事实的判断存在争议或者疑问，根据证据规则能够予以合理说明的；

(3) 当事人放弃或者部分放弃权利主张的;

(4) 因当事人过错或者客观原因致使案件事实认定发生变化的;

(5) 因出现新证据而改变裁判的;

(6) 法律修订或者政策调整的;

(7) 裁判所依据的其他法律文书被撤销或者变更的;

(8) 其他依法履行审判职责不应当承担责任的情形。

(二) 审判责任承担

29. 独任制审理的案件,由独任法官对案件的事实认定和法律适用承担全部责任。

30. 合议庭审理的案件,合议庭成员对案件的事实认定和法律适用共同承担责任。

进行违法审判责任追究时,根据合议庭成员是否存在违法审判行为、情节、合议庭成员发表意见的情况和过错程度合理确定各自责任。

31. 审判委员会讨论案件时,合议庭对其汇报的事实负责,审判委员会委员对其本人发表的意见及最终表决负责。

案件经审判委员会讨论的,构成违法审判责任追究情形时,根据审判委员会委员是否故意曲解法律发表意见的情况,合理确定委员责任。审判委员会改变合议庭意见导致裁判错误的,由持多数意见的委员共同承担责任,合议庭不承担责任。审判委员会维持合议庭意见导致裁判错误的,由合议庭和持多数意见的委员共同承担责任。

合议庭汇报案件时,故意隐瞒主要证据或者重要情节,或者故意提供虚假情况,导致审判委员会作出错误决定的,由合议庭成员承担责任,审判委员会委员根据具体情况承担部分责任或者不承担责任。

审判委员会讨论案件违反民主集中制原则,导致审判委员会决定错误的,主持人应当承担主要责任。

32. 审判辅助人员根据职责权限和分工承担与其职责相对应的责任。法官负有审核把关职责的,法官也应当承担相应责任。

33. 法官受领导干部干预导致裁判错误的,且法官不记录或者不如实记录,应当排除干预而没有排除的,承担违法审判责任。

(三) 违法审判责任追究程序

34. 需要追究违法审判责任的,一般由院长、审判监督部门或者审判管理部门提出初步意见,由院长委托审判监督部门审查或者提请审判委员会进行讨论,经审查初步认定有关人员具有本意见所列违法审判责任追究情形的,人民法院监察部门应当启动违法审判责任追究程序。

各级人民法院应当依法自觉接受人大、政协、媒体和社会监督,依法受理对法官违法审判行为的举报、投诉，并认真进行调查核实。

35. 人民法院监察部门应当对法官是否存在违法审判行为进行调查，并采取必要、合理的保护措施。在调查过程中，当事法官享有知情、辩解和举证的权利，监察部门应当对当事法官的意见、辩解和举证如实记录，并在调查报告中对是否采纳作出说明。

36. 人民法院监察部门经调查后，认为应当追究法官违法审判责任的，应当报请院长决定，并报送省（区、市）法官惩戒委员会审议。

高级人民法院监察部门应当派员向法官惩戒委员会通报当事法官的违法审判事实及拟处理建议、依据，并就其违法审判行为和主观过错进行举证。当事法官有权进行陈述、举证、辩解、申请复议和申诉。

法官惩戒委员会根据查明的事实和法律规定作出无责、免责或者给予惩戒处分的建议。

法官惩戒委员会工作章程和惩戒程序另行制定。

37. 对应当追究违法审判责任的相关责任人，根据其应负责任依照《中华人民共和国法官法》等有关规定处理：

（1）应当给予停职、延期晋升、退出法官员额或者免职、责令辞职、辞退等处理的，由组织人事部门按照干部管理权限和程序依法办理；

（2）应当给予纪律处分的，由纪检监察部门依照有关规定和程序依法办理；

（3）涉嫌犯罪的，由纪检监察部门将违法线索移送有关司法机关依法处理。

免除法官职务，必须按法定程序由人民代表大会罢免或者提请人大常委会作出决定。

五、加强法官的履职保障

38. 在案件审理的各个阶段，除非确有证据证明法官存在贪污受贿、徇私舞弊、枉法裁判等严重违法审判行为外，法官依法履职的行为不得暂停或者终止。

39. 法官依法审判不受行政机关、社会团体和个人的干涉。任何组织和个人违法干预司法活动、过问和插手具体案件处理的，应当依照规定予以记录、通报和追究责任。

领导干部干预司法活动、插手具体案件和司法机关内部人员过问案件的，分别按照《领导干部干预司法活动、插手具体案件处理的记录、通报和责任追究规定》和《司法机关内部人员过问案件的记录和责任追究规定》及其实施办法处理。

40. 法官因依法履职遭受不实举报、诬告陷害，致使名誉受到损害的，或者经法官惩戒委员会等组织认定不应追究法律和纪律责任的，人民法院监察部门、新闻宣传部门应当在适当范围以适当形式及时澄清事实，消除不良影响，维护法官良好声誉。

41. 人民法院或者相关部门对法官作出错误处理的，应当赔礼道歉、恢复职务和名誉、消除影响，对造成经济损失的依法给予赔偿。

42. 法官因接受调查暂缓等级晋升的，后经有关部门认定不构成违法审判责任，或者法官惩戒委员会作出无责或者免责建议的，其等级晋升时间从暂缓之日起连续计算。

43. 依法及时惩治当庭损毁证据材料、庭审记录、法律文书和法庭设施等妨碍诉讼活动或者严重藐视法庭权威的行为。依法保护法官及其近亲属的人身和财产安全，依法及时惩治在法庭内外恐吓、威胁、侮辱、跟踪、骚扰、伤害法官及其近亲属等违法犯罪行为。

侵犯法官人格尊严，或者泄露依法不能公开的法官及其亲属隐私，干扰法官依法履职的，依法追究有关人员责任。

44. 加大对妨碍法官依法行使审判权、诬告陷害法官、藐视法庭权威、严重扰乱审判秩序等违法犯罪行为的惩罚力度，研究完善配套制度，推动相关法律的修改完善。

六、附则

45. 本意见所称法官是指经法官遴选委员会遴选后进入法官员额的法官。

46. 本意见关于审判责任的认定和追究适用于人民法院的法官、副庭长、庭长、审判委员会专职委员、副院长和院长。执行员、法官助理、书记员、司法警察等审判辅助人员的责任认定和追究参照执行。

技术调查官等其他审判辅助人员的职责另行规定。

人民陪审员制度改革试点地区法院人民陪审案件中的审判责任根据《人民陪审员制度改革试点方案》另行规定。

47. 本意见由最高人民法院负责解释。

48. 本意见适用于中央确定的司法体制改革试点法院和最高人民法院确定的审判权力运行机制改革试点法院。

【解　读】

解读《关于完善人民法院司法责任制的若干意见》

司法要获得人民大众的信赖，首先就应当让人民大众理解司法的过程、结果和责任。司法裁判作为人民法院审判活动的最终产品，其产品质量应当由谁负责？当然是由裁判者负责。但在传统的审判模式下，判决生成过程中的层层审批和逐级把关，导致审者不判、判者不审、判审分离、权责不清，其结果是混同了过错，分散了责任，影响了裁判的质量和效率。因此，建立权责明晰、权责统一、监督有序、制约有效的司法权力运行体系，进一步健全和完善司法责任制，是本轮司法改革的核心和关键，也被称为司法体制改革的“牛鼻子”。2015 年 8 月，中央全面深化改革领导小组第十五次会议审议通过了《关于完善人民法院司法责任制的若干意见》（以下简称《意见》），这是全面贯彻落实党的十八届三中全会提出的“让审理者裁判、由裁判者负责”的具体举措，也是人民法院审判权力运行机制改革取得的阶段性成果。

与行政执法权不同，司法权的判断权属性决定了司法责任从预设、认定到追究均存在一定的复杂性和多元性。事实上，在如何认识和评价法官责任的问题上，学界观点和大众认识、法官群体和社会公众之间存在着巨大反差，甚至是尖锐冲突。从一般社会公众的感受来看，法官代表国家行使审判权，手执定分止争、生杀予夺之大权，理应承担严格的错案责任，且无论如何严厉和苛刻均不过分。以专家学者和法律职业共同体的观点来看，法官要对过去已经发生的未知事实作出判断，且其判断的依据是诉辩双方提交的证据，一旦证据因关联性、合法性缺陷导致不能证明事实真伪，而法官的职业伦理又不允许拒绝裁判时，让法官承担错案责任既违反公平原则，也不利于司法公正。如果简单地让法官承担严格的错案责任，法官不得不通过反复调解、加重当事人举证责任、发回重审、提交审委会讨论、选择式裁判等多种方式替代独立判断和公正判决，司法自身所担负的衡平利益、惩恶扬善等价值和功能就要大打折扣，司法公正的目标也就难以实现。因此，如何在尊重司法权自身运行规律的基础上，建立更加科学而又符合中国实际的司法责任体系，必须综合考量法官群体的职业化水平、社会公众对司法的认知程度、现行法律制度提供的裁量空间等诸多因素，重点就权力主体、监督制约、审判责任、豁免原则、权利救济、履职保障等六个方面作出具有可操作性的制度安排。

一、明确判断权和裁量权的主体

裁判是由谁作出的？这是建立审判责任制首先要直面的问题。传统的审判模式因强调内部层层审批而违反直接言词原则和亲历性原则，遭到了社会各界近乎一致的批评。事实上，在以法官员额制为核心的法官职业化制度形成之前，法院内部对裁判的层层审批把关具有制度上的合理性：一是便于在一个法院形成一个相对统一的裁判标准；二是便于规范和压缩法官个人自由裁量权的范围；三是有利于充分发挥院庭长作为资深法官富有审判经验的优势；四是有利于抵御外界对司法裁判的不当干预等。同时我们也应当看到，这种内部层层审批的审判模式具有自身难以克服的弊端：一是最终决定判决的人可能不是当初开庭审理的人，这种判与审的分离疏远了裁判者与举证者和质证者之间的距离，淡化了裁判者对诉辩双方激烈对抗的真实感受，影响了裁判结果的可接受性；二是高度行政化的审批模式分散了审理者和各个环节的责任，导致彼此依赖、相互推诿，最终无人对裁判的质量负责，影响了裁判的质量和效率；三是层层审批把关事实上减弱了庭审在认定事实上的决定性作用，导致庭审虚化；四是内部层层审批的环节过多也给权力寻租留下了较大的空间等。正是基于上述理由，党的十八届三中全会提出“让审理者裁判、由裁判者负责”，由此引发审判权力运行机制的根本性变革。

如何实现“让审理者裁判”？这次司法责任制改革充分吸收了审判权力运行机制改革试点法院的成熟经验，明确了进入法官员额的院长、副院长、审判委员会专职委员、庭长、副庭长应当办理案件；对于重大、疑难、复杂的案件，可以直接由院长、副院长、审判委员会委员组成合议庭进行审理；除审判委员会讨论决定的案件以外，院长、副院长、庭长对其未直接参加审理案件的裁判文书不再进行审核签发。这一系列改革举措的价值集中表现在三个方面：一是实现了院庭长由过去审批案件向现在办理案件的转变，更加符合直接言词原则和亲历性原则；二是可以充分发挥院庭长作为资深法官富有审判经验的优势，可以在一定程度上提高司法公信力；三是有利于去除法官职业的行政化弊端，挤压不办案法官的数量，为法官员额制改革打好基础。同时我们也应当承认，院庭长办案不能脱离现实的司法环境。当前，人民法院除履行审判职责外，还承担着维护地方稳定、促进地方经济社会发展等多种职能，院庭长需要参加的非审判业务类的会议、活动较多，如果完全比照审判一线法官的办案数量来要求院庭长，既不现实，也无可能。因此，院长、副院长和审判委员会专职委员每年的办案数量应当参照全院法官人均办案数量，并根据其承担的审判管理监督事务和行政事务工作量合理确定。庭长每年办案数量参照本庭法官人均办案数量确定。

人民法院的裁判权最终体现为裁判文书的签发权。在传统的审判模式下，裁判文书的署名权和签发权相分离，即“法官署名、领导签发”。这次司法责任制改革明确了不同审判组织签署裁判文书的不同方式，让审判权力运行真正回归司法规律的本质要求。

1. 独任法官审理案件形成的裁判文书，由独任法官直接签署。按照现行《民事诉讼法》的规定，适用简易程序的一审民事案件由一名法官独任审理。由于独任法官对案件的事实认定和法律适用独立承担责任，裁判文书理应由其署名和签发。在传统审判模式下，有的初任法官因审判经验不足，主动要求院庭长审核把关，具有一定的合理性和正当性。但在实行法官员额制以后，院庭长对入额法官办理简易程序案件的裁判文书确无审核把关和签发的必要。

2. 合议庭审理案件形成的裁判文书，由承办法官、合议庭其他成员、审判长依次签署；审判长作为承办法官的，由审判长最后签署。合议庭审理的案件，由合议庭成员对案件的事实认定和法律适用共同承担责任，裁判文书理应由合议庭成员署名后由审判长签发。

3. 审判委员会讨论决定的案件，裁判文书经合议庭署名后仍然要履行审核签发手续。在司法实践中，当合议庭多数意见与审判委员会决定不一致时，合议庭必须服从审判委员会的决定，这就要求合议庭必须按照审判委员会的决定撰写裁判文书并署名。为了确保裁判文书能够准确完整地表达审判委员会的意见，合议庭撰写的裁判文书仍然需要履行审核签发手续。在征求意见的过程中，有的学者和法官建议，当审判委员会改变合议庭意见时，应当由审判委员会委员或审判委员会委托的人撰写裁判文书，该意见具有一定的合理性。考虑到现行法律明确规定合议庭必须“执行”审判委员会的决定，由合议庭撰写裁判文书更加符合现行法律的规定。在司法实践中，当审判委员会改变合议庭多数意见后，可以根据案件的具体情况指定合议庭中持少数意见的人撰写裁判文书，这样更利于完整表达审判委员会的意见。

二、内部监督制约的转型与革命

在“让审理者裁判”的新型审判模式下，院庭长的审判管理权和审判监督权还有无存在的价值和必要？持否定论的观点认为，既然明确要“让审理者裁判、由裁判者负责”，院庭长如果不是案件承办法官，就不能以任何方式影响案件的裁判，也就不得行使审判管理权和审判监督权。持肯定论的观点则认为，既然我国宪法和法律明确规定人民法院依法独立行使审判权，而并非法官个人独立行使审判权，院庭长作为各级人大依法选举和任命且负有管理和监督职责的人员，依法对审判活动享有管理权和监督权。如何正确评价和定位院庭长对审判活动的管理权和监督权，关键要看二者的权力边界和行权方式是否有利于更好地实现司法公正。

在传统的审判模式下，审判权和审判管理权的权力边界不清，院庭长的审判管理权常常高于法官的审判权，有时甚至直接取代了审判权，违反了审判权、审判管理权、审判监督权三权配置中“以审判权为核心”的原则，导致“审者不判、判者不审、判审分离、权责不清”，由此引发了人们对审判管理权的概括否定和绝对排斥。事实上，现代社会公权力的运行均离不开必要的管理，人民法院的审判活动也不例外。如案件分配、审判长的指定、法官审理案件的期限、法官的回避、庭审和裁判文书的公开等一系列与当事人诉讼权利密切相关的程序性事项，都需要必要的管理活动来保障。如当事人申请法官和其他人员回避，应当由谁决定；法官办案超出了法定期限，应当由谁督促；法官对依法应当公开的事项拒不公开时，当事人如何获得救济等，这些程序性事项，均可以通过审判管理来解决。在此应当强调的是，为了确保法官依法独立行使判断权和裁决权，审判管理权的对象一般要限定于程序性事项的范围之内，任何与法官认定事实和适用法律相关的实体性事项，均不宜涵盖在审判管理的范畴之内。如证据能否采信、合同是否生效、罪与非罪、此罪与彼罪等案件实体问题，都不能通过审判管理来解决。这正是本轮司法改革在确定审判管理权时的一次重大转型，也是对传统审判模式下审判管理的一次新的革命。

如果说审判权和审判管理权是人民法院内部为解决程序性事项而设定的一种决定与服从的垂直关系，那么审判权与审判监督权便是为解决程序与实体事项而设定的一种相互制约、彼此独立的平行关系。审判权作为审判权力运行体系中的核心，不能直接被审判监督权所改变，但要受审判监督权所制约。这次司法责任制改革赋予审判监督权全新的内涵：一是监督有序。审判监督权的行使必须受范围、程序、方式的严格限制。《意见》第 23 条规定，院长、副院长、庭长的审判管理和监督活动应该严格控制在职责和权限的范围内，并在工作平台上公开进行。二是监督有度。审判监督权必须保持必要的克制，院庭长不能直接否定和改变合议庭的意见，也不得要求合议庭改变意见，确保监督有度。《意见》规定，院长、副院长、庭长除参加审判委员会、专业法官会议外不得对其没有参加审理的案件发表倾向性意见。《意见》第 24 条规定，院长、副院长、庭长对四类特殊案件的审理过程或者评议结果有异议的，不得直接改变合议庭的意见，但可以决定将案件提交专业法官会议、审判委员会进行讨论。这种通过组织行权的方式改变了过去院庭长行使监督权的随意性和任意性。三是监督有痕。《意见》第 24 条规定，院长、副院长、庭长针对四类特殊案件监督建议的时间、内容、处理结果等应当在案卷和办公平台上全程留痕。这次司法责任制改革在肯定院庭长审判监督权的前提下，同时创立了全程留痕制度，将院庭长的全部监督活动记录在案卷和办公平台上，为甄别和辨识审判责任奠定基础。四是失职有责。这次司法责任制改革，一方面明确了院庭长监督管理权的边界，同时又加重了院庭长的监督管理责任。《意见》第27条规定，负有监督管理职责的人员等因故意或者重大过失，怠于行使或者不当行使审判监督权和审判管理权导致裁判错误并造成严重后果的，依照有关规定应当承担监督管理责任。在此应当特别强调的是，怠于行使是指院庭长对其应当行使的监督管理权因疏忽大意或过于自信而不行使导致裁判错误并造成严重后果的行为，如法官违反回避规定，或者发现案件在认定事实和适用法律方面存在重大问题而不建议提交审判委员会讨论等。不当行使是指院庭长超越监督管理的边界或者采取不正当的方式行使监督管理权导致裁判错误并造成严重后果的行为，如强行要求合议庭接受自己的个人意见、拒绝承办法官在案卷和工作平台上记录监督管理活动等。

为了进一步规范院庭长行使审判监督权的边界和范围，《意见》第24条明确规定，对于有下列情形之一的案件，院长、副院长、庭长有权要求独任法官或者合议庭报告案件进展和评议结果：(1) 涉及群体性纠纷，可能影响社会稳定的案件。群体性纠纷多数与地方的经济社会发展和社会管理方式密切相关，案件的处理容易引发连锁反应，直接影响当地的社会稳定，应当列入院庭长监督的范畴。(2) 疑难、复杂且在社会上有重大影响的案件。疑难、复杂和新类型案件的法律关系较为复杂，需要法官具有丰富的审判经验和对法律有正确的理解。在征求意见的过程中，有人建议取消此规定，将此类案件统一纳入院庭长直接办理案件的范围。考虑到多数疑难复杂案件在审理过程中才能发现，难以统一在立案阶段予以分类甄别，加之院庭长在法院转型的过程中尚需承担大量的非审判事务，所以将疑难、复杂且在社会上有重大影响的案件仍然纳入院庭长监督的范围。(3) 与本院或者上级法院的类案判决可能发生冲突的案件。裁判标准不统一是影响当事人不服判息诉的重要原因，也直接影响司法公信力的提升。因此，当案件的裁判结果可能与本院或者上级法院的类案判决发生冲突时，除合议庭成员应当认真研究梳理先前判决与本案的异同关系外，院庭长也应当为统一法律适用标准履行监督职责。(4) 有关单位和个人反映法官有违法审判行为的案件。法官的违法审判行为是导致案件裁判结果错误的直接原因，因此，当案件所涉及的有关单位和个人反映法官有违法审判行为的，该案件应当纳入审判监督的范围之内。应当特别强调的是，院长、副院长、庭长对上述案件的审理过程或者评议结果有异议的，可以决定将案件提交专业法官会议、审判委员会进行讨论，但不得直接改变合议庭的意见。这是此次司法责任制改革的突出特点，也是对传统审判权力运行机制的一次深刻革命。此外，院长、副院长、庭长针对上述案件监督建议的时间、内容、处理结果等应当在案卷和办公平台上全程留痕。

三、明确审判责任的构成要件及负担形式

任何不受限制的绝对权力必然导致绝对的腐败，任何没有责任的权力必然导致权力的任性。审判权作为公权力的一种，尽管其权力性质和运行方式具有一定的特殊性，但其仍然要受审判责任的约束与限制。正是基于这一原理，《意见》第25条规定，法官应当对其履行审判职责的行为承担责任，在职责范围内对办案质量终身负责。由于广义的审判责任外延十分宽泛，我们很难通过一个文件来囊括，如在起草《意见》的早期，曾经将法官的司法作风、庭审不规范、文书错误等审判瑕疵行为也纳入审判责任的范畴之内，后经反复调研论证，最终将审判瑕疵责任归入法官业绩考评的范围，将法官违反职业道德准则和纪律规定的行为归入纪检监察的范围，《意见》只集中解决法官的违法审判责任问题。

司法权的判断权属性使得法官承担审判责任具有特殊性，即法官承担审判责任的前提必须是故意违法或者重大过失。《意见》第25条规定，法官在审判工作中，故意违反法律法规的，或者因重大过失导致裁判错误并造成严重后果的，依法应当承担违法审判责任。根据这一规定，法官承担违法审判责任主要有两种类型：

一是审判活动中故意违反法律法规的行为。对于故意，在刑法和民法理论中均有详细而专业的解读，在此主要强调法官在审判活动中“明知违法而有意为之”。法官作为精通法律的专业人士，在裁判过程中应当严格遵守程序法与实体法的规定。如果法官在履行审判职责的过程中故意违反程序法和实体法的规定，均应当承担相应的违法审判责任。如法官在审判活动中收受贿赂、徇私舞弊、枉法裁判的；违反诉讼法上关于管辖和立案的规定，私自办案或者制造虚假案件的；在审判过程中，涂改、隐匿、伪造、偷换和故意毁损证据材料的；向合议庭、审判委员会汇报案情时隐瞒主要证据、重要情节和故意提供虚假材料的；制作诉讼文书时，故意违背合议庭评议结果、审判委员会决定的；违反法律规定，对不符合减刑、假释条件的罪犯裁定减刑、假释的；其他故意违背法定程序、证据规则和法律明确规定违法审判的。

二是审判活动中因重大过失导致裁判错误并造成严重后果的行为。过失是与故意相对应的一种主观过错，指应当预见自己的行为可能发生危害后果而因疏忽大意没有预见，或者已经预见而轻信能够避免的心理状态。由于法官对案件事实的认定均是在多种可能性中进行选择和判断，为了尽最大可能发现和接近案件的客观真实，法律上设定了严密的证据规则和逻辑推理来保证，但要在每一个案件中实现主观判断与客观真实百分之百地吻合是做不到的。正因为如此，刑事上的疑罪从无和民事上的高度盖然性原则才有存在的必要和价值。正

是基于对法官行使判断权的尊重，我们将不影响裁判结果的轻微过失行为排除在违法审判责任之外，而将重大过失导致裁判错误并造成严重后果的行为纳入违法审判责任的范围。具体讲，因过失导致的违法审判责任应当同时具备三个条件：首先，必须是“重大过失”。法官作为受过职业法律训练的专业人员，应当精通诉讼程序和证明规则，不能违反普通人的注意义务而怠于注意。如因重大过失丢失、损毁证据材料，忽略罪与非罪之间的重要证据，无视当事人一方明确提出的与法官内心确信相反的质证意见，混淆证据证明力大小的位阶顺序等。其次，必须“导致裁判错误”。一般来讲，法官在认定事实方面的过错，必将导致适用法律上的错误，二者具有内在的逻辑关系。但也有采信证据上有过失但裁判结果正确的判例，这在民事侵权类案件中偶有发生。在此应当强调的是，如果法官在审查和认定证据中的过失行为并未导致裁判错误，该过失行为可以通过二审程序或者审判业绩考评机制予以解决，不再纳入违法审判责任予以追究。最后，必须造成“严重后果”。如法官向合议庭、审判委员会汇报案情时因重大过失遗漏主要证据、重要情节导致裁判错误并造成严重后果的；在制作诉讼文书时，因重大过失导致裁判文书主文错误并造成严重后果的；因重大过失对不符合减刑、假释条件的罪犯裁定减刑、假释并造成严重后果的。如果法官因过失行为导致裁判错误，但并未造成严重后果的，也不纳入违法审判责任的范围来追究。如一审判决因法官过失行为导致裁判错误，当事人一方提出上诉后，二审予以纠正的；证据或诉讼保全过程中因过失行为导致裁定错误，当事人提出异议后及时纠正且未造成重大损失的等。对未造成严重后果的过失行为不纳入违法审判责任来追究，并不是对法官过失行为的放纵和迁就，而是要通过严格的业绩考评体系来调整，更好地发挥审判责任体系和法官业绩评价体系的不同功能，尊重司法权运行的内在规律。

四、审判责任的豁免及其条件

与行政权的追责方式不同，司法权的判断权属性决定了审判责任追究的独有特征。如果要求法官对自己审理的每一起案件承担百分之百正确的责任，而这里的正确又是以案件的客观真实为标准，就必须同时满足两个条件：一是所有提交给法庭的证据必须是绝对真实的；二是法官有权因案件事实不清而拒绝裁判。事实上，在现行法律制度框架内满足以上两个条件是十分困难的。其一，证据作为证明已经发生的未知事实的资料，主要是由诉辩双方向法庭提交的。受当事人主张和利益所影响，证据的真实性、关联性和合法性均难以保证。因此，法官所要判断的案件事实，既不是简单的1+1=2的数学计算，也不是一般的热胀冷缩的物理变化，而是需要运用逻辑推演和日常生活经验在多种可能性中进行选择和判断。其二，法官的职业就是解决冲突和争议，所以法官不能因案件事实不清而拒绝裁判。因此，当案件事实出现真伪不明，法官又不得不作出裁判时，过重的审判责任就会迫使法官启动自我保护机制。法官因害怕承担过重的审判责任而选择反复调解、发回重审、提交审委会讨论、加重原告举证责任等方式规避公正裁判时，当事人的合法权益就难以得到切实保护，全社会实现司法公正的目标就难以实现。正因为如此，世界各国在设定法官的审判责任时，基本上遵循了“以豁免为原则，以追责为例外”的司法规律。

习惯于将案件裁判结果简单区分为正确和错误的人们，潜意识里只承认“一个案件只能有一种正确的判决”。事实上，判决不能简单以正确和错误来进行评价，当一个被告人的犯罪行为依法可以判处三年以上、五年以下有期徒刑时，判处他三年、四年、五年有期徒刑的三种判决在合法性上都是正确的，但其中可能只有一个判决是最好的判决，因为该判决对被告人犯罪的主观动机、情节以及社会危害性等因素考量得更加全面。在民事侵权案件中也同样如此，尽管填补受害人实际受到的损害是法官判定损害赔偿数额的主要依据，这可以通过评估和鉴定手段来实现，但侵权人和受害人在侵权损害事件中的过错责任以及侵权人的赔偿能力、受害人的实际生活状况等多种可能影响赔偿数额的因素则需要法官综合运用生活经验来判断。因此，“一个案件只能有一种正确判决”的观念是过于理想化的，片面强调这一观念在司法实践中是十分有害的。

这次司法责任制改革总结了近年来错案责任追究正反两方面的经验，将鉴别错案的前提严格限定在“已经生效的判决经再审后改判”的范围之内。也就是说，当一个生效的判决经过审判监督程序后被改判的，才有可能纳入错案范围来甄别。一审判决被二审改判或发回重审的，则不能纳入错案甄别的程序，这样才能真正发挥二审终审的作用。综合以上各种条件和因素，《意见》第28条规定，即使案件按照审判监督程序提起再审后被改判的，如果有以下八种情形之一的，也应当免除法官的审判责任：(1) 对法律、法规、规章、司法解释具体条文的理解和认识不一致，在专业认知范围内能够予以合理说明的；(2) 对案件基本事实的判断存在争议或者疑问，但根据证据规则能够予以合理说明的；(3) 当事人放弃或者部分放弃权利主张的；(4) 因当事人过错或者客观原因致使案件事实认定发生变化的；(5) 因出现新证据而改变裁判的；(6) 法律修订或者政策调整的；(7) 裁判所依据的其他法律文书被撤销或者变更的；(8) 其他依法履行审判职责不应当承担责任的情形。

在上述八种免除法官审判责任的情形中，最难以操作和最具争议的是以下两种情形：

(一) 对案件基本事实的判断存在争议或者疑问，根据证据规则能够予以合理说明的

系统的职业训练和严格的程序设置可以保障法官最大限度地发现案件的真

实，但这并不能避免在少数案件中因证据的缺失或冲突导致案件事实真伪不明。这是因为，法官对案件事实的判断受当事人提交证据的约束。当事人因受胜败利益的影响总是希望提交有利于自己一方的证据，隐匿一些本来能够证明案件事实的证据，这就给法官发现和认定案件事实带来困难。其次，法官对案件事实的判断受审理期限的约束。法律不允许法官为发现案件真实进行旷日持久的拖延和等待，而是必须在法定的审限内作出判决。再次，法官对案件事实的判断受中立性规则的严格制约。受当事人主义和辩论主义原则的影响，法官自己发起的调查取证一般被严格禁止。我国诉讼法虽然规定法官可以依职权调查取证，但必须严格限定在当事人因客观原因不能自行收集的范围之内。最后，法官对案件事实的判断要受“不得因事实不清而拒绝裁判”的约束。正是虑及法官不能因证据缺失、真伪不明而拒绝裁判，法律制度上才设定了举证责任、疑罪从无、非法证据排除、高度盖然性、优势证据等一系列不能发现案件真实时的裁判规则和裁判方法。因此，只要法官严格遵循这些规则进行判决，即使事后发现了足以推翻原判决的新证据，原裁判行为并无过错，当然不应当让法官承担审判过错责任。在司法实践中，合议庭成员之间、一审法官与二审法官之间对证据和事实的认定可能存在一定的差异性，但只要其心证形成的理由符合证据规则的要求，就应当免除审判责任。

（二）对法律、法规、规章、司法解释具体条文的理解和认识不一致，在专业认知范围内能够予以合理说明的

如何在案件的事实构成与法律适用之间找到最准确的连接点，受制于法官的知识积累、职业经验和推理能力等多种因素。一般来讲，大学四年的法学教育和必要的职前训练，可以养成法官群体共同的思维方式和话语体系，足以排除法律理解上的“千差万别”。但同时我们也不能否认，因案件事实的差异性和主观认识的个别性所引发的法律适用的不确定性，也给法官行使判断权和裁量权留下了合理的空间。

司法要获得人民大众的信赖，首先必须让法官获得人民大众的信赖，这也是对法官适用“豁免责任”原则的重要基础。法官对法律的理解如何能够获得社会公众的认可和接受，取决于以下四个条件：一是严格的法官资格。法官必须是受过专业法律训练并经过严格遴选程序而产生，其专业知识、司法经验和职业品德已经通过科学的遴选程序予以考核过滤，这是法官能够代表国家行使判断权和裁量权的前提条件，也是全体民众信赖司法和接受司法的重要前提。二是独立的判断裁决。法官对案件事实的认定必须是在其意志完全独立、自由和中立的状态下作出的，不能受任何外界因素的干扰。如果判决不是审理案件的法官作出的，其判决就很难有公信力；如果作出判决的法官受利益和权力所左右，其裁判的公正性就没有保障。这是司法是否具有公信力的核心和关键。

三是完善的程序保障。司法裁判与民间调解最大的区别在于其程序和技术的专业性。法官对案件的判断和裁量受严格的诉讼程序和证据规则所制约，如证明责任负担、举证责任倒置、自认规则等反映了人类发现未知事实的逻辑规律，而诉讼制度上的回避、质证、上诉、申诉等程序又赋予当事人充分的权利救济。既然国家宪法将判断和解决纠纷的最终裁判权赋予人民法院，我们就应当接受和尊重人民法院的终局裁判，这也是当事人和社会民众信赖司法的专业技术保证。四是判决的全面公开。法官发现和确认案件事实的理由和过程，是判决公正性的重要基础。一篇公开说理的裁判文书是对裁判结果公正性的最好说明，只要人民法院有勇气公开法官心证的形成过程，当事人和社会民众就更容易接受判决。

正是基于以上四个方面的理由，法官对法律的理解和对案件的判决才能依法获得法律的强制力。因此，只要法官内心确信他对法律的理解是正确的，而且从法律专业认知的范围内能够予以合理解释和说明的，法官就不用承担审判责任。

五、法官自身的权利救济

法官作为行使判断权的裁判者，一旦因违法审判行为需受惩戒，如何获得必要与合理的救济？从世界各国有关法官惩戒制度的规定来看，虽然在内容和程序上各有不同，但在基本的理念和原则上具有共同性。一是赋予法官辩解和举证的权利。法官的审判行为是否具有违法性，关键要甄别其心证形成的过程和选择法律适用的过程是否具有正当性。法官作为审判行为的实施者，完全可以解释和说明其审判行为的合法性和正当性，而辩解和举证是法官应当享有的最基本的程序性权利。二是设定合理的惩戒组织和惩戒程序。法官的裁判行为是其主观认识的产物，如何甄别其行为属于故意违法，需要惩戒组织的成员具有更为丰富的司法经验和更加渊博的专业知识储备。正因为如此，世界上绝大多数国家均选择审判经验丰富的资深法官出任法官惩戒委员会的委员。

如何在遏制和惩治司法腐败的同时，为依法履职的法官提供权利救济的手段，既需要吸收借鉴国际上先进的做法和经验，同时也要结合中国的司法实际。正是虑及上述因素，这次司法责任制改革提出了以下具体举措：一是调查法官的同时，应当采取必要、合理的保护措施。受利益关系和司法环境的影响，当事人举报法官的事件在当下的司法实践中还比较常见。在互联网发达的今天，如果法官一经举报即被公开调查，不仅会严重影响法官依法履职的独立性，同时也给恶意污蔑法官的人留下可乘之机。因此，采取必要、合理的保护措施是调查法官违法审判行为的内在要求。二是赋予当事法官辩解和举证的权利。法官的审判行为是否属于故意违法和重大过失，主要取决于法官心证形成的过程和理由能否在现行法律的规定内找到依据。因此，当事法官对自己审判行为的辩解和说明权就成为其必须享有的一项基本权利。三是设立专门的法官惩戒制度。我国现行《法官法》专门规定了惩戒的对象、范围和方式，但缺少对惩戒组织和惩戒程序的系统规定，有待进一步完善。这次司法责任制改革，明确提出要建立专门的法官惩戒制度，主要在完善惩戒组织、健全惩戒程序上要有重大突破。与法官遴选委员会不同，法官惩戒委员会需要对法官专业性判断的妥当性进行再判断，更要强调委员会组成人员的专业背景和司法经验。虑及法官惩戒委员会是一个全新的制度，其工作章程和惩戒程序需要通过专门的制度另行制定。四是赋予法官申请复议和申诉的权利。法官对法官惩戒委员会作出的惩戒处分建议不服的，可以提出复议申请；对复议结论仍然不服的，可以提出申诉。

六、法官依法履职的制度环境

在我们究竟应当如何对待法官的问题上，社会公众常常因角色的不同而产生相互矛盾的心理：当自己是案件的当事人时，希望承办案件的法官学养深厚、经验丰富、品德高尚，应当是全社会最优秀的分子；当我们提出相对优厚的条件来吸引全社会最优秀的法律人才从事法官职业时，社会公众可能又不完全支持和认同。多年来，围绕着为什么要提高和如何提高法官的职业保障问题，社会各界一直处在激烈的争执之中。党的十八届三中全会以来，伴随着法治中国建设步伐的不断加快，法官的职业保障问题再次成为社会关注的话题。这次司法责任制改革的基本原则是：责任与保障并重，权力与制约同行。

严格的司法责任如果没有相对优厚的职业待遇和外部环境作保障，再好的制度也难以落地生根。长期以来，我们习惯于将提高法官待遇的理由集中在“案多人少”“五加二”“白加黑”等法官工作过于辛苦的层面，实际上难以获得社会的普遍认同。提高法官职业保障的内在缘由取决于司法权的判断权属性，因为判断的公正必须以意志的独立为前提，而意志的独立又受制于主体基本的物质生存条件。既然我们需要法官生产出全社会最放心的司法产品，我们就应当以最优厚的条件和待遇吸引全社会最优秀的法律人才从事法官职业。当然，从当前的中国国情出发，我们不可能单纯以过高的薪酬待遇来壮大和稳定法官群体，我们更需要以适当的社会尊荣来吸引更多优秀的法律人加入法官群体。具体有以下几个方面：一是基本的安全保障。安全是法官独立判断的前提，如果法官自身和家人的安全都处于不安全状态，法官就不可能作出公正的裁判。《意见》第43条规定，依法保护法官及其近亲属的人身和财产安全，依法及时惩治在法庭内外恐吓、威胁、侮辱、跟踪、骚扰、伤害法官及其近亲属等违法犯罪行为。《意见》明确规定，侵犯法官人格尊严，或者泄露依法不能公开的法官及其亲属隐私，干扰法官依法履职的，依法追究有关人员责任。二是良好的履职生态。司法的外部环境是确保法官独立公正行使裁判权的重要条件。《意见》第39条规定，法官依法审判不受行政机关、社会团体和个人的干涉。任何组织和个人违法干预司法活动、过问和插手具体案件处理的，应当依照规定予以记录、通报和追究责任。《意见》第44条规定，加大对妨碍法官依法行使审判权、诬告陷害法官、藐视法庭权威、严重扰乱审判秩序等违法犯罪行为的惩罚力度，研究完善配套制度，推动相关法律的修改完善。三是必要的职业尊荣。现行的法官完全按照公务员管理，因受职级职数的限制，广大基层法官退休前多数只能享受到科级待遇，加之工资待遇未能体现职业要求和专业特点，导致法官的职业尊荣感不强。事实上，法官的职业预期直接决定和影响着法官的独立裁判权。如果法官的晋级仅仅取决于同事的评价和领导的喜好，而不是取决于一个个公正的判决和年年称职的考评结果，法官独立行使裁判权就难以实现。因此，建立法官固定晋升和稳定预期的晋级制度，是提高法官职业尊荣感的重要路径。四是较高的薪酬待遇。法官代表国家行使裁决权，应当享有足以维持其体面生活的薪酬待遇。考察世界多数国家公职人员的薪酬待遇后不难发现，法官总是位居高薪人员的前列。为什么法官应当享有较高的薪酬待遇？这同样是由司法权的判断权属性决定的。当一个纠纷的裁决者因住房、医疗、子女入学等基本生活条件不能得到较好的保障时，期待他生产出代表公平正义的司法产品就变得较为困难。令人深感欣慰的是，中央全面深化改革领导小组第十六次会议审议通过了《法官、检察官单独职务序列改革试点方案》《法官、检察官工资制度改革试点方案》，决定要突出法官、检察官职业特点，对法官、检察官队伍给予特殊政策，实行全国统一的法官、检察官工资制度，建立有别于其他公务员的单独职务序列。这一系列重大举措为推进司法责任制改革提供了更加有力的制度保障。不难预见，随着全面依法治国方略的实施和司法体制改革的不断深化，司法责任制的价值和功能必将通过一个个裁判中的公平和正义得以显现和释放。

（撰稿人：贺小荣）

【链 接】

司法责任制让权力在阳光下运行
——最高人民法院司改办负责人解读《关于完善人民法院司法责任制的若干意见》

近年来，法院的审判质效在逐步上升，但仍有一些案件审判质量和效率不高，甚至出现个别冤假错案。最高人民法院司改办主任贺小荣认为，这与审判权运行机制不科学、审判责任制不完善存在一定关系。

2015 年 9 月 21 日，最高人民法院在北京发布《关于完善人民法院司法责任制的若干意见》（以下简称《意见》）。如何规定司法人员的职责和权限?《意见》是如何体现“让审理者裁判、由裁判者负责”这个精神的?如何界定“审判责任”?如何落实“办案质量终身负责制”和“错案责任倒查问责制”?最高人民法院司改办主任贺小荣对此进行了详细解读。

一、问:《意见》是如何规定司法人员的职责和权限的?

答:《意见》明确了独任法官、合议庭成员、法官助理、书记员、院庭长应当履行的职责，包括以下三方面重点内容：一是细化了合议庭成员的审判职责，强调合议庭成员对案件质量共同负责的原则。二是规范院庭长的审判管理和审判监督职责，明确院庭长的宏观审判管理监督职责以及对特定四类案件的事中监督权，明确院庭长的审判管理和监督活动必须严格控制在职责和权限范围内进行，并要求全程留痕。院庭长等因故意或者重大过失，怠于行使或者不当行使审判监督权和审判管理权导致裁判错误，依照有关规定应当承担监督管理责任。三是明确法官助理协助法官从事审判业务的辅助性工作等。

二、问:《意见》是如何体现“让审理者裁判、由裁判者负责”这个精神的?

答:能不能实现“让审理者裁判、由裁判者负责”，是建立审判责任制的基础和前提。传统的审判模式因强调内部层层审批，违反直接言词原则和亲历性原则，进而导致审判权责不清，遭到社会各界近乎一致的批评。这次司法责任制改革充分吸收了审判权力运行机制改革试点法院的成熟经验，重点实现“四个转变”：一是实现院庭长由过去审批案件向现在办理案件的转变，更加符合直接言词原则和亲历性原则；二是实现院庭长从办公室回到审判席的转变，充分发挥院庭长作为资深法官富有审判经验的优势；三是实现各种审判组织、各类审判人员从过去权责不清到现在职责明确的转变，充分提升办案人员的责任意识和自律意识；四是实现从过去片面强调审判责任到现在责任与保障并重的转变，真正实现权责利的统一。

三、问：如何理解《意见》对“审判责任”的界定？

答：《意见》规定的审判责任主要是指违法审判责任。法官在审判工作中，故意违反法律法规的，或者因重大过失导致裁判错误并造成严重后果的，依法应当承担违法审判责任。同时《意见》还明确了违法审判责任必须追责的七种情形：审理案件时有贪污受贿、徇私舞弊、枉法裁判行为；违反规定私自办案或者制造虚假案件；涂改、隐匿、伪造、偷换和故意损毁证据材料，或者因重大过失丢失、损毁证据材料并造成严重后果；向合议庭、审判委员会汇报案情时隐瞒主要证据、重要情节和故意提供虚假材料，或者因重大过失遗漏主要证据、重要情节导致裁判错误并造成严重后果；制作诉讼文书时，故意违背合议庭评议结果、审判委员会决定，或者因重大过失导致裁判文书主文错误并造成严重后果；违反法律规定，对不符合减刑、假释条件的罪犯裁定减刑、假释，或者因重大过失对不符合减刑、假释条件的罪犯裁定减刑、假释并造成严重后果；其他故意违背法定程序、证据规则和法律明确规定违法审判，或者因重大过失导致裁判结果错误并造成严重后果。

四、问：如何落实“办案质量终身负责制”和“错案责任倒查问责制”？

答：法官承担违法审判责任主要有两种类型：一是审判活动中故意违反法律法规的行为。“故意”在刑法和民法理论中均有详细而专业的解读，在此主要强调法官在审判活动中“明知违法而有意为之”。法官作为精通法律的专业人士，在裁判过程中应当严格遵守法律的规定。如果法官在履行审判职责的过程中故意违反程序法和实体法的规定，均应当承担相应的违法审判责任。二是审判活动中因重大过失导致裁判错误并造成严重后果的行为。“过失”是与“故意”相对应的一种主观过错，是指应当预见自己的行为可能发生危害后果而因疏忽大意没有预见，或者已经预见而轻信能够避免的心理状态。

五、问：《意见》如何加强法官履职保障？

答：一是基本的安全保障。安全是法官独立判断的前提，如果法官自身和家人的安全都处于不安全状态，法官就不可能作出公正的裁判。《意见》第 43 条规定，依法保护法官及其近亲属的人身和财产安全，依法及时惩治在法庭内外恐吓、威胁、侮辱、跟踪、骚扰、伤害法官及其近亲属等违法犯罪行为。《意见》明确规定，侵犯法官人格尊严，或者泄露依法不能公开的法官及其亲属隐私，干扰法官依法履职的，依法追究有关人员责任。

二是良好的履职生态。司法的外部环境是确保法官独立公正行使裁判权的重要条件。《意见》第 39 条第 1 款规定，法官依法审判不受行政机关、社会团体和个人的干涉。任何组织和个人违法干预司法活动、过问和插手具体案件处理的，应当依照规定予以记录、通报和追究责任。《意见》第 44 条规定，加大对妨碍法官依法行使审判权、诬告陷害法官、藐视法庭权威、严重扰乱审判秩序等违法犯罪行为的惩罚力度，研究完善配套制度，推动相关法律的修改完善。

三是稳定的职业预期。现行的法官完全按照公务员管理，因受职级职数的限制，广大基层法官退休前多数只能享受到科级待遇，加之工资待遇未能体现职业要求和专业特点，导致法官的职业尊荣感不强。因此，建立法官固定期限晋升和择优选升并行的晋级制度，是提高法官职业尊荣感的重要路径。

最高人民法院
关于加强各级人民法院院庭长办理案件工作的意见（试行）

2017 年 4 月 10 日　　　　　　法发〔2017〕10 号

为全面贯彻落实司法责任制，优化审判资源配置，充分发挥各级人民法院院庭长对审判工作的示范、引领和指导作用，根据《中央政法委关于严格执行法官、检察官遴选标准和程序的通知》《最高人民法院关于完善人民法院司法责任制的若干意见》等有关规定，结合审判工作实际，就加强院庭长办理案件工作提出如下意见：

一、各级人民法院院庭长入额后应当办理案件，包括独任审理案件、参加合议庭作为承办法官审理案件、参加合议庭担任审判长或作为合议庭成员参与审理案件，禁止入额后不办案、委托办案、挂名办案，不得以听取汇报、书面审查、审批案件等方式代替办案。

二、各级人民法院院庭长应当根据分管的审判工作，结合专业背景和个人专长办理案件，重点审理重大、疑难、复杂、新类型和在法律适用方面具有普遍指导意义的案件。

三、各级人民法院院庭长应当作为承办法官办理一定数量的案件。主持或参加专业法官会议、审判委员会、协调督办重大敏感案件、接待来访、指挥执行等事务应当计入工作量，纳入岗位绩效考核，但不能以此充抵办案数量。

四、基层、中级人民法院的庭长每年办案量应当达到本部门法官平均办案量的50%～70%。

基层人民法院院长办案量应当达到本院法官平均办案量的5%～10%，其他入额院领导应当达到本院法官平均办案量的30%～40%。

中级人民法院院长办案量应当达到本院法官平均办案量的5%，其他入额院领导应当达到本院法官平均办案量的20%～30%。

基层、中级人民法院可以根据本院的收结案情况，结合完成审判工作任务的需要，在本意见规定的最低标准基础上，适当提高本院院庭长独立承办和参与审理的案件数量。

高级人民法院和最高人民法院院庭长办案数量的最低标准，分别由高级人民法院和最高人民法院规定。

各级人民法院应当综合考虑法院审级、领导职务、分管领域、所承担的审判管理监督事务和行政事务工作量等因素，综合运用案件权重系数等方法测算平均办案量，合理确定院庭长每年独立承办和参与审理案件的数量要求，并在办公办案系统公开。办案数量的最低标准应当根据审判工作任务、法官员额编制、辅助人员配置变化情况及时调整。

五、各级人民法院应当建立保障院庭长办案的工作机制。实行审判团队改革的基层人民法院，庭长、副庭长应当直接编入审判团队，承担相关案件的审判和监督职责；探索将院长、副院长和其他入额院领导编入相应的审判团队审理案件。

各级人民法院应当结合实际，为院庭长配备必要的法官助理和书记员，让院庭长能够集中精力投入开庭审理、评议案件、撰写文书等办案核心事务。

各级人民法院应当严格执行《关于保护司法人员依法履行法定职责规定》及其实施办法，积极争取地方党委政府支持，进一步精简会议文件，压缩管理流程，确保院庭长有更多时间和精力投入办案工作。

六、院庭长分案应当以指定分案为主。各级人民法院应当健全立案环节的甄别分流机制，推动将重大、疑难、复杂、新类型和在法律适用方面具有普遍意义的案件优先分配给院庭长审理。对于特别重大、疑难、复杂的案件，可以依法由院长、副院长、审判委员会委员组成合议庭审理。

七、各级人民法院院庭长办理案件，应当起到示范、引领和指导作用。鼓励院庭长开示范庭，加大院庭长办案的庭审直播工作力度。院庭长办理案件应当同时注意总结审判工作经验，统一裁判尺度，规范指导审判工作。

八、各级人民法院院庭长办案任务完成情况应当公开接受监督。各高级人民法院审判管理部门负责每年度辖区各法院院庭长办案量的测算核定，逐月通报辖区各级人民法院院长、副院长、审判委员会专职委员、其他入额院领导的办案任务完成情况，包括办案数量、案件类型、审判程序、参与方式、开庭数量、审判质量等。各院审判管理部门负责本院庭长、副庭长办案量的测算核定和定期通报。

上级人民法院应当定期对下级人民法院院庭长办案情况开展督察，对办案不达标的要进行通报，存在委托办案、挂名办案等问题的，一经发现，严肃问责。

九、各级人民法院院庭长办案绩效应当纳入对其工作的考评和监督范围。院庭长年度办案绩效达不到考核标准的，应当退出员额。院庭长因承担重要专项工作、协调督办重大敏感案件等原因，需要酌情核减年度办案任务的，应当报上一级人民法院审批备案。

十、本意见所称院庭长，除特别列明的以外，包括进入法官员额的院长、副院长、审判委员会专职委员、其他入额的院领导、庭长、副庭长和其他有审判职称的审判（执行）业务部门负责人。

十一、本意见由最高人民法院负责解释。

十二、本意见自 2017 年 5 月 1 日起试行。最高人民法院此前发布的规范性文件与本意见不一致的，不再适用。

最高人民法院
关于落实司法责任制完善
审判监督管理机制的意见（试行）

2017 年 4 月 12 日　　　　法发〔2017〕11 号

为全面落实司法责任制改革，正确处理充分放权与有效监管的关系，规范人民法院院庭长审判监督管理职责，切实解决不愿放权、不敢监督、不善管理等问题，根据《最高人民法院关于完善人民法院司法责任制的若干意见》等规定，就完善人民法院审判监督管理机制提出如下意见：

一、各级人民法院在法官员额制改革完成后，必须严格落实司法责任制改革要求，确保“让审理者裁判，由裁判者负责”。除审判委员会讨论决定的案件外，院庭长对其未直接参加审理案件的裁判文书不再进行审核签发，也不得以口头指示、旁听合议、文书送阅等方式变相审批案件。

二、各级人民法院应当逐步完善院庭长审判监督管理权力清单。院庭长审判监督管理职责主要体现为对程序事项的审核批准、对审判工作的综合指导、对裁判标准的督促统一、对审判质效的全程监管和排除案外因素对审判活动的干扰等方面。

院庭长可以根据职责权限，对审判流程运行情况进行查看、操作和监控，分析审判运行态势，提示纠正不当行为，督促案件审理进度，统筹安排整改措施。院庭长行使审判监督管理职责的时间、内容、节点、处理结果等，应当在办公办案平台上全程留痕、永久保存。

三、各级人民法院应当健全随机分案为主、指定分案为辅的案件分配机制。根据审判领域类别和繁简分流安排，随机确定案件承办法官。已组建专业化合议庭或者专业审判团队的，在合议庭或者审判团队内部随机分案。承办法官一经确定，不得擅自变更。因存在回避情形或者工作调动、身体健康、廉政风险等事由确需调整承办法官的，应当由院庭长按权限审批决定，调整理由及结果应当及时通知当事人并在办公办案平台公示。

有下列情形之一的，可以指定分案：(1) 重大、疑难、复杂或者新类型案件，有必要由院庭长承办的；(2) 原告或者被告相同、案由相同、同一批次受理的 2 件以上的批量案件或者关联案件；(3) 本院提审的案件；(4) 院庭长根据个案监督工作需要，提出分案建议的；(5) 其他不适宜随机分案的案件。指定分案情况，应当在办公办案平台上全程留痕。

四、依法由合议庭审理的案件，合议庭原则上应当随机产生。因专业化审判需要组建的相对固定的审判团队和合议庭，人员应当定期交流调整，期限一般不应超过两年。

各级人民法院可以根据本院员额法官和案件数量情况，由院庭长按权限指定合议庭中资历较深、庭审驾驭能力较强的法官担任审判长，或者探索实行由承办法官担任审判长。院庭长参加合议庭审判案件的时候，自己担任审判长。

五、对于符合《最高人民法院关于完善人民法院司法责任制的若干意见》第 24 条规定情形之一的案件，院庭长有权要求独任法官或者合议庭报告案件进展和评议结果。院庭长对相关案件审理过程或者评议结果有异议的，不得直接改变合议庭的意见，可以决定将案件提请专业法官会议、审判委员会进行讨论。

独任法官或者合议在案件审理过程中，发现符合上述个案监督情形的，应当主动按程序向院庭长报告，并在办公办案平台全程留痕。符合特定类型个案监督情形的案件，原则上应当适用普通程序审理。

六、各级人民法院应当充分发挥专业法官会议、审判委员会总结审判经验、统一裁判标准的作用，在完善类案参考、裁判指引等工作机制基础上，建立类案及关联案件强制检索机制，确保类案裁判标准统一、法律适用统一。

院庭长应当通过特定类型个案监督、参加专业法官会议或者审判委员会、查看案件评查结果、分析改判发回案件、听取辖区法院意见、处理各类信访投诉等方式，及时发现并处理裁判标准、法律适用等方面不统一的问题。

七、各级人民法院应当强化信息平台应用，切实推进电子卷宗同步录入、同步生成、同步归档，并与办公办案平台深度融合，实现对已完成事项的记录跟踪、待完成事项的提示催办、即将到期事项的定时预警、禁止操作事项的及时冻结等自动化监管功能。

八、各级人民法院应当认真落实党风廉政建设主体责任和监督责任，自觉接受权力机关法律监督、人民政协民主监督、检察监督、舆论监督和社会监督，不断提高公正裁判水平。组织人事、纪检监察、审判管理部门与审判业务部门应当加强协调配合，形成内部监督合力，坚持失责必问、问责必严。

九、院庭长收到涉及审判人员的投诉举报或者情况反映的，应当按照规定调查核实。对不实举报应当及时了结澄清，对不如实说明情况或者查证属实的依纪依法处理。所涉案件尚未审结执结的，院庭长可以依法督办，并按程序规定调整承办法官、合议庭组成人员或者审判辅助人员；案件已经审结的，按照诉讼法的相关规定处理。

十、本意见自 2017 年 5 月 1 日起试行。

最高人民法院
关于印发《最高人民法院司法责任制实施意见（试行）》的通知

2017 年 7 月 25 日　　　　　　　　法发〔2017〕20 号

本院各单位：

现将《最高人民法院司法责任制实施意见（试行）》印发给你们，请遵照执行。

附：

最高人民法院司法责任制实施意见（试行）

根据《最高人民法院关于完善人民法院司法责任制的若干意见》，结合最高人民法院工作实际，制定本实施意见。

一、基本原则

1. 全面贯彻中央关于司法体制改革的各项工作部署，遵循司法规律，在实行人员分类管理、法官员额制的基础上，严格落实“让审理者裁判，由裁判者负责”的改革要求。

2. 立足最高人民法院职能定位，优化司法资源配置，明晰审判组织与人员的职责权限，健全审判权运行机制，完善审判监督管理制度，巩固先行先试的改革成果，全面落实院党组关于执法办案的一系列工作要求。

二、审判组织与人员

（一）合议庭和审判团队

3. 最高人民法院实行合议庭办案责任制，每个合议庭配备适当数量的法官助理和书记员。在巡回法庭一般以法法官助理、书记员“1＋1＋1”的模式配置审判团队。

4. 合议庭原则上随机产生，也可以根据专业化审判需要组成相对固定的合议庭。

5. 合议庭审判长一般由资历较深的法官担任，也可以由承办法官担任。

院长及其他院领导、庭长、副庭长参加审判案件，由其担任审判长。

6. 因专业化审判需要组建的相对固定合议庭和审判团队，人员应当定期交流，期限一般为两年，最长不超过五年。

7. 院长及其他院领导、庭长、副庭长可以审理下列案件：

（1）重大、疑难、复杂、新类型案件；

（2）具有指导意义的案件；

（3）经高级人民法院审判委员会讨论决定，在本院适用二审程序、审判监督程序、国家赔偿监督程序审理的案件；

（4）对本院生效案件启动审判监督程序、国家赔偿监督程序进行再审、重新审理的案件；

（5）其他有必要由院长及其他院领导、庭长、副庭长审理的案件。

院长及其他院领导审理上述案件时，由审判管理办公室协调配合审判业务庭室和相关职能部门，做好指定分案、审判团队配备、诉讼程序运转、司法公开、新闻宣传等服务保障工作。

8. 审判长除承担由合议庭成员共同承担的审判职责外，还应当以下审判职责：

（1）确定案件审理方案、庭审提纲，协调合议庭成员庭审分工并指导做好其他庭审准备工作；

（2）主持、指挥庭审活动；

（3）主持合议庭评议；

（4）将合议庭处理意见分歧较大的案件提交专业法官会议讨论，或按程序层报赔偿委员会、审判委员会讨论；

（5）依照权限签署法律文书；

（6）依法行使其他审判权力。

审判长自己承办案件时，应当同时履行承办法官的职责。

9. 承办法官应当履行以下审判职责：

（1）指导法官助理做好庭前准备及其他审判辅助工作；

（2）就当事人提出的保全、司法鉴定、非法证据排除申请等提请合议庭评议；

（3）对当事人提交的证据进行全面审核，提出审查意见，依法调取必要证据；

（4）制作阅卷笔录，拟订庭审提纲，撰写审理报告；

（5）协助审判长开展庭审活动；

（6）参与案件评议，并先行提出处理意见；

（7）根据合议庭、赔偿委员会、审判委员会多数意见制作并签署裁判文书；

（8）指导审判辅助人员落实院党组关于网上办案、司法公开、电子卷宗、案卷归档等工作要求；

（9）依法行使其他审判权力。

10. 合议庭审理案件时，合议庭其他法官应当认真履行审判职责，共同参与阅卷、庭审、评议等审判活动，复核并在裁判文书上签名。

11. 裁判文书也承办法官、合议庭其他法官、审判长依次签署；审判长作为承办法官的，由审判长最后签署。

依法由赔偿委员会作出决定的案件，裁判文书由赔偿委员会主任委员或经授权的副主任委员签署。

报请审判委员会讨论决定的案件，裁判文书由院长或受其委托的其他院领导签署。

执行死刑的命令由院长签发。

12. 除本规定列明的特殊情形外，院长及其他院领导、庭长对其未直接参加审理案件的裁判文书不再审核签发，也不得以口头指示、旁听合议、文书送阅等方式变相审批案件。

13. 法官助理在法官指导下履行以下职责：

（1）审查诉讼材料，协助法官组织庭前证据交换；

（2）协助法官组织庭前调解，草拟调解文书；

（3）受法官委托或协助法官依法办理财产保全、证据保全等；

（4）受法官指派，协调司法技术辅助部门办理委托鉴定、评估、审计等工作；

（5）受法官委托或协助法官依法调取必要证据；

（6）根据法官要求，准备与案件审理相关的参考资料，研究案件涉及的法律问题；

（7）在法官指导下草拟审理报告、裁判文书；

（8）完成法官交办的其他审判辅助性工作。

14. 书记员在法官指导下履行以下职责：

（1）负责庭前准备的事务性工作；

（2）检查开庭时诉讼参与人的出庭情况，宣布法庭纪律；

（3）负责案件审理中的记录工作；

（4）按照网上办案要求及时上传案件材料，具体落实司法公开各项工作要求；

（5）校对、送达法律文书；

（6）整理、装订、归档案卷材料；

（7）完成法官交办的其他事务性工作。

（二）专业法官会议

15. 专业法官会议由各审判业务庭室在本部门范围内召集，拟讨论案件涉及交叉领域的，可以在全院范围内邀请相关专业审判领域的资深法官参与讨论。专业法官会议形成的意见供合议庭参考。

16. 专业法官会议讨论下列案件：

（1）合议庭处理意见分歧较大的案件；

（2）合议庭认为属于重大、疑难、复杂、新类型的案件；

（3）合议庭拟作出答复或批复的请示案件；

（4）合议庭拟作出裁判结果与本院同类生效案件裁判尺度不一致的案件；

（5）院长及其他院领导、庭长按照审判监督管理权限决定提交讨论的案件；

（6）拟提交审判委员会讨论的案件；

（7）合议庭少数意见坚持认为需要提请讨论并经庭长同意的案件。

（三）审判委员会

17. 审判委员会根据审判工作需要，在内部设立刑事审判、民事行政审判、执行等专业委员会。

18. 审判委员会讨论决定下列案件：

（1）涉及国家利益、社会稳定的重大、复杂案件；

（2）本院已经生效的判决、裁定、决定、调解书确有错误需要再审、重新审理的案件；

（3）最高人民检察院依照审判监督程序、国家赔偿监督程序对本院生效裁判、决定提出抗诉、检察意见的案件；

（4）合议庭意见有重大分歧，经专业法官会议讨论仍难以作出决定的案件；

（5）法律规定不明确，存在法律适用疑难问题的案件；

（6）处理结果可能产生重大社会影响的案件；

（7）对审判工作具有指导意义的新类型案件；

（8）其他需要提交审判委员会讨论的重大、疑难、复杂案件。

19. 除讨论决定案件外，审判委员会履行以下职责：

（1）总结审判工作经验；

（2）监督指导全国法院审判工作；

（3）制定司法解释和规范性文件；

（4）听取审判业务庭室工作汇报，分析研判本院和全国法院审判工作运行态势，实施审判管理；

（5）讨论发布指导性案例；

（6）讨论其他有关审判工作的重大问题。

（四）赔偿委员会

20. 赔偿委员会的职责、讨论案件范围、工作流程、议事规则等，按照《最高人民法院赔偿委员会工作规则》有关规定执行。

三、审判流程

（一）立案

21. 收案和立案工作应当严格执行全院统一标准。

当事人及诉讼代理人提交的材料不符合形式要件的，应当以书面形式一次性全面告知应当补正的材料和期限。

自接收材料起，立案庭、诉讼服务中心应当依托中国审判流程信息公开网及时向当事人及诉讼代理人公开收立案环节的信息。

22. 符合收案和立案条件的，立案庭、诉讼服务中心应当全面采集申请立案当事人及诉讼代理人的姓名名称、证照号码、送达地址、通讯方式等信息，要求其签署送达地址、送达方式确认书，提供对方当事人及第三人的相应信息。

23. 立案庭、诉讼服务中心应当按照案件类别，要求当事人或一审法院提供下列诉讼材料，并开具收取凭证：

（1）民事、行政再审申请和刑事、国家赔偿申诉案件，由再审申请人或申诉人提交再审申请书或申诉状、原审生效裁判文书、身份证明材料、委托代理手续、证据材料的书面及电子文件。

（2）二审案件，由一审法院在移送上诉卷宗时，一并提供一审案件电子卷宗和上诉状、身份证明材料、委托代理手续、有关证据材料的电子文件。

24. 信息中心应当健全完善电子卷宗调取通道，支持实时调取一审、原审案件的电子卷宗，并导入办案平台。

25. 巡回法庭原则上不审理或办理请示案件，如确有必要的，应当在立案前向审判管理办公室提交报告并说明理白，审判管理办公室会同相关部门研究同意后，巡回法庭可以立案。

高级人民法院报请批准延长审限或因管辖权问题报请裁定、决定的案件，由巡回法庭审理或办理。

（二）分案

26. 分案实行随机分案为主、指定分案为辅的案件分配制度。

有下列情形之一的，可以指定分案：

（1）重大、疑难、复杂、新类型及具有指导意义的案件，有必要由院长及其他院领导、庭长承办的；

（2）当事人、诉讼地位、案由等信息相同或者高度相似的案件，或者同一批次受理的 2 件以上的批量案件；

（3）本院提审的案件；

（4）院长及其他院领导、庭长根据特殊案件监督管理工作需要，提出分案建议的案件；

（5）其他不适宜随机分案的案件。

27. 各审判业务庭室可以制定本庭室具体随机分案规则，经审判管理办公室审核后向全院公开，由信息中心在办案平台上落实。

随机分案规则需要调整的，有关审判业务庭室应当向审判管理办公室提出书面申请。

（三）庭前准备

28. 合议庭成员均应在庭前阅卷，重点关注庭审中准备查明的事实证据问题以及需要当事人及代理人进行辩论的法律问题。承办法官一般应制作阅卷笔录、提炼争议焦点、拟订庭审提纲。

29. 遇有重大、疑难、复杂案件或上诉案件有新证据的，合议庭可以召集庭前会议交换证据、组织质证、排除非法证据等，对于适宜调解的案件，合议庭可以通过庭前会议促成当事人和解或达成调解协议。

30. 承办法官应当指导法官助理或书记员及时将案件审理过程中采集的当事人信息录入办案平台，包括被申诉人、被申请人的证件号码、手机号码、送达地址等信息。

案件进入审理阶段后，当事人又委托、增加、变更诉讼代理人，或者诉讼代理人的证件号码、手机号码、送达地址等发生变化的，法官助理或者书记员应当及时采集、填录、更新上述信息。

法官助理或者书记员应当通过查阅案卷、联系下级法院、联系检察院等途径完成上述信息由采集工作。

31. 合议庭成员确定后，书记员应当依托办案平台及时制作受理案件通知书、应诉通知书、传票，呈报承办法官签发后，提交总值班室电子签章。

书记员应当及时向案件当事人或者诉讼代理人送达受理案件通知书、应诉通知书、传票、廉政监督卡、审判流程信息公开告知书、当事人提交的证据等文书和材料，并在办案平台及时填录送达信息。

对于案件当事人或者诉讼代理人同意接受电子送达的，以上文书和材料应当采用电子送达方式送达。

32. 法官助理或书记员应当在开庭通知书、传票中告知检察机关和全体诉讼参与人庭审直播注意事项。

33. 检察机关或当事人书面申请不进行网络直播，经审查确有正当理由的，承办法官应当在办案平台填写《最高人民法院庭审不进行网络直播审批表》，层报主管院领导审批。

34. 庭审直播预告发布后，出现延期审理、撤诉、调解等特殊情况的，承办法官应当在办案平台填写《最高人民法院取消庭审网络直播审批表》，层报主管院领导审批。

（四）庭审

35. 合议庭开庭审判案件应当严格按照法律规定的诉讼程序进行，充分发挥庭审在查明事实、认定证据、保护诉权、公正裁判中的决定性作用，确保诉讼证据出示在法庭、案件事实查明在法庭、诉辩意见发表在法庭、裁判理由形成在法庭。

36. 经庭前会议已确认无争议的事实和证据，合议庭在庭审中作出说明后，可以简化庭审举证和质证。

37. 庭审出现不宜直播的情况时，审判长有权指令书记员中断或终止直播，中断直播事由消除后，审判长应当指令书记员恢复直播。中断、恢复、终止直播的情况，应当记入庭审笔录。

38. 案件审理中收集到的证据材料，由书记员负责同步扫描形成电子文档并上传办案平台。

（五）类案与关联案件检索

39. 承办法官在审理案件时，均应依托办案平台、档案系统、中国裁判文书网、法信、智审等，对本院已审结或正在审理的类案和关联案件进行全面检索，制作类案与关联案件检索报告。检索类案与关联案件有困难的，可交由审判管理办公室协同有关审判业务庭室、研究室及信息中心共同研究提出建议。

40. 经检索类案与关联案件，有下列情形的，承办法官应当按需以下规定办理：

（1）拟作出的裁判结果与本院同类生效案件裁判尺度一致的，在合议庭评议中作出说明后即可制作、签署裁判文书；

（2）在办理新类型案件中，拟作出的裁判结果将形成新的裁判尺度的，应当提交专业法言会议讨论，出院庭长决定或建议提交审判委员会讨论；

（3）拟作出的裁判结果将改交本院同类生效案件裁判尺度的，应当报请庭长召集专业法官会议研究，就相关法律适用问题进行梳理后，呈报院长提交审判委员会讨论；

（4）发现本院同类生效案件裁判尺度存在重大差异的，报请庭长研究后通报审判管理办公室，由审判管理办公室配合相关审判业务庭室对法律适用问题进行梳理后，呈报院长提交审判委员会讨论。

41. 对适用死刑复核程序、二审程序、赔偿委员会决定程序、审判监督程序、国家赔偿监督程序审结的具有类案指导价值的案件，法官助理应当在承办法官指导下，高度提炼案件基本事实、争议焦点、评议意见、法律依据、裁判要旨等，形成书面裁判要览并上传办案平台。

（六）评议

42. 承办法官应当将所有案件材料上传办案平台，确保其他合议庭成员在评议前通过办案平台查阅有关卷宗材料。

43. 承办法官对案件事实负主要责任，应当全面客观介绍案情，说明类案与关联案件检索情况，提出拟处理意见。

44. 所有合议庭成员均应对事实认定、法律适用发表意见，重点说明证据采信情况及拟作出裁判结果的理由。合议庭成员发表最终处理意见时，应当按法官资历由低到高的顺序进行。

45. 合议时，书记员应当全面、准确记录合议过程，合议笔录应由合议庭成员审核确认后上传办案平台。

（七）提交和报请讨论

46. 合议庭认为案件需要提交专业法官会议讨论的，应当报请庭长召集会议。

对依法应当由赔偿委员作出决定的国家赔偿案件，合议庭应当按程序报请赔偿委员会讨论。

专业法官会议、赔偿委员会的会议记录及合议庭的决定，应当上传办案平台，入卷备查。

47. 专业法宫会议、赔偿委员会、主管院领导可以建议合议庭复议一次，也可以建议合议庭按程序层报审判委员会讨论。

48. 提交审判委员会讨论的案件，合议庭应当列明需要审判委员会讨论决定的法律适用问题，汇报类案件与关联类案件检索情况，提出拟处理意见和理由，说明专业法官会议、赔偿委员会对案件的处理意见或建议。

49. 审判委员会讨论决定案件依照《最高人民法院审判委员会工作规则》《最高人民法院关于改革和完善人民法院审判委员会制度的实施意见》有关规定执行。

50. 审判委员会对案件的处理决定和理由应当在裁判文书中公开，法律规定不予公开的情形除外。

（八）裁判文书的制作、校核和印制

51. 承办法官持少数意见的，由其按需合议庭、赔偿委员会、审判委员会多数意见制作裁判文书。

52. 承办法官应当指导法官助理或书记员对裁判文书进行校核，并提交总值班室电子签章后印制。

（九）送达和结案

53. 承办法官应当督促指导法官助理或书记员及时送达法律文书，准确填报送达方式、送达时间、结案方式、结案案由等信息。

54. 裁判文书送达后 7 个工作日内，承办法官应当督促指导法官助理或书记员完成拟公开裁判文书的技术处理和裁判文书上网公开工作。公告送达的，公告后即可公开。

（十）网上办案

55. 承办法官应当严格落实网上办案工作要求，确保案件审理的全部案件材料网上运转、全部流程节点信息完整、内容准确。

56. 各审判业务庭应当确定一名副庭长负责推动网上办案工作，并指定一名联络员协助庭领导负责此项工作，了解需求，查找问题，制定对策，反馈意见。

(十一) 档案查阅

57. 庭审录像和案件卷宗正卷应当向当事人及诉讼代理人公开。

查阅庭审录像的，出诉讼服务中心在核实查阅人员身份信息后直接提供查阅；查阅已归档电子档案的，经承办法官和档案管理部门批准后提供查阅，查阅未归档电子卷宗的，经承办法官批准后提供查阅。

当事人及诉讼代理人查阅上述材料，书记员应核对身份证件及代理权限后提供查词，并安排专门人员监督阅卷。

(十二) 刑事案件特别规定

58. 办理死刑复核案件，刑事大要案请示案件，涉外、涉侨、涉港澳台刑事请示案件，法定刑以下判处刑罚核准案件，分案、阅卷、提讯、听证、评议及制作、审核、签署、送达、公开裁判文书等工作，按照有关规定执行。

除前款规定之外的其他刑事案件，按照本意见执行。

四、审判监督与管理

(一) 院长审判监督管理职责

59. 院长履行下列审判监督管理职责：

(1) 从宏观上指导本院和全国法院各项审判工作；

(2) 组织研究与审判工作有关的重大问题、制定相关管理制度；

(3) 召集和主持审判委员会；

(4) 召集和主持考评委员会；

(5) 对涉及国家安全、外交、社会稳定及本意见列明的特殊案件实施审判监督管理；

(6) 指定本院审理案件的审判长；

(7) 依法依规行使程序性事项审批权力；

(8) 依法监督、管理其他审判执行工作；

(9) 法律规定的其他职责。

其他院领导协助院长工作，受院长委托行使前款规定的部分职权。

(二) 庭长审判监督管理职责

60. 庭长履行下列审判监督管理职责：

(1) 从宏观上指导本庭审判工作；

(2) 研究确定各合议庭、审判团队、工作人员的职责分工；

（3）根据本意见有关规定指定分案；

（4）召集和主持专业法官会议；

（5）研究本庭审判工作运行态势，落实院党组、审判委员会作出的审判工作部署；

（6）依法依规行使程序性事项审批权力；

（7）召集和主持部门考评会议，研究提出部门初评意见；

（8）依法监督、管理本庭其他审判执行工作；

（9）法律规定的其他职责。

副庭长协助庭长工作，受庭长委托行使前款规定的部分职权。

（三）纪律监督

61. 中央纪委驻最高人民法院纪检组主要领导列席审判委员会会议，各审判业务庭室廉政监察员可以列席专业法官会议、合议庭合议。

（四）审判监督、国家赔偿监督

62. 对本院已经生效的判决、裁定、决定、调解书，因当事人申请而需要再审、重新审理或依职权再审、重新审理的，由院长依据刑事诉讼法、民事诉讼法、行政诉讼法、国家赔偿法有关规定，将案件提交审判委员会讨论决定；因最高人民检察院抗诉而需要再审的，由合议庭依法作出再审裁定，因最高人民检察院针对赔偿委员会决定提出检察意见的，由赔偿委员会决定直接审理。

63. 对地方各级人民法院已经生效的判决、裁定、决定、调解书，发现确有错误的，院长及其他院领导、庭长应当根据审判监督、国家赔偿监督权限指导有关审判业务庭室决定提审、直接审理或指令下级人民法院再审、重新审理。

（五）审判管理

64. 院长及其他院领导、庭长可以要求合议庭报告以下案件的进展情况和评议结果，并要求逐级审批：

（1）涉及群体性纠纷，可能影响社会稳定的案件；

（2）疑难、复杂且有重大社会影响的案件；

（3）与本院类案判决可能发生冲突的案件；

（4）反映法官有违法审判行为的案件；

（5）死刑复核案件，刑事大要案请示案件，涉外、涉侨、涉港澳台刑事请示案件，法定刑以下判处刑罚核准案件。

院长及其他院领导、庭长可以决定或建议将上述案件提交专业法官会议、赔偿委员会、审判委员会讨论。

65. 对下列程序性事项，院长及其他院领导、庭长应当依法依规予以审批：

（1）采取、变更、解除保全措施；

（2）先予执行；

（3）回避；

（4）拘传、拘留、罚款；

（5）采取、变更刑事强制措施；

（6）采取限制出境措施；

（7）依照规定公布、撤销、更正、删除失信被执行人信息；

（8）缓、减、免交诉讼费；

（9）其他重大程序性事项。

66. 因回避或工作调动、身体健康、廉政风险等事由，确需调整承办法官或合议庭成员的，应当由院长及其他院领导、庭长按照审判管理权限审批决定。

67. 案件出现应当扣除、延长、中止、重新计算审限的情形时，承办法官应当及时提出申请，由院长及其他院领导、庭长根据审判管理权审批决定。

68. 院长及其他院领导、庭长可以根据审判管理职责，查看、操作和监控案件审判流程运行情况，组织开展案件评查，纠正不当行为，督促案件审理进度，统筹安排整改措施。

69. 院长及其他院领导、庭长实施案件管理的行为及有关决定内容，应当在案卷和办案平台上全程留痕。

70. 各审判业务庭室包括巡回法庭代拟司法解释、指导性意见、指导性案例及其他司法政策文件等，应当层报审判委员会讨论决定，以最高人民法院名义统一发布。

71. 院长主持考评委员会开展办案业绩考核工作，指导审判管理办公室健全完善办案业绩评价体系，运用权重系数计算办法科学测定办案工作量，合理评价法官办案数量、质量、效率和效果，对法官办案业绩提出考核意见。

对法官助理、书记员的工作业绩进行考核时，应当重点听取所在庭室、审判团队和法官的意见。

72. 审判责任的认定和追究，按照《最高人民法院关于完善人民法院司法责任制的若干意见》《关于建立法官、检察官惩戒制度的意见（试行）》等规定执行。

73. 本意见自 2017 年 8 月 1 日起试行。

最高人民法院
印发《关于健全完善人民法院主审法官会议工作机制的指导意见（试行）》的通知

2018 年 11 月 28 日　　　　　　　　　　法发〔2018〕21 号

各省、自治区、直辖市高级人民法院，解放军军事法院，新疆维吾尔自治区高级人民法院生产建设兵团分院：

现将《关于健全完善人民法院主审法官会议工作机制的指导意见（试行）》予以印发，请结合实际认真贯彻执行。执行中遇到的问题，请及时报告最高人民法院。

附：

关于健全完善人民法院主审法官会议工作机制的指导意见（试行）

为全面落实司法责任制，准确适用法律，统一裁判标准，提高审判质效，结合审判实际，就健全完善人民法院主审法官会议工作机制提出如下意见。

一、人民法院应当健全完善主审法官会议工作机制，为法官审理案件准确适用法律提供指导和参考，促进裁判规则及标准统一，总结审判经验，完善审判管理。

二、主审法官会议工作机制可以在民事、刑事、行政、国家赔偿、执行等审判业务部门内部建立，也可以跨审判业务部门、审判团队建立。

三、主审法官会议由本院员额法官组成。参加会议的法官地位、权责平等。

根据会议讨论议题，可以邀请专家学者、人大代表、政协委员等其他相关专业人员参加会议并发表意见。

四、具有下列情形之一的案件，合议庭或者独任法官可以提请主审法官会议讨论：

（一）属于新类型、疑难、复杂、社会影响重大的；

（二）裁判规则、尺度有待统一或者在法律适用方面具有普遍指导意义的；

（三）拟作出的裁判结果与本院或者上级人民法院同类生效案件裁判规则、尺度不一致的；

（四）合议庭成员意见分歧较大的；

（五）持少数意见的承办法官认为需要提请讨论的；

（六）拟改判、发回重审或者提审、指令再审的；

（七）其他需要提交讨论的。

根据审判监督管理相关规定，院长、副院长、庭长可以决定将《最高人民法院关于完善人民法院司法责任制的若干意见》第二十四条规定的四类案件提交主审法官会议讨论。

五、审理案件的合议庭或者独任法官应当准备必要材料，在主审法官会议召开前送交参会人员。

六、参加会议的法官可以按照法官等级和资历由低到高的顺序依次发表意见，也可以根据案情由熟悉案件所涉专业知识的法官先发表意见，但主持人应当最后发表意见。

七、会议结束时，主持人应当总结归纳讨论情况，形成讨论意见，记入会议纪要。会议纪要应当按照规定在案卷和办案平台上全程留痕。

八、审理案件的合议庭或者独任法官独立决定是否采纳主审法官会议讨论形成的意见，并对案件最终处理结果负责。

九、院长、副院长、庭长可以按照审判监督管理权限要求合议庭或者独任法官根据主审法官会议讨论的意见对案件进行复议。经复议未采纳主审法官会议形成的多数意见的，院长、副院长、庭长应当按照规定将案件提交审判委员会讨论决定。

十、出席主审法官会议的人员应当严格遵守审判纪律，不得泄漏会议议题、案件信息和讨论情况。

十一、法官参加主审法官会议的情况可以计入工作量，作为绩效考核的加分项纳入业绩档案。

十二、各级人民法院应当加强主审法官会议工作机制的归口管理，及时整理、印发对于形成裁判规则、统一法律适用标准、交流审判经验和指导司法实践等具有重要意义的会议纪要，并在案件裁判生效后结合公布裁判文书、典型案例等形式实现资源共享。

十三、最高人民法院各审判业务部门、各巡回法庭和地方各级人民法院可以参照本意见，并根据职能定位、审判工作需要、法官人数、案件数量等实际情况制定工作细则。

最高人民法院
印发《关于进一步全面落实司法责任制的实施意见》的通知

2018年12月4日　　法发〔2018〕23号

各省、自治区、直辖市高级人民法院，解放军军事法院，新疆维吾尔自治区高级人民法院生产建设兵团分院：

为深入学习贯彻习近平新时代中国特色社会主义思想，全面贯彻党的十九大和十九届二中、三中全会精神，严格执行新修订的《中华人民共和国人民法院组织法》，确保司法责任制改革落地见效，最高人民法院制定了《关于进一步全面落实司法责任制的实施意见》。现将该实施意见印发给你们，请结合实际，认真抓好贯彻落实。执行中的情况及时报告最高人民法院。

附：

关于进一步全面落实司法责任制的实施意见

为深入学习贯彻习近平新时代中国特色社会主义思想，全面贯彻党的十九大和十九届二中、三中全会精神，严格执行新修订的《中华人民共和国人民法院组织法》，确保司法责任制改革落地见效，切实解决当前部分地方改革落实不到位、配套不完善、推进不系统等突出问题，促进司法效能和司法公信力整体提升，结合人民法院工作实际，对进一步全面落实司法责任制提出如下实施意见。

一、坚定不移推进司法责任制改革

1. 深刻认识全面落实司法责任制的重大意义。全面落实司法责任制是党的十九大部署的重大改革任务，是人民法院贯彻落实习近平新时代中国特色社会主义思想，深化司法体制综合配套改革，推进审判体系和审判能力现代化的重要措施，对于确保人民法院依法独立公正行使审判权，充分发挥审判职能作用，为统筹推进“五位一体”总体布局和协调推进“四个全面”战略布局提供有力司法服务和保障，具有重要意义。各级人民法院要始终坚持以习近平新时代中国特色社会主义思想武装头脑、指导实践、推动工作，牢固树立“四个意识”，坚定“四个自信”，始终做到“两个维护”，坚决做到维护核心、绝对忠诚、听党指挥、勇于担当，始终在思想上政治上行动上同以习近平同志为核心的党中央保持高度一致，坚定不移深化司法体制改革，全面落实司法责任制，确保以习近平同志为核心的党中央关于司法体制改革的各项决策部署在人民法院不折不扣落实到位。

2. 牢牢把握全面落实司法责任制的目标导向和问题导向。全面落实司法责任制应当坚持目标导向和问题导向相统一，严格遵照法律规定、遵循司法规律，坚持司法为民、公正司法，坚持“让审理者裁判，由裁判者负责”。要着力破解司法责任制改革中存在的职能分工不明、审判责任不实、监督管理不力、裁判尺度不一、保障激励不足、配套机制不完善等突出问题，健全完善权责明晰、权责统一、监管有力、运转有序的审判权力运行体系，不断提升司法责任制改革的系统性、整体性、协同性，确保改革落到实处、见到实效。

二、完善新型审判权力运行机制，切实落实“让审理者裁判”的要求

3. 坚持一岗双责、权责一致。加强法院基层党组织建设，以提升组织力、强化政治功能为重点，深入推进人民法院基层党组织组织力提升工程，调整优化基层党组织设置，加强党支部标准化规范化建设，切实把基层党组织建设成为推进人民法院改革发展的坚强战斗堡垒。坚持抓党建带队建促审判，切实加强审判执行机构、审判执行团队的政治建设和业务建设，健全完善审判执行团队的党团组织，提升团队组织力和战斗力。各级人民法院领导干部要在严格落实主体责任上率先垂范，充分尊重独任法官、合议庭法定审判组织地位，除审判委员会讨论决定的案件外，院长、副院长、庭长不再审核签发未直接参加审理案件的裁判文书，不得以口头指示等方式变相审批案件，不得违反规定要求法官汇报案件。严格落实《人民法院落实〈领导干部干预司法活动、插手具体案件处理的记录、通报和责任追究规定〉的实施办法》《人民法院落实〈司法机关内部人员过问案件的记录和责任追究规定〉的实施办法》，法官应当将过问、干预案件情况在网上办案系统如实记录，并层报上级人民法院。

4. 加强基层人民法院审判团队建设。基层人民法院应当根据案件数量、案件类型、难易程度和人员结构等因素，适应独任制、合议制的不同需要，统筹考虑繁简分流和审判专业化分工，因地制宜地灵活组建审判团队。审判团队

中法官与审判辅助人员实行双向选择与组织调配相结合，完善团队内部分工，强化审判团队作为办案单元和自我管理单元的功能，切实增强团队合力。统筹内设机构改革与审判团队建设，人员编制较少的基层人民法院可以设置综合审判庭或者不设审判庭，实行“院—综合审判庭”或者“院—审判团队”管理模式；人员编制较多的基层人民法院一般实行“院—审判庭—审判团队”的管理模式。

5. 明确司法人员岗位职责。各级人民法院应当根据法律规定和司法责任制要求，结合法院审级、案件类型、案件数量等实际情况，细化法官、法官助理、书记员等各岗位职责清单和履职指引，并嵌入办案平台。

6. 完善案件分配机制。各级人民法院应当健全随机分案为主、指定分案为辅的案件分配机制。根据审判领域类别和繁简分流安排，随机确定案件承办法官。系列性、群体性或者关联性案件原则上由同一审判组织办理。已组建专业化合议庭、专业审判团队或者速裁审判团队的，可以在合议庭或者审判团队内部随机分案。承办法官一经确定，不得擅自变更。因存在回避情形或者工作调动、身体健康、廉政风险等事由确需调整承办法官的，应当由院长、庭长按权限审批决定，调整结果应当及时通知当事人并在办案平台记载。

7. 全面推进院长、庭长办案常态化。各高级人民法院应当结合实际，科学合理、统一确定辖区内三级法院院长、庭长办案工作量。院领导办案工作量可以本院法官平均办案工作量或办理案件所属审判业务类别法官平均办案工作量为计算基数。科学统筹院领导办案类型，完善配套分案办法，健全院领导主要审理重大疑难复杂案件机制。加强对院长、庭长办案的网上公示和考核监督，充分发挥院长、庭长办案示范引领作用。担任领导职务的法官无正当理由不办案或者办案达不到要求的，应当退出员额。

8. 健全专业法官会议制度和审判委员会制度。各级人民法院应当健全专业法官会议制度，切实发挥专业法官会议统一法律适用、为审判组织提供法律咨询的功能。专业法官会议成员不以职务、等级为必要条件，参会人员地位平等。完善专业法官会议会前准备程序和议事规则，完善配套考核机制，提升专业法官会议质量。

健全专业法官会议与合议庭评议、审判委员会讨论的工作衔接机制。判决可能形成新的裁判标准或者改变上级人民法院、本院同类生效案件裁判标准的，应当提交专业法官会议或者审判委员会讨论。合议庭不采纳专业法官会议一致意见或者多数意见的，应当在办案系统中标注并说明理由，并提请庭长、院长予以监督，庭长、院长认为有必要提交审判委员会讨论的，应当按程序将案件提交审判委员会讨论。除法律规定不应当公开的情形外，审判委员会讨论案件的决定及其理由应当在裁判文书中公开。

9. 健全完善法律统一适用机制。各级人民法院应当在完善类案参考、裁判指引等工作机制基础上，建立类案及关联案件强制检索机制，确保类案裁判标准统一、法律适用统一。存在法律适用争议或者“类案不同判”可能的案件，承办法官应当制作关联案件和类案检索报告，并在合议庭评议或者专业法官会议讨论时说明。

10. 切实减轻审判事务性工作负担。审判辅助事务可以实行集约化管理，建立专门实施文书送达、财产保全、执行查控、文书上网、网络公告等事务的工作团队，提升工作效能。充分运用市场化、社会化资源，探索将通知送达、材料扫描、卷宗归档等辅助事务外包给第三方机构，将协助保全、执行送达等辅助事务委托给相关机构，提高办案效率。

三、完善新型监督管理机制和惩戒制度，切实落实“由裁判者负责”的要求

11. 健全信息化全流程审判监督管理机制。全面支持网上办案、全程留痕、智能管理，智能预警监测审判过程和结果偏离态势，推动审判监督管理由盯人盯案、层层审批向全院、全员、全过程的实时动态监管转变，确保放权与监督相统一。

12. 加强审判、执行工作标准化、规范化建设。完善刑事、民事、行政、国家赔偿、执行等领域审判、执行流程标准，推进标准化、规范化建设与信息化建设深度融合，将立案、分案、送达、庭审、合议、宣判、执行到结案、归档的每个节点均纳入审判监督管理范围，严格落实审限管理，将监督事项嵌入办案平台，实现司法活动全程留痕、违规操作自动拦截、办案风险实时提示。

13. 细化落实院长、庭长审判监督管理权责清单。院长、庭长审判监督管理权力职责一般包括：(1) 配置审判资源，包括专业化合议庭、审判团队组建模式及其职责分工；(2) 部署综合工作，包括审判工作的安排部署、审判或者调研任务的分配、调整；(3) 审批程序性事项，包括法律授权的程序性事项审批、依照规定调整分案、变更审判组织成员的审批等；(4) 监管审判质效，包括根据职责权限，对审判流程进行检查监督，对案件整体质效的检查、分析、评估，分析审判运行态势，提示纠正不当行为，督促案件审理进度，统筹安排整改措施，对存在的案件质量问题集中研判等；(5) 监督“四类案件”，对《最高人民法院关于完善人民法院司法责任制的若干意见》第24条规定的“四类案件”进行个案监督；(6) 进行业务指导，通过审理案件、参加专业法官会议或者审判委员会等方式加强业务指导；(7) 作出综合评价，在法官考评委员会依托信息化平台对法官审判绩效进行客观评价基础上，对法官及其他工作人员绩效作出综合评价；(8) 检查监督纪律作风，通过接待群众来访、处理举报

投诉、日常监督管理，发现案件审理中可能存在的问题，提出改进措施等。各级人民法院要根据法律规定和司法责任制要求，分别制定院长、副院长、审判委员会专职委员、庭长、副庭长的审判监督管理权力职责清单。院长、庭长在权力职责清单范围内按程序履行监督管理职责的，不属于不当过问或者干预案件。院长、庭长应当履行监督管理职责而不履行或怠于履行的，应当追究监督管理责任。

14. 进一步完善“四类案件”识别监管制度。各高级人民法院应当细化“四类案件”监管范围、发现机制、启动程序和监管方式。立案部门负责对涉及群体性纠纷、可能影响社会稳定等案件进行初步识别；承办法官在案件审理过程中发现属于“四类案件”范围的，应当主动向庭长、分管副院长报告；审判长认为案件属于“四类案件”范围的，应当提醒承办法官将案件主动纳入监督管理；审判管理机构、监察部门等经审查发现案件属于“四类案件”范围的，应当及时报告院长。探索“四类案件”自动化识别、智能化监管，对于法官应当报告而未报告的，院长、庭长要求提交专业法官会议、审判委员会讨论而未提交的，审判管理系统自动预警并提醒院长、庭长予以监督。院长、庭长对“四类案件”可以查阅卷宗、旁听庭审、查看案件流程情况，要求独任法官、合议庭在指定期限内报告案件进展情况和评议结果、提供类案裁判文书或者检索报告。院长、庭长行使上述审判监督管理权时，应当在办案平台标注、全程留痕，对独任法官、合议庭拟作出的裁判结果有异议的，可以决定将案件提交专业法官会议、审判委员会进行讨论，不得强令独任法官、合议庭接受自己意见或者直接改变独任法官、合议庭意见。

15. 强化案件质量评查。坚持案件常规随机评查、重点评查、专项评查相结合，重点评查发回重审案件、改判案件、信访案件以及曾纳入长期未结、久押不决督办范围的案件。依托信息化平台对已上网裁判文书、庭审公开情况进行质量评查，质量评查范围应当覆盖所有法官，全面提升法官责任意识。重点从案件评查中发现违法审判线索，并依照有关程序进行调查。严格区分审判质量瑕疵责任与违法审判责任，确保法官依法裁判不受追究、违法裁判必问责任。

16. 严格落实违法审判责任追究制度。各级人民法院对法官涉嫌违反审判职责行为要认真调查，法官惩戒委员会根据调查情况审查认定法官是否违反审判职责、是否存在故意或者重大过失，并提出审查意见，相关法院根据法官惩戒委员会的意见作出惩戒决定。法官违反审判职责行为涉嫌犯罪的，应当移交纪检监察机关、检察机关依法处理。法官违反审判职责以外的其他违纪违法行为，由有关部门调查，依照法律及有关规定处理。

17. 完善司法廉政风险防控体系。各级人民法院应当认真落实党风廉政建设主体责任和监督责任，自觉接受纪律监督、法律监督、舆论监督和社会监督，不断提高公正裁判水平。各级人民法院内部应当充分发挥司法巡查、审务督察、廉政监察员等功能作用，组织人事、纪检监察、审判管理部门与审判业务部门应当加强协调配合，形成内部监督合力。全面梳理办案流程、审限管理等关键节点，分析研判每个节点可能存在的办案风险，加强审判执行活动风险监控智能预警，促进司法廉政风险早发现、早预警、早处置。

四、统筹推进司法责任制配套改革，提升司法责任制改革整体效能

18. 统筹推进法官员额和政法编制合理配置。各高级人民法院应当严格控制法官员额比例，综合考虑区域经济社会发展、人口数量、办案数量等因素，完善法官员额动态管理机制，员额分配向基层和人案矛盾突出的法院倾斜。

各高级人民法院应当配合省级编制部门，健全完善省以下地方法院编制统一管理制度，强化审判运行态势分析，加强对法官工作量的科学测算，统筹考虑各市（区、县）法院的案件数量、类型、难易程度、增幅大小和辖区面积、人口数量、自然条件、发展状况、人民法庭数量等因素，精准分析测算各市（区、县）法院所需政法编制，将编制向编制紧缺、急需补充的法院倾斜，实现编制、案件量、人员的合理匹配。

19. 完善法官员额退出机制。各高级人民法院应当针对审判绩效不达标、辞职、辞退、被开除、违纪违法、任职回避、调出、转任、退休、个人申请退出等不同情形，规范员额退出程序，明确退出员额但仍在法院工作人员的职级、待遇等问题。各级人民法院应当保障法官对退出决定进行陈述、举证、申辩、申请复议的权利。员额法官因工作需要调整到法院非员额岗位，五年内重新回到基层或者中级人民法院审判业务岗位的，经所在法院党组审议后，层报高级人民法院批准入额；五年内重新回到高级或者最高人民法院审判业务岗位的，分别经本院党组决定入额。

20. 进一步完善法官初任和逐级遴选制度。健全完善从优秀法官助理中选任法官机制，配套建立科学完备的初任法官职前培训制度。有条件的地方可以开展跨院遴选，引导审判力量向人案矛盾突出的法院流动。

21. 加强法官助理、书记员的配备和培养。建立健全符合司法职业特点的法官助理招录机制，完善法官助理统一招录、保障机制。推行法学院校学生担任实习法官助理常态化制度，探索下级人民法院法官到上级人民法院交流担任短期助理制度，多渠道拓宽法官助理来源。积极研究建立法官后备人才培养体系，认真落实法官助理、书记员职务序列改革，创新完善法官助理培养模式，符合条件的法官助理可以申请参加法官遴选。各高级人民法院应当积极争取人社、财政等部门支持，加强聘用制书记员招录工作，落实聘用制书记员管理制度改革，切实稳定聘用制书记员队伍。

22. 完善司法人员业绩考核制度。坚持客观量化和主观评价相结合，以量化考核为主，充分考虑地域、审级、专业、部门之间的差异，注重采用权重测算等科学计算方法，合理设置权重比例。暂时不具备案件权重系数测算条件的地方，可以探索简便易行的案件工作量折算办法。将法官作为合议庭其他成员时的工作量、办理涉诉信访工作量、参加专业法官会议、审判委员会的工作量、案件评查工作量等纳入业绩考核。根据各级人民法院承担职能的不同，科学设置司法人员业绩考核内容。对法官和法官助理的业绩考核，应当考虑综合调研、审判指导等工作任务量，避免简单以办案数量作为考核业绩。对审判辅助人员的绩效考核，应当以岗位职责和承担工作为基本依据，注重与所在团队绩效相结合，听取法官和所在团队的意见。绩效考核奖金的发放，不与法官职务等级以及审判辅助人员职务挂钩，主要依据责任轻重、办案质量、办案数量和办案难度等因素，向一线办案人员倾斜。

23. 进一步深化司法公开。严格执行《最高人民法院关于人民法院在互联网公布裁判文书的规定》，不断提升裁判文书公开的信息化、常态化水平，确保应当公开的裁判文书全面、及时、准确公开。积极推广使用裁判文书自动纠错及技术处理软件，着力杜绝各类低级错误和质量瑕疵，切实减轻裁判文书公开工作量，不断提升裁判文书公开水平。各级人民法院应当抓好《最高人民法院关于人民法院通过互联网公开审判流程信息的规定》的贯彻实施，及时升级完善相关信息化平台，主动对接全国审判流程信息公开统一平台，切实将审判流程信息公开各项要求落到实处。主动适应互联网时代庭审公开新要求，切实发挥中国庭审公开网统一平台优势，将人民法院庭审公开工作不断推向深入。

各级人民法院要充分认识全面落实司法责任制的重大意义，切实加强组织领导，紧密结合工作实际，认真抓好本实施意见的贯彻落实。要进一步完善改革督察机制，对全面落实司法责任制紧盯不放、动态跟踪。贯彻落实本实施意见中的重大问题，要及时按程序向最高人民法院报告。

【链　　接】

坚定不移推进司法责任制改革

——最高人民法院司改办负责人就《关于进一步全面落实司法责任制的实施意见》答记者问

为深入贯彻党的十九大关于深化司法体制综合配套改革的重大战略部署，

推动司法责任制全面落实，12 月 5 日，最高人民法院印发《关于进一步全面落实司法责任制的实施意见》（以下简称《实施意见》）。最高人民法院司改办负责人就《实施意见》回答了记者的提问。

一、问：最高人民法院于 2015 年 9 月出台了《关于完善人民法院司法责任制的若干意见》（以下简称《意见》），此次又印发《实施意见》，有何考虑？

答：司法责任制改革是全面深化司法体制改革的“牛鼻子”。党的十八大以来，最高人民法院高度重视司法责任制改革，切实履行改革主体责任，加强顶层设计，于 2015 年 9 月出台《意见》。这次制定发布《实施意见》，主要有以下两个方面的考虑：

一方面，是贯彻落实好中央部署要求。党的十九大报告提出“深化司法体制综合配套改革，全面落实司法责任制，努力让人民群众在每一个司法案件中感受到公平正义。”“全面落实司法责任制”，是党的十九大、十九届三中全会部署的重大改革任务，已被纳入《党的十九大报告重要改革举措实施规划（2018—2022 年）》，并确定最高人民法院作为此项任务的牵头单位之一。《中央全面依法治国委员会 2018 年工作要点》以及司法协调小组工作任务清单中，也将出台深化司法责任制配套改革意见作为年内要完成的重点工作之一。7 月在深圳召开的全国司法体制改革推进会也要求，统筹推进司法责任制改革和综合配套改革，加快构建权责明晰、监管有力、运转有序的司法权运行机制。新修订的《人民法院组织法》也对落实司法责任制作出明确规定，《实施意见》也是严格执行贯彻组织法相关规定。

另一方面，是着眼于解决各地司法责任制改革运行中的突出问题，进一步推进司法责任制改革。随着司法责任制改革的全面推开，一些地方改革落实不到位、配套不完善、推进不系统等问题比较突出，有的同志对于司法责任制的认识还不够到位，有的地方对如何完善新型审判权力运行机制，如何完善新型监督管理机制，如何统筹推进司法责任制配套改革认识还不够到位，最高人民法院相关文件规定还不够明确。各地也要求最高人民法院进一步加强顶层设计、细化完善政策、加强统筹指导、解决现实问题。

二、问：《实施意见》起草的思路是什么？起草过程中有哪些考虑？

答：《实施意见》起草的总体思路是，紧紧围绕“让审理者裁判，由裁判者负责”这条司法责任制改革主线，抓住完善新型审判权力运行机制、新型监督管理机制、司法责任制改革配套机制等重要领域和关键环节，坚定不移推进司法责任制改革、全面落实司法责任制。

在起草过程中，我们一是确保改革正确方向。针对一些地方推进司法责任制改革认识偏差，片面强调法官个人责任忽视法院整体责任，片面强调放权忽视监督，片面强调保障激励忽视责任约束等问题，《实施意见》用较大篇幅加以规范指引。

二是始终坚持问题导向，针对司法责任制改革过程中存在的职能分工不明、审判责任不实、监督管理不力、裁判尺度不一、保障激励不足、配套机制不完善等突出问题，提出有针对性的指导意见和措施。

三是注意吸收地方经验。坚持顶层设计和基层探索相结合，我们非常注重提炼、挖掘各地法院有复制、推广价值的司法责任制改革创新举措，将有益经验上升为普遍长远的制度设计。比如北京法院的审判团队建设、天津法院的司法标准化建设、上海法院的专业法官会议制度和法官助理培养、成都法院的审判监督管理机制、江西法院的院长庭长权力职责清单、湖南法院的“四类案件”识别监管办法、陕西法院的编制员额省级统筹等。

三、问：《实施意见》较之 2015 年出台的《意见》有哪些新的变化？

答：《实施意见》是对 2015 年出台的《意见》的进一步充实、细化、调整和完善，并不改变《意见》的核心内容。较之 2015 年出台的《意见》，内容上有些新变化：

一是对落实不够到位的予以重申，比如强调要加强对院长、庭长办案的网上公示和考核监督，充分发挥院长、庭长办案示范引领作用。担任领导职务的法官无正当理由不办案或者办案达不到要求的，应当退出员额。

二是对需要进一步明确的予以细化，比如针对《意见》规定的“四类案件”实践中存在的范围不明确、可操作性不强等问题，《实施意见》就发现机制、启动程序、监管方式等作出更为细化明确的规定。

三是对需要调整有关内容的予以调整，比如实践中院领导办案工作量的计算方法以本院法官平均办案工作量为计算基数调整为以本院法官平均办案工作量或办理案件所属审判业务类别法官平均办案工作量为计算基数，并将辖区内三级法院院长、庭长办案工作量的确定权限从地方各级人民法院自行确定调整为各高级人民法院统一确定。

四是对需要完善有关政策的予以完善，比如为了发挥专业法官会议作用，《实施意见》规定“合议庭不采纳专业法官会议一致意见或者多数意见的，应当在办案系统中标注并说明理由，并提请庭长、院长予以监督，庭长、院长认为有必要提交审判委员会讨论的，应当按程序将案件提交审判委员会讨论。”又如，为了鼓励工作岗位交流，促进人才合理流动，保持队伍活力，完善员额交流有关政策，规定“员额法官因工作需要调整到法院非员额岗位，五年内重新回到基层或者中级人民法院审判业务岗位的，经所在法院党组审议后，层报高级人民法院批准入额；五年内重新回到高级或者最高人民法院审判业务岗位的，分别经本院党组决定入额。”

四、问：司法责任制改革全面推开后，有人担心审判监督弱化、裁判质量下滑，《实施意见》提出了一系列强化审判监督管理的举措，这是否意味着“放权”尺度收紧？

答：司法责任制改革的核心要义是“让审理者裁判，由裁判者负责”，这一点必须坚定不移。我们推进新型审判权力运行机制改革，从来都是强调有序放权和依法监督两个方面有机结合，缺一不可。《实施意见》一方面重申了放权的要求，比如规定“充分尊重独任法官、合议庭法定审判组织地位，除审判委员会讨论决定的案件外，院长、副院长、庭长不再审核签发未直接参加审理案件的裁判文书，不得以口头指示等方式变相审批案件，不得违反规定要求法官汇报案件。”另一方面，也细化了有关审判监督管理的内容。目前改革过程中，放权后院长庭长不愿监督、不敢监督、不善监督的问题比较突出，因此，《实施意见》有针对性地对如何建立健全与新型审判权力运行特点相适应的审判监督管理机制加强指导。

五、问：司法责任制改革后，裁判质量如何保证，司法公正和司法公信能否提高，是老百姓最关心的问题。针对一些地方出现的类案不同判现象，《实施意见》有何解决途径？

答：司法责任制改革的成效，最终要看审判质量、效率和司法公信力是否有效提升，要看人民群众满意不满意。司法责任制改革后，有的地方裁判标准不统一的问题有所凸显，影响了裁判权威和公信力。对此，《实施意见》明确提出，一是完善案件分配机制，系列性、群体性或者关联性案件原则上由同一审判组织办理，这样能保证这类案件裁判尺度的统一把握；二是完善专业法官会议制度，发挥专业法官会议统一法律适用的功能，要求判决可能形成新的裁判标准或者改变同类生效案件裁判标准的，应当提交专业法官会议或者审判委员会讨论；三是完善指导性案例、类案参考、裁判指引等工作机制；四是建立类案及关联案件强制检索机制，要求存在法律适用争议或者“类案不同判”可能的案件，承办法官应当制作关联案件和类案检索报告，并在合议庭评议或者专业法官会议讨论时说明；五是完善院长、庭长审判监督管理机制，对与本院或者上级法院的类案判决可能发生冲突的加强事中监督。

六、问：我们知道，司法队伍是全面落实司法责任制的基础和前提。据了解，当前各地法院案件压力较大，部分法院法官员额比例紧张，审判辅助人员面临较大缺口，请问《实施意见》在完善司法责任制配套举措，合理配置司法资源，提升司法效能方面作出了哪些规定？

答：近年来，人民法院受理案件数量逐年攀升，2017 年全国法院受理案件已经超过 2500 万件，截至今年第三季度，全国法院受理案件已超 2200 万件，部分基层法院年人均办案量已超过 600 件。面临巨大的办案压力，人民法院全面落实司法责任制，既要实现在审判权内部运行机制的优化，也要实现审判质量效率的提升。为此，《实施意见》主要完善以下三个方面的配套举措：

一是优化司法资源配置，合理调整人案结构。总体上看，人民法院当前面临的人案矛盾是结构性矛盾，案多人少很大程度上是资源配置不均衡的结果，解决问题关键在于坚持“以案定编”“以案定额”，在省级范围内统筹调配不同区域、不同法院的政法专项编制和员额比例，向案多人少的地区和法院倾斜。《实施意见》提出，各高级人民法院要强化审判运行态势分析，加强对法官工作量的科学测算，精准分析测算各市（区、县）法院所需政法编制，将长期未使用的编制调整到编制紧缺、急需补充的法院，实现编制、案件量、人员的合理匹配。

二是强化司法队伍管理，深入挖掘内部潜力。司法队伍的战斗力来源于科学高效人员管理制度。《实施意见》充分总结了司法人员分类管理制度改革的有效经验，进一步细化明确员额法官的选任和退出、辅助人员的配备和培养、司法人员业绩考核等制度要求。《实施意见》对员额法官的选任和退出做了原则性规定，下一步最高人民法院还将专门就员额退出问题出台指导性文件。针对目前审判辅助人员缺口大、职业前景不明的问题，《实施意见》明确，要多渠道拓宽法官助理来源，通过统一招录、岗位转任、岗位实习以及探索下级法院青年法官到上级法院担任短期助理等多种渠道，配齐配强审判辅助人员。同时，明确了具有公务员身份的法官助理适用公务员职务与职级并行制度，符合条件的还可以申请参加法官遴选，指明了法官助理职业发展路径。

三是创新司法工作机制，大力提升司法效能。为缓解办案压力，解放司法生产力，《实施意见》提出，要加强审判、执行工作标准化、规范化建设，推动司法工作规范化、高效化；要求切实减轻审判事务性工作负担，对部分审判辅助事务可以实行集约化、社会化管理，盘活内外资源，提高司法效率。

第四编　法院组织与队伍建设

（一）法院组织

最高人民法院
印发《关于全面加强人民法庭工作的决定》的通知

2005 年 9 月 23 日　　　　　　　　法发〔2005〕16 号

全国地方各级人民法院、各级军事法院、各铁路运输中级法院和基层法院、各海事法院、新疆生产建设兵团各级法院：

现将《最高人民法院关于全面加强人民法庭工作的决定》印发给你们，请认真组织学习，贯彻执行。

附：

关于全面加强人民法庭工作的决定

为进一步贯彻中央关于加强人民法庭工作的指示精神，根据《中华人民共和国人民法院组织法》、《中华人民共和国刑事诉讼法》、《中华人民共和国民事诉讼法》等法律的规定，结合人民法庭工作的实际，按照审判工作规律的要求，就今后如何全面加强人民法庭工作作出如下决定：

一、充分认识加强人民法庭工作的重要意义，明确加强人民法庭工作的指导思想和基本任务

1. 人民法庭是基层人民法院的派出机构和组成部分，代表国家依法行使审判权，它作出的裁判就是基层人民法院的裁判。人民法庭是党通过司法途径保持同人民群众密切联系的桥梁和纽带，是展示国家司法权威和提高司法公信力的重要窗口。人民法庭处在维护社会稳定的第一线，处于化解和调处矛盾纠纷的前沿，促进经济和社会发展、维护社会稳定的责任重大。只有不断增强司法能力，提高司法水平，人民法庭才能依法妥善处理和化解各种社会矛盾，推进基层社会主义民主法制建设的进程，维护社会的公平和正义。因此，全面加强人民法庭建设，对巩固党的执政基础，推动社会主义物质文明、政治文明和精神文明建设，构建社会主义和谐社会，具有十分重要的意义。

2. 加强人民法庭工作，必须以邓小平理论和“三个代表”重要思想为指导，坚决贯彻落实“公正司法，一心为民”的指导方针，围绕“公正与效率”的工作主题，面向农村、面向基层、面向群众，坚持便于当事人诉讼，便于人民法院依法独立、公正和高效行使审判权的原则。

3. 加强人民法庭工作的基本任务是，遵循审判规律，规范审判管理，完善审判制度，稳定法官队伍，提高整体素质，优化法庭布局，加强基础建设，落实经费保障，为构建社会主义和谐社会，促进城乡经济社会发展、民主政治和精神文明建设提供有力的司法保障。

二、规范人民法庭和巡回审判点设置

4. 设置人民法庭，应当坚持“两便”原则。应当根据案件数量、区域大小、人口分布、交通条件、经济社会发展状况和有利于审判资源的合理配置等情况，决定人民法庭的具体设置、选址和案件管辖范围。人民法庭应当主要设置在农村或者城乡结合部。人民法庭的设置不受乡镇行政区划的限制。城市市区、基层人民法院所在的城镇不再新设人民法庭。

5. 设置人民法庭应当具备下列条件：一是年受理案件数量一般不低于二百件，但边远山区、牧区、林区等地区不受此限，具体受理案件数量由各高级人民法院根据实际情况决定；二是至少要有三名法官，一名书记员，有条件的应当配备司法警察。少数民族地区应当配备懂当地民族语言的审判人员和书记员；三是要有自有的审判、办公用房，以及适应审判工作需要的办公设施、通信设备和交通工具。

人民法庭的名称，以其所在地地名命名，并冠以其所属基层人民法院的名称。具体名称为“某某人民法院＋人民法庭所在地地名＋人民法庭”。海事法院派出法庭的名称为：“某某海事法院＋法庭所在地地名＋法庭”。

6. 人民法庭的设置、变更和撤销，由基层人民法院根据实际需要提出方案，逐级上报高级人民法院批准。

高级人民法院对不符合设置条件的人民法庭，有权决定撤销。

7. 基层人民法院可根据需要设立巡回审判点，由人民法庭定期或不定期对案件进行巡回审理。巡回审判点应当有相对固定的审判场所和必要的办案设施。

三、加强规范化管理

8. 人民法庭的案件管辖范围，由基层人民法院在自己管辖的一审民事、刑事自诉和执行案件范围内根据实际情况确定，并向社会公布。

人民法庭应当严格依法履行职责，不得超越审判职权参与行政执法活动、地方经济事务和其他与审判无关的事务。

9. 经基层人民法院同意，人民法庭可以直接受理案件。对于当事人直接向人民法庭起诉的案件，经审查认为符合人民法庭受理条件而决定立案的，人民法庭应当及时将当事人的基本情况、案由、简要案情等报基层人民法院立案庭，由立案庭统一编立案号；对巡回审理中随立随审的案件，要及时补办立案手续；对人民法庭受理的案件，立案庭应当将其纳入基层人民法院统一的案件流程管理体系，及时加强管理和督办。

已经建立远程立案系统的基层人民法院，由其统一立案并不影响当事人及时行使诉讼权利的，立案权可以由基层人民法院立案庭统一行使。

10. 人民法庭审理案件，一般适用简易程序。

11. 人民法庭审结的案件，由人民法庭负责执行。但涉及执行审查事项或者基层人民法院认为不宜由人民法庭执行的，由基层人民法院执行机构负责执行。业务管理由基层人民法院执行机构统一负责。

人民法庭执行案件的立案，其立案程序和流程管理，适用本决定第 9 条的规定。

12. 基层人民法院对人民法庭诉讼费用的预收、结算和退费要严格管理。基层人民法院在人民法庭所在地的乡镇农业银行设立有诉讼费用专用账户的，人民法庭应当告知当事人到农业银行交纳案件诉讼费用。

13. 人民法庭应当建立健全审限管理制度，确保高效、及时审结各类案件，不得久拖不结。基层人民法院对人民法庭审理的案件，应当依法进行审限管理。

14. 人民法庭审理案件，应当按照案件质量管理的规定，注重程序公正，严把案件证据关、事实关和适用法律关，不断提高案件质量，实现法律效果和社会效果相统一。

15. 人民法庭应当建立健全印章、档案、财物及图书资料等保管制度；应当根据实际需要建立健全其他管理制度。

四、加强调解工作

16. 人民法庭受理民事案件和刑事自诉案件后，可视案件情况进行庭前调解。

17. 人民法庭审理案件，应当将调解贯穿案件审理的全过程，做到能调则调、当判则判、调判结合、案结事了。

18. 人民法庭应当配合司法行政部门对人民调解员进行法律业务培训，提高其调解能力；应当适时组织人民调解员旁听案件的审理；对人民调解委员会在开展调解活动中遇到的法律问题，可以进行指导，但不得直接参与个案调解。

19. 人民法庭审理涉及人民调解协议的案件，对合法调解达成的有民事权利义务内容的调解协议应当给予支持；对违法调解达成的协议，应当依法予以撤销或者确认无效。调解协议被人民法院生效判决撤销或者确认无效后，人民法庭可以以适当方式告知当地司法行政机关或人民调解委员会。

对当事人选择纠纷解决的方式，人民法庭应当予以尊重。

五、落实司法为民要求

20. 人民法庭应当根据当事人的文化水平、诉讼能力、是否委托律师等具体情况履行释明义务，指导当事人起诉时明确诉讼请求，并围绕诉讼请求进行举证。

21. 基层人民法院对人民法庭诉讼费用的预收、结算和退费要方便人民群众。基层人民法院在人民法庭所在地的乡镇没有设立诉讼费用专用账户的，可由人民法庭代收案件诉讼费用。当事人到基层人民法院办理诉讼费用的结算和退费确有困难的，人民法庭可以代为办理。

22. 人民法庭除在法庭所在地对案件进行开庭审理外，可以根据需要在案件发生地、当事人所在地或巡回审判点对案件进行巡回审理。在巡回审理期间，双方当事人请求人民法庭解决纠纷的，如果该请求符合起诉立案条件，可以当即立案、当即开庭。当即开庭确有困难的，应当在确定开庭时间和地点后及时告知当事人。

23. 人民法庭应当不断增强便民、利民、为民意识，积极主动落实司法为民的各项具体措施。应当加强便民设施建设，设置公示栏、宣传栏，以便于公众查询和监督。对各类主要案件的收费标准、当事人主要诉讼权利和义务、举证须知、风险提示及审理程序应当公示。

六、加强物质装备保障

24. 各高级人民法院应当统一制定本辖区内人民法庭和海事法院派出法庭物质装备建设的总体规划，并根据国家对人民法庭建设的投资计划和当地的经济发展状况，制定出具体的年度建设计划，精心组织实施落实。人民法庭的审判、办公用房建设，应当在三年内完成；交通工具、法庭设备、现代化办公设备和计算机网络建设，也应当纳入总体建设规划和年度建设计划，所需经费纳入基层人民法院的经费预算，逐年安排解决。

25. 人民法庭审判、办公用房，应当按照《人民法庭建设标准》的相关规定进行建设。中西部地区的人民法庭未建和需要改、扩建审判、办公用房的，应当按照《国家发展和改革委员会办公厅、最高人民法院办公厅关于做好中西部地区基层人民法庭规划和建设工作的通知》执行。

26. 人民法庭应当配备必要的交通工具和办公、通讯设备；有条件的地方应当实现人民法庭与基层人民法院院机关的计算机联网，尽快实行电子签章，以保证审判工作高效进行。负有巡回审判任务的人民法庭，应当配备适应巡回审判工作需要的专用车辆、便携式法庭设备和其他业务专用设备。

27. 对于人民法庭的专项建设经费，要严格管理，专款专用，任何人不得以任何理由截留或挪用。

七、加强队伍建设

28. 人民法庭要按照“公正、高效、廉洁、文明”的要求，增强司法能力，提高司法水平，建设一支政治坚定、业务精通、作风优良、司法公正、联系群众、甘于奉献的法庭队伍。

29. 人民法庭的业务培训工作主要由高级人民法院负责：人民法庭庭长的培训由高级人民法院负责，其他法官和书记员的培训由高级人民法院或委托设有法官培训机构的中级人民法院承担；每三年应当对庭长、其他法官和书记员轮训一遍。要充分利用网络、电视等现代科技手段开展远程教育。各级人民法院要积极争取同级党委、人大和政府的支持，加大培训经费的投入，保障对人民法庭法官业务培训所需的经费开支。上级人民法院要尽量减少人民法庭法官业务培训的经济负担。基层人民法院应当根据需要，及时为人民法庭购置图书、订阅报刊等审判业务学习资料。

30. 人民法庭庭长应当由政治强、业务精、善协调、懂管理的法官担任。除具备担任法官的一般条件外，还应当具有三年以上法官任职经历。人民法庭由庭长主持日常工作，行使审判事务、行政事务和队伍建设的管理权。要选派科级以上法官担任人民法庭庭长。直辖市的人民法庭和案件多、任务重的人民法庭，可选派处级法官担任。人民法庭庭长实行轮岗制度，原则上每四年交流一次。

人民法庭除设庭长外，还可根据工作需要设副庭长。

31. 人民法庭的法官实行定期轮岗制度，具体办法由各高级人民法院规定。鼓励上级人民法院派出干部到人民法庭锻炼，并从人民法庭选拔优秀法官。设有人民法庭的基层人民法院的初任法官一般应当到人民法庭工作一年以上；选任基层人民法院院、庭领导，一般应当有人民法庭工作经历。

32. 各级人民法院要加大对人民法庭法官依法履行职务的保障力度，支持人民法庭依法办案，确保公正司法。各级人民法院要积极会同有关部门协商解决人民法庭工作人员工资、审判津贴的及时足额发放问题，并保证人民法庭正常办案经费开支，适当增加人民法庭驻庭人员的出勤和伙食补贴，具体标准由各高级人民法院会同同级财政部门制定，并纳入财政预算。要积极协调地方财政优先落实人民法庭法官和其他工作人员的医疗和因公伤亡保险。

33. 人民法庭党员的组织关系隶属于基层人民法院党组织。基层人民法院党组织对人民法庭党员应当进行有效的管理，凡党员人数在三人以上的人民法庭，可以成立党支部。没有成立党支部和党员人数在三人以下的人民法庭，由基层人民法院党组决定党员所属的支部。基层党组织应当按规定切实落实"三会一课"制度，做好思想政治工作和廉政教育，充分发挥基层党组织的战斗堡垒作用，充分发挥党员的先锋模范作用。

34. 人民法庭的法官和其他工作人员要不断增强廉政意识，严格遵守审判纪律和廉政规定，坚决杜绝人情案、关系案、金钱案。对审判中的违法违纪行为，应当按照有关规定严肃查处。

35. 最高人民法院每四年对先进人民法庭和优秀人民法庭法官进行一次专项表彰；高级人民法院和中级人民法院每两年进行一次专项表彰。各级人民法院都要及时大力宣传人民法庭和人民法庭法官的先进事迹。

36. 基层人民法院要广泛听取社会各界对人民法庭队伍建设的意见，应当召开有人民法庭辖区内的人大代表、政协委员、人民陪审员、人民调解员、廉政监督员和群众代表等参加的座谈会，认真听取他们对人民法庭工作的意见。

八、加强对人民法庭工作的领导

37. 各级人民法院应当主动接受当地党委的领导、人大的监督，积极争取政府的支持，并定期或者不定期地向当地党委、人大汇报人民法庭的工作，及时与政府沟通情况，促进人民法庭工作的开展。

38. 最高人民法院、各高、中级人民法院应当成立人民法庭工作领导小组。领导小组由一名院领导担任组长，民事审判第一庭、政治人事工作部门、执行机构、研究室和司法行政装备管理等部门的负责人作为成员单位参加领导小组，职责是：研究本辖区内人民法庭工作的重大事项，布置各个时期人民法庭工作的任务。

人民法庭的基本建设和物质装备建设工作由各级人民法院司法行政装备管理部门具体负责。

基层人民法院要加强对人民法庭工作的领导，院长要亲自抓，在队伍建设、物质装备和审判管理等方面要采取切实可行的措施。

39. 最高人民法院、各高、中级人民法院人民法庭工作领导小组下设办公室，负责辖区内人民法庭日常工作的指导，完成领导小组交办的工作。有条件的应单独设立办公室；条件不具备的，办公室应依托在民事审判第一庭，但应配备一至二名专职工作人员。

40. 各级人民法院领导应当深入人民法庭开展调查研究，高级人民法院和中级人民法院领导每人应当确定一、二个联系点，每年到人民法庭调查研究。

各级人民法院应当从提高党的执政能力、巩固党的执政基础、构建社会主义和谐社会的高度，充分认识当前全面加强人民法庭工作的重要性，以求真务实、开拓进取的精神，全面加强人民法庭工作，下大力气解决新时期人民法庭建设中面临的实际困难，切实增强人民法庭的司法能力，提高人民法庭的司法水平，为开创人民法庭工作的新局面而努力奋斗！

最高人民法院
关于印发《关于改革和完善人民法院审判委员会制度的实施意见》的通知

2010 年 1 月 11 日　　　　法发〔2010〕3 号

各省、自治区、直辖市高级人民法院，解放军军事法院，新疆维吾尔自治区高级人民法院生产建设兵团分院：

《关于改革和完善人民法院审判委员会制度的实施意见》已经中央批准，现印发给你们，请认真贯彻执行。执行中如有意见和建议，请及时报告我院。

附：

关于改革和完善人民法院审判委员会制度的实施意见

为改革和完善人民法院审判委员会制度，提高审判工作质量和效率，根据人民法院组织法、刑事诉讼法、民事诉讼法、行政诉讼法等法律的规定，结合人民法院审判工作实际，制定本意见。

一、人民法院审判委员会制度是中国特色社会主义司法制度的重要组成部分。几十年来，各级人民法院审判委员会在总结审判经验，指导审判工作，审理疑难、复杂、重大案件等方面发挥了重要作用。随着我国社会主义市场经济和民主法制建设的发展，人民群众通过法院解决纠纷的意识不断增强，全国法院受理案件的总量和新类型案件逐年增多，对审判质量的要求越来越高。为了适应新形势、新任务的要求，建立公正、高效、权威的社会主义司法制度，实现审判委员会工作机制和工作程序的科学化、规范化，应当不断改革和完善人民法院审判委员会制度。

二、改革和完善审判委员会制度，应当坚持“三个至上”的人民法院工作指导思想，坚持党对人民法院工作的领导，自觉接受人民代表大会监督，自觉维护宪法、法律的尊严和权威，自觉维护人民合法权益，坚持从审判工作实际出发，依法积极稳妥推进。

三、审判委员会是人民法院的最高审判组织，在总结审判经验，审理疑难、复杂、重大案件中具有重要的作用。

四、最高人民法院审判委员会履行审理案件和监督、管理、指导审判工作的职责：

（一）讨论疑难、复杂、重大案件；

（二）总结审判工作经验；

（三）制定司法解释和规范性文件；

（四）听取审判业务部门的工作汇报；

（五）讨论决定对审判工作具有指导性意义的典型案例；

（六）讨论其他有关审判工作的重大问题。

五、地方各级人民法院审判委员会履行审理案件和监督、管理、指导审判工作的职责：

（一）讨论疑难、复杂、重大案件；

（二）结合本地区和本院实际，总结审判工作经验；

（三）听取审判业务部门的工作汇报；

（四）讨论决定对本院或者本辖区的审判工作具有参考意义的案例；

（五）讨论其他有关审判工作的重大问题。

六、各级人民法院应当加强审判委员会的专业化建设，提高审判委员会委员的政治素质、道德素质和法律专业素质，增强司法能力，确保审判委员会组成人员成为人民法院素质最好、水平最高的法官。各级人民法院审判委员会除由院长、副院长、庭长担任审判委员会委员外，还应当配备若干名不担任领导职务，政治素质好、审判经验丰富、法学理论水平较高、具有法律专业高等学历的资深法官委员。

中共中央《关于进一步加强人民法院、人民检察院工作的决定》已经明确了审判委员会专职委员的配备规格和条件，各级人民法院应当配备若干名审判委员会专职委员。

七、人民法院审判工作中的重大问题和疑难、复杂、重大案件以及合议庭难以作出裁决的案件，应当由审判委员会讨论或者审理后作出决定。案件或者议题是否提交审判委员会讨论，由院长或者主管副院长决定。

八、最高人民法院审理的下列案件应当提交审判委员会讨论决定：

（一）本院已经发生法律效力的判决、裁定确有错误需要再审的案件；

（二）最高人民检察院依照审判监督程序提出抗诉的刑事案件。

九、高级人民法院和中级人民法院审理的下列案件应当提交审判委员会讨论决定：

（一）本院已经发生法律效力的判决、裁定确有错误需要再审的案件；

（二）同级人民检察院依照审判监督程序提出抗诉的刑事案件；

（三）拟判处死刑立即执行的案件；

（四）拟在法定刑以下判处刑罚或者免于刑事处罚的案件；

（五）拟宣告被告人无罪的案件；

（六）拟就法律适用问题向上级人民法院请示的案件；

（七）认为案情重大、复杂，需要报请移送上级人民法院审理的案件。

十、基层人民法院审理的下列案件应当提交审判委员会讨论决定：

（一）本院已经发生法律效力的判决、裁定确有错误需要再审的案件；

（二）拟在法定刑以下判处刑罚或者免于刑事处罚的案件；

（三）拟宣告被告人无罪的案件；

（四）拟就法律适用问题向上级人民法院请示的案件；

（五）认为应当判处无期徒刑、死刑，需要报请移送中级人民法院审理的刑事案件；

（六）认为案情重大、复杂，需要报请移送上级人民法院审理的案件。

十一、人民法院审理下列案件时，合议庭可以提请院长决定提交审判委员会讨论：

（一）合议庭意见有重大分歧、难以作出决定的案件；

（二）法律规定不明确，存在法律适用疑难问题的案件；

（三）案件处理结果可能产生重大社会影响的案件；

（四）对审判工作具有指导意义的新类型案件；

（五）其他需要提交审判委员会讨论的疑难、复杂、重大案件。

合议庭没有建议提请审判委员会讨论的案件，院长、主管副院长或者庭长认为有必要的，得提请审判委员会讨论。

十二、需要提交审判委员会讨论的案件，由合议庭层报庭长、主管副院长提请院长决定。院长、主管副院长或者庭长认为不需要提交审判委员会的，可以要求合议庭复议。

审判委员会讨论案件，合议庭应当提交案件审理报告。案件审理报告应当符合规范要求，客观、全面反映案件事实、证据以及双方当事人或控辩双方的意见，说明合议庭争议的焦点、分歧意见和拟作出裁判的内容。案件审理报告应当提前发送审判委员会委员。

十三、审判委员会讨论案件时，合议庭全体成员及审判业务部门负责人应当列席会议。对本院审结的已发生法律效力的案件提起再审的，原审合议庭成员及审判业务部门负责人也应当列席会议。院长或者受院长委托主持会议的副院长可以决定其他有必要列席的人员。

审判委员会讨论案件，同级人民检察院检察长或者受检察长委托的副检察长可以列席。

十四、审判委员会会议由院长主持。院长因故不能主持会议时，可以委托副院长主持。

十五、审判委员会讨论案件按照听取汇报、询问、发表意见、表决的顺序进行。案件由承办人汇报，合议庭其他成员补充。审判委员会委员在听取汇报、进行询问和发表意见后，其他列席人员经主持人同意可以发表意见。

十六、审判委员会讨论案件实行民主集中制。审判委员会委员发表意见的顺序，一般应当按照职级高的委员后发言的原则进行，主持人最后发表意见。

审判委员会应当充分、全面地对案件进行讨论。审判委员会委员应当客观、公正、独立、平等地发表意见，审判委员会委员发表意见不受追究，并应当记录在卷。

审判委员会委员发表意见后，主持人应当归纳委员的意见，按多数意见拟出决议，付诸表决。审判委员会的决议应当按照全体委员二分之一以上多数意见作出。

十七、审判委员会以会议决议的方式履行对审判工作的监督、管理、指导职责。

十八、中级以上人民法院可以设立审判委员会日常办事机构，基层人民法院可以设审判委员会专职工作人员。

审判委员会日常办事机构负责处理审判委员会的日常事务，负责督促、检查和落实审判委员会的决定，承担审判委员会交办的其他事项。

最高人民法院
印发《关于进一步加强少年法庭工作的意见》的通知

2010年7月23日　　　　　　法发〔2010〕32号

各省、自治区、直辖市高级人民法院，解放军军事法院，新疆维吾尔自治区高级人民法院生产建设兵团分院：

现将《最高人民法院关于进一步加强少年法庭工作的意见》印发给你们，请认真贯彻执行。

附：

关于进一步加强少年法庭工作的意见

为正确贯彻《中华人民共和国未成年人保护法》、《中华人民共和国预防未成年人犯罪法》，切实执行对违法犯罪未成年人“教育、感化、挽救”的方针和“教育为主、惩罚为辅”的原则，努力实现少年司法审判制度改革的工作目标，积极促进少年法庭工作的规范发展，大力推动中国特色社会主义少年司法制度的建立和完善，现对今后一个时期加强少年法庭工作提出如下意见。

一、提高思想认识，高度重视少年法庭工作

1. 未成年人是国家和民族的未来与希望，党和国家历来高度重视未成年人的保护工作，始终把这项工作作为党和国家事业的重要组成部分。维护未成年人合法权益，预防、矫治未成年人犯罪，保障未成年人健康成长，是人民法院的重要职责之一。少年法庭工作是人民法院开展未成年人司法维权、积极参与社会治安综合治理的重要平台。当前和今后一个时期，少年法庭工作只能加强，不能削弱。

2. 各级法院应当从实践“三个至上”工作指导思想、落实科学发展观、构建和谐社会的高度，充分认识加强少年法庭工作的重要性和必要性，切实贯彻好“坚持、完善、改革、发展”的工作指导方针，把少年法庭工作摆到重要位置。

二、加强组织领导，建立健全少年法庭机构

3. 各级法院应当进一步加强对少年法庭工作的组织领导和业务指导，切实关心和支持少年法庭机构建设，为少年法庭工作全面、健康发展创造良好条件。

4. 最高人民法院设“少年法庭指导小组”，并在研究室设“少年法庭工作办公室”，负责全国法院少年法庭的日常指导工作。

5. 高级人民法院设“少年法庭指导小组”，组长由副院长担任，小组成员应当包括涉及未成年人案件的各相关审判庭和行政部门负责人。高级人民法院少年法庭指导小组下设“少年法庭工作办公室”，负责本辖区内少年法庭的日常指导工作。“少年法庭工作办公室”设在研究室或者审判庭内。高级人民法院可以在刑事审判庭和民事审判庭内分别设立未成年人案件合议庭。暂未设立合议庭的，应当指定专职办理未成年人案件的法官。

6. 中级人民法院应当根据未成年人案件的审判需要，逐步完善未成年人案件审判机构建设。有条件的中级人民法院可以设独立建制的未成年人案件综合审判庭（以下简称少年审判庭）。暂未设独立建制少年审判庭的中级人民法院，应当在刑事审判庭和民事审判庭内分别设立未成年人案件合议庭，或者指定专职办理未成年人案件的法官。

7. 有条件的基层人民法院可以设独立建制的少年审判庭，也可以根据中级人民法院指定管辖的要求，设立统一受理未成年人案件的审判庭。未设独立建制少年审判庭或者未设立统一受理未成年人案件审判庭的基层人民法院，应当在刑事审判庭和民事审判庭内分别设立未成年人案件合议庭，或者指定专职办理未成年人案件的法官。

8. 高级人民法院少年法庭指导小组、少年法庭工作办公室及未成年人案件合议庭的设立、变更情况，应当报告最高人民法院少年法庭工作办公室。中级人民法院和基层人民法院未成年人案件审判机构的设立、变更情况，应当逐级报告高级人民法院少年法庭工作办公室。

三、注重队伍建设，提升少年法庭法官的整体素质

9. 各级法院应当高度重视少年法庭法官队伍建设，着重选拔政治素质高、业务能力强，熟悉未成年人身心特点，热爱未成年人权益保护工作和善于做未成年人思想教育工作的法官，负责审理未成年人案件。

10. 各级法院应当从共青团、妇联、工会、学校等组织的工作人员中选任审理未成年人案件的人民陪审员。审理未成年人案件的人民陪审员应当熟悉未成年人身心特点，具备一定的青少年教育学、心理学知识，并经过必要的培训。

11. 各级法院应当加强少年法庭法官的培训工作，不断提升少年法庭法官队伍的整体素质。最高人民法院、高级人民法院每年至少组织一次少年法庭法官业务培训。中级人民法院和基层人民法院也应当以多种形式定期开展少年法庭法官的业务培训。

四、完善工作制度，强化少年法庭的职能作用

12. 各级法院应当总结完善审判实践中行之有效的特色工作制度，强化少年法庭的职能作用，提高工作的实效性。

13. 有条件的人民法院在审理未成年人刑事案件时，对有关组织或者个人调查形成的反映未成年人性格特点、家庭情况、社会交往、成长经历以及实施被指控犯罪前后的表现等情况的调查报告，应当进行庭审质证，认真听取控辩双方对调查报告的意见，量刑时予以综合考虑。必要时人民法院也可以委托有关社会组织就上述情况进行调查或者自行调查。

人民法院应当在总结少年审判工作经验的基础上，结合实际情况，积极规范、完善社会调查报告制度，切实解决有关社会调查人员主体资格、调查报告内容及工作程序等方面的问题，充分发挥社会调查报告在审判中的作用。

14. 人民法院对未成年人与成年人共同犯罪案件，一般应当分案审理。对应当分案起诉而未分案起诉的案件，人民法院可以向检察机关提出建议。

15. 人民法院根据未成年人身心特点，对未成年被告人轻微犯罪或者过失犯罪案件、未成年人为一方当事人的民事和行政案件，可以采取圆桌审判方式。

16. 人民法院审理未成年人刑事案件，应当注重对未成年被告人的法庭教育。法庭教育的主要内容包括对相关法律法规的理解，未成年人实施被指控行为的原因剖析，应当吸取的教训，犯罪行为对社会、家庭、个人的危害和是否应当受刑罚处罚，如何正确对待人民法院裁判以及接受社区矫正或者在监管场所服刑应当注意的问题等。人民法院可以邀请有利于教育、感化、挽救未成年罪犯的人员参加法庭教育。

人民法院审理未成年人民事和行政案件，应当注意从有利于未成年人权益保护及解决矛盾纠纷的角度对当事人进行有针对性的教育和引导。

17. 对犯罪情节轻微，或者系初犯、偶犯的未成年罪犯，符合适用非监禁刑条件的，应当依法适用非监禁刑。对非本地户籍的未成年罪犯，人民法院应当加强与本辖区社区矫正部门的联系，或者通过未成年罪犯户籍地的人民法院与当地社区矫正部门联系，确保非监禁刑的依法适用。

18. 对判决、裁定已经发生法律效力的未成年罪犯，人民法院在向执行机关移送执行的法律文书时，应当同时附送社会调查报告、案件审理中的表现等材料。对正在未成年犯管教所服刑或者接受社区矫正的未成年罪犯，人民法院应当协助未成年犯管教所或者社区矫正部门做好帮教工作。

人民法院应当做好未成年人民事和行政案件判后回访工作，努力为未成年人的健康成长创造良好环境。

人民法院应当对判后跟踪帮教和回访情况作出记录或者写出报告，记录或者报告存入卷宗。

五、深化改革探索，推动少年法庭工作有序发展

19. 各级法院应当积极开展少年司法理论成果和工作经验的交流活动，进一步深化少年司法改革。

20. 各级法院应当从维护未成年人的合法权益，预防、矫治和减少未成年人犯罪的实际需要出发，积极探索异地社会调查、心理评估干预、刑事案件和解、量刑规范化、社区矫正与司法救助、轻罪犯罪记录封存等适合未成年人案件特点的审理、执行方式。

21. 各级法院应当坚持“特殊、优先”保护原则，大胆探索实践社会观护、圆桌审判、诉讼教育引导等未成年人民事和行政案件特色审判制度，不断开拓未成年人民事和行政案件审判的新思路、新方法。

六、积极协调配合，构建少年法庭工作配套机制

22. 各级法院应当在党委政法委的领导、协调下，加强与同级公安、检察、司法行政等部门的工作沟通，积极建立和完善“政法一条龙”工作机制，形成有效预防、矫治和减少未成年人违法犯罪的合力。

23. 各级法院应当加强与有关职能部门、社会组织和团体的协调合作，积极建立和完善“社会一条龙”工作机制，努力调动社会力量，推动未成年罪犯的安置、帮教措施的落实，确保未成年人民事和行政案件得到妥善处理，推动涉诉未成年人救助制度的建立和完善。

24. 各级法院应当加强未成年人保护的法制宣传教育工作，促进全社会树立尊重、保护、教育未成年人的良好风尚，教育和帮助未成年人维护自己的合法权益，增强自我保护的意识和能力。

25. 各级法院应当在党委政法委的领导、协调下，积极与有关部门协商，推动制定本地区关于未成年人社会调查、司法救助、复学安置等问题的规范性文件，切实解决相关问题。

七、完善考核保障，夯实少年法庭工作基础

26. 各级法院应当根据本地区少年法庭工作实际，将庭审以外的延伸帮教、参与社会治安综合治理等工作作为绩效考核指标，纳入绩效考察的范围。

27. 各级法院应当针对未成年人案件审判特点，加大少年法庭在经费、装备和人员编制方面的投入，为少年法庭开展庭审以外的延伸帮教、法制宣传教育工作以及参与社会治安综合治理工作提供必要保障。

最高人民法院
印发《关于规范上下级人民法院审判业务关系的若干意见》的通知

2010 年 12 月 28 日　　　　法发〔2010〕61 号

各省、自治区、直辖市高级人民法院，解放军军事法院，新疆维吾尔自治区高级人民法院生产建设兵团分院：

《最高人民法院关于规范上下级人民法院审判业务关系的若干意见》已经最高人民法院审判委员会第 1493 次会议通过，现印发给你们，请结合审判工作实际，认真遵照执行。

附：

关于规范上下级人民法院审判业务关系的若干意见

为进一步规范上下级人民法院之间的审判业务关系，明确监督指导的范围与程序，保障各级人民法院依法独立行使审判权，根据《中华人民共和国宪法》和《中华人民共和国人民法院组织法》等相关法律规定，结合审判工作实际，制定本意见。

第一条　最高人民法院监督指导地方各级人民法院和专门人民法院的审判

业务工作。上级人民法院监督指导下级人民法院的审判业务工作。监督指导的范围、方式和程序应当符合法律规定。

第二条 各级人民法院在法律规定范围内履行各自职责，依法独立行使审判权。

第三条 基层人民法院和中级人民法院对于已经受理的下列第一审案件，必要时可以根据相关法律规定，书面报请上一级人民法院审理：

（1）重大、疑难、复杂案件；

（2）新类型案件；

（3）具有普遍法律适用意义的案件；

（4）有管辖权的人民法院不宜行使审判权的案件。

第四条 上级人民法院对下级人民法院提出的移送审理请求，应当及时决定是否由自己审理，并下达同意移送决定书或者不同意移送决定书。

第五条 上级人民法院认为下级人民法院管辖的第一审案件，属于本意见第三条所列类型，有必要由自己审理的，可以决定提级管辖。

第六条 第一审人民法院已经查清事实的案件，第二审人民法院原则上不得以事实不清、证据不足为由发回重审。

第二审人民法院作出发回重审裁定时，应当在裁定书中详细阐明发回重审的理由及法律依据。

第七条 第二审人民法院因原审判决事实不清、证据不足将案件发回重审的，原则上只能发回重审一次。

第八条 最高人民法院通过审理案件、制定司法解释或者规范性文件、发布指导性案例、召开审判业务会议、组织法官培训等形式，对地方各级人民法院和专门人民法院的审判业务工作进行指导。

第九条 高级人民法院通过审理案件、制定审判业务文件、发布参考性案例、召开审判业务会议、组织法官培训等形式，对辖区内各级人民法院和专门人民法院的审判业务工作进行指导。

高级人民法院制定审判业务文件，应当经审判委员会讨论通过。最高人民法院发现高级人民法院制定的审判业务文件与现行法律、司法解释相抵触的，应当责令其纠正。

第十条 中级人民法院通过审理案件、总结审判经验、组织法官培训等形式，对基层人民法院的审判业务工作进行指导。

第十一条 本意见自公布之日起施行。

【链 接】

明确监督指导范围程序 保障依法独立行使审判权
——最高人民法院司改办负责人就《关于规范上下级人民法院审判业务关系的若干意见》答记者问

2010 年 12 月 28 日，最高人民法院发布了《关于规范上下级人民法院审判业务关系的若干意见》（以下简称《意见》），就如何规范上下级人民法院在审判业务方面的监督指导关系提出了具体要求。就此，最高人民法院司改办负责人回答了记者的提问。

一、问：请问制定《意见》的背景是什么？

答：“完善上下级人民法院的审判监督关系”，是中央部署的深化司法改革的项目，也是人民法院“三五改革纲要”部署的重点改革任务。为顺利推进这项任务，最高人民法院于 2009 年 2 月成立了课题组，就相关问题进行了专项调研。我们认为，上下级人民法院在审判业务关系方面主要存在下述问题：一是对上下级法院之间的审判业务关系存在模糊认识，监督指导方式不统一；二是对案件请示做法一直有争议；三是发回重审标准不一，说理不足；四是有的高级人民法院出台审判指导文件的程序、方式不够规范。针对上述问题，我们经过一年多的调研论证、起草修改和征求意见，起草了《意见》。

二、问：制定《意见》的主要目的是什么？包括哪些主要内容？

答：制定《意见》的主要目的，是为进一步明确上级人民法院在审判业务上对下监督指导的范围与程序，构建科学的审级制度，保障各级人民法院依法独立公正行使审判权。《意见》虽然只有十一条，但内容丰富，牵涉甚广，涵盖审判工作各个层面，主要包括六项内容：一是强调上级人民法院应依法对下级人民法院的审判工作进行监督；二是明确上级人民法院对下级人民法院审判工作进行指导的范围与方式；三是对案件请示做法进行了诉讼化改造；四是明确了上级人民法院对特定类型案件提级管辖的权力；五是进一步规范了发回重审程序；六是进一步规范了高级人民法院发布审判指导文件的程序和内容。

三、问：上下级人民法院在审判业务上的监督关系应如何理解？

答：根据《宪法》《人民法院组织法》的规定，上下级法院在审判工作上是监督与被监督的关系。审判工作的监督一般是个案的、事后的，而且必须依法、依程序进行。因此，《意见》特别强调，上级人民法院对下监督指导的范围、方式和程序应当符合法律规定。各级人民法院应在法律规定范围内履行各自职责，依法独立公正行使审判权，以确保审级独立。

四、问：除审判监督关系外，上下级人民法院之间还存在审判指导关系，《意见》就此作了哪些规定？

答：除了办理上诉、再审、抗诉或死刑复核案件，审判指导也是上级人民法院对下监督的重要内容。根据《意见》精神，上级人民法院应树立“办案就是指导”的观念，尽可能通过审理新型、疑难、复杂案件，解决具有普遍意义的法律问题，使审判工作直接起到对下指导，统一法律适用的目的。另外，《意见》按不同法院层级，分类列举了上级人民法院进行审判指导的方式。如最高人民法院可以通过制定司法解释或者规范性文件、发布指导性案例、召开审判业务会议、组织法官培训等方式对下指导。高级人民法院无权发布司法解释、指导性案例，但可以通过制定审判业务文件、发布参考性案例、召开审判业务会议、组织法官培训等方式对下指导。

五、问：案件请示做法在实践中一直存在争议，《意见》对这一做法进行了哪些调整？

答：《意见》主要对案件请示做法进行了诉讼化改造。《意见》明确规定，基层、中级人民法院对于已经受理的重大、疑难、复杂、新类型或具有普遍法律适用意义的案件，以及有管辖权的法院不宜行使审判权的案件，可以根据相关法律规定，书面报请上一级人民法院审理。上级人民法院可在审查移送审理请求后，决定是否受理下级人民法院移送的案件。通过诉讼化改造，一方面可以避免过多案件涌向上级人民法院，另一方面可以使各类案件在诉讼渠道内解决，充分保障当事人的诉讼权利。对这些案件的裁判，也将成为案例指导制度的重要资源。

六、问：《意见》第三条提到的几类可以移送上级法院审理的案件，应如何理解？

答：《意见》第三条提到的几类案件，侧重于法律适用上的示范效应，即通过上级法院审理，形成案例，间接指导下级法院审理类似案件。(1) 重大、复杂、疑难案件。“重大”包括社会关注度较高、有重大影响力的案件，如涉及食品安全、公共卫生、环境污染、重大灾害等案件。“复杂”、“疑难”一般是指案件事实、法律关系等错综复杂，或者对适用法律分歧较大的案件。

(2) 新类型案件。随着社会、科技、文化的迅速发展，产生的一些新类型案件。如涉及电子货币、游戏装备、“微博”侵权、转基因、克隆纠纷，下级法院认为很难把握标准、尺度，有必要由上一级法院审理的案件。(3) 具有普遍法律适用意义的案件。某些案件，法律适用不统一。如酒店免费停车场的“保管”义务问题。上级法院可以通过提审这类案件，统一类似问题的法律适用。究竟什么样的案件具有“普遍法律适用意义”，由上级法院结合审判实际，综合个案案情斟酌确定。(4) 有管辖权的人民法院不宜行使审判权的案件。包括当事人与相关法院或法院负责人有利益关联、案件与当地存在重大利益冲突、地方行政机关干预法院审判等情形。

七、问：《意见》针对上级人民法院对特定类型案件的提级管辖程序，作出了哪些规定？

答：为合理定位各级人民法院职能，充分发挥上级人民法院的审判指导作用，《意见》规定，上级人民法院认为下级人民法院管辖的第一审案件，属于重大、疑难、复杂、新类型、有普遍法律适用意义的案件，或者是有管辖权的法院不宜行使审判权的案件，确有必要由自己审理的，可以决定提级管辖，以便于形成指导性案例或参考性案例，统一各级人民法院的法律适用。

八、问：《意见》对发回重审程序进行了哪些规范？

答：规范发回重审程序，是完善上下级人民法院审判业务关系的一项重要内容。针对发回重审标准不一、说理不足的问题，《意见》规定，第二审人民法院因原审判决事实不清、证据不足将案件发回重审的，原则上只能发回重审一次，避免出现案件久拖不决的现象。《意见》同时要求，第二审人民法院作出发回重审裁定时，应当在裁定书内详细阐明发回重审的理由及法律依据。

九、问：《意见》对高级人民法院发布审判指导文件的程序和内容进行了哪些规范？

答：实践中，有的高级人民法院发布审判指导意见的程序、形式、内容不够规范。为此，《意见》明确要求，高级人民法院发布的审判指导文件必须经该院审判委员会讨论通过，最高人民法院发现相关文件内容与现行法律、司法解释相抵触的，应责令其纠正。同时，高级人民法院发布的审判指导文件，一般应通过媒体向公众公开。

十、问：《意见》发布后，最高人民法院还会就进一步规范上下级人民法院审判业务关系推出哪些配套措施？

答：《意见》发布后，我院将加大工作力度，结合《意见》实施情况，尽快制定关于案件提级管辖、移送管辖的实施细则，确保相关规范性文件的贯彻落实。

最高人民法院
印发《关于进一步加强新形势下人民法院基层基础建设的若干意见》的通知

2011年1月28日　　法发〔2011〕4号

各省、自治区、直辖市高级人民法院，解放军军事法院，新疆维吾尔自治区高级人民法院生产建设兵团分院：

现将《最高人民法院关于进一步加强新形势下人民法院基层基础建设的若干意见》印发给你们，请各地结合实际，认真贯彻执行。

附：

关于进一步加强新形势下人民法院基层基础建设的若干意见

基层基础建设是社会建设的重要组成部分，是整个社会管理的根基。人民法院基层基础建设，是人民法院服务大局、保障民生、维护社会公平正义的重要保证。为适应新形势需要，现就如何进一步加强人民法院基层基础建设提出如下意见。

一、基层基础建设的重要意义、目标任务和基本原则

近年来，人民法院基层基础建设有了长足发展，队伍执法水平和能力有了较大提高，物质装备和经费保障有了较大改善。当前和今后一段时期，我国经济社会发展中深层次问题与表象问题、法律问题与社会问题相互交织，社会矛盾特别是涉及民生各类矛盾产生的原因将更加复杂，高发、多发态势将更加严峻。化解社会矛盾，重点在基层；推进社会管理，难点在基层；确保公正廉洁

执法，关键在基层。处在化解社会矛盾纠纷最前沿的基层人民法院及其派出人民法庭，面临的考验将更加严峻，遇到的问题将更加复杂，承担的任务将更加艰巨。

1. 加强基层基础建设是有效保障和服务党和国家工作大局的必然要求。基层人民法院是基层人民政权的重要组成部分。新形势下进一步加强人民法院基层基础建设，对于充分发挥人民法院职能作用，切实维护国家政权安全，深入推进三项重点工作，更好地为大局服务、为人民司法，维护良好社会秩序和法治环境具有至关重要的作用。

2. 加强基层基础建设是顺利推进司法审判事业科学发展的根本保证。人民法院各项工作都要通过基层来落实。人民法院基层基础建设，是提升人民法院整体工作水平的重点，是维护社会公平正义的关键。只有加强基层基础建设，才能保证人民法院充分履行职能，切实促进司法审判事业科学发展。

3. 加强基层基础建设是积极回应人民群众关切期待的重要途径。人民法院90%左右的案件在基层。基层人民法院及其派出人民法庭与人民群众接触最为直接、联系最为紧密。加强基层基础建设，就是要从群众希望的地方做起，从群众不满意的地方改起，不断提升基层审判工作水平和公信力。

4. 基层基础建设的目标任务。以邓小平理论、“三个代表”重要思想为指导，深入贯彻落实科学发展观，坚持“以审判工作为中心、队伍建设为根本、物质装备为保障”，力争用三至五年时间，使基层执法办案水平明显提高，化解社会矛盾能力明显增强，法院和法官形象明显改观，物质保障工作明显进步，科技支撑力度明显加大，制度机制活力明显提升，切实发挥基层人民法院及其派出人民法庭在促进社会和谐、维护社会稳定、实现社会公平正义等方面的积极作用。

5. 基层基础建设的基本原则

——坚持党的领导。这是人民法院基层基础建设沿着正确政治方向发展的根本保证。在任何时候、任何情况下，都必须始终不渝坚持党的领导，自觉接受党的领导，紧紧依靠党的领导，始终在思想上、政治上、行动上与党中央保持高度一致。

——坚持群众路线。牢固树立司法为民思想，坚持一切为了群众、一切依靠群众，从群众中来、到群众中去的群众路线，始终以最广大人民根本利益作为工作出发点、落脚点，确保人民法院基层基础工作牢牢扎根于人民群众之中。

——坚持科学发展。牢固树立科学发展理念，正确处理好现实需要与长远发展、全面发展与重点突破、自力更生与社会协同、规模速度与质量效益的关系，努力推动人民法院基层基础建设全面、协调、可持续发展。

——坚持接受监督。牢固树立自觉接受监督观念，完善内部监督制约机制，主动接受人大监督、法律监督、民主监督、舆论监督，广泛听取社会各界意见和建议，不断改进和加强人民法院基层基础工作。

二、立足新形势变化充分发挥审判职能作用

基层基础建设，审判工作是中心。要立足新形势变化，务求在保障和改善民生、化解社会矛盾、促进经济社会长期平稳较快发展方面取得新进展、实现新突破。只有“将矛盾化解在当地、化解在基层”，才能建立起“基层稳、天下安”的和谐社会。

6. 进一步提高民生审判质量。密切关注物价上涨及房贷等政策变化对民生的影响，依法妥善审理劳动就业、社会保障、教育、医疗、住房、消费等领域的纠纷，注重维护弱势群体权益，着力解决群体性矛盾，切实维护人民群众切身利益。认真研究“三农”工作中出现的法律问题，有效化解农民工追索劳动报酬、农产品买卖、农村土地承包等纠纷，保护农民权益，促进农业发展，维护农村稳定。审慎处理农村集体土地征收、城镇国有土地上房屋拆迁案件，切实保障被征地农民、被拆迁人合法权益。

7. 进一步方便人民群众诉讼。完善功能设置，规范工作制度，努力把立案信访窗口建成“为民之窗、文明之窗、和谐之窗、公信之窗”。巩固和完善人民法庭直接立案工作机制，着力解决当事人立案不便困难。更加充分发挥简易程序制度功能，做好小额案件速裁机制试点工作，加大司法救助工作力度，让人民群众行使诉权更加便捷，实现权益更加及时，感受司法公正高效更加真切。

8. 进一步发挥人民陪审优势。注重吸收不同行业、性别、年龄、专业人员，确保人民陪审员队伍的广泛性、代表性和群众性。加强日常管理，健全人民陪审员各项工作程序及考评激励等制度。完善人民陪审员“随机抽取”工作机制，更好实现司法民主。加强岗前及履职培训，着力提高人民陪审员参审能力。切实发挥人民陪审员来自群众、熟悉群众、代表群众独特优势，最大限度引导当事人尊重和自觉履行生效裁判，不断提高司法裁判公信力。

9. 进一步规范人民法庭设置。按照“三个面向”和“两便”要求，坚持科学、务实、效能原则，结合东中西部地区审判工作实际需要，科学规划好人民法庭恢复、新建和调整工作。在所辖乡镇地理位置偏远、交通不便，及原有法庭服务半径过大、区域内经济活动较频繁、受理案件较多的地区，新建或恢复设立人民法庭。对辖区交通便利或者受理案件量较少等设置必要性不高的人民法庭，应及时予以调整。

10. 进一步扩大巡回审判效应。结合本地实际，认真落实最高人民法院

《关于大力推广巡回审判方便人民群众诉讼的意见》，切实增强巡回审判的针对性，努力追求巡回审判的高质量和高效率。采取多种形式，依托巡回审判开展延伸服务，推动巡回审判向纵深发展，拓展审判工作的辐射效应，努力提供快捷、亲民和全方位的司法服务。

11. 进一步创新审判管理。坚持服务审判理念，确立有利于审判工作良性发展的管理体系。坚持以人为本，保护和激发审判人员工作积极性和创造性。尊重审判规律，科学设计考核指标，注意对案件的类型化、差别化管理，正确评估统计数据与审判业绩的关系。合理配置审判资源，实现案件繁简分流，优化部门职责分工。有条件的基层人民法院，要设立审判管理专门机构，也可由审判监督庭承担审判管理职能。

12. 进一步拓展对下监督指导。将做好、做实对基层审判工作的监督指导，作为中级以上人民法院日常工作的重要内容和绩效考核的重要指标。完善问题的发现、反馈、分析和解决机制；建立重大敏感案件风险评估机制。着力开展有针对性的调查研究，综合利用适用法律疑难问题请示、审级监督、发改案件通报分析以及典型案例指导等制度，拓宽监督指导途径，不断增强监督指导的针对性、时效性、规范性和权威性。下大气力解决个案指导多、类型案件总结少，事后监督多、事前指导少等问题。

13. 进一步坚持“调解优先、调判结合”。准确理解和贯彻“调解优先、调判结合”基本精神，正确处理调判关系，充分发挥调判组合优势。准确把握运用调判方式处理案件的基础和条件，依照法律可以调解、根据案情能够调解或者按照矛盾冲突特点调解处理效果更好的，要选择调解方式解决纠纷。依法不能调解、根据案情不宜调解或者以判决方式更有利于解决问题的，应当选择判决方式。不能脱离实际设定调解率指标或者违背当事人意愿强调硬调、以拖促调，损害司法权威和司法公信。以自动履行率为重要标准，完善真实反映调解工作效果的考评机制，更好发挥调解方式化解矛盾的功能。

14. 进一步推进“大调解”工作机制。创新和完善诉讼与非诉讼相衔接的矛盾纠纷解决机制，积极推广诉调对接中心建设，做好诉前调解工作。按照不越位、不错位、不缺位的要求，采取集中培训系统指导、巡回办案实时指导、庭审旁听观摩指导、典型案例重点指导等多种形式，促进人民调解化解纠纷能力提高。完善人民调解协议司法确认机制，规范人民调解协议司法确认工作，推动人民调解工作更大发展。把握好人民法院在“大调解”格局中的定位，充分发挥司法的引导、保障、推动作用，既要保持司法活动独立性和终局性，也要加强与各方面的协调配合，形成职责定位明确、程序衔接畅通的社会矛盾化解合力。

三、围绕新形势要求全面加强队伍建设

基层基础建设，队伍建设是根本。建设一支政治坚定、业务过硬、一心为民、公正廉洁的基层队伍，是实现基层基础建设目标任务的重要基础和前提。

15. 进一步加强党建工作。高度重视基层人民法院和人民法庭党建工作，认真整顿组织不健全及软弱涣散等问题，坚持抓党建带队建促审判。全面强化基层党员教育管理，深入推进创先争优活动和“人民法官为人民”主题实践活动，扎实开展“发扬传统、坚定信念、执法为民”主题教育实践活动。注重培养、树立、宣传基层优秀党员典型事迹，激发广大基层干警工作热情和干劲。完善党员管理工作考核评价机制，加大违法违纪党员处罚惩戒力度，增强警示教育震撼力和实效性。

16. 进一步抓好领导班子建设。认真履行干部协管职责，严把基层人民法院领导班子成员任职考察关。通过专题培训、司法巡查、届中考察以及参加领导班子民主生活会等方式，加大对基层人民法院领导干部的教育、管理和监督力度。探索建立体现科学发展观和正确政绩观要求的考核评价体系，作为基层领导干部调整、交流、使用的重要依据。进一步健全、完善后备干部调整、培养和使用等制度，为基层干部成长创造条件，提供有效组织人事制度保障。

17. 进一步改进司法作风。全面传承、弘扬人民司法优良传统，把增强群众观念和感情、保护群众合法权益、密切联系群众贯穿于基层队伍建设始终。深入开展群众观点大讨论，坚持求真务实作风，有针对性地开展自查自纠，最大限度避免损害群众利益、伤害群众感情等现象发生。不断拓宽联系渠道及时听取群众意见建议，积极开展人民满意法院、法官创建活动。严格遵守《法官职业道德基本准则》、《法官行为规范》、《人民法院文明用语基本规范》的规定，以规范文明司法为核心，完善符合基层实际的行为准则规范体系。

18. 进一步促进司法廉洁。结合基层实际，扎实开展党风廉政建设。继续开展正面典型示范教育、反面典型警示教育，探索反腐倡廉工作新路子，督促广大干警廉洁自律。认真落实“四个一律”要求和“五个严禁”规定，健全网络举报受理、违纪线索核查、重大案件督办等工作机制，完善对查办案件工作的评价制度和问责制度，始终保持惩治腐败高压态势。推进惩防腐败体系建设，切实落实廉政建设责任制，全面推行廉政监察员制度，健全基层纪检监察机构设置，配齐、配强纪检监察人员，构建符合基层审判工作规律的廉政风险防范机制。

19. 进一步增强司法能力。全面贯彻落实“一个目标、两个转变、三个倡导”教育培训工作方针，构建多形式、全覆盖的基层队伍全员培训体系和网络。紧扣基层实践需求，不断创新培训内容与形式，把会做、善做群众工作，

掌握化解矛盾纠纷的本领，以及突发紧急事件处置、舆情掌控及应对等纳入基层法官和法院领导干部教育培训工作的必修内容。抓好基层法官轮训工作，建立人民法庭庭长定期轮训制度。组织、倡导、鼓励资深优秀法官开展审判专题巡回讲座、司法经验交流等活动。健全东西部地区人才对口支援机制，注重培养、锻炼基层一线青年法官，完善新进人员到基层一线岗位锻炼制度。

20. 进一步建立健全职业保障制度和激励机制。以中央司法体制和工作机制改革为契机，积极推动建立并实施法官职务序列及其配套政策，适当提高基层法官职数比例。适当提高基层办案人员岗位津贴标准，进一步规范和提高法官（法警）特别补助金、慰问金工作程序与效率。积极探索建立适合审判工作特点的法官工资、退休和其他津补贴制度。关心基层干警生活，着力解决实际困难，落实带薪休假、定期身心检查等制度，倡导健康生活情趣，培养理性心态，增强“抗压”能力。

21. 进一步解决案多人少矛盾和法官短缺问题。完善省级统一招录政策，坚持开展选调生工作，努力拓宽法官来源范围渠道。规范、加强编制管理、使用和督查，坚持面向基层、面向一线办案人员分编倾斜政策和原则，推动建立适应审判工作发展要求的编制增补机制。加大中央关于解决提前离岗离职政策的执行、督查力度，优化队伍结构，发挥资源配置作用，减少并杜绝审判资源浪费。积极会同国家有关部门，研究改进司法考试办法、完善司法考试政策。扩大在职法律职业人员国家统一司法考试试点范围，直接、快速、有效解决西部边远地区、民族地区法官短缺问题。充分考虑民族地区语言文化、经济发展状况等因素，制定旨在吸引本地人才的招录政策，引导、鼓励、支持熟悉民族语言、适应当地环境的优秀少数民族和本地汉族人才充实法官队伍。加大民族地区“双语法官”培养力度，积极研究建立双语法官培训基地。

22. 进一步实施基层人才聚集发展战略。认真贯彻执行中央基层工作方针和人才工作规划，制定并实施基层聚才工程规划，出台基层聚才倾斜政策，完善基层聚才保障机制。注重从基层选拔优秀人才，形成优秀人才向基层聚集，优秀干部从基层产生、成长和锻炼的人才工作新格局。逐步建立并完善法官择优遴选制度和有利于基层干警成长的选拔机制，努力拓展基层干警职业发展空间。到2012年，省级以上人民法院录用公务员，除部分特殊职位外，均应从具有两年以上基层工作经历人员中考录。有效解决“不愿去、出不来、留不住”问题，把人民法庭作为培养、锻炼、选拔法院领导干部和业务骨干的重要基地。

四、适应新形势发展大力提升物质装备保障水平

基层基础建设，物质装备是保障。大力推进司法行政管理体制和工作机制

改革，理顺上下级人民法院在司法行政管理工作方面的相互关系，增强上级人民法院特别是高级人民法院对下级人民法院在经费保障、基础设施建设、业务装备配备、信息化建设和司法鉴定等方面的管理责任，充分发挥服务审判职能作用。

23. 进一步加大经费保障力度。深入贯彻落实中央办公厅、国务院办公厅《关于加强政法经费保障工作的意见》，按照财政部《政法经费分类保障办法（试行）》各项要求，深化经费保障体制改革，在中央加大转移支付力度同时，增强地方保障能力和水平，使基层真正享受到改革成果。最高人民法院继续积极协调中央财政和国家发改委对法院的资金和政策支持。高级人民法院加强与省级财政和发展改革部门的沟通协商，争取省级配套资金足额到位，积极主动参与研究制定资金分配方案，配合省财政部门建立基层公用经费正常增长机制。基层人民法院努力做好与本级政府部门沟通协调工作，积极争取各方面支持，切实落实地方经费保障责任，抓好人民陪审员、聘用人员等经费预算方案的制定和落实，保证各项经费开支。上级人民法院应会同财政部门加大对基层经费保障情况和经费管理情况的监督检查和指导，避免抵顶经费、减少本级投入等问题发生。

24. 进一步完成基础设施建设任务。以国家发改委《关于进一步加强地方政法基础设施建设规范投资保障机制的意见》为指导，依据审判工作实际需要，制定审判法庭、人民法庭建设总体规划和年度计划。做好建设项目申报工作，协调地方政府按照政策要求划拨建设用地，落实配套条件和资金，减免相关规费。尽快完成立案信访窗口和残疾人无障碍通道建设，以及立案信访窗口和人民法庭统一标识工作。有建设任务的法院要切实加强建设资金管理和建设成本控制，避免形成新的债务。积极推动中央、省级和本级三级政府分项目、分年度、分比例负担方式化解基本建设历史债务。

25. 进一步提升业务装备配备水平。认真执行《基层人民法院基本业务装备配备指导标准（试行）》，着力加强基层人民法院业务装备建设。高级人民法院应会同省级财政部门结合本地实际情况，以国家标准为基本要求，制定本地区基层人民法院业务装备配备实施标准，并根据中央和省级转移支付资金规模和法院工作重点，制定本地区基层人民法院业务装备配备规划和年度实施计划。基层人民法院要根据审判执行工作实际需求，科学规划，加快装备更新，尽快实现审判法庭专业设备、审判文书印刷设备、法警单警装备、档案存储设备以及业务交通工具标准化配置。高度重视人民法庭安全设施建设，尽快按标准和需求配备安全保卫装备。

26. 进一步推动信息化建设。按照最高人民法院《关于全面加强人民法院信息化工作的决定》要求，以“天平工程”项目建设为契机，加强信息化基础设施建设。在加快“科技法庭”等硬件设施建设同时，重点建设覆盖基层人民法院和人民法庭的局域网络，全面应用司法审判信息管理系统，健全信息安全保障体系和相关配套设施等。将案件诉讼材料同步数字化录入，形成完整的电子档案，推进信息化在流程管理、质量评估、绩效考核、远程审判等方面的应用。进一步推广远程立案申诉、电子签章、公众信息查询、公众网站等司法便民措施。在资金、技术、人才等方面向基层倾斜，努力提高信息化建设水平。

27. 进一步完善司法鉴定管理工作职能作用。充分认识司法鉴定管理工作重要性，根据审判执行工作需求，按照最高人民法院各项管理规定，规范对外委托评估、拍卖和鉴定工作，有条件的基层人民法院应开展技术咨询和技术审核工作。加强司法技术辅助人员业务培训，不断提高司法鉴定管理人员业务能力。

各级人民法院务必站在为党和国家工作大局服务的高度，充分认识、深刻理解新形势下进一步加强基层基础建设的重要性、紧迫性。各高级人民法院要按照本意见要求，及时研究制定符合本地实际的具体工作规划和落实意见，有计划、有步骤地推动基层基础建设。对工作中发现的新情况、新问题，要注意认真分析研究成因与对策，必要时及时层报最高人民法院。

【链　　接】

以审判工作为中心　队伍建设为根本　物质装备为保障
全面推进新形势下人民法院基层基础建设

——最高人民法院民一庭负责人就《关于新形势下进一步加强人民法院基层基础建设的若干意见》答记者问

2011年2月15日，最高人民法院公布了《关于新形势下进一步加强人民法院基层基础建设的若干意见》（以下简称《意见》），对新形势下进一步加强人民法院基层基础建设作出了全面部署，提出了具体要求。值此《意见》公布之际，最高人民法院民一庭负责人就有关问题接受了记者的采访。

全面提升人民法院基层基础工作水平的重要性和必要性日益凸显

一、问：请您介绍一下制定出台《意见》的背景和意义。

答：加强基层建设，党中央始终高度重视。不断加强人民法院基层基础建设，是人民法院服务大局、保障民生、维护社会公平正义的重要保证，最高人民法院历届党组都把这项工作摆在尤其重要的位置。近年来，在党中央正确领导下，人民法院基层基础建设有了长足进展，队伍素质、执法水平和能力有了较大提高，人员编制、物质装备和经费保障有了较大改善，历史欠账有了较大缓解，在依法妥善处理大量矛盾纠纷的同时，较好发挥了职能作用，为服务党和国家工作大局、维护人民群众合法权益作出了积极贡献。但随着我国经济社会的不断发展，深层次问题与表象问题、法律问题与社会问题相互交织，社会矛盾特别是涉及民生各类矛盾高发、多发态势更加严峻。处在以司法手段化解社会矛盾纠纷、维护和谐稳定社会秩序和实现社会公平正义最前沿的基层人民法院及其派出人民法庭，面临的考验更加严峻，遇到的问题更加复杂，承担的任务更加艰巨。但在地位作用更加突显的同时，基层基础建设中存在的问题和困难也最多。在此新形势下，制定更有针对性的指导意见，全面提升人民法院基层基础工作水平的重要性和必要性日益凸显。为了做好《意见》起草制定工作，最高人民法院专门成立了由有关部门参加的起草工作组，并在对全国法院基层基础建设情况进行广泛充分调研基础上，制定了《意见》。《意见》的出台，有利于更好服务党和国家工作大局，有利于顺利推进司法审判事业科学发展，有利于积极回应人民群众关切期待，具有十分重要的意义。

审判工作、队伍建设和物质装备是一个整体，不能机械片面理解

二、问：《意见》明确提出要坚持“以审判工作为中心、队伍建设为根本、物质装备为保障”做好新形势下基层基础工作，请您谈一谈对此应如何理解和把握。

答：《意见》提出这个要求，是建立在对当前形势的准确分析和判断基础之上的。前些年，基层基础工作中人员短缺、物质装备落后是主要矛盾，但随着这些困难的较大缓解，现在已经到了全面推进基层基础建设的关键时期。人民法院作为国家审判机关，职能作用的充分发挥归根到底还是要通过做好审判工作来实现。基于此，《意见》提出要“以审判工作为中心、队伍建设为根本、物质装备为保障”作为基本思路，来进一步加强新形势下人民法院基层基础建设。“以审判工作为中心”，就是基层基础建设成效怎样，关键看审判职能作用是否得到充分发挥，基层基础建设的其他工作应当围绕审判工作开展；“以队伍建设为根本”，是因为审判工作开展得如何最终取决于“人”的因素，要把队伍建设作为实现基层基础建设目标任务的重要基础和前提；“以物质装备为保障”，是由基层基础建设实际情况决定的，离开物质装备的有力保障，基层基础建设的目标任务就很难实现，要充分发挥物质装备服务和保障审判的职能

作用。总体来看，审判工作、队伍建设和物质装备是一个整体，不能机械片面理解：离开审判工作这个中心，基层基础建设就会发生方向性偏误；没有队伍建设这个根本，基层基础建设就会成为无源之水；缺失物质装备这个保障，基层基础建设就会变得困难重重。明确了“以审判工作为中心、队伍建设为根本、物质装备为保障”的基本思路加强基层基础建设，就可以适应新形势、抓住关键点，并确保措施要求的针对性和实效性。

做好民生审判工作是提升基层审判工作质量水平的重中之重

三、问：基层审判工作的很大特点之一就是民生关切度高，《意见》对此有何要求和部署?

答：基层审判工作事关民生、贴近社会，与人民群众切身利益和经济发展、社会稳定息息相关。党的十七届五中全会提出，“十二五”时期要把保障和改善民生作为加快转变经济发展方式的根本出发点和落脚点，民生事业和社会管理将摆在更加突出的位置。基层人民法院及其派出人民法庭处在化解社会矛盾纠纷的最前沿，大量的社会矛盾特别是事关经济社会发展和涉及保障改善民生的纠纷需要通过诉讼解决。因此，做好民生审判工作是提升基层审判工作质量水平的重中之重。《意见》明确提出，要密切关注物价上涨及房贷等政策变化对民生的影响，依法妥善审理劳动就业、社会保障、教育、医疗、住房、消费等领域的纠纷，注重维护弱势群体权益，着力解决群体性矛盾，切实维护人民群众切身利益。认真研究“三农”工作中出现的法律问题，有效化解农民工追索劳动报酬、农产品买卖、农村土地承包等纠纷，保护农民权益，促进农业发展，维护农村稳定。审慎处理农村集体土地征收、城镇国有土地上房屋拆迁案件，切实保障被征地农民、被拆迁人合法权益。

要注重确保人民陪审员队伍的广泛性、代表性和群众性

四、问：人民陪审制度是更好实现司法民主的重要制度保障，《意见》针对这个问题作出了怎样的规定?

答：实行人民陪审制度是基层审判工作的重要特征之一，除法律、司法解释另有规定外，涉及群体利益、公共利益，人民群众广泛关注或者其他社会影响较大的一审刑事、民事、行政案件，应由人民陪审员和法官共同组成合议庭进行审判。只有将《全国人民代表大会常务委员会关于完善人民陪审员制度的决定》和最高人民法院《关于人民陪审员参加审判活动若干问题的规定》《关于进一步加强和推进人民陪审员工作的若干意见》等落到实处，才能更好完善社会主义司法制度、弘扬司法民主、促进司法公正和增强司法权威。《意见》规定，要进一步发挥人民陪审优势。首先要注重吸收不同行业、性别、年龄、专业人员，确保人民陪审员队伍的广泛性、代表性和群众性。其次要完善人民陪审员“随机抽取”工作机制，充分调动所有人民陪审员的参审积极性，在制度上确保参审人民陪审员的广泛性。最后要注意发挥好人民陪审员来自群众、熟悉群众、代表群众的独特优势，以之为桥梁，最大限度引导当事人尊重和自觉履行生效裁判，不断提高司法裁判的公信力，推动全社会重视、支持人民法院工作良好氛围的建立。

发挥人民法庭作用，坚持“调解优先、调判结合”，拓展对下监督指导

五、问：做好基层审判工作涉及的问题十分繁杂，《意见》对此还有哪些重要的规定?

答：做好新形势下基层审判工作包括的内容很多。除了提高民生审判质量和发挥人民陪审优势以外，主要还有以下几个方面的问题。一是进一步发挥人民法庭的职能作用。2005年最高人民法院制定下发了《关于全面加强人民法庭工作的决定》(以下简称《决定》)，对如何开展人民法庭工作进行了全面系统的规范。《决定》对新形势下进一步加强人民法庭工作仍然具有重要意义。在《决定》基础上，《意见》中有关解决当事人立案不便困难、大力推广巡回审判、进一步发挥人民陪审优势、加快“科技法庭”硬件设施建设以及重点建设覆盖基层人民法院和人民法庭的局域网络等很多具体规定都涉及人民法庭。在基层基础建设中，要将《决定》和《意见》结合起来，强化对人民法庭立案、审理及执行等各项工作的支持、管理，推动人民法庭审判工作再上新台阶。二是进一步坚持“调解优先、调判结合”。要准确理解和贯彻“调解优先、调判结合”基本精神，正确处理调判关系，充分发挥调判组合优势。准确把握运用调判方式处理案件的基础和条件，依照法律可以调解、根据案情能够调解或者按照矛盾冲突特点调解处理效果更好的，要选择调解方式解决纠纷。依法不能调解、根据案情不宜调解或者以判决方式更有利于解决问题的，应当选择判决方式。不能脱离实际设定调解率指标或者违背当事人意愿强调硬调、以拖促调，损害司法权威和司法公信。以自动履行率为重要标准，完善真实反映调解工作效果的考评机制，更好发挥调解方式化解矛盾的功能。三是进一步拓展对下监督指导。要将做好、做实对基层审判工作的监督指导，作为中级以上人民法院日常工作的重要内容和绩效考核的重要指标。完善问题的发现、反馈、分析和解决机制；建立重大敏感案件风险评估机制。着力开展有针对性的调查研究，综合利用适用法律疑难问题请示、审级监督、发改案件通报分析以及典型案例指导等制度，拓宽监督指导途径，不断增强监督指导的针对性、时效性、规范性和权威性。下大气力解决个案指导多、类型案件总结少，事后监督多、事前指导少等问题。

“抓党建带队建促审判”是做好基层党建工作的重要保证

六、问：基层党建工作是全面加强基层队伍建设的重要内容，如何来理解《意见》对此作出的专门规定？

答：切实坚持“抓党建带队建促审判”工作思路和原则，是做好基层党建工作的重要保证。在工作中，要认真遵照“条块结合、上下联动、整体推进”的党建工作部署和要求，着力推进人民法院基层党的组织、思想、作风、制度和反腐倡廉建设，充分发挥基层党组织的战斗堡垒作用和党员干警的先锋模范作用。进一步强化、落实党建工作领导、组织责任，完善、细化领导干部“一岗双责”工作制度和机制，着力提高党建工作科学化、制度化水平。不断丰富、创新党建工作内容和形式，增强党建工作的针对性、实效性、吸引力和感召力。符合党章规定条件的人民法庭，要建立起党支部；不符合成立党支部条件的，基层人民法院要切实加强对人民法庭党员的管理。采取切实有效措施，加强基层人民法院党员党性、党风、党纪教育，建立、完善党员管理工作考核评价机制。深入推进创先争优活动和“人民法官为人民”主题实践活动，扎实开展“发扬传统、坚定信念、执法为民”主题教育实践活动。注重在基层培养、树立、宣传优秀党员的典型事迹，激发广大基层干警的工作热情和干劲，营造浓郁的“比、学、赶、帮、超”氛围。加大违法违纪党员处罚惩戒力度，增强警示教育震撼力和实效性。

做好五个方面工作，努力拓展基层干警职业发展空间

七、问：人才建设是基层队伍建设工作的关键，事关人民法院基层基础建设的成败，实践中存在的问题较多，《意见》对此问题提出了什么措施？

答：做好人才工作对实现基层基础建设任务目标意义重大。《意见》中有几个条文都对此作出了规定。综合来看，主要有这么几个方面。一是继续坚持面向基层、面向一线办案人员倾斜的分编原则，抓紧抓好“十一五”期间编制的分配落实，积极研究提出新一轮的增编计划，并切实加大对现有编制的使用、督查、管理的力度。二是完善省级统一招录政策，坚持开展选调生工作，着力推进《公开选拔初任法官、检察官任职人选暂行办法》的贯彻落实，切实发挥既有政策的实际效应，努力拓宽法官的来源范围和渠道。三是加大贯彻中央关于解决提前离岗离职政策的执行、督察力度，进一步减少并杜绝审判资源浪费的现象。四是建立健全基层人民法院法官与法庭庭长定期轮岗和交流制度，要把法庭作为法院领导干部和业务骨干选拔、培养、锻炼的重要基地，切实缓解法庭“进不去、出不来、留不住”人的问题。五是贯彻中央基层工作方针，制定并实施基层聚才工程规划，出台基层聚才倾斜政策，完善基层聚才保障机制，注重从基层选拔优秀人才，形成优秀人才向基层聚集，优秀干部从基层产生、成长和锻炼的人才工作新格局。针对西部及贫困地区基层人民法院法官来源不足、断层严重，人才匮乏等问题，要积极推进政法干警招录培养体制改革试点工作，逐步扩大招生规模，为西部及贫困地区提供可持续的人才支持。继续加大选调生、志愿者、东中西部法院干部交流工作力度，通过代培、定向培养等方式，进一步在少数民族地区加大“双语”型法官的培养力度，吸引、鼓励、支持优秀少数民族人才充实基层法官队伍。在原有对西部地区实施优惠政策的基础上，会同国家有关部门，继续扩大在职法律职业人员国家统一司法考试试点的适用范围；进一步研究改进司法考试办法，完善司法考试政策。充分发挥招录补员政策整体效用，多措并举引进高素质人才，改善中西部人才队伍结构，加大人才对口支援力度，促进中西部审判人才队伍整体素质和执法办案能力的提高。通过以上举措，逐步建立并完善法官择优遴选制度和有利于基层干警成长的选拔机制，努力拓展基层干警职业发展空间。到2012年，省级以上人民法院录用公务员，除部分特殊职位外，均应从具有两年以上基层工作经历人员中考录。

高级人民法院要切实承担起主体责任，提高基层经费保障水平

八、问：经费保障水平亟待进一步提高，这在全国范围内都不同程度地存在，《意见》中是如何解决这一问题的？

答：《意见》高度重视基层经费保障问题，规定要进一步加大经费保障力度。具体来说，首先，要深入贯彻落实中办国办《关于加强政法经费保障工作的意见》，按照财政部《政法经费分类保障办法（试行）》各项要求，深化经费保障体制改革，在中央加大转移支付力度同时，增强地方保障能力和水平，使基层真正享受到改革成果。其次，最高人民法院继续积极协调中央财政和国家发改委对法院的资金和政策支持。高级人民法院加强与省级财政和发展改革部门的沟通协商，争取省级配套资金足额到位，积极主动参与研究制定资金分配方案，配合省财政部门建立基层公用经费正常增长机制。基层人民法院努力做好与本级政府部门沟通协调工作，积极争取各方面支持，切实落实地方经费保障责任，抓好人民陪审员、聘用人员等经费预算方案的制定和落实，保证各项

经费开支。第三，上级人民法院应会同财政部门加大对基层经费保障情况和经费管理情况的监督检查和指导，避免抵顶经费、减少本级投入等问题发生。需要特别注意的是，各高级人民法院要切实承担起主体责任，下大气力为提高基层经费保障水平多做好事、多办实事。

完成基层基础设施建设任务，加强基层人民法院业务装备建设

九、问：基础设施建设和物质装备配备既涉及基层审判工作的有效开展，人民群众对此也十分关心，《意见》中提出了哪些要求？

答：进一步完成基础设施建设任务是基层基础建设中非常关键的内容。《意见》规定，要以国家发改委《关于进一步加强地方政法基础设施建设规范投资保障机制的意见》为指导，依据审判工作实际需要，制定审判法庭、人民法庭建设总体规划和年度计划。此外，还要做好建设项目申报工作，协调地方政府按照政策要求划拨建设用地，落实配套条件和资金，减免相关规费。特别需要提出的是，《意见》明确要求，要尽快完成立案信访窗口和残疾人无障碍通道建设，以及立案信访窗口和人民法庭统一标识工作，让人民群众充分享受到基层基础设施建设的成果。有建设任务的法院要切实加强建设资金管理和建设成本控制，避免形成新的债务。积极推动中央、省级和本级三级政府分项目、分年度、分比例负担方式化解基本建设历史债务。

对物质装备配备问题，《意见》规定，要认真执行《基层人民法院基本业务装备配备指导标准（试行）》，着力加强基层人民法院业务装备建设。高级人民法院应会同省级财政部门结合本地实际情况，以国家标准为基本要求，制定本地区基层人民法院业务装备配备实施标准，并根据中央和省级转移支付资金规模和法院工作重点，制定本地区基层人民法院业务装备配备规划和年度实施计划。基层人民法院要根据审判执行工作实际需求，科学规划，加快装备更新，尽快实现审判法庭专业设备、审判文书印刷设备、法警单警装备、档案存储设备以及业务交通工具标准化配置。高度重视人民法庭安全设施建设，尽快按标准和需求配备安全保卫装备。

高级人民法院要尽快制定本地的具体工作规划和落实意见

十、问：《意见》施行后，如何贯彻落实好是一个极为重要的问题，最高人民法院有什么具体考虑和打算？

答：如何在全国贯彻落实好《意见》，让《意见》真正发挥指导全国基层基础建设的积极作用，是最高人民法院非常重视的问题。基层基础建设点多面广，涉及问题繁多复杂，带有一定的全局性。从全国范围来看，各地基层基础建设的情况、特点各不相同，有的甚至还存在较大差异。所以，除了本身具有较强针对性的问题，《意见》中提出的要求只能是原则性和一般性的。贯彻落实好《意见》，离不开各级人民法院特别是各高级人民法院按照《意见》要求，根据本地实际，因地制宜尽快制定本地的具体工作规划和落实意见，并且有计划、有步骤地推动基层基础建设。当然，基层基础建设过程中必然会遇到这样或者那样的新问题、新情况，《意见》要求，各级人民法院要注意认真分析研究成因与对策，必要时及时层报最高人民法院。《意见》施行后，最高人民法院会选择在适当时机对贯彻落实情况进行调研，还会根据实际情况开展监督检查，务求《意见》落到实处。

最高人民法院
关于进一步加强新形势下人民法庭工作的若干意见

2014 年 12 月 4 日　　　　　　　　　法发〔2014〕21 号

为深入贯彻落实党的十八大、十八届三中全会、四中全会和《中共中央关于全面深化改革若干重大问题的决定》《中共中央关于全面推进依法治国若干重大问题的决定》精神，切实发挥人民法庭职能作用，推动人民法庭工作不断科学发展，现就进一步加强新形势下人民法庭工作提出如下意见。

一、深刻认识面临的新形势、新任务，准确把握人民法庭的职能定位

1. 正确认识新形势。落实全面深化改革任务要求，推进平安中国、法治中国建设，深化司法体制改革，满足人民群众多元司法需求，促进国家治理体系和治理能力现代化，是当前和今后一个时期人民法院工作面临的新形势。人民法庭作为人民法院“基层的基层”，是深化司法体制改革、全面推进依法治国的重要一环，必将面临更加严峻的考验，遇到更多复杂的问题，承担更加艰巨的任务。

2. 深刻理解新任务。人民法庭要继续充分发挥审判职能作用，积极参与基层社会治理，创新落实便民利民举措，因地制宜做好巡回审判工作，将依法独立行使审判权与扩大司法民主相结合，努力搭建阳光司法“窗口”，增进人

民司法的社会认同，弘扬社会主义核心价值观。各级人民法院要切实优化人民法庭布局，积极稳妥在人民法庭推进司法改革，完善人民法庭的管理和保障机制，加强人民法庭队伍、装备和信息化建设。要不断提升人民法庭司法能力，为实现全面推进依法治国总目标，建设中国特色社会主义法治体系，建设社会主义法治国家，构建社会主义法治秩序，发挥人民法庭的重要作用。

3. 准确把握职能定位。牢牢把握司法为民公正司法工作主线，代表国家依法独立公正行使审判权，是人民法庭的核心职能。依法支持其他国家机关和群众自治组织调处社会矛盾纠纷，依法对人民调解委员会调解民间纠纷进行业务指导，积极参与基层社会治理，是人民法庭的重要职能。

二、始终坚持司法为民，切实发挥人民法庭的审判职能

4. 优化区域布局。认真贯彻落实《最高人民法院关于全面加强人民法庭工作的决定》，坚持“三个面向”和“两便”原则，以“职能明确、布局合理、审判公正、管理规范、队伍过硬、保障有力”为基本要求，综合案件数量、区域面积、人口数量、交通条件、经济社会发展状况，优化人民法庭的区域布局和人员比例。积极推进以中心法庭为主、社区法庭和巡回审判点为辅的法庭布局形式，戒除脱离实际贪大求多的错误观念，避免司法资源浪费和法庭建设、管理、维护困难。

5. 规范设置调整。基层人民法院要随着城市规划调整以及城乡发展一体化进程的逐步推进，慎重稳妥提出人民法庭设置调整方案，逐级上报高级人民法院批准。人民群众有需求，诉讼案件数量多，派驻人员有编制，建设用地能落实，建设资金有保障的，经高级人民法院批准，可增设人民法庭。增设规模较大、影响范围较广、资金人员需求较多的人民法庭设置调整方案，应当层报最高人民法院审查备案。经济社会发达、案件较多的地区，可以结合自身情况，探索专业化审判法庭的设置。

6. 完善立案机制。基层人民法院要根据辖区实际情况，科学构建人民法庭直接立案工作机制，加强对人民法庭立案工作的指导和管理。经济发达、交通便利地区的人民法庭，可以通过基层人民法院统一立案的方式，加强案件流程管理。山区、牧区、林区、边远地区等交通不便地区的人民法庭，要加强和完善人民法庭直接立案工作机制，并通过远程立案等技术手段，着力解决当事人立案难问题。人民法庭具体受案范围由所属基层人民法院确定后，通过一定方式向社会公布。对依法应当受理的案件，要做到有案必立、有诉必理，对确实不应受理的，要向当事人说明理由。

7. 抓好民生审判。按照落实集体所有权、稳定农户承包权、放活土地经营权的总要求，切实依法维护农村土地承包关系和农民土地承包经营权，强化

对土地承包经营权的物权保护，依法保障农民对承包地占有、使用、收益、流转及经营权抵押、担保权利。依法妥善审理与民生息息相关领域的纠纷，维护农村留守儿童、留守妇女和留守老年人的合法权益。依法保护生态环境，推进人居环境整治，为科学推进社会主义新农村建设提供司法保障。

8. 加强诉讼服务。推进人民法庭窗口建设，努力为当事人的诉讼活动提供集成式、一站式服务。加强对诉讼当事人的诉讼指导，对诉讼能力不高的当事人提供必要的程序性引导。对当事人举证确实困难或案件审理确实需要的重要证据，应根据当事人申请或依职权，适时主动调查取证。依法选择并适用更为经济的诉讼程序和程序性措施，切实降低当事人的诉讼负担。推动完善法律援助制度，加强司法救助工作力度，切实保证人民群众及时有效获取法律帮助。

9. 做好巡回审判。正确处理坐堂问案和巡回审判之间的关系，认真落实《关于大力推广巡回审判方便人民群众诉讼的意见》，合理设置巡回办案点与诉讼服务点，提高巡回审判的针对性和实效性。边远民族地区以及其他群众诉讼不便地区，应当确立巡回审判为主的工作机制，继承和弘扬马锡五审判方式，推广车载法庭等巡回审判模式，形成以人民法庭为点、车载流动法庭为线、基层人民法院为面，“点线面”相结合、全覆盖的司法服务网络。经济发达交通便利地区，应将巡回审判的重点放在对社会和谐稳定影响较大，对提高人民群众法治意识、维护社会主义法治秩序和弘扬社会主义道德风尚有重要作用的案件上。

10. 处理好调判关系。充分发挥调解在化解基层民事纠纷中的独特作用，对适宜调解的民事纠纷要依法先行调解。积极总结不同类型案件的特点，在法律规定框架内，恰当借助乡规民约，尊重善良风俗和社情民意，创新调解工作方法，力求从根源上彻底化解矛盾。坚决纠正强迫调解、久调不决等损害当事人合法权益，以及下达强制性调撤指标等违背审判规律的错误做法。大力提高人民法庭裁判文书质量，注重通过正确适用法律、加强释法说理，发挥司法裁判的道德指引功能，彰显规则、维护秩序、弘扬美德。

11. 改进执行工作。对执行工作难度较大、基层人民法院执行不影响当事人合法权益及时实现，以及人员装备难以保障执行工作顺利开展的人民法庭审结案件，原则上由基层人民法院负责执行。对可以当庭执结以及由人民法庭执行更加方便诉讼群众的案件，应当由人民法庭负责执行。有条件的地方，可以探索由所在基层人民法院派驻执行组等方式构建直接执行机制，最大限度地方便群众诉讼，提高执行效率。

12. 完善人民陪审制度。落实人民陪审员倍增计划，结合人民法庭工作特点，扩大基层群众入选比例，扩大参审案件范围。规范人民陪审员参与审理案件的确定方式和流程，认真落实“随机抽取”原则，改变长期驻庭做法。强化人民陪审员岗前和任职培训，提高履职能力。积极探索实行人民陪审员仅参与审理事实认定问题的机制和办法。建立经费保障标准定期调整机制，及时足额发放人民陪审员的交通、误工等补助费用。

三、积极参与基层社会治理，切实发挥人民法庭桥梁纽带和司法保障作用

13. 为其他机构组织化解纠纷提供司法保障。充分发挥人民法庭在“四个治理”中的纽带作用和在多元纠纷解决机制中的示范、保障作用，为提高乡镇、县域治理法治化水平作出积极贡献。主动加强与公安、司法、劳动争议仲裁、农村土地承包仲裁、人民调解委员会等其他基层国家机关、群众自治组织、行业调解组织等的沟通与协作，尊重和支持其依法调处社会矛盾纠纷，积极做好司法确认等诉讼与非诉讼矛盾纠纷解决机制的衔接工作。

14. 对各类调解组织给予引导。按照“不缺位、不越位、不错位”的原则，依法加强对人民调解委员会的业务指导。以审判职能的有效发挥，为人民调解、行政调解和群众自治组织调处化解矛盾纠纷提供法治样本和导向指引。特别注意加强和规范与居民委员会、村民委员会等基层群众组织在化解矛盾纠纷中的联系和沟通，共同维护良好的基层社会秩序。

15. 立足审判职能参与地方治理。人民法庭要灵活运用公众开放日、观摩庭审、以案释法、判后答疑等多种形式，积极开展法治宣传，引导人民群众自觉履行法定义务、社会责任、家庭责任。要通过及时向地方党委、人大报送涉诉矛盾纠纷专项报告，向政府及其他相关部门提出司法建议的方式，参与地方社会治理。不得超越审判职能参与地方行政、经济事务，以及其他与审判职责无关的会议、接访、宣传等事务。

四、积极稳妥推进司法体制改革，不断完善人民法庭工作机制

16. 开展改革试点。各级人民法院要把人民法庭作为司法改革的“试验田”，按照解放思想、积极推进、求真务实、慎重稳妥的原则，推进改革在人民法庭先行先试。辖区内设有人民法庭的中级人民法院，选择 3—5 个人民法庭，对适宜在人民法庭开展的改革进行试点，鼓励具备条件地区积极扩大试点范围。试点人民法庭应当至少每半年就试点工作情况向所在基层人民法院作出汇报，并逐级层报汇总至最高人民法院，为全面推进司法体制改革积累经验、创造条件。

17. 落实司法责任制。遵循司法规律，按照权责统一的原则，探索建立主审法官办案责任制，明确法官办案权力和责任，逐步实现裁判文书由主审法官签发。有条件的地方可以探索完善合议庭办案责任制，明确个人意见、履职行为在案件处理结果中的责任。规范人民法庭庭长对审判工作的监督管理权限，做到权责统一明晰、监督规范有序。

18. 优化人员构成。建立编制增补和动态管理机制，确保已增编制80%用于基层和审判一线，根据工作需要及时补充人员。坚持内涵式队伍发展路径，探索根据审判工作量，组建以主审法官为中心的审判团队，配备必要数量的法官助理、书记员等审判辅助人员，以购买服务等方式配强审判辅助力量，解决一些地方因审判人员不足而出现的“一人庭”“二人庭”问题。完善司法人员分类管理制度，稳定审判队伍，提高审判质效。

19. 健全职业保障。推进法官专业职务序列及工资制度改革，逐步提高基层法官职级待遇，实现人民法庭法官职务、职级和法官等级上的适当高配，以及工资福利政策向基层法院和人民法庭的适度倾斜。人民法庭可以先行试行工资加办案补贴、岗位津贴等薪酬确定方式。加强职业风险保障，完善因公牺牲、意外伤害等抚恤救助制度。上级人民法院在探索和推动省以下地方法院人财物统一管理，以及法官延迟退休、返聘等改革时，要注意考虑人民法庭的特点和需求。

20. 完善审判管理。剔除不符合审判规律、不利于人民法庭工作开展和容易产生错误导向的管理考核指标。明确简易案件与疑难复杂案件的分类标准，合理配置审判资源，实现案件繁简分流。探索在小额诉讼和其他适宜的简易案件中，使用表格式、令状式、要素式等简易文书，加快审理进程。探索审判辅助性事务集中专门处理的工作制度，让法官专注于审判。

21. 强化司法公开。全面公开法庭人员信息、管理制度、行为规范、诉讼指南，依法及时公开案件信息、司法依据、诉讼流程、裁判结果，满足当事人知情权，杜绝暗箱操作。在推进“三个平台”建设过程中，注重考虑人民法庭工作特点。积极发挥人民法庭根植基层的特殊优势，在保障司法安全前提下，简化旁听手续，满足人民群众旁听需求；开展司法公开主题活动，主动邀请和组织社会各界代表旁听庭审、参观法庭工作；进一步发挥巡回审判在司法公开、法治宣传方面的独特作用，增强社会对法庭工作的认同。

五、切实加强队伍建设和组织领导，不断提升人民法庭队伍素质和物质装备保障水平

22. 加强党建工作。坚持“支部建在庭上”，实现党的组织和党的工作全覆盖。有3名以上党员的人民法庭应成立党支部，党员不足3名的人民法庭可成立联合党支部。人民法庭党支部的组织关系隶属所在基层人民法院。强化人民法庭党支部的组织功能，严格党内生活，充分发挥党支部对干警的教育、管理、监督职能，注重运用信息网络、新媒体开展党建工作。

23. 选好法庭庭长。要积极落实人民法庭机构级别和人民法庭庭长职级，优先从具有法庭工作经历的人员中，选派科级以上法官担任人民法庭庭长，直辖市的人民法庭和案件多、任务重的人民法庭，可选派处级法官担任，根据工作需要人民法庭可设副庭长。要优先从具有人民法庭庭长任职经历的人员中选拔基层人民法院领导。

24. 健全定期轮岗和挂职锻炼制度。有序推进人民法庭之间、人民法庭和基层人民法院其他庭室之间的人员交流。人民法庭庭长一般应在任职后三至五年轮岗一次。基层人民法院新招录人员一般应先安排在人民法庭接受锻炼一年以上。基层人民法院选派法官到上级人民法院、发达地区法院学习锻炼，应优先选派人民法庭法官；上级人民法院选调法官，应接收一定比例具有法庭工作经历的法官；上级人民法院选派有培养前途的干部到基层，应优先安排到人民法庭挂职锻炼。

25. 落实党风廉政责任。基层人民法院党组要将人民法庭党风廉政建设纳入主体责任范围，对人民法庭发生的重大违法违纪案件，在对直接责任人进行责任追究的同时，要按照党风廉政建设责任制的规定，对有关法院领导干部进行问责。基层人民法院纪检监察部门，要切实履行监督职责，通过审务督查和专项检查等，及时发现和纠正人民法庭干警在纪律作风方面存在的问题，以“零容忍”态度严肃查办违法违纪案件。人民法庭庭长要认真履行“一岗双责”，在做好审判工作的同时，管好带好队伍，确保人民法庭公正廉洁司法。

26. 加强纪律作风建设。不断强化理想信念教育，引导人民法庭干警牢固树立群众观念，增进群众感情，切实解决群众反映强烈的“六难三案”问题。坚持从严教育、从严管理、从严监督，坚决整治人民法庭工作中的不正之风。依托信息化手段，全面构建符合人民法庭工作特点的廉政风险防控机制，切实加强对人民法庭审判权运行的监督制约，提高司法廉政制度的执行力。要将作风建设摆在突出位置、融入日常工作，以制度确保改进司法作风的规范化、常态化、长效化。

27. 改善法庭管理。健全法庭管理规章制度，注重经常性管理，注意以听取基层群众意见的方式完善考核评价机制。注重树立和宣传人民法庭先进典型，及时对人民法庭优秀干警给予表彰奖励。加强文化体育场所建设，落实休假、疗养制度，定期组织体检，加强对干警的人文关怀和心理疏导，帮助解决工作、学习和生活实际困难。

28. 改进教育培训。定期开展人民法庭庭长轮训，确保人民法庭法官每年接受业务培训时间不少于 7 天。坚持分级分类培训，充分发挥各级法官培训机构主导作用，积极利用其他培训机构和高等院校培训资源，通过多种方式促进优质教育培训资源向人民法庭延伸倾斜。坚持以需求为导向，紧扣审判实践的培训方向。进一步加大对西部和民族地区培训工作的扶持力度，加强双语法官培养。

29. 抓好基础设施建设。高级人民法院要按照人民法院基础设施建设“十二五”规划要求，合理安排年度建设计划，力争在“十二五”期间全面完成现有人民法庭基础设施建设任务。新建人民法庭应依据《人民法院法庭建设标准》，根据法庭编制人数、年受理案件数等因素合理确定建设规模，严格审核设计方案，并按照《人民法庭统一标识设置规范》要求，安装统一标识。

30. 增强经费保障能力。基层人民法院要根据人民法庭工作任务和装备配备、信息化建设需要，做好人民法庭预算编制工作，及时拨付资金。各高级人民法院要加强对人民法庭经费使用、管理的指导和监督检查。要有计划、分步骤地为人民法庭配备必需的办案办公装备，逐年提高装备配备水平，改善审判工作条件。到2015年，全国人民法庭装备配备均应达到《基层人民法院基本业务装备配备指导标准》要求的水平。

31. 推动信息化建设。高级人民法院要以“天平工程”建设为抓手，围绕人民法庭管理和便民、利民，合理确定人民法庭信息化建设内容和规模，加大投入和经费保障力度。按照最高人民法院《关于全面加强人民法院信息化工作的决定》和《人民法院信息化建设五年规划》要求，东部地区在2014年底前、中部地区在2015年底前、西部地区在2016年底前，人民法庭接入基层人民法院信息网络系统。要确保人民法院信息系统软件、硬件配置满足人民法庭诉讼服务工作的需要，为人民法庭配备必要的信息化办公、办案设备和软件，优化办事流程，提高办事效率和人性化水平。

32. 重视安全管理。要建立健全督查机制，增强安全防范意识，克服松懈麻痹思想和侥幸心理，扎实做好日常安全保卫工作。要按照“必要、充足、及时”要求，原则上为每个人民法庭配备至少一名司法警察，并根据工作需要配备若干名安保人员。完善安检、防爆、监控、液体危险品检测等各类安全防范设施和装备配备，优先改善人民法庭安全防危硬件条件，确保人民法庭“人防、物防、技防”落实到位，严密防范各类重大恶性安全责任事故。

33. 推动理论研究。各级人民法院要立足不同职能定位，为繁荣人民法庭理论研究创造条件，加强与法学教育研究机构进行多种形式交流与协作，凝聚多方力量，探索建立人民法庭理论研究工作机制，深入开展人民法庭理论研究工作。着重研究新形势下人民法庭在中国特色社会主义司法制度中的地位和作用，人民法庭的职能定位和在社会治理中的作用，以及人民法庭如何在推进司法改革进程中开展好司法为民、便民、利民工作等全局性、前瞻性重大课题。以问题为导向，从人民法庭的司法实践中总结提炼理论研究的素材和课题，形成理论研究成果，切实实现成果转化，指导和推动人民法庭工作科学发展。

34. 加强监督指导。各级人民法院党组要切实对人民法庭工作负起领导责任。中级人民法院以上的各级人民法院，应当成立专门的人民法庭指导工作办公室，坚持分类指导原则，增强指导的针对性和实效性。要将监督指导人民法庭工作，作为各级人民法院日常工作的重要内容，完善问题发现、反馈、分析和解决机制，建立重大敏感案件风险评估、预警和化解机制。

【链　　接】

充分发挥审判职能作用　积极参与基层社会治理
全面推进新形势下人民法庭工作

——最高人民法院相关负责人就《关于进一步加强新形势下人民法庭工作的若干意见》答记者问

2014 年 12 月 10 日，最高人民法院公布了《关于进一步加强新形势下人民法庭工作的若干意见》(以下简称《意见》)，对当前和今后一段时期的人民法庭工作作出了全面部署，提出了具体要求。值此《意见》公布之际，最高人民法院相关负责人就有关问题接受了记者的采访。

出台背景

一、问：请您介绍一下制定出台《意见》的背景和意义。

答：人民法庭作为基层人民法院的派出机构，是人民法院的最基层单位，在国家和社会治理特别是县域治理中责任重大、任务艰巨。人民法庭工作开展的成功与否，直接关系到人民法院工作全局。最高人民法院党组历来高度重视人民法庭工作。多年来，在党中央的领导下，各级人民法院紧紧围绕司法为民、公正司法这条主线，切实加强人民法庭建设，推动人民法庭各项工作取得了长足进展。全国近万个人民法庭，为服务党和国家工作大局、维护人民群众合法权益作出了积极贡献。当前，全面建成小康社会进入决定性阶段，改革进入攻坚期和深水区，深层次问题与表象问题、法律问题与社会问题相互交织，社会矛盾特别是涉及民生各类矛盾高发、多发态势更加严峻。人民法庭处在以司法手段化解社会矛盾纠纷、维护和谐稳定社会秩序和实现社会公平正义最前沿，面临的考验更加严峻，遇到的问题更加复杂，承担的任务更加艰巨。在此新形势下，制定更有针对性的指导意见，全面提升人民法庭工作水平的重要性和必要性日益凸显。为了做好《意见》起草制定工作，最高人民法院专门成立了由有关部门参加的起草工作组，在全面深刻领会党的十八大、十八届三中、四中全会精神和对全国人民法庭工作情况进行广泛充分调研基础上，制定了《意见》。《意见》的出台，对于顺利推进人民法庭工作科学发展，积极回应人民群众关切期待，更好地服务党和国家工作大局，具有十分重要的意义。

《意见》聚焦

二、问：《意见》在分析人民法庭工作面临的新形势、新任务的基础上，明确了人民法庭的职能定位，请您谈一谈对此应如何理解和把握。

答：要发挥好人民法庭在建设中国特色社会主义法治体系和建设社会主义法治国家，全面推进依法治国进程中的重要作用，必须准确把握人民法庭的职能定位。《意见》明确提出，牢牢把握司法为民公正司法工作主线，代表国家依法独立公正行使审判权，是人民法庭的核心职能；依法支持其他国家机关和群众自治组织调处社会矛盾纠纷，依法对人民调解委员会调解民间纠纷进行业务指导，积极参与基层社会治理，是人民法庭的重要职能。依法审判案件是人民法庭的核心职能，是人民法庭推进平安中国、法治中国建设的基本途径。人民法庭要通过具体案件的司法过程和裁判结果，弘扬社会主义核心价值观，促进实现社会公平正义，保障经济社会发展和人民安居乐业。党的十八届三中全会，将创新社会治理体制作为国家治理体系和治理能力现代化的重要内容进行了全面部署，十八届四中全会对推进法治社会建设，实现多层次、多领域依法治理，提出了新的要求。人民法庭作为基层治理的重要环节，对乡镇、县域治理创新和法治化具有特殊意义，应当成为人民调解和群众自治组织调解，以及民间组织特别是各类行业组织调处化解矛盾纠纷的指导者和支持者。在推进完善基层矛盾纠纷预防化解机制和诉非衔接的多元纠纷解决机制中，应当起到积极的桥梁纽带作用。《意见》从以上两个方面，对新时期人民法庭的职能定位作出规定，旨在引导和要求人民法庭立足审判工作和法定职能，积极参与社会治理，为实现党的十八届四中全会提出的全面推进依法治国总目标，贡献积极力量，发挥应有作用。

三、问：深化司法改革是当前人民法院工作的一个重要内容，《意见》对在人民法庭推进司法改革有何要求和部署，相应的考虑是什么？

答：按照党的十八届三中、四中全会决定要求，新一轮司法体制改革工作已经进入到正式实施阶段。在人民法庭开展相关改革试点，可以为在全国法院铺开积累经验，因此，《意见》将积极稳妥推进司法体制改革，不断完善人民法庭工作机制，作为一个重要内容予以规定，要求各级人民法院在尊重司法规律、坚持正确方向的前提下，从人民法庭审判工作的实际情况出发，按照解放思想、积极推进，求真务实、慎重稳妥的原则，推进改革在人民法庭先行先试，把人民法庭作为司法改革的“试验田”，为全面推进司法体制改革积累经验、创造条件。《意见》指出，要探索建立主审法官办案责任制，明确法官办案权力和责任，逐步实现裁判文书由主审法官签发。有条件的地方可以探索完善合议庭办案责任制，明确个人意见、履职行为在案件处理结果中的责任。要完善人民法庭的审判管理机制，探索审判辅助性事务集中专门处理的工作制度，让法官专注于审判。要完善人民法庭职业保障机制，推进法官专业职务序列及工资制度改革，逐步提高基层法官职级待遇。要以司法公开为途径，大力推进阳光司法，积极探索完善符合人民法庭特点的司法公开措施。

四、问：当前，很多地方人民法庭面临审判任务日益繁重而人员力量相对不足的问题，为解决这一突出问题，《意见》作出了怎样的规定？

答：要解决这个问题，不能单纯依靠增加人员编制的办法，而是要走内涵式发展道路，最大限度盘活、用好现有资源，促进人民法庭工作的可持续发展。《意见》指出，要优化人民法庭的人员构成，建立编制增补和动态管理机制，探索根据审判工作量，组建以主审法官为中心的审判团队，配备必要数量的法官助理、书记员等审判辅助人员，以购买服务等方式配强审判辅助力量，解决一些地方因审判人员不足而出现的“一人庭”、“二人庭”问题。完善司法人员分类管理制度，稳定审判队伍，提高审判质效。《意见》还提出，要健全人民法庭的定期轮岗和挂职锻炼制度，有序推进人民法庭之间、人民法庭和基层人民法院其他庭室之间的人员交流。基层人民法院新招录人员一般应先安排在人民法庭接受锻炼一年以上。按照党的十八届四中全会决定要求，今后初任法官统一招录后，要安排在基层人民法院任职，《意见》要求基层人民法院将新招录人员首先安排到人民法庭接受锻炼，一方面可以一定程度上缓解人民法庭人员相对不足，另一方面也旨在使人民法庭成为人民法院人才培养锻炼的摇篮和基地。

五、问：做好审判工作是人民法庭核心职能的体现，《意见》对此作出了哪些具体规定？

答：发挥好人民法庭的审判职能作用，要以人民群众多元化司法需求为导向，强化司法便民利民措施，以实现司法公正、维护公平正义为目标，切实提高审判质效。《意见》对进一步优化人民法庭布局提出具体要求，提出了以中心法庭为主、社区法庭和巡回审判点为辅的法庭布局，以构建便捷高效的司法服务网络。按照党的十八届四中全会决定要求，《意见》对改进和完善人民法庭立案机制作出明确规定，要求基层人民法院要根据辖区实际情况，科学构建人民法庭直接立案工作机制，加强对人民法庭立案工作的指导和管理，对依法应当受理的案件，要做到有案必立、有诉必理，对确实不应受理的，要向当事人说明理由。《意见》要求，要进一步丰富便民利民举措，推进人民法庭窗口建设，努力为当事人的诉讼活动提供集成式、一站式服务。推动完善法律援助制度，加强司法救助工作力度，切实保证人民群众及时有效获取法律帮助。要进一步加强巡回审判工作，正确处理坐堂问案和巡回审判之间的关系，形成以人民法庭为点、车载流动法庭为线、基层法院为面，“点线面”相结合、全覆盖的司法服务网络。《意见》指出，人民法庭审判工作要特别注重抓好民生审判，切实依法维护农村土地承包关系和农民土地承包经营权，维护农村留守儿童、留守妇女和留守老年人的合法权益，为科学推进社会主义新农村建设提供司法保障。要注重处理好调判关系，在法律规定框架内，恰当借助乡规民约，尊重善良风俗和社情民意，创新调解工作方法，大力提高人民法庭裁判文书质量，注重通过正确适用法律、加强释法说理，发挥司法裁判的道德指引功能，彰显规则、维护秩序、弘扬美德。

六、问：人民陪审制度是更好实现司法民主、保障人民群众参与司法的一项重要制度，《意见》对这个问题作出了怎样的规定？

答：实行人民陪审制度是人民法庭审判工作的重要特征之一，除法律、司法解释另有规定外，涉及群体利益、公共利益，人民群众广泛关注或者其他社会影响较大的一审刑事、民事、行政案件，应由人民陪审员和法官共同组成合议庭进行审判。落实《全国人民代表大会常务委员会关于完善人民陪审员制度的决定》和最高人民法院《关于人民陪审员参加审判活动若干问题的规定》、《关于进一步加强和推进人民陪审员工作的若干意见》，是完善社会主义司法制度、弘扬司法民主、促进司法公正和增强司法权威的有效途径。党的十八届四中全会提出，要保障人民群众参与司法，其中完善人民陪审员制度是非常重要的内容。《意见》对人民法庭的人民陪审工作，作出了专门规定，要求落实人民陪审员倍增计划，扩大基层群众入选比例和参审案件范围，认真落实“随机抽取”原则，改变长期驻庭做法，强化人民陪审员的岗前和任职培训，提高履职能力，按照党的十八届四中全会决定要求，积极探索实行人民陪审员仅参与审理事实认定问题的机制和办法。《意见》同时要求，要建立经费保障标准定期调整机制，及时足额发放人民陪审员的交通、误工等补助费用，从制度上保障人民陪审制度的有效运行。

七、问：参与基层社会治理是人民法庭工作的重要内容，对于人民法庭应当以怎样的方式参与社会治理，以更好发挥其应有作用，《意见》作出了怎样的规定？

答：党的十八届四中全会提出，要推进法治社会建设，推动全社会树立法治意识，推进多层次多领域依法治理，健全依法维权和化解纠纷机制，这其中人民法庭大有可为，但也必须有所为有所不为。《意见》强调，人民法庭要立足于自身的法定职能，积极参与基层社会治理，发挥好在乡镇、县域治理中的法治引导和保障作用。《意见》要求，要充分发挥人民法庭在“四个治理”中的纽带作用和在多元纠纷解决机制中的示范、保障作用，为其他机构组织化解纠纷提供司法保障，尊重和支持其他机构组织依法调处社会矛盾纠纷，积极做好司法确认等诉讼与非诉讼矛盾纠纷解决机制的衔接工作。按照“不缺位、不越位、不错位”的原则，以审判职能的有效发挥，为人民调解、行政调解和群众自治组织调处化解矛盾纠纷提供法治样本和导向指引。灵活运用多种形式，积极开展法治宣传，引导人民群众自觉履行法定义务、社会责任、家庭责任。及时向地方党委、人大报送涉诉矛盾纠纷专项报告，向政府及其他相关部门提出司法建议，是人民法庭积极参与基层社会治理的方式。《意见》特别指出，超越审判职能参与地方行政、经济事务，以及其他与审判职责无关的会议、接访、宣传等事务，不是人民法庭参与社会治理的正确途径，必须纠正“司法万能”的错误观念，始终坚持立足审判参与社会治理。

八、问：队伍建设是人民法庭建设的根本，《意见》对加强人民法庭队伍建设，提升人民法庭队伍素质，提出了哪些具体举措？

答：人民法庭工作开展得如何最终取决于“人”的因素，因此，队伍建设是人民法庭建设的重要基础和前提，也是根本所在。《意见》在队伍建设方面，首先强调坚持党的领导，充分发挥基层党组织的战斗堡垒作用，要求强化人民法庭党支部的组织功能，严格党内生活，充分发挥党支部对干警的教育、管理、监督职能，注重运用信息网络、新媒体开展党建工作。人民法庭作为人民法院与群众打交道最多、联系最紧密的窗口单位，能不能切实解决群众反映强烈的“六难三案”问题，直接影响人民群众对法院形象和司法公信力的评价。因此，《意见》要求，要注重加强纪律作风建设，不断强化理想信念教育，坚决整治人民法庭工作中的不正之风，将作风建设摆在突出位置、融入日常工作，以制度确保改进司法作风的规范化、常态化、长效化。人民法庭身处基层人民法院之外，但绝不能成为党风廉政建设的“法外之地”，《意见》强调，基层人民法院党组要将人民法庭党风廉政建设纳入主体责任范围，基层人民法院纪检监察部门，要切实履行监督职责，通过审务督查和专项检查等，以“零容忍”态度严肃查办违法违纪案件。要全面构建符合人民法庭工作特点的廉政风险防控机制，切实加强对人民法庭审判权运行的监督制约，提高司法廉政制度的执行力。加强法官教育培训，是提升人民法庭司法能力的重要途径，基层法官特别是人民法庭法官的教育培训工作，应当作为法官教育培训的重点，《意见》对此也作出了专门规定，要求定期开展人民法庭庭长轮训，确保人民法庭法官每年接受业务培训时间不少于7天。坚持分级分类培训和以需求为导向，紧扣审判实践，进一步加大对西部和民族地区培训工作的扶持力度，加强双语法官培养。

九、问：基础设施建设和物质装备配备是人民法庭建设的重要方面，《意见》对这方面有哪些具体规定？

答：基础设施建设和物质装备配备是人民法庭职能作用发挥的重要保障。《意见》主要从四个方面，对创造和改善人民法庭良好工作条件和安全环境提出了具体要求。《意见》强调，高级人民法院要继续按照人民法院基础设施建设“十二五”规划要求，合理安排年度建设计划，抓好人民法庭基础设施建设。基层人民法院要根据人民法庭工作任务和装备配备、信息化建设需要，做好人民法庭预算编制工作，及时拨付资金。各高级人民法院要加强对人民法庭经费使用、管理的指导和监督检查。推进信息化建设是审判体系和审判能力现代化的重要推进手段。为此，《意见》要求，要以“天平工程”建设为抓手，围绕人民法庭管理和便民、利民，合理确定人民法庭信息化建设内容和规模，加大投入和经费保障力度，提高办事效率和人性化水平。在加强人民法庭安全保障方面，《意见》规定，要建立健全督查机制，扎实做好日常安全保卫工作，按照“必要、充足、及时”要求，完善安检、防爆、监控、液体危险品检测等各类安全防范设施和装备配备，严密防范各类重大恶性安全责任事故。

十、问：加强对人民法庭工作的监督指导，一直以来都是人民法庭建设的重要方面，《意见》对这方面的规定有什么新的亮点？

答：加强对人民法庭工作的监督指导，是推动人民法庭科学发展，切实提升人民法庭审判质效的重要保证。《意见》要求，各级人民法院党组要切实对人民法庭工作负起领导责任。中级人民法院以上的各级人民法院，应当成立专门的人民法庭指导工作办公室，坚持分类指导原则，增强指导的针对性和实效性。要将监督指导人民法庭工作，作为各级人民法院日常工作的重要内容，完善问题发现、反馈、分析和解决机制，建立重大敏感案件风险评估、预警和化解机制。当前，对人民法庭审判业务指导的重点，应当放到新型城镇化过程中农村土地流转、农民权益保护等民生相关领域的法律适用上，从而为深化农村改革创造公平正义的法治环境。《意见》在人民法庭监督指导方面的一个新的亮点，是提出推动人民法庭理论研究。要求各级人民法院要立足不同职能定位，为繁荣人民法庭理论研究创造条件，加强与法学教育研究机构进行多种形式交流与协作，凝聚多方力量，探索建立人民法庭理论研究工作机制，深入开展人民法庭理论研究工作。对人民法庭建设的科学谋划和有序推进，离不开深入有效的理论研究基础。在新形势下，应当着重加强人民法庭在中国特色社会主义司法制度中的地位和作用，人民法庭职能定位以及在社会治理中的作用，人民法庭在推进司法改革进程中司法为民、便民、利民工作的开展等全局性、前瞻性重大课题研究。只有以问题为导向，从人民法庭的司法实践中总结提炼理论研究的素材和课题，经过深入细致的理论研究，形成研究成果，并将研究成果切实转化为指导和推动人民法庭工作科学发展的动力，才能从更高层次上全面做好人民法庭的指导工作。

贯彻落实

十一、问：《意见》施行后，如何贯彻落实好是一个极为重要的问题，最高人民法院有什么具体考虑和打算？

答：如何在全国贯彻落实好《意见》，让《意见》真正发挥指导全国人民法庭工作的积极作用，是最高人民法院非常重视的问题。人民法庭为数众多，发展中涉及的问题繁复错综，从全国范围来看，各地人民法庭的情况、特点各不相同，因此，面临的问题有的具有全局性特点，有的则存在较大差异。因此，《意见》提出的要求具有原则性、一般性，所针对的是目前人民法庭工作中具有普遍意义和亟待解决的突出问题。在今后的实践中，真正贯彻落实好《意见》的规定和精神，还需要各级人民法院特别是各高级人民法院按照《意见》要求，根据本地实际，因地制宜尽快制定本地的具体工作规划和落实意见，并且有计划、有步骤地推动人民法庭工作的健康科学发展。在这一过程中，必然会遇到这样或者那样的新问题、新情况，各级人民法院要注意认真分析研究成因与对策，必要时及时层报最高人民法院。《意见》施行后，最高人民法院还会选择在适当时机对贯彻落实情况进行调研，根据实际情况开展监督检查，务求《意见》落到实处。

最高人民法院
关于加快建设智慧法院的意见

2017 年 4 月 12 日　　　　法发〔2017〕12 号

为深入贯彻党的十八大和十八届三中、四中、五中、六中全会精神、十二届全国人大五次会议决议，全面落实《国家信息化发展战略纲要》和《“十三五”国家信息化规划》对智慧法院建设的总体要求，确保完成《人民法院信息化建设五年发展规划（2016—2020）》提出的 2017 年总体建成、2020 年深化完善人民法院信息化 3.0 版的建设任务，以信息化促进审判体系和审判能力现代化，努力让人民群众在每一个司法案件中感受到公平正义，制定本意见。

一、充分认识加快建设智慧法院的意义、目标和要求

（一）深刻领会建设智慧法院的重大意义。智慧法院是人民法院充分利用先进信息化系统，支持全业务网上办理、全流程依法公开、全方位智能服务，实现公正司法、司法为民的组织、建设和运行形态。加快建设智慧法院是落实“四个全面”战略布局和五大发展理念的必然要求，是国家信息化发展战略的重要内容，是人民法院适应信息化时代新趋势、满足人民群众新期待的重要举措。各级人民法院要从推进国家法治建设、促进审判体系和审判能力现代化的高度，认识和推动智慧法院建设，切实发挥先进科学技术对服务人民群众、服务审判执行、服务司法管理的重要保障作用。

（二）正确理解建设智慧法院的工作目标。建设智慧法院，就是要构建网络化、阳光化、智能化的人民法院信息化体系，支持全业务网上办理，全流程审判执行要素依法公开，面向法官、诉讼参与人、社会公众和政务部门提供全方位智能服务，使信息化切实服务审判执行，让司法更加贴近人民群众，用先进信息技术不断提高各级人民法院的科学管理水平。

（三）准确把握建设智慧法院的总体要求。坚持统一规划、积极推进，以最高人民法院和各高级人民法院信息化建设五年发展规划为指导，依据人民法院信息化标准，结合各地信息化建设发展实际，各级人民法院主动作为，务实有序推进建设；坚持融合共享、高效智能，充分拓展各类业务应用线上服务能

力，建立线上线下有效对接机制，提升法院业务应用、各级法院和法院内外之间的融合贯通、互动服务效能，按需提供各类智能服务应用；坚持创新驱动、安全发展，加强前沿技术和关键技术研究，紧密结合审判执行工作实际，推进技术转移和转化应用，同时提高规划、建设、管理、维护等各环节信息安全风险意识和防护水平，在信息化建设和应用不断发展的同时确保信息安全。

二、推进系统建设，提供坚强的信息化基础支撑

（四）构建全要素集约化信息网络体系。基于法院专网、移动专网、外部专网、互联网和涉密内网，构建专有云、开放云和涉密云，提升各类基础设施配置水平，通过安全隔离交换技术实现网间信息共享。利用物联网技术，进一步提升诉讼服务大厅、执行指挥中心、科技法庭、远程提讯、远程接访、数字审委会、数字化会议室、信息管理中心等执法办案场所的信息化水平。

（五）构建全业务全流程融合应用体系。以现有各类应用系统为基础，打通数据接口、集成应用界面、拓展和完善业务功能，构建融合审判、执行、人事、司法管理等各类应用系统的内部融合平台，集成司法公开、诉讼服务、沟通宣传等各类应用系统的外部服务平台，贯通内部融合平台和外部服务平台，形成“一站式”综合服务体系，推动平台资源整合、业务协同和多方利用，实现线上线下业务办理无缝对接。

（六）构建全方位信息资源及服务体系。完善国家司法审判信息资源库，实现审判执行、司法人事、司法政务、司法研究、信息化管理和所需外部数据的全面覆盖；建立数据集中管理和质量保障机制，狠抓数据源头，重视数据质量，做到汇聚快、要素全、质量高；建设数据共享交换平台，实现法院之间和法院与外部之间的数据共享交换和业务协同；建立大数据分析系统，研发面向司法公开、诉讼服务、决策支持、监控预警、司法研究和工作评估等方面的智能服务；探索建立面向立案、审理、裁判、执行等法院业务的知识图谱，构建面向各类用户的人工智能感知交互体系和以知识为中心的人工智能辅助决策体系。

三、推进业务应用，大力提升审判工作质效

（七）推动流程再造促进审判高效有序运行。基于贯通至人民法庭的法院专网，全面推进电子卷宗随案同步生成和深度应用，构建覆盖案件办理全流程的网上审判体系，全面支持网上办案，实现全程留痕、动态监督、审限预警，促进程序公正与实体公正的有机统一，全面提升审判质效，有效规范司法行为；推进巡回审判、执行等移动应用，打通服务群众的“最后一公里”；推进司法协助管理平台建设与应用，为“一带一路”等国家重大经济战略提供司法

保障及便利。

（八）依托信息化破解执行难题。建设覆盖全国各级法院的执行指挥系统，融入案款管理、终本案件管理、执行会商、执行委托、舆情监管、绩效考核、数据分析等内容，发挥实时监控、上传下达、异地调度、快速反应等功效，形成全国法院上下一体、协调统一的运行机制；充分应用人民法院执行案件流程信息管理系统，实现四级法院执行案件信息统一管理，立体多维的监控与纠错，加强业务管理和廉政风险防控；进一步完善网络查控系统，全面拓展提升查控广度和力度，实现与查控单位的业务协同，深入虚拟网络空间，分析挖掘隐匿涉案财物线索；持续加强信用惩戒系统建设和应用，实现与社会诚信体系的全面联动，多维关联分析被执行人信用数据，扩大信用惩戒范围，加大信用惩戒力度；大力推广网络拍卖系统建设和应用，支持全国法院网络司法拍卖工作，提高被执行财产处置效率。

（九）推进立案信访工作上下联动、内外贯通。建立完善网上立案系统，推广网上异地立案，与法官工作平台无缝对接，为涉诉群众提供更加便捷的服务；提高诉讼服务中心信息查询输出、信访接待处置、立案快速处理等专用诉服装备的信息化水平，不断增强人民群众的获得感；建立上下级法院以及法院与其他信访部门之间的及时信息共享和工作联动机制，探索建立面向跨部门稳控的信访群体特征画像与息访手段，提高多源涉诉信访数据分析的证据甄别与案件处置能力。

（十）借助现代信息技术助推司法改革。建立并完善举证、质证、认证留痕系统，全面贯彻证据裁判原则；通过信息化系统支持司法人员分类管理、人案结合绩效评查，促进司法责任制改革；建立完善人民陪审员分类、抽选、评估系统，支持人民陪审员制度改革；建立司法改革数据分析评估系统，提高司法改革方案科学性和工作成效。

四、推进“互联网＋阳光司法”，促进法院工作透明便民

（十一）提升司法公开工作水平。充分运用互联网技术，完善司法公开四大平台建设，助推司法公开工作，促进实现审判执行全要素依法公开；推动司法公开信息全面汇总、深度关联、便捷查询，提升司法信息公开水平和服务能力；继续推进庭审公开，通过互联网多渠道公开庭审过程，让遍布各地的更多人群“走进”法庭，切实感受阳光司法的不断进步；进一步加强互联网监督投诉平台建设和推广应用，强化社会公众对人民法院各项工作的全面监督作用。

（十二）打造“互联网＋”诉讼服务体系。提供更加优质、高效、便捷的诉讼服务，支持实现所有诉讼服务业务网上办理；整合诉讼服务大厅、诉讼服务网、12368热线、移动客户端等诉讼服务渠道，构建线上线下打通、内网外

网互动的立体式诉讼模式，为诉讼参与人提供一体化、全方位、高效率的诉讼服务；进一步拓展网上诉讼服务，普及网上调解、网上证据交换、网上质证、网上开庭功能，构建支持全业务流程的互联网诉讼平台；建设完善电子送达系统，通过与外部单位信息共享，精准定位诉讼参与人，通过信息留痕、数据追溯，实时掌握受送达人收悉情况，提升送达效率，破解送达难题。

（十三）构建多渠道权威信息发布平台。利用互联网、移动互联网应用平台等，构建网站、微信、微博和 APP 客户端等多渠道权威信息发布平台，促进社会公众了解、参与、监督法院工作。

五、运用大数据和人工智能技术，按需提供精准智能服务

（十四）支持办案人员最大限度减轻非审判性事务负担。充分运用外包服务方式，建立先进的电子卷宗随案同步生成技术保障和运行管理机制，为案件信息智能化应用提供必要前提；不断提高法律文书自动生成、智能纠错及法言法语智能推送能力，庭审语音同步转录、辅助信息智能生成及实时推送能力，基于电子卷宗的文字识别、语义分析和案情理解能力，为辅助法官办案、提高审判质效提供有力支持；深挖法律知识资源潜力，提高海量案件案情理解深度学习能力，基于案件事实、争议焦点、法律适用类脑智能推理，满足办案人员对法律、案例、专业知识的精准化需求，促进法官类案同判和量刑规范化。

（十五）为人民群众提供更加智能的诉讼和普法服务。挖掘利用海量司法案件资源，提供面向各类诉讼需求的相似案例推送、诉讼风险分析、诉讼结果预判、诉前调解建议等服务，为减少不必要诉讼、降低当事人诉累提供有力支持；拓宽司法服务渠道，探索基于法律知识自主学习和个性化交流互动的智能普法服务装备，提升诉讼和普法服务质效；深度分析用户诉讼行为，挖掘用户个性化需求，精准推送司法公开信息，提升广大人民群众的获得感。

（十六）支持管理者确保审判权力正当有序运行。推广完善庭审规范性自动巡查系统，确保审判活动有序、高效、规范，提高司法公信力；提升审判管理、人事管理、政务管理信息化水平，再造审判管理流程，推进审判执行与审判管理同步运行，实时智能化预警审判执行过程偏离态势，实现审判工作的精细化管理；探索建立全面覆盖审判全过程的信息化监管手段，有效监督和制约审判权的行使；构建面向司法公开、司法为民、司法管理的信息化评估体系，确保司法公正、廉洁、高效。

（十七）支持法院管理者提高司法决策科学性。运用大数据为司法决策服务，结合审判动态分析和司法统计智能分析，科学研判审判运行态势，科学调配司法资源，提高司法决策的时效性和针对性；运用海量司法案例资源，针对刑事、民事和行政等案件，探寻新形势下司法规律，提高司法预测预判和应急响应能力；关联运用案件与人事、行政、财务、后勤、装备和信息化等数据资源，建立信息化支持的人民法院综合管理分析评估改进体系，支持提高各级人民法院科学化管理水平。

（十八）支持党和政府部门促进国家治理体系和治理能力现代化。深度挖掘分析海量案件信息资源，监测社会治理存在的突出矛盾，预判经济社会发展变化趋势，为各级党委、政府提供决策参考。

六、强化工作保障，促进持续健康发展

（十九）建立常态化经费保障机制。将智慧法院建设纳入当地经济发展战略、规划和计划，积极争取建设经费并在预算中统筹安排基础设施、重点项目建设资金和日常运维服务经费，确保建设需求；统筹利用天平工程、财政专项、科研项目等多项资金渠道，建立经费动态调整机制，优化资金配置；探索采用社会资本合作模式，创新信息化投融资机制，积极引导社会资本投入法院信息化建设。

（二十）建立规范化安全保障体系。大力推动实施《人民法院信息系统安全保障总体建设方案》，确保信息化建设与信息安全体系同步发展；建立全国法院年度信息安全检查机制，增强安全意识，强化安全管理和防护，保障网络安全；建立全国法院人员统一身份认证体系，完善人员身份认证和授权管理机制；健全完善基础设施、应用系统和数据资源安全保障机制，提高对各类突发事件的日常防控、态势预警和应急响应能力。

（二十一）建立质效型运维保障体系。构建以基础设施、应用系统、数据资源、信息安全为支撑，以应急响应为保证的常态化运维保障体系，最大限度提高人民法院信息化应用成效；建设推广可视化运维平台，实现对四级法院直至人民法庭的信息化运行质效可视化管理，为提高运行成效提供有力支持；从运维组织、运维管控、运维过程、运维资源四个方面建立信息系统运维保障评估方法，促进质效型运维管理体系不断完善。

（二十二）建立专业化人才保障体系。全面落实最高人民法院《关于人民法院信息化人才队伍建设的意见》，制定完善细则，督促贯彻实施，为智慧法院建设提供坚实的人才队伍保障。

（二十三）构建应用成效评估改进机制。开展法院信息化建设与应用的深度调研、评估指标设计、指数评估、问题分析和改进，提升人民法院信息化的建设水平和应用成效；加强审判执行业务应用、司法管理应用的使用培训，重点加强试点示范项目的总结和交流培训力度；整合全媒体宣传推广资源，建立多渠道、全方位的法院信息化推广宣传体系。

最高人民法院
关于印发《关于进一步加强人民法院队伍建设基层基础工作的实施方案》的通知

2018 年 7 月 22 日　　　　法〔2018〕199 号

各省、自治区、直辖市高级人民法院，解放军军事法院，新疆维吾尔自治区高级人民法院生产建设兵团分院；本院各单位：

为深入贯彻党的十九大精神，进一步加强人民法院队伍建设基层基础工作，不断提升执法办案质量水平和司法公信力，现将《关于进一步加强人民法院队伍建设基层基础工作的实施方案》印发给你们，请结合实际认真贯彻执行。

附：

关于进一步加强人民法院队伍建设基层基础工作的实施方案

为认真贯彻落实最高人民法院党组关于“坚持把基层基础建设作为重中之重”的部署要求，进一步加强人民法院队伍建设基层基础工作，不断提升执法办案质量水平和司法公信力，现就相关工作制定如下实施方案。

一、指导思想

以习近平新时代中国特色社会主义思想为指导，深入贯彻党的十九大精神和全国“两会”精神，紧紧围绕“努力让人民群众在每一个司法案件中感受到公平正义”的工作目标，坚持把基层基础建设作为重中之重，坚持问题导向和需求导向，以提高干警政治素质、规范执法办案行为、提高司法能力水平、缓解“案多人少”矛盾、吸引保留审判人才为重点，着力解决影响人民法院基层队伍建设的突出问题，努力建设一支适应新时代人民法院改革发展要求的过硬基层队伍。

一、主要措施

（一）加强基层队伍政治建设思想建设

1. 切实加强基层人民法院队伍政治建设。教育引导干警深刻理解人民法院作为政法机关的政治属性，坚定不移坚持党对人民法院工作的绝对领导，坚决维护习近平总书记在党中央和全党的核心地位，坚决维护党中央权威和集中统一领导，确保在政治立场、政治方向、政治原则、政治道路上同党中央保持高度一致。认真落实政治轮训、政治督察等制度，引导干警严格遵守党的政治纪律和政治规矩，不折不扣贯彻执行党的路线方针政策和党中央决策部署。严格落实意识形态工作责任制，坚决抵制西方错误思潮的渗透影响，增强广大干警走中国特色社会主义法治道路的坚定性和自觉性。

2. 深入开展习近平新时代中国特色社会主义思想学习教育。分类分级开展基层人民法院领导干部、基层党组织书记和基层干警集中轮训，在基层干警各类培训班次中普遍设学习习近平新时代中国特色社会主义思想的专门课程，引导基层干警队伍提高政治站位，增强“四个意识”，坚定“四个自信”。最高人民法院举办 5 期“学习习近平新时代中国特色社会生义思想和党的十九大精神培训班”，轮训基层人民法院院长和基层党组织书记 1000 名左右；高级人民法院抓好基层人民法院领导班子其他成员的集中培训，全面提高基层人民法院领导班子把方向、带队伍的能力水平。

3. 扎实开展“不忘初心、牢记使命”主题教育。按照党中央统一部署，结合法院实际提出指导意见，督促指导基层人民法院扎实抓好主题教育各项工作落地落实。突出用习近平新时代中国特色社会主义思想武装干警头脑，坚持集中教育与经常性教育相结合，着力解决信念不坚定、宗旨不牢固、使命感不强、担当不力等突出问题，引导基层党员干警更加自觉地为实现新时代党的历史使命不懈奋斗。认真落实领导干部上讲台要求，结合主题教育开展政治教育精品课程评选推介工作。积极发现、选树、表彰不同岗位工作中涌现的先进典型，评选表彰全国优秀法院、全国优秀法官和全国法院办案标兵，激励广大干警扎根基层、奉献基层、建功基层。

（二）实施基层党组织组织力提升工程

1. 优化基层人民法院基层党组织设置。加强工作指导和督促检查，推动各地符合条件的基层人民法院全部设立机关党委或党总支。根据内设机构改革进展情况，调整完善基层人民法院党组织设置，推进在符合条件的审判主队或合议庭设立党小组，把党组织全覆盖拓展到执法办案的基本单元。继续推进在符合条件的人民法庭单独设立党支部，使基层党组织在人民法庭的覆盖面进一步扩大。贯彻落实《关于党的基层组织任期的意见》，确保基层人民法院党组织任期调整统一规范、平稳衔接。建立人民法庭党员干警及时调配、随缺随补的动态机制，确保每个人民法庭始终至少有 1 名党员。

2. 加强基层人民法院党组织带头人队伍建设。结合法院内设机构改革，选准配强基层人民法院基层党组织书记，为党员较多的党支部配备专兼职副书记。开展基层党组织书记任职培训和定期轮训，举办全国法院基层党组织书记示范培训班，在中国法官培训网开设基层党组织书记网络培训课堂，加强基层党组织书记党务知识学习和履职能力培训。组织指导基层人民法院普遍建立基层党组织书记履职责任清单，积极开展基层党组织书记述职评议考核，传导压力促进工作落实。

3. 开展基层人民法院党支部建设达标活动。认真贯彻落实《中国共产党支部工作条例》，指导基层人民法院因地制宜制定党支部建设标准，细化党支部各方面工作要求，作为加强党支部建设的基本遵循和考评依据。组织基层人民法院党支部对照标准开展自查评估，针对问题和差距积极整改。基层人民法院党组和机关党委要选树一批先进党支部典型，帮助转化一批后进党支部，带动中间党支部加强和改进工作。开展"支部工作法"创建和党建工作创新案例评选推介活动，推动党支部工作质量整体提升。

（三）提高基层执法办案规范化水平

1. 开展司法规范化大检查。认真落实中央政法委部署要求，开展司法规范化大检查，以基层人民法院为重点，认真开展司法作风问题专项督察和审务督察工作，进一步整治司法行为不规范、不公正、不文明、不严格的问题，严惩司法腐败。强化执行案件办理节点可视化监督作用，着力解决消极执行、拖延执行、选择执行、乱执行等失范执行、违法执行问题。对司法警察执法规范化建设的推进落实情况进行专项督察。对检查监督中发现的突出问题及时进行通报，督促相关法院认真抓好整改。

2. 开展裁判文书评查。组织开展全国法院上网裁判文书质量评查，综合运用多种评查手段，重点就发回重审、改判、指令再审、长期未结、信访申诉、裁判尺度不一的基层人民法院案件开展专项评查。组织开展案件质量自查和交叉互评，从裁判文书制作规范、证据分析和事实认定、裁判理由和法律适用、裁判主文和实体处理等方面重点查找基层人民法院裁判文书中存在的突出问题，及时通报评查情况，不断完善裁判文书校核机制。

3. 规范审判执行程序。最高人民法院研究制定覆盖刑事、民事、行政、国家赔偿等专业领域主要审判程序及执行程序的流程标准。高级人民法院要完善以审判执行工作为重点的案件流程和审限管理制度，按照最高人民法院审判执行程序流程标准，进一步规范辖区中级、基层人民法院案件办理流程，整体提升法院审判执行工作标准化水平。扎实开展裁判文书公开和审判流程信息公开工作，以影响力大、社会关注度高的案件为重点，充分运用网络直播、视频录播、图文直播等形式，积极回应社会和网络对司法案件的关切。依托中国审判流程信息公开网开展电子送达工作，切实提升送达工作效率和规范化水平。

（四）提升基层法官司法能力水平

1. 加大基层法官培训力度。完成基层法官全员轮训任务，做好新一轮全员轮训准备工作。利用中国法官培训网中的培训课程、培训课件，加大对基层法官的培训力度。组织本辖区全国审判业务专家和省级审判业务专家到基层人民法院巡回授课。根据审判执行工作需要，综合采取集中脱产培训、网络视频教学、巡回授课等方式，加强对基层法官新法律法规和司法解释、信息技术、舆情应对技的培训，确保每一名法官每年接受业务培训不少于 10 天。

2. 开展岗位练兵活动。紧密结合审判执行工作实际广泛开展基层法官、法官助理、书记员、司法警察岗位练兵、技能竞赛等活动，把丰富生动的审判实践转化为教学资源，切实提高基层干警履职能力。高级人民法院要以基层法官为对象，组织开展百篇优秀裁判文书、百个优秀庭审、百名岗位能手“三个一百”评比活动，以赛促学，全面提升基层法官的司法水平。加大司法警察初任培训和专项技能培训力度。

3、健全人才对口支援机制。加强对基层人民法院司法能力建设的支援和帮带，推行建立上下级法院之间、东西部地区法院之间、京津冀法院之间法官的挂职锻炼、交流任职机制。最高人民法院和东部发达地区法院接收一定数量西部、贫困及少数民族地区基层人民法院法官挂职锻炼，帮助提高这些地区基层法官司法能力和水平。高级人民法院定期组织本辖区基层法官到上级法院、其他省份发达地区法院学习交流，组织本辖区发达和欠发达地区基层人民法院采取结对子形式进行对口支援，促进基层法官在实践中锻炼提高审判能力。

4. 深入实施双语法官“千人计划”。加大双语法官培训力度，按照《少数民族地区民汉双语法官评定办法》，开展首批双语法官评定工作。出版双语法官思想政治教育、审判实务技能、司法解释及指导案例系列丛书。会同国家民委研发推广双语智能翻译和语音识别技术，拓展民汉双语学习平台，辅助双语诉讼工作。

（五）加大基层人民法院人员补充力度

1. 推动编制资源、员额配备向基层倾斜。推动省级政法专项编制分配时，优先保障边远、贫困、少数民族地区基层人民法院审判执行工作需要。加强内部挖潜，合理使用已有编制资源，及时招录补充所需人员。切实做好法官员额省级统筹，使法官员额分配向基层一线倾斜，并建立法官员额动态调整机制。

2. 推动制定特殊的人员招录政策。推动落实《关于做好艰苦边远地区基层公务员考试录用工作的意见》，完善省级统一招录政策，在为边远、贫困、少数民族地区基层人民法院空缺岗位组织省级统一招考时，适当放宽开考比例和学历要求，并拿出适当比例的岗位，面向通晓当地民族语言的双语人员招录。推动完善国家法律职业统一资格考试政策，积极探索与民族地区高等院校定向培养、联合培养等方式，着力解决西部民族地区基层人民法院人员短缺问题。推动落实人民法院司法警察招录培养制度，进一步加强人民法院司法警察队伍建设。推动落实《关于人民法院信息化人才队伍建设的意见》和《人民法院、人民检察院聘用制书记员管理制度改革方案（试行）》，加强人民法院信息化人员和聘用制书记员队伍建设。

3. 加大基层人民法院法官助理招录力度。积极落实《关于招录人民法院法官助理、人民检察院检察官助理的意见》，在坚持规范招录、严格把关的同时，允许市、县两级法院招录法官助理采取单独申报招录计划、单独组织考试、单独划定笔试合格分数线等特殊招录政策，进一步加大艰苦边远地区政策支持力度。

（六）加强基层队伍管理和职业保障

1. 坚持从严治警。加强对基层干警的管理和监督，坚持严管与厚爱结合、约束与激励并重的干部监督管理机制，推进干部监督管理与基层党的建设、人员选拔任用等深度融合，建设风清气正的基层人民法院干部队伍。充分发挥干部考核的管理监督功能，把平时考核和定期考核结合起来，加大对不担当、不作为干部的问责和组织调整力度，实现考核工作经常化、制度化、全覆盖。

2. 认真落实法官单独职务序列改革。落实法官单独职务序列改革，构建符合审判规律的法官管理模式，加快开展法官等级按期晋升和择优选升工作，用好用足倾斜基层政策，推动法官等级配备规格、比例设置、晋升方式等政策落地见效。

3. 全面落实基层法官工資制度改革。全面落实法官单独职务序列配套工资政策，及时兑现员额法官、审判辅助人员及司法行政人员绩效考核奖金。认真落实法官交流转任时相应职级待遇、女法官退休年龄政策、法官医疗、公务交通补贴及差旅待遇，积极协调解决法官住房等政策。尽快落实人民法院司法警察警衔津贴、值勤岗位津贴、加班补贴等职业保障政策。

（七）加强人民法庭建设

1. 优化人民法庭设置，结合审判工作需要和法院内设机构改革，进一步优化人民法庭布局，在充分发挥人民法庭传统职能的基础上，积极推进类型化、专业化审判和综合性法庭建设，更好地发挥人民法庭植根基层、面向群众的窗口作用。加快建设“智慧法庭”，积极推行专业化、类型化纠纷“网上数据一体化处理”平台建设，有效提升纠纷化解效率。

2. 加强人民法庭人员配备。适应人民法庭审判工作需要，配齐法庭工作人员。人民法庭庭长应当由政治素质过硬、业务水平高、协调能力强，具有审判工作经历的法官担任，切实把人民法庭作为培养、锻炼、选拔法院领导干部和业务骨干的重要基地。

3. 提升人民法庭保障水平。建立各级领导干部到人民法庭蹲点工作制度，及时发现并协调解决存在的困难和问题。改善人民法庭工作条件，加强人民法庭办公办案现代化建设和信息化建设，加强对人民法庭干警的业务培训，切实提高人民法庭的司法水平和工作效率。丰富干警的文化生活，关心法庭干警的身心健康和家庭困难，让干警能够全身心、愉快地投入工作。

三、2018 年重点工作目标任务

（一）推动省以下法院内设机构改革，按照《关于和积极推进省以下人民法院内设机构改革工作的通知》要求，坚持优化协同高效原则，在理顺职能、优化分工的基础上，精干、规范设置内设机构，各基层人民法院和开展内设机构改革的高级、中级人民法院，要在 2018 年底前形成内设机构改革方案，完成审批程序，报最高人民法院备案，2019 年 3 月前基本完成内设机构改革任务。

（二）加快推进审判执行团队建设。合理配备审判辅助人员，结合案件量、审级、队伍结构等因素，建立科学合理的审判执行团队，明确职责分工，完善绩效考核。

（三）推进专业化、信息化法庭建设，在充分发挥人民法庭传统职能的基础上，根据法院案件构成和诉讼需要，在经济发达、案件量大、交通便利的城市地区，重点建设一批家事审判、劳动争议、道路交通事故、旅游纠纷、知识产权等专业化法庭，提高类型案件的审判质效。推进远程立案、语音查询、网上办案、电子签章、异地视频作证等信息化建设与应用工作，加强人民法庭办案智能化、管理科学化、监督实时化，积极搭建“开放、动态、透明、便民”的阳光司法平台，为人民法庭便民利民和高效司法，提供充分的技术支持和技术保障。

（四）杜绝裁判文书低级差错。认真贯彻落实《关于全面提升裁判文书质量切实防止低级错误反复发生的紧急通知》，普及安装文书智能纠错软件，健全完善裁判文书校核和质量管理机制，扎实做好 2018 年度上网裁判文书质量评查工作，力争评查裁判文书 30 万余份。对发现的突出问题要及时进行通报，并督促抓好整改；对造成恶劣社会影响的问题，既要严肃追究直接承办人责任，又要追究法院领导责任，努力使基层人民法院和法官形象得到明显提升。

（五）全面落实法官工资待遇。严格根据《法官、检察官工资制度改革试点方案》和《法官、检察官和司法辅助人员工资制度改革试点实施办法》要求，加大落实推进力度，力争年底前全国各级人民法院均能按照法官单独职务序列等级落实中央改革政策，及时兑现绩效考核奖金。

（六）解决部分地区双语法官短缺问题。会同国家民委联合举办维汉藏汉双语法官示范培训班，组织相关高级人民法院深入开展分类分双语法官培训工作，力争培训 1500 名左右双语法官。出版 10 册双语法律教材和辅导读本。按照《少数民族地区民汉双语法官评定办法》开展首批双语法官评定工作，评定双语法官 800 余名，确保涉及双语案件较多的民族地区法院有 3 至 4 名既精通审判业务又能熟练运用国家通用语言文字和当地少数民族语言文字的专家型法官。

四、组织实施

（一）高度重视、明确责任。加强人民法院队伍建设基层基础工作是贯彻落实全国“两会”精神，着力打造适应新时代人民法院发展需要的过硬基层队伍的重要举措。全国各级人民法院党组要高度重视，切实负起领导责任，专题研究部署，统筹抓好贯彻落实。全国各级人民法院政治部门要在党组领导下，切实履行主管职能，牵头组织实施，扎实推进工作落实。全国各级人民法院相关部门要充分发挥职能作用，加强协作配合，按照工作职责共同抓好落实。

（二）精心组织、加强督导。各地法院要按照实施方案要求，周密部署、精心组织，研究制定工作计划，建立工作台账和督促落实机制，认真抓好各项具体工作的落地落实。高人民法院要定期深入基层开展调研，了解实施方案落实情况，协调解决实施中遇到的问题和困难，督促辖区法院各项任务按计划实施。最高人民法院将适时采取专项检查、随机抽查、情况通报、经验交流等形式，加强对各地法院基层基础建设工作的督促检查。

（三）搞好宣传、营造氛围。全国各级人民法院要及时梳理总结加强基层基础工作的重要举措、重大进展、典型经验和实际成效，充分利用法院系统内外各主流媒体特别是新媒体，开展多层次宣传报道，努力推出有特色、成效好的经验做法，形成良好的舆论氛围。

（二）队伍建设

最高人民法院
关于印发《人民法院工作人员处分条例》的通知

2009年12月31日　　　　　　　　法发〔2009〕61号

全国地方各级人民法院、各级军事法院、各铁路运输中级法院和基层法院、各海事法院、新疆生产建设兵团各级法院：

现将《人民法院工作人员处分条例》印发给你们，请认真贯彻执行。执行中有何问题请及时向我院报告。

附：

人民法院工作人员处分条例

第一章　总　　则

第一节　目的、依据、原则和适用范围

第一条　为了规范人民法院工作人员行为，促进人民法院工作人员依法履行职责，确保公正、高效、廉洁司法，根据《中华人民共和国公务员法》和《中华人民共和国法官法》，制定本条例。

第二条　人民法院工作人员因违反法律、法规或者本条例规定，应当承担纪律责任的，依照本条例给予处分。

第三条　人民法院工作人员依法履行职务的行为受法律保护。非因法定事由、非经法定程序，不受处分。

第四条　给予人民法院工作人员处分，应当坚持以下原则：

（一）实事求是，客观公正；

（二）纪律面前人人平等；

（三）处分与违纪行为相适应；

（四）惩处与教育相结合。

第五条 人民法院工作人员违纪违法涉嫌犯罪的，应当移送司法机关处理。

第二节 处分的种类和适用

第六条 处分的种类为：警告、记过、记大过、降级、撤职、开除。

第七条 受处分的期间为：

（一）警告，六个月；

（二）记过，十二个月；

（三）记大过，十八个月；

（四）降级、撤职，二十四个月。

第八条 受处分期间不得晋升职务、级别，其中，受记过、记大过、降级、撤职处分的，不得晋升工资档次；受撤职处分的，应当按照规定降低级别。

第九条 受开除处分的，自处分决定生效之日起，解除与人民法院的人事关系，不得再担任公务员职务。

第十条 同时有两种以上需要给予处分的行为的，应当分别确定其处分种类。应当给予的处分种类不同的，执行其中最重的处分；应当给予撤职以下多个相同种类处分的，执行该处分，并在一个处分期以上、多个处分期之和以下，决定应当执行的处分期。

在受处分期间受到新的处分的，其处分期为原处分期尚未执行的期限与新处分期限之和。

处分期最长不超过四十八个月。

第十一条 二人以上共同违纪违法，需要给予处分的，根据各自应当承担的纪律责任分别给予处分。

人民法院领导班子、有关机构或者审判组织集体作出违纪违法决定或者实施违纪违法行为，依照前款规定处理。

第十二条 有下列情形之一的，应当在本条例分则规定的处分幅度以内从重处分：

（一）在共同违纪违法行为中起主要作用的；

（二）隐匿、伪造、销毁证据的；

（三）串供或者阻止他人揭发检举、提供证据材料的；

（四）包庇同案人员的；

（五）法律、法规和本条例分则中规定的其他从重情节。

第十三条　有下列情形之一的，应当在本条例分则规定的处分幅度以内从轻处分：

（一）主动交待违纪违法行为的；

（二）主动采取措施，有效避免或者挽回损失的；

（三）检举他人重大违纪违法行为，情况属实的；

（四）法律、法规和本条例分则中规定的其他从轻情节。

第十四条　主动交待违纪违法行为，并主动采取措施有效避免或者挽回损失的，应当在本条例分则规定的处分幅度以外降低一个档次给予减轻处分。

应当给予警告处分，又有减轻处分情形的，免予处分。

第十五条　违纪违法行为情节轻微，经过批评教育后改正的，可以免予处分。

第十六条　在人民法院作出处分决定前，已经被依法判处刑罚、罢免、免职或者已经辞去领导职务，依照本条例需要给予处分的，应当根据其违纪违法事实给予处分。

被依法判处刑罚的，一律给予开除处分。

第十七条　人民法院工作人员退休之后违纪违法，或者在任职期间违纪违法、在处分决定作出前已经退休的，不再给予纪律处分；但是，应当给予降级、撤职、开除处分的，应当按照规定相应降低或者取消其享受的待遇。

第十八条　对违纪违法取得的财物和用于违纪违法的财物，应当没收、追缴或者责令退赔。没收、追缴的财物，一律上缴国库。

对违纪违法获得的职务、职称、学历、学位、奖励、资格等，应当建议有关单位、部门按规定予以纠正或者撤销。

第三节　处分的解除、变更和撤销

第十九条　受开除以外处分的，在受处分期间有悔改表现，并且没有再发生违纪违法行为的，处分期满后应当解除处分。

解除处分后，晋升工资档次、级别、职务不再受原处分的影响。但是，解除降级、撤职处分的，不视为恢复原级别、原职务。

第二十条　有下列情形之一的，应当变更或者撤销处分决定：

（一）适用法律、法规或者本条例规定错误的；

（二）对违纪违法行为的事实、情节认定有误的；

（三）处分所依据的违纪违法事实证据不足的；

（四）调查处理违反法定程序，影响案件公正处理的；

（五）作出处分决定超越职权或者滥用职权的；

（六）有其他处分不当情形的。

第二十一条 处分决定被变更，需要调整被处分人员的职务、级别或者工资档次的，应当按照规定予以调整；处分决定被撤销的，应当恢复其级别、工资档次，按照原职务安排相应的职务，并在适当范围内为其恢复名誉。因变更而减轻处分或者被撤销处分人员的工资福利受到损失的，应当予以补偿。

第二章 分 则

第一节 违反政治纪律的行为

第二十二条 散布有损国家声誉的言论，参加旨在反对国家的集会、游行、示威等活动的，给予记大过处分；情节较重的，给予降级或者撤职处分；情节严重的，给予开除处分。

因不明真相被裹挟参加上述活动，经批评教育后确有悔改表现的，可以减轻或者免予处分。

第二十三条 参加非法组织或者参加罢工的，给予记大过处分；情节较重的，给予降级或者撤职处分；情节严重的，给予开除处分。

因不明真相被裹挟参加上述活动，经批评教育后确有悔改表现的，可以减轻或者免予处分。

第二十四条 违反国家的民族宗教政策，造成不良后果的，给予记大过处分；情节较重的，给予降级或者撤职处分；情节严重的，给予开除处分。

因不明真相被裹挟参加上述活动，经批评教育后确有悔改表现的，可以减轻或者免予处分。

第二十五条 在对外交往中损害国家荣誉和利益的，给予记大过处分；情节较重的，给予降级或者撤职处分；情节严重的，给予开除处分。

第二十六条 非法出境，或者违反规定滞留境外不归的，给予记大过处分；情节较重的，给予降级或者撤职处分；情节严重的，给予开除处分。

第二十七条 未经批准获取境外永久居留资格，或者取得外国国籍的，给予记大过处分；情节较重的，给予降级或者撤职处分；情节严重的，给予开除处分。

第二十八条 有其他违反政治纪律行为的，给予警告、记过或者记大过处分；情节较重的，给予降级或者撤职处分；情节严重的，给予开除处分。

第二节 违反办案纪律的行为

第二十九条 违反规定，擅自对应当受理的案件不予受理，或者对不应当受理的案件违法受理的，给予警告、记过或者记大过处分；情节较重的，给予降级或者撤职处分；情节严重的，给予开除处分。

第三十条 违反规定应当回避而不回避，造成不良后果的，给予警告、记过或者记大过处分；情节较重的，给予降级或者撤职处分；情节严重的，给予开除处分。

明知诉讼代理人、辩护人不符合担任代理人、辩护人的规定，仍准许其担任代理人、辩护人，造成不良后果的，给予警告、记过或者记大过处分；情节较重的，给予降级处分；情节严重的，给予撤职处分。

第三十一条　违反规定会见案件当事人及其辩护人、代理人、请托人的，给予警告处分；造成不良后果的，给予记过或者记大过处分。

第三十二条　违反规定为案件当事人推荐、介绍律师或者代理人，或者为律师或者其他人员介绍案件的，给予警告处分；造成不良后果的，给予记过或者记大过处分。

第三十三条　违反规定插手、干预、过问案件，或者为案件当事人通风报信、说情打招呼的，给予警告、记过或者记大过处分；情节较重的，给予降级或者撤职处分；情节严重的，给予开除处分。

第三十四条　依照规定应当调查收集相关证据而故意不予收集，造成不良后果的，给予警告、记过或者记大过处分；情节较重的，给予降级或者撤职处分；情节严重的，给予开除处分。

第三十五条　依照规定应当采取鉴定、勘验、证据保全等措施而故意不采取，造成不良后果的，给予警告、记过或者记大过处分；情节较重的，给予降级或者撤职处分；情节严重的，给予开除处分。

第三十六条　依照规定应当采取财产保全措施或者执行措施而故意不采取，或者依法应当委托有关机构审计、鉴定、评估、拍卖而故意不委托，造成不良后果的，给予警告、记过或者记大过处分；情节较重的，给予降级或者撤职处分；情节严重的，给予开除处分。

第三十七条　违反规定采取或者解除财产保全措施，造成不良后果的，给予警告、记过或者记大过处分；情节较重的，给予降级或者撤职处分；情节严重的，给予开除处分。

第三十八条　故意违反规定选定审计、鉴定、评估、拍卖等中介机构，或者串通、指使相关中介机构在审计、鉴定、评估、拍卖等活动中徇私舞弊、弄虚作假的，给予警告、记过或者记大过处分；情节较重的，给予降级或者撤职处分；情节严重的，给予开除处分。

第三十九条　故意违反规定采取强制措施的，给予警告、记过或者记大过处分；情节较重的，给予降级或者撤职处分；情节严重的，给予开除处分。

第四十条　故意毁弃、篡改、隐匿、伪造、偷换证据或者其他诉讼材料的，给予记大过处分；情节较重的，给予降级或者撤职处分；情节严重的，给予开除处分。

指使、帮助他人作伪证或者阻止他人作证的，给予降级或者撤职处分；情节严重的，给予开除处分。

第四十一条 故意向合议庭、审判委员会隐瞒主要证据、重要情节或者提供虚假情况的，给予警告、记过或者记大过处分；情节较重的，给予降级或者撤职处分；情节严重的，给予开除处分。

第四十二条 故意泄露合议庭、审判委员会评议、讨论案件的具体情况或者其他审判执行工作秘密的，给予记过或者记大过处分；情节较重的，给予降级或者撤职处分；情节严重的，给予开除处分。

第四十三条 故意违背事实和法律枉法裁判的，给予降级或者撤职处分；情节严重的，给予开除处分。

第四十四条 因徇私而违反规定迫使当事人违背真实意愿撤诉、接受调解、达成执行和解协议并损害其利益的，给予警告、记过或者记大过处分；情节较重的，给予降级或者撤职处分；情节严重的，给予开除处分。

第四十五条 故意违反规定采取执行措施，造成案件当事人、案外人或者第三人财产损失的，给予记大过处分；情节较重的，给予降级或者撤职处分；情节严重的，给予开除处分。

第四十六条 故意违反规定对具备执行条件的案件暂缓执行、中止执行、终结执行或者不依法恢复执行，造成不良后果的，给予记大过处分；情节较重的，给予降级或者撤职处分；情节严重的，给予开除处分。

第四十七条 故意违反规定拖延办案的，给予警告、记过或者记大过处分；情节较重的，给予降级或者撤职处分；情节严重的，给予开除处分。

第四十八条 故意拖延或者拒不执行合议庭决议、审判委员会决定以及上级人民法院判决、裁定、决定、命令的，给予警告、记过或者记大过处分；情节较重的，给予降级或者撤职处分；情节严重的，给予开除处分。

第四十九条 私放被羁押人员的，给予记大过处分；情节较重的，给予降级或者撤职处分；情节严重的，给予开除处分。

第五十条 违反规定私自办理案件的，给予警告、记过或者记大过处分；情节较重的，给予降级或者撤职处分；情节严重的，给予开除处分。

内外勾结制造假案的，给予降级、撤职或者开除处分。

第五十一条 伪造诉讼、执行文书，或者故意违背合议庭决议、审判委员会决定制作诉讼、执行文书的，给予记大过处分；情节较重的，给予降级或者撤职处分；情节严重的，给予开除处分。

送达诉讼、执行文书故意不依照规定，造成不良后果的，给予警告、记过或者记大过处分。

第五十二条 违反规定将案卷或者其他诉讼材料借给他人的，给予警告处分；造成不良后果的，给予记过或者记大过处分。

第五十三条　对外地人民法院依法委托的事项拒不办理或者故意拖延办理，造成不良后果的，给予警告、记过或者记大过处分；情节严重的，给予降级或者撤职处分。

阻挠、干扰外地人民法院依法在本地调查取证或者采取相关财产保全措施、执行措施、强制措施的，给予警告、记过或者记大过处分；情节较重的，给予降级或者撤职处分；情节严重的，给予开除处分。

第五十四条　有其他违反办案纪律行为的，给予警告、记过或者记大过处分；情节较重的，给予降级或者撤职处分；情节严重的，给予开除处分。

第三节　违反廉政纪律的行为

第五十五条　利用职务便利，采取侵吞、窃取、骗取等手段非法占有诉讼费、执行款物、罚没款物、案件暂存款、赃款赃物及其孳息等涉案财物或者其他公共财物的，给予记大过处分；情节较重的，给予降级或者撤职处分；情节严重的，给予开除处分。

第五十六条　利用司法职权或者其他职务便利，索取他人财物及其他财产性利益的，或者非法收受他人财物及其他财产性利益，为他人谋取利益的，给予记大过处分；情节较重的，给予降级或者撤职处分；情节严重的，给予开除处分。

利用司法职权或者其他职务便利为他人谋取利益，以低价购买、高价出售、收受干股、合作投资、委托理财、赌博等形式非法收受他人财物，或者以特定关系人“挂名”领取薪酬或者收受财物等形式，非法收受他人财物，或者违反规定收受各种名义的回扣、手续费归个人所有的，依照前款规定处分。

第五十七条　行贿或者介绍贿赂的，给予记过或者记大过处分；情节较重的，给予降级或者撤职处分；情节严重的，给予开除处分。

向审判、执行人员行贿或者介绍贿赂的，依照前款规定从重处分。

第五十八条　挪用诉讼费、执行款物、罚没款物、案件暂存款、赃款赃物及其孳息等涉案财物或者其他公共财物的，给予记过或者记大过处分；情节较重的，给予降级或者撤职处分；情节严重的，给予开除处分。

第五十九条　接受案件当事人、相关中介机构及其委托人的财物、宴请或者其他利益的，给予警告、记过或者记大过处分；情节较重的，给予降级或者撤职处分；情节严重的，给予开除处分。

违反规定向案件当事人、相关中介机构及其委托人借钱、借物的，给予警告、记过或者记大过处分。

第六十条　以单位名义集体截留、使用、私分诉讼费、执行款物、罚没款物、案件暂存款、赃款赃物及其孳息等涉案财物或者其他公共财物的，给予警告、记过或者记大过处分；情节较重的，给予降级或者撤职处分；情节严重的，给予开除处分。

第六十一条 利用司法职权，以单位名义向公民、法人或者其他组织索要赞助或者摊派、收取财物的，给予记过或者记大过处分；情节较重的，给予降级或者撤职处分；情节严重的，给予开除处分。

第六十二条 故意违反规定设置收费项目、扩大收费范围、提高收费标准的，给予警告、记过或者记大过处分；情节较重的，给予降级或者撤职处分；情节严重的，给予开除处分。

第六十三条 违反规定从事或者参与营利性活动，在企业或者其他营利性组织中兼职的，给予记过或者记大过处分；情节较重的，给予降级或者撤职处分；情节严重的，给予开除处分。

第六十四条 利用司法职权或者其他职务便利，为特定关系人谋取不正当利益，或者放任其特定关系人、身边工作人员利用本人职权谋取不正当利益的，给予记过或者记大过处分；情节较重的，给予降级或者撤职处分；情节严重的，给予开除处分。

第六十五条 有其他违反廉政纪律行为的，给予警告、记过或者记大过处分；情节较重的，给予降级或者撤职处分；情节严重的，给予开除处分。

第四节 违反组织人事纪律的行为

第六十六条 违反议事规则，个人或者少数人决定重大事项，或者改变集体作出的重大决定，造成决策错误的，给予警告、记过或者记大过处分；情节较重的，给予降级或者撤职处分；情节严重的，给予开除处分。

第六十七条 故意拖延或者拒不执行上级依法作出的决定、决议的，给予警告、记过或者记大过处分；情节较重的，给予降级或者撤职处分；情节严重的，给予开除处分。

第六十八条 对职责范围内发生的重大事故、事件不按规定报告、处理的，给予记过或者记大过处分；情节较重的，给予降级或者撤职处分；情节严重的，给予开除处分。

第六十九条 对职责范围内发生的违纪违法问题隐瞒不报、压案不查、包庇袒护的，或者对上级交办的违纪违法案件故意拖延或者拒不办理的，给予记大过处分；情节较重的，给予降级或者撤职处分；情节严重的，给予开除处分。

第七十条 压制批评，打击报复，扣压、销毁举报信件，或者向被举报人透露举报情况的，给予记过或者记大过处分；情节较重的，给予降级或者撤职处分；情节严重的，给予开除处分。

第七十一条 在人员录用、招聘、考核、晋升职务、晋升级别、职称评定以及岗位调整等工作中徇私舞弊、弄虚作假的，给予警告、记过或者记大过处分；情节较重的，给予降级或者撤职处分；情节严重的，给予开除处分。

第七十二条 弄虚作假，骗取荣誉，或者谎报学历、学位、职称的，给予警告、记过或者记大过处分；情节较重的，给予降级或者撤职处分；情节严重的，给予开除处分。

第七十三条 拒不执行机关的交流决定，或者在离任、辞职、被辞退时，拒不办理公务交接手续或者拒不接受审计的，给予警告、记过或者记大过处分；情节较重的，给予降级或者撤职处分；情节严重的，给予开除处分。

第七十四条 旷工或者因公外出、请假期满无正当理由逾期不归，造成不良后果的，给予警告、记过或者记大过处分；情节较重的，给予降级或者撤职处分；情节严重的，给予开除处分。

第七十五条 以不正当方式谋求本人或者特定关系人用公款出国，或者擅自延长在国外、境外期限，或者擅自变更路线，造成不良后果的，给予警告、记过或者记大过处分；情节较重的，给予降级或者撤职处分；情节严重的，给予开除处分。

第七十六条 有其他违反组织人事纪律行为的，给予警告、记过或者记大过处分；情节较重的，给予降级或者撤职处分；情节严重的，给予开除处分。

第五节 违反财经纪律的行为

第七十七条 违反规定进行物资采购或者工程项目招投标，造成不良后果的，给予警告、记过或者记大过处分；情节较重的，给予降级或者撤职处分；情节严重的，给予开除处分。

第七十八条 违反规定擅自开设银行账户或者私设“小金库”的，给予警告处分；情节较重的，给予记过或者记大过处分；情节严重的，给予降级或者撤职处分。

第七十九条 伪造、变造、隐匿、毁弃财务账册、会计凭证、财务会计报告的，给予警告、记过或者记大过处分；情节较重的，给予降级或者撤职处分；情节严重的，给予开除处分。

第八十条 违反规定挥霍浪费国家资财的，给予警告处分；情节较重的，给予记过或者记大过处分；情节严重的，给予降级或者撤职处分。

第八十一条 有其他违反财经纪律行为的，给予警告、记过或者记大过处分；情节较重的，给予降级或者撤职处分；情节严重的，给予开除处分。

第六节 失职行为

第八十二条 因过失导致依法应当受理的案件未予受理，或者不应当受理的案件被违法受理，造成不良后果的，给予警告、记过或者记大过处分。

第八十三条 因过失导致错误裁判、错误采取财产保全措施、强制措施、执行措施，或者应当采取财产保全措施、强制措施、执行措施而未采取，造成不良后果的，给予警告、记过或者记大过处分；造成严重后果的，给予降级、撤职或者开除处分。

第八十四条 因过失导致所办案件严重超出规定办理期限，造成严重后果的，给予警告、记过或者记大过处分。

第八十五条 因过失导致被羁押人员脱逃、自伤、自杀或者行凶伤人的，给予记过或者记大过处分；造成严重后果的，给予降级、撤职或者开除处分。

第八十六条 因过失导致诉讼、执行文书内容错误，造成严重后果的，给予警告、记过或者记大过处分。

第八十七条 因过失导致国家秘密、审判执行工作秘密及其他工作秘密、履行职务掌握的商业秘密或者个人隐私被泄露，造成不良后果的，给予警告、记过或者记大过处分；情节较重的，给予降级或者撤职处分；情节严重的，给予开除处分。

第八十八条 因过失导致案卷或者证据材料损毁、丢失的，给予警告、记过或者记大过处分；造成严重后果的，给予降级或者撤职处分。

第八十九条 因过失导致职责范围内发生刑事案件、重大治安案件、重大社会群体性事件或者重大人员伤亡事故的，使公共财产、国家和人民利益遭受重大损失的，给予记过或者记大过处分；情节较重的，给予降级或者撤职处分；情节严重的，给予开除处分。

第九十条 有其他失职行为造成不良后果的，给予警告、记过或者记大过处分；情节较重的，给予降级或者撤职处分；情节严重的，给予开除处分。

第七节 违反管理秩序和社会道德的行为

第九十一条 因工作作风懈怠、工作态度恶劣，造成不良后果的，给予警告、记过或者记大过处分。

第九十二条 故意泄露国家秘密、工作秘密，或者故意泄露因履行职责掌握的商业秘密、个人隐私的，给予记过或者记大过处分；情节较重的，给予降级或者撤职处分；情节严重的，给予开除处分。

第九十三条 弄虚作假，误导、欺骗领导和公众，造成不良后果的，给予警告、记过或者记大过处分；情节较重的，给予降级或者撤职处分；情节严重的，给予开除处分。

第九十四条 因酗酒影响正常工作或者造成其他不良后果的，给予警告、记过或者记大过处分；情节较重的，给予降级、撤职处分；情节严重的，给予开除处分。

第九十五条 违反规定保管、使用枪支、弹药、警械等特殊物品，造成不良后果的，给予警告、记过或者记大过处分；情节较重的，给予降级或者撤职处分；情节严重的，给予开除处分。

第九十六条 违反公务车管理使用规定，发生严重交通事故或者造成其他不良后果的，给予警告、记过或者记大过处分；情节较重的，给予降级或者撤职处分；情节严重的，给予开除处分。

第九十七条 妨碍执行公务或者违反规定干预执行公务的，给予记过或者记大过处分；情节较重的，给予降级或者撤职处分；情节严重的，给予开除处分。

第九十八条 以殴打、辱骂、体罚、非法拘禁或者诽谤、诬告等方式侵犯他人人身权利的，给予记过或者记大过处分；情节较重的，给予降级或者撤职处分；情节严重的，给予开除处分。

体罚、虐待被羁押人员，或者殴打、辱骂诉讼参与人、涉诉上访人的，依照前款规定从重处分。

第九十九条 与他人通奸，造成不良影响的，给予警告、记过或者记大过处分；情节较重的，给予降级或者撤职处分；情节严重的，给予开除处分。

与所承办案件的当事人或者当事人亲属发生不正当两性关系的，依照前款规定从重处分。

第一百条 重婚或者包养情人的，给予撤职或者开除处分。

第一百零一条 拒不承担赡养、抚养、扶养义务，或者虐待、遗弃家庭成员的，给予警告、记过或者记大过处分；情节较重的，给予降级或者撤职处分；情节严重的，给予开除处分。

第一百零二条 吸食、注射毒品或者参与嫖娼、卖淫、色情淫乱活动的，给予撤职或者开除处分。

第一百零三条 参与赌博的，给予警告或者记过处分；情节较重的，给予记大过或者降级处分；情节严重的，给予撤职或者开除处分。

为赌博活动提供场所或者其他便利条件的，给予警告、记过或者记大过处分；情节较重的，给予降级、撤职处分；情节严重的，给予开除处分。

在工作时间赌博的，给予记过、记大过或者降级处分；屡教不改的，给予撤职或者开除处分。

挪用公款赌博的，给予撤职或者开除处分。

第一百零四条 参与迷信活动，造成不良影响的，给予警告、记过或者记大过处分。

组织迷信活动的，给予降级处分；情节较重的，给予撤职处分；情节严重的，给予开除处分。

第一百零五条 违反规定超计划生育的，给予降级处分；情节较重的，给予撤职处分；情节严重的，给予开除处分。

第一百零六条 有其他违反管理秩序和社会道德行为的，给予警告、记过或者记大过处分；情节较重的，给予降级或者撤职处分；情节严重的，给予开除处分。

第三章 附 则

第一百零七条 本条例所称“人民法院工作人员”是指人民法院行政编制内的工作人员。

人民法院事业编制工作人员参照本条例执行。

人民法院聘用人员不适用本条例。

第一百零八条 本条例所称“特定关系人”，是指与人民法院工作人员具有近亲属、情人以及其他密切关系的人。

第一百零九条 本条例所称“以上”、“以下”，包含本数。

第一百一十条 本条例由最高人民法院负责解释。

第一百一十一条 本条例自发布之日起施行。最高人民法院此前颁布的《关于人民法院工作人员纪律处分的若干规定（试行）》、《人民法院审判纪律处分办法（试行）》、《人民法院执行工作纪律处分办法（试行）》、最高人民法院《关于严格执行〈中华人民共和国法官法〉有关惩戒制度若干规定》同时废止。

【链 接】

最高人民法院
关于适用《人民法院工作人员处分条例》有关问题的答复

2010年4月6日 法〔2010〕148号

湖南省高级人民法院：

你院《关于如何适用〈人民法院工作人员处分条例〉几个问题的请示》收悉。经研究，答复如下：

一、《人民法院工作人员处分条例》（以下简称《条例》）不溯及既往。《条例》发布前已作出处分决定的案件，如需要进行复议复查，适用当时的规定。尚未作出处分决定的案件，如果行为发生时的规定不认为是违纪，而本《条例》认为是违纪的，依照当时的规定处理；如果行为发生时的规定认为是违纪，依照当时的规定处理，但是如果本《条例》不认为是违纪或者处理较轻的，依照本《条例》处理。

二、人民法院工作人员退休以后因违纪违法应当降低或者取消所享受的待遇的，应由其原所在法院监察部门参照《监察部关于对犯错误的已退休国家公务员追究行政纪律责任若干问题的通知》（监发〔2001〕3号）和《监察部关于对犯错误的已退休国家公务员追究行政纪律责任中如何扣减退休金问题的答复》（监法复〔2004〕1号）的精神，向组织人事部门提出监察建议，并由该部门办理有关手续。

三、原属于上级法院监察部门监察对象的法院领导干部退休以后，因违纪违法需要给予降低或者取消所享受待遇的，由上级法院向退休人员原所在法院提出监察建议，并由该法院组织人事部门办理有关手续。

此复。

最高人民法院
印发《关于对配偶子女从事律师职业的法院领导干部和审判执行岗位法官实行任职回避的规定（试行）》的通知

2011年2月10日　　法发〔2011〕5号

各省、自治区、直辖市高级人民法院，解放军军事法院，新疆维吾尔自治区高级人民法院生产建设兵团分院：

现将最高人民法院《关于对配偶子女从事律师职业的法院领导干部和审判执行岗位法官实行任职回避的规定（试行）》印发给你们，请认真执行。

附：

关于对配偶子女从事律师职业的法院领导干部和审判执行岗位法官实行任职回避的规定（试行）

为维护司法公正和司法廉洁，防止法院领导干部及法官私人利益与公共利益发生冲突，依照《中华人民共和国公务员法》、《中华人民共和国法官法》和《中国共产党党员领导干部廉洁从政若干准则》，制定本规定。

第一条 人民法院领导干部和审判、执行岗位法官，其配偶、子女在其任职法院辖区内从事律师职业的，应当实行任职回避。

本规定所称法院领导干部，是指各级人民法院的领导班子成员及审判委员会专职委员。

本规定所称审判、执行岗位法官，是指各级人民法院未担任院级领导职务的审判委员会委员以及在立案、审判、执行、审判监督、国家赔偿等部门从事审判、执行工作的法官和执行员。

本规定所称从事律师职业，是指开办律师事务所、以律师身份为案件当事人提供诉讼代理或者其他有偿法律服务。

第二条 人民法院在选拔任用干部时，不得将具备任职回避条件的人员作为法院领导干部和审判、执行岗位法官的拟任人选。

第三条 人民法院在补充审判、执行岗位工作人员时，不得补充具备任职回避条件的人员。

人民法院在补充非审判、执行岗位工作人员时，应当向拟补充的人员释明本规定的相关内容。

第四条 在本规定施行前具备任职回避条件的法院领导干部和审判、执行岗位法官，应当自本规定施行之日起六个月内主动提出任职回避申请；相关人民法院应当自本规定施行之日起十二个月内，按照有关程序为其办理职务变动或者岗位调整的手续。

第五条 在本规定施行前不具备任职回避条件，但在本规定施行后具备任职回避条件的法院领导干部和审判、执行岗位法官，应当自任职回避条件具备之日起一个月内主动提出任职回避申请；相关人民法院应当自申请期限届满之日起六个月内，按照有关程序为其办理职务变动或者岗位调整的手续。

第六条 具备任职回避条件的法院领导干部和审判、执行岗位法官在前述规定期限内没有主动提出任职回避申请的，相关人民法院应当自申请期限届满之日起六个月内，按照有关程序免去其所任领导职务或者将其调离审判执行岗位。

第七条 应当实行任职回避的法院领导干部和审判、执行岗位法官的任免权限不在人民法院的，相关人民法院可向具有干部任免权的机关提出为其办理职务调动或者免职手续的建议。

第八条 因配偶、子女从事律师职业而辞去现任职务或者退出审判、执行岗位的法院领导干部和法官，应当尽可能按原职级待遇重新安排工作岗位，但在重新安排工作时，不得违反本规定第二条、第三条的要求。

第九条 具备任职回避条件的法院领导干部及审判、执行岗位法官具有下列情形之一的，应当酌情给予批评教育、组织处理或者纪律处分：

（一）隐瞒配偶、子女从事律师职业情况的；

（二）采取弄虚作假手段规避任职回避的；

（三）拒不服从组织调整或者拒不办理公务交接的；

（四）具有其他违反任职回避规定行为的。

第十条 法院领导干部和审判、执行岗位法官的配偶、子女不在本规定所限地域范围内从事律师职业的，该法院领导干部和审判、执行岗位法官不实行任职回避，但其配偶、子女采取暗中代理等方式在本规定所限地域范围内从事律师职业的，应当责令其辞去领导职务或者将其调离审判、执行岗位；其本人知情的，还应当同时给予其相应的纪律处分。

第十一条 本规定由最高人民法院负责解释。

第十二条 本规定自发布之日起施行。

最高人民法院
关于加强人民法院领导干部调研工作的规定

2014 年 6 月 30 日　　　　法发〔2014〕10 号

为进一步加强人民法院领导干部调研工作，不断提高人民法院决策的科学化和民主化水平，不断提高各级人民法院领导干部的司法能力和管理水平，努力营造全国法院普遍重视调研工作的氛围，以高质量的调研工作促进司法为民、公正司法，根据中央有关规定，结合人民法院工作实际，制定本规定。

第一条 调研工作是人民法院必须长期坚持的一项重要工作，只能加强，不能削弱。各级人民法院要把领导干部调研工作列入党组重要议事日程，定期研究，定期安排，定期检查，确保落实。主要领导干部要率先垂范，带头开展调研。

第二条 人民法院领导干部开展调研工作要坚持以中国特色社会主义理论体系为指导，坚持从中国国情和审判工作实际出发，践行社会主义法治理念，积极回应人民群众的关切和期待。要遵循解放思想、实事求是、理论联系实际、务求调研实效的工作原则。

第三条 人民法院领导干部开展调研工作要突出重点，既要紧紧围绕法治中国建设中的宏观性、全局性、战略性问题开展理论、政策性调研，又要紧密结合当前人民法院审判执行、司法改革、司法作风、廉政建设、干部管理、人才培养、司法宣传、司法保障等工作领域中的重点、难点、薄弱环节以及各种新情况、新问题开展专题、专门性调研。

第四条 各级人民法院领导干部要坚持定期调研与不定期调研相结合。原则上要确定专门月份作为领导干部集中调研月。最高人民法院领导干部、解放军军事法院院长、副院长和各高级人民法院院长到基层调研每年累计不少于30天，地方各级人民法院和军事法院等专门法院的其他领导干部到基层调研每年累计不少于60天。鼓励各级人民法院领导干部利用探亲休假等机会开展随机调研。

第五条 各级人民法院领导干部要在基层确定1至2个调研联系点，定期开展调研指导。最高人民法院领导干部、解放军军事法院院长、副院长和各高级人民法院院长深入联系点每年至少3次，每次不少于4天；地方各级人民法院和军事法院等专门法院的其他领导干部深入联系点每年不少于2次，每次不少于3天。调研联系点每3至5年更换一次。最高人民法院领导干部到基层调研的计划、安排及基层联系点的确定、更换由办公厅负责；地方各级人民法院应确定专门部门负责本院领导干部调研工作的协调事宜。

第六条 各级人民法院领导干部要结合分管工作实际，每年选取1至2个工作中遇到的热点、难点问题开展专题调研，并撰写有翔实情况、有深入分析、有可行对策的调研报告，确保每年的调研有重点、有亮点、有成效。

第七条 各级人民法院要确定专门部门，负责领导干部调研成果的汇总分析、转化利用工作。地方各级人民法院领导干部调研成果要确定专门部门层报上级人民法院供决策参考；对于涉及党和国家工作大局以及对当地经济社会发展具有重要参考价值的调研报告，还要及时送交相关部门参考。上级法院对于本院和下级法院领导干部调研成果中反映出的重大、疑难、复杂问题，要及时认真研究解决。

第八条 各级人民法院领导干部要把调研工作作为本职工作的重要组成部分，在年度述职报告中专项予以说明。

第九条 各级人民法院领导干部到基层调研要坚持问题导向，多到矛盾集中、问题突出、案件类型复杂多样、群众意见多的地方调研。对于调研中发现的问题，能够及时、就地解决的要立即解决；不能及时、就地解决的要提出解决方案并向本院党组、上级法院或相关部门汇报，切忌走过场、搞形式主义。

第十条 各级人民法院领导干部到基层调研要多同当地群众座谈，多同当地党委、政府、人大、政协负责同志以及人大代表、政协委员座谈沟通，多深入农村、企业、社会组织中了解情况，多同基层法院干警座谈交流，向群众学习，向实践学习。

第十一条 各级人民法院领导干部要充分利用民主生活会、座谈会、领导信箱等形式，加强与本院干警的沟通交流。要认真开展与干部群众的谈心活动，每年至少开展2次，可与党员民主生活会谈心结合起来安排。要注重听取意见建议和反映的问题，并通过适当形式及时反馈。

第十二条 各级人民法院领导干部到基层调研要严格执行国内公务出差及公务接待的相关制度规定，轻车简从，不用警车开道，不搞层层陪同，不张贴悬挂标语横幅，不组织干警迎送，不铺设迎宾地毯，不摆放花草，不安排宴请，不接受土特产、纪念品及其他任何礼品。

第十三条 各级人民法院领导干部要适应新形势新情况特别是当今社会信息网络化的特点，拓展调研渠道、丰富调研手段，综合运用好实地调研、统计分析、随机抽样等传统调研方法和网络调查、团组型调研等各种新型调研方法。

第十四条 本规定所称各级人民法院领导干部，是指最高人民法院、地方各级人民法院、军事法院等专门人民法院的领导班子成员及审判委员会专职委员。

第十五条 本规定自公布之日起实施。

【解　读】

解读《关于加强人民法院领导干部调研工作的规定》

为进一步加强人民法院领导干部调研工作，不断提高人民法院决策的科学化和民主化水平，不断提高各级人民法院领导干部的司法能力和管理水平，努力营造全国法院普遍重视调研工作的氛围，以高质量的调研工作促进司法为民、公正司法，2014年6月30日，最高人民法院印发了《关于加强人民法院领导干部调研工作的规定》（以下简称《规定》），自公布之日起实施。现对《规定》的制定背景及主要内容介绍如下：

一、制定背景

长期以来，各级人民法院领导干部普遍重视调查研究工作，积极主动研究调研事宜、参与调研任务，是人民法院司法调研事业发展最为重要的推动力量。如何加强对人民法院领导干部调研工作的制度化管理，是最高人民法院长期以来关注和研究的一项重要课题。当前出台《规定》，主要考虑了以下几个情况：

1. 党中央在新形势下更加重视调查研究工作。重视调查研究，是党在革命、建设、改革各个历史时期做好领导工作的重要传家宝。毛泽东同志提出："没有调查，没有发言权。"邓小平同志要求，决策必须先调查研究。江泽民同志指出："没有调查就没有决策权。"党的十八大以来，以习近平同志为总书记的党中央高度重视调研工作。2012 年 12 月 4 日，中央政治局召开会议，一致同意《关于改进工作作风、密切联系群众的八项规定》，其中第 1 条就旗帜鲜明地提出，中央政治局全体同志"要改进调查研究"。2014 年 1 月 24 日，习近平总书记在主持召开的中央政治局会议上指出，要以解决突出问题为导向，今年重点抓好 7 个问题，其中第一个就是"在全党大兴调查研究之风，健全领导干部带头改进作风、深入基层调查研究机制"。随后，中央又进一步完善了党员干部直接联系群众的制度，对各级党员干部深入基层联系点开展调查研究工作作出明确规定。这些都要求人民法院及时完善领导干部的调研工作机制。

2. 党的群众路线教育实践活动要求加强人民法院领导干部的调研工作。2013 年 4 月 19 日，中央决定从 2013 年下半年开始，用一年左右的时间，在全党自上而下分批开展党的群众路线教育实践活动。最高人民法院作为第一批教育实践活动单位，以"努力让人民群众在每一个司法案件中都感受到公平正义"为目标，以"司法为民、公正司法"为工作主线，注重把群众路线落实到人民法院各项工作之中。在调研工作中，落实群众路线的一个重要方面就是加强领导干部调研工作的制度化管理，为此，《最高人民法院党的群众路线教育实践活动整改方案》中明确提出要完善调研工作机制。最高人民法院党组会议要求研究室根据《最高人民法院党的群众路线教育实践活动整改方案》加强对完善人民法院领导干部调研机制问题的研究，抓紧起草相关规范性文件，作为院群众路线教育实践活动的一项重要整改措施。

3. 人民法院司法调研工作的科学发展要求完善对领导干部调研制度化。开展司法调研是人民法院做好审判工作和其他各项工作的基本前提与重要保证。最高人民法院历来重视调研工作。从 1999 年以来，最高人民法院多次召开全国法院调研工作会议，不断推动司法调研工作指导思想、方式方法的与时俱进。从 2000 年以来，最高人民法院相继出台了《关于加强人民法院调查研究工作的规定》《最高人民法院重点调研课题招标管理规则（试行）》《人民法院调研工作管理办法》《关于进一步加强调查研究工作的意见》等指导性文件，基本实现了对司法调研工作的制度化、规范化管理。但是，在这些制度实施的过程中，由于客观情况的发展变化等因素，司法调研工作也出现了一些问题，其中一个比较突出的问题就是部分法院领导干部对调研工作重视不够。用地方法院同志的一句话来说就是："调研工作说起来重要，干起来次要，忙起来不要。"这一问题的存在，不利于充分发挥司法调研在服务领导科学决策、服务审判执行工作、服务全国法院科学发展方面的基础性、先导性作用。为了落实好中央关于加强调查研究的重要部署，通过抓住主要矛盾带动调研工作质量的有效提升，最高人民法院在广泛征求各级人民法院意见和建议的基础上，经过认真研究论证，制定了《规定》。

二、主要内容

《规定》共15条，主要针对当前人民法院领导干部调研工作制度和实践中遇到的突出问题作出了规定，现对具体条文进行如下解读：

为进一步加强人民法院领导干部调研工作，不断提高人民法院决策的科学化和民主化水平，不断提高各级人民法院领导干部的司法能力和管理水平，努力营造全国法院普遍重视调研工作的氛围，以高质量的调研工作促进司法为民、公正司法，根据中央有关规定，结合人民法院工作实际，制定本规定。

（一）条文主旨

本部分为序言。明确了《规定》制定的目的和有关依据。

（二）条文理解

1. 关于《规定》制定的目的。

制定《规定》的目的是进一步加强人民法院领导干部调研工作，不断提高人民法院决策的科学化和民主化水平，不断提高各级人民法院领导干部的司法能力和管理水平，努力营造全国法院普遍重视调研工作的氛围，以高质量的调研工作促进司法为民、公正司法。序言专门把"不断提高各级人民法院领导干部的司法能力和管理水平"作为《规定》的一个重要目的，就是要通过调研制度的约束，促使各级人民法院领导干部始终坚持和不断加强调查研究，从而促进司法能力和管理水平的提高。

2. 关于《规定》制定的依据。

近年来，中央有关文件多次就领导干部调研工作作出规定。2010年中共中央办公厅印发的《关于推进学习型党组织建设的意见》、2012年中共中央政治局通过的《关于改进工作作风、密切联系群众的八项规定》以及2014年中共中央办公厅印发的完善党员干部直接联系群众的相关文件，都有针对性地加强了领导干部的调研工作。这些文件的相关内容是我们制定《规定》的依据。

（三）实践中应注意的问题

《规定》是最高人民法院根据中央文件精神，结合法院工作实际需要制定的规范性文件，各级人民法院均应当严格执行。

第一条 调研工作是人民法院必须长期坚持的一项重要工作，只能加强，不能削弱。各级人民法院要把领导干部调研工作列入党组重要议事日程，定期研究，定期安排，定期检查，确保落实。主要领导干部要率先垂范，带头开展调研。

（一）条文主旨

本条是对各级人民法院及其党组、主要领导干部开展司法调研工作的总体规定。

（二）条文理解

1. 关于调研工作在人民法院工作中的地位。

习近平同志 2011 年在中央党校秋季学期第二批入学学员开学典礼上的讲话中强调："领导干部不论阅历多么丰富，不论从事哪一方面工作，都应始终坚持和不断加强调查研究。"对人民法院而言，调查研究是人民法院的基础性工作，是审判工作的重要组成部分，是人民法院依法履行职能的关键环节。只有坚持调研先行，准确把握全国各地差异巨大的基本国情、各级各地法院不同的院情和不同的主要矛盾，准确掌握各级各地法院最真实、最全面、最细致的情况，才能作出科学的决策，从而有效解决每个法院发展中的突出问题。对上级法院来说，没有调查就不能有效对下监督；对人民法院的领导干部来说，没有调查就不能进行科学决策。基于此，《规定》旗帜鲜明地提出：调研工作"只能加强，不能削弱"。

2. 关于各级人民法院党组及主要领导开展调研工作。

近年来，全国各级人民法院对调研工作的重视程度不断提高，越来越多的法院领导亲自组织并参与调研，调研工作出现生机勃勃、成果丰硕的局面。与此同时，也有一些法院的领导干部对调研工作重视不够，主要体现在：有的法院领导干部常年坐在机关，极少到基层调研，即便下基层，往往也是走马观花、浅尝辄止；有的法院领导干部对调研工作认识不高，重审判轻调研，甚至弱化调研的现象仍然存在，而且越到基层越严重；有的法院领导干部把调研部门作为文秘事务性机构，更关注文字综合、宣传、信息等工作，认为调查研究可有可无，对调研机构建设和人员配备不上心，往往认为有个人在那儿"盯"着就行了，无需有机构，无需人员多；有的法院领导干部虽然总强调对调研工作"高看一眼，厚爱三分"，但在实际工作中却是号召多、落实少，对调研人员培养、关心、使用不够；有的法院领导干部很少亲自参加调研，即便领衔申报有关课题，也仅是挂名而不亲自开展研究工作。这些问题的存在，严重影响了人民法院调研工作的科学发展，不利于人民法院科学、民主决策，需要及时纠正。为此，《规定》在第 1 条明确提出，各级人民法院要把领导干部调研工作列入党组重要议事日程，定期研究，定期安排，定期检查，确保落实，主要领导干部要率先垂范，带头开展调研。

最高人民法院党组和院领导历来高度重视调查研究工作，院党组经常开会研究调研工作，院领导带头深入基层调研也成为常态。以2014年为例，上半年院党组数次开会研究领导干部调研机制、司法调研重大课题等工作；周强院长等院领导也多次深入基层一线调研指导，仅7月份一个月，周强院长就先后深入到山东济南历下区法院姚家法庭、济南中院、山东高院、陕西富县法院、陕西高院、榆林榆阳区法院郭家伙场法庭、宁夏高院、吴忠中院、银川中院、盐池县法院高沙窝法庭、永宁县法院、福建厦门中院、厦门海沧区法院、思明区法院、莲前法庭、厦门海事法院、平潭县法院、福州中院、福建高院调研，模范地执行了《规定》，为地方各级人民法院领导干部作了表率。

第二条 人民法院领导干部开展调研工作要坚持以中国特色社会主义理论体系为指导，坚持从中国国情和审判工作实际出发，践行社会主义法治理念，积极回应人民群众的关切和期待。要遵循解放思想、实事求是、理论联系实际、务求调研实效的工作原则。

（一）条文主旨

本条是关于人民法院领导干部调研指导思想和工作原则的规定。

（二）条文理解

1. 关于人民法院领导干部开展调研工作的指导思想和出发点。

人民法院领导干部开展调研工作要以中国特色社会主义理论体系为指导。中国特色社会主义理论体系是包括邓小平理论、“三个代表”重要思想、科学发展观在内的科学理论体系，是对马克思列宁主义、毛泽东思想的坚持和发展，是我们行动的指南。人民法院领导干部做好新形势下调查研究工作，必须坚持以中国特色社会主义理论体系为指导，以马克思主义的立场、观点和方法分析问题、研究问题、解决问题，以社会主义法治理念武装头脑并指导调查研究工作。当前，人民法院领导干部在调研工作中坚持以中国特色社会主义理论体系为指导，必须深入学习贯彻习近平总书记系列重要讲话精神。习近平总书记系列重要讲话精神，是新一届中央领导集体执政理念、工作思路和信念意志的集中反映，是坚持和发展中国特色社会主义的最新理论成果。认真学习贯彻习近平总书记系列重要讲话精神，才能进一步坚定主心骨，保持思想上、政治上、行动上的团结统一，确保人民法院调研工作的正确方向，才能进一步增强战略思维和战略定力，更好地观大局、谋大事，以调研工作为大局服务。

人民法院领导干部开展调研工作还要坚持从中国国情和审判工作实际出发，践行社会主义法治理念，积极回应人民群众的关切和期待。社会主义初级阶段是当代中国的最大国情、最大实际，在任何情况下都要牢牢把握这个最大国情，推进任何方面的改革发展都要牢牢立足于社会主义初级阶段这个最大实际。人民法院领导干部开展调查研究工作，必须坚持一切从实际出发，一切从社会主义初级阶段这个最大国情出发，既要有前瞻性和战略眼光，又不能好高骛远。同时，人民法院领导干部的调研工作要积极回应人民群众的关切和期待。实现好、维护好、发展好最广大人民的根本利益，是司法工作的根本出发点和落脚点。人民法院领导干部的调查研究工作，必须和人民群众的关切、期待同频共振，必须充分倾听人民群众的呼声，及时回应人民群众的期待，把解决好人民群众最关心、最直接、最现实的利益问题作为调查研究工作的重点，从而在审判工作中更好地维护人民的权益。

2. 关于人民法院领导干部开展调研工作的基本原则。

一是解放思想原则。人民法院领导干部开展调研工作必须打破习惯势力和主观偏见的束缚，研究新情况，解决新问题，使思想观念冲破旧习惯势力的禁锢和束缚，把主观世界的思维意识与变化了的客观实际结合起来，克服那些不符合实际的“习惯思维”和“主观偏见”，用发展变化的观点创造性地改造客观世界在实际工作中，有的法院领导干部在思想上不能与时俱进，看问题、办事情总是从固有思维出发，搞调查时总是习惯带着先定的调子下去，做研究时总是认为“这也不符合常理，那也不符合惯例”，这显然是违背解放思想原则的，应该加以克服。

二是实事求是原则。人民法院领导干部开展调研工作必须树立求真务实的作风，具有追求真理、修正错误的勇气。调查研究要从客观实际出发，要坚持结论产生在调查研究之后，建立在科学论证的基础上。对于调查了解到的真实情况和各种问题，要坚持有一是一、有二是二，做到既报喜也报忧，不唯书、不唯上、只唯实。实践中，有的法院领导干部，不是不了解真实情况，也不是看不到问题，而是不愿正视现实，不敢讲真话，报喜不报忧；有的干部喜欢“察言观色”，准备多套材料，经过揣摩上面的意图来有选择地提供，这样的做法应该坚决摒弃。

三是理论联系实际原则。理论联系实际，是中国共产党的三大作风之一，也是人民法院领导干部开展调研工作必须坚持的基本原则。人民法院领导干部在调研实践中，既要坚持调研理论知识与调研活动的具体实际相结合，也要注重其他理论知识（如法治理论、政治学理论、经济学理论等）与具体实际相结合，达到主观同客观、理论与实践、知和行的具体的历史的统一。

四是务求调研实效原则。人民法院领导干部的调研工作搞得好不好，不是看调查研究的规模有多大、时间有多长，也不是只看调研报告写得如何，关键还是要看调研的实际效果，看调研成果的运用，看能不能把问题解决好。而要把问题解决好，除了要做好调查工作，更要做好研究工作。习近平同志指出：“从目前领导干部开展调查研究的实际情况看，有调查不够的问题，也有研究不够的问题，而后一个问题可能更突出。”这一问题在人民法院同样存在。例如，有的法院领导干部下基层时只调查不研究，装了一箱材料，回来写个报告汇报一下就了事。这样的调研实际效果并不好，应该注意改进。

第三条 人民法院领导干部开展调研工作要突出重点，既要紧紧围绕法治中国建设中的宏观性、全局性、战略性问题开展理论、政策性调研，又要紧密结合当前人民法院审判执行、司法改革、司法作风、廉政建设、干部管理、人才培养、司法宣传、司法保障等工作领域中的重点、难点、薄弱环节以及各种新情况、新问题开展专题、专门性调研。

（一）条文主旨

本条是关于人民法院领导干部调研问题的要求。

（二）条文理解

人民法院领导干部在开展调研工作时，既要脚踏实地，眼光向内，紧密结合当前人民法院审判执行、司法改革、司法作风、廉政建设、干部管理、人才培养、司法宣传、司法保障等工作领域中的重点、难点、薄弱环节以及各种新情况、新问题开展专题、专门性调研，又要着眼大局，眼光向外，围绕法治中国建设中的宏观性、全局性、战略性问题开展理论、政策性调研。

人民法院领导干部的调查研究，一要致力于实现公正司法。公正司法是人民法院的生命线。人民法院领导干部的调查研究工作应当摸清制约和妨碍实现司法公正的各种因素，在此基础上提出行之有效的改进措施。二要致力于保障改善民生。人民法院领导干部的调研工作要以解决关系群众切身利益的实际问题为突破口，从立案、审理、执行、信访等各个环节，紧紧抓住人民群众反映强烈的“六难三案”问题，认真查找群众打官司到底难在何处，有针对性地提出改革完善措施，使群众在诉讼的各个环节、各个方面都能感受到司法的关怀、温暖和方便。三要致力于建设过硬队伍。人民法院领导干部的调研工作要紧紧围绕建设正规化、专业化、职业化法院队伍，认真调查研究适合人民法院工作特点的人才培养模式和方法，积极探索多元化的法官教育培训方式，完善学习和激励保障机制，不断提高法院干警的司法能力和水平。四要致力于推进司法改革。人民法院领导干部要按照十八届三中全会的部署，在调研工作中积极探索，勇于创新，努力在完善司法体制机制上取得新进展。

与前者相比较，后者更具有特殊的重要意义。习近平总书记指出：要树立大局意识，善于从大局看问题，放眼世界，放眼未来，也放眼当前，放眼一切方面；要善于观大势、谋大事，把握工作主动权；要加强战略思维，增强战略定力，做到“任凭风浪起，稳坐钓鱼船”。人民法院领导干部在开展调研工作时，应该切实贯彻习近平总书记的讲话精神，站在战略和全局的高度观察和处理问题，透过纷繁复杂的表面现象把握事物的本质和发展的内在规律，做到既抓住重点又统筹兼顾，既立足当前又放眼长远，既熟悉国情又把握世情。具体而言，就是要在调研工作中立足人民法院本职工作，努力服务大局。要紧紧围绕平安中国建设目标，把解决人民群众反映强烈、影响社会和谐稳定的突出问题作为调查研究的努力方向。要深入调查研究因经济发展方式转变、利益格局调整、经济结构优化、企业破产重组、市场竞争、金融创新等产生的矛盾纠纷，更好地促进经济发展；要深入调查研究如何妥善审理涉及环境保护、资源开发等案件，推进美丽中国建设；要深入调查研究涉及文化产业事业案件的新情况、新特点，提出加强知识产权司法保护的措施，推进社会主义文化强国建设；要深入调查研究社会管理中发生的各类案件的特点和规律，推动国家治理体系和治理能力的现代化进程。

第四条 各级人民法院领导干部要坚持定期调研与不定期调研相结合。原则上要确定专门月份作为领导干部集中调研月。最高人民法院领导干部、解放军军事法院院长、副院长和各高级人民法院院长到基层调研每年累计不少于30天，地方各级人民法院和军事法院等专门法院的其他领导干部到基层调研每年累计不少于60天。鼓励各级人民法院领导干部利用探亲休假等机会开展随机调研。

（一）条文主旨

本条是关于保障人民法院领导干部调研时间的制度规定。

（二）条文理解

人民法院领导干部要扎实做好调研工作，必须花一定时间，下一定工夫。中央有关文件对于各级领导干部下基层调研工作的时间作了明确规定。中共中央办公厅2010年印发的《关于推进学习型党组织建设的意见》明确要求，“建立健全调查研究制度，省部级领导干部到基层调研每年不少于30天，市、县级领导干部不少于60天”。但在当前各级人民法院案多人少矛盾突出，“白加黑”、“5加2”成为工作常态的情况下，人民法院领导干部的调研时间很难保证。为此，《规定》在总结全国各级人民法院相关工作经验的基础上，结合具体实际，以制度形式倒逼人民法院领导干部预留一定时间从事调研工作，从而将中央有关规定落到实处。为了有效保证人民法院领导干部下基层调研的时间，《规定》从定期调研和随机调研两个方面出发，采取了三个措施：一是确立了人民法院领导干部集中调研月制度，即各级人民法院领导干部每年应确定专门月份下基层调研。二是规定了各级人民法院领导干部每年下基层调研的最低时限，即根据中央文件精神，规定最高人民法院领导干部、解放军军事法院院长、副院长和各高级人民法院院长到基层调研每年累计不少于30天，地方各级人民法院和军事法院等专门法院的其他领导干部到基层调研每年累计不少于60天。三是鼓励各级人民法院领导干部利用探亲休假等机会开展随机调研，以充分利用各种时间开展调研活动，这也是中共中央办公厅近期有关文件明确要求的。

（三）实践中应注意的问题

1. 关于人民法院领导干部集中调研月制度的实施问题。实施人民法院领导干部集中调研月，并非强制要求人民法院所有领导干部都在某一个月下基层搞调研，那样既不利于其所在法院工作的开展，也不利于基层工作。集中调研月制度实际是要求各级人民法院领导干部结合其本院工作实际，有计划、有重点、有针对性地分期、分批下基层调研。例如，目前，有的人民法院就确定每年的7～9月为领导干部集中调研月，安排领导干部分期分批下基层调研；也有的法院是上、下半年各安排一个月时间作为集中调研月，这些做法都可以借鉴。

2. 关于人民法院领导干部调研时间总量的问题。在《规定》起草过程中，最高人民法院个别领导干部和部分地方法院提出了自己的疑虑，即“省部级干部每年下基层不少于30天，市县级干部下基层每年不少于60天”是否能够做到？经过认真调研和慎重考虑，《规定》最终仍将上述时间规定写入了正式文件，主要是基于两个方面的考虑：一是上述时间是中央有关文件的明文规定，必须不折不扣地贯彻执行；二是上述时间规定完全可以做到。以周强院长为例，作为最高人民法院院长，周院长的工作任务十分繁重，却千方百计利用各种机会到基层调研，笔者根据媒体报道材料对周院长2013年7月至2014年6月的调研活动进行了统计，其间，周院长共开展了近20次调研活动，总计时间达到30天，这也充分表明，《规定》关于调研时间总量的要求，是完全能够做到的。

3. 关于鼓励人民法院领导干部利用探亲休假等机会开展随机调研的问题。近期，中央下发的有关通知中明确提出，“鼓励领导干部利用探亲休假机会开展随机调研”。但在实际执行过程中，应特别注意遵守中央反“四风”的规定，防止个别领导干部借调研之名在探亲休假期间公款旅游、公款吃喝。

第五条　各级人民法院领导干部要在基层确定1至2个调研联系点，定期开展调研指导。最高人民法院领导干部、解放军军事法院院长、副院长和各高级人民法院院长深入联系点每年至少3次，每次不少于4天；地方各级人民法院和军事法院等专门法院的其他领导干部深入联系点每年不少于2次，每次不少于3天。调研联系点每3～5年更换一次。最高人民法院领导干部到基层调研的计划、安排及基层联系点的确定、更换由办公厅负责；地方各级人民法院应确定专门部门负责本院领导干部调研工作的协调事宜。

（一）条文主旨

本条是关于人民法院领导干部基层联系点制度的规定。

（二）条文理解

习近平同志指出：“建立领导干部联系点，是防止领导干部脱离群众的一种重要手段，也是发现和解决问题的有效途径。各级领导干部要坚持这一制度，并注意总结经验，不断加以完善。”《规定》根据这一重要讲话精神和中央近期下发的有关文件，建立健全了人民法院领导干部基层联系点制度，制度主要包括四个方面：一是关于基层联系点数量的规定，即人民法院每个领导干部要在基层确定1至2个联系点。基层联系点的数量不宜过多，如果数量过多，可能无法保证调研时间，也无法保证在每个联系点的调研深入程度，同时对于部分中基层法院来说，其可供选择的备选联系点相对较少，无法安排太多的联系点。二是关于各级人民法院领导干部每年深入基层联系点的次数和时间的规定。近期，中央几个文件对此作出明确规定，《规定》根据中央有关文件，结合人民法院工作实际，考虑不同级别人民法院领导干部的实际工作情况，设定了一个标准，即最高人民法院领导干部、解放军军事法院院长、副院长和各高级人民法院院长深入联系点每年至少3次，每次不少于4天；地方各级人民法院和军事法院等专门法院的其他领导干部深入联系点每年不少于2次，每次不少于3天。三是关于定期更换联系点的规定。基层联系点设立的目的，一方面在于加强同基层干部、群众的联系和沟通，另一方面在于广泛了解基层工作的真实情况，因此，不宜长期确定在一两个地方，而应适当扩大覆盖面。故作出了调研联系点每3至5年更换一次的规定。四是关于各级人民法院领导干部到基层调研的具体协调部门的规定。这一规定是为了明确责任主体，增加可操作性，防止制度制定以后无法得到落实。在实际执行过程中，最高人民法院领导干部调研的具体协调部门为办公厅，而地方各级人民法院和军事法院等专门法院的协调部门可视情况由各级法院自行确定，作为调研主管部门的各级人民法院研究室应该当仁不让，积极向院党组提出申请承担这一责任。

(三) 实践中应注意的问题

本条的“基层”不是一个固定不变的概念，其内涵随着人民法院级别的变化而相应变化，如最高人民法院和高级人民法院领导干部确定的基层联系点，可以安排到中级人民法院、基层人民法院、派出法庭以及农村、企业、社会组织等，而中级人民法院和基层人民法院领导干部的基层联系点范围则可相应限缩。

第六条 各级人民法院领导干部要结合分管工作实际，每年选取1至2个工作中遇到的热点、难点问题开展专题调研，并撰写有翔实情况、有深入分析、有可行对策的调研报告，确保每年的调研有重点、有亮点、有成效。

(一) 条文主旨

本条是关于人民法院领导干部撰写调研报告制度的规定

(二) 条文理解

中共中央办公厅2010年印发的《关于推进学习型党组织建设的意见》明

确要求，“领导干部要每年撰写1至2篇调研报告”。《规定》根据中央文件的要求，明确要求人民法院领导干部结合分管工作，每年选取1至2个问题开展专题调研并撰写调研报告。《规定》还特别就调研报告的形式和内容作了规定，以确保相关内容可操作、可检查。在实际工作中，最高人民法院基本每年都要确定1至2个题目，供领导干部到基层调研时重点关注，如人民法院基层基础建设、人民陪审员工作等，院领导下基层调研后，通常都会围绕这些题目撰写相应的调研报告送党组决策参考，实践证明，这些报告是很有意义的。

（三）实践中应注意的问题

本条中所称的“撰写”，既包括各级人民法院领导干部亲自动手撰写调研报告，也包括组织、指导相关人员撰写调研报告。在实践中，要防止个别人民法院领导干部只挂名而不实际组织、指导、参与撰写工作的情况，特别要注意防止在网上摘编甚至抄袭的情况发生。

第七条　各级人民法院要确定专门部门，负责领导干部调研成果的汇总分析、转化利用工作。地方各级人民法院领导干部调研成果要确定专门部门层报上级人民法院供决策参考；对于涉及党和国家工作大局以及对当地经济社会发展具有重要参考价值的调研报告，还要及时送交相关部门参考。上级法院对于本院和下级法院领导干部调研成果中反映出的重大、疑难、复杂问题，要及时认真研究解决。

（一）条文主旨

本条是关于人民法院领导干部调研成果转化制度的规定。

（二）条文理解

前文强调了人民法院领导干部调研工作应该坚持务求调研实效原则，其最为重要的表现形式就是抓好调研成果的转化利用。调查研究的目的是应用，是指导实践。评价和判断调研工作是否有价值、调研工作开展得好不好，最重要的标准就是看调研成果是否实现了有效转化，看能不能解决实际问题。长期以来，人民法院一直高度重视调研成果的转化事宜。早在2000年，最高人民法院《关于加强人民法院调查研究工作的规定》就明确提出，“各级人民法院对本院和下级人民法院形成的调查研究成果，要通过简报、情况反映、会议纪要、调研刊物、互联网、报刊杂志和汇编调研文集等多种形式，加强转化和推广应用。人民法院之间要加强横向交流，扩大调研成果的应用范围”。2006年，最高人民法院印发了《人民法院调研工作管理办法》，其中明确指出：“调研成果应当及时转化，为审判实践服务，为领导决策服务。调研成果的主要转化形式是：（一）成为领导决策的重要参考依据；（二）成为立法、立法解释、司法解释和司法解释性文件的重要参考依据；（三）调研成果通过简报、情况反映、会议纪要、调研刊物等多种形式刊登后，对实际工作产生了积极作用。”

最高人民法院2010年印发的《关于进一步加强调查研究工作的意见》也对调研成果转化进行了强调，2011年还以此为主题在济南召开了全国法院研究室工作会议。实践中，大多数优秀调研成果能够被及时发现和转化，但也有很多调研成果完成之后被束之高阁。为此，《规定》在以往所发文件的基础上，进一步从三个方面完善了人民法院领导干部调研成果的转化机制，努力推动调研成果转化为各级各部门的决策参考，成为立法、立法解释、司法解释、司法政策的重要依据，成为宣传法院工作、弘扬法治精神的重要载体，使社会主义法治理念深入人心：一是要求各级人民法院明确专门部门负责该院领导干部调研成果的转化事宜，实现主体明晰、权责明确；二是健全了各级人民法院领导干部调研成果的层报机制和外送机制，尽可能扩大调研成果的影响面，使其物尽其用；三是要求上级人民法院对于本院和下级人民法院领导干部调研成果中反映出的问题应及时解决，这也正是调研的最终目的。

（三）实践中应注意的问题

1. 关于本条所称的“专门部门”。在人民法院领导干部调研成果的转化、层报、外送等工作事宜上，研究室作为各级人民法院调研工作的主管部门，应该积极主动承担起相应职责。《规定》未明确相关责任部门为研究室，主要是考虑了各级人民法院研究室的设置情况，如部分中级人民法院和基层人民法院目前并未设置研究室，如明确其为责任部门，相关任务将无法落实。

2. 关于将人民法院领导干部调研成果送交相关部门参考。实践中，应该特别注意充分发挥司法建议的作用，人民法院领导干部在审判工作中发现普遍性或者需要提请注意的问题，应当在调查研究的基础上及时形成司法建议并向相关单位提出。例如，北京市朝阳区人民法院向卫生部、国家认证认可监督管理委员会发出的关于规范认证认可行为的司法建议、上海市徐汇区人民法院向中国民用航空局发出的关于航空公司应当使用我国通用文字填写机票出发地点的司法建议等，引起社会的普遍关注，得到有关部门的高度重视，取得了良好的社会效果。

第八条 各级人民法院领导干部要把调研工作作为本职工作的重要组成部分，在年度述职报告中专项予以说明。

（一）条文主旨

本条是关于人民法院领导干部在年度述职报告中专项汇报调研工作的制度规定。

（二）条文理解

长期以来，最高人民法院反复、多次强调人民法院领导干部要切实加强调查研究工作，但这种要求往往都要依靠人民法院领导干部的自觉，不能从制度上去检查、约束。为此，《规定》提出，各级人民法院领导干部要把调研工作作为本职工作的重要组成部分，在年度述职报告中专项予以说明。这样一来，人民法院领导干部是否开展了调查研究，开展了哪些调查研究，有什么调研成果，解决了哪些问题，在其个人年度述职报告中一目了然。

（三）实践中应注意的问题

人民法院领导干部年度述职报告，通常由该领导干部本人在党组会议上进行汇报并送组织部门备案，其他部门如研究室等往往无法看到其具体内容，也无从了解其报告是否专项汇报了调研工作。因此，真正落实好本条规定，还需要各级人民法院党组主要负责同志的监督和检查，需要组织部门的有力配合。

第九条 各级人民法院领导干部到基层调研要坚持问题导向，多到矛盾集中、问题突出、案件类型复杂多样、群众意见多的地方调研。对于调研中发现的问题，能够及时、就地解决的要立即解决；不能及时、就地解决的要提出解决方案并向本院党组、上级法院或相关部门汇报，切忌走过场、搞形式主义。

（一）条文主旨

本条是关于防止人民法院领导干部调研工作中存在形式主义问题的规定。

（二）条文理解

深入基层开展调查研究，本来是密切联系群众，反对形式主义的有效工作方法，但从目前工作情况来看，一些调查研究遭受到形式主义的侵蚀，不同程度存在“调研走过场、讲话唱高腔、语言翻新样”等现象，调查研究在个别场合甚至变成了作秀。为此，中共中央政治局《关于改进工作作风、密切联系群众的八项规定》明确提出，“要改进调查研究，到基层调研要深入了解真实情况，总结经验、研究问题、解决困难、指导工作，向群众学习、向实践学习，多同群众座谈，多同干部谈心，多商量讨论，多解剖典型，多到困难和矛盾集中、群众意见多的地方去，切忌走过场、搞形式主义”。《规定》根据中央文件的精神，着力加强人民法院领导干部调查研究的针对性。要求人民法院领导干部的调查研究要以研究解决问题为导向。不仅要研究具体问题，还要注重顶层设计。要从满足人民群众的司法需求出发，以维护人民利益为根本，深入研究不同群体的司法需求、当事人的具体司法需求以及实现这些司法需求的途径。要以加强权力制约和监督为重点，紧紧围绕影响和制约司法公正、司法效率、司法能力、司法权威的关键问题，着力研究解决破解这些关键问题的体制机制等。要适应新形势新情况，深入研究提高司法能力，加强队伍建设的有效措施。《规定》结合人民法院工作实际，旗帜鲜明地提出，对于调研中发现的问题，能够及时、就地解决的要立即解决；不能及时、就地解决的要提出解决方案并向本院党组、上级法院或相关部门汇报，切忌走过场、搞形式主义。

（三）实践中应注意的问题

在实践中，要注意两个问题：一是人民法院领导干部开展调研必须深入实际、深入基层、深入群众。要多层次、多方位、多渠道调查了解情况。既要调查机关，又要调查基层；既要调查干部，又要调查群众；既要解剖典型，又要了解全局；既要到工作局面好和先进的地方去总结经验，又要到困难较多、情况复杂、矛盾尖锐的地方去研究问题。二是人民法院领导干部开展调研必须找准问题、有的放矢。要紧紧围绕党的路线方针政策和中央重大决策部署的贯彻执行，立足人民法院本职工作，深入研究影响和制约经济社会持续健康发展的突出问题，深入研究制约法治中国建设的体制性、机制性、保障性问题，深入研究人民群众对司法工作反映强烈的突出问题，使人民法院领导干部的调查研究工作同中心工作和决策需要紧密结合起来，进一步提高人民法院决策的科学化和民主化水平，更好地为各级党委和政府科学决策服务。

第十条 各级人民法院领导干部到基层调研要多同当地群众座谈，多同当地党委、政府、人大、政协负责同志以及人大代表、政协委员座谈沟通，多深入农村、企业、社会组织中了解情况，多同基层法院干警座谈交流，向群众学习，向实践学习。

(一) 条文主旨

本条是关于人民法院领导干部调研对象的规定。

(二) 条文理解

在当前各级人民法院案多人少矛盾突出的情况下，人民法院领导干部用于开展调查研究的时间非常有限，因此，应该充分利用有限的调研时间尽可能扩大调研对象的范围，将调研活动当成联系群众的桥梁、宣传法治的平台、学习知识的课堂、了解情况的路径、寻求支持的载体，充分发挥调研活动的综合效能。同时，在当前全面推进依法治国，加快建设社会主义法治国家的大背景下，法律在社会生活中的地位越来越重要，一切国家权力、社会公众、社会组织都要依法办事，人民法院以法律为依据解决社会纠纷、制裁违法犯罪、维护公平正义的司法活动与党委、政府、人大、政协、企业、社会组织及人民群众息息相关。司法公信力的提升和司法权威的树立，都要求人民法院广泛听取各个方面的意见和建议，提升审判质量和效率，努力让人民群众在每一个司法案件中都感受到公平正义。此外，人民法院领导干部到基层调研的一个重要原因就是“经验在基层，办法在群众”，基层群众和基层法官是最有创造性的群体，人民法院领导干部在调研过程中要充分尊重基层的首创精神，支持、鼓励地方法院在宪法和法律规定的框架内“摸着石头过河”，结合司法实践，因地制宜地开展工作，积极探索司法为民、公正司法的好做法；要认真听取基层法院干警特别是一线办案人员的意见，目前，基层法院干警占全国法院干警总数的80%以上，审理和执行案件数占全国法院办案总数的90%以上，他们最了解审判执行工作的实际情况，最了解广大人民群众对司法工作的要求与期待。基于此，《规定》明确提出要多同当地群众座谈，多同当地党委、政府、人大、政协负责同志以及人大代表、政协委员座谈沟通，多深入农村、企业、社会组织中了解情况，多同基层法院干警座谈交流，向群众学习，向实践学习。

第十一条 各级人民法院领导干部要充分利用民主生活会、座谈会、领导信箱等形式，加强与本院干警的沟通交流。要认真开展与干部群众的谈心活动，每年至少开展2次，可与党员民主生活会谈心结合起来安排。要注重听取意见建议和反映的问题，并通过适当形式及时反馈。

（一）条文主旨

本条是关于人民法院领导干部与本院干警沟通交流机制的规定。

（二）条文理解

人民法院领导干部开展调研的途径是多种多样的，下基层调研固然是重要的调研形式，加强同本院干部群众的沟通交流同样非常重要。首先，本院的干部群众对自身所处法院审判执行、队伍建设、司法行政管理、司法改革等方面工作情况和存在的问题有着切身感受，多听取他们的意见和建议，有利于提升领导干部针对本院发展所作决策的针对性和实效性。其次，涉及本院的各项决策部署，最终还是要靠本院的干部群众来抓好落实，认真了解他们对决策部署的评价、执行情况及主观感受，有利于人民法院领导干部及时掌握各方面工作进展情况，并适时调整相关部署。最后，在党的群众路线教育实践活动开展得如火如荼之际，广泛听取本院干部群众的意见和建议具有特殊、重要的意义。广大人民群众对人民法院领导干部的工作情况并不是非常了解，相比较而言，本院干部群众对此更有发言权，他们与领导干部一同工作，对领导干部是否存在形式主义、官僚主义、享乐主义、奢靡之风等问题大多具有一定程度的了解，认真听取他们的意见和建议，是贯彻"照镜子、正衣冠、洗洗澡、治治病"的群众路线教育实践活动总要求的具体体现。

第十二条 各级人民法院领导干部到基层调研要严格执行国内公务出差及公务接待的相关制度规定，轻车简从，不用警车开道，不搞层层陪同，不张贴悬挂标语横幅，不组织干警迎送，不铺设迎宾地毯，不摆放花草，不安排宴请，不接受土特产、纪念品及其他任何礼品。

（一）条文主旨

本条是关于简化人民法院领导干部调研工作接待的规定。

（二）条文理解

2012年，中共中央政治局《关于改进工作作风、密切联系群众的八项规定》在第1条关于改进调查研究的条文中规定，"要轻车简从、减少陪同、简化接待，不张贴悬挂标语横幅，不安排群众迎送，不铺设迎宾地毯，不摆放花草，不安排宴请"。这是习近平总书记新一届中央领导集体以身体力行的方式，为端正党风政风率先垂范，体现了求真务实的新风，反映了一心为民的情怀。《规定》根据中央文件精神，结合人民法院工作实际，以八个“不”的明确规定设定了人民法院领导干部到基层调研的红线，即不用警车开道，不搞层层陪同，不张贴悬挂标语横幅，不组织干警迎送，不铺设迎宾地毯，不摆放花草，不安排宴请，不接受土特产、纪念品及其他任何礼品，绝不允许任何人民法院的领导干部触碰。

第十三条 各级人民法院领导干部要适应新形势新情况特别是当今社会信息网络化的特点，拓展调研渠道、丰富调研手段，综合运用好实地调研、统计分析、随机抽样等传统调研方法和网络调查、团组型调研等各种新型调研方法。

（一）条文主旨

本条是关于人民法院领导干部调研方法的规定。

（二）条文理解

认真总结以往调研工作经验，努力探索和不断创新适应时代发展和调研工作规律的好方法，是促进调研工作不断发展的重要保证。习近平同志曾指出，“调查研究方法也要与时俱进。在运用我们党在长期实践中积累的有效方法的同时，要适应新形势新情况特别是当今社会信息网络化的特点，进一步拓展调研渠道、丰富调研手段、创新调研方式，学习、掌握和运用现代科学技术的调研方法，如问卷调查、统计调查、抽样调查、专家调查、网络调查等，并逐步把现代信息技术引入调研领域，提高调研的效率和科学性。”习近平同志的重要讲话为人民法院领导干部改进调研方法明确了方向。《规定》根据习近平同志的重要讲话精神，结合人民法院司法调研工作实际，对人民法院领导干部调研方法作出了规定。

近年来，一些法院及其领导干部在调研工作中不断探索、锐意创新，形成了骨干型调研、统筹型调研、团组型调研、委托型调研和管理型调研等行之有效的特色调研方法，颇有成效，可以根据各地情况加以总结、运用、推广。骨干型调研，是集中若干调研骨干开展重大课题攻关，通常由分管某项具体工作的法院领导或者著名专家学者领衔组成调研团队。统筹型调研，是统筹上下级法院、法院内部和外部的调研力量与资源，协同开展相关调研。团组型调研，是在审理影响性案件或在处置重大事件之后，组成有关方面参加的调研组深入实地调查研究，摸清实情、做好总结、稳妥善后。委托型调研，是委托有关方面开展调研，特别是开展基础性工作中收集问题、翔实数据、提出建议等阶段性调研。例如，在《中华人民共和国刑事诉讼法》《中华人民共和国民事诉讼法》修改过程中，最高人民法院就曾委托部分高、中级人民法院承担专题调研任务。管理型调研，是寓调研于法院管理工作之中，针对专项、新类型工作，如案件质量评估、审判绩效考评等工作中发现的问题，适时、动态地开展调查研究，及时解决问题，堵塞漏洞，改进工作。实践证明，这些调研方法因时、因地、因事制宜，行之有效，各级人民法院及其领导干部都可参照，推广运用。

第十四条　本规定所称各级人民法院领导干部，是指最高人民法院、地方各级人民法院、军事法院等专门人民法院的领导班子成员及审判委员会专职委员。

（一）条文主旨

本条是关于人民法院领导干部范围的规定。

（二）条文理解

对于人民法院领导干部的范围问题，在不同的场合可能会有不同的理解。《规定》根据最高人民法院以往所发的正式文件的相关规定，如最高人民法院《关于对配偶子女从事律师职业的法院领导干部和审判执行岗位法官实行任职回避的规定（试行）》等，将人民法院领导干部界定为：最高人民法院、地方各级人民法院、军事法院等专门人民法院的领导班子成员及审判委员会专职委员。

第十五条　本规定自公布之日起实施。

（一）条文主旨

本条是关于《规定》实施时间的规定。

（二）条文理解

自《规定》公布之日起，各级人民法院领导干部开展调研工作必须严格遵循《规定》的有关要求。在2014年的工作中，对于《规定》中有明确数量要求的条文，如每年下基层调研的时间总数、到基层联系点调研的次数和天数等，可以根据本年度剩余工作时间情况按相应比例执行。

（撰稿人：王艳彬　孙争鸣
审稿人：胡云腾）

最高人民法院
印发《关于人民法院在审判执行活动中主动接受案件当事人监督的若干规定》的通知

2014 年 7 月 15 日　　　　　　　　　　法发〔2014〕13 号

各省、自治区、直辖市高级人民法院，解放军军事法院，新疆维吾尔自治区高级人民法院生产建设兵团分院：

现将《关于人民法院在审判执行活动中主动接受案件当事人监督的若干规定》予以印发，请结合实际，认真遵照执行。

附：

关于人民法院在审判执行活动中主动接受案件当事人监督的若干规定

为规范人民法院在审判执行活动中主动接受案件当事人监督的工作，促进公正、高效、廉洁、文明司法，根据《中华人民共和国法官法》，制定本规定。

第一条　人民法院及其案件承办部门和办案人员在审判执行活动中应当严格执行廉政纪律，不断改进司法作风，主动接受案件当事人监督。

第二条　人民法院应当在本院诉讼服务大厅、立案大厅、派出人民法庭等场所公布人民法院的纪律作风规定、举报受理电话和举报受理网址。

第三条　在案件立案、审理程序中，人民法院应当通过适当方式，及时将立案审查结果、诉讼保全及程序变更等关键节点信息主动告知案件当事人。

第四条　在案件执行程序中，人民法院应当通过适当方式，及时将执行立案、变更与追加被执行人、执行措施实施、执行财产查控、执行财产处置、终结本次执行、终结本次执行案件的恢复执行、终结执行等关键节点信息主动告知案件当事人。

第五条　案件当事人需要向人民法院了解办案进度的，人民法院案件承办部门及办案人员应当告知。

第六条　人民法院案件承办部门应当在向案件当事人送达相关案件受理法律文书时，向案件当事人发送廉政监督卡。案件当事人也可以根据需要到人民法院诉讼服务大厅、立案大厅、派出人民法庭直接领取廉政监督卡。

廉政监督卡应当按照最高人民法院规定的格式进行制作。

第七条　案件当事人可以在案件办理期间或者案件办结之后，将填有本人意见的廉政监督卡直接寄交人民法院监察部门。

人民法院监察部门应当对案件当事人反映的廉政监督意见进行统一处置和管理。

第八条　人民法院应当按照本院每年办案总数的一定比例，从当年审结或者执结的案件中随机抽取部分案件进行廉政回访，主动听取案件当事人对办案人员执行纪律作风规定情况的评价意见。

第九条　人民法院除随机抽取案件进行廉政回访外，还应当对当年审结或者执结的下列案件进行廉政回访：

（一）社会广泛关注的案件；

（二）案件当事人反映存在违反廉政作风规定的案件；

（三）其他有必要进行回访的案件。

第十条　廉政回访可以采取约谈回访、上门回访、电话回访、信函回访等方式进行。对案件当事人在回访中反映的意见应当记录在案。

第十一条　廉政回访工作由人民法院监察部门会同案件承办部门共同组织实施。

第十二条　人民法院监察部门对案件当事人在廉政监督卡和廉政回访中提出的意见，应当按照下列方式进行处置：

（一）对提出的批评意见，转案件承办部门查明情况后酌情对被监督人进行批评教育；

（二）对提出的表扬意见，转案件承办部门查明情况后酌情对被监督人进行表扬奖励；

（三）对反映的违纪违法线索，会同案件承办部门廉政监察员进行核查处理；

（四）对反映的办案程序、法律适用及事实认定等方面问题，依照相关规定分别移送案件承办部门、审判监督部门或者审判管理部门处理。

第十三条　人民法院案件承办部门对案件当事人反映的批评意见进行处置后，应当适时向案件当事人反馈处置情况。

人民法院监察部门在对案件当事人反映的违纪违法线索进行处置后，应当适时向案件当事人反馈处置情况。

因案件当事人反映问题不实而给被反映人造成不良影响的，人民法院监察部门和案件承办部门应当通过适当方式为被反映人澄清事实。

第十四条 人民法院监察部门应当定期对案件当事人在廉政监督卡和廉政回访中提出的意见进行梳理分析，并结合分析发现的普遍性问题向本院党组提出进一步改进工作的意见建议。

第十五条 人民法院监察部门应当对本院各部门及其工作人员落实本规定的情况进行检查督促。人民法院政工部门应当将本院各部门及其工作人员落实本规定的情况纳入考核范围。

第十六条 尚未设立监察部门的人民法院，由本院政工部门承担本规定赋予监察部门的各项职责。

第十七条 本规定所称案件当事人，包括刑事案件中的被告人、被害人、自诉人、附带民事诉讼的原告人和被告人；民事、行政案件中的原告、被告及第三人；执行案件中的申请执行人、被执行人、案外人。

受案件当事人的委托，辩护人、诉讼代理人可以代表案件当事人接收、填写廉政监督卡或者接受廉政回访。

第十八条 人民法院在办理死刑复核案件、国家赔偿案件中主动接受案件当事人监督的工作另行规定。

第十九条 各高级人民法院可以依照本规定制定本院及辖区法院主动接受案件当事人监督工作的实施细则。

第二十条 本规定自发布之日起实施，由最高人民法院负责解释。

最高人民法院
关于印发《人民法院落实〈领导干部干预司法活动、插手具体案件处理的记录、通报和责任追究规定〉的实施办法》的通知

2015 年 8 月 19 日　　　　法发〔2015〕10 号

各省、自治区、直辖市高级人民法院，解放军军事法院，新疆维吾尔自治区高级人民法院生产建设兵团分院：

现将《人民法院落实〈领导干部干预司法活动、插手具体案件处理的记录、通报和责任追究规定〉的实施办法》予以印发，自2015年8月20日起施行。请认真贯彻执行，并做好实施细则备案和执行情况定期报送工作，执行中发现的问题请及时报告最高人民法院。

附：

人民法院落实《领导干部干预司法活动、插手具体案件处理的记录、通报和责任追究规定》的实施办法

为落实中共中央办公厅、国务院办公厅《领导干部干预司法活动、插手具体案件处理的记录、通报和责任追究规定》（中办发〔2015〕23号，以下简称《规定》），保障人民法院依法独立公正行使审判权，结合法院工作实际，制定本办法。

第一条 人民法院依照宪法和法律规定独立公正行使审判权，不受行政机关、社会团体和个人的干涉，不得执行任何组织、个人违反法定职责或者法定程序、有碍司法公正的要求。

第二条 人民法院以外的组织、个人在诉讼程序之外递转的涉及具体案件的函文、信件或者口头意见，人民法院工作人员均应当全面、如实、及时地予以记录，并留存相关材料，做到全程留痕、永久存储、有据可查。

领导干部以个人或者组织名义向人民法院提出案件处理要求的，或者领导干部身边工作人员、亲属干预司法活动、插手具体案件处理的，人民法院均应当记录，并留存相关材料。

第三条 人民法院应当依托信息技术，在案件信息管理系统中设立外部人员过问信息专库，明确录入、存储、报送、查看和处理相关信息的流程和权限。外部人员过问信息录入案件信息管理系统时，应当同步录入外部人员过问信息专库。人民法院专门审判管理机构负责专库的维护和管理工作。

第四条 人民法院工作人员根据本办法第二条履行记录义务时，应当如实记录相关人员的姓名、所在单位与职务、来文来函的时间、内容和形式等情况；对于利用手机短信、微博客、微信、电子邮件等网络信息方式过问具体案件的，还应当记录信息存储介质情况；对于以口头方式过问具体案件的，还应当记录发生场所、在场人员等情况，其他在场的人民法院工作人员应当签字确认。

上述记录及相关函文、信件、视听资料、电子数据等，应当一并录入、分

类存储。书面材料一律附随案件卷宗归档备查，其他材料归档时应当注明去向。

第五条 党政机关、行业协会商会、社会公益组织和依法承担行政职能的事业单位，受人民法院委托或者许可，依照工作程序就涉及国家利益、社会公共利益的案件提出的参考意见，可以不录入外部人员过问信息专库，但相关材料应当存入案件正卷备查。

第六条 人民法院应当每季度对外部人员过问信息专库中涉及领导干部过问的内容进行汇总分析，报送同级党委政法委和上一级人民法院；记录内容涉及同级党委或者党委政法委主要领导干部的，应当报送上一级党委政法委和上一级人民法院。人民法院认为领导干部干预司法活动、插手具体案件处理情节严重，可能造成冤假错案或者其他严重后果的，应当立即报告，并层报最高人民法院。

各高级人民法院应当加强辖区内法院贯彻实施《规定》情况的督促检查工作，将《规定》和本办法执行情况及时报告最高人民法院，并每半年向各省、自治区、直辖市党委政法委报送一次。

第七条 人民法院报送外部过问案件情况时，应当将领导干部的下述行为列为特别报告事项：

（一）在审判、执行等环节为案件当事人请托说情的；

（二）要求人民法院工作人员私下会见、联系案件当事人或者其辩护人、诉讼代理人、近亲属以及其他与案件有利害关系的人的；

（三）授意、纵容身边工作人员或者亲属为案件当事人请托说情的；

（四）以听取汇报、开协调会、发文件、打电话等形式，超越职权对案件处理提出倾向性意见或者具体要求的；

（五）要求人民法院立案、不予立案、拖延立案或者人为控制立案的；

（六）要求人民法院采取中止审理、延长审限、不计入审限等措施拖延结案或者压缩办案时间结案的；

（七）要求人民法院对保全标的物、执行标的物采取、暂缓或者解除扣押、查封和冻结措施的；

（八）要求人民法院选择特定鉴定机构、资产评估机构、拍卖机构或者破产企业资产管理人的；

（九）要求人民法院将执行案款优先发放给特定申请执行人的；

（十）要求人民法院对案件拖延执行或者作中止执行、终结执行处理的；

（十一）要求人民法院将刑事涉案财物发还特定被害人或者移交特定机关的；

（十二）要求人民法院对当事人采取强制措施，或者要求对被依法采取强制措施的当事人解除、变更强制措施的；

（十三）要求人民法院在减刑、假释案件审理过程中对罪犯从严或者从宽处理的；

（十四）批转案件当事人或者其辩护人、诉讼代理人、近亲属以及其他与案件有利害关系的人单方提交的涉案材料或者专家意见书的；

（十五）其他有必要作为特别报告事项的行为。

第八条　人民法院工作人员不记录或者不如实记录领导干部干预司法活动、插手具体案件处理情况的，应当予以警告、通报批评；有两次以上不记录或者不如实记录情形的，应当依照《人民法院工作人员处分条例》第五十四条规定给予纪律处分。主管领导授意不记录或者不如实记录的，应当依照《人民法院工作人员处分条例》第七十六条规定给予纪律处分。

第九条　人民法院工作人员因严格执行《规定》和本办法，而在考评、晋升、履职等方面遭遇特定组织、个人的刁难、打击和报复时，可以向上一级人民法院提出控告。相关人民法院应当及时向同级党委政法委报告，必要时可以层报最高人民法院。

第十条　本办法所称领导干部，是指在各级党的机关、人大机关、行政机关、政协机关、检察机关、军事机关以及公司、企业、事业单位、社会团体中具有国家工作人员身份的领导干部，也包括离退休领导干部。

本办法所称人民法院工作人员，是指各级人民法院中依法履行审判、审判辅助、司法行政职能，在编在职的除工勤人员以外的人员。人民法院聘用人员参照适用。

人民法院领导干部过问案件、打探案情、请托说情的，适用《司法机关内部人员过问案件的记录和责任追究规定》及其实施办法。

第十一条　本办法由最高人民法院负责解释。各高级人民法院可以依照本办法制定实施细则，并报最高人民法院备案。

第十二条　本办法自 2015 年 8 月 20 日起施行。

【解　　读】

解读《人民法院落实〈领导干部干预司法活动、插手具体案件处理的记录、通报和责任追究规定〉的实施办法》

为落实中共中央办公厅、国务院办公厅《领导干部干预司法活动、插手具体案件处理的记录、通报和责任追究规定》（中办发〔2015〕23号，以下简称《规定》），保障人民法院依法独立公正行使审判权，最高人民法院结合审判工作实际，制定了《人民法院落实〈领导干部干预司法活动、插手具体案件处理的记录、通报和责任追究规定〉的实施办法》（以下简称《实施办法》）。现就《实施办法》的总体思路、主要内容和具体要求说明如下。

一、《实施办法》的总体思路

"两办"《规定》发布后，地方各级法院普遍反映，《规定》对于减少不当干预、防止插手案件，具有重大现实意义和威慑作用，但是，受制于当前的司法环境和履职保障水平，将外部干预、插手行为的判断、记录、报告任务完全交由地方法院承担，既不现实，也不利于《规定》的有效落实。

经认真研究，《实施办法》将"全面记录、专库录入、整体报送、不实问责"作为总体思路，即：第一，人民法院以外的组织、个人在诉讼程序之外递转的涉及具体案件的函文、信件或者口头意见，人民法院工作人员均应当全面、如实、及时地予以记录。第二，人民法院在案件信息管理系统中设立外部人员过问信息专库。外部人员过问信息录入案件信息管理系统时，应当同步录入外部人员过问信息专库。第三，人民法院每季度对外部人员过问信息专库中涉及领导干部过问的内容进行汇总分析，列出特别报告事项，报送相关党委政法委和上一级人民法院。第四，人民法院工作人员不记录或者不如实记录的，以及主管领导授意不记录或者不如实记录的，应视情给予相应纪律处分。

上述思路的整体考虑是：一是有利于强化威慑作用，让任何敢于干预、插手案件的组织、个人都有所忌惮，知道任何名义和形式的过问都将被如实记录、汇总报送；二是有利于减轻地方法院负责人和办案法官的记录压力，避免发生因害怕得罪地方党政领导干部和有关部门，而自行过滤外部过问信息，进而不记录或不如实记录领导干部干预司法活动、插手具体案件处理行为的情况；三是有利于上级党委和纪检监察部门全面掌握情况，及时发现违法干预、插手案件等违纪违法线索。

二、《实施办法》的主要内容

《实施办法》共十二条，分别规定了外部过问行为的记录对象、录入流程、例外情形、报送程序和特别事项，以及对法院相关工作人员的问责、保障措施。

（一）关于全面记录的对象

全面记录的对象是外部人员过问信息，而非局限于领导干部干预司法活动、插手具体案件处理的信息。按照《现代汉语词典》的解释，"过问"是中性词，意为“参与此事；发表意见；表示关心”。这里的“外部人员”，泛指法院以外的任何组织和个人。实践中，外部组织、个人过问案件的方式、渠道和事由较多，有的冠以监督之名，有的是以组织名义，有的只在涉案材料上批示“依法办理”。按照《实施办法》第二条第一款，对上述信息“均应当全面、如实、及时地予以记录，并留存相关材料，做到全程留痕、永久存储、有据可查”。

需要指出的是，对于案件当事人及其关系人通过非正当渠道邮寄的涉案材料，收件的人民法院工作人员应当按照《人民法院落实〈司法机关内部人员过问案件的记录和责任追究规定〉的实施办法》第三条第二款之规定，“视情退回或者销毁，不得转交办案单位或者办案人员。”人民法院领导干部和其他工作人员过问案件、打探案情、请托说情的，则统一适用《司法机关内部人员过问案件的记录和责任追究规定》及其实施办法。

（二）关于全面记录的方式

信息技术具有数字化、可视化、全程留痕等特点，符合司法工作特点和管理规律，为落实“全面记录”要求提供了重要支撑。《实施办法》适应“互联网+”时代要求，提出在案件信息管理系统中设立外部人员过问信息专库，明确录入、存储、报送、查看和处理相关信息的流程和权限。外部人员过问信息录入案件信息管理系统时，应当同步录入外部人员过问信息专库。未来，人民法院可适应调研、查案、协作、汇报等不同需要，整合、提取、分析专库数据。

考虑到案件信息管理系统维护现状，《实施办法》第三条明确由人民法院专门审判管理机构负责专库的维护和管理工作。实践中，一些外部过问信息经内部批转后，又可能转化为内部人员过问信息，进而被录入内部人员过问案件信息专库。具体操作时，人民法院专门审判管理机构应当完善两个专库的数据对接、资源共享机制，并做好与人民法院监察部门的配合衔接工作，防止信息误判、流传不畅。

外部过问信息既可能体现在公文、书信、函件中，也可能以口头、视听资料或电子数据等方式表达。其中，视听资料包括录音资料和影像资料。电子数据是指通过电子邮件、电子数据交换、网上聊天记录、博客、微博客、手机短信、电子签名、域名等形成或者存储在电子介质中的信息。《实施办法》第四条区分不同情况，分别作出规定：对于利用手机短信、微博客、微信、电子邮件等网络信息方式过问具体案件的，应当记录信息存储介质情况；对于以口头方式过问具体案件的，还应当记录发生场所、在场人员等情况，其他在场的人民法院工作人员应当签字确认。

（三）关于不列入专库的情形

《实施办法》起草过程中，有法院提出，在部分涉及国家利益、社会公共利益的案件中，一些党政机关、行业协会商会、社会公益组织和依法承担行政职能的事业单位提出的参考意见，对公正、合理、稳妥地审理案件具有重要价值，不宜一概将之视为干预。也有法院提出，在一些涉及地方利益或部门利益的案件中，一些组织会以发“红头文件”形式，对人民法院变相施加压力，试图影响案件结果，应当予以规制。

综合考虑上述情形，《实施办法》借鉴域外法院“法庭之友”制度中的合理成分，明确了不列入外部过问信息专库的条件：一是必须是党政机关、行业协会商会、社会公益组织和依法承担行政职能的事业单位提供的参考意见；二是必须是涉及国家利益、社会公共利益的案件；三是必须受人民法院委托或者许可，如在可能引起金融风险的案件中，人民法院可以委托金融监管机构进行风险评估，并就案件处理方式提出参考意见；四是必须严格依照工作程序，如果相关工作人员未以发文发函、加盖公章形式提出意见，仍应当录入专库，并告知其所在单位；五是相关材料应当存入案件正卷，供案件当事人及其诉讼代理人查询，并对人民法院依法独立公正行使审判权的情况进行监督。

（四）关于特别报告事项

《规定》第七条第一款规定：“司法机关应当每季度对领导干部干预司法活动、插手具体案件处理情况进行汇总分析，报送同级党委政法委和上级司法机关。必要时，可以立即报告。”为落实上述要求，《实施办法》第六条第一款明确：“人民法院应当每季度对外部人员过问信息专库中涉及领导干部过问的内容进行汇总分析，报送同级党委政法委和上一级人民法院。”

考虑到记录内容涉及同级党委或者党委政法委主要领导干部的，报送同级党委政法委可能无法发挥震慑作用，《实施办法》要求这类情形“应当报送上一级党委政法委和上一级人民法院。”另外，“人民法院认为领导干部干预司法活动、插手具体案件处理情节严重，可能造成冤假错案或者其他严重后果的，应当立即报告，并层报最高人民法院。”

《实施办法》第七条结合法院工作实际，明确将领导干部的下述行为列为特别报告事项：(1) 在审判、执行等环节为案件当事人请托说情的；(2) 要求人民法院工作人员私下会见、联系案件当事人或者其辩护人、诉讼代理人、近亲属以及其他与案件有利害关系的人的；(3) 授意、纵容身边工作人员或者亲属为案件当事人请托说情的；(4) 以听取汇报、开协调会、发文件、打电话等形式，超越职权对案件处理提出倾向性意见或者具体要求的；(5) 要求人民法院立案、不予立案、拖延立案或者人为控制立案的；(6) 要求人民法院采取中止审理、延长审限、不计入审限等措施拖延结案或者压缩办案时间结案的；(7) 要求人民法院对保全标的物、执行标的物采取、暂缓或者解除扣押、查封和冻结措施的；(8) 要求人民法院选择特定鉴定机构、资产评估机构、拍卖机构或者破产企业资产管理人的；(9) 要求人民法院将执行案款优先发放给特定申请执行人的；(10) 要求人民法院对案件拖延执行或者作中止执行、终结执行处理的；(11) 要求人民法院将刑事涉案财物发还特定被害人或者移交特定机关的；(12) 要求人民法院对当事人采取强制措施，或者要求对被依法采取强制措施的当事人解除、变更强制措施的；(13) 要求人民法院在减刑、假释案件审理过程中对罪犯从严或者从宽处理的；(14) 批转案件当事人或者其辩护人、诉讼代理人、近亲属以及其他与案件有利害关系的人单方提交的涉案材料或者专家意见书的；(15) 其他有必要作为特别报告事项的行为。

(五) 关于履职保障机制

针对部分法院领导干部和办案法官对全面记录工作的畏难情绪，《实施办法》在明确问责机制的同时，也提出了保障措施。考虑到中央有关部门还将就对司法人员依法履职加强保护的问题发布专门规定，保障机制将更加完备，《实施办法》第九条只作了原则性规定，即“人民法院工作人员因严格执行《规定》和本办法，而在考评、晋升、履职等方面遭遇特定组织、个人的刁难、打击和报复时，可以向上一级人民法院提出控告。相关人民法院应当及时向同级党委政法委报告，必要时可以层报最高人民法院。”

三、落实《实施办法》的具体要求

《实施办法》发布后，各高级人民法院应当依照《实施办法》制定实施细则，并报最高人民法院备案。各级人民法院要结合各自实际，强化技术支持，细化相关条文，抓好贯彻落实。在具体实施过程中，要健全完善制度机制，确保铁规发力、制度生威，并配合同级党委政法委和上级人民法院，做好信息定期报送和典型案例筛选工作。

（撰稿人：贺小荣　何　帆）

最高人民法院 关于深入贯彻落实《中华人民共和国人民陪审员法》的通知

2018 年 4 月 28 日　　　　　　　　法〔2018〕110 号

各省、自治区、直辖市高级人民法院，新疆维吾尔自治区高级人民法院生产建设兵团分院：

2018 年 4 月 27 日，第十三届全国人民代表大会常务委员会第二次会议已审议通过《中华人民共和国人民陪审员法》（以下简称《人民陪审员法》）并于同日公布施行。《人民陪审员法》的出台是中国特色社会主义法治建设的一件大事，也是保障公民民主权利、推进司法民主建设新的里程碑。为深入贯彻落实《人民陪审员法》，在人民法院审判工作中更好实现人民陪审员制度的功能效果，现将有关事宜通知如下：

一、充分认识贯彻落实《人民陪审员法》的重要意义

《人民陪审员法》全面总结了全国人大常委会《关于完善人民陪审员制度的决定》施行十三年来的实践经验，以单行法律形式将十八届三中、四中全会以来的改革试点经验固定下来，对人民陪审员的选任、参审、管理等方面作了进一步完善，标志着我国人民陪审员制度进入一个新的发展阶段。正确贯彻执行《人民陪审员法》，有利于完善中国特色社会主义司法制度，对于推进司法民主、促进司法公正、保障司法廉洁、提升司法公信，让人民群众在每一个司法案件中感受到公平正义，有着十分重要的意义。

各级人民法院要充分认识制定《人民陪审员法》的重要意义，高度重视《人民陪审员法》的贯彻落实，切实把学习、宣传、贯彻《人民陪审员法》作为一项重要工作提上议事日程。要紧紧依靠当地党委的坚强领导、人大及其常委会的有力监督、政府有关部门的大力配合以及社会各界的关心支持，以《人民陪审员法》的颁布为契机，完善工作机制，加大工作力度，扩大社会影响，努力开创人民陪审员工作的新局面。

各高级人民法院要切实担负起贯彻落实《人民陪审员法》的主体责任，结

合本地实际，尽快研究制定贯彻落实《人民陪审员法》的一揽子工作方案和实施办法，加强组织协调，抓好工作部署，明确工作责任，强化指导监督，层层抓好落实。

二、加强《人民陪审员法》的学习宣传

各级人民法院要有计划、分批次开展形式多样的学习活动，首先抓好法院领导干部和广大法官的学习，先学一步，学深一层，全面、准确学习领会《人民陪审员法》的立法精神和主要内容，努力提高广大法官对《人民陪审员法》的理解和适用水平，增强广大法官指导人民陪审员有效参审的能力，确保《人民陪审员法》的各项规定深入人心，有效实施。

要采取措施，依托电视、报纸、广播、网络、手机、新闻发布会、座谈会、宣讲会等载体，通过官方网站、微博、微信等新媒体平台，采取进社区、进企业、访群众等多种方式，全方位、立体式广泛宣传《人民陪审员法》立法的重大意义、主要内容以及人民陪审员参审的典型案例和实际成效，充分发挥社会舆论的引导作用，进一步增强全社会对人民陪审员制度的认知、理解和支持，在全社会积极营造贯彻执行《人民陪审员法》的良好氛围。

三、积极配合司法行政机关做好人民陪审员选任

《人民陪审员法》实施后，人民陪审员选任工作将由司法行政机关牵头，基层人民法院、公安机关配合开展。各高级人民法院要积极协调配合同级司法行政机关，尽快研究出台关于本地区人民陪审员选任工作方案，精心组织，把握进度，严格把关。采取有效措施，指导辖区内各基层人民法院配合司法行政机关，如期完成第一批人民陪审员的选任工作。

各基层人民法院要积极配合司法行政机关做好人民陪审员随机抽选、资格审查等工作，并负责做好人民陪审员提请任命、就职宣誓等工作。各地人民陪审员选任情况由高级人民法院汇总后报最高人民法院政治部。

为确保审判活动的正常进行，《人民陪审员法》施行前已经任命的人民陪审员继续任职，任期届满后自动免除职务。对不符合《人民陪审员法》规定的选任条件的人民陪审员，应当提请同级人民代表大会常务委员会免除其人民陪审员职务。

《人民陪审员法》施行后，各基层人民法院首先要对留任的人民陪审员人数进行摸底统计，在此基础上，充分考虑到本院审判工作状况，以及满足上级人民法院从本院随机抽取人民陪审员等实际需要，按照人民陪审员名额不低于本院法官人数三倍的规定，及时提请同级人民代表大会常务委员会确定人民陪审员的名额，并通报同级司法行政机关，层报高级人民法院备案。今后，因审

判活动需要，通过个人申请和组织推荐方式选任的人民陪审员数量不得超过人民陪审员名额数的五分之一。

四、严格执行人民陪审员参加审判活动的各项规定

《人民陪审员法》仅适用于法律施行后受理的第一审刑事、民事、行政案件，《人民陪审员法》施行前受理的第一审刑事、民事、行政案件，人民陪审员参加的审判活动继续有效。

各高级人民法院要指导所辖法院合理确定人民陪审员的参审案件范围，正确把握事实审和法律审界限，防止片面追求陪审率，杜绝“驻庭陪审员”“编外法官”等情况，努力实现从注重陪审案件“数量”向关注陪审案件“质量”转变。各级人民法院根据本辖区实际情况，合理确定人民陪审员年度参审案件数上限，及时以适当形式向社会公告，并层报高级人民法院备案。

各级人民法院要充分运用信息化手段，不断完善随机抽取人民陪审员参加案件审理的工作制度和技术保障机制，确保参加个案审理的人民陪审员均通过随机抽取方式确定，防止出现少数人民陪审员与法官组成固定合议庭审理案件的现象，让更多的人民陪审员有机会参与案件审理。

各级人民法院要强调法官对人民陪审员参审案件的指引、提示义务，增强指引意识，提高指引能力，规范指引方式，强化释明责任，对案件涉及的事实认定、证据规则、法律规定等事项，以及人民陪审员应当注意的案件焦点问题，法官应当及时予以指引、提示和释明，充分发挥人民陪审员在审判工作中的实质性作用。

五、加强人民陪审员的培训、管理、保障

各级人民法院要改进和加强人民陪审员的培训工作。根据人民陪审员参审职权变化和新的履职要求，对人民陪审员有计划地进行全员培训，加强对人民陪审员权利义务、诉讼程序、庭审技能等内容的培训，充分利用案例教学、现场观摩、专题报告等形式，切实提高人民陪审员的履职能力。

要把人民陪审员工作纳入到人民法院信息化建设的大格局中，加强信息化建设力度，实现最高人民法院人民陪审员信息管理系统与各级地方法院人民陪审员管理系统的互通互联，实现人民陪审员管理系统与本地审判管理系统信息的互通互联，积极推进人民陪审员信息管理与分析、陪审员履职管理、陪审员评价管理、陪审员监督管理和陪审员服务平台功能建设；积极运用手机 APP、远程阅卷、电子签章等信息科技手段，实现选任、参审、管理的全程信息化，进一步提升人民陪审员管理的信息化水平，为人民陪审员参审提供便利。

各级人民法院要主动协调财政部门，将人民陪审员因参加审判活动应当享受的补助、人民法院落实人民陪审员选任、管理、培训等所必需的开支，列入人民法院业务经费予以足额保障。

六、认真做好经验总结和意见反馈工作

各级人民法院在学习、宣传、贯彻执行《人民陪审员法》的过程中，要不断总结经验，对遇到的新问题，要认真研究并提出具体意见，由高级人民法院汇总后，及时向最高人民法院报告。最高人民法院将适时对各高级人民法院贯彻落实《人民陪审员法》的情况进行专项督查，及时指导各地人民陪审员工作，确保《人民陪审员法》的正确实施。

司法部　最高人民法院　公安部
关于印发《人民陪审员选任办法》的通知

（2018 年 8 月 22 日）

各省、自治区、直辖市司法厅（局）、高级人民法院、公安厅（局），新疆生产建设兵团司法局、新疆维吾尔自治区高级人民法院生产建设兵团分院、新疆生产建设兵团公安局：

为认真贯彻实施《中华人民共和国人民陪审员法》，进一步做好人民陪审员选任工作，司法部、最高人民法院、公安部研究制定了《人民陪审员选任办法》，现印发你们，请结合实际认真贯彻落实。

各地在执行中遇到重大情况和问题，请及时报告司法部、最高人民法院、公安部。

附：

人民陪审员选任办法

第一条　为规范人民陪审员选任工作，保障人民陪审员制度有效实施，根据《中华人民共和国人民陪审员法》（以下简称人民陪审员法），制定本办法。

第二条　人民陪审员选任工作应当坚持依法民主、公开公正、协同高效的原则。

第三条 人民陪审员主要通过随机抽选方式产生。因审判活动需要，可以通过个人申请和所在单位、户籍所在地或者经常居住地的基层群众性自治组织、人民团体推荐（以下简称组织推荐）方式产生。

第四条 人民陪审员选任工作由司法行政机关会同基层人民法院、公安机关组织开展。

省级和设区的市级司法行政机关负责人民陪审员选任工作的指导监督，县级司法行政机关负责人民陪审员选任工作的具体实施。

司法行政机关应当按照职责需要，健全工作机构，配备工作人员，建立完善工作制度。

司法行政机关、基层人民法院、公安机关应当加强沟通联系，建立协调配合机制。

第五条 基层人民法院根据审判案件的需要以及本辖区人口数量、地域面积、民族状况等因素，并结合上级人民法院随机抽取人民陪审员的需要，提出不低于本院法官数三倍的人民陪审员名额数的意见，提请同级人民代表大会常务委员会确定。

第六条 人民陪审员的名额数意见在提请同级人民代表大会常务委员会确定之前，基层人民法院应当先报上一级人民法院审核，上一级人民法院可以对本辖区内人民陪审员名额数进行适当调整。上一级人民法院审核确认后，报省（市、区）高级人民法院备案。

第七条 人民陪审员的名额数可以根据实际情况进行调整。调整应当由基层人民法院按照确定人民陪审员名额数的程序进行。

第八条 通过个人申请和组织推荐产生的人民陪审员，不得超过所在基层人民法院人民陪审员名额数的五分之一。

第九条 基层人民法院应当将人民陪审员名额数及时通报同级司法行政机关。基层人民法院应当会同司法行政机关分别确定随机抽选以及需要通过个人申请和组织推荐的拟任命人民陪审员数。

第十条 司法行政机关会同基层人民法院、公安机关，向社会发布选任人民陪审员公告，内容包括选任名额、选任条件、选任程序等有关事项，公告期为三十日。

需要通过个人申请和组织推荐方式产生人民陪审员的，还应当在公告中明确申请和推荐期限。

第十一条 司法行政机关会同基层人民法院、公安机关，从辖区内年满二十八周岁的常住居民名单中，随机抽选拟任命人民陪审员数五倍以上的人员作为人民陪审员候选人。

第十二条 司法行政机关会同基层人民法院、公安机关，开展人民陪审员候选人信息采集工作，建立人民陪审员候选人信息库。

基层人民法院、公安机关应当将人民陪审员候选人相关信息及时提供给司法行政机关。

第十三条 司法行政机关会同基层人民法院、公安机关，依照人民陪审员法第五条、第六条、第七条、第十三条规定对人民陪审员候选人进行资格审查。

必要时，司法行政机关会同基层人民法院、公安机关到候选人所在单位、户籍所在地或者经常居住地的基层群众性自治组织、人民团体进行走访调查，或者对候选人进行当面考察。

第十四条 司法行政机关应当会同基层人民法院、公安机关向符合选任条件的人民陪审员候选人告知人民陪审员的权利义务，并征求其对担任人民陪审员的意见。

第十五条 司法行政机关会同基层人民法院，从通过资格审查的人民陪审员候选人名单中随机抽选确定人民陪审员拟任命人选。

第十六条 公民申请担任人民陪审员的，应当按选任公告要求，向本人户籍所在地或者经常居住地的县级司法行政机关提交身份、学历证明等书面材料，并填写人民陪审员候选人申请表。

组织推荐人民陪审员的，需征得公民本人同意后，向县级司法行政机关提交被推荐人简历、学历证明等书面材料，并填写人民陪审员候选人推荐表。

第十七条 司法行政机关会同基层人民法院、公安机关依照本办法第十三条规定，对人民陪审员申请人和被推荐人进行资格审查。

第十八条 司法行政机关会同基层人民法院，从通过资格审查的人民陪审员申请人和被推荐人中确定人民陪审员拟任命人选。个人申请或者组织推荐人数超过拟选任人数的，可以在通过资格审查的申请人和被推荐人中随机抽选确定拟任命人选。

确定人民陪审员拟任命人选，应当充分体现人民陪审员的广泛性和代表性。

第十九条 司法行政机关应当会同基层人民法院、公安机关向社会公示拟任命人民陪审员名单。公示期不少于五个工作日。

第二十条 经公示后确定的人民陪审员人选，由基层人民法院院长提请同级人民代表大会常务委员会任命。

基层人民法院提请同级人民代表大会常务委员会任命人民陪审员，应当提交提请任命人民陪审员的议案、人选名单以及同级人民代表大会常务委员会要求提供的其他材料。

司法行政机关应当配合基层人民法院提供有关材料。

第二十一条 基层人民法院应当会同司法行政机关向社会公告人民陪审员名单。

第二十二条 人民法院应当会同司法行政机关及时将任命决定通知人民陪审员本人及其所在单位、户籍所在地或经常居住地的基层群众性自治组织、人民团体，并通报公安机关。

第二十三条 司法行政机关、基层人民法院应当将人民陪审员名单逐级报省级司法行政机关、高级人民法院备案。

第二十四条 人民陪审员的任期为五年，一般不得连任。公民担任人民陪审员不得超过两次。

第二十五条 公民不得同时在两个以上的基层人民法院担任人民陪审员。

第二十六条 人民陪审员缺额数超过基层人民法院人民陪审员名额数十分之一的，或者因审判工作需要，可以适时增补人民陪审员。

增补人民陪审员人选从通过资格审查的人民陪审员候选人名单中随机抽选确定。公示与任命程序依照本办法第十九条、第二十条、第二十一条、第二十二条规定进行。

第二十七条 人民陪审员经人民代表大会常务委员会任命后，应当公开进行就职宣誓。

人民陪审员宣誓誓词为：我是中华人民共和国人民陪审员，我宣誓：忠于国家，忠于人民，忠于宪法和法律，依法参加审判活动，忠实履行审判职责，廉洁诚信，秉公判断，维护社会公平正义！

第二十八条 人民陪审员就职宣誓仪式由基层人民法院会同司法行政机关组织。

第二十九条 海事法院、知识产权法院、铁路运输法院等没有对应同级人民代表大会的法院一般不单独进行人民陪审员选任，需要由人民陪审员参加合议庭审判案件的，在其所在地级市辖区内的基层人民法院或案件管辖区内的人民陪审员名单中随机抽取确定。

第三十条 本办法由司法部、最高人民法院、公安部共同负责解释。

第三十一条 本办法自公布之日起施行。本办法施行前司法部、最高人民法院、公安部制定的有关人民陪审员选任的规定，与本办法不符的，以本办法为准。

最高人民法院　司法部
关于印发《人民陪审员培训、考核、奖惩工作办法》的通知

2019 年 4 月 24 日　　　　　　　　　　法发〔2019〕12 号

各省、自治区、直辖市高级人民法院、司法厅（局），新疆维吾尔自治区高级人民法院生产建设兵团分院、新疆生产建设兵团司法局：

为认真贯彻实施《中华人民共和国人民陪审员法》，进一步规范人民陪审员培训、考核、奖惩等工作，最高人民法院、司法部研究制定了《人民陪审员培训、考核、奖惩工作办法》，现印发你们，请结合实际认真贯彻落实。

各地在执行中遇到重大情况和问题，请及时报告最高人民法院、司法部。

附：

人民陪审员培训、考核、奖惩工作办法

第一章　总则

第一条　为规范人民陪审员的培训、考核、奖惩等工作，根据人民陪审员法的相关规定，制定本办法。

第二条　人民陪审员的培训、考核和奖惩等日常管理工作，由基层人民法院会同司法行政机关负责。

人民法院和司法行政机关应当加强沟通联系，建立协调配合机制。

第三条　人民法院、司法行政机关应当确定机构或者指定专人负责人民陪审员的培训、考核和奖惩等工作，其他相关部门予以配合。

第四条　开庭通知、庭前阅卷、调查询问、参与调解、评议安排、文书签名等与人民陪审员参加审判活动密切相关事宜由各审判部门负责，其他管理工作包括随机抽取、协调联络、补助发放、送交裁判文书等事宜由人民法院根据

本院实际情况确定负责部门。

第五条 最高人民法院和司法部应当完善配套机制，根据各自职责搭建技术平台，研发人民陪审员管理系统，加强系统对接和信息数据共享，为完善人民陪审员的信息管理、随机抽取、均衡参审、履职信息、业绩评价、考核培训和意见反馈等提供技术支持。

第六条 基层人民法院应当为人民陪审员颁发《人民陪审员工作证》。《人民陪审员工作证》由最高人民法院政治部制发统一样式，各地法院自行印制。人民陪审员任期届满或依法免除职务后，人民法院应当收回或注销其持有的《人民陪审员工作证》。

第七条 除法律规定外，人民法院、司法行政机关不得公开人民陪审员的通讯方式、家庭住址等个人信息。

第八条 人民陪审员依法履行审判职责期间，应当遵守《中华人民共和国法官职业道德基本准则》。

第二章 培训

第九条 人民陪审员的培训分为岗前培训和任职期间培训。人民法院应当会同司法行政机关有计划、有组织地对人民陪审员进行培训，培训应当符合人民陪审员参加审判活动的实际需要。培训内容包括政治理论、陪审职责、法官职业道德、审判纪律和法律基础知识等，也可以结合本地区案件特点与类型安排培训内容。

第十条 最高人民法院、司法部教育培训主管部门和相关业务部门负责制定统一的人民陪审员培训大纲和培训教材，提出明确的培训教学要求，定期对人民陪审员培训工作进行督促、检查。必要时，可以举办人民陪审员培训示范班和人民陪审员师资培训班。

第十一条 高级人民法院教育培训主管部门和法官教育培训机构负责本辖区人民陪审员培训规划和相关管理、协调工作。高级人民法院教育培训主管部门和法官教育培训机构承担本辖区人民陪审员岗前培训工作任务时，可以采取远程视频等信息化手段，基层人民法院会同司法行政机关组织配合。

高级人民法院应当会同同级司法行政机关制定本辖区人民陪审员培训工作的年度培训方案和实施意见，并分别报最高人民法院、司法部备案。

第十二条 任职期间培训主要由人民陪审员所在的基层人民法院会同同级司法行政机关承担，培训教学方案由中级人民法院负责审定，直辖市地区的培训教学方案由高级人民法院负责审定。

必要时，有条件的中级人民法院教育培训主管部门和法官培训机构可受委托承担人民陪审员培训任务。

第十三条　基层人民法院应当会同同级司法行政机关及时提出接受岗前培训的人员名单和培训意见，报上级人民法院教育培训主管部门、法官培训机构和司法行政机关相关业务部门。

第十四条　人民陪审员培训以脱产集中培训与在职自学相结合的方式进行，也可结合实际采取分段培训、累计学时的方式。

培训形式除集中授课外，可采取庭审观摩、专题研讨、案例教学、模拟演示、电化教学、巡回教学等多种形式。

岗前培训时间一般不少于40学时，任职期间的培训时间由人民法院根据实际情况和需要合理确定。

第十五条　人民法院和司法行政机关应当提供人民陪审员参加培训的场所、培训设施和其他必要的培训条件。

第三章　考核与奖励

第十六条　基层人民法院会同同级司法行政机关对人民陪审员履行审判职责的情况进行考核。

第十七条　对人民陪审员的考核实行平时考核和年终考核相结合。

平时考核由基层人民法院会同同级司法行政机关根据实际情况确定考核时间和方式。

年终考核由基层人民法院会同同级司法行政机关在每年年终进行。年终考核应对人民陪审员履职情况按照优秀、称职、基本称职、不称职评定等次。

第十八条　基层人民法院制定人民陪审员履行审判职责的考核办法，应当征求同级司法行政机关的意见。

第十九条　对人民陪审员的考核内容包括思想品德、陪审工作实绩、工作态度、审判纪律、审判作风和参加培训情况等方面。

第二十条　中级人民法院、高级人民法院在其辖区内的基层人民法院的人民陪审员名单中随机抽取人民陪审员参与本院审判工作的，海事法院、知识产权法院、铁路运输法院等没有对应同级人民代表大会的法院，在其所在地级市辖区内的基层人民法院或案件管辖区内的人民陪审员名单中随机抽取人民陪审员参加案件审判的，应将人民陪审员在本院履行审判职责的情况通报其所在的基层人民法院，作为对人民陪审员的考核依据之一。履职情况通报时间及方式由上述法院与人民陪审员所在法院具体协调。

第二十一条　基层人民法院应及时将年终考核结果书面通知人民陪审员本人及其所在单位、户籍所在地或者经常居住地的基层群众性自治组织、人民团体。

人民陪审员对考核结果有异议的，可以在收到考核结果书面通知后五日内向所在基层人民法院申请复核，基层人民法院在收到复核申请后十五日内作出复核决定，并书面通知人民陪审员本人及其所在单位、户籍所在地或者经常居住地的基层群众性自治组织、人民团体。

第二十二条 考核结果作为对人民陪审员进行表彰和奖励的依据。

第二十三条 对于在审判工作中有显著成绩或者有其他突出事迹的人民陪审员，由基层人民法院会同同级司法行政机关依照有关规定给予表彰和奖励。

表彰和奖励应当坚持依法、公平、公开、公正的原则。

第二十四条 人民陪审员有下列表现之一的，可认定为在审判工作中有显著成绩或者有其他突出事迹：

（一）对审判工作提出改革建议被采纳，效果显著的；

（二）对参加审判的案件提出司法建议，被有关部门采纳的；

（三）在陪审工作中，积极发挥主观能动作用，维护社会稳定，事迹突出的；

（四）有其他显著成绩或者突出事迹的。

第二十五条 基层人民法院应及时将对人民陪审员的表彰和奖励决定书面通知人民陪审员本人及其所在单位、户籍所在地或者经常居住地的基层群众性自治组织、人民团体。

第四章 免除职务与惩戒

第二十六条 人民陪审员任期届满后职务自动免除，基层人民法院应当会同司法行政机关在其官方网站或者当地主流媒体上予以公告，无须再提请同级人民代表大会常务委员会免除其人民陪审员职务。

人民陪审员任期届满时，其参加审判的案件尚未审结的，可以履行审判职责到案件审结之日。

第二十七条 人民陪审员有人民陪审员法第二十七条规定情形之一的，经所在基层人民法院会同司法行政机关查证属实的，由院长提请同级人民代表大会常务委员会免除其人民陪审员职务。

第二十八条 人民陪审员被免除职务的，基层人民法院应当书面通知被免职者本人及其所在单位、户籍所在地或者经常居住地的基层群众性自治组织、人民团体，同时将免职名单抄送同级司法行政机关，基层人民法院、司法行政机关应将免职名单逐级报高级人民法院、省级司法行政机关备案。

第二十九条 人民陪审员有人民陪审员法第二十七条第一款第三项、第四项所列行为，经所在基层人民法院会同同级司法行政机关查证属实的，可以采取通知其所在单位、户籍所在地或者经常居住地的基层群众性自治组织、人民团体，在辖区范围内公开通报等措施进行惩戒。

第三十条 人民陪审员有人民陪审员法第二十七条第一款第四项所列行为，由所在基层人民法院会同同级司法行政机关进行查证；构成犯罪的，依法追究刑事责任。

第五章 附则

第三十一条 本办法由最高人民法院、司法部共同负责解释。

第三十二条 本办法自2019年5月1日起施行。本办法施行前最高人民法院、司法部制定的有关人民陪审员培训、考核、奖惩等管理工作的规定，与本办法不一致的，以本办法为准。

【链 接】

规范参审活动 提升管理水平
推动人民陪审员工作实现新跨越

——最高人民法院、司法部相关负责人就《关于适用〈中华人民共和国人民陪审员法〉若干问题的解释》和《人民陪审员培训、考核、奖惩工作办法》答记者问

2019年4月25日，《最高人民法院关于适用〈中华人民共和国人民陪审员法〉若干问题的解释》（以下简称《解释》）和最高人民法院、司法部《人民陪审员培训、考核、奖惩工作办法》（以下简称《工作办法》）。最高人民法院、司法部相关负责人就《解释》和《工作办法》回答了记者提问。

一、问：人民陪审员法的主要精神是进一步扩大司法民主，保障普通公民依法参加审判活动，强调广泛性和大众化。此次《解释》中对专业陪审员作出了规定，请问这是处于何种考虑？

答：人民陪审员制度实施过程中，如何把握大众化与专业化的关系是一个重要问题。党的十八届三中、四中全会对开展人民陪审员制度改革，进一步完善人民陪审员制度作了重要部署。制定人民陪审员法，就是贯彻落实党中央决策部署，健全发展我国人民陪审员制度的重要举措。人民陪审员法的价值指向也是希望越来越多的人民群众参与审判活动，增强人民陪审员选任和参审的广泛性和代表性。人民陪审员法在选任和参审中规定了“三次随机选取”，其目

的就是要保证实现人民陪审员的广泛性和代表性。人民陪审员参审案件，虽然不要求其具有法律知识，但应当有正常的思维能力、法治和道德观念，能够对案件涉及的问题作出合乎常识和理性的判断。因此，人民陪审员法规定了担任人民陪审员应当具备的条件，在选任中还有资格审查的程序，确保人民陪审员能够有条件、有能力做好审判工作。《解释》中对专业陪审员作了规定，并不违背人民陪审员制度的价值基础，而是对这一制度运行作出符合实际的完善和补充。一是专业陪审员参审也要贯彻个案随机抽取原则，可以根据具体案情，适当兼顾审判工作所涉专业技术知识的实际需要，从符合专业需求的陪审员名单中随机抽取确定，而不应该指派固定陪审员参审。二是对专业陪审员参审范围应当有所限制。海事法院、金融法院、知识产权法院等专门法院可以参照中级法院选取人民陪审员的模式，从其辖区内随机抽取专业陪审员参审。此外，普通法院对专业技术类，如医疗、建筑工程、电子信息、网络，以及婚姻家庭、未成年人等类型案件，可以从专业陪审员名单中随机抽取参审。三是专业陪审员的职权配置、回避和补助标准应与其他陪审员保持一致。虽然专业陪审员在专业上具有特长，但在案件审理中并不具有什么特权。

二、问：由人民陪审员四人与法官三人组成七人合议庭审理社会影响重大的案件，是人民陪审员法的一大亮点，《解释》就七人合议庭中人民陪审员的参审作出专门规范，其中比较有特色的就是事实认定问题清单制度，请简要介绍这一制度。

答：事实问题清单制度是《解释》贯彻人民陪审员法关于事实审与法律审区分的重要创制，在组成七人合议庭审理社会影响重大案件时，事实问题清单在指引人民陪审员正确行使权利方面尤为重要。《解释》将事实问题清单分为开庭时的事实问题清单和合议时的事实问题清单。

在七人合议庭开庭时，为了正确区分事实问题和法律问题，法官有必要通过问题清单的形式把事实问题列明，让陪审员带着这些问题参加庭审，陪审员对这些问题形成认知的同时，也就有效区分了事实认定问题与法律适用问题。实践中，事实认定问题和法律适用问题大部分情况下比较容易区分，但也存在模糊地带，不易区分，此时，为了保障陪审员的参审权利，应当按照事实认定问题处理，由陪审员和法官共同作出认定。因此，《解释》第九条规定："七人合议庭开庭前，承办法官应当制作事实认定问题清单，根据案件具体情况，区分事实认定问题与法律适用问题，对争议事实问题逐项列举，供人民陪审员在庭审时参照。对事实认定问题和法律适用问题难以区分的，按照事实认定问题处理。"

在七人合议庭开庭阶段，法官需要为陪审员制作事实问题清单。到了评议阶段，根据开庭情况，审判长需要再次制作问题清单，此清单可能由于庭审查明内容的变化而有所变化，是评议时对陪审员正确指引的重要方面。同时，为了充分保障陪审员就法律适用问题发表意见的权利，《解释》第十三条第二款强调，人民陪审员全程参加合议庭评议，对于事实认定问题，由人民陪审员和法官在共同评议的基础上进行表决。对于法律适用问题，人民陪审员不参加表决，但可以发表意见，并记录在卷。

三、问：在人民陪审员制度实施过程中强调要解决“驻庭陪审”和“编外法官”问题，请问《解释》对此是否有更进一步的可操作性规范？

答：过去，在少数法院确实存在“驻庭陪审”“编外法官”的现象。为了解决这一问题，让人民陪审员发挥实质性作用，《解释》从以下四个方面作出规定。

一是明确了排除适用陪审制的案件范围。比如，依照民事诉讼法适用特别程序、督促程序、公示催告程序审理的案件，这些案件均属于非诉案件，相关法律和司法解释均明确规定不适用陪审制，《解释》第五条予以重申；再比如，裁定不予受理或者不需要开庭审理的案件，这些不需要开庭审理的案件，无法发挥陪审员的实质参审作用，《解释》中也规定不宜由陪审员参加审理。

二是就陪审员参加评议的程序保障作出规定。为了从程序上保证陪审员真正独立发表个人意见，《解释》第十二条明确，合议庭评议案件时，先由承办法官介绍案件涉及的相关法律、证据规则，然后由陪审员和法官依次发表意见，审判长最后发表意见并总结合议庭意见。

三是进一步明确了陪审员的参审上限数。人民陪审员法对陪审员每年的参审数上限作出原则规定，需要《解释》对此进一步明确。《解释》第十七条从三个方面明确要求，一是各中基层法院要保障人民陪审员均衡参审，二是参审数上限一般不超过 30 件，三是参审数上限确定后要报高级人民法院备案。

四是对陪审员不从事与审判无关的活动作出规定。陪审员履行的是法定审判职责，不具有送达、执行、接访等业外职能，更不是法院的编外工作人员。《解释》第十八条明确，各级人民法院应当依法规范和保障陪审员参加审判活动，不得安排陪审员从事与履行法定审判职责无关的工作。

四、问：人民陪审员法规定由司法行政机关牵头负责陪审员的选任工作，目前这方面工作的开展情况如何？人民陪审员法规定基层人民法院会同司法行政机关负责陪审员的培训、考核、奖惩等日常管理工作，《工作办法》是对这一规定的落实细化，请问司法行政机关在人民陪审员考核、培训、奖惩工作中将发挥哪些作用？

答：2018 年 4 月，人民陪审员法颁布实施后，司法部专门对人民陪审员法的贯彻落实进行部署，并提出了明确要求。2018 年 8 月，司法部会同最高人民法院、公安部印发了《人民陪审员选任办法》，启动新一轮选任工作；4 月 25 日，配合最高人民法院研究制定的《人民陪审员培训、考核、奖惩工作办法》印发，这些配套制度的陆续出台，对于进一步健全完善人民陪审员选任管理工作体制机制，保障人民陪审员法顺利实施具有重要作用。

一年来，各级司法行政机关认真贯彻落实人民陪审员法和《人民陪审员选任办法》，坚持依法民主、公开公正、高效协同原则，会同人民法院、公安机关积极开展人民陪审员选任工作。一是严格把握人民陪审员选任条件，调动基层司法所工作人员、人民调解员等力量，对候选人逐一进行资格审查，并充分征求候选人意见。二是严格落实随机抽选程序，研发了人民陪审员选任管理系统，邀请人大代表、政协委员、专家学者、新闻媒体等共同参与随机抽选，充分接受社会监督，提升选任工作质量和效率。三是在选任工作中大力宣传人民陪审员法，吸引鼓励更多的人民群众参与到人民陪审员工作中来。截至目前，河南、黑龙江、广东全省和其他省（区、市）的部分地区已经完成了人民陪审员法实施后的第一批选任工作，全国共新选任人民陪审员 12 万余人。

在做好人民陪审员选任工作的同时，司法部加强调查研究，认真总结各地经验做法，配合最高人民法院研究制定《人民陪审员培训、考核、奖惩工作办法》。《工作办法》对司法行政机关配合人民法院履行相关工作职责进行了规定。如，司法行政机关要配合人民法院共同研究制定培训规划，编写培训教材，制定培训方案，根据各自职能承担岗前培训和任职期间的培训工作，共同对人民陪审员进行平时考核和年终考核，对在审判工作中有显著成绩或者有其他突出事迹的人民陪审员进行表彰和奖励，等等。

下一步，司法行政机关将进一步加强与人民法院及相关部门的协作配合，在继续做好人民陪审员选任工作的同时，切实落实好《人民陪审员培训、考核、奖惩工作办法》，共同推进人民陪审员培训、考核、奖惩工作，保障人民陪审员制度顺利实施。

五、问：人民陪审员一般不具备法律专业知识，是否能够胜任审判工作？《工作办法》对人民陪审员的培训专门作出了规定，培训的主要内容是什么，是否会专门就法律专业知识进行培训？

答：人民法院为什么要请没有法律专业知识的普通人来参与审判，他们能否胜任工作，能否保证公正审判？确实是很多人关心的问题，这涉及到对陪审制度功能价值的认识，十分重要，在推进和宣传人民陪审员制度过程中必须重点强调。陪审制度最重要的功能，就是将公众意见引入案件裁决中，使司法的职业化与陪审员的“非职业化”形成优势互补，最大限度兼顾法理与人情，提高司法的公信力和公众对裁判的满意度。一方面，陪审员来自普通群众，社会阅历丰富，在事实认定方面比法官更有优势，更有利于法院查清事实，作出正确裁判。另一方面，作为人民群众中的普通一员，陪审员主要是通过对事理、常情的朴素认识对案件作出判断，这种判断更符合普通群众对事物的认知，更容易为社会公众接受，从而也更有利于实现法律效果与社会效果的统一。因此，陪审员无需过多的法律专业知识，只需常理、常识进行判断就能胜任审判工作。

对陪审员的法律素养没有过高的要求，但陪审员参加审判工作，对审判的程序性事项要有所了解，要遵守司法礼仪，要讲政治纪律，要遵守审判纪律，也要掌握一些基本的法律知识，这就需要进行必要的培训。为此，《工作办法》明确，对陪审员进行有计划、有组织的培训。培训内容包括政治理论、陪审职责、法官职业道德、审判纪律和法律基础知识等，重点在于使其知晓遵守陪审操守、懂得陪审规则。不仅有上任前的岗前培训，也有任期期间的培训，培训方式主要是脱产集中培训与在职自学相结合，主管部门也可以结合实际采取分段培训、累计学时的方式进行。《工作办法》为了提升培训质效，增加了岗前培训时间为不少于 40 学时的规定，确保普通群众全面、快速了解陪审制度，为履职尽责打好基础，任职期间各级法院、司法行政机关要认真理解并充分履行《工作办法》对于培训职责的相关规定，组织好对陪审员的辅导和训练，保证陪审员的培训条件，确保陪审员正常履职。此外，《工作办法》还将陪审员的参训情况也纳入考核，体现了对培训工作的高度重视。

六、问：下一步，最高人民法院在人民陪审员法的贯彻落实上还有哪些具体部署?

答：2018 年 4 月，人民陪审员法颁布施行后，我国人民陪审员制度进入一个新的发展阶段。一年来，各级法院在新法宣传、任前培训以及陪审员选任等方面做了卓有成效的工作。但人民陪审员制度在实践中还存在一些突出问题：一是绝大多数法院没有经过试点的过渡，但法律已经正式实施，感觉有点仓促应战，一时还难以适应；二是有些法院尚未扭转固有观念，仍然把人民陪审员当作缓解"案多人少"的手段，"驻庭陪审"和"编外法官"现象依然存在；三是有的法官指引意识和指引能力不足，对于七人陪审合议庭中如何区分事实审和法律审问题，仍然自觉性不够、规范性欠缺；四是有的法院对人民陪审员的培训、管理、保障工作做得还不到位，等等。

针对上述问题，下一步，最高人民法院将重点抓好以下几项工作：一是要确保人民陪审员法的宗旨和要求落到实处。人民陪审员制度的宗旨就是保障公民依法参加审判活动，弘扬司法民主、促进司法公正、提升司法公信。当前，各高级法院要认真组织好《解释》的学习培训工作，教育引导广大法官切实转变理念，增强指引意识，提高指引能力，落实随机抽取，坚决杜绝“驻庭陪审”和“编外法官”现象。二是要加强人民陪审员的培训和管理工作。今天，最高人民法院、司法部联合发布了《人民陪审员培训、考核、奖惩工作办法》。各级法院要按照《工作办法》的要求，结合人民陪审员的特点，认真做好人民陪审员的岗前培训和任职培训，切实提高人民陪审员的履职能力。同时，做好人民陪审员的管理、考核和奖惩等工作，提高人民陪审员参与案件审理的权利意识、自豪感和责任感。三是要落实人民陪审员的各项保障措施。目前，最高人民法院正在会同财政部、司法部制定人民陪审员经费保障管理办法。该办法虽然对人民陪审员的经费保障作出明确规定，但仍然赋予地方一定的调节空间。各级法院要加强与相关部门沟通协调，根据当地实际情况，积极落实陪审员经费保障和人身保障的相关政策，让广大人民陪审员真正愿意陪审、安心陪审。

第五编　审判工作及多元化纠纷解决机制

（一）审判工作

最高人民法院
印发《关于规范人民法院再审立案的若干意见（试行）》的通知

2002 年 9 月 10 日　　　　　　法发〔2002〕13 号

各省、自治区、直辖市高级人民法院，解放军军事法院，新疆维吾尔自治区高级人民法院生产建设兵团分院：

《最高人民法院关于规范人民法院再审立案的若干意见（试行）》已经最高人民法院审判委员会第 1230 次会议讨论通过，现印发给你们试行，请认真遵照执行。

附：

关于规范人民法院再审立案的若干意见（试行）

为加强审判监督，规范再审立案工作，根据《中华人民共和国刑事诉讼法》、《中华人民共和国民事诉讼法》和《中华人民共和国行政诉讼法》的有关规定，结合审判实际，制定本规定。

第一条　各级人民法院、专门人民法院对本院或者上级人民法院对下级人民法院作出的终审裁判，经复查认为符合再审立案条件的，应当决定或裁定再审。

人民检察院依照法律规定对人民法院作出的终审裁判提出抗诉的，应当再审立案。

第二条　地方各级人民法院、专门人民法院负责下列案件的再审立案：

（一）本院作出的终审裁判，符合再审立案条件的；

（二）下一级人民法院复查驳回或者再审改判，符合再审立案条件的；

（三）上级人民法院指令再审的；

（四）人民检察院依法提出抗诉的。

第三条　最高人民法院负责下列案件的再审立案：

（一）本院作出的终审裁判，符合再审立案条件的；

（二）高级人民法院复查驳回或者再审改判，符合再审立案条件的；

（三）最高人民检察院依法提出抗诉的；

（四）最高人民法院认为应由自己再审的。

第四条　上级人民法院对下级人民法院作出的终审裁判，认为确有必要的，可以直接立案复查，经复查认为符合再审立案条件的，可以决定或裁定再审。

第五条　再审申请人或申诉人向人民法院申请再审或申诉，应当提交以下材料：

（一）再审申请书或申诉状，应当载明当事人的基本情况、申请再审或申诉的事实与理由；

（二）原一、二审判决书、裁定书等法律文书，经过人民法院复查或再审的，应当附有驳回通知书、再审判决书或裁定书；

（三）以有新的证据证明原裁判认定的事实确有错误为由申请再审或申诉的，应当同时附有证据目录、证人名单和主要证据复印件或者照片；需要人民法院调查取证的，应当附有证据线索。

申请再审或申诉不符合前款规定的，人民法院不予审查。

第六条　申请再审或申诉一般由终审人民法院审查处理。

上一级人民法院对未经终审人民法院审查处理的申请再审或申诉，一般交终审人民法院审查；对经终审人民法院审查处理后仍坚持申请再审或申诉的，应当受理。

对未经终审人民法院及其上一级人民法院审查处理，直接向上级人民法院申请再审或申诉的，上级人民法院应当交下一级人民法院处理。

第七条　对终审刑事裁判的申诉，具备下列情形之一的，人民法院应当决定再审：

（一）有审判时未收集到的或者未被采信的证据，可能推翻原定罪量刑的；

（二）主要证据不充分或者不具有证明力的；

（三）原裁判的主要事实依据被依法变更或撤销的；

（四）据以定罪量刑的主要证据自相矛盾的；

（五）引用法律条文错误或者违反刑法第十二条的规定适用失效法律的；

（六）违反法律关于溯及力规定的；

（七）量刑明显不当的；

（八）审判程序不合法，影响案件公正裁判的；

（九）审判人员在审理案件时索贿受贿、徇私舞弊并导致枉法裁判的。

第八条 对终审民事裁判、调解的再审申请，具备下列情形之一的，人民法院应当裁定再审：

（一）有再审申请人以前不知道或举证不能的证据，可能推翻原裁判的；

（二）主要证据不充分或者不具有证明力的；

（三）原裁判的主要事实依据被依法变更或撤销的；

（四）就同一法律事实或同一法律关系，存在两个相互矛盾的生效法律文书，再审申请人对后一生效法律文书提出再审申请的；

（五）引用法律条文错误或者适用失效、尚未生效法律的；

（六）违反法律关于溯及力规定的；

（七）调解协议明显违反自愿原则，内容违反法律或者损害国家利益、公共利益和他人利益的；

（八）审判程序不合法，影响案件公正裁判的；

（九）审判人员在审理案件时索贿受贿、徇私舞弊并导致枉法裁判的。

第九条 对终审行政裁判的申诉，具备下列情形之一的，人民法院应当裁定再审：

（一）依法应当受理而不予受理或驳回起诉的；

（二）有新的证据可能改变原裁判的；

（三）主要证据不充分或不具有证明力的；

（四）原裁判的主要事实依据被依法变更或撤销的；

（五）引用法律条文错误或者适用失效、尚未生效法律的；

（六）违反法律关于溯及力规定的；

（七）行政赔偿调解协议违反自愿原则，内容违反法律或损害国家利益、公共利益和他人利益的；

（八）审判程序不合法，影响案件公正裁判的；

（九）审判人员在审理案件时索贿受贿、徇私舞弊并导致枉法裁判的。

第十条 人民法院对刑事案件的申诉人在刑罚执行完毕后两年内提出的申诉，应当受理；超过两年提出申诉，具有下列情形之一的，应当受理：

（一）可能对原审被告人宣告无罪的；

（二）原审被告人在本条规定的期限内向人民法院提出申诉，人民法院未受理的；

（三）属于疑难、复杂、重大案件的。

不符合前款规定的，人民法院不予受理。

第十一条 人民法院对刑事附带民事案件中仅就民事部分提出申诉的，一般不予再审立案。但有证据证明民事部分明显失当且原审被告人有赔偿能力的除外。

第十二条 人民法院对民事、行政案件的再审申请人或申诉人超过两年提出再审申请或申诉的，不予受理。

第十三条 人民法院对不符合法定主体资格的再审申请或申诉，不予受理。

第十四条 人民法院对下列民事案件的再审申请不予受理：

（一）人民法院依照督促程序、公示催告程序和破产还债程序审理的案件；

（二）人民法院裁定撤销仲裁裁决和裁定不予执行仲裁裁决的案件；

（三）人民法院判决、调解解除婚姻关系的案件，但当事人就财产分割问题申请再审的除外。

第十五条 上级人民法院对经终审法院的上一级人民法院依照审判监督程序审理后维持原判或者经两级人民法院依照审判监督程序复查均驳回的申请再审或申诉案件，一般不予受理。

但再审申请人或申诉人提出新的理由，且符合《中华人民共和国刑事诉讼法》第二百零四条、《中华人民共和国民事诉讼法》第一百七十九条、《中华人民共和国行政诉讼法》第六十二条及本规定第七、八、九条规定条件的，以及刑事案件的原审被告人可能被宣告无罪的除外。

第十六条 最高人民法院再审裁判或者复查驳回的案件，再审申请人或申诉人仍不服提出再审申请或申诉的，不予受理。

第十七条 本意见自2002年11月1日起施行。以前有关再审立案的规定与本意见不一致的，按本意见执行。

【解　读】

解读《关于规范人民法院再审立案的若干意见（试行）》

一、制定的背景

随着社会主义法制事业的推进，现行人民法院审判监督制度的弊端越来越突出。最高人民法院沈德咏副院长在关于审判监督制度改革的报告中曾经将现行审判监督制度的特点归纳为“五个无限”，即主体无限、时间无限、次数无限、审级无限、再审的理由或条件无限，并指出，这种无限申诉和无限再审的制度，既不利于维护司法公正，也不利于提高司法效率，导致诉讼秩序混乱，造成司法资源巨大浪费，使终审裁判的稳定性受到影响、既判力受到挑战，并造成对司法公正的错误评判，严重损害了司法机关的权威和形象。现行审判监督制度极不符合建立有中国特色的现代审判制度的要求。审判监督制度存在的问题得到了法律界的普遍认同，很多专家、学者以及司法界的同志都认为，要建设现代化的审判制度，审判监督制度的改革势在必行。最高人民法院顺应社会主义法制发展的潮流，将审判监督制度的改革列入《人民法院五年改革纲要》，提出要建立有中国特色的社会主义审判监督工作新机制。

尽管审判监督制度的改革乃大势所趋，但是由于这一改革涉及太多理念方面和法律框架方面的问题，短时期内难以取得突破。基本理念方面的问题，比如，如何处理审判监督与维护既判力的矛盾、实现司法公正和维护生效裁判稳定性的矛盾；目前形势下，是要加强审判监督还是要限制审判监督；要不要坚持“实事求是、有错必纠”的指导思想；再审的本位在于对审判权的监督还是对当事人权利的补救，等等。法律框架方面的问题，很多人认为，进行审判监督制度的改革，必须突破现行法律的框架，比如改变二审终审的基本审判制度，对当事人的申诉权进行限制并诉权化，取消检察院对民事案件的抗诉权力，建立再审之诉制度，等等。基本理念方面不能得到统一，制约了整个审监制度改革的方向的确定；而诉讼法作为基本法律，对其框架的突破，也需要一个修改法律的系统工程才能完成，非短期之功效。因此，对现行审判监督制度进行全面的改革和突破，目前条件尚不成熟。但是改革又是具有紧迫性，势在必行，面对这一矛盾，最高人民法院决定先制定关于再审立案的司法解释，不仅规范人民法院的再审立案工作，而且可以以此为突破口，推动审判监督制度改革的进程。之所以选择再审立案为改革的突破口，是因为虽然审判监督制度存在的问题很多，但其中心在于再审程序的启动，也就是再审的立案，“五个无限”每一个都和再审程序的启动有关。正是在这一背景下，经过充分论证并向全国人大法工委、最高人民检察院、全国各省市法院广泛征求意见，最高人民法院制定了《关于规范人民法院再审立案的若干意见（试行）》（以下简称《若干意见》），2002 年 9 月 10 日由最高人民法院审判委员会讨论通过，于 2002 年 11 月 1 日起施行。

二、再审立案的概念

再审立案是一个全新的概念，在以前的法律文件中从未出现过。之所以提出这样一个概念，并围绕这一概念作出专门的司法解释，是和“立审分立、审监分立”的指导思想相适应的。我们知道，立案是诉讼的开端，是诉讼的必经程序，任何案件只有经过立案才能进入正式的审判程序。为了加强法院内部管理，实现立案和审判的相互制约，防止“自立自审、私自立案、办黑案”的现象，按照“立审分立”的原则，所有的案件的立案程序和审判程序都必须分开。应该说，“立审分立”的原则在一、二审中得到了很好的落实，但对于申诉案件来说，自20世纪80年代末成立告申庭以来，申诉案件的处理都统一归口到告申庭一个部门负责，也就是说，告申庭既是立案部门，又是审判监督部门，对申诉的受理、审查、再审，都由告申庭一个部门完成，这和“立审分立”的原则无疑是相悖的。随着改革的深入，审判监督案件的立审分立问题提到了议事日程上。为此，最高人民法院按照“统一监督、审监分离”的改革思路，将告申庭分设为立案庭和审监庭。再审立案概念的提出，正是为了适应这一改革的需要。

何为再审立案？实践中认识分歧比较大，主要有四种意见：第一种意见认为，再审立案是指人民法院对已经发生法律效力的判决、裁定，发现在认定事实或适用法律上确有错误，依法裁定或决定重新审理的程序；第二种意见认为，再审立案是人民法院立案庭经审查，对已经发生法律效力的判决、裁定，认为可能有错误，决定和裁定立案的程序；第三种意见认为，再审立案是指各级人民法院或者上级人民法院的立案庭经审查，对本院或者下级人民法院已经发生法律效力的判决、裁定认为符合立案再审条件，决定或裁定立案的程序；第四种意见认为，再审立案是指人民法院对已经发生法律效力的判决、裁定，审查认为符合法定条件，依法裁定或决定重新审理的程序。除以上四种意见外，也有人反对再审立案这种提法，认为所谓的再审立案实际应当指申诉案件或申请再审案件的立案。

对再审立案的理解，关乎的并不仅仅是文字的表述。从以上的分歧意见可以看出，它关系到二个实质性的问题，一是再审立案的标准究竟是“可能有错误”，还是“确有错误”；二是再审立案和立案庭、审监庭的职责分工存在什么关系。

关于前一问题，即再审立案的标准问题。无论是“确有错误”还是“可能有错误”，都只不过是一种主观认识。不同的是，前者是主观的确认，后者是有倾向性的或然认识。作为人民法院来讲，裁判发生法律效力后，就获得了稳定性和权威性，只有在主观上对原判是错误的形成内心确认，才能启动再审程序，如果连审查者自己都不能确认是否有错误，就启动再审，那是极不严肃的，对判决的权威性、稳定性可以说是一种侵害。因此，“可能有错误”这一提法是不慎重、不严谨的。和当前严格限制再审的改革趋势也是相背的。有人认为，如果将“确有错误”作为再审的标准，那意味着不经过法定的再审审判程序，就给原判下“确有错误”的结论，从法理上说，是违反程序公正司法理念的；而且，如果经过再审审理，又发现原判没有错误，再维持原判从逻辑上讲不通。其实，确有错误实际上只是法院在对申诉和再审申请审查后的一种“认为”，其性质是一种认识，基于这种认识，引发再审程序。众所周知，它并不表明一种法定结论，只有再审判决，才是是否错误的最终结论，因此也就不存在违反程序公正的问题。经过再审判决，认为原判并非启动再审程序时所认为的“确有错误”，从逻辑上讲，进行修正，维持原判是完全成立的。这正如，我们要求人民法院的判决必须公正、正确，但并不意味着它必然是正确的，确实错了，人民法院也当然可以改判一样。

当然，“确有错误”这一提法虽然从法理上和逻辑上没有问题，但并不表明这一提法就是适当的。我们认为，将“确有错误”作为再审的标准也有不够科学之处。首先，“确有错误”不能涵盖所有的法定再审事由。诉讼法对人民法院依职权决定的再审和依当事人的申诉、再审申请决定的再审是分别规定的，对刑事申诉列明了人民法院应当再审的四种情形，对民事申请再审列明了人民法院应当再审的五种情形，而对人民法院依职权决定再审的条件仅规定为“确有错误”。再审情形和再审的标准应当具有统一性，但事实上，“确有错误”无法和法定的再审情形统一，比如“新证据”问题。因出现足以推翻原判的新证据引起的再审，是因为据以证明案件事实的证据发生了变化，这种变化是为了保证案件对事实客观性的认定，不能据此说明原判确有错误。再比如，因违反法定程序引起的再审，同样并不代表原审的实体判决是错误的，通过再审对程序进行修正后，仍然有可能维持原判。其次，“确有错误”的表述过于笼统、抽象。何谓“错误”，无论是在内涵上还是外延上，都很难有一个明确的界限。有些错误属于次要错误，对案件的处理没有实质性的、根本性的影响，有些错误似是而非，众说纷纭。实践中由于对“确有错误”把握不一，落实不严，在一定程度上造成不适当的再审的出现。有些案件只是围绕某一个争议问题，就反复再审改判，造成很不好的影响，正是这一问题的集中反映。再次，“确有错误”的再审标准运用到审判监督工作中也容易造成认识上的混乱。首先容易造成当事人、社会公众认识的混乱。很多人认为，既然再审的标准是原判“确有错误”，那么法院再审后又维持原判就是不能接受的，因为它是明知“确有错误”而不改。同时也给法院自身造成了认识上的混乱。很多法院认为，只有把案件的事实全部查清楚，并且得出最后的结论性意见，才能确定“确有错误”，这样，就造成了所谓的“先定后审”，也就是说，案件还没有进入再审，就已经对案件形成了结论性的意见，甚至最终的裁判文书都已经制作出来，导致再审案件不开庭审理或庭审流于形式，使庭审中的举证、质证、认证功能得不到有效发挥。总的来说，认识上的混乱是由于认识上的偏差引起的，但客观上降低了当事人对人民法院再审裁判结果的信服度，不利于树立审判监督的权威和人民法院的良好形象。

关于后一问题，即再审立案的概念和立案庭、审监庭的职责划分的关系问题。按照大多数同志的观点，明确再审立案的标准，即意味着对立案庭和审监庭进行了职责划分。因为按照字面理解，“再审立案”是种立案行为，理所当然的应由立案庭负责。但是，同样按照一般的认识，立案在性质上是一种形式审查行为，也就是说，从形式上、程序上确认当事人是否可以提出请求。对申请再审和申诉的复查实际已经对案件的实体进行了实质性地初步确认，因此不属于立案的范畴。由于认识不一，对立案庭和审监庭的职责划分问题一直存在争论。实践中主要有三种做法，但都存在一定的负面性：第一种做法，立案庭对申诉、申请再审只进行形式上的审查，符合受理条件的移送审监庭，由审监庭负责对申诉和再审申请的复查，并确定是否再审。这种立案方式被称为“登记立案”。这种方式防止了重复劳动，比较简便易行，弊端是有违立案庭和审监庭分立的初衷，对再审的制约作用没能得到充分实现；第二种做法，由立案庭对申诉和再审申请进行实质性地复查，并决定是否再审，只有在决定再审后才移送审监庭按照再审程序审理。这种立案方式被称为“复查立案”。这种方式对于加强立案庭和审监庭的制约效果明显，其弊端是在对案件的处理上立案庭和审监庭容易产生分歧，一旦出现决定再审后又维持原判的现象，法律效果不是很好；第三种方式是立案庭受理申诉、再审申请后，进行初步的实体审查，认为“可能有错误，需要进一步审查”的，再移送审监庭。审监庭审查后，认为“确有错误”，再依法决定再审。这种做法实际是考虑到前二种做法的弊端后采取的折中方案，但造成了一定的重复工作，浪费了审判资源，而且前两种方法的弊端也不能完全避免。

再审立案的概念在征求意见稿中曾被表述为：“再审立案是指各级人民法院、专门法院或者上级人民法院的立案部门审查，认为本院或者下级人民法院已经发生法律效力的判决、裁定可能有错误，决定立案或裁定立案的程式。”在充分听取各方面意见后，正式司法解释文本作了修改，规定为：“各级人民法院、专门法院对本院或者上级人民法院对下级人民法院作出的终审裁判，经复查认为符合再审立案条件的，应当决定或裁定再审。人民检察院依照法律规定对人民法院作出的终审裁判提出抗诉的，应当再审立案”。这一修改，一方面，回避了容易引起争议的“确有错误”或“可能有错误”之类的敏感字眼，而是统一规定为符合再审立案条件。再审立案条件是哪些呢？是民事诉讼法第一百七十九条、刑事诉讼法第二百零四条规定的再审条件，是本司法解释第七、八、九条规定的再审条件，这样，就和“依法纠错”的指导思想联系起来了。申诉、申请再审是当事人的权利，只要符合再审立案条件，人民法院就应当决定再审，这又为“再审之诉”的改革思路作了铺垫。另一方面，从法院出发，而不是从法院的部门出发进行规定，避免了立案庭和审监庭职责划分之争，为今后进一步统一、明确二庭的职责留下了余地。

三、再审立案的管辖

所谓再审立案的管辖，是指对于申请人提出的再审申请、申诉人提出的申诉，由哪一级法院进行审查并决定是否再审。

按照三大诉讼法的规定，申请人或申诉人对已经发生法律效力的判决、裁定，认为有错误的，可以向原审人民法院或者上一级人民法院申请再审或提出申诉，符合法定再审情形的，人民法院应当再审；人民法院对本院已经发生法律效力的判决、裁定，认为确有错误的，由院长提交审判委员会讨论后决定再审；最高人民法院对地方各级人民法院，上级人民法院对下级人民法院已经发生法律效力的判决、裁定认为确有错误的可以提审或指令再审。可见，诉讼法规定的是选择性管辖。即，申请人、申诉人既可以向原审法院申请再审或提出申诉，也可以向上一级法院申请再审或提出申诉，法律对此没有限制性规定，申请人、申诉人可以按照自己的意志自由决定；相应地，对已经发生法律效力的判决、裁定，原审法院和上级法院都可以决定再审。司法实践中，对申请再审和申诉的受理又往往和处理来信来访的“分级负责”的原则联系起来，即对申诉的处理由原作出处理行为的法院负责。无论是法定的“选择管辖”，还是实践的“分级负责”，都给再审申请和申诉的受理、审查和再审带来了不确定因素。典型表现是：原审法院对当事人提出的申诉和再审申请存在一定的排斥心理，认为本院监督本院不好处理；当事人一般也不信任原审法院，倾向于向上级法院提出申诉或申请再审；而上级法院则认为错误应当首先考虑自行纠正，矛盾应当解决在当地，根据“分级负责”的原则，要求当事人向原审法院申诉或以交办的形式要求原审法院处理。这样导致了大量重复申诉现象以及上下级法院互相推诿、扯皮现象的发生，以至于一些申诉和再审申请长期得不到处理。

面对这一问题，迫切需要对再审的管辖作出更加具体、明确的规定。但对于如何规定，实践中争议颇大。中、基层法院普遍认为：从审判实践来看，本院监督本院效果并不好，有四个方面的原因：一是申请人、申诉人不信任；二是法院本身有排斥心理；三是公信力不高，改判和原判是同一法院作出的，很难令败诉的当事人对改判感到信服，同时也给社会一个错觉，认为案件可以被法院随意更改；四是司法环境不好，一些案件的审理原本就受到干扰，由本院监督本院，干扰仍然得不到排除。因此，主张再审立案由作出生效裁判的上一级人民法院管辖。

但最高人民法院、高级人民法院则多认为：我国目前的申诉群体非常庞大，全国达到几十万起，有的一个省份就达上万起。如果规定再审立案由上一级法院管辖，意味着这些申诉的绝大部分都需要高级法院和最高人民法院来处理，这在实践中是不可能实现的，即使是增加法官的编制也无法解决。而且，分级负责的原则虽然有一些弊端，但从总体上来说，是符合我国国情的，在实践中还是行之有效的，对于维护正常的信访秩序、防止当事人大量越级上访有重要意义。

此外，还有人提出折中方案，认为可以由上级法院负责申诉案件的受理、审查和再审立案，但决定再审后不是自己审理，而是采取指令再审的做法，这样一方面可以减轻上级法院的压力，另一方面，由于再审程序是由上级法院启动的，因原审法院进行审理所带来的消极作用会减轻许多。

关于再审立案的管辖，还有一个争议很大的问题，即对最高人民法院作出的判决、裁定，需不需要规定再审的救济途径。一种意见认为，要维护人民法院生效裁判的权威和稳定，至少要保证最高人民法院裁判的权威和稳定，如果作为国家最高审判机关的最高人民法院作出的裁判还可以推翻，那这个法院体系还有什么权威可言？相反意见则不同意这一看法，认为从现实情况看，最高人民法院的裁判也有发生错误的情况，如果确有错误而不允许改判，那么对当事人是不公平的，对实现司法的真正权威也不利。

《若干意见》第二、三、四条对再审的管辖作了规定。第二条规定：“地方各级人民法院、专门人民法院负责下列案件的再审立案：（一）本院作出的再审裁判，符合再审立案条件的；（二）下一级人民法院复查驳回或再审改判，符合再审立案条件的；（三）上级人民法院指令再审的；（四）人民检察院依法提出抗诉的。”第三条规定：“最高人民法院负责下列案件的再审立案：（一）对本院作出的终审裁判，符合再审立案条件的；（二）高级人民法院复查驳回或再审改判，符合再审立案条件的；（三）最高人民检察院依法提出抗诉的；（四）最高人民法院认为应由自己再审的。”可见，《若干意见》立足于目前的申诉实际情况，从规范申诉、再审的秩序出发，一方面坚持“分级负责”的原则，规定由原审法院负责再审的立案，克服了再审管辖不确定的问题；另一方面又规定，对下一级人民法院已经复查驳回或者再审改判，符合再审立案条件的由上一级法院负责再审的立案，防止上下级法院互相推诿现象的发生。同时，为了在规范申诉、再审秩序的基础上，又能够兼顾上级法院对下级法院监督的及时、有效性，防止下级法院对应当再审的案件抵制不办的现象，第四条作了例外规定：“上级人民法院对下级人民法院作出的终审裁判，认为确有必要的，可以直接立案复查，经复查认为符合再审立案条件的，可以决定或裁定再审。”为了将再审的管辖和申诉审查的受理、管辖结合起来，《若干意见》第六条还对申请再审和申诉的审查管辖作了规定：“申请再审或申诉一般由终审人民法院审查处理。上一级人民法院对未经终审人民法院审查处理的申请再审或申诉，一般交终审人民法院审查；对经终审人民法院审查处理后仍坚持申请再审或申诉的，应当受理。对未经终审人民法院及其上一级人民法院审查处理，直接向上级人民法院申请再审或申诉的，上级人民法院应当交下一级人民法院处理。”

根据前文的分析，确定再审的管辖，最主要的是合理性和可行性相冲突的问题，也就是说，由原审法院管辖，在现实上比较可行，但各方面的效果欠佳；由上一级法院管辖，监督的效果会比较好，但是难以实行。我们认为，《若干意见》立足于现实可行性，在法律规定的框架内，考虑了各方面的因素，对于规范再审的管辖是具有积极意义的。但是，如果能对可行性的问题作一辨证的分析，或许会有其他的启示。从司法实践来看，申诉和再审申请经过原审法院处理后，客观来说，绝大多数当事人都不会接受。如果驳回了，申诉人和申请人不会接受；如果改判了，则对方当事人不会接受。这就是前文所提到的由原审法院监督所引起的“公信力”的危机问题。在这种情况下，按照诉讼法和《若干意见》的规定，再给其一个向上一级法院申请再审和提出申诉的渠道，虽然是必要的，但绝大多数当事人都会继续申请再审、提出申诉，上级法院还是面临大量的再审申请和申诉，并不会因为所谓的“分级负责”而有实质性的减少。那么司法实践是如何解决这一问题的呢？很简单，控制申诉审查立案的数量。可是，既然要控制申诉审查立案的数量，那么即使规定再审的管辖在上一级法院，那么当然也不会造成上一级法院太大的负担。也就是说，所谓可行性的问题实际上可能根本就不存在。相反，规定二级法院再审管辖的方式，实际只会牵制更多的审判力量，造成申诉的延误和积压。因此，我们认为，确定上一级法院为再审管辖法院，不仅符合审判监督的客观需要，在可行性上似乎也不会存在太大的障碍。

四、申请再审和申诉的形式

申请再审和申诉的形式是指申请人和申诉人应当以什么形式向人民法院提出再审的请求。

诉讼法对申请再审和申诉的形式没有规定，《若干意见》之前的司法解释也没有规定，因此从理论上来说，应当理解为允许当事人采取一切形式提出再审的请求。但从司法实践来看，由于申请再审和申诉都不用交纳诉讼费用，因此申请再审和申诉随意化的现象非常严重。有的当事人只是表达再审的请求，而提不出明确的事实、理由依据；有的当事人只是口头要求再审，而不提供书面的申请再审书或申诉状；有的当事人连原审的裁判文书都提供不出来；还有的当事人虽然提出有新的事实，但却不能提出相应的证据，而是要求法院去调查。诸如此类现象，不但很不严肃，增加了申请再审和申诉的投机性，而且给法院增加了受理、审查的困难。针对这一情况，《若干意见》第五条对申请再审和申诉的方式作了具体的规定：再审申请人或申诉人向人民法院申请再审或申诉，应当提交以下材料："（一）再审申请书或申诉状，应当载明当事人的基本情况、申请再审或申诉的事实与理由；（二）原一、二审判决书、裁定书等法律文书，经过人民法院复查或再审的，应当附有驳回通知书、再审判决书或裁定书；（三）以有新的证据证明原裁判认定的事实确有错误为由申请再审或申诉的，应当同时附有证据目录、证人名单和主要证据复印件或者照片；需要人民法院调查取证的，应当附有证据线索。"

总的来看，《若干意见》对于再审申请和申诉的形式规定是比较客观的，对于规范申请再审和申诉的秩序将会产生积极的意义。由于申诉、申请再审针对的判决已经生效，与上诉不同，因此，在程序上的法律要求也应有所不同。我们知道，上诉的受理并不以上诉提出明确的事实和理由为前提，也不以提供新证据为要件。但如果申请再审、申诉也和上诉一样，无需提出具体的事实和理由依据，有新证据的也不要求提供，只需对生效判决和裁定提出异议，就使申诉案件进入诉讼程序，就会使大量的再审申请和申诉毫无顾忌地提出来。如果说许多无理上诉的提出，因为伴随着二审终审制度的实现而具有一定的积极意义的话，那么大量无理的再审申请和申诉的出现，只会徒增对生效判决、裁定的法律严肃性的怀疑，并使人民法院增添不必要的工作量，并无任何积极意义。因此，《若干意见》在这方面进行限制是非常有必要的。但除此之外，在形式方面不应该加以更多的限制，否则会妨碍当事人正当地行使申诉权。

五、刑事申诉应当再审的情形

《刑事诉讼法》第二百零四条规定：

"当事人及其法定代理人、近亲属的申诉，符合下列情形之一的，人民法院应当重新审判：（一）有新的证据证明原判决、裁定认定的事实确有错误的；（二）据以定罪量刑的证据不确实、不充分或者证明案件事实的主要证据存在矛盾的；（三）原判决、裁定适用法律错误的；（四）审判人员在审理该案件的时候，有贪污受贿，徇私舞弊、枉法裁判行为的。"

该条是关于刑事申诉应当再审的情形的规定（再审的情形又被称为再审的理由或条件），对此，有不同的认识。

有观点认为：诉讼法规定的再审条件过于宽泛，不利于维护终审裁判的严肃性和稳定性。应当借鉴西方国家的再审法律制度对再审的理由进行严格的限制，基于“一事不再理”原则，通常情况下，法院作出的裁判已经发生法律效力，就不应当再将纠纷提交给法院解决。只有在非常特殊的情况下，比如原审法官、陪审员裁判时有徇私舞弊、枉法裁判或者其他职务上犯罪行为；原审案件的主要证人、鉴定人有严重的伪证行为；作为原审裁判主要依据的书证、物证被发现属于伪造或者变造等，为了保证司法的公正性，根据法律的规定才能启动再审程序对案件进行重新审判。

另有观点认为：诉讼法规定的再审条件没有体现保障人权的司法理念。基于“禁止双重危险”原则，应当根据再审是否有利于被告人来建构再审制度并确定再审的理由。具体设想是将再审区分为有利于被告人的再审和不利于被告人的再审，其中对有利于被告人的再审可以作相对宽泛的规定，但对不利于被告人的再审应当进行特别的限制。还有人认为上诉不加刑原则应当延伸到再审领域，被告人申请再审的应禁止加重被告人刑罚。

还有观点认为：诉讼法规定的再审条件过于抽象，没有可操作性，不利于规范再审的提起，因此应当进一步具体化。

我们认为，以上关于再审理由的观点有需要进一步研究的必要。

所谓“一事不再理”原则，是指法院对同一个案件不作二次以上的审判；“禁止双重危险”原则是指对判决、裁定已经发生法律效力的刑事案件被告人，不得再次起诉和审理，其基本理念是禁止基于同一事实将一个人置于双重危险之中。“一事不再理”原则为大陆法系国家奉行，其立足点在于维护法院裁判的权威性和严肃性，主张限制再审；“禁止双重危险”原则为英美法系国家奉行，其立足点在于个人人权至上和程序公平，严格禁止提起对被告人不利的再审。我们知道，诉讼制度的设定是受置于诉讼目的的。刑事诉讼的基本目的无外乎控制犯罪和保障人权。二者之间本质上具有同一性，但在运作中又存在矛盾和冲突。各国基于文化传统和意识主流，在刑事诉讼的目的体系内部的诸目的间存在明显的位阶性。英美法系国家多采用人权保障优先的目的体系，大陆法系国家则多采用犯罪控制优先的目的体系。我国刑事诉讼法第一条和第二条虽然将控制犯罪和保障人权均规定为刑事诉讼的目的，但整体考察我国的刑事程序立法和司法运作机制，控制犯罪是我国刑事诉讼法的首选目标。因此，我国的刑事诉讼的目的不仅和英美国家不同，而且和大陆法系国家也有差异，这就决定了在具体诉讼制度上的区别。一方面，伴随着人类文明的进步，对人权保障的日益重视成为现代法制发展的趋势。比如大陆法系国家虽然以犯罪控制优先为目的，但也重视对人权的保护，对不利于被告人的再审作了特别的限制，法国甚至禁止提起对被告人不利的再审。我国刑事诉讼也应该顺应这一潮流，对保障人权给予越来越多的重视。在刑事再审制度的建构中，对不利于被告人的再审进行一些限定，从严掌握。但另一方面，我国刑事诉讼以控制犯罪为基本目的，这一点在当前不可能改变，这是受很多因素所决定的。很难想象，原审被宣告无罪的被告人，当有证据证明确实存在犯罪行为时，而法律禁止再审会有什么后果。因此，在刑事再审制度的建构中，不顾及社会承受力，抛开这一基本现实提所谓的“禁止双重危险”，禁止提起不利于被告人的再审，这不仅不合时宜，而且背离了法律是对社会生活的反映这一基本认识。法律如果过分超前，是可能引发法律危机的。

此外，我们虽然赞同严格规定启动再审的条件，但不同意照搬大陆法系国家的再审制度，对再审的理由进行过分的限制。对这个问题应当着眼于整个诉讼制度。为了保证审判的客观、公正性，世界各国普遍设立了比较发达的上诉审制度，其再审制度实质上只是特定情形下的“补救”措施。我国当初在制定诉讼法时，考虑到我国的国情，确立了二审终审的基本审级制度，同时为了弥补上诉审制度的不足，规定了独具特色的审判监督制度，在这种制度下，启动再审程序的理由比较宽泛。因此，我国的审判监督制度实质上同时具有二审的“监督”和再审的“补救”二种职能。如果过分地限制再审，同时又没有相应的有效的“监督”措施，必将使其“监督”职能受到削弱，对于保证案件的审判质量是非常不利的。

关于刑事申诉应当再审的情形，《若干意见》第七条规定：

“对终审刑事裁判的申诉，具备下列情形之一的，人民法院应当决定再审：

（一）有审判时未收集到的或者未被采信的证据，可能推翻原判定罪量刑的；（二）主要证据不充分或者不具有证明力的；（三）原裁判的主要事实依据被依法变更或撤销的；（四）据以定罪量刑的主要证据自相矛盾的；（五）引用法律条文错误或者违反刑法第十二条的规定适用适效法律的；（六）违反法律关于溯及力规定的；（七）量刑明显不当的；（八）审判程序不合法，影响案件公正裁判的；（九）审判人员在审理案件时索贿受贿、徇私舞弊并导致枉法裁判的。”

总的来看，《若干意见》是在现行法律规定的框架内，遵循的是一条对再审的理由进行具体的细化的思路。我们认为，一方面，在多大程度上借鉴、移植西方国家的再审制度还需要进一步研究，另一方面，考虑到司法解释的性质和效力层次，《若干意见》也不可能完全突破现行诉讼法的规定。因此，《若干意见》所遵循的思路应当是可以理解和接受的。不过需要指出的是，对再审理由的细化是一把双刃剑，一方面，可能便于实践中的操作，但另一方面，也会带来科学性和周延性的问题。由于规定得过于具体，可能出现一些条文的表述不尽科学、严谨的现象，或出现应当再审而没有适当的条文引用的窘境。

下面就如何理解《若干意见》规定的再审情形分别作一简要分析。

1. 有审判时未收集到的或者未被采信的证据，可能推翻原判定罪量刑的刑事审判应当努力发现案件的客观真实，以保证审判的客观性和公正性。由于必须依赖证据对事实作出认定，因此，《若干意见》规定，当出现有审判时未收集到的证据，也就是通常所说的新事实、新证据的情况，或者未被采信的证据，也就是原审虽然已经收集到了，但应当采信而未采信的情况，能够证明原判决、裁定认定的事实有错误时，应当进行再审。但是，为了维护人民法院终审裁判的严肃性和稳定性，并非一出现新事实、新证据的情况或者一发现有未采信证据的情况就必然启动再审程序，必须有一定的条件限制。诉讼法规定，在这种情况下，新证据必须是“证明原判决、裁定认定的事实确有错误”；《若干意见》则规定，这种情况下，未收集到的证据或未被采信的证据，必须是“可能推翻原判定罪量刑”。究竟是“确有错误”还是“可能推翻”，正如前文所述，对这一问题存在争议。但是这里需要表达的意思是很清楚的，就是人民法院的审判人员经过对证据的审查，只有在认定有足以推翻原判定罪量刑的证据时，才能够决定再审。而绝非是审判人员自己对原判是否有错误都把握不准，只是认为有存在错误的可能性，就轻易地启动再审程序，否则就和严格启动再审的指导思想相违背。如何认定“足以推翻”原审裁判呢？我们认为包括两种情况：一是能够证明原裁判的定案虚假，比如真正的罪犯被抓获；据以定案的证据被认定为伪证；二是使原裁判据以定罪量刑的主要证据之间产生了不能排除的矛盾。比如被害人虽然指认被告人实施犯罪行为，但又有确实的证据证明被告人没有作案时间。

2. 主要证据不充分或者不具有证明力的

案件事实清楚，证据确实、充分，是刑事诉讼法对诉讼证明中作出肯定结论的要求。因此，《若干意见》规定，主要证据不充分或者不具有证明力的，人民法院应当再审。

所谓证据充分是说，证据必须足以能够证明案件事实。如果证据虽然确实，但不充分，仍然是证据不足，事实不清。证据充分的标准不可能用数字标准来衡量。但是，证据充分又是全部证据所形成的一种状态，这种状态所具有的某些特征便可以作为证据充分的标准。如果存在下列情形之一的，可以认为证据不充分。(1) 案件主要事实的每一个部分有的缺乏相应的证据证明；(2) 证据之间、证据与案件事实之间的矛盾没有得到合理排除；(3) 由全部证据得出的案件事实的结论不具有唯一性、排他性。

所谓证据的证明力是说，证据必须要有足够的证明力来证明犯罪事实。审判实践中，证据不具有证明力主要有两种情况：(1) 未经查证核实的证据作了定案根据。由于证据通常是以歪曲的形式反映客观事实，比如当事人或有关的人可能出于各种动机提供虚假的证据，证人、被害人可能因生理、认识上的原因，提供不准确的陈述，鉴定的材料不充分，不可靠，鉴定方法不科学或者司法人员在讯问过程中有疏漏等。因此，证据作为定案根据，就必须具有客观性。审判中如果证据未经查证就作了定案的根据，就被视为证据不确实；(2)原裁判定案的证据与案件事实没有内在的关联性。事物是普遍联系的，但证据作为定案的根据，必须和案件事实存在内在的关联性，否则以该证据定案无法得出案件现有的结论。比如一起杀人案件，办案人员在犯罪现场被害人的家中，发现了被告人的足迹，以此认定被告人到过现场作案。但这一证据的认定是错误的，因为被告人和被害人非常熟悉，因其他的事由在案发前到过被害人的家里。因此，现场被告人的足迹和案件的事实之间就不存在内在的关联性。

3. 原裁判的主要事实依据被依法变更或撤销

所谓原裁判的主要事实依据被依法变更或撤销，是指作为判决、裁定基础的刑事判决、裁定、民事判决、裁定或其他机关的裁决、行政行为按照法定程序被变更或撤销，比如原审认定被告人构成假冒专利罪，但判决后，该专利又被专利局依法撤销。原裁判的主要事实依据被依法变更或撤销，说明案件的基础已经发生了变化，裁判也自然应当做出相应的改变，这属于案件出现了新情况的范畴。《若干意见》规定这种情况下，人民法院应当再审，是符合客观实际的。

4. 据以定罪的主要证据自相矛盾的

据以定罪的证据之间应当互相印证，形成完整的证据链。如果据以定罪的主要证据之间都自相矛盾，说明证据之间、证据与案件事实之间的矛盾没有得到合理排除，由全部证据得出的案件事实的结论也不具有唯一性、排他性。因此，必须通过再审程序进行重新审理。

5. 引用法律条文错误

“引用法律条文错误”一般指适用实体法错误，包括适用实体法律规范错误、定罪错误和量刑错误。适用实体法律规范错误指没有适用应当适用的法律条款，或者适用了不应当适用的法律条款，包括在有特别法的情况下，适用了普通法；只适用刑法典而没有适用立法机关的补充规定和司法机关的司法解释；以及后面提到的违反溯及力的规定，应当适用旧法而适用了新法，或应当适用新法而适用了旧法等情形。定罪错误主要有四种情形：(1) 混淆了罪与非罪的界限。比如，将正当防卫、意外事件认定为犯罪，将情节显著轻微，危害不大的行为认定为刑事犯罪，将经济纠纷中的违约行为认定为诈骗犯罪等；(2) 混淆了此罪与彼罪的界限。比如把故意杀人罪定为故意伤害罪，抢夺罪定最抢劫罪、侵占罪定为贪污罪等；(3) 混淆了一罪与数罪的界限。一罪和数罪是刑法理论和实践的一个难点，实践中主要是对于想象竞合犯、吸收犯、牵连犯、结合犯、持续犯等法律上一罪和处断上一罪的情况没有正确认定；(4) 混淆了故意犯罪的不同阶段。比如将犯罪预备、犯罪既遂定为犯罪未遂，或将犯罪未遂定为犯罪中止等。量刑错误主要有：(1) 没有法定的加重处罚或减轻处罚的情节，也没有《刑法》第六十三条第二款规定的可以在法定刑以下判处刑罚的情况，而判处的刑罚却在该罪法定刑的量刑幅度以上或以下的；(2) 被告人具有法定的从轻、减轻、免除刑罚的情节，但在量刑时却未予体现；(3) 原裁判对被告人数罪并罚时其处刑不符合数罪并罚的原则；(4) 原裁判对附加刑的适用不符合刑法的有关规定。

6. 违反法律关于溯及力规定的

法的溯及力，是指法溯及既往的效力，即法颁布施行后，对其生效前所发生的事件和行为是否适用的问题。如果适用，该法就有溯及力，如果不适用，该法就不具有溯及力。从理论上来说，由于人们不可能根据尚未颁布实施的法来处理社会事务，因此法律不应当具有溯及既往的效力。但在现代刑法中，法无溯及力也不是绝对的。现代各国刑法普遍规定，如果新法不认为是犯罪或对行为人的处罚较轻时就适用新法。这就是所谓的“从旧兼从轻”原则，我国也采用这一原则。《刑法》第十二条中规定：“中华人民共和国成立以后本法施行以前的行为，如果当时的法律不认为是犯罪的，适用当时的法律；如果当时的法律认为是犯罪的，依照本法总则第四章第八节的规定应当追诉的，按照当时的法律追究刑事责任，但是如果本法不认为是犯罪的或者处刑较轻的，适用本法。”除此之外，其他包含刑事法律规范的法律、司法解释等的溯及力问题除另有规定的外，也适用这一原则。裁判违反法律关于溯及力的规定，对新刑法实施以前发生的行为适用了新法，或新刑法不认为是犯罪或处罚较轻的，适用了旧法，是适用法律错误的范畴，应当通过再审进行纠正。

7. 量刑明显不当的

《刑法》第六十一条规定：“对于犯罪分子决定刑罚的时候，应当根据犯罪的事实、犯罪的性质、情节和对于社会的危害程度，依照本法的有关规定判处。”在具体量刑时，又要考虑各种影响量刑的犯罪事实，这被称为量刑的情节。量刑情节分为法定情节和酌定情节，前者是指刑法明文规定在量刑时应当考虑的情节，包括总则性情节和分则性情节，如《刑法》第六十五条规定的累犯，第六十七条规定的自首，第二百四十三条规定的国家工作人员诬告陷害，第二百六十三条规定的持枪抢劫等；后者是指刑法没有明文规定，是人民法院在审判经验中总结出来的，在刑罚裁量过程中灵活掌握、酌情适用的情节，比如犯罪的动机、手段、犯罪后的态度、社会影响等。在司法实践中，量刑不当和量刑错误是两个概念。量刑不当是指法官对酌定情节的考虑有失妥当，属于法官行使自由裁量权不当的范畴。量刑错误是指没有按照法律关于法定情节的规定量刑，属于适用法律错误的范畴。诉讼法本没有把量刑不当作为再审的理由，《若干意见》把量刑明显不当作为再审理由，显然扩大了再审的范围。

对以量刑明显不当作为再审理由，司法实践中必须从严掌握。一般来说，现实情况的复杂性决定了法律不能过于机械，必须给裁判者一定的自由裁量空间。审判监督原则上只进行合法性审查，不进行合理性审查，法官的自由裁量权不属于被监督的范畴。但是我们也应当意识到，这种自由也不是绝对的，自由裁量应从案件的实际情况出发，符合公平、公正，罪刑相适应等基本原则。对酌定情节的考虑同样影响到犯罪的事实、情节和社会影响等，而这正是刑法第六十一条规定的决定刑罚的根据。因此，对于以适度的自由裁量权作出的基本合理的判决不应当进行再审，但是对于滥用自由裁量权，判决显失公平、公正，罪行相差悬殊的判决则应当通过审判监督程序予以纠正。

8. 审判程序不合法，影响案件公正裁判的

诉讼法没有关于审判程序不合法而提起再审的规定，但审判实践中一般认为，审判程序不合法，包含在适用法律错误的内容中。也就是说，适用法律错误，不仅包括适用实体法错误，也包括适用程序法错误。《若干意见》将审判程序不合法单列出来，对于体现程序公正的地位和价值是非常有必要的。

应当正确理解、贯彻因违反审判程序而决定提起再审的规定。一方面，审判程序包含的内容非常广泛，不是所有的程序问题都能够作为再审的理由。如果仅有微小的程序瑕疵，比如没有按照《刑事诉讼法》第一百五十一条的规定公告开庭，或不可能影响案件公正裁判的程序问题，比如违反刑事诉讼法第一百六十八条的规定，未经高级法院的批准超过审判期限，都不能作为再审的理由。在这些情况下，可以在内部总结教训，而不必提起再审，通过审判监督程序纠正。

另一方面，不以实体判决不公正的结果发生为前提条件，只要程序违法影响了案件公正裁判，就应当再审。在现代诉讼制度中，程序公正具有其非常重要的独立价值。我们通常说，判决不仅应当事实上公正，而且应当"昭示"公正。如果一个判决在程序出现了重大违法现象，就会引起社会、当事人对司法公正的"合理怀疑"，从而损害司法的权威性和公信力。因此，在这种情况下，不论实体处理是否正确，都应当启动再审程序，通过对案件的重新审判，对原审的程序违法问题进行修正。

哪些程序不合法，才会影响案件公正审判呢？对此，很难一一列举。我们认为，可以参照《刑事诉讼法》第一百九十一条的规定来认定。该条规定："第二审人民法院发现第一审人民法院的审理有下列违反法律规定的诉讼程序的情形之一的，应当裁定撤销原判，发回原审人民法院重新审判：(1) 违反本法关于公开审判的规定的；(2) 违反回避制度的；(3) 剥夺或者限制了当事人的诉讼权利，可能影响公正审判的；(4) 审判组织的组成不合法的；(5) 其他违反法律规定的诉讼程序，可能影响案件公正审判的。"上述情形，应视为是

影响案件公正审判的程序违法情形。有上述情形之一的，就应当再审。

9. 审判人员在审理案件时有索贿受贿、徇私舞弊并导致枉法裁判的

审判人员在审理案件时有索贿受贿、徇私舞弊并导致枉法裁判行为的，当然应当启动再审程序。有人提出：该项规定将索贿受贿、徇私舞弊和枉法裁判作为再审必须同时具备的条件值得商榷。首先，对于枉法裁判行为本身就是应当再审的，不论是索贿受贿、徇私舞弊还是其他行为导致的；其次，和程序严重违法一样，审判人员在审理案件时有索贿受贿、徇私舞弊行为的，也是引起社会、当事人对司法公正“合理怀疑”的重要原因，也会损害司法的权威和公信力。在这种情况下，即使没有枉法裁判，通过对案件的再审，“昭示”司法公正也是必需的。我们认为这一认识是正确的。也就是说，审判人员在审理案件时，不论是有索贿受贿、徇私舞弊的行为还是其他枉法裁判行为，都应当进行再审。

一般情况下，决定一件案件是否应当再审，应当根据作出生效判决时的法律、司法解释，这一点是非常重要的。但在实践中也有例外。比如根据最高人民法院 2003 年 1 月 15 日《关于处理涉枪、涉爆申诉案件有关问题的通知》，在最高人民法院 2001 年 5 月 16 日《关于审理非法制造、买卖、运输枪支、弹药、爆炸物等刑事案件具体应用法律若干问题的解释》公布后，人民法院已经审理并已作出生效裁判的非法制造、买卖、运输枪支、弹药、爆炸物等刑事案件，当事人依法提出申诉，经审查，认为生效裁判符合最高人民法院 2001 年 9 月 17 日发出的《对执行〈关于审理非法制造、买卖、运输枪支、弹药、爆炸物等刑事案件具体应用法律若干问题的解释〉有关问题的通知》规定的，人民法院可以根据案件的具体情况，按照审判监督程序重新审理，并依照上述《通知》的精神予以改判。

六、民事申请再审应当再审的情形

《民事诉讼法》第一百七十九条规定：

“当事人的申请符合下列情形之一的，人民法院应当再审：（一）有新的证据，足以推翻原判决、裁定的；（二）原判决、裁定认定事实的主要证据不足的；（三）原判决、裁定适用法律确有错误；（四）人民法院违反法定程序，可能影响案件正确判决、裁定的；（五）审判人员在审理该案件时有贪污受贿，徇私舞弊，枉法裁判行为的。”

对于诉讼法规定的再审条件，普遍的认识是：(1) 过于宽泛，囊括了从事实、到法律适用、再到程序的所有内容，几乎和上诉的范围无异，不利于维护终审裁判的稳定性和既判力，严格再审程序的启动；(2) 过于抽象，不具有操作性，造成实践中对再审程序的启动尺度掌握不一；(3) 不符合民事诉讼的规

律性，特别是对证据的规定，不符合民事诉讼关于举证责任和证据证明的要求。

《若干意见》在现行法律的框架内，从九个方面对再审的理由进行了细化，下面分别论之。

1. 有再审申请人以前不知道或举证不能的证据，可能推翻原裁判的

该项是关于新证据的规定。诉讼法对于用于推翻原审裁判的新证据没有做任何限制，这是不符合民事诉讼的规律的，以至于实践中出现了一些当事人消极诉讼，不正确行使诉讼权利、履行举证责任，判决后又以所谓的新证据为由申请再审的现象。这种现象造成了诉讼的拖延，损害了裁判的严肃性和稳定性，严重扰乱了审判秩序，而且对对方当事人也是不公平的。因此，对新证据的范围进行限制非常有必要。实践中有人提出，应当取消以新证据为由推翻原审裁判的规定，认为民事裁判是根据当事人的举证来认定事实，负有举证责任的当事人不能举证证明自己的主张，就应当承担举证不能的后果。裁判发生法律效力后又提出所谓的新证据，不影响原审裁判的正确性。我们认为，现在迫切需要解决的是当事人消极诉讼、懈怠举证的问题。应当说，再审的功能不仅是对错误裁判的纠正，也是对当事人权利的“补救”，如果确实是因为客观原因造成了当事人在原审无法提供证据，应当允许当事人申请再审时提出新证据来补救其权利。

《若干意见》将“新证据”的范围限制为“再审申请人以前不知道或举证不能的证据”，这一方面能够和举证责任的时效性要求相吻合，防止举证的随意、拖延，另一方面又避免了限制得过于苛刻，对当事人的正当权利造成不必要的损害。此外，对“新证据”的范围应当结合最高人民法院《关于民事诉讼证据的若干规定》来理解。具体应当包含以下几项内容：(1) 原审时已经客观存在，但当事人当时不知道的证据，比如当事人不知道有目击证人的存在；(2) 原审时已经客观存在，但当事人当时无法提供的证据，比如书证遗失、保管书证的人出国无法联系、证人拒绝作证等；(3) 当事人在原审申请人民法院调查取证未获准许，受理再审申请的法院经审查认为应当准许并依当事人申请调取的证据；(4) 当事人在原审申请人民法院重新鉴定未获准许，受理人民法院经审查认为应当准许并重新委托鉴定的证据。

至于如何理解引发再审程序的新证据“可能推翻原裁判”的问题，前文已有论述，不再赘述。

2. 主要证据不充分或不具有证明力的

人民法院审理民事案件，必须依赖证据来确定案件的事实。证据的证明力，是经过审判人员对证据的审查核实和判断的认定。如果原判的主要证据不充分或不具有证明力，说明原判对事实的认定是错误的，应当通过再审进行纠

正。对民事诉讼证据充分性的要求和证明力的要求与刑事诉讼相比有根本的区别，这是由民事诉讼的规律所决定的。审判实践中，对原判的主要证据是否充分以及是否具有证明力的认定，必须根据最高人民法院《关于民事诉讼证据的若干规定》对证据进行审查核实和判断。《若干规定》第六十四条、第六十六条规定了审查核实和判断证据的一般方法，即“依照法定程序，全面、客观地审核证据，依据法律的规定，遵循法官职业道德，运用逻辑推理和日常生活经验，对证据有无证明力和证明力大小独立进行判断”，“应当从各证据与案件事实的关联程度、各证据之间的联系等方面进行综合审查判断。”此外，《若干规定》还对各类证据的证明力以及就同一事实提出的相反证据的证明力做了明确的规定。客观地说，案件的具体情况非常复杂，所谓对证据证明力的规定，也只能是一些一般的规则，不可能存在完全可以套用的规范。对事实的认定必然受到裁判者认识判断能力及其他主观因素的影响和制约，如经验、逻辑思维方式、感情倾向等，显然，这种认定不可避免地带有一定的模糊性、相对性和不确定性。因此，在很多情况下，对事实的认定很难有正误之分，这也是很多人反对将证据的证明力作为再审的理由的原因所在。我们认为，既然证据的证明力有一定的规则，那正误也就有一定的标准，因此可以作为再审的理由。但同时，在审判实践中，要认定原判主要证据不充分或不具有证明力，又要持非常慎重的态度，必须有确切的依据和充分的把握，不能把似是而非、难以认定的证明问题提交到再审解决。

3. 原裁判的主要事实依据被依法变更或撤销的

前文已有论述，不再赘述。

4. 就同一法律事实或同一法律关系，存在两个相互矛盾的生效法律文书，再审申请人对后一生效法律文书提出再审申请的

司法有一个最基本的要求就是司法的统一性，这决定了人民法院作出的生效判决之间应当互相尊重，互相认可其效力，排除矛盾和冲突，维护一个和谐的、稳定的司法局面。就同一法律事实或同一法律关系，作出相互矛盾判决的情况，违反了司法统一性的要求，造成了人民法院的判决之间的直接冲突，严重扰乱了审判秩序，影响了司法的权威和形象，危害了司法的公正性。因此，对这一问题，必须通过再审的方式进行纠正。诉讼法没有明确规定这一问题的解决方式，实践中做法不一，以至在一些案件中，法院之间互相扯皮，问题长期得不到解决。《若干意见》明确规定，在就同一法律事实或同一法律关系，存在两个相互矛盾的生效裁判的情况下，当事人对后一生效法律文书提出再审申请的，人民法院应当再审。这一规定是基于在后裁判必须绝对尊重在先裁判的司法理念，对于规范审判秩序将会起到非常积极的作用。

要正确理解《若干意见》规定的精神，还必须注意：(1)《若干意见》规

定当事人可以对后一生效法律文书提出再审申请，人民法院应当再审。这并不意味着在后裁判必然是错误的。如果经过再审，确认在后裁判正确而在先裁判错误，那么对在后裁判是可以维持原判的；(2) 对于在先裁判的错误，不服的当事人仍然可以按照法定程序申请再审，人民法院应当进行审查。规定当事人可以对后一裁判申请再审，并不存在包容在先裁判错误的问题；(3) 如果作出在后裁判的法院是作出在先裁判的法院的上级法院或同一法院，经过对在后裁判的再审后，认为在后裁判正确，而在先裁判错误的，一般可以比较顺利地对在先裁判进行纠正。但如果在后裁判的法院并非作出在先裁判的法院的上级法院或同一法院，那么经常会出现法院之间互相指责或扯皮的现象，对此，各法院的上级法院之间要加强沟通和协调，有必要的，共同的上级法院可以指令原审法院再审或对两个判决一并进行提审。

5. 引用法律条文错误或者适用失效、尚未生效法律的

在民事诉讼中，适用法律错误的范围非常广泛，但民事诉讼最根本的是要解决一个责任的确定和承担问题，在实际把握中，应当和责任的承担错误结合起来，如果虽然适用法律有所适当，但在责任的承担上没有太大的变化，不宜再审。基于这一认识，适用法律错误包括：错误确定当事人之间的法律关系，以至影响责任的承担；对责任的划分和责任的承担违反了法律规定；对责任的划分和承担明显不当；错误分担举证责任，以至影响责任的划分和承担；依法应当受理的案件被裁定不予受理或驳回起诉。

引用法律条文时，需要注意法律的时间效力。法律的时间效力是指法律何时生效、何时终止生效及法律对其颁布实施前的事件和行为是否有溯及力的问题。法律的生效时间一般是根据法律的具体性质和实际需要来决定，主要有以下几种形式：(1) 自法律颁布之日起生效；(2) 由该法来规定具体生效时间；(3) 由专门决定来规定该法的具体生效时间；(4) 规定法律颁布后到达一定期限开始生效。法律效力的终止有以下几种形式：(1) 新的法律颁布后，原有的法律即丧失效力；(2) 新法律取代原有法律，同时宣布旧法律作废；(3) 法律本身规定的有效期届满；(4) 由有关机关颁布专门文件宣布废止某个法律；(5) 法律已完成其历史任务而自行失效。错误确定法律的时间效力，适用失效、尚未生效法律的，属于适用法律错误的范畴，人民法院应当通过再审进行纠正。

6. 违反法律关于溯及力规定的

原则上，民事法律不具有溯及既往的效力，人民法院裁判案件只能依据行为发生时的法律。但相对刑事法律来说，民事法律的溯及力问题比较复杂，有很多例外规定，比如最高人民法院《关于贯彻执行〈中华人民共和国民法通则〉若干问题的意见（试行）》第 196 条规定："1987 年 1 月 1 日以后受理的

案件，如果民事行为发生在1987年以前，适用民事行为发生时的法律、政策。当时的法律、政策没有具体规定的，可以比照民法通则处理。”最高人民法院《关于适用〈中华人民共和国合同法〉若干问题的解释（一）》第三条规定：“人民法院确认合同效力时，对合同法实施以前成立的合同，适用当时的法律合同无效而适用合同法合同有效的，则适用合同法。”违反法律关于溯及力规定，属于适用法律规范错误的范畴，人民法院应当通过再审进行纠正。

7. 调解协议明显违反自愿原则，内容违反法律或者损害国家利益、公共利益和他人利益的

法院调解是人民法院解决民事案件的重要方式。审判实践表明，人民法院审理的民事案件百分之七十左右是通过调解的方式解决的。《民事诉讼法》第八十八条规定“调解达成协议，必须双方自愿，不得强迫。调解协议的内容不得违反法律规定。”相应的，违反自愿原则或合法原则，或者损害国家利益、公共利益和他人利益的调解应当通过再审程序进行重新审理。

在理解对调解提起再审的理由时，应当注意：（1）调解协议必须是“明显”违反自愿原则和合法原则。一方面，法院调解是在人民法院审判组织的主持下，双方当事人自愿平等协商，达成协议，经人民法院认可，终止诉讼程序。因此，调解协议的可靠程度比较高，一般都合乎当事人的真实意思和法律规定；另一方面，从实践来看，当事人对调解申请再审，都会提出理由攻击调解的自愿性和合法性，而现实情况又非常复杂，大多数情况都难以认定。因此，《若干意见》强调对调解的再审要从严把握，必须是有确切的事实和理由证明调解是“明显”违反自愿原则和合法原则；（2）要把握违反自愿原则的具体内涵。一般的民事协议违反自愿原则有四种情形，即：欺诈、胁迫、乘人之危和重大误解。实践中，对于法院调解违反自愿原则是否也包括这四种情形认识不一。我们认为，法院调解违反自愿原则，主要指的是欺诈和强迫调解的情况。欺诈，比如一方当事人故意隐瞒商品的质量缺陷、伪造商品的质量认证标志，使对方当事人在调解中同意接受该商品；一方当事人故意隐瞒房屋属于违规建筑，无法办到房产证的情况，使对方当事人同意接受房屋的所有权。强迫调解，指的是法院对当事人实施了具体的强迫行为，迫使当事人接受调解协议。至于胁迫、乘人之危和重大误解作为再审的理由，要从严掌握。因为在这些情况下，当事人的意志并没有受到完全的控制，大多数情况是一方当事人以利益相引诱或以后果相威胁，另一方当事人在考虑利害得失后作出选择，当事人应当对自己的决定负责。即使一方当事人对另一方当事人施加了胁迫的行为，由于当事人已经将纠纷提交给法院，那么当事人完全可以依靠法律对抗当事人所施加的不正当的压力，而且从实践来看，这些情况都比较难以认定；（3）应当正确把握违反法律规定的具体内涵。调解协议并非违反所有的法律规

定都应当视为无效。法律规范分为授权性规范、义务性规范和禁止性规范。所谓授权性规范，是指规定人们可以作出一定的行为，或要求他人作出或不作出某种行为的规范。根据一般民法理论，民事权利是可以放弃的，因此，调解协议即使违反授权性规范也应当认定是有效的。所谓义务性规范，是指规定人们必须依法作出一定行为的规范。对违反义务性规范的调解协议是否有效的问题要具体分析。如果义务是向对方当事人承担，那么当事人既然达成调解协议，就意味着对方当事人放弃了自己的权利，免除了对方的义务，因此这类协议应当是有效的。在实践中这种情况非常多，比如当事人违约，按照法律规定在承担违约责任后，还应当继续履行合同，但双方当事人达成调解协议，对方当事人同意解除合同，对此应当是有效的。如果义务是向国家、社会或他人承担的，那么对这些义务的免除损害了国家、社会和他人的利益，调解协议应当是无效的。禁止性规范，就是禁止人们作出某种行为或者必须抑制一定行为的法律规范。禁止性规范是立法者为了维护社会公共利益、国家管理和社会秩序的最基本的规定，当事人不得随意处分，因此，违反禁止性法律规定的调解协议一律无效。

8. 审判程序不合法，影响案件公正裁判的

前文已有论述，不再赘述。

9. 审判人员在审理案件时索贿受贿、徇私舞弊并导致枉法裁判的

前文已有论述，不再赘述。

七、行政申诉应当再审的情形

《行政诉讼法》第六十三条规定："人民法院院长对本院已经发生法律效力的判决、裁定，发现违反法律、法规规定需要再审的，应当提交审判委员会决定是否再审。上级人民法院对下级人民法院已经发生法律效力的判决、裁定，发现违反法律、法规规定的，有权提审或指令下级人民法院再审。"和民事诉讼法、刑事诉讼法规定的再审标准相比，行政诉讼法的规定明显具有其独特性，也就是说，行政诉讼法确立了"违法性审查"的再审立案原则。何为"违反法律、法规规定"，最高人民法院《关于执行〈中华人民共和国行政诉讼法〉若干问题的解释》第七十二条做了界定，即："（1）原判决、裁定认定的事实主要证据不足；（2）原判决、裁定适用法律法规确有错误；（3）违反法定程序，可能影响案件正确裁判；（4）其他违反法律、法规的情形。"实践中普遍认为，这一界定还是过于抽象、宽泛。《若干意见》从九个方面对再审的理由作了具体的规定，分述如下：

1. 依法应当受理而不受理或驳回起诉的

这一条针对的是行政诉讼受案范围的问题。行政诉讼受案范围，是指人民

法院依法可以受理哪些行政案件，或者说，公民、法人或其他组织对哪些行政争议可以向人民法院起诉。行政诉讼受案范围是行政诉讼制度的核心内容之一，决定着人民法院对于哪些行政活动具有监督、审查的权限，通常和一个国家的政治体制、经济状况、历史文化背景、民主法制建设程度密切相关。和刑事、民事诉讼不同，《行政诉讼法》在第十一条明确规定了人民法院应当受理的行政诉讼的范围：(1) 对拘留、罚款、吊销许可证和执照、责令停产停业、没收财物等行政处罚不服的；(2) 对限制人身自由或者对财产的查封、扣押、冻结等行政强制措施不服的；(3) 认为行政机关侵犯法律规定的经营自主权的；(4) 认为符合法定条件申请行政机关颁发行政许可证的执照，行政机关拒绝颁发或者不予答复的；(5) 申请行政机关履行保护人身权、财产权的法定职责，行政机关拒绝履行或不予答复的；(6) 认为行政机关没有依法发给抚恤金的；(7) 认为行政机关违法要求履行义务的；(8) 认为行政机关侵犯其他人身权、财产权的。此外，法律、法规规定可以提起诉讼的其他行政案件人民法院也应当受理。根据最高人民法院的司法解释，公民、法人或其他组织对具有国家行政职权的机关和组织及其工作人员的行政行为不服依法提起诉讼的，也属于人民法院行政诉讼的范围。行政诉讼法和最高人民法院的司法解释还规定了人民法院不受理对下列事项提起的诉讼：(1) 国防、外交等国防行为；(2) 行政法规、规章或行政机关制定、发布的具有普遍约束力的决定、命令；(3) 行政机关对行政机关工作人员的奖惩、任免等决定；(4) 法律规定由行政机关最终裁决的具体行政行为；(5) 公安、国家安全等机关依照刑事诉讼法的明确授权实施的行为；(6) 调解行为以及法律规定的仲裁行为；(7) 不具有强制执行力的行政指导行为；(8) 对公民、法人或其他组织权利义务不产生实际影响的行为。行政诉讼中，对于人民法院依法应当受理而不受理或驳回起诉的，属于适用法律错误的范畴，但鉴于受案范围问题在整个行政诉讼制度中的特殊性和重要性，而且在司法实践中，也在一定程度上存在依法应当受理而不受理或驳回起诉的现象，因此，《若干意见》单独将其规定为应当再审的情形。在具体操作上：如果是原审法院自身发现对于依法应当受理的行政案件原审没有受理的，应当撤销原不予受理的裁定书，重新立案受理，通知当事人参加诉讼；原审是驳回起诉的，应当裁定再审，撤销原驳回起诉的裁定书，对案件重新进行审判。如果是上级法院发现下级法院对于依法应当受理的行政案件不予受理或驳回起诉的，由于原审法院没有对案件进行实体上的审理，为了保证“二审终审”的审级制度，因此不宜由上级法院提审，可以裁定撤销原不予受理的裁定书，指令原审人民法院受理，或撤销原驳回起诉的裁定书，指令原审人民法院审理。

2. 有新的证据可能改变原裁判的

基于行政诉讼法仅规定了被告对作出的具体行政行为负举证责任，应当提供作出该具体行政行为的证据和所依据的规范性文件，而没有规定原告的举证责任，同时根据行政机关应当遵循先取证、再裁决的程序，不得以事后的取证证明其裁决的合法性，因此，诉讼法和最高人民法院以前的司法解释都没有规定当事人可以以新的证据为由提出申诉。但根据最高人民法院 2002 年 6 月 4 日通过的《关于行政诉讼证据若干问题的规定》，原告对于一定事项仍负有举证责任，这些事项包括：所提起的诉讼符合法定条件；在起诉被告不作为的案件中，原告应当提供其在行政程序中曾经提出申请的证据材料；被诉具体行政行为造成损害的事实。同时，原告或者第三人提出其在行政程序中没有提出的反驳理由或证据的，经人民法院准许，被告也可以在第一审程序中补充相应的证据。因此，《若干意见》规定，对于当事人提出了新的证据，可能改变原裁判的，人民法院应当再审。对于新证据的界定，根据《关于行政诉讼证据若干问题的规定》，应为原告或第三人提供的在举证期限届满后发现的证据。因此，被告是不能以新证据为由申请再审的。

3. 主要证据不充分或不具有证明力的

人民法院裁判行政案件，同样必须做到证据确实、充分。原判的主要证据不充分或不具有证明力，说明原判对事实的认定是错误的，因此应当再审。判断行政案件的证据是否充分和是否具有证明力应当从行政诉讼的特点和要求出发，对证据进行审核认定。最高人民法院《关于行政诉讼证据若干问题的规定》规定了证据审核认定的总体原则，即“法庭应当对经过庭审质证的证据和无需质证的证据进行逐一审查和对全部证据综合审查，遵循法官职业道德，运用逻辑推理和生活经验，进行全面、客观和公正地分析判断，确定证据材料和案件事实之间的证明关系，排除不具有关联性的证据材料，准确认定案件事实。”此外，还从多个方面确立了审核认定证据的各项具体规则。这些原则和规则是认定原判证据是否充分、具有证明力的主要依据。

4. 其他方面的再审理由

原裁判的主要事实依据被依法变更或撤销的，引用法律条文错误或适用失效、尚未生效法律的，违反法律关于溯及力规定的，行政赔偿调解协议违反自愿原则，内容违反法律或损害国家利益、公共利益和他人利益的，审判程序不合法，影响案件公正裁判的，审判人员在审理案件时有索贿受贿、徇私舞弊并导致枉法裁判的。前文已有论述，不再赘述。

八、申诉、申请再审的限制

为了克服无限申诉的弊端，规范申诉、申请再审的秩序，充分保障申诉人、申请人请求再审的权利，《若干意见》从主体、范围、时间、次数等方面对申诉和申请再审作了一定的限制。

1. 主体限制

诉讼法对申诉、申请再审的主体有明确的规定：可以提出刑事申诉的是案件当事人及其法定代理人、近亲属；可以提出民事再审申请的以及行政申诉的是案件当事人。但在实践中，存在申诉、申请再审主体混乱的情况。因此，《若干意见》第十三条进一步明确规定："人民法院对不符合法定主体资格的再审申请或申诉，不予受理。"

关于申诉、申请再审的主体，在实践中要注意把握：

(1) 关于律师能否代为申诉、申请再审的问题。

《律师法》第二十五条规定，律师可以"代理各类诉讼案件的申诉"，但和诉讼中的代理相比，有其自身的特点，即：这种代理是一种"单项"代理，只是代理被代理人行使一种单独的请求权利，而不是代理行使诉讼权利。因此，也就不存在特别授权的问题，委托关系一经确立，代理律师取得的只是法律赋予申诉人的申诉权利。

(2) 刑事申诉主体的主次先后之分。

刑事诉讼法规定当事人及其法定代理人、近亲属都可以向人民法院提出申诉，但没有规定主次先后之分，实践中可以掌握：原审被告人没有提出申诉，其近亲属可以提出有利于被告人的申诉；原审被告人及其近亲属都提出了申诉的，列被告人为申诉人，申诉理由不一致的，重点审查被告人的申诉理由，附带审查其近亲属的申诉理由；原审被害人死亡或丧失行为能力的，其近亲属可以提出不利于被告人的申诉；原审被害人可以提出申诉而不申诉，其近亲属申诉的，应当不予受理，但其近亲属根据被害人的意思，以被害人的名义申诉是应当允许的。

(3) 民事、行政案件当事人的上级主管机关、权利义务承受人、与案件有利害关系的第三人、处于清算程序中的清算组等能否提出再审申请的问题。

根据民事诉讼法的规定，申请再审的权利专属案件的当事人，因此上述主体均没有申请再审的权利。但在司法实践中，存在一些非常特殊的情形，需要对申请再审的主体作出认定。我们认为，在当事人处于非常状态下，比如歇业、停业整顿、清算，或者当事人的法律人格已经被其他民事主体取代的情况下，比如企业的分立、合并等，或者当事人系自然人死亡的情况下，由于原诉讼当事人已经无法正常行使申请再审的权利，为了充分保护当事人的合法权益，可以根据案件的实际情况，由歇业、停业整顿期间的上级主管部门、清算中的清算组或者企业分离、合并后的民事主体、自然人死亡的继承人向人民法院以信访的形式反映案件的问题，请求人民法院重新处理。人民法院经审查，认为确有再审必要的，人民法院院长可以根据民事诉讼法第一百七十七条的规定、行政诉讼法第六十三条的规定依职权启动再审程序。案外人认为裁判所涉及的标的为自己所有，因其主张独立于当事人之外，因此，也应当允许其独立地提出异议。至于其他人，比如债权人、债务人，因其不能代替当事人的意思表示，同时与案件也没有直接的利害关系，因此，在任何情况下，都没有申请再审的权利。

2. 范围限制

《若干意见》第十一条、第十四条规定当事人对一些案件提出再审申请的，人民法院不予受理。这些案件包括：

(1) 人民法院依照督促程序、公示催告程序和破产还债程序审理的案件。

审判监督程序并非其他意义上的监督程序，其突出特点是，人民法院是通过对案件进行重新审判，来实现对原审审判的程序和裁决进行监督。因此，审判监督程序的前提是原来存在一个实质意义的审判程序，否则，所谓的“再审”和“重审”就无从谈起。

督促程序是一种简捷迅速的督促债务人还债的程序。是指对于以给付金钱、有价证券为内容的债务，当债务人不履行债务时，人民法院根据债权人的申请，审查其提出申请的程序是否合法，即向债务人发附条件的支付令，在法定期间内，如被申请人不提出异议，支付令即发生效力。可见，督促程序并不是对债权债务关系进行实质性审判的程序，人民法院并没有对当事人的权利义务作出裁决。对于支付令，不存在上诉的问题，自然也不存在申请再审的问题，因此，人民法院不能受理当事人对支付令提出的再审申请。对于支付令确有错误的，根据最高人民法院 1992 年《关于支付令生效后发现确有错误应当如何处理的复函》，债务人未在法定期间提出书面异议，支付令即发生法律效力，债务人不得申请再审。但人民法院院长对本院已经发生法律效力的支付令发现确有错误的，可以提交审委会讨论决定撤销，驳回债权人的申请。

公示催告程序是指人民法院依当事人基于法定理由而提出的申请，以公示的方法催告不明的利害关系人，在法定期间申报权利；如果无人申报，根据当事人的申请，作出除权判决（即宣告票据无效）的程序。在这一程序中，人民法院也没有对当事人关于票据的权利义务进行实质性的审判并作出裁决。为了保护利害关系人的权利和合法利益，民事诉讼法第一百九十八条已经赋予利害关系人在法定期间向作出判决的人民法院起诉的权利，因此不需要再设置再审程序来进行救济。

破产还债程序兼有诉讼程序、非讼程序、特别程序和执行程序的某些特点，但又是独立于这些制度之外的一种独特的程序制度。由于破产程序不对当事人之间的民事纠纷作出裁判，因此，当事人不得对破产程序中人民法院作出的裁定提出再审申请。对于裁定确有错误的，根据最高人民法院《关于审理企业破产案件若干问题的规定》第一百零四条，上级法院可以通知下级法院进行纠正，不予纠正的，可以裁定指令下级人民法院重新作出裁定。

(2) 人民法院裁定撤销仲裁裁决和裁定不予执行仲裁裁决的案件。

根据《仲裁法》第五十八条的规定，当事人可以向人民法院申请撤销仲裁裁决。根据《仲裁法》第六十二、六十三条的规定，当事人向人民法院申请执行仲裁裁决，被申请人提出证据证明裁决有《民事诉讼法》第二百一十七条第二款规定情形之一的，经人民法院组成合议庭审查核实，可以裁定不予执行。裁决被人民法院依法裁定撤销或不予执行的，根据《仲裁法》第九条的规定，当事人就该纠纷可以根据双方重新达成的仲裁协议申请仲裁，也可以向人民法院起诉。因此，对当事人申请再审的，人民法院应当不予受理。

(3) 人民法院判决、调解解除婚姻关系的案件，但当事人就财产分割问题申请再审的除外。

《民事诉讼法》第一百八十一条规定，当事人对已经发生法律效力的解除婚姻关系的判决，不得申请再审。法律之所以作此规定，是考虑到婚姻关系是一种人身权益关系，双方当事人的权益是完全平等的，法院判决离婚，在一定程度上对双方都是保护，不存在谁获得了不应有的权利，也不存在谁免除了应承担的义务。但这针对的是婚姻关系的解除，与财产分割无关，因此，在解除婚姻关系的案件中，当事人可以就财产分割问题申请再审。

(4) 人民法院对刑事附带民事案件中仅就民事部分提出申诉的，一般不予再审立案。但有证据证明民事部分明显失当且原审被告人有赔偿能力的除外。

司法实践中，由于很多被告人都缺乏赔偿能力，因此存在判决的赔偿数额偏低的情况。如果不考虑被告人的实际赔偿能力，就民事部分再审，增加赔偿的数额，再审改判后又执行不了，再审改判不仅没有实际意义，而且效果并不好。但要注意的是，《若干意见》对这种情况规定的不是“不予受理”，而是“不予再审立案”，这意味着，对刑事附带民事案件的被害人仅就民事部分提出申诉的，人民法院仍然应当进行审查，查明是否有证据证明民事部分明显失当且原审被告人有赔偿能力，不能查明确认的，不予再审立案。

3. 时间限制

申诉、申请再审的时间限制被称为申诉期间、申请再审期间，许多国家也直接称之为再审期间，是指关于申诉和申请再审的请求应当在一定的时间内提出，超出这一时间，即使存在再审的理由，也丧失了请求的权利。从各国立法来看，在刑事申诉方面，一些国家对刑事申请再审的时间未作限制，如法国和日本。由于法国和日本均只允许提起对原审被告人有利的再审，因此其未限制申诉时间的目的在于充分保障原审被告人的利益。也有一些国家对申请再审的时间作了限制性规定，如奥地利。该国刑事诉讼法第三百五十四条规定，对有利于受判决人的重新进行刑事诉讼的请求，即使在被告人死后，也可提出有利于该人的重新进行刑事诉讼的请求。但对不利于受判决人的重新进行刑事诉讼的请求，检察官或自诉人只有在该行为尚未失去追诉时效时方可请求重新进行刑事诉讼。在民事申请再审方面，普遍规定申请再审应当受到一定的时间限制。主要有两类期间，性质不同，功能指向也不同。一类称之为短期间，从知道再审的事由之日起计算，其作用在于督促当事人及时行使权利。比如《日本民事诉讼法》第四百二十四条第一款规定："再审的诉讼应当在判决确定后得知再审事由之日起三十天内提出。"另一类称之为长期间，规定自判决确定之日起计算，其作用在于维护判决所确定的社会关系的稳定。比如《日本民事诉讼法》第四百二十四条第三款规定："判决确定后，已经过五年时，不得提起再审的诉讼。"有的国家既规定有长期间，也规定有短期间，比如日本、德国、匈牙利、我国的台湾地区等；有的国家则只规定有短期间，没有规定长期间，如法国、苏联等。

《若干意见》对刑事、行政申诉、民事申请再审的期间均做了规定。

(1) 刑事申诉的期间。

我国诉讼法设置审判监督程序的目的在于纠正错误的生效裁判，救济当事人的合法权利，因此，为了能够彻底纠正错误，诉讼法对申诉的时效没有作明确的限制。但从现实情况来看，效果并不好。有些案件经过了十几年，甚至几十年，当事人还在申诉，一方面可能由于事过境迁，失去调查的条件，增加查处的难度。特别是一些建国初期的案件以及"文革"时代的案件，在当时的时代大背景下，办案方式不规范，证据、手续不齐全，而知情的人员很多已经去世，原始材料也已湮灭，因此，难以处理；另一方面，由于随时、随意性的申诉量的不断累计，使司法机关处于穷于应付的状态，难以集中、及时地处理那些确实有错误的案件。同时，长此以往下去，已经发生法律效力的判决、裁定也很难有稳定性。基于这一认识，《若干意见》第十条对刑事申诉的期间作了明确规定。

考虑到具体案件的复杂性，《若干意见》从两个方面对申诉期间作了规定。首先，原则上确立申诉期间是在刑罚执行完毕后二年内。即人民法院对刑事案件的申诉人在刑罚执行完毕后两年内提出的申诉，应当受理，超过二年提出申诉的，人民法院不予受理。之所以将申诉期间确定在刑罚执行完毕后二年内，是考虑到在刑罚执行期间，被告人的人身受到限制，其提出申诉的能力在客观上受到一定制约，因此，给其在刑罚执行完毕后一定时间充分行使申诉的权利。同时，所犯罪行重的，判处的刑罚也相对较重，所犯罪行轻的，判处的刑罚也相对较轻，把申诉期间确定在刑罚执行完毕后二年内，实际上就把申诉的期间和其所犯罪行的轻重联系起来了，这也是有一定的意义的。其次，确立了不受申诉期间限制的例外情形。①可能对原审被告人宣告无罪的。对无罪的被告人定罪处刑，是一种严重侵害公民人身权利的行为。在人权意识日益高涨的今天，世界各国普遍都规定，在任何情况下，对这一类的再审都不能有任何限制。我国作为人民当家作主的社会主义国家，更应该体现国家对人民权利的重视和保护，因此，《若干意见》将此情形排除在再审期间的限制之外；②原审被告人在本条规定的期限内向人民法院提出申诉，人民法院未受理的。实践中，存在申诉人在申诉期间提出申诉，法院应当受理而未受理的情况，如果允许法院而后又以超过申诉时效不受理申诉人的申诉，那对申诉人是非常不公平的。为了保障当事人的申诉权利，《若干意见》将此情形排除在再审期间的限制之外；③属于疑难、复杂、重大案件的。对于该类案件，根据案件的具体情况，或案件的社会影响，认为确实有再审必要的，应当允许当事人提出申诉。但有人提出，申诉期间的规定，本来就是为了严格限制申诉的时间，所谓“疑难、复杂、重大案件”，在认定上存在较大的模糊性和不确定性，在具体适用上容易引起争议，因此，不宜作为申诉期间的例外规定。我们认为，这种观点是有一定道理的。

(2) 民事申请再审的期间。

《民事诉讼法》第一百八十二条规定：“当事人申请再审，应当在判决、裁定发生法律效力后二年内提出。”《若干意见》第十二条又进一步明确，人民法院对民事案件的再审申请人超过两年提出再审申请的，不予受理。和其他国家规定的再审期间相比，我国诉讼法确立的申请再审期间是自判决、裁定发生法律效力的次日起算，相当于其他国家规定的长期间，也就是说，我国只有长期间规定，没有短期间的规定；同时我国确立的申请再审的二年期间较西方国家规定的长期间相比要短很多。因此，我国规定民事申请再审的期间是比较独特的，在实践中带来一些问题：从促使当事人及时行使权利的角度考察，二年期间过长，似乎不能起到督促当事人在知悉再审事由后及时行使权利的作用；从维护社会关系的稳定角度考察，二年时间又过短。有些案件的再审事由可能是在判决、裁定发生法律效力二年以后才被发现的，比如新的证据、对方当事人提供伪证等等，如果一律不允许当事人提出再审的申请，似乎不合情理。比如实践中有一案件是这样的：原告起诉被告要求离婚，并声称夫妻双方感情破裂，被告携女离家出走，下落不明。法院公告通知被告参加诉讼。由于被告未到庭，法院只能根据原告一方提供的证据和陈述，缺席判决双方离婚，房屋以及其他财产均归原告所有。判决发生法律效力二年后，被告向法院申请再审，要求重新分割财产。经法院查明，被告实际上一直住在上海的大女儿家，并且和原告一直有联系，原告还到上海多次看望被告。对于有关诉讼的情况，被告一直毫不知情。而原告提供的证据以及有关案件的陈述也完全是虚假的。就该案来看，虽然判决已经发生法律效力二年以上，但原判完全是由于原告隐瞒被告的去向，并提供伪证和虚假陈述所导致的错判，严重损害了被告的利益，给其生活及判决由其抚养的女儿的生活带来很大困难，因此依理依法都应当再审改判。

对于民事诉讼法规定的二年申请再审期间的性质，在实践中有争议，根据最高人民法院《关于适用〈中华人民共和国民事诉讼法〉若干问题的意见》第二百一十二条的规定，该期间为不变期间。因此，该期间不存在中止、中断、延长的情况，即使是当事人在法定期间内提出过再审申请，人民法院没有受理，超过法定期间后人民法院仍然可以以申请超过法定期间为由不予受理。这就不难理解为什么《若干意见》规定刑事案件的被告人在规定的期限内向人民法院提出申诉，人民法院未受理的，不受申诉期间的限制，而对民事案件没有这方面的规定。但有人提出：对于符合条件的再审申请，法院没有受理，过错在法院，由当事人承担超过法定期间的后果对当事人是不公平的。这种观点有一定道理，特别是考虑到作为不变期间的二年时间过短，在实践中确实会出现一些在法定期间内应当受理而没有受理，以及超过二年期间确有必要再审的案件，比如前文所举案例。对此类问题的解决，可以采取以信访的形式向人民法院反映问题，人民法院院长可以根据民事诉讼法第一百七十七条的规定依职权启动再审程序。

（3）行政案件申诉的期间。

行政诉讼法没有规定当事人认为行政判决、裁定有错误时提出申诉的期间。考虑到无论是理论上还是实践中都有规定行政申诉期间的必要，《若干意见》规定行政案件和民事案件适用同一申诉期间，即人民法院对行政案件的申诉人超过两年提出申诉的，不予受理。

4. 次数限制

申诉、申请再审的次数无限，是无限申诉、无限再审的一个主要方面。诉讼法没有明确规定申诉和申请再审的次数。有关司法解释虽然有规定，如：最高人民法院《关于执行〈中华人民共和国刑事诉讼法〉若干问题的解释》第三百零三条规定，经两级人民法院处理后又提出申诉的，如果没有新的充分理由，人民法院可以不再受理。最高人民法院《关于适用〈中华人民共和国民事诉讼法〉若干问题的意见》第二百零七条规定，依照审判监督程序审理后维持原判的案件，人民法院不予受理。但在司法实践中，对当事人申诉、申请再审的次数，掌握不严，以致出现了反复申诉、反复再审的现象，有的案件甚至有七八份判决书之多，这可以说是当前申诉、再审秩序混乱的极端表现。很多人认为，由于我国诉讼法规定的再审理由比较宽泛，因此要保证有限申诉、有限再审的实现，就必须明确限制申诉和再审的次数。

但要具体说明和论证允许申诉和再审多少次才科学合理是非常困难的。鉴于对再审立案实行的是两级法院管辖的制度，同时从实践来看，经过两次处理，对当事人的申诉权利保护也比较充分，处理正确的可靠程度也较高，因此，《若干意见》在第十五条将申诉、申请再审的次数规定为："上级人民法院对经终审法院的上一级人民法院依照审判监督程序审理后维持原判或经两级人民法院依照审判监督程序复查均驳回的申请再审或申诉案件，一般不予受理。但再审申请人或申诉人提出新的理由，且符合《中华人民共和国刑事诉讼法》第二百零四条、《中华人民共和国民事诉讼法》第一百七十九条、《中华人民共和国行政诉讼法》第六十二条及本规定第七、八、九条规定条件的，以及刑事案件的原审被告人可能被宣告无罪的除外。"之所以规定但书，是为了防止出现申请人或申诉人发现了新的足以推翻原判的情况而被挡在再审之外，比如申请人或申诉人发现原判采纳的证据系伪证等。根据《若干意见》的规定，所提出的"新的理由"，既包括事实证据问题，也包括适用法律问题，还可以是程序问题，应当说所涉范围是非常宽泛的。

考虑到最高人民法院作为最高司法裁判机关的特殊性，《若干意见》第十六条还对经最高人民法院所处理的申诉作了例外规定，即："最高人民法院再审裁判或者复查驳回的案件，再审申请人或申诉人仍不服提出再审申请或申诉的，不予受理。"

九、评　价

《若干意见》以"依法纠错"为指导思想，对再审的管辖作了进一步的明确和规范，对再审的条件以列举的形式进行了具体的规定，对申诉和申请再审从主体、范围、时间、次数等方面进行了明确的限制，从而在规范申诉和申请再审的秩序，解决当前矛盾较为突出的无限申诉、无限再审的问题等方面，将起到非常积极的作用，在一定程度上反映了现代审判制度的要求，体现了一定的改革精神。但是这一改革又具有非常明显的局限性，尚不能完全满足建立现代审判制度的要求。具体体现在：

1. 没有规定人民法院依职权决定再审的案件和抗诉案件的再审立案，难以从根本上解决无限申诉、无限再审的问题

《若干意见》根据再审的特有规律，规定申诉和申请再审的主体、范围、时间、次数和条件，就是要使再审程序的启动按照规定的程序进行，使再审的特有规律在再审面前能够得到尊重和维护。但是，《若干意见》虽名为《规范人民法院再审立案的若干意见》，但实质上只规定了因当事人申诉和申请再审引起的再审立案，而对于人民法院依职权决定再审的立案和因抗诉引起的再审

立案，以及法律没有规定的，但实践中普遍存在的人大等有关机关交办的案件的再审立案没有作出规定。这样，当事人的再审申请可能因为违反某项规定，比如超过申请期间、超过申请次数等，不能引起再审程序，但当事人仍然可以向检察院、人大等机关申诉，检察院抗诉的案件还是要再审，人大等机关交办的案件，人民法院还是必须进行审查，确有错误的，也还是需要再审，同时，人民法院也可以不依照《若干意见》的规定，依职权决定再审。因此，所谓对申诉和申请再审的限制，以及对再审条件的规定在这些案件面前都可能形同虚设，“依法纠错”的原则在实践中仍然无法得到实现，申诉和申请再审的秩序，包括再审的秩序也就无法得到根本的解决。

2. 搭建了“再审之诉”的基本审监框架，但内容还不能完全符合建立再审之诉的要求

所谓“再审之诉”是大陆法系国家所普遍采用的再审制度，指把再审当做一种“诉”来对待，只要当事人的申请在法律所允许提出的范围之内，就引发再审程序。再审之诉有一个非常明显的特点，就是规定了非常严格、具体的提出理由。比如法国民事诉讼法第 595 条规定再审申请仅能以以下四种理由提出，且要求提出再审申请的人对于未能在原裁判产生既判力以前提出其援引的理由无过错：(1) 原判决作出后，发现该判决是由对其有利于的一方当事人欺诈所致；(2) 原判决作出后，发现由于一方当事人所为具有决定性作用的文件、字据被扣留而未提出；(3) 发现判决系以其作出后经认定或经裁判宣告属于伪造的文件、字据为依据；(4) 发现判决系以其作出后经裁判宣告为伪证的假证明，假证言、假宣誓为依据。根据一事不再理原则，已为法院裁决的纠纷，当事人不得再提交给法院要求裁决。因此，在提起再审之诉的理由上规定得非常苛刻，极力避免再审和一事不再理原则、裁判既判力原则的冲突是非常有必要的。应当说，再审之诉从司法的规律性出发，兼顾了司法裁决的终局性要求和公正性要求，是公认的比较合理的现代再审制度。从《若干意见》的规定来看，明确了人民法院对当事人提出的再审申请必须进行审查，并具体列明了再审的理由，当事人的再审申请只需符合再审的理由，人民法院即应当再审。因此，从形式上看，《若干意见》已经搭建了“再审之诉”的框架。但从实质来看，《若干意见》规定的再审理由没有突破诉讼法规定的再审条件，不仅宽泛，涉及从事实认定、到法律适用、程序等各方面的内容，而且很多具有不确定性，比如“引用法律条文错误”“证据不充分或不具有证明力”等等。因此，所谓的再审，实际上只不过是把原来已为法院裁决的争议再提交给法院裁决一次，这和大陆法系国家规定的再审之诉有天壤之别。在实际的操作中，不难想象，人民法院对当事人提出的再审申请，必须经过复杂的审查过程，也就是《若干意见》所规定的“复查”，才能确定是否提起再审，这和大陆法系

国家确立的只要当事人的申请在法律所允许提出的范围之内，就引发再审程序是有根本区别的。

3. 立足于申诉和再审本身，规范申诉和再审的秩序，没有体现“二审终审”的基本审级制度的要求

《若干意见》最主要的内容是规范申诉和再审的秩序，并在这方面取得了很大的进展。但这一规范是立足于申诉和再审本身，而没有从整个审判制度出发，体现人民法院终审裁判的稳定性和权威性的要求。我们知道，终审制度是“一事不再理”原则的具体体现。我国实行二审终审，也就是两级法院经过两次审理后对纠纷所作出的裁判即获得了终局的法律效力（既判力），当事人不得再将纠纷提交给法院裁决。再审本身不是一个审级，只是在特定的确实对当事人产生了不公平的情形下，才对案件进行重新审判，对当事人的正当权利进行补救。《若干意见》以列举的形式明确规定了再审的理由，但正如前文所指出的，再审的理由过于宽泛，和上诉的理由相比没有实质性的差别，在时间上甚至比上诉更加宽松，再审的提起就像上诉审一样自由、方便，无法体现终审制的要求，也就不可能从根本上实现对终审裁判权威性的维护。其次，《若干意见》实现有限申诉、有限再审的一个重要举措是明确规定了申请再审的次数。但从规定本身来看，规定的是上一级法院再审维持原判的案件以及经两级法院驳回申诉的案件，当事人再提出申诉和再审申请的，人民法院不予受理。因此，它所体现出来的，只是再审的终局效力，以及两级法院驳回申诉后原生效判决的效力。而我国实行的是“二审终审”的基本审判制度，不是“再审终审”，终局性判决的效力是由自己的性质所决定的，通过自身宣告所获得的，而绝不是由申诉的驳回来确认的。因此，《若干意见》没有体现“二审终审”的基本审级制度的要求。

从整个司法形势的大背景出发，解读《若干意见》在改革上的得失，我们不难理解：在中国这样一个封建儒家文化长期占据主流地位，现代法律文明先天不足的国度里，社会主义民主和法制的建设是一个长期的过程，需要我们付出真诚而长久的努力。当前我们正处在建设法治国家的起步阶段，司法的本质和规律还不为人们深刻认知，司法的权威性和特殊性没有得到社会的普遍认同，而所谓司法的终极性、法院裁判的既判力等现代司法理念也相应地没有得到正确的认识。相反，当前弥漫着一种片面强调要加强对司法的监督的思潮。在这种情况下，由法学家和人民法院所倡导的以规范监督、强化人民法院审判的权威为中心的审判监督制度的改革自然要顾及到来自各方面的不同声音。同时，法治国家的基本前提是法律地位的至上，最高人民法院多次表示，司法改革要在法律规定的框架内进行，不能违反法律。因此，以最高人民法院司法解释的形式体现出来的改革，无疑受到了法律的束缚。这也就难怪，《若干意见》

在草拟的过程中，曾经作出了许多超前性的、突破法律的规定，但最后都被否决。总之，司法改革是一个渐进的过程，在当前司法形势的大背景下，《若干意见》所体现出来的改革的局限性，给人以抬脚止步的感觉，几乎是必然的。

我们可以得出一个结论：《若干意见》只是人民法院审判监督制度改革的阶段性成果，而绝非改革的终极模式或终极目标。对此，有一个正确的认识是非常必要的。建立有中国特色的现代化的审判制度，是社会主义市场经济的客观要求，随着市场经济的规范和完善，人民法院再审制度的改革也必将取更大的成效。

但要具体说明和论证允许申诉和再审多少次才是科学合理的，非常困难。实践中比较有代表性的观点认为，再审应当限定只能一次，其理由大致是：已经给当事人提供了一次申诉的机会，保护了当事人的申诉权利。再审是对确有错误裁判的纠正，其权威性必须得到维护，如果再审还可以再改判，那么就谈不上整个司法审判的权威。即使再审错了，那也应当牺牲个案的公正，维护整个司法秩序的稳定。我们认为，我国的基本审判制度是"二审终审"，不是"再审终审"，二审程序实际上已经是一种监督程序，对当事人的要求和主张已经给予了再次的关注（原一审是一次），因此要维护司法的权威和稳定，应当从二审入手。再审从根本上说，是解决个案的公正问题和对当事人权利的补救问题。谁也不能保证再审就一定正确，再审甚至也有可能把正确的判决改错，这在实践中都是存在的。当出现了再审裁判严重违法或明显有错误的情况，比如审判人员审理该案时有枉法裁判行为已经得到确认，对方当事人提供伪证等已经得到证实等，不允许重新审判对当事人是不公平的，社会也无法接受，司法的权威也无法得到真正的维护。

考虑到各方面的因素，《若干意见》没有规定再审的次数，而是重点放在限制申诉和申请再审的次数上，这样在特定的、有必要的情况下，人民法院院长还可以依职权启动再审程序，从而可以排除因对申诉、申请再审次数进行限制而妨碍对司法公正的追求。

从整个司法形势的大背景出发，解读《若干意见》在改革上的得失，我们不难理解：在中国这样一个封建儒家文化长期占据主流地位，现代法律文明先天不足的国度里，司法从来是作为权力的附庸，而不是作为权力的分支出现的。司法的权威性和特殊性至今也没有得到国家和社会的普遍认同，而所谓司法的终极性、法院裁判的既判力等现代司法理念也相应地没有得到正确的认识。相反，当前弥漫着一种司法腐败的悲观论调，片面地强调要加强对司法的监督。在这种情况下，由法学家和人民法院所倡导的以规范监督、强化人民法院审判的权威为中心的审判监督制度的改革自然要受到来自各方面的压力。同时，法治国家的基本前提是法律地位的至上，最高人民法院多次表示，司法改革要在法律规定的框架内进行。因此，以最高人民法院司法解释的形式体现出来的改革，无疑受到了法律的束缚。在这一“压力”和这一“束缚”下，《若干意见》所体现出来的改革的局限性，给人以抬脚止步的感觉，几乎是必然的。这也就难怪，《若干意见》在征求意见的过程中，曾经作出了许多超前性的、突破法律的规定，但均被否决。

因此，《若干意见》只是人民法院审判监督制度改革的阶段性成果，而绝非改革的终极模式或终极目标。对此，有一个正确的认识是非常必要的。建立有中国特色的现代化的审判制度，是社会主义市场经济的客观要求，随着市场经济的规范和完善，人民法院再审制度的改革也必将取更大的成效。

（撰稿人：肖庚云　付学嵘）

最高人民法院
关于印发《人民法院推行立案登记制改革的意见》的通知

2015 年 4 月 15 日　　法发〔2015〕6 号

各省、自治区、直辖市高级人民法院，解放军军事法院，新疆维吾尔自治区高级人民法院生产建设兵团分院：

2015 年 4 月 1 日，中央全面深化改革领导小组第十一次会议审议通过了《关于人民法院推行立案登记制改革的意见》（以下简称《意见》），现予印发，请认真贯彻执行。该《意见》自 2015 年 5 月 1 日起施行。执行中发现情况和问题请及时报告最高人民法院。

附：

人民法院推行立案登记制改革的意见

为充分保障当事人诉权，切实解决人民群众反映的“立案难”问题，改革法院案件受理制度，变立案审查制为立案登记制，依照《中华人民共和国民事诉讼法》《中华人民共和国行政诉讼法》《中华人民共和国刑事诉讼法》等有关法律，提出如下意见。

一、立案登记制改革的指导思想

（一）坚持正确政治方向。深入贯彻党的十八届四中全会精神，坚持党的群众路线，坚持司法为民公正司法，通过立案登记制改革，推动加快建设公正高效权威的社会主义司法制度。

（二）坚持以宪法和法律为依据。依法保障当事人行使诉讼权利，方便当事人诉讼，做到公开、透明、高效。

（三）坚持有案必立、有诉必理。对符合法律规定条件的案件，法院必须依法受理，任何单位和个人不得以任何借口阻挠法院受理案件。

二、登记立案范围

有下列情形之一的，应当登记立案：

（一）与本案有直接利害关系的公民、法人和其他组织提起的民事诉讼，有明确的被告、具体的诉讼请求和事实依据，属于人民法院主管和受诉人民法院管辖的；

（二）行政行为的相对人以及其他与行政行为有利害关系的公民、法人或者其他组织提起的行政诉讼，有明确的被告、具体的诉讼请求和事实根据，属于人民法院受案范围和受诉人民法院管辖的；

（三）属于告诉才处理的案件，被害人有证据证明的轻微刑事案件，以及被害人有证据证明应当追究被告人刑事责任而公安机关、人民检察院不予追究的案件，被害人告诉，且有明确的被告人、具体的诉讼请求和证明被告人犯罪事实的证据，属于受诉人民法院管辖的；

（四）生效法律文书有给付内容且执行标的和被执行人明确，权利人或其继承人、权利承受人在法定期限内提出申请，属于受申请人民法院管辖的；

（五）赔偿请求人向作为赔偿义务机关的人民法院提出申请，对人民法院、人民检察院、公安机关等作出的赔偿、复议决定或者对逾期不作为不服，提出赔偿申请的。

有下列情形之一的，不予登记立案：

（一）违法起诉或者不符合法定起诉条件的；

（二）诉讼已经终结的；

（三）涉及危害国家主权和领土完整、危害国家安全、破坏国家统一和民族团结、破坏国家宗教政策的；

（四）其他不属于人民法院主管的所诉事项。

三、登记立案程序

（一）实行当场登记立案。对符合法律规定的起诉、自诉和申请，一律接收诉状，当场登记立案。对当场不能判定是否符合法律规定的，应当在法律规定的期限内决定是否立案。

（二）实行一次性全面告知和补正。起诉、自诉和申请材料不符合形式要件的，应当及时释明，以书面形式一次性全面告知应当补正的材料和期限。在指定期限内经补正符合法律规定条件的，人民法院应当登记立案。

（三）不符合法律规定的起诉、自诉和申请的处理。对不符合法律规定的起诉、自诉和申请，应当依法裁决不予受理或者不予立案，并载明理由。当事人不服的，可以提起上诉或者申请复议。禁止不收材料、不予答复、不出具法律文书。

（四）严格执行立案标准。禁止在法律规定之外设定受理条件，全面清理和废止不符合法律规定的立案“土政策”。

四、健全配套机制

（一）健全多元化纠纷解决机制。进一步完善调解、仲裁、行政裁决、行政复议、诉讼等有机衔接、相互协调的多元化纠纷解决机制，加强诉前调解与诉讼调解的有效衔接，为人民群众提供更多纠纷解决方式。

（二）建立完善庭前准备程序。完善繁简分流、先行调解工作机制。探索建立庭前准备程序，召集庭前会议，明确诉辩意见，归纳争议焦点，固定相关证据，促进纠纷通过调解、和解、速裁和判决等方式高效解决。

（三）强化立案服务措施。加强人民法院诉讼服务中心和信息化建设，实现公开、便捷立案。推行网上立案、预约立案、巡回立案，为当事人行使诉权提供便利。加大法律援助、司法救助力度，让经济确有困难的当事人打得起官司。

五、制裁违法滥诉

（一）依法惩治虚假诉讼。当事人之间恶意串通，或者冒充他人提起诉讼，企图通过诉讼、调解等方式侵害他人合法权益的，人民法院应当驳回其请求，并予以罚款、拘留；构成犯罪的，依法追究刑事责任。

（二）依法制裁违法行为。对哄闹、滞留、冲击法庭等不听从司法工作人员劝阻的，以暴力、威胁或者其他方法阻碍司法工作人员执行职务的，或者编造事实、侮辱诽谤审判人员，严重扰乱登记立案工作的，予以罚款、拘留；构成犯罪的，依法追究刑事责任。

（三）依法维护立案秩序。对违法围攻、静坐、缠访闹访、冲击法院等，干扰人民法院依法立案的，由公安机关依照治安管理处罚法，予以警告、罚款、行政拘留等处罚；构成犯罪的，依法追究刑事责任。

（四）健全相关法律制度。加强诉讼诚信建设，规范行使诉权行为。推动完善相关立法，对虚假诉讼、恶意诉讼、无理缠诉等滥用诉权行为，明确行政处罚、司法处罚、刑事处罚标准，加大惩治力度。

六、切实加强立案监督

（一）加强内部监督。人民法院应当公开立案程序，规范立案行为，加强对立案流程的监督。上级人民法院应充分发挥审级监督职能，对下级法院有案不立的，责令其及时纠正。必要时，可提级管辖或者指定其他下级法院立案审理。

（二）加强外部监督。人民法院要自觉接受监督，对各级人民代表大会及其常务委员会督查法院登记立案工作反馈的问题和意见，要及时提出整改和落实措施；对检察机关针对不予受理、不予立案、驳回起诉的裁定依法提出的抗诉，要依法审理，对检察机关提出的检察建议要及时处理，并书面回复；自觉接受新闻媒体和人民群众的监督，对反映和投诉的问题，要及时回应，确实存在问题的，要依法纠正。

（三）强化责任追究。人民法院监察部门对立案工作应加大执纪监督力度。发现有案不立、拖延立案、人为控制立案、“年底不立案”、干扰依法立案等违法行为，对有关责任人员和主管领导，依法依纪严肃追究责任。造成严重后果或者恶劣社会影响，构成犯罪的，依法追究刑事责任。

各级人民法院要认真贯彻本意见精神，切实加强领导，明确责任，周密部署，精心组织，确保立案登记制改革顺利进行。

【链　　接】

解决“立案难”的关键性举措

——最高人民法院相关负责人就《关于人民法院推行立案登记制改革的意见》答记者问

2015 年 4 月 1 日，中央全面深化改革领导小组第十一次会议审议通过

《关于人民法院推行立案登记制改革的意见》（以下简称《意见》）。2015 年 4 月 15 日，最高人民法院印发《意见》，自 2015 年 5 月 1 日起施行。针对公众普遍关注的问题，最高人民法院相关负责人接受了记者采访。

一、问：立案登记制改革的总体思路是什么？请简要介绍一下这份意见的主要内容。

答：这次改革的总体思路是，以党的十八届四中全会精神和习近平总书记的重要指示为指针，坚持以宪法和法律为依据，以群众需求为导向，从解决实际问题入手，对依法应该受理的案件，做到有案必立、有诉必理，切实保障当事人诉权，从制度上、源头上、根本上解决“立案难”问题。

《意见》的主要内容包括：立案登记制改革的指导思想、登记立案范围、登记立案程序、健全配套机制、制裁违法滥诉、切实加强立案监督等方面，内容十分丰富，具体包括五个方面：

第一，对符合法律规定的起诉、自诉和申请，一律接收诉状，当场登记立案。

第二，对提交的材料不符合形式要件的，及时释明，以书面形式一次性全面告知应当补正的材料和期限。

第三，对在法律规定期限内无法判定的，应当先行立案。

第四，对不符合法律规定的起诉、自诉和申请，应当依法裁决不予受理或者不予立案，并载明理由。当事人不服的，可以提起上诉或者申请复议。禁止不收材料、不予答复、不出具法律文书。

第五，强化责任追究，对有案不立、拖延立案、人为控制立案、“年底不立案”、干扰依法立案等违法行为，依法依纪严肃追究有关责任人员和主管领导责任。

二、问：与现行的立案审查制相比，立案登记制有什么特点？

答：立案审查制，是指当事人向法院提起诉讼时，法院对诉讼要件进行实质审查后，决定是否受理。其审查内容主要包括主体资格、法律关系、诉讼请求以及管辖权等。

立案登记制，是指法院对当事人的起诉不进行实质审查，仅仅对形式要件进行核对。除了《意见》规定不予登记立案的情形外，当事人提交的诉状一律接收，并出具书面凭证。诉状和相关证据材料符合诉讼法规定条件的，当场登记立案。

两者的区别有以下三个方面：

一是诉讼起点不同。立案审查制下，诉讼起点是法院决定立案时；立案登记制下，诉状提交给法院时，诉讼就开始了。

二是立案条件不同。立案审查制下，各级法院对当事人起诉能否立案的审查尺度存在标准不一的问题；立案登记制下，当事人只要提供符合形式要件的诉状，法院一律接收，并在规定期限内依法处理。

三是对当事人起诉权的保障不同。立案审查制下，当事人的起诉权得不到保障；立案登记制下，法院一律接收诉状，当事人依法无障碍行使诉权，体现了对当事人起诉权的充分保障。

三、问：哪些案件属于登记立案的范围？

答：登记立案针对的是初始案件，包括民事起诉、行政起诉、刑事自诉、强制执行和国家赔偿申请。对上诉、申请再审、申诉等，法律另有规定，不适用登记立案的规定。

目前，《民事诉讼法》《行政诉讼法》《刑事诉讼法》《国家赔偿法》等法律和相关司法解释已经对民事起诉、行政起诉、刑事自诉、强制执行和国家赔偿申请的受理条件作出明确规定。

《意见》中也对应当登记立案的具体情形作出了详细规定。

此外，违法起诉和不符合起诉条件的，诉讼已经终结的，涉及危害国家主权和领土完整、危害国家安全、破坏国家统一和民族团结、破坏国家宗教政策的，以及其他不属于法院主管的所诉事项，不在登记范围之内。比如，当事人起诉的事项按规定应当由其他机关处理的争议，法院应当及时释明，告知当事人向有关机关申请解决。如果当事人坚持起诉，法院应当裁决不予受理或者不予立案。

四、问：登记立案程序是否有时间上的硬性要求，来防止案件“久拖不立”？

答：老百姓到法院起诉、自诉或者申请强制执行、国家赔偿，法院要一律接受诉状。当场能够判定起诉、自诉和申请符合法律规定条件的，应当登记立案；当场不能判定是否符合法律规定条件的，应当在法律规定期限内决定是否立案。

这种要求是明确的，时效性是很强的。例如，起诉应当在收到起诉状之日起 7 日内决定是否立案；刑事自诉应当在收到自诉状次日起 15 日内决定是否立案；对于执行异议之诉，应当在收到起诉状之日起 15 日内决定是否立案。

在法律规定期限内，认为起诉、自诉和申请不符合法律规定条件的，应当依法裁决不予受理或者不予立案，并载明理由。无法判定是否符合法律规定条件的，先行立案。这主要是为了更充分地保障当事人的诉权，也对法院立案工作提出了更高的要求。

对当事人而言，起诉、自诉应当提供必要的材料，法院如果认为申请材料不符合形式要件的，应当当场及时释明，以书面形式一次性全面告知应当补正的材料和期限。

这里要明确，首先是以书面形式告知，防止口头表达不清或者事后是否告知了说不清楚；其次是一次性全面告知，不能反反复复，让当事人来回奔波。

当事人在指定期限内经补正达到法律规定条件的，法院应当登记立案。在指定期限内没有补正的，退回诉状并记录在册；当事人坚持起诉、自诉的，或者经补正仍不符合形式要件的，裁决不予受理或者不予立案。

登记立案后，法院应当及时将案件材料转给相关业务庭。对登记立案后移送的案件，相关部门不得随意以起诉材料不齐全、诉讼证据有缺失或者案件难以审理、执行等为由，退回立案部门。

为了进一步规范登记立案的程序，最高人民法院将颁发登记立案的规范性文件。

五、问：法院如何应对实行登记立案后，可能出现的案件数量增加等问题？

答：实行登记立案制，法院各类案件数量预计会出现不同程度增长，涉诉信访等方面的任务也可能增加。

从法院自身而言，要大力提升诉讼服务水平。我们将继续抓好诉讼服务中心建设工作，完善便民服务机制，特别是运用信息技术手段，大力推行网上登记立案平台建设，让当事人更加方便地行使诉权。加大法律援助、司法救助力度，让经济确有困难的当事人打得起官司。

要改革审判执行机制，完善先行调解机制，探索庭前准备程序。积极稳妥推进司法体制改革，包括完善主审法官和合议庭办案责任制、法官员额制改革、司法辅助人员制度改革、司法人员分类管理等。大力开展案件分流、促进和解、指导调解、诉调对接和案件速裁工作。探索建立民事庭前准备程序，组织当事人交换证据，归纳争议焦点，促进双方和解，强化审前案件管理和程序管控，让更多的案件解决在审前。

同时，法院要在发挥审判功能的同时，进一步完善调解、仲裁、行政裁决、行政复议、诉讼等有机衔接、相互协调的多元化纠纷解决机制。通过建设功能强大、资源充足的诉调对接平台和形式多样、运行规范的诉调对接机制，尊重当事人的选择，减轻当事人诉累，有效化解矛盾纠纷。在诉讼服务中心为商事调解组织、行业调解组织或者其他具有调解职能的组织开展调解工作搭建平台，落实人民调解协议司法确认制度，充分发挥行政调解、人民调解、行业调解的作用。完善仲裁与诉讼的衔接机制，引导更多纠纷通过仲裁程序解决。

六、问：对于可能出现的虚假诉讼、恶意诉讼、无理缠诉行为，法院如何规制?

答：起诉是当事人的基本权利，应当予以充分保障。但同时要引导当事人依法行使诉权，理性表达诉求，诚信维护权益。如果诉权被滥用，不仅没有让有限的司法资源用在“刀刃”上，给更有需要的人以司法救济，而且会损害司法权威。

对当事人之间恶意串通，或者冒充他人提起诉讼，企图通过诉讼、调解等方式侵害他人合法权益的虚假诉讼，法院一经发现，都将驳回其请求，并给予司法处罚。情节严重构成犯罪的，还将依法追究其刑事责任。

对扰乱法庭秩序、阻碍司法工作人员执行职务以及编造事实、侮辱诽谤审判人员的，依法进行处罚。对聚众围攻、缠访闹访、冲击法院等干扰法院审判工作的行为，法院将加大与公安机关的协调配合力度，依法予以制裁，维护正常立案秩序。

七、问：法院将如何加大立案监督力度，确保立案登记制改革得到全面落实?

答：《意见》专门对加强立案监督，强化责任追究进行了规定。从规定的立案监督方式看，涉及党委纪检监督、人大权力机关的监督、政府监察监督、政协和民主党派民主监督、法院内部上级法院对下级法院的监督、检察机关的法律监督、社会和公众监督、媒体舆论监督、系统内的制度监督等，可以说是非常严的。具体来说，有以下三个方面：

一是加强法院内部监督，包括法院加强自查和上级法院依法进行监督。如果发现有案不立、拖延立案、人为控制立案、“年底不立案”、干扰依法立案等违法行为，对有关责任人员和主管领导，依法依纪严肃追究责任。造成严重后果或者恶劣社会影响，构成犯罪的，依法追究刑事责任。

二是依靠人大、政协、检察机关的监督。

三是自觉接受社会监督。通过全面推行立案公开，将立案活动晒在阳光下，规范立案行为，接受社会监督。

最高人民法院
关于新时期进一步加强人民法院审判管理工作的若干意见

2014 年 6 月 6 日　　　　　　　　法发〔2014〕8 号

各省、自治区、直辖市高级人民法院，解放军军事法院，新疆维吾尔自治区高级人民法院生产建设兵团分院：

为适应新时期人民法院面临的新形势新情况新要求，进一步推进人民法院审判管理工作，充分发挥审判管理“规范、保障、促进、服务”审判执行工作的作用，更加有效地促进审判工作的质量和效率，健全司法权力运行机制，保障人民法院切实践行司法为民公正司法、不断提升司法公信力，结合审判执行工作实际，提出如下意见：

一、承前启后，继往开来，坚定不移地全面推进审判管理工作科学发展

党的十八大提出，要进一步深化司法体制改革，坚持和完善中国特色社会主义司法制度，确保审判机关、检察机关依法独立公正行使审判权、检察权，全面推进依法治国。党的十八届三中全会进一步部署了健全司法权力运行机制的改革任务，提出深化司法体制改革，加快建设公正高效权威的社会主义司法制度，维护人民权益，让人民群众在每一个司法案件中都感受到公平正义。在新的历史时期，人民法院面临新的发展机遇和挑战，人民群众对司法为民公正司法的期待更加强烈，作为人民法院三大管理的核心，审判管理事关审判质效、公平正义和司法公信力，肩负的责任更加重大、任务更加艰巨。各级人民法院要立足人民司法事业的发展，从国家法治建设的高度，充分认识审判管理所处的重要地位，以高度负责的态度，在新的历史起点上，大力加强和创新审判管理。

根据人民法院三个“五年改革纲要”的要求，审判管理适应审判执行工作需要，不断深化改革、深化实践，从分散走向集中，从无序走向规范，从自发走向自觉，成为人民法院新兴的工作领域。2010 年 8 月召开的“全国大法官审判管理专题研讨班”，标志着人民法院审判管理新格局的基本理论框架初步

形成。2010 年 11 月召开的“全国法院审判管理工作座谈会”，从理论走向实践，形成了有组织、有系统的审判管理工作新格局。经过近几年的快速发展，审判管理的理念得到普遍认同，专门审判管理机构基本建成，职能逐步落实，制度渐成体系，成效初步显现，科学、完备、有效的审判管理体系正在逐步构建。然而作为新兴工作领域，审判管理发展的时间还很短，任务新、机构新、人员新，各地发展不平衡，尚不能完全适应审判执行工作的需要，整体上仍处于“大发展”时期，需要在不断巩固改革成果的基础上，继续扎扎实实全面向前推进。

审判管理是坚持和完善中国特色社会主义司法制度的重要组成部分，创新和加强审判管理既是中央进一步深化司法体制改革的内容，也是健全司法权力运行机制改革的保障，是一项具有基础性、关键性和长期性的重要工作。在新的历史时期，人民法院创新和加强审判管理必须努力适应、积极配合健全司法权力运行机制的改革任务，围绕审判权力的运行，努力构建起有权必有责、用权受监督、失职要问责、违法要追究的管理责任体系，真正把权力关进制度的笼子里。

各级人民法院要立足于新时期审判管理工作面临的新形势新情况新要求，全面把握审判管理工作开展的现状和面临的困难，充分认识深化审判管理改革的紧迫性和长期性，坚定不移地把这项工作抓实抓好。要对审判管理现状有清醒的认识，找准审判管理的功能定位，认真总结已经开展的各项审判管理工作是否切合实际、是否科学合理、是否符合审判工作规律，是否符合司法为民公正司法的要求，是否符合中央进一步深化司法体制改革的精神，深入思考如何进一步整合资源、完善职能，深化审判管理创新与改革。

二、把握原则，明确要求，准确有效地发挥审判管理工作的综合效能

人民法院开展审判管理的主体包括审判委员会、院长、庭长、审判长、审判人员以及专门审判管理机构。各审判管理主体，尤其是各级人民法院中层领导，要在充分履行审判职能、依法监督指导办案的同时，牢固树立抓审判就必须抓管理、向管理要质量、向管理要效率、向管理要形象、以管理保公正、以公正促公信的理念，切实承担起审判管理职责，促进案件质效的提升，确保依法独立公正行使审判权。

各级人民法院要全面准确把握审判管理“规范、保障、促进、服务”审判执行工作的功能定位。规范的对象是非正常的审判执行活动，重在对审判权的行使形成有效监督和制约。保障的对象是审判权的依法独立公正行使，重在有效防范和解决影响审判权正常行使的各种不利因素。规范和保障的目的在于建立健全科学合理、规范有序的审判权力运行机制。开展审判管理，就是要促进

提升队伍素质，促进提升案件质效，促进提升司法公信力，这是检验审判管理工作成效的最终标准。服务审判是审判管理的基本定位。开展审判管理要坚持以人为本，要寓管理于服务之中，在服务中实现管理。要实行民主管理、科学管理和人性化管理，着力解决审判工作中的突出问题，切实为法官依法审判排忧解难，有效减轻一线法官的非审判事务性负担。

各级人民法院开展审判管理工作要充分尊重司法审判规律。审判管理必须依法管理，严格遵循程序法和实体法的规定，以科学的组织、管理、评价方法实现审判管理的职能定位；审判管理必须维护独立审判原则，依法排除来自外界的不当干扰，为法官严格司法程序和正确适用法律提供条件。审判管理必须促进公正司法，助力摒除审判活动“行政化”和保障审判组织内部独立的审判权运行机制改革，在保障法官依法履行职责行为不受追究的同时，严格法官在违反职业道德和违法违纪等方面的约束和监督。审判管理必须维护审判活动的程序正义，进一步提高庭审质量，避免在诉讼程序之外增加影响当事人权利的程序步骤，不得干扰审判活动的正常程序。审判管理必须促进提高审判活动的效率，通过繁简分流、完善流程、审限管理、信息化建设、优化诉讼服务等措施提升审判效率，维护当事人诉讼权利。审判管理必须保障司法活动和司法裁判的严肃性，维护司法权威。

各级人民法院要注意理顺审判管理中的各种关系，努力做到全员管理、全程管理，争取构建权责明确、相互配合、相互制约、高效运转的审判管理工作机制。要处理好管理与服务的关系，在管理中做好服务，在服务中进行管理。要处理好管理与审判的关系，使审判管理到位而不越位，使审判权独立而不恣意。要处理好他律与自律的关系，管理是他律，要以有效的管理制度机制强化法官的自律意识，培育法官的责任意识和职业尊荣感，积极推动法官群体自我管理、自我评价机制形成，自觉依法独立公正行使审判权。要处理好管案与管人的关系，以管案促管人，以管人促管案，通过管案提高法官司法能力、改进法官司法作风，通过管人促进执法办案工作开展。要处理好局部与整体的关系，加强审判管理与其他各项管理之间的协调配合，形成整体合力。

各级人民法院要以专门审判管理机构为枢纽，切实在人民法院内部建立起审判委员会、院长、庭长、审判长、审判人员各负其责的层级管理体系。要进一步落实审判委员会审议审判工作中重大问题的法定职责，充分发挥审判委员会监督、管理、指导审判工作的作用。要充分认识审判业务庭的二级管理在整个审判管理体系中的关键作用，继续强化审判庭、合议庭的审判管理职责。主管审判业务的院长、庭长和审判长要落实好“一岗双责”，建立健全审判业务庭岗位管理制度，切实规范执法办案行为，做到履职有规、问责有据。专门审判管理机构要注重发挥参谋助手作用，有效服务各审判管理主体开展审判管理工作，努力促进层级管理、全员管理的有序顺畅运转。

各级人民法院要进一步创新和加强审级管理，在上级法院的指导下，切实建立起统一管理、统一协调、统一监督、统一指导的审判管理体系，做到上下一盘棋。各级人民法院的审判管理职能原则上应当归口管理、上下一致。上级人民法院可以根据本辖区的审判管理和审判执行工作实际情况，组织开展专项审判管理活动。要研究探索工作方法和制度措施，积极拓展上下级法院之间的业务联系面，推动上下联动、信息畅通、管理有序的全国法院审判管理新格局的形成。

各级人民法院要充分认识信息化建设对于创新和加强审判管理的基础性地位和重要意义。审判管理工作尤其离不开厚实的信息化基础，依托信息化实行科学精细而又简便易行的运行机制，避免管理方式僵化落后，使司法公开、司法为民的各项具体措施和审判管理理念制度，通过信息载体得以落实。各级人民法院要始终坚持“科技强院”方针，牢固树立大数据、大格局、大服务理念，配合“天平工程”建设，舍得投入精力，舍得投入人力和物力，力争早日实现审判管理信息的资源共享、互联互通。专门审判管理机构要注重案件审判信息的分析研究，做好数据的集成和有效应用，为审判决策服务。

推进司法公开是审判管理工作的重要组成部分，是专门审判管理机构义不容辞的职责。要通过创新和加强审判管理，更加有效地回应当事人的需求和社会公众的期盼。要将公众通过司法公开平台提出的意见建议作为人民法院改进和加强工作的重要依据，最大限度发挥司法公开三大平台的功能作用。要在尊重司法规律的前提下，努力提升司法活动的透明度，保障当事人的知情权，落实社会公众的监督权。

三、深化认识，完善职能，积极有序地构建新时期人民法院审判管理工作格局

司法为民公正司法、“努力让人民群众在每一个司法案件中都感受到公平正义”，是新时期党和国家对人民法院提出的更高要求，也是审判管理工作追求的终极目标。按照审判管理固有的属性，无论是规范司法行为、改进司法作风、统一裁判尺度、提升审判质效，还是科学配置审判资源、完善监督机制、促进司法公开、树立司法公信、推进司法为民，审判管理都责无旁贷。目前，人民法院审判管理资源的整合还未到位，管理职能体系尚未形成，审判管理效果与审判执行工作的现实需要和人民群众的司法需求还有较大差距。因此，为使审判管理工作切实有效地承担起新时期赋予的职责，有必要继续健全完善人民法院审判管理工作新格局。

案件信息管理、案件质量评估、案件质量评查、审判流程管理、审判运行

态势分析、审判绩效考核、审判委员会事务管理七项审判管理基本职能，是根据一个时期人民法院审判管理的探索和实践，对审判管理现有职能进行的历史性概括总结。随着司法实践的发展变化，七项基本职能的内涵与外延将进一步演进与完善，人民法院审判管理的职能也将进一步整合与发展。各级人民法院要准确把握审判管理工作的发展需要和审判工作中存在的实际问题，依托七项基本职能，开拓创新，实事求是，结合本地工作实际，有针对性地开展工作，继续探索行之有效的审判管理方式方法，完善审判管理职能体系。

——进一步建设和完善案件信息管理系统。各级人民法院要充分认识案件信息管理系统在审判管理整体工作格局中的基础性地位，切实促进审判管理理念与信息技术的有机融合，避免出现“有系统、无管理”的现象。要始终坚持以办案和管理需求为主导的原则，通过案件信息管理系统的推广应用，推进司法公开，服务法官办案，实现审判数据采集自动化，提升审判管理集约化、精细化水平。要全面掌握本院及辖区法院的案件审判信息，做好数据采集、挖掘和分析工作，通过有效手段确保各类信息的真实、准确、全面。要根据不断变化的审判工作情况，结合审判管理工作实际需要，及时做好案件信息管理系统的维护与升级工作，以保障审判管理科学合理、切合实际。要做好案件信息管理系统与其他法院管理系统和软件的衔接工作，统筹兼顾，合理搭配，形成合力，切实发挥法院“三大管理”的综合效能。

——继续坚持和完善审判质量效率评估工作，进一步实现审判质量效率评估指标的科学性、规范性以及指标使用的合理性。要科学合理设定审判质效评估指标及指标权重，尤其要尊重审判执行工作规律，注重设定合理区间，防止简单、片面、人为地追求某些指标数值的高低，防止偏重利用指标排名排序、把质效评估混同于绩效考核、忽略利用指标研究解决实际问题，使审判质效评估指标体系真正实现科学评估各项审判工作的“体检表”作用，切实发挥好正面导向。

——结合审判工作实际，充分运用各种评查手段，努力推进案件评查的方式、范围以及结果的运用向审判工作深层发展，全面发挥评查工作的功能作用。要注重案件质量评查结果的实际应用，切实实现以评查促审判质量的作用。要结合一定时期内审判工作中的突出问题，加强案件质量的专项评查和重点评查工作，尤其要加大对长期未结诉讼案件、久押不决刑事案件、涉诉信访案件、社会公众关注案件等重点案件的评查力度，促进化解审判工作的难点、重点问题。

——完善审判流程管理制度，科学管控、有效提升审判效率。各级人民法院要建立和完善统一收案、统一立案、统一结案以及电脑随机分案、审限管理等在内的审判流程管理工作机制。要通过不断完善审判流程管理，发现和解决审判工作中的实际问题，建立健全案件繁简分流机制，切实有效管控案件审限，向当事人及其他主体提供优质诉讼服务，充分发挥审判流程管理在保障审判权运行、提升司法效率、推进司法公开、促进司法为民等方面所具有的重要功能作用。要通过对案件流程信息的动态跟踪、汇总、分析，及时总结提炼制约审判质效的深层次问题，为司法决策工作当好参谋助手，同时保障当事人及时知悉案件审理流程，切实保障当事人的诉讼参与权和知情权。

——做好审判运行态势分析工作，完善审判形势整体研判机制。要在广泛收集审判工作有关数据资料的基础上，深入分析、准确研判审判工作运行态势，提出有数据、有分析、有对策的决策建议，为院党组、审判委员会研判审判执行工作形势和科学决策服务。要不断完善审判运行态势分析工作的方式方法，丰富工作内涵，使审判运行态势分析既要涵盖制约审判效率的问题，也要涵盖影响审判质量的问题，做到对审判形势整体研判更全面、更深入，努力使审判运行态势分析这一管理职能发挥“智库”作用。

——坚持正确导向，依法科学设定审判绩效考核的内容、项目和标准，避免由于考核项目、指标、权重等设置不合理对办案工作产生负面影响，特别是防止为追求考核成绩而干扰法院办案工作的正常开展。要尊重审判规律，合理评价人民法院各项审判执行业务工作，不宜简单采取下指标、定任务、末位淘汰等方式进行考核。要坚持实事求是，避免设置难以准确掌握的考核项目，防止弄虚作假或流于形式。考核的程序和方式要简便易行，避免给基层造成不必要的负担。要强化考核结果运用，将审判绩效考核结果作为法官评先评优、晋职晋级的主要依据。各高级人民法院要结合本地的审判工作实际，构建适合本地情况的考评指标体系。要正确处理好上级法院对下考评与下级法院独立审判的关系，防止考评内容超出上级法院依法对下监督、指导的职责范围，避免干扰下级法院依法独立行使审判权。

——强化审判委员会事务管理，促进审判委员会制度改革。要落实党的十八届三中全会提出的“改革审判委员会制度，完善主审法官、合议庭办案责任制，让审理者裁判、由裁判者负责”的要求，研究探索建立适应我国社会主义司法制度的审判委员会工作机制。要紧紧抓住审判经验总结、审判委员会决议事项的督促检查以及对后续相关工作的跟踪督办等几项工作重点，进一步整合工作职能，加强审判委员会的专业化和信息化建设，规范和完善审判委员会议题的提交、审议、督办等工作程序，建立健全审判委员会工作机制。强化对审判委员会决定、决议落实情况的跟踪督办和监督检查，切实提高审判委员会工作质量与效率，充分发挥审判委员会在审理重大、疑难、复杂案件，总结审判经验，以及监督、管理、指导审判执行工作等方面的各项职能作用。

——要将卷宗移送、评估拍卖、鉴定审计、公告送达、专家证人等诉讼服务的管理，纳入审判管理工作格局之中，实现有效、系统、科学的管理。各项诉讼服务工作是审判流程管理的重要工作节点，事关审判执行工作的质量与效率，也是审判管理服务审判执行工作的重要载体。将诉讼服务的内容纳入审判管理，有助于集中管理和优化管理，促进诉讼服务工作的规范高效。

——扎实开展有关部门及社会广泛关注案件、审判委员会讨论案件、重大敏感案（事）件以及其他可能产生较大影响案件的督办工作，构建起反应迅速、协调有序、运转高效的处理应对机制。案件督办工作是审判管理的应有职能，从变被动为主动发现督办案件，到案件进入督办程序后编制案号，进行流程节点管理，加强部门间协同，阶段性报送报告，汇报结论性意见等诸项工作都需要审判管理的全面介入。将上述案件纳入审判管理进行督办，一是可以通过审判流程管理和案件质量评查等手段，对这些案件的质量和效率实现有效管控；二是可以通过建立健全大要案件的发现机制和部门间协调沟通机制，从案件进入法院起即对其实施有效管理，主动进行舆情应对，避免陷入被动应付的局面；三是通过公开信息应对各方关注，保障审判权依法独立行使，避免不正当干预的影响。

——有效推进审判流程公开、裁判文书公开、执行信息公开三大平台建设。司法公开是人民法院审判管理的重要抓手。各级人民法院要结合自身实际，以案件信息管理和审判流程管理为基础，深入贯彻落实最高人民法院关于司法公开的各项制度规定，稳妥有序地推进司法公开，逐步完善司法公开的制度机制。要充分运用新媒体扩大司法公开的影响力，尤其对于社会影响较大的案件，要适时公布审判活动信息，有针对性地回应社会公众的关切和疑虑，主动接受社会监督，不断完善司法为民举措，切实提高司法公信力。

——重视司法统计工作在审判管理工作格局之中的重要作用。各级人民法院要推动司法统计工作与审判运行态势分析及审判质效评估等审判管理工作进一步结合，有效促进司法信息资源的全面采集和系统整合，充分发挥司法统计对于强审判、促管理的重要价值。要想用好用活统计数据，真正实现以统计促进审判的目的，就必须通过审判管理在司法统计和案件审判之间建立有机联系。将司法统计纳入审判管理，既能够有效整合从各个渠道获取的审判信息，有效防止“数出多门”，又能够通过审判质效评估、审判运行态势分析、审判流程管理、审判绩效考核等职能的综合作用，深化司法统计数据的运用，使其服务领导决策、服务执法办案的作用落到实处。

——注重审判管理工作与人民法院政务、人事等各项管理工作的有机结合。要根据办案工作实际需要，通过审判管理各项工作成果的综合运用，有针对性地解决裁判尺度不统一、审判活动不规范、职能划分不科学、办案任务不均衡、人员及资源配置不合理等实际问题，实现审判资源的科学配置和有效利用，切实促进人员管理和政务管理工作，促进队伍素质和司法能力不断提升。要加强类型化案件法律适用的研究分析，完善案例指导工作，建立健全适用法律的规则体系，进一步促进司法尺度的统一和自由裁量权的规范行使。

各级人民法院要从工作实际出发，在遵循审判管理基本理念、基本原则、基本要求的前提下，积极丰富和拓展审判管理职能，更好地服务于审判执行工作。在落实和完善审判管理职能的过程中，既要着眼长远、明确方向，又要立足当前、脚踏实地，做到循序渐进，找准关键环节和切入点，有针对性地开展工作。

四、强基固本，严格要求，不断加强专门审判管理机构自身建设

在人民法院审判管理大格局中，审判管理办公室是各审判管理主体的参谋助手，是承上启下、连接各方的枢纽，是人民法院审判管理日常工作的平台。各级人民法院要提高认识，统一思想，进一步发挥审判管理办公室的职能作用，为构建人民法院审判管理新格局夯实基础。

——各级人民法院要为专门审判管理机构配齐配强专业审判管理工作人员。专门审判管理机构的工作人员应当具备过硬的政治素质、丰富的审判经验，以及相应的管理能力、组织协调能力和运用信息技术的能力，以适应工作要求。专门审判管理机构的工作人员必须加强思想政治学习，树立正确的司法政绩观，尊重审判规律，注重面向基层，不断提升审判管理工作水平。

——进一步加强和创新审判管理理论建设。要大力加强调查研究，采用多种形式和载体，总结交流审判管理工作经验，研究探讨理论与实践问题，不断推进审判管理理论的创新与发展。所有时代、所有国家、所有社会性质的司法审判活动，结合自身实际都存在一套与之相适应的审判管理模式，要注意通过各种渠道研究学习其他国家和地区审判管理的有益经验，努力博采众长，做到为我所用。要根据新形势、新任务和新情况的要求，在充分吸收借鉴已有的审判管理成果的基础上，大胆尝试、勇于创新，积极探索既符合审判实际需要又能高效运行的新机制和新方法，全面提升审判管理水平。要鼓励审判管理人员开展调研，总结经验，研究问题，出理论，出成果，不断提高审判管理队伍的理论素养，为审判管理工作夯实理论基础。要在做好实务工作的同时，有意识地加强审判管理的理论研究工作，努力发现和把握审判管理的基本规律，促进审判管理工作更加规范化、制度化、科学化。

——大力加强审判管理队伍的培训工作。要加大审判管理队伍业务技能培训力度，切实提升审判管理队伍的整体专业素养、管理技能和运用信息技术的能力。要进一步提高审判管理人员的政治意识、法治意识、大局意识和责任意识，强化组织纪律，加强廉政建设，牢记职业操守，做到政治素质过硬、管理水平一流。

最高人民法院
关于进一步推进案件繁简分流优化司法资源配置的若干意见

2016 年 9 月 12 日　　　　　　　　法发〔2016〕21 号

为进一步优化司法资源，提高司法效率，促进司法公正，减少当事人诉讼成本，维护人民群众合法权益，根据《中华人民共和国民事诉讼法》《中华人民共和国刑事诉讼法》《中华人民共和国行政诉讼法》等法律规定，结合人民法院工作实际，现就进一步推进案件繁简分流、优化司法资源配置提出如下意见。

1. 遵循司法规律推进繁简分流。科学调配和高效运用审判资源，依法快速审理简单案件，严格规范审理复杂案件，实现简案快审、繁案精审。根据案件事实、法律适用、社会影响等因素，选择适用适当的审理程序，规范完善不同程序之间的转换衔接，做到该繁则繁，当简则简，繁简得当，努力以较小的司法成本取得较好的法律效果。

2. 推进立案环节案件的甄别分流。地方各级人民法院根据法律规定，科学制定简单案件与复杂案件的区分标准和分流规则，采取随机分案为主、指定分案为辅的方式，确保简单案件由人民法庭、速裁团队及时审理，系列性、群体性或关联性案件原则上由同一审判组织审理。对于繁简程度难以及时准确判断的案件，立案、审判及审判管理部门应当及时会商沟通，实现分案工作的有序高效。

3. 完善送达程序与送达方式。当事人在纠纷发生之前约定送达地址的，人民法院可以将该地址作为送达诉讼文书的确认地址。当事人起诉或者答辩时应当依照规定填写送达地址确认书。积极运用电子方式送达；当事人同意电子送达的，应当提供并确认传真号、电子信箱、微信号等电子送达地址。充分利用中国审判流程信息公开网，建立全国法院统一的电子送达平台。完善国家邮政机构以法院专递方式进行送达。

4. 发挥民事案件快速审判程序的优势。根据民事诉讼法及其司法解释规定，积极引导当事人双方约定适用简易程序审理民事案件。对于标的额超过规定标准的简单民事案件，或者不属于民事诉讼法第一百五十七条第一款规定情形但标的额在规定标准以下的民事案件，当事人双方约定适用小额诉讼程序的，可以适用小额诉讼程序审理。依法适用实现担保物权案件特别程序。积极引导当事人将债权人请求债务人给付金钱、有价证券的案件转入督促程序，推广使用电子支付令。

5. 创新刑事速裁工作机制。总结刑事速裁程序试点经验，加强侦查、起诉、审判程序的衔接配合。推广在看守所、执法办案单位等场所内建立速裁办公区，推动案件信息共享及案卷无纸化流转，促进案件办理的简化提速。

6. 简化行政案件审理程序。对于已经立案但不符合起诉条件的行政案件，经过阅卷、调查和询问当事人，认为不需要开庭审理的，可以径行裁定驳回起诉。对于事实清楚、权利义务关系明确、争议不大的案件，探索建立行政速裁工作机制。

7. 探索实行示范诉讼方式。对于系列性或者群体性民事案件和行政案件，选取个别或少数案件先行示范诉讼，参照其裁判结果来处理其他同类案件，通过个案示范处理带动批量案件的高效解决。

8. 推行集中时间审理案件的做法。对于适用简易程序审理的民事案件、适用速裁程序或者简易程序审理的轻微刑事案件，实行集中立案、移送、排期、开庭、宣判，由同一审判组织在同一时段内对多个案件连续审理。

9. 发挥庭前会议功能。法官或者受法官指导的法官助理主持召开庭前会议，解决核对当事人身份、组织交换证据目录、启动非法证据排除等相关程序性事项。对于适宜调解的案件，积极通过庭前会议促成当事人和解或者达成调解协议。对于庭前会议已确认的无争议事实和证据，在庭审中作出说明后，可以简化庭审举证和质证；对于有争议的事实和证据，征求当事人意见后归纳争议焦点。

10. 创新开庭方式。对于适用简易程序审理的民事、刑事案件，经当事人同意，可以采用远程视频方式开庭。证人、鉴定人、被害人可以使用视听传输技术或者同步视频作证室等作证。

11. 推行庭审记录方式改革。积极开发利用智能语音识别技术，实现庭审语音同步转化为文字并生成法庭笔录。落实庭审活动全程录音录像的要求，探索使用庭审录音录像简化或者替代书记员法庭记录。

12. 推进民事庭审方式改革。对于适用小额诉讼程序审理的民事案件，可以直接围绕诉讼请求进行庭审，不受法庭调查、法庭辩论等庭审程序限制。对于案件要素与审理要点相对集中的民事案件，可以根据相关要素并结合诉讼请求确定庭审顺序，围绕有争议的要素同步进行法庭调查和法庭辩论。

13. 探索认罪认罚案件庭审方式改革。对于被告人认罪认罚的案件，探索简化庭审程序，但是应当听取被告人的最后陈述。适用刑事速裁程序审理的，可不再进行法庭调查、法庭辩论；适用刑事简易程序审理的，不受法庭调查、法庭辩论等庭审程序限制。

14. 促进当庭宣判。对于适用小额诉讼程序审理的民事案件、适用速裁程序审理的刑事案件，原则上应当当庭宣判。对于适用民事、刑事、行政简易程序审理的案件，一般应当当庭宣判。对于适用普通程序审理的民事、刑事、行政案件，逐步提高当庭宣判率。

15. 推行裁判文书繁简分流。根据法院审级、案件类型、庭审情况等对裁判文书的体例结构及说理进行繁简分流。复杂案件的裁判文书应当围绕争议焦点进行有针对性地说理。新类型、具有指导意义的简单案件，加强说理；其他简单案件可以使用令状式、要素式、表格式等简式裁判文书，简化说理。当庭宣判的案件，裁判文书可以适当简化。当庭即时履行的民事案件，经征得各方当事人同意，可以在法庭笔录中记录相关情况后不再出具裁判文书。

16. 完善二审案件衔接机制。积极引导当事人、律师等提交电子诉讼材料，推进智慧法院建设和诉讼档案电子化，运用电子卷宗移送方式，加快案卷在上下级法院之间的移送。优化二审审理方式，围绕诉讼各方争议问题进行审理，避免二审与一审在庭审和裁判文书方面的不必要重复。强化二审统一裁判尺度、明确裁判规则等功能。

17. 提升人案配比科学性。在精确测算人员、案件数量和工作量的基础上，动态调整不同法院、不同审判部门的审判力量。根据法院审级、案件繁简等相关因素，合理确定法官、法官助理、书记员的配置比例，科学界定各自职能定位及其相互关系，最大程度地发挥审判团队优势。

18. 推广专业化审判。在充分考虑法官办案能力、经验及特长等因素的基础上，根据案件的不同类型确定审理类型化案件的专业审判组织，根据案件的繁简程度确定专门审理简单案件与复杂案件的审判人员。推进办案标准化建设，健全案例工作制度。构建法官轮岗机制，完善业绩评价体系，激发和保持审判队伍的活力。

19. 推进审判辅助事务集中管理。根据审判实际需要，在诉讼服务中心或者审判业务等部门安排专门的审判辅助人员，集中负责送达、排期开庭、保全、鉴定评估、文书上网等审判辅助事务。

20. 完善多元化纠纷解决机制。推动综治组织、行政机关、人民调解组织、商事调解组织、行业调解组织、仲裁机构、公证机构等各类治理主体发挥预防与化解矛盾纠纷的作用，完善诉调对接工作平台建设，加强诉讼与非诉纠纷解决方式的有机衔接，促进纠纷的诉前分流。完善刑事诉讼中的和解、调解。促进行政调解、行政和解，积极支持行政机关依法裁决同行政管理活动密切相关的民事纠纷。

21. 发挥律师在诉讼中的作用。积极支持律师依法执业，保障律师执业权利，重视律师对案件繁简分流和诉讼程序选择的意见，积极推动律师参与调解、代理申诉等工作。

22. 引导当事人诚信理性诉讼。加大对虚假诉讼、恶意诉讼等非诚信诉讼行为的打击力度，充分发挥诉讼费用、律师费用调节当事人诉讼行为的杠杆作用，促使当事人选择适当方式解决纠纷。当事人存在滥用诉讼权利、拖延承担诉讼义务等明显不当行为，造成诉讼对方或第三人直接损失的，人民法院可以根据具体情况对无过错方依法提出的赔偿合理的律师费用等正当要求予以支持。

【解　　读】

解读《关于进一步推进案件繁简分流优化司法资源配置的若干意见》

2016年9月12日，最高人民法院发布并施行《关于进一步推进案件繁简分流优化司法资源配置的意见》(以下简称《意见》)，这是推进人民法院执法办案工作的关键举措，也是深化司法改革的重要内容。为便于审判实践中正确理解和把握，现就《意见》的起草背景、基本原则、主要内容进行说明。

一、《意见》的制定背景

改革开放以来，随着经济社会生活的发展变化，我国法院受理案件数量持续增长，由1978年的61万件增加到2015年的1952万件，增长30多倍。这种急剧增长被人们形象地称为“诉讼爆炸”。与此同时，我国法官人数从1978年的6万人增加到目前的20万人，增长仅3倍多，与案件增长幅度相比明显不成比例。

当前，人民法院的司法改革已经进入攻坚期。随着立案登记制的实施和法官员额制的推进，“案多人少”矛盾有进一步加剧的倾向。2016年上半年，全国新收案件1002.9万，与2015年同期新收843.2万件相比增加159.7万件，上升18.94%。未结案件数量也相应上升，截止2016年6月30日，全国法院未结510.9万件，与2015年同期相比，未结案件增加26.0万件，上升

5.36%。以近三年来受理案件数量最多的江苏为例，2015 年江苏法院受理案件 1633486 件，与 2012 年相比增长 62.98 万件，增幅 62.76%；而中央政法专项编制总数仅为 18516 名，与 2012 年相比仅增加 477 名，增幅 2.64%。截止 2016 年 6 月 30 日，江苏法院未结案件数量为 429680 件，仅次于广东法院的 442717 件。而且，可以预见的是，在今后的一段时间内，全国法院新收案件将继续呈增长态势，执法办案压力将不断增大。

十八大以来，习近平总书记多次强调，要努力让人民群众在每一个司法案件中感受到公平正义，所有司法机关都要紧紧围绕这个目标来改进工作，重点解决影响司法公正和制约司法能力的深层次问题。中央对如何破解“案多人少”难题高度重视，孟建柱书记在 2016 年 3 月的中央政法工作会议上要求，要坚持依法处理和多元化解相结合，强化诉前调解、诉调对接，推进繁简分流，构建普通程序、简易程序、速裁程序等相配套的多层次诉讼制度体系，努力以较小的司法成本取得较好的法律效果，有效化解“案多人少”矛盾。

为落实中央精神，切实缓解“案多人少”矛盾，最高人民法院在制定出台《最高人民法院关于人民法院进一步深化多元化纠纷解决机制改革的意见》和《最高人民法院关于人民法院特邀调解的规定》两个规范性文件的同时，制定了《意见》。

《意见》的起草坚持以问题为导向，主管院领导亲自带队深入湖南、浙江等地调研，充分听取一线法官的意见建议，多次召开人大代表、政协委员、法学专家、律师代表等参加的座谈论证会，同时，多次征求全国法院系统的意见，并征求了中央政法委、全国人大法工委、最高人民检察院、公安部、司法部、全国律协的意见。可以说，《意见》是在充分调研论证和广泛征求意见的基础上形成的政策性文件和改革成果。

二、《意见》的基本原则

《意见》作为未来一个时期指导全国法院深化繁简分流改革的规范性文件，既加强顶层设计，完善诉讼程序，优化司法资源配置，又鼓励地方探索，创新工作机制，推广经验做法。《意见》的制定主要遵循下列基本原则：

一是坚持依法改革。从根本上说，破解“案多人少”有赖于法律及其司法解释的修改和完善。例如，根据《行政诉讼法》第八十三条的规定，适用简易程序审理行政案件的审限为四十五日。因审限过短，简易程序在实践中适用很少。再如，根据《关于适用〈中华人民共和国民事诉讼法〉的解释》第四百三十二条第（二）项的规定，人民法院发出支付令之日起三十日内应当送达债务人；但《民事诉讼法》第九十二条规定，“公告送达的期限为六十日”，导致督促程序无法适用公告送达。《意见》作为最高人民法院制定的规范性文件，只能对现有规定进行具体化和明确化，涉及法律修改的，今后再适时提出建议。

二是坚持因地制宜。推进繁简分流要从实际出发，积极探索。对于中级、基层法院所关心的如何区分繁案与简案，如何确定分流规则等问题，考虑到审判实践惯例、法官水平差异、法院所处层级等原因，不同地区法院之间存在较大差别，不能搞“一刀切”。例如，在发达地区已经形成裁判规则的简单案件，在欠发达地区可能还属于新类型的复杂案件。《意见》对上述问题没有作出统一规定，而是授权地方各级人民法院根据实际情况自行制定实施细则。同时，《意见》的规定大多属于倡导性的，从而给今后的深化和创新提供依据、预留空间。

三是坚持问题导向。从法院层级来看，“案多人少”矛盾主要集中在基层法院。我国80%的法官在基层法院工作，80%的案件由基层法院受理。从案件类型来看，“案多人少”矛盾主要集中在民事审判。2016年上半年，全国新收案件中民事案件610.80万件，占61.1%；刑事案件86.44万件，占8.6%；行政案件26.96万件，占2.7%。未结案件中民事案件306.2万件，占60.27%；刑事案件21.5万件，占4.23%；行政案件10.6万，占2.09%。“案多人少”矛盾主要集中存在于基层法院的一审民事案件中，当然在中级以上法院的二审、再审案件中，以及刑事、行政案件中也同样存在。推进繁简分流，应当注意不同层级法院、不同案件类型繁简分流的相同点和不同点，既注意解决共性问题，又注意照顾个性差异。《意见》强调解决主要矛盾和问题，以一审民事案件的繁简分流为主线，以构建多层次诉讼体系为抓手，更加突出“简”的方面，着重解决送达难等制约审判效率的问题，从而在更高层次上实现司法公正和司法效率的平衡。

四是坚持多措并举。在本轮司法改革过程中，各项司法改革举措之间关联度高、耦合性强，必须统筹推进。我国法官总体数量不少，但应对迅速增加的案件仍捉襟见肘，主要原因就在于法院内部资源配置失衡，法院外部主体力量的作用没有得到最大程度地发挥。推进繁简分流必然涉及优化司法资源配置，要用改革的思维和改革的方式破解工作难题，创新管理机制，完善配套措施，实现案件负担均衡化、人员配比合理化。《意见》的规定不仅涉及诉讼程序机制的完善，而且涉及司法资源配置的优化。

三、《意见》的主要内容

（一）用好用足现有制度

三大诉讼法及其司法解释已经对诉讼制度进行了具体规定，并不断发展完善，从而形成了较为完备的诉讼制度体系。在民事诉讼方面，2012年新修订的民事诉讼法新增了小额诉讼程序、确认调解协议案件、实现担保物权案件特别程序。在刑事诉讼方面，2012 年新修订的刑事诉讼法将简易程序的适用范围扩展到基层法院所有的刑事案件，突破了原先仅适用于可能判处三年以下有期徒刑案件的限制；2014 年 6 月，刑事案件速裁程序试点开始，适用范围是一年有期徒刑以下刑罚的案件；2016 年 7 月，中央全面深化改革领导小组审议通过了《关于认罪认罚从宽制度改革试点方案》，9 月 3 日全国人大常委会审议通过《关于授权最高人民法院、最高人民检察院在部分地区开展刑事案件认罪认罚从宽制度试点工作的决定》，选择在 18 个城市依法有序稳步推进试点工作。在行政诉讼方面，2014 年新修订的行政诉讼法新增了行政简易程序；2015 年 4 月，最高人民法院发布《关于适用〈中华人民共和国行政诉讼法〉若干问题的解释》，对裁定驳回起诉类案件审理程序作出了进一步规范。

《意见》正是在上述诉讼制度与程序的基础上，重点着眼于激活和优化诉讼程序，构建分层递进、层层筛选的分流“漏斗”，进一步推进案件繁简分流。

一是在登记立案前，为当事人提供更多可供选择的纠纷解决方式，让更多纠纷在诉讼渠道外得到解决。《意见》第 20 条规定：“完善多元化纠纷解决机制。推动综治组织、行政机关、人民调解组织、商事调解组织、行业调解组织、仲裁机构、公证机构等各类治理主体发挥预防与化解矛盾纠纷的作用，完善诉调对接工作平台建设，加强诉讼与非诉讼纠纷解决方式的有机衔接，促进纠纷的诉前分流。完善刑事诉讼中的和解、调解。促进行政调解、行政和解，积极支持行政机关依法裁决同行政管理活动密切相关的民事纠纷。”《最高人民法院关于人民法院进一步深化多元化纠纷解决机制改革的若干意见》及《最高人民法院关于人民法院特邀调解规定》已经对此进行了详细规定，各级人民法院应当遵照执行。

二是在登记立案后，对于适宜调解的案件，应当通过庭前会议等解决，减少需要开庭的案件数量。《意见》第 9 条规定：“对于适宜调解的案件，积极通过庭前会议促成当事人和解或者达成调解协议。”

三是在登记立案后，对于不适宜调解而进入诉讼程序的案件，应当通过简易程序、督促程序、实现担保物权案件特别程序等快速审理。《意见》第 4 条规定：“发挥民事案件快速审判程序的优势。根据民事诉讼法及其司法解释规定，积极引导当事人双方约定适用简易程序审理民事案件。对于标的额超过规定标准的简单民事案件，或者不属于民事诉讼法第一百五十七条第一款规定情形但标的额在规定标准以下的民事案件，当事人双方约定适用小额诉讼程序的，可以适用小额诉讼程序审理。依法适用实现担保物权案件特别程序。积极引导当事人将债权人请求债务人给付金钱、有价证券的案件转入督促程序，推广使用电子支付令。”

其中，该条提高了适用小额诉讼程序的标的额。目前，小额诉讼程序的适用率不高，很重要的原因就是标的限额太低。针对这一情况，在充分保障当事人选择权的前提下，浙江、上海等地提高了小额诉讼程序标的限额。例如，2013 年《浙江省高级人民法院关于适用小额诉讼程序审理民事案件相关问题的意见》规定，符合适用小额诉讼程序其他条件，但案件标的额在规定标准以上、10 万元以下的案件，当事人可以选择适用小额诉讼程序。2015 年《上海市高级人民法院关于规范小额诉讼审判工作的实施细则》规定，对于符合本细则其他条件，仅是诉讼标的额超过当年度小额诉讼金额标准的案件，当事人双方协商一致要求适用小额诉讼的，如诉讼标的额低于当年小额诉讼金额标准两倍的（含两倍），人民法院可予准许，并制作笔录备案。小额诉讼程序属于简易程序，可以根据《民事诉讼法》第一百五十七条第二款的规定，由当事人双方约定适用。不过，考虑到各地情况不一，《意见》没有对标的限额作出统一规定。

四是经上述三个层次仍未解决的纠纷，再进入普通程序审理。原则上说，按照普通程序审理的案件，其程序应当是严格规范的，但仍然可以在一定程度上根据诉讼各方意见、有无争议等情况，对庭审和裁判文书进行适当简化，从而更好地体现繁简得当的要求。《意见》第 15 条规定："根据法院审级、案件类型、庭审情况等对裁判文书的体例结构及说理进行繁简分流。"

此外，《意见》第 10 条对远程视频开庭、证人隐蔽作证，第 14 条对当庭宣判作出了相关规定，进一步细化了诉讼法及其司法解释的相关规定。

（二）不断创新工作机制

繁简分流不仅要用好用足现有制度，而且要不断创新工作机制，从而强化诉讼制度落实的机制保障。《意见》既涉及分案机制、审理程序机制、审级衔接机制等一般机制，又涉及了刑事速裁工作机制等具体机制。

一是实现分案机制的科学性。《意见》第 2 条规定："采取随机分案为主、指定分案为辅的方式，确保简单案件由人民法庭、速裁团队及时审理，系列性、群体性或关联性案件原则上由同一审判组织审理。对于繁简程度难以及时准确判断的案件，立案、审判及审判管理部门应当及时会商沟通，实现分案工作的有序高效。"立案是诉讼程序的开端，科学的分案机制对繁简分流至关重要。综合各国及我国各地法院的情况，一般采取以下两种分案方式：一是根据收案依次轮流分配。这种方式不考虑承办法官目前的存案情况，对法院受理的案件根据案件类别进行轮流分配。二是根据存案来分配案件。这种方式意味着承办法官结案越快，存案数量越少，则将会被分配到更多的案件，有可能造成"鞭打快牛"。我们认为，各级人民法院一般应当采取收案与存案相结合的方式，在随机依次分案的基础上，注意存案因素，如果存案较多，可以采取自动轮空的方式。

对于简单案件，宜由人民法庭、速裁团队及时审理。考虑到具体分案方式涉及审判部门的工作内容、工作量等因素，《意见》没有作统一要求，而是赋予各级人民法院自主性，只是提出了要达到的分案效果。对于复杂案件，实行立案会商机制，根据立案、审判及审判管理部门的意见，解决案件甄别过程中的疑难复杂问题。对于系列性、群体性或关联性案件，原则上由同一审判组织审理，从而避免“人为”造成多头处理、一案多判，甚至导致法律适用的不统一。

二是推行集中时间审理案件的做法。《意见》第 8 条规定：“对于适用简易程序审理的民事案件、适用速裁程序或者简易程序审理的轻微刑事案件，实行集中立案、移送、排期、开庭、宣判，由同一审判组织在同一时段内对多个案件连续审理。”对于简单案件，传统的“一案一审”模式由于诉讼程序的限制，在物质、时间和人力资源上造成了浪费。采用同一时段集中审理，适当简化庭审程序性事项是一种集约化审理模式。例如，在刑事审判中，一些法院采取了以集中开庭审理为核心的“三集中”方式，即集中提起公诉、集中分案与送达、集中开庭审理。检察机关对适用快速办理的案件实行批量“打包”移送至法院立案部门。立案部门在收到案件当日完成立案，并于立案当天移送刑事审判庭；审判辅助人员集中送达起诉文书，安排同一批案件在一个时间段开庭审理。法官在一个时间段内集中开庭审理，每个案件开庭时间较短，一般为几分钟或者十几分钟，半天时间即可完成多个案件的开庭审理。

三是完善二审案件衔接机制。《意见》第 16 条规定：“积极引导当事人、律师等提交电子诉讼材料，推进智慧法院建设和诉讼档案电子化，运用电子卷宗移送方式，加快案卷在上下级法院之间的移送。优化二审审理方式，围绕诉讼各方争议问题进行审理，避免二审与一审在庭审和裁判文书方面的不必要重复。强化二审统一裁判尺度、明确裁判规则等功能。”在审判实践中，卷宗移送缓慢的情况时有发生，且不同审级法院的职能定位尚未得到明显区分，制约了二审案件的审判效率。为了规范上（抗）诉案件的移送，各地法院对此作出了不少努力，通过制定二审案件移送流程管理规范、建立一、二审案卷交换平台、推行电子卷宗移送等有效方式顺畅一、二审衔接，取得了良好的效果。2016 年 7 月，最高人民法院出台《关于全面推进人民法院电子卷宗随案同步生成和深度应用的指导意见》，要求全国各级法院在 2017 年底前，全面实现电子卷宗随案同步生成和深度应用，将助推一、二审衔接再次提速。

同时，一审法院的职能定位是查明事实、化解矛盾，二审法院更多侧重于法律适用。要将争议不大的案件尽可能解决在一审，二审法院的法官着重审理重大、疑难、复杂和新类型案件，确立裁判规则，指导类案审判，确保法律的统一适用。因此，有必要简化二审法官的工作，突出二审的法律审职能，从而倒逼一审的事实审功能。

四是创新刑事速裁工作机制。《意见》第5条规定："总结刑事速裁程序试点经验，加强侦查、起诉、审判程序的衔接配合。推广在看守所、执法办案单位等场所内建立速裁办公区，推动案件信息共享及案卷无纸化流转，促进案件办理的简化提速。"在刑事速裁程序的试点过程中，北京海淀区公检法三机关在看守所内建立"速裁办公区"就近集中办公，并通过网络视频提供法律帮助和远程开庭，实现案件信息共享及案卷无纸化流转。海淀速裁工作机制实现程序全程简化，特别是诉前、审前的很多不必要环节和手续简化了，诉讼互动方式更便捷；程序简化但职能不"简"，司法职责不减，被告人的诉讼权利不减，突出权利保障和法律帮助的全程化、普遍化。这不仅使审判活动提速，而且整个刑事诉讼流程都加快提速，判前候审时间大大缩短。当然，"集中办公"只是办公地点的集中，并非既往的"联合办案"，更不是司法职能的合并或联合。

（三）大力推广经验做法

各地法院采取的繁简分流举措，大多在送达、庭前、庭审、文书等关键审判环节方面进行了重点突破，并取得了许多宝贵经验。《意见》在加强顶层设计的条件下，对地方探索进行了总结提炼，并对可推广、可复制的经验予以介绍和推广。

一是采取多项措施破解"送达难"。《意见》第3条规定："完善送达程序与送达方式。当事人在纠纷发生之前约定送达地址的，人民法院可以将该地址作为送达诉讼文书的确认地址。当事人起诉或答辩时应当依照规定填写送达地址确认书。积极运用电子方式送达；当事人同意电子送达的，应当提供并确认传真号、电子信箱、微信号等电子送达地址。充分利用中国审判流程信息公开网，建立全国法院统一的电子送达平台。完善国家邮政机构以法院专递方式进行送达。"其中，电子送达是未来送达的主要方式，建立统一的电子送达平台意义重大。目前，一些地方法院已经开始设置平台，如浙江法院的12368短信平台。不过，开发全国性的电子送达平台能够实现跨区域使用，且更为规范。该平台应该实现以下功能：一是保存送达内容；二是不得任意修改和删除；三是系统提供短信提醒功能、邮件提醒功能；四是对传送的文件进行加密处理，并在文书签收时支持签收回执、认证签收行为。

另外，诉前送达地址确认是一项新的做法，实践效果较好，《意见》予以推广。诉前送达地址确认是指各方当事人在诉前约定明确地址作为诉讼文书送达地址，承诺如果因发生争议进入诉讼程序，该地址作为人民法院送达各类法律文书的确认地址，人民法院向该地址送达法律文书被拒收、退回的，视为送达，无需另行公告。

2007年，广东佛山南海区法院针对道路交通事故案件推出在诉讼之前预先确认送达地址的做法，即由法院制作《地址确认书》并交给交警部门，由交警部门在处理交通事故时要求每一位交通事故当事人填写地址确认书，一旦形成诉讼，当事人向交警部门确认的地址即被认定为是当事人自行确认的送达地址。2011年，上海高院出台《关于审理信用卡纠纷案件的若干指导意见》规定：如信用卡领用合约中明确约定诉讼期间送达地址，并约定受诉法院邮寄到该地址即视为送达的，该约定应属有效。2016年，北京市四中院率先发出《关于有效维护金融债权解决“送达难”在合同中约定送达地址的司法建议》，建议银行、金融机构以合同约定送达地址、明确法律责任的方式解决“送达难”问题，同时该院制作规范化、模板化合同建议条款，促进合同当事人履行诚信义务。由此可见，诉前送达地址确认实际上是将送达地址确认时间从原来的诉讼发生后由当事人向法院确认，提前到双方当事人在形成诉讼之前自行确认或者向相关第三方作出确认。

二是发挥庭前会议繁简分流的功能。《意见》第9条规定：“法官或受法官指导的法官助理主持召开庭前会议，解决核对当事人身份、组织交换证据目录、启动非法证据排除等相关程序性事项。”“对于庭前会议已确认的无争议事实和证据，在庭审中作出说明后，可以简化庭审举证和质证；对于有争议的事实和证据，征求当事人意见后归纳争议焦点。”目前，庭前会议的整体适用率不高，而且主要适用于复杂案件，但是，一些地方法院进行了积极探索，提高审判质效和利用审判资源，值得推广。

例如，湖南长沙县法院由法官助理主持庭前会议，并将庭前会议适用于简单案件审理，尽量在庭前会议之后就开庭，大大减轻了法官的庭审负担。再如，辽宁沈阳中院率先在一审建筑工程案件中试行庭前会议，适用范围逐步扩大，民事庭前会议由法官或法官助理主持，将庭审中的权利义务告知、回避申请等程序性工作前置，明确诉辩意见，固定无争议事实，归纳争议焦点并促使当事人围绕焦点举证。对于案情简单清晰、争议不大的案件可提前实现调解结案，而对于案情疑难复杂、争议较大的案件来说，其有助于法官理清庭审思路，实现庭审提速。

三是推进民事庭审方式改革。《意见》第12条规定：“对于适用小额诉讼程序审理的民事案件，可以直接围绕诉讼请求进行庭审，不受法庭调查、法庭辩论等庭审程序限制。对于案件要素与审理要点相对集中的民事案件，可以根据相关要素并结合诉讼请求确定庭审顺序，围绕有争议的要素同步进行法庭调查和法庭辩论。”这里主要是推广了广东深圳中院的“门诊式庭审”和“要素式庭审”。

“门诊式庭审”是指庭前由法官助理集中对一定数量当事人宣布法庭纪律、核对当事人、告知诉讼权利义务、征求回避意见等程序性工作，法官则围绕诉讼请求直接进行实质性庭审，不拘泥于法庭调查和法庭辩论的顺序，庭审结束后原则上当庭宣判、当庭制作令状式判决，当庭送达判决书。法官能够像医生门诊看病一样集中时间对批量的简易案件快速审理。为提高当庭宣判的效率和质量，统一设计常见案件规范化当庭宣判模板，法官只需针对个案对模板略作修改，便可当庭认定事实，快速高质出具裁判理由。

"要素式庭审"是指根据案件相关要素并结合诉讼请求确定庭审顺序，围绕争议要素同步进行调查和辩论的庭审模式。根据类型化案件的特点，设计了要素表，要求当事人庭前填写，庭审时法官则按照要素表的争议要素依次组织举证、质证和认证。当事人已于开庭审理前填写要素表的，法院在开庭审理时对双方无争议的要素予以确认并记入庭审笔录；对于双方有争议的要素应当重点审查，引导当事人举证和质证。当事人未在开庭审理前填写要素表的，法院开庭审理时可以要素表的基本要素为线索，逐项当庭征询各方当事人的意见，对双方无争议的要素予以确认并记入笔录，并引导当事人围绕争议要素进行举证和质证。

四是推行裁判文书繁简分流。《意见》第15条规定："复杂案件的裁判文书应当围绕争议焦点进行有针对性的说理。新类型、具有指导意义的简单案件，加强说理；其他简单案件可以使用令状式、要素式、表格式等简式裁判文书，简化说理。当庭宣判的案件，裁判文书可以适当简化。"这里主要是推广了部分法院在裁判文书方面的经验做法，主要包括广东深圳中院的令状式、要素式、表格式裁判文书，刑事速裁程序试点的填充式、表格式裁判文书，湖南长沙县法院的分论式裁判文书，北京知识产权法院的省略式、要旨式、点论式等裁判文书，等等。

例如，2012年5月，深圳中院启动裁判文书简化改革，对一审法院适用简易程序审理的案情简单、事实争议不大的民商事案件，根据不同类型分别适用令状式、要素式、表格式裁判文书。以往传统文书从制作到送达通常需要10天左右，适用令状式裁判文书仅需30分钟就可制作完成，适用要素式、表格式裁判文书制作送达周期也不超过4天，破解了裁判文书"出口慢"的难题。浙江、河北、陕西等各地法院在此基础上也积极推广简化裁判文书。2016年，新的民事诉讼文书样式列举了民事判决书（小额诉讼程序令状式判决用）、民事判决书（被告对原告所主张的事实和诉讼请求无异议的小额诉讼程序表格式判决用）、民事判决书（简易程序和小额诉讼程序要素式判决用）。

再如，2013年10月，长沙县法院启动裁判文书改革工作，根据审理程序，探索试行速裁式简易裁判文书和分论式简易裁判文书。分论式裁判文书适用于除小额诉讼程序以外的其他简易程序、普通程序民事案件。分论式裁判文书是指在充分查明案件事实的基础上，准确把握案件争议焦点，对无争议部分简写，有争议部分详写的法律文书。

在此基础上，《意见》第 12 条还规定："当庭即时履行的民事案件，经征得各方当事人同意，可以在法庭笔录中记录相关情况后不再出具裁判文书。"这实际上是鼓励各级人民法院进一步发挥庭审的中心作用，对庭审已经解决争议并实际履行的民事案件，实行口头裁判。

（四）积极开展探索试点

繁简分流需要不断发展完善，为了更好地引领繁简分流的未来发展方向，《意见》鼓励各级人民法院在法律允许范围内进行积极探索，同时根据中央授权进行试点。

一是探索建立行政速裁工作机制。《意见》第 6 条规定："对于事实清楚、权利义务关系明确、争议不大的案件，探索建立行政速裁工作机制。"行政诉讼法修改扩大了行政案件的受理范围，加上立案登记制的实施，行政案件的增长幅度比较大，仅 2015 年同比增长就达到 61.5%，截至 2016 年 3 月 31 日，全国法院受理一审行政案件达到 220259 件，同比上升 59.23%。在行政案件中，政府信息公开案件占到了较大比例，且大都比较简单。因此，有必要借鉴民事速裁工作机制，建立行政速裁工作机制。个别法院已经进行了先行先试，山东黄岛法院制定《关于行政案件适用速裁程序的规定》，适用速裁程序审理的行政案件，应当在立案之日起 25 日内结案，统一使用格式化裁判文书，大大提高了审判效率。

二是探索实行示范诉讼方式。《意见》第 7 条规定："对于系列性或群体性民事案件和行政案件，选取个别或少数案件先行示范诉讼，参照其裁判结果来处理其他同类案件，通过个案示范处理带动批量案件的高效解决。"近年来，涉及多数人利益的农民工工资拖欠、房屋拆迁安置、环境污染等群体性纠纷多发，而代表人诉讼制度由于程序设计粗糙等在解决群体性纠纷中的作用极其有限。有鉴于此，一些法院已探索示范诉讼方式，例如，从 2013 年开始，浙江台州三门县法院开始探索运用示范诉讼模式化解涉众型案件，寻求用个案的示范诉讼来带动同类批量案件的统一裁判或调解处理，以期涉众型案件取得最佳办案效果。

三是探索认罪认罚案件庭审方式改革。《意见》第 13 条规定："对于被告人认罪认罚的案件，探索简化庭审程序，但是应当听取被告人的最后陈述。适用刑事速裁程序审理的，可不再进行法庭调查、法庭辩论；适用刑事简易程序审理的，不受法庭调查、法庭辩论等庭审程序限制。"认罪认罚从宽制度是我国宽严相济刑事政策的制度化，也是对刑事诉讼程序的创新，既包括实体上从宽处理，也包括程序上从简处理。庭审程序简化是认罪认罚案件程序简化的重要内容，适用速裁程序或者简易程序审理的认罪认罚从宽案件，其庭审程序都可以简化，但都不能省略被告人最后陈述，从而保障被告人当面向法官陈述意见和要求的权利。

四是探索推行庭审记录方式改革。《意见》第12条规定："落实庭审活动全程录音录像的要求，探索使用庭审录音录像简化或者替代书记员法庭记录。"浙江法院从2014年8月开始试行庭审记录改革，采取"由易到难、由点到面"的方式，先选取案件事实相对简单、法律关系相对清楚的金融借款、民间借贷、危险驾驶及其他轻微刑事案件等试行。同时，根据案件繁简程度、争议大小及法官自身能力，合理确定书记员出庭模式：一是书记员完成开庭准备后退庭；二是书记员全程不出庭，由法官操作开庭准备工作；三是书记员全程出庭，但不制作传统意义上的庭审笔录，主要负责开庭准备、框架性记录等辅助工作。截至2016年5月底，浙江法院共试行249812件，其中基层法院是绝对主力，共试行103623件，其中有19家基层法院的试行率已超过80%。

(五) 合理利用人力资源

在各类审判资源中，人力资源是最宝贵的资源。繁简分流必须合理利用人力资源，充分做好内部挖潜工作。《意见》从法官、审判辅助人员、律师、当事人等不同主体入手，分别作出了相关规定。

一是充分发挥法官的主体作用。《意见》第17条规定："在精确测算人员、案件数量和工作量的基础上，动态调整不同法院、不同审判部门的审判力量。"在推进法官员额制改革的过程中，要做好员额基数的测算工作，员额分配向基层法院倾斜，向办案任务重的部门倾斜，确保满足实际办案需要。员额比例和数量可以根据案件数量情况在不同审级和地域法院之间合理调控。各地高级法院对辖区内员额法官进行动态管理，必要时进行统一调配。

《意见》第18条规定："推广专业化审判。在充分考虑法官办案能力、经验及特长等因素的基础上，根据案件的不同类型确定审理类型化案件的专业审判组织，根据案件的繁简程度确定专门审理简单案件与复杂案件的审判人员。推进办案标准化建设，健全案例工作制度。构建法官轮岗机制，完善业绩评价体系，激发和保持审判队伍的活力。"专业化审判能够让法官集中精力审理擅长领域的案件，做到专业对口，人尽其才，避免原本紧张的人力资源疲于应付各种类型的案件。《意见》明确了专业化审判的两个层次。第一个层次是将不同的类型案件交由不同的审判部门集约化审理，如不少地方法院成立金融案件审判合议庭等。第二个层次是将类型化案件中的复杂案件与简单案件分别确定不同的审理法官，如成立速裁合议庭或者速裁审判庭审理简单案件，强调速立、速裁、速结、速执。

二是充分发挥审判辅助人员的辅助作用。《意见》第17条规定："根据法院审级、案件繁简等相关因素，合理确定法官、法官助理、书记员的配置比例，科学界定各自职能定位及其相互关系，最大程度地发挥审判团队优势。”审判辅助人员负责业务性、事务性工作，能够使法官集中精力专司审判。据江苏法院统计，增加审判辅助人员的配置，使法官、书记员配比达到 1 ∶1.1，可以有效减少员额法官 40%的工作量。

《意见》第 19 条规定：“根据审判实际需要，在诉讼服务中心或审判业务等部门安排专门的审判辅助人员，集中负责送达、排期开庭、保全、鉴定评估、文书上网等审判辅助事务。”让专门的审判辅助人员集中办理程序性审判辅助事务，可以加强审判辅助事务的集约化和专业化，可以加快办理速度。河南洛阳中院大力加强诉讼服务中心建设，对审判辅助事务进行集中管理，卷宗及时归档率提高了 31.7%，法律文书平均送达时间缩短了 20%以上，案件平均审理期限缩短了 11 天，法官的人均结案数同比提高了 30.7%。集中管理的部门除了诉讼服务中心以外，还可能包括审判业务部门、办公室等。例如，深圳福田区法院成立司法辅助中心，统一负责诉讼材料收转、邮件收寄、外出送达等工作。

三是发挥律师在诉讼中的作用。《意见》第 21 条规定：“积极支持律师依法执业，保障律师执业权利，重视律师对案件繁简分流和诉讼程序选择的意见，积极推动律师参与调解、代理申诉等工作。”除了作为代理人参与诉讼以外，律师还可能作为中立第三方参与调解，对此《最高人民法院关于人民法院进一步深化多元化纠纷解决机制改革的意见》第 19 条规定：“推动律师调解制度建设。人民法院加强与司法行政部门、律师协会、律师事务所以及法律援助中心的沟通联系，吸纳律师加入人民法院特邀调解员名册，探索建立律师调解工作室，鼓励律师参与纠纷解决。支持律师加入各类调解组织担任调解员，或者在律师事务所设置律师调解员，充分发挥律师专业化、职业化优势。建立律师担任调解员的回避制度，担任调解员的律师不得担任同一案件的代理人。推动建立律师接受委托代理时告知当事人选择非诉讼方式解决纠纷的机制。”因此，对于律师作为中立第三方参与调解的，按照该条规定执行即可。

此外，一些地方法院都对律师调查令进行了探索，如北京四中法院在民事诉讼或案件执行阶段进一步落实委托调查令制度，重庆市在全市三级法院民事诉讼的案件审理阶段试行律师调查令。考虑到律师调查令制度还存在较大争议，《意见》暂未作出规定，待条件成熟后再由立法统一规定。

四是引导当事人诚信理性诉讼。《意见》第 22 条规定：“加大对虚假诉讼、恶意诉讼等非诚信诉讼行为的打击力度，充分发挥诉讼费用、律师费用调节当事人诉讼行为的杠杆作用，促使当事人选择适当方式解决纠纷。当事人存在滥用诉讼权利、拖延承担诉讼义务等明显不当行为，造成诉讼对方或第三人直接损失的，人民法院可以根据具体情况对无过错方依法提出的赔偿合理的律师费用等正当要求予以支持。”打击虚假诉讼是人民法院的一贯立场，2015年11月，最高人民法院第二巡回法庭公开开庭审理一起借款纠纷上诉案，当庭认定上诉人上海欧宝生物科技有限公司、被上诉人辽宁特莱维置业发展有限公司构成虚假诉讼，驳回上诉人的上诉请求，同时对两当事人各罚款人民币50万元。2016年6月，最高人民法院出台《关于防范和打击虚假诉讼的指导意见》，对所有虚假诉讼行为以“零容忍”的态度进行全面防范和制裁，引导当事人诚信诉讼。

同时，一方当事人滥诉不仅给对方或者第三方造成诉讼损失，而且严重影响审判效率。为此，有必要充分发挥诉讼费用、律师费用的调节与规制作用。中共中央办公厅、国务院办公厅印发《关于完善矛盾纠纷多元化解机制的意见》规定：“完善诉讼费制度，引导当事人选择非诉讼纠纷解决机制，避免滥诉、恶意诉讼，发挥诉讼费的杠杆作用。”实践中也存在判决一方承担对方律师费用的案例，如“二十世纪福克斯公司诉北京文化艺术出版社音像大世界侵犯著作权纠纷案”的判决明确支持受理费2010元，审计费1万元，其他诉讼费用125元由被告承担；“南京电力自动化总厂诉南京天印电力设备厂不正当竞争纠纷案”的判决明确支持了原告聘请律师费用9106元由被告承担。

繁简分流是一个开放的、发展的课题，《意见》是对现有情况的阶段性总结，下一步，我们将抓好《意见》的贯彻落实工作，并结合司法改革进展不断推出繁简分流的新举措。

（撰稿人：胡仁浩　刘树德　罗　灿）

【链　接】

大力推进繁简分流　全面深化司法改革

最高人民法院副院长　李少平

（2016年9月13日）

党的十八届四中全会以来，中央强调，司法改革要着眼于解决影响司法公正、制约司法能力的深层次问题，着眼于破解影响法治社会建设的体制机制障碍。当前，人民法院的司法改革已经进入攻坚阶段，“案多人少”成为实施中的突出矛盾问题，影响法院整体工作发展，制约着司法改革目标实现。最高人民法院历来高度重视繁简分流工作，近年来更是反复倡导繁简分流，力求突破司法改革的“中梗阻”。

一、深刻认识繁简分流的重要意义

繁简分流并不是新事物，地方各级人民法院已经进行了许多积极探索，积累了不少宝贵经验。在全面深化司法体制改革的大背景下，繁简分流改革是顺应改革趋势、遵循司法规律的必然选择，对各级人民法院来讲，不是“要不要”的问题，而是“怎么办”的问题。

（一）繁简分流是缓解严峻审判压力的主要方式

改革开放以来，随着经济社会生活的发展，人民法院受理案件数量增长了30多倍，但法官人数仅增长了3倍，两者的增长幅度明显不成比例。随着立案登记制的实施和法官员额制的推进，“案多人少”矛盾有进一步加剧的倾向。2016年上半年，全国新收案件1002.9万，与2015年同期新收843.2万件相比增加159.7万件，上升18.94%。以近三年来受理案件数量最多的江苏为例，2015年江苏法院受理案件1633486件，与2012年相比增长62.98万件，增幅62.76%；而中央政法专项编制总数仅为18516名，与2012年相比仅增加477名，增幅2.64%。“案多人少”导致未结案件数量增加，截止今年6月30日，全国法院未结510.9万件，与2015年同期相比增加26.0万件，上升5.36%。其中，江苏法院未结案数量为429680件。可以预见的是，在今后的一段时间内，全国法院新收案件将继续呈增长态势，执法办案压力将不断增大。与此同时，全国法院的案件有80%以上受理在基层法院，而基层法院的案件大多适用简易程序。2013年至2015年，民事案件简易程序适用率分别为71.45%、67.98%、66.13%，刑事案件简易程序适用率分别为53.92%、52.12%、51.24%。繁简分流既有必要性，又有可行性，要根据案件的难易程度，实现简案快审、繁案精审。

（二）繁简分流是推进全面司法改革的重要切口

与美国、日本等国的法官同行年人均办案量数百件甚至上千件相比，我国法官的年人均办案量似乎并不算多；同时，从每10万人拥有法官的数量来看，我国法官的数量似乎并不算少，美国10.59个、德国24.46个、日本2.73个，我国是14.4个。因此，有人甚至质疑我国的案多人少是不是伪命题。对于这个问题，我们必须全面辩证地看待，不能只看表面的数据统计，因为案件的统计口径首先就不一样。例如，美国法院立案审理的案件有一半是交通违章案件，在我国属于公安机关处理的轻微治安案件，并不进入法院进行审理。当然，我们也要看到，我国法院的司法效率不高更与司法体制机制不健全之间存在对应关系，例如，非审判事务耗费了法官的大量时间精力、忙闲不均现象仍然普遍存在等，司法资源配置不合理、诉讼机制运行不科学等深层次问题依然制约着司法效率的有效提高。繁简分流是一个系统工程，涉及法院工作方方面面，许多具体举措都与法官员额制、司法责任制等司法改革举措紧密结合。繁简分流改革既是司法改革的重要组成部分，推进繁简分流改革的同时也是在推进司法改革，必须运用系统的方法，高度重视改革的整体性、协同性、关联性，力求以点带面，点面结合，以最小的成本解决最大的问题，促进诉讼制度和司法制度进一步走向规范化和科学化。

(三) 繁简分流是提升国家治理水平的重要体现

当前，人民法院工作的主要矛盾仍是人民群众日益增长的多元司法需求与司法能力不足的矛盾，最突出的表现就在“案多人少”背景下如何在更高层次上实现司法公正与司法效率的平衡。案件数量持续增长是当今世界许多国家和地区所共同面临的问题，通过司法改革来提高司法效率是主要的解决之道。孟建柱书记强调，解决案多人少问题，不能简单寄希望于通过增加编制、人员来解决，而是要通过改革，从制度机制上研究采取措施。在司法实践中，一些法院为了应对完成结案任务，简单依靠层层加码、下指标、定任务，导致一线法官长期加班加点，不堪重负，时间长了将难以为继，甚至导致法官流失。繁简分流就是着眼于人民法院在推进国家治理体系和治理能力现代化中所扮演的角色，用改革的思维和方式研究破解执法办案工作面临的难题，完善诉讼程序机制、优化司法资源配置，在解决当前迫切问题的同时建立长效制度机制，不断提高司法效率。实际上，快速处理大批量、类型化的简单案件，也是为了腾出更多的司法资源投入到相对复杂案件的处理上。当然，在推进繁简分流的过程中，应当充分注意到公正与效率在司法领域的价值取向有别于经济领域，必须把“好”放在“快”前，在保证司法公正的前提下追求司法效率。

(四) 繁简分流是满足人民司法需求的关键途径

努力让人民群众在每一个司法案件中都感受到公平正义是司法工作的目标。习近平总书记多次指出，要把是否促进经济社会发展、是否给人民群众带来实实在在的获得感，作为改革成效的评价标准。我国经济社会结构正在转型升级，利益诉求日趋多样化、复杂化，人民群众法治意识也不断增强，各类矛盾以案件形式涌入法院。不过，正如“小病门诊、大病住院”，不同案件的繁简程度不同，需要采取的处理方式也不同。这也符合人民群众对不同案件的不同司法需求，对于复杂案件，当事人可能愿意使用相对复杂的普通程序并为此支付较高的诉讼成本；而对于简单案件，当事人对诉讼程序的需求更偏重于及时、便捷、低成本、高效益，不希望因为程序复杂导致诉讼拖延。当前，一些法院的审判工作存在繁简不分、简案办不快、难案办不精等突出问题，就没有完全满足人民群众的不同司法需求。在推进繁简分流的过程中，应当充分关注有限司法资源与多元司法需求的冲突，根据案件的繁简程度配置不同的司法资源。既要避免过分突出“繁”，由于程序繁琐而导致资源浪费；又要防止片面理解“简”，由于单纯追求简化而不当牺牲当事人权益；而是要繁简互为支撑，同步进行，做到该繁则繁，当简则简，繁简得当。

二、准确把握繁简分流的合理层次

繁简分流是一个立体的、动态的过程，按照纠纷发生与案件审理的流程，可以进行多次分流，第一次通过纠纷诉前分流减少进入法院的案件数量，第二次通过审前程序分流减少需要审理的案件数量并减轻庭审负担，第三次通过审判程序分流选择合适的程序，第四次通过争议焦点分流解决审理重点。推进繁简分流要树立“大繁简、大分流”的理念，构建一个层层分流的“漏斗”，通过逐步过滤，先解决多数简单案件，再处理少数复杂案件。

（一）促进纠纷诉前分流

孟建柱书记要求，坚持依法处理和多元化解相结合，强化诉前调解、诉调对接，让更多纠纷在诉讼渠道外得到解决，节约司法资源。人民法院要建立立案前的过滤、甄别、分流和引导机制，对当事人同意诉前调解的，引导当事人先行调解，对不同意诉前调解的立即登记立案，从而使大量矛盾纠纷在进入立案登记前就得到有效化解。纠纷大部分来自于基层群众间的日常生活，有必要推动综治组织、行政机关、人民调解组织、商事调解组织、行业调解组织、仲裁机构、公证机构等各类治理主体发挥预防与化解矛盾纠纷的作用，实现社会矛盾纠纷的就地解决。

今年 6 月份，最高人民法院出台了《关于人民法院进一步深化多元化纠纷解决机制改革的意见》，对诉前分流作出了详细规定：一是建立纠纷解决告知程序，人民法院应当在登记立案前告知并引导当事人选择适当的非诉讼方式解决纠纷；二是鼓励当事人先行协商和解，鼓励当事人及其律师就纠纷解决先行和解。三是健全委派调解，对当事人起诉到人民法院的适宜调解的案件，登记立案前，人民法院可以委派特邀调解组织、特邀调解员进行调解。四是探索建立调解前置程序，有条件的基层人民法院对家事纠纷、相邻关系、小额债务、消费者权益保护、交通事故、医疗纠纷、物业管理等适宜调解的纠纷，在征求当事人意愿的基础上，引导当事人在登记立案前由特邀调解组织或者特邀调解员先行调解。

从实际情况来看，诉前分流能够有效缓解“案多人少”矛盾，节约司法资源。上海法院自 2009 年建立诉调对接中心以来，受理纠纷呈现逐年递增的态势。2010 年收案 9.8 万件，调解成功 6.4 万件；2014 年收案 17.8 万件，调解成功 8.2 万件；2015 年收案达到 27.1 万件，调解成功 8 万件；2016 年上半年收案 11.1 万件，调解成功 4.2 万余件。七成以上的案件进入诉前程序，三分之一以上的案件在诉前得以有效化解。

（二）利用审前程序分流

我国的审前程序是审判程序的附属程序，其传统功能就是为审判程序做好准备，包括组织交换证据目录、启动非法证据排除等。近年来，一些地方法院纷纷将核对当事人身份、告知当事人诉讼权利义务等移至庭前进行，开庭时可以相应简化或者省略上述程序性事项，在一定程度上有效减轻了庭审负担。在推进以审判为中心的诉讼制度建设的背景下，庭审的中心地位进一步突出，鉴于当前不少案件存在证据突袭、庭审虚化、多次开庭、反复开庭等问题，有必要进一步充分发挥审前程序的功能，即通过庭前会议固定无争议事实和证据，归纳整理有争议的事实和证据。无争议事实和证据在庭审中作出说明后，可以简化庭审举证和质证；有争议的事实和证据则成为庭审重点，从而有效提高了庭审质量，促进了庭审实质化和庭审优质化。

实际上，审前程序还具有一定的独立功能，即通过当事人双方和解或法院调解，力求将有待庭审程序解决的实质性问题提前到审前程序中解决，以此完成诉讼任务并终结整个诉讼程序。正是基于此，《民事诉讼法》第一百三十三条第二项规定，开庭前可以调解的，采取调解方式及时解决纠纷。《关于人民法院进一步深化多元化纠纷解决机制改革的意见》也规定，登记立案后或者在审理过程中，人民法院认为适宜调解的案件，经当事人同意，可以委托给特邀调解组织、特邀调解员或者由人民法院专职调解员进行调解。

目前，庭前会议的整体适用率不高，而且主要适用于重大疑难复杂案件，但是，一些地方法院已经进行了积极探索。湖南省长沙县法院将庭前会议适用于简单案件，在举证期间届满后、开庭前一到两个小时之间召开。庭前会议召开后，法官可根据庭前会议成果对案件作出相应处理，完全解决争议的就不再开庭审理。改革后庭审效率大幅提高，案件平均庭审时间为45分钟，庭审时间较以往缩短了近2/3，当庭宣判比率能达到62.75%，当庭宣判案件的上诉比率仅为4.8%。

（三）选择审判程序分流

为了满足人民群众的多元司法需求，法律规定的诉讼程序既要有严格规范的普通程序，又要迅速经济的快速程序。人民法院在受理案件后，要根据案件事实、法律适用、社会影响等因素，选择适用适当的审理程序，使不同的案件都能得到妥善处理。

在民事诉讼中，与普通程序相对应的快速审判程序主要包括简易程序（包括小额诉讼程序）、督促程序，以及实现担保物权案件特别程序。目前，民事快速审判程序的优势尚未得以有效发挥，这与当事人对快速审判程序的理解度和认同感有一定关系，因而对当事人予以积极引导必不可少。除了依法适用实现担保物权案件特别程序以外，人民法院应当积极引导当事人双方约定适用简易程序审理民事案件，以及积极引导当事人将债权人请求债务人给付金钱、有价证券的案件转入督促程序。尤其值得一提的是，2012年民事诉讼法修改时新增了小额诉讼程序，但目前整体适用率不高，重要原因之一就是标的额太低。针对这一情况，在充分保障当事人选择权的前提下，浙江、上海等地提高了小额诉讼程序标的额。浙江法院规定，标的额在规定标准以上10万元以下的案件，当事人可以选择适用小额诉讼程序。上海法院规定，标的额超过当年度小额诉讼金额标准的案件，当事人双方协商一致要求适用小额诉讼的，如诉讼标的额低于当年小额诉讼金额标准两倍的（含两倍），人民法院可予准许。实践证明，提高标的额后效果良好，浙江法院近三年来审结小额诉讼案件数量均为3万件左右，上海法院今年上半年适用小额诉讼程序审结案件4.15万件，占基层法院民商事案件总数19.19％。上述地方探索具有充分法律依据，根据《民事诉讼法》第一百五十七条第二款的规定："基层人民法院和它派出的法庭审理前款规定以外的民事案件，当事人双方也可以约定适用简易程序。"小额诉讼程序是简易程序的特殊类型，当然也适用该款规定。

在刑事诉讼中，近年来有不断丰富快速审理程序的趋势。2012年刑事诉讼法修改将简易程序的适用范围扩展到基层法院所有的刑事案件，突破了原先仅对可能判处三年以下案件适用的限制。2014年6月开始，全国人大常委会授权最高人民法院、最高人民检察院在北京等18个城市开展刑事案件速裁程序试点工作，适用于一年有期徒刑以下刑罚的案件。今年7月，中央全面深化改革领导小组审议通过《关于认罪认罚从宽制度改革试点方案》，将选择部分地区依法有序稳步推进试点工作。从实际情况来看，扩大适用范围后的简易程序和正在试点的速裁程序运行良好。截至2015年12月31日，全国212个试点基层人民法院适用速裁程序审结刑事案件共31086件32188人，当庭宣判率达95.9％，附带民事诉讼原告人上诉率为0，被告人上诉率仅为2.13％。

在三大诉讼中，立案登记制实施以后行政案件的增长幅度最大，仅2015年同比增长就达到61.5％，有必要进行繁简分流。2015年行政诉讼法修改已经增加了简易程序，但适用率很低。2015年4月，最高人民法院发布《关于适用〈中华人民共和国行政诉讼法〉若干问题的解释》，其中第三条对裁定驳回起诉类案件审理程序进行了进一步的规范和要求。为了更好地应对不断增加的行政案件数量，各地法院可以借鉴民事简易程序的规定，依法适用行政简易程序；同时探索建立行政速裁工作机制，根据行政诉讼的特点简化审理程序，边摸索边总结，形成可推广、可复制的经验。

（四）围绕争议焦点分流

围绕争议焦点审理案件是当事人主义诉讼模式的必然要求。争议焦点既是庭审的主要内容，也是撰写裁判文书的主线。在庭前会议阶段固定有争议事实和证据后，庭审依次围绕有争议的证据、事实和法律适用等焦点问题进行，提高当庭认证水平和当庭宣判率；裁判文书的结构和说理重点也围绕争议焦点展开，无争议的事项不必说理，争议小的事项简洁说理，争议大的事项详尽说理。

近年来，一些地方法院围绕争议焦点推进民事庭审方式和裁判文书改革，积累了宝贵经验。深圳法院于 2012 年 5 月开始裁判文书简化改革，对一审法院适用简易程序审理的案情简单、事实争议不大的民商事案件，根据不同类型分别适用令状式、要素式、表格式裁判文书，并设计了与令状式裁判文书配套的“门诊式”庭审，以及与要素式裁判文书相结合的“要素式”庭审。对于适用小额诉讼程序审理的民事案件，法官像医生门诊看病一样集中时间对批量的简易案件快速审理，围绕诉讼请求直接进行实质性庭审，不拘泥于法庭调查和法庭辩论的顺序，庭审结束后原则上当庭宣判、当庭制作并送达判决书；令状式裁判文书只包含诉讼当事人基本情况、原告诉讼请求、案件基本事实和法院裁判主文，不详细记载被告抗辩主张和裁判理由的法律文书。对于案件要素相对集中的民事案件，法官像医生根据体检单所列项目逐项检查一样对案件要素表上的项目进行审理，围绕争议要素同步进行法庭调查和法庭辩论，避免了传统庭审“大撒网式”调查的繁琐；要素式裁判文书不再分开陈述原告诉称、被告辩称、本院查明和本院认为部分，而是围绕着各项要素陈述原、被告意见及证据和法院认定的理由和依据，对于双方一致认可的要素简单写明双方认可的内容，对于双方争议的要素则详细写明双方诉辩意见、证据和法院认证、认定事实情况和法律适用情况。今年 8 月 1 日开始实行的新的民事诉讼文书样式就列举了令状式、要素式、表格式裁判文书；同时，《人民法院民事裁判文书制作规范》还明确要求裁判文书事实部分增加争议焦点的内容。

围绕争议焦点分流也具有层次性。首先，推进以审判为中心的诉讼制度改革强调以庭审为中心，即以法庭审判为审判活动的中心和重心，保证庭审在查明事实、认定证据、保护诉权、公正裁判中发挥决定性作用。对于庭审已经解决的争议焦点，裁判文书没有必要进行重复。因此，当庭宣判的案件，裁判文书可以适当简化。当庭即时履行的民事案件，经征得各方当事人同意，可以在法庭笔录中记录相关情况后不再出具裁判文书。其次，四级法院在职能定位上存在差异，一审法院明断是非定分止争、二审法院案结事了、再审法院有错必究、最高人民法院保证法律统一正确实施。要强化一审化解争议，二审统一裁判尺度、明确裁判规则的功能。优化二审审理方式，围绕诉讼各方争议问题进行审理和说理，避免二审与一审在庭审和裁判文书方面的不必要重复。

三、切实完善繁简分流的保障机制

繁简分流改革既是司法改革的重要内容，又是推进司法改革的重要方式。繁简分流是一个系统工程，不仅需要通过构建多层次的诉讼制度体系来优化诉讼机制，而且需要结合其他司法改革举措来完善配套保障机制，实现人、案、程序的有机衔接，最大限度提高司法生产力。

（一）推进法官员额制改革

在司法实践中，“人少”并不完全是法官的总体数量少，而是在审判一线实际办案的法官数量少，尤其是在案件数量多的法院或部门实际办案的法官数量少。推进法官员额制改革首先要“盘活存量”，让优秀人才充实到审判一线，入额法官必须到审判一线办案。凡有审判职务的人员原则上均应参与办案。院庭长要带头办案，尤其是庭领导应当成为办案的中坚力量，带头承办重大敏感、疑难复杂和新类型案件，充分发挥示范引领和模范带头作用。上海法院配置到审判一线的法官人数比改革前增加了1.4%，主要办案部门法官实有人数比改革前增加了7.6%，法官人均结案数持续提高，今年上半年人均结案数108.25件，同比增长25.07件。其中，院、庭长办案6.55万余件，院长、副院长办案331件，同比分别上升22.6%和123%。

其次要“以案定员”，做好员额基数的测算工作，员额分配向基层法院倾斜，向办案任务重的部门倾斜，确保满足实际办案需要。员额比例和数量可以根据案件数量情况在不同审级和地域法院之间合理调控。各地高级法院对辖区内员额法官进行动态管理，必要时进行统一调配。例如，案件数量地区分布不均衡、忙闲不均的现象在广东法院客观存在，广东高院在全省不突破39%前提下统一调配员额，核定“案多人少”的珠三角地区员额为46%，“案少人少”或者“案少人多”的粤东、粤西、粤北地区员额低于30%。

（二）落实司法责任制改革

法官是办案主体，繁简分流需要落实法官办案主体责任，以“谁审理，谁裁判”提高审判效率，以“谁裁判，谁负责”倒逼审判质量。落实司法责任制改革首先要“放权”，大力推进扁平化管理，进一步减少裁判文书审批环节，最大限度缩短办案周期。改革前，当庭宣判被多次反复强调，但整体效果不佳，重要原因之一就是裁判文书的层层签发机制导致法官无法在开庭结束后就自己签发判决书。改革后，由于裁判文书签署机制的改革，当庭宣判有了制度性保障。对于适用小额诉讼程序审理的民事案件、适用速裁程序审理的刑事案件，原则上应当当庭宣判；对于适用民事、刑事、行政简易程序审理的案件，一般应当当庭宣判；对于适用普通程序审理的民事、刑事、行政案件，逐步提高当庭宣判率。

其次要“放心”，为了保证案件质量，各地法院采取了推进办案标准化建设、健全案例工作制度等措施。深圳中院实施“标准化”办案工程，针对法律没有规定、规定不明确、法律理解存在分歧等问题，累计发布裁判指引 78 个，典型案例 115 个，同案不同判现象很少出现。珠海横琴新区法院在庭审中引入类似案例辩论制度，引导当事人提出参考案例，纳入庭审辩论程序，以考察案件的相关类似性为重点，从类似案例中提炼出具有普适性的裁判要旨或裁判规则，从而推动疑难复杂案件裁判尺度的建立和统一。

(三) 有效减轻法官负担

推进法院人员分类管理改革的目标之一就是要构建“法官—法官助理—书记员”的审判团队，把法官从繁琐的程序性、事务性工作中解脱出来，专心于案件的审理和裁判，亲历完成主持开庭、合议庭评议、撰写裁判文书等审判核心事务。有效减轻法官负担首先要“理清关系”，法官、法官助理、书记员协同办案，只有分工清晰彼此配合，才能真正形成合力。江苏法院将同一案件工作量细分为审判核心工作、审判重要工作和审判事务工作，分别对应到法官、法官助理和书记员的各自工作量，以此为基础测算法官与法官助理、书记员配比；增加审判辅助人员的配置，先后九次公开招录聘用制书记员 2300 余名，使法官、书记员配比达到 1 ∶1.1，有效减少员额法官 40％的工作量。在此基础上，不少地方法院根据法官特长组建专业化审判团队。浙江台州路桥区法院按照 1 ∶1 ∶1 的比例组建 15 个民事审判团队，2015 年以来，信用卡及金融借款审判团队 5 名法官共审结 3914 件案件，结案最多的法官审结 1141 件。

其次要“集中管理”，安排专门的审判辅助人员集中负责送达、保全等审判辅助事务，从而加强审判辅助事务的集约化专业化。对于这些专门审判辅助人员，一是由诉讼服务中心进行管理，使诉讼服务中心能够“一体两用”，对内接管审判辅助事务并保障审判，对外则为当事人和社会公众提供诉讼服务。河南洛阳中院大力加强诉讼服务中心建设，对审判辅助事务进行集中管理，卷宗及时归档率提高了 31.7％，法律文书平均送达时间缩短了 20％以上，案件平均审理期限缩短了 11 天，法官的人均结案数同比提高了 30.7％。二是由审判业务部门等进行管理。例如，深圳福田区法院成立司法辅助中心，统一负责诉讼材料收转、邮件收寄、外出送达等工作。

(四) 强化办案激励措施

目前，法官办案缺乏足够的激励措施，办好案、多办案的动力不足。这就需要完善法院工作人员的业绩评价制度，全面、科学评价办案数量、质量、效率和效果，将审判效率、庭审和裁判文书质量等裁判相关事务作为法官业绩评价的重要内容，采取定性分析和定量测算相结合的方法综合衡量法官办案质效；同时，将参与审判辅助事务的案件数量作为审判辅助人员业绩评价的重要内容。切实采取激励措施首先要"精神鼓励"，将办案任务完成情况作为表彰先进法院的基础性指标，作为评价法院领导、办案部门、办案团队和法官个人的关键性指标，并与晋职晋级、表彰奖励、培训交流等紧密挂钩。江苏高院每季度开展"办案标兵"和"书记员标兵"评选表彰活动，今年上半年结案数同比增长31%。

其次要"物质奖励"，建立与工作职责、实绩和贡献紧密联系的工资分配机制，加大对一线办案人员的工资政策倾斜力度，鼓励优秀人员向一线办案岗位流动。贵州法院根据办案数量、难易程度、综合绩效测算办案补贴，体现"多办多得、优绩优酬"的激励性，形成了"争办案、多办案、快办案、办好案"的竞争机制。遵义汇川法院将办案补贴的20%设定为浮动区间，单独设定质量指标进行考评，案件质量高、效率好，可以多享受办案补贴。坚持办案补贴向办案人员倾斜，法官、法官助理、书记员按5∶3∶2比例发放，一线裁判法官人均每月提升2000元左右，司法辅助人员人均每月提升1000元左右，2015年，法官、法官助理和书记员领取的办案补贴最多分别可达3万、2万和1万余元。

四、科学把握繁简分流的发展方向

司法改革只有进行时，没有完成时。繁简分流是一项长期工作，必须在改革过程中不断发展完善，既要借鉴域外的一般规律，又要尊重我国的具体国情，既要采用信息手段加强技术支撑，又要通过立法修改完善制度建设。

（一）借鉴域外经验做法

为了应对不断增长的案件数量，世界各国根据各自情况，从"案"与"人"两个方面采取了不少措施，非常值得借鉴和学习。在"案"的方面主要有下列做法：首先是推行多元化纠纷解决机制。例如，美国许多法院设立法院附设仲裁制度，聘请一些精力充沛、经验丰富的律师作为无偿的临时法官（仲裁员），将一些标的额不大的案件交由其仲裁，大量诉讼案件通过法院附设的替代性纠纷解决机制予以化解。其次是适用非诉程序。例如，德国适用督促程序化解大量纠纷，2007—2009年，督促程序的收案数分别为730万、690万、674万，而同期一审民事案件的收案数仅为165万、162万、161万。再次是设置发达的审前程序。例如，英国通过促进当事人和解，将纠纷消化于开庭审理之前，80%以上民事案件都会以和解形式完结，根本不需要法官开庭或撰写详细的判决意见。最后是建立多层次诉讼制度体系。例如，英国将民事诉讼程序划分为小额程序（不超过5000英镑）、快速程序（5000英镑以上15000英镑以下）和多轨程序（15000英镑以上），不同审理程序的具体审理规则和审理周期也不相同。

在“人”的方面主要有下列做法：首先是利用非职业法官。2005 年前后，法国共有非职业法官 22000 余名，负责审理专业性较强的案件，如劳资争议委员会有 15000 名左右非职业法官（2005 年共审理 201604 件劳动案件），商事法院有 3300 名非职业法官（2005 年共审理 237770 件商事案件），近民法院有 800 名左右非职业法官（2005 年共审理 52276 件民事案件、319651 件轻微刑事案件）。其次是设置流动法官制度。例如，奥地利的流动法官平时在上诉法院工作，当辖区内法院因工作量太大无法完成工作任务时，被作为机动人员派往地方。再次是扩大独任制范围。例如，意大利增加独任审判的数量，部分代替三人合议庭。最后是配备足够审判辅助人员。例如，日本的审判辅助人员不仅数量较多，而且类型十分丰富，大致可以划分为秘书官、调查官、书记官、速记官、执行官、庭吏、技术官、事务官等职员。

（二）鼓励地方探索创新

繁简分流是一个开放性课题，最高人民法院在加强顶层设计的条件下，仍然允许和鼓励地方各级人民法院积极发扬首创精神，紧密结合本地实际，强化规定举措的执行力，有针对性探索新的举措；同时，也要求基层法院防止不切实际、不符合司法规律的标新立异；既不能揠苗助长，也不能作壁上观。

地方探索创新主要体现在繁简分流的标准、规则、举措等方面。对于繁简分流的标准，三大诉讼法及其司法解释对简单案件的属性都有相关规定，但是，这些规定都比较抽象，在具体审判过程中，案件繁与简的判断需要综合考虑送达难易程度、案件类型、当地法治水平、法官办案能力、相似案件裁判规则完备程度等因素，根据具体情况进行具体判断。例如，地区性差异是客观存在的，某类案件在西部可能属于新类型复杂案件，在东部则是已经形成裁判规则的简单案件。这就需要地方各级人民法院依照法律规定并结合实际情况制定各类案件繁简分流的标准。

对于繁简分流的规则，一般来说，正如老百姓到医院看病一样，“小病门诊、大病住院”，属于简单案件的，移交简案审判组织快速审结；属于复杂案件的，移交难案审判组织精研细判。但是，简案与繁案的分流究竟是由立案庭来决定，或者由审判业务庭来决定，或者由合议庭来决定；简案审判组织究竟是人民法庭，或者速裁团队，或者专门合议庭；分流不当的案件是由原来审判组织继续审理，或者由其他审判组织转办，或者区分情形决定是否转办，则都需要地方各级人民法院根据具体情况自行决定。

对于繁简分流的举措，则更多地取决于地方法院的探索创新。例如，不少地方法院都推行集中时间审理简单案件的做法，即实行集中立案、移送、排期、开庭、宣判，由同一审判组织在同一时段内对多个案件连续审理。浙江杭州萧山法院则进一步采取了“多案连审”“多案同审”“一庭多审”等审理机制，对相同类型的简单民事案件或者刑事案件进行合并审理，简化了庭审环节，加快了庭审节奏，提高了诉讼效率。

（三）加快智慧法院建设

周强院长多次强调，司法改革和信息化建设是人民司法事业发展的车之两轮、鸟之两翼。以信息化助推司法改革是当今世界的大势所趋，大力推进人民法院的信息化建设 3.0 版本是繁简分流的加速剂。

首先要实现智能化办案。引导当事人、律师等提交电子诉讼材料，实现案件办理全程网上流转。推进电子卷宗随案同步生成和深度应用，实现诉讼档案电子化。利用传真号、电子信箱、微信号等进行电子送达，通过中国审判流程信息公开网建立全国法院统一的电子送达平台。有效利用"法信"等审判辅助系统，实现典型案例、裁判文书、法律观点等审判信息的智能检索、推送，为法官提供智能化服务。

其次要推进科技法庭建设。健全远程审判系统，实现法院、检察院、看守所、狱内法庭等不同系统之间的互联互通，采用远程视频方式开庭。使用视听传输技术或者同步视频作证室，为证人出庭作证创造条件。积极开发利用智能语音识别技术，实现庭审语音同步转化为文字并生成法庭笔录。落实庭审活动全程录音录像的要求，探索使用庭审录音录像简化或者替代书记员法庭记录。

再次要积极探索在线纠纷解决机制。鼓励建立电子法院、网上法庭，在线进行立案、咨询、调解、仲裁，扩大适用电子督促程序，引领传统纠纷解决方式向现代纠纷解决方式的升级换代。2011 年，浙江杭州西湖法院成立陈辽敏网上工作室，作为诉调对接工作的网上平台，向公众提供网站式便民诉讼服务。自运行以来效果良好，网站总访问量超过 256 万人次，通过网上、电话、邮件答复 1345 例。

最后要推进审判管理信息化建设。以信息化促进审判管理科学化，做到向科技要管理。深度挖掘和充分运用司法大数据，利用丰富的案件信息资源，不断深化对辖区法院不同审判业务类型的法官人数、人均结案数、结案方式及平均审理时间等数据变化的动态分析，准确把握审判工作运行态势，加强审判流程管理，合理分配审判资源，全面评价工作业绩。

（四）提出立法修改建议

从根本上说，繁简分流有赖于法律的修改和完善。推进繁简分流既要将繁简分流的改革成果以立法的形式巩固下来，又要将制约繁简分流的法律缺陷和不足通过修法的形式予以弥补。

近年来，繁简分流改革本身已经积累了不少经验，可以在适当的时候上升为立法规定。一是刑事案件速裁程序试点工作效果良好，多层次刑事诉讼制度体系逐渐形成，可以在未来刑事诉讼法修改时作出正式规定。二是家事审判方式和工作机制改革试点工作稳妥推进，未来民事诉讼法修改时可以设立专门的诉讼程序。三是示范诉讼制度的探索初见成效，可以考虑作为正式制度规定到民事诉讼法、行政诉讼法中。四是庭审方式（包括庭审记录方式）改革、裁判文书改革等形成的成熟做法可以体现到三大诉讼中。另外，与繁简分流改革相关的法官员额制、司法责任制等其他司法改革举措，应当为《法官法》《法院组织法》的修改所吸收。

对于制约繁简分流的现有法律缺陷和不足，则更有必要及时提出立法修改建议。一是修改《诉讼费用交纳办法》。诉讼费用对繁简分流具有杠杆作用，为了鼓励当事人诚信理性诉讼，有必要尽快修改《诉讼费用交纳办法》。对于社会力量参与非诉讼纠纷解决的案件，可以适当减免诉讼费并探索将诉讼费让渡予社会力量；对于调解的案件，可以减免诉讼费；对于滥用诉权、恶意诉讼的行为，可以视情采取罚款等制裁。二是在《民事诉讼法》中设立单独的非讼程序。对于民事权益不存在争议、不存在对立双方当事人的案件，域外各国一般大量适用非讼程序，采用独任制审理，实行一审终审。我国民事诉讼法只是在特别程序中对宣告失踪、宣告死亡案件等几种民事非讼案件进行了规定，范围非常有限，程序不够简化，有必要对非讼程序进行专门规定，扩大适用范围、简化办案程序。三是延长《行政诉讼法》中简易程序的审理期限。根据《行政诉讼法》第八十三条规定，适用简易程序审理的行政案件应当在立案之日起四十五日内审结，这是行政简易程序适用率低的重要原因。一般来说，行政案件涉及的关系较为复杂，四十五日内很难审结，有必要延长《行政诉讼法》中简易程序的审理期限。四是扩大独任制审理的适用范围。根据诉讼法的相关规定，独任制与简易程序存在简单对应关系。但是，适用普通程序审理的案件实际上并非都是复杂案件，可以探索采取独任制审理，有必要改变独任制与简易程序的简单对应关系，在诉讼法及其他相关法律中对审判组织形式进行修改。

正如习近平总书记所强调的，“要准确把握改革内在联系，提高改革系统集成能力”。《意见》的出台，为全面深入推进符合司法规律的繁简分流改革提供了政策依据，各地法院要认真贯彻，积极探索，系统推进，为人民群众的合法权益提供强有力的司法保障。

（二）多元化纠纷解决机制

最高人民法院
关于人民法院进一步深化多元化纠纷解决机制改革的意见

2016 年 6 月 28 日　　　　法发〔2016〕14 号

深入推进多元化纠纷解决机制改革，是人民法院深化司法改革、实现司法为民公正司法的重要举措，是实现国家治理体系和治理能力现代化的重要内容，是促进社会公平正义、维护社会和谐稳定的必然要求。为贯彻落实《中共中央关于全面推进依法治国若干重大问题的决定》以及中共中央办公厅、国务院办公厅《关于完善矛盾纠纷多元化解机制的意见》，现就人民法院进一步深化多元化纠纷解决机制改革、完善诉讼与非诉讼相衔接的纠纷解决机制提出如下意见。

一、指导思想、主要目标和基本原则

1. 指导思想。全面贯彻党的十八大和十八届三中、四中、五中全会精神，以邓小平理论、“三个代表”重要思想、科学发展观为指导，深入贯彻习近平同志系列重要讲话精神，紧紧围绕协调推进“四个全面”战略布局和五大发展理念，主动适应经济发展新常态，以体制机制创新为动力，有效化解各类纠纷，不断满足人民群众多元司法需求，实现人民安居乐业、社会安定有序。

2. 主要目标。根据“国家制定发展战略、司法发挥引领作用、推动国家立法进程”的工作思路，建设功能完备、形式多样、运行规范的诉调对接平台，畅通纠纷解决渠道，引导当事人选择适当的纠纷解决方式；合理配置纠纷解决的社会资源，完善和解、调解、仲裁、公证、行政裁决、行政复议与诉讼有机衔接、相互协调的多元化纠纷解决机制；充分发挥司法在多元化纠纷解决机制建设中的引领、推动和保障作用，为促进经济社会持续健康发展、全面建成小康社会提供有力的司法保障。

3. 基本原则。

——坚持党政主导、综治协调、多元共治，构建各方面力量共同参与纠纷解决的工作格局。

——坚持司法引导、诉调对接、社会协同，形成社会多层次多领域齐抓共管的解纷合力。

——坚持优化资源、完善制度、法治保障，提升社会组织解决纠纷的法律效果。

——坚持以人为本、自愿合法、便民利民，建立高效便捷的诉讼服务和纠纷解决机制。

——坚持立足国情、合理借鉴、改革创新，完善具有中国特色的多元化纠纷解决体系。

二、加强平台建设

4. 完善平台设置。各级人民法院要将诉调对接平台建设与诉讼服务中心建设结合起来，建立集诉讼服务、立案登记、诉调对接、涉诉信访等多项功能为一体的综合服务平台。人民法院应当配备专门人员从事诉调对接工作，建立诉调对接长效工作机制，根据辖区受理案件的类型，引入相关调解、仲裁、公证等机构或者组织在诉讼服务中心等部门设立调解工作室、服务窗口，也可以在纠纷多发领域以及基层乡镇（街道）、村（社区）等派驻人员指导诉调对接工作。

5. 明确平台职责。人民法院诉调对接平台负责以下工作：对诉至法院的纠纷进行适当分流，对适宜调解的纠纷引导当事人选择非诉讼方式解决；开展委派调解、委托调解；办理司法确认案件；负责特邀调解组织、特邀调解员名册管理；加强对调解工作的指导，推动诉讼与非诉讼纠纷解决方式在程序安排、效力确认、法律指导等方面的有机衔接，健全人民调解、行政调解、商事调解、行业调解、司法调解等的联动工作体系。

6. 完善与综治组织的对接。人民法院可以依托社会治安综合治理平台，建立矛盾纠纷排查化解对接机制；对群体性纠纷、重大案件及时进行通报反馈和应急处理，建立定期或不定期的联席会议制度，形成信息互通、优势互补、协作配合的纠纷解决互动机制。

7. 加强与行政机关的对接。人民法院要加强与行政机关的沟通协调，促进诉讼与行政调解、行政复议、行政裁决等机制的对接。支持行政机关根据当事人申请或者依职权进行调解、裁决，或者依法作出其他处理。在治安管理、社会保障、交通事故赔偿、医疗卫生、消费者权益保护、物业管理、环境污染、知识产权、证券期货等重点领域，支持行政机关或者行政调解组织依法开展行政和解、行政调解工作。

8. 加强与人民调解组织的对接。不断完善对人民调解工作的指导，推进人民调解组织的制度化、规范化建设，进一步扩大人民调解组织协助人民法院解决纠纷的范围和规模。支持在纠纷易发多发领域创新发展行业性、专业性人民调解组织，建立健全覆盖城乡的调解组织网络，发挥人民调解组织及时就地解决民间纠纷、化解基层矛盾、维护基层稳定的基础性作用。

9. 加强与商事调解组织、行业调解组织的对接。积极推动具备条件的商会、行业协会、调解协会、民办非企业单位、商事仲裁机构等设立商事调解组织、行业调解组织，在投资、金融、证券期货、保险、房地产、工程承包、技术转让、环境保护、电子商务、知识产权、国际贸易等领域提供商事调解服务或者行业调解服务。完善调解规则和对接程序，发挥商事调解组织、行业调解组织专业化、职业化优势。

10. 加强与仲裁机构的对接。积极支持仲裁制度改革，加强与商事仲裁机构、劳动人事争议仲裁机构、农村土地承包仲裁机构等的沟通联系。尊重商事仲裁规律和仲裁规则，及时办理仲裁机构的保全申请，依照法律规定处理撤销和不予执行仲裁裁决案件，规范涉外和外国商事仲裁裁决司法审查程序。支持完善劳动人事争议仲裁办案制度，加强劳动人事争议仲裁与诉讼的有效衔接，探索建立裁审标准统一的新规则、新制度。加强对农村土地承包经营纠纷调解仲裁的支持和保障，实现涉农纠纷仲裁与诉讼的合理衔接，及时审查和执行农村土地承包仲裁机构作出的裁决书或者调解书。

11. 加强与公证机构的对接。支持公证机构对法律行为、事实和文书依法进行核实和证明，支持公证机构对当事人达成的债权债务合同以及具有给付内容的和解协议、调解协议办理债权文书公证，支持公证机构在送达、取证、保全、执行等环节提供公证法律服务，在家事、商事等领域开展公证活动或者调解服务。依法执行公证债权文书。

12. 支持工会、妇联、共青团、法学会等组织参与纠纷解决。支持工会、妇联、共青团参与解决劳动争议、婚姻家庭以及妇女儿童权益等纠纷。支持法学会动员组织广大法学工作者、法律工作者参与矛盾纠纷化解，开展法律咨询服务和调解工作。支持其他社团组织参与解决与其职能相关的纠纷。

13. 发挥其他社会力量的作用。充分发挥人大代表、政协委员、专家学者、律师、专业技术人员、基层组织负责人、社区工作者、网格管理员、“五老人员”（老党员、老干部、老教师、老知识分子、老政法干警）等参与纠纷解决的作用。支持心理咨询师、婚姻家庭指导师、注册会计师、大学生志愿者等为群众提供心理疏导、评估、鉴定、调解等服务。支持完善公益慈善类、城乡社区服务类社会组织建设，鼓励其参与纠纷解决。

14. 加强“一站式”纠纷解决平台建设。在道路交通、劳动争议、医疗卫生、物业管理、消费者权益保护、土地承包、环境保护以及其他纠纷多发领域，人民法院可以与行政机关、人民调解组织、行业调解组织等进行资源整合，推进建立“一站式”纠纷解决服务平台，切实减轻群众负担。

15. 创新在线纠纷解决方式。根据“互联网+”战略要求，推广现代信息技术在多元化纠纷解决机制中的运用。推动建立在线调解、在线立案、在线司法确认、在线审判、电子督促程序、电子送达等为一体的信息平台，实现纠纷解决的案件预判、信息共享、资源整合、数据分析等功能，促进多元化纠纷解决机制的信息化发展。

16. 推动多元化纠纷解决机制的国际化发展。充分尊重中外当事人法律文化的多元性，支持其自愿选择调解、仲裁等非诉讼方式解决纠纷。进一步加强我国与其他国家和地区司法机构、仲裁机构、调解组织的交流和合作，提升我国纠纷解决机制的国际竞争力和公信力。发挥各种纠纷解决方式的优势，不断满足中外当事人纠纷解决的多元需求，为国家“一带一路”等重大战略的实施提供司法服务与保障。

三、健全制度建设

17. 健全特邀调解制度。人民法院可以吸纳人民调解、行政调解、商事调解、行业调解或者其他具有调解职能的组织作为特邀调解组织，吸纳人大代表、政协委员、人民陪审员、专家学者、律师、仲裁员、退休法律工作者等具备条件的个人担任特邀调解员。明确特邀调解组织或者特邀调解员的职责范围，制定特邀调解规定，完善特邀调解程序，健全名册管理制度，加强特邀调解队伍建设。

18. 建立法院专职调解员制度。人民法院可以在诉讼服务中心等部门配备专职调解员，由擅长调解的法官或者司法辅助人员担任，从事调解指导工作和登记立案后的委托调解工作。法官主持达成调解协议的，依法出具调解书；司法辅助人员主持达成调解协议的，应当经法官审查后依法出具调解书。

19. 推动律师调解制度建设。人民法院加强与司法行政部门、律师协会、律师事务所以及法律援助中心的沟通联系，吸纳律师加入人民法院特邀调解员名册，探索建立律师调解工作室，鼓励律师参与纠纷解决。支持律师加入各类调解组织担任调解员，或者在律师事务所设置律师调解员，充分发挥律师专业化、职业化优势。建立律师担任调解员的回避制度，担任调解员的律师不得担任同一案件的代理人。推动建立律师接受委托代理时告知当事人选择非诉讼方式解决纠纷的机制。

20. 完善刑事诉讼中的和解、调解制度。对于符合刑事诉讼法规定可以和解或者调解的公诉案件、自诉案件、刑事附带民事案件，人民法院应当与公安机关、检察机关建立刑事和解、刑事诉讼中的调解对接工作机制，可以邀请基层组织、特邀调解组织、特邀调解员，以及当事人所在单位或者同事、亲友等参与调解，促成双方当事人达成和解或者调解协议。

21. 促进完善行政调解、行政和解、行政裁决等制度。支持行政机关对行政赔偿、补偿以及行政机关行使法律法规规定的自由裁量权的案件开展行政调解工作，支持行政机关通过提供事实调查结果、专业鉴定或者法律意见，引导促使当事人协商和解，支持行政机关依法裁决同行政管理活动密切相关的民事纠纷。

22. 探索民商事纠纷中立评估机制。有条件的人民法院在医疗卫生、不动产、建筑工程、知识产权、环境保护等领域探索建立中立评估机制，聘请相关专业领域的专家担任中立评估员。对当事人提起的民商事纠纷，人民法院可以建议当事人选择中立评估员，协助出具评估报告，对判决结果进行预测，供当事人参考。当事人可以根据评估意见自行和解，或者由特邀调解员进行调解。

23. 探索无争议事实记载机制。调解程序终结时，当事人未达成调解协议的，调解员在征得各方当事人同意后，可以用书面形式记载调解过程中双方没有争议的事实，并由当事人签字确认。在诉讼程序中，除涉及国家利益、社会公共利益和他人合法权益的外，当事人无需对调解过程中已确认的无争议事实举证。

24. 探索无异议调解方案认可机制。经调解未能达成调解协议，但是对争议事实没有重大分歧的，调解员在征得各方当事人同意后，可以提出调解方案并书面送达双方当事人。当事人在七日内未提出书面异议的，调解方案即视为双方自愿达成的调解协议；提出书面异议的，视为调解不成立。当事人申请司法确认调解协议的，应当依照有关规定予以确认。

四、完善程序安排

25. 建立纠纷解决告知程序。人民法院应当在登记立案前对诉讼风险进行评估，告知并引导当事人选择适当的非诉讼方式解决纠纷，为当事人提供纠纷解决方法、心理咨询、诉讼常识等方面的释明和辅导。

26. 鼓励当事人先行协商和解。鼓励当事人就纠纷解决先行协商，达成和解协议。当事人双方均有律师代理的，鼓励律师引导当事人先行和解。特邀调解员、相关专家或者其他人员根据当事人的申请或委托参与协商，可以为纠纷解决提供辅助性的协调和帮助。

27. 探索建立调解前置程序。探索适用调解前置程序的纠纷范围和案件类型。有条件的基层人民法院对家事纠纷、相邻关系、小额债务、消费者权益保护、交通事故、医疗纠纷、物业管理等适宜调解的纠纷，在征求当事人意愿的基础上，引导当事人在登记立案前由特邀调解组织或者特邀调解员先行调解。

28. 健全委派、委托调解程序。对当事人起诉到人民法院的适宜调解的案件，登记立案前，人民法院可以委派特邀调解组织、特邀调解员进行调解。委派调解达成协议的，当事人可以依法申请司法确认。当事人明确拒绝调解的，人民法院应当依法登记立案。登记立案后或者在审理过程中，人民法院认为适宜调解的案件，经当事人同意，可以委托给特邀调解组织、特邀调解员或者由人民法院专职调解员进行调解。委托调解达成协议的，经法官审查后依法出具调解书。

29. 完善繁简分流机制。对调解不成的民商事案件实行繁简分流，通过简易程序、小额诉讼程序、督促程序以及速裁机制分流案件，实现简案快审、繁案精审。完善认罪认罚从宽制度，进一步探索刑事案件速裁程序改革，简化工作流程，构建普通程序、简易程序、速裁程序等相配套的多层次诉讼制度体系。按照行政诉讼法规定，完善行政案件繁简分流机制。

30. 推动调解与裁判适当分离。建立案件调解与裁判在人员和程序方面适当分离的机制。立案阶段从事调解的法官原则上不参与同一案件的裁判工作。在案件审理过程中，双方当事人仍有调解意愿的，从事裁判的法官可以进行调解。

31. 完善司法确认程序。经行政机关、人民调解组织、商事调解组织、行业调解组织或者其他具有调解职能的组织调解达成的具有民事合同性质的协议，当事人可以向调解组织所在地基层人民法院或者人民法庭依法申请确认其效力。登记立案前委派给特邀调解组织或者特邀调解员调解达成的协议，当事人申请司法确认的，由调解组织所在地或者委派调解的基层人民法院管辖。

32. 加强调解与督促程序的衔接。以金钱或者有价证券给付为内容的和解协议、调解协议，债权人依据民事诉讼法及其司法解释的规定，向有管辖权的基层人民法院申请支付令的，人民法院应当依法发出支付令。债务人未在法定期限内提出书面异议且逾期不履行支付令的，人民法院可以强制执行。

五、加强工作保障

33. 加强组织领导。各级人民法院要进一步加强对诉调对接工作的组织领导，建立整体协调、分工明确、各负其责的工作机制。要主动争取党委、人大、政府的支持，推动出台多元化纠纷解决机制建设的地方配套文件，促进构建科学、系统的多元化纠纷解决体系。

34. 加强指导监督。上级人民法院要切实加强对下级人民法院的指导监督，及时总结多元化纠纷解决机制改革可复制可推广的经验。高级人民法院要明确专门机构，制定落实方案，掌握工作情况，积极开展本辖区多元化纠纷解决机制改革示范法院的评选工作。中级人民法院要加强对辖区基层人民法院的指导监督，促进多元化纠纷解决机制改革不断取得实效。

35. 完善管理机制。建立诉调对接案件管理制度，将委派调解、委托调解、专职调解和司法确认等内容纳入案件管理系统和司法统计系统。完善特邀调解组织、特邀调解员、法院专职调解员的管理制度，建立奖惩机制。

36. 加强调解人员培训。完善特邀调解员、专职调解员的培训机制，配合有关部门推动建立专业化、职业化调解员资质认证制度，加强职业道德建设，共同完善调解员职业水平评价体系。

37. 加强经费保障。各级人民法院要主动争取党委和政府的支持，将纠纷解决经费纳入财政专项预算，积极探索以购买服务等方式将纠纷解决委托给社会力量承担。支持商事调解组织、行业调解组织、律师事务所等按照市场化运作，根据当事人的需求提供纠纷解决服务并适当收取费用。

38. 发挥诉讼费用杠杆作用。当事人自行和解而申请撤诉的，免交案件受理费。当事人接受法院委托调解的，人民法院可以适当减免诉讼费用。一方当事人无正当理由不参与调解或者不履行调解协议、故意拖延诉讼的，人民法院可以酌情增加其诉讼费用的负担部分。

39. 加强宣传工作和理论研究。各级人民法院要大力宣传多元化纠纷解决机制的优势，鼓励和引导当事人优先选择成本较低、对抗性较弱、利于修复关系的非诉讼方式解决纠纷。树立“国家主导、司法推动、社会参与、多元并举、法治保障”现代纠纷解决理念，营造诚信友善、理性平和、文明和谐、创新发展的社会氛围。加强与政法院校、科研机构等单位的交流与合作，积极推动研究成果的转化，充分发挥多元化纠纷解决理论对司法实践的指导作用。借鉴域外经验，深入研究人民法院在多元化纠纷解决机制中的职能作用。

40. 推动立法进程。人民法院及时总结各地多元化纠纷解决机制改革的成功经验，积极支持本辖区因地制宜出台相关地方性法规、地方政府规章，从而推动国家层面相关法律的立法进程，将改革实践成果制度化、法律化，促进多元化纠纷解决机制改革在法治轨道上健康发展。

【解　　读】

解读《关于人民法院进一步深化多元化纠纷解决机制改革的意见》

2016年6月28日，最高人民法院发布《最高人民法院关于人民法院进一步深化多元化纠纷解决机制改革的意见》（以下简称《意见》）。《意见》作为今后一个时期指导全国法院开展多元化纠纷解决机制改革工作的纲领性文件，不仅是人民法院深化司法改革，实现司法为民公正司法的重要举措，而且是实现国家治理体系和治理能力现代化的重要内容，适应了全面依法治国新时期解决各类纠纷的现实需要，对构建具有中国特色的多元化纠纷解决体系具有里程碑式的意义。

一、《意见》起草的背景及思路

党的十八届四中全会《关于全面推进依法治国若干重大问题的决定》明确要求："健全社会矛盾纠纷预防化解机制，完善调解、仲裁、行政裁决、行政复议、诉讼等有机衔接、相互协调的多元化纠纷解决机制。"2015年10月13日中央全面深化改革领导小组第十七次会议审议通过了《关于完善矛盾纠纷多元化解机制的意见》，并于同年12月6日由中共中央办公厅、国务院办公厅联合印发。

为了贯彻落实中央改革部署，最高人民法院司改办从2015年1月开始起草制定《最高人民法院关于人民法院进一步深化多元化纠纷解决机制改革的意见》和《最高人民法院关于人民法院特邀调解的规定》（以下简称《意见》和《规定》）。2015年4月9日在全国法院多元化纠纷解决机制改革工作推进会（以下简称"眉山会议"）上，向法院系统以及中央各有关部门征求了意见和建议。在《关于完善矛盾纠纷多元化解机制的意见》下发后，司改办对《意见》和《规定》做了大幅度的修改。2016年上半年，司改办多次展开调研座谈会和专家论证会，广泛征求了中央有关部委、法院系统、调解组织、仲裁机构以及专家学者的意见，吸纳各方有益建议。2016年5月17日，《意见》经最高人民法院党组第21次会议审议通过，于6月28日正式发布实施。《规定》于5月23日由最高人民法院审判委员会第1684次会议通过，自2016年7月1日起施行。

《意见》起草调研历时一年多时间，起草中主要遵循以下几点思路：一是按照国家治理体系和治理能力现代化的战略部署，贯彻落实十八届四中全会关于完善多元化纠纷解决机制建设的改革任务和《关于完善矛盾纠纷多元化解机制的意见》的要求，结合法院工作实际，对人民法院进一步深化多元化纠纷解决机制改革进行顶层设计。二是坚持“国家主导、司法推动、社会参与、多元并举、法治保障”现代纠纷解决理念，发挥各类纠纷解决资源的优势，形成社会多层次多领域齐抓共管的合力，满足人民群众多元的纠纷解决需求。三是明确人民法院在多元化纠纷解决机制建设中的职能定位，充分发挥司法的引领、推动和保障作用，完善和创新诉调对接的制度建设和程序安排，建立健全诉讼与非诉讼有效衔接、相互配合的多元化纠纷解决机制。四是坚持继承传统与改革创新相结合。《意见》在继承和发扬我国调解制度的优良传统的基础上，充分总结近年来各级人民法院开展多元化纠纷解决机制改革的成功经验，吸收借鉴2009年《关于建立健全诉讼与非诉讼相衔接的矛盾纠纷解决机制的若干意见》，2012年《关于扩大诉讼与非诉讼相衔接的矛盾纠纷解决机制试点总体方案》以及2014年多元化纠纷解决机制改革示范法院的改革成果，坚持问题导向，提出适应纠纷解决机制发展的新举措，体现出一定的前瞻性和创新性。

《意见》全文分为五个部分、四十个条文，涉及深化多元化纠纷解决机制的指导思想、主要目标和基本原则，完善诉调对接平台建设，健全诉调对接制度，创新诉调对接程序，以及加强多元化纠纷解决机制发展的保障等内容。《意见》涉及了多元化纠纷解决机制的抽象层面和具体层面、宏观层面和微观层面、决策层面和操作层面、确定性层面和探索性层面等方方面面，这些亮点内容成为构筑和打造国家多元化纠纷解决机制法治化框架的重点、要点和关键点。①

二、深化多元化纠纷解决机制改革的战略安排

多元化纠纷解决机制改革是最高人民法院一直高度重视的改革项目。2004年，“人民法院二五改革纲要”首次提出建立健全多元化纠纷解决机制，2008年该改革项目纳入中央司法改革的整体部署，由最高人民法院牵头。最高人民法院按照中央批准的“法院做好诉调对接、中央出台相关政策、改革成果转化为立法”的改革部署，先后组织了两批试点。2009年最高人民法院出台了《关于建立健全诉讼与非诉讼相衔接的矛盾纠纷解决机制的若干意见》。2015年4月9日，周强院长在“眉山会议”上提出了“国家制定发展战略、司法发

① 汤维建：《多元化纠纷解决机制改革的时代意义及其要点》，载《人民法院报》2016年6月30日。

挥引领作用、推动国家立法进程”的“三步走”战略，在推进国家治理体系和治理能力现代化建设的战略高度描绘了多元化纠纷解决机制改革的发展蓝图。《意见》将“三步走”战略明确为多元化纠纷解决机制建设的总体工作思路。

（一）第一步：“国家制定发展战略”

党的十八届四中全会对推进多元化纠纷解决机制改革作出重要部署，明确要求“健全社会矛盾纠纷预防化解机制，完善调解、仲裁、行政裁决、行政复议、诉讼等有机衔接、相互协调的多元化纠纷解决机制。”多元化纠纷解决机制的发展，将按照社会治理的基本规律，把纠纷解决从普通的社会管理中分离出来，突显其自身的客观规律，发挥其在“社会治理体系”中不可替代的作用，与治理体系中的其他要素共同形成一个功能齐全、优势互补、疏而不漏的国家治理体系。2015 年 10 月 13 日中央全面深化改革领导小组第十七次会议审议通过的《关于完善矛盾纠纷多元化解机制的意见》明确了当前完善矛盾纠纷多元化解机制的指导思想和基本原则，健全工作格局，促进各类非诉讼矛盾纠纷解决方式健康发展，推进制度建设、搭建化解平台，强化工作保障等内容，它标志着我国矛盾纠纷多元化解机制进入一个自上而下、系统推进的新阶段。

（二）第二步：“司法发挥引领作用”

《关于完善矛盾纠纷多元化解机制的意见》对人民法院在多元化纠纷解决机制改革中的功能和作用给予了准确的定位，即“人民法院要发挥司法在矛盾纠纷多元化解机制中的引领、推动和保障作用，建立健全诉讼与非诉讼相衔接的矛盾纠纷解决机制。”《意见》全文充分体现了这三个作用。第一，“引领”作用意味着人民法院要主动与诉讼外的纠纷解决机制建立对接关系。人民法院派员进驻各种调解站和联系点，指导这些纠纷解决机制发挥作用；调解组织进驻法院设立的调解室，处理法院立案前委派调解和立案后委托调解的案件；通过司法确认的强制力、法官的司法经验、司法能力等优势激活其他解纷资源，指导其他纠纷解决机制的发展壮大。第二，“推动”作用主要体现在法院与其他非诉纠纷解决机制的关系方面。法院在每年处理数以千万计案件的同时，加强与综治组织、行政机关、各类调解组织、仲裁机构、公证机构以及工青妇、法学会等社团组织和其他社会力量的对接，通过诉调对接、效力确认、人才培养、参与立法等途径，让更多的矛盾纠纷通过规范、中立的非诉讼纠纷解决渠道化解。第三，“保障”作用主要体现在对非诉讼纠纷解决方式提供全方位、立体式的保障。包括对调解协议的法律效力确认，对特邀调解组织建设的完善，对特邀调解员行为规范的约束，更有对特邀调解员的技能培训和能力提高等。

（三）第三步：“推动国家立法进程”

周强院长在“眉山会议”上的重要讲话，从依法治国新要求、社会治理新高度、人民群众新需求、司法资源新配置、国际接轨新视野等五个方面，指明了新时期推进多元化纠纷解决机制改革的基本目标和方向。多元化纠纷解决机制改革实施十年来，已经在改革成果立法转化方面取得显著成效。这不仅体现在《人民调解法》赋予调解协议“法律效力”和修正后《民事诉讼法》特别程序中新增加的调解协议司法确认程序，更为重要地体现在当前推进多元化纠纷解决机制的单项立法或综合性立法的立法进程中。2015 年 4 月 1 日厦门市人大常委会通过的《厦门经济特区多元化纠纷解决机制促进条例》就是很好的例证。下一步，最高人民法院要继续鼓励和支持有立法权的地方积极借鉴厦门市的地方立法经验，努力争取更多的地方把多元化纠纷解决机制建设纳入地方立法规划。《意见》要求人民法院及时总结各地多元化纠纷解决机制改革的成功经验，积极支持本辖区因地制宜出台相关地方性法规或规章，推动实现改革成果的法律化。最高人民法院在条件成熟的情况下，将积极向全国人大常委会提出立法建议，推动国家多元化纠纷解决机制的立法进程。

三、深化多元化纠纷解决机制改革的创新举措

“十年磨一剑。”十年来中国的多元化纠纷解决机制改革完成了两个重要的跨越：一是从部分法院与调解等非诉机制对接探索，升级为全国范围内受到各界普遍认可的制度体系；二是从法院缓解办案压力的“权宜之计”，升级为国家治理体系和能力现代化的战略行动。① 全国各级人民法院积极推进改革任务的落实，从理念更新到组织健全，从机制建设到制度完善，从法院“单打独斗”到社会资源整合，从“散兵游勇”到解纷队伍建设，从制定政策到推动立法，取得了显著的成效。《意见》系统总结了多年来人民法院推动多元化纠纷解决机制建设的经验，通过改革试点提炼出可复制可推广的改革举措，明确了法院开展多元化纠纷解决机制改革的全面要求和具体路径，是各级法院推进多元化纠纷解决机制改革的行动指南。

（一）发挥诉调对接平台“纠纷集散地、调度站、分流点”的功能，创新在线纠纷解决平台建设

当各类纠纷涌入法院之时，诉调对接平台作为当事人接触法院的第一道窗口，承载着法院与社会各种纠纷解决机制的衔接功能。《意见》在吸收各级人民法院的实践做法后，提出各级人民法院建立诉调对接平台，配备专门人员从事诉调对接工作，建立诉调对接长效工作机制。通过设立调解工作室、服务窗口，吸纳相关人民调解、行业调解或者商事调解组织等作为法院特邀调解组织进驻法院，接受法院委派委托的调解案件；明确了诉调对接平台的辅导与释

① 蒋惠岭：《十年改革创新路扬帆逐浪再起航》，载《人民法院报》2015 年 4 月 13 日。

明、分流与疏解、管理与协调、促进与推广、调解与审判等五项职能，① 充分发挥其功能和作用。截至2016年5月，全国法院设置专门诉调对接中心的有467家，其中安徽、山东、上海、陕西、四川、福建等省市法院设置得较多。

在"互联网+"时代和全球一体化的背景下，诉调对接平台不仅是法院诉前调解机制、民商事案件速裁机制与传统审判机制的线下结合，还应当是运用现代信息技术将各类社会解纷资源与司法资源在线上进行结合的互联网平台。《意见》提出，推动建立在线调解、在线立案、在线司法确认、在线审判、电子督促程序、电子送达等为一体的信息平台，促进多元化纠纷解决机制的信息化发展。未来的在线解纷平台应当能够快速整合全国各类纠纷案例、整合地域性和行业性调解资源，汇聚全国纠纷案例数据、用户反馈数据、用户行为数据和平台运行数据等大数据。通过构建覆盖全国、纵向贯通、横向集成、共享共用、衔接顺畅的纠纷解决信息系统，可以掌握各地纠纷状况、诉调对接数据、解纷工作成效、解纷典型案例分析等信息，为国家和司法机关调整政策提供数据支撑；通过这个高效便捷的网络平台，可以为当事人和调解员之间搭建双向选择和便捷沟通的桥梁，拓宽当事人选择适合的调解员或者适宜的调解方式，真正实现诉讼与调解的有效衔接，及时有效地化解矛盾纠纷。

（二）进一步完善非诉讼纠纷解决机制，创新覆盖广泛、多元立体的纠纷解决网络

中国的纠纷解决资源十分丰富，既有预防纠纷的综治工程，又有遍布各个层面的行政调解；既有雄厚民间基础的人民调解，又有涵盖各个专业领域的行业调解；既有商事仲裁、劳动人事争议仲裁，还有市场化运作的商事调解；既有组织调解，还有民间的个人调解。在当前推进国家治理体系和治理能力现代化的新形势下，各级人民法院要深刻认识"发挥党委领导的巨大政治优势、发挥综治组织和行政机关统筹协调的优势、发挥社会力量基础雄厚、资源丰富的优势、发挥司法的引领、推动和保障作用"，努力构建具有中国特色的多元化纠纷解决体系。②

一是加强与综治组织和政府行政机关的沟通协调机制。建立定期或不定期的联席会议制度，形成信息互通、优势互补、协作配合的纠纷解决互动机制。积极借助各地社会治安综合治理信息化综合平台，推动建立矛盾纠纷多元化解信息库。积极支持行政机关在其职责范围开展行政和解、行政调解和行政裁决等，促进诉讼与行政调解、行政复议、行政裁决等机制的对接。二是加强与各

① 罗书臻：《促进诉讼与非诉讼解决方式的有效衔接　满足人民群众多元解纷需求》，载《人民法院报》2016年6月30日。

② 李少平：《努力构建具有中国特色的多元化纠纷解决体系》，载《人民法院报》2016年7月6日。

类民间调解组织的对接，发挥其各自不同优势，形成解纷合力。解决矛盾纠纷，应当根据矛盾纠纷的不同性质、不同特点，让当事人选择更适合的纠纷解决方式。针对民间纠纷，要重视运用人民调解、社区调解；针对商事纠纷，就需要商事调解和商事仲裁机构发挥专业化、职业化优势；针对单位、行业内部的纠纷，就需要发挥行业协会行业自治的作用。三是创新“一站式”纠纷解决平台。在道路交通、劳动争议、医疗卫生、物业管理、消费者权益保护、土地承包、征地拆迁、环境保护等纠纷多发领域，法院加强与行政机关、人民调解组织、行业调解组织等进行资源整合，推进建立“一站式”纠纷解决服务平台。四是发挥社会各界的力量。各级工会、妇联、共青团、法学会等组织在参与纠纷解决方面都发挥着重要作用。各级法院充分调动人大代表、政协委员、专家学者、律师、基层组织负责人、基层社区工作者、网格管理员、“五老”人员、大学生志愿者等参与纠纷解决的积极性，进一步发挥社会各界化解基层矛盾、维护基层稳定的作用。

(三) 支持仲裁、公证制度改革，加强仲裁机构、公证机构在化解纠纷上的作用

仲裁、公证制度是我国社会主义法律制度的重要组成部分，在化解纠纷方面起到了一定的作用。十八届四中全会提出完善仲裁制度意义重大。目前，全国商事仲裁委员会 230 多个，劳动仲裁委员会 3000 多个，2015 年仲裁案件超过 100 万件（其中商事仲裁 10 多万件），仲裁机构的发展空间很大。各级人民法院应当积极支持仲裁制度改革，尊重商事仲裁规律和仲裁规则，及时办理仲裁机构的保全申请，依照法律规定处理撤销和不予执行仲裁裁决案件，为提高仲裁公信力提供司法保障。支持完善劳动人事争议仲裁办案制度，加强劳动人事争议仲裁与诉讼的有效衔接，探索建立裁审标准统一的新规则、新制度。支持和保障农村土地承包仲裁机构开展调解仲裁，及时审查和执行其作出的裁决书或调解书，实现涉农纠纷仲裁与诉讼的合理衔接。

公证制度是预防性司法证明制度，公证证明活动可以为司法审判活动提供裁判依据，公证债权文书作为执行依据，可以充分体现公证制度的价值与功能，增强公证公信力。《意见》规定，支持公证机构对法律行为、事实和文书依法进行核实和证明，在送达、取证、保全、执行等环节提供公证法律服务。将公证机构的债权文书公证扩大到具有给付内容的和解协议、调解协议。在家事、商事等领域，支持公证机构在遗嘱继承、商事交易中开展公证活动，为当事人提供调解服务。这是最高人民法院在文件中首次提出“在家事、商事等领域开展公证活动或者调解服务”，对指导法院与公证部门的有效衔接提供了依据。

(四) 创新特邀调解制度，打造一支值得信赖的编外纠纷解决队伍

特邀调解制度是通过长期司法实践探索总结出来的一项制度，是指人民法

院吸纳符合条件的人民调解、行政调解、商事调解、行业调解等调解组织或者个人成为特邀调解组织或者调解员，接受人民法院立案前委派或者立案后委托依法进行调解，促使当事人在平等协商基础上达成调解协议、解决纠纷的一种活动。截至2015年底，全国法院共吸纳特邀调解组织32912个，特邀调解员达104516人。这支法院编外的解纷队伍办理了大量法院委派调解和委托调解的案件，及时化解各类纠纷。为了规范特邀调解工作，《意见》和《规定》规定了法院特邀调解组织和特邀调解员名册制度，明确了委派调解和委托调解两种调解方式，规范了特邀调解的程序等内容。委派调解是指人民法院对于适宜调解的纠纷在登记立案前委派特邀调解组织或者特邀调解员进行调解的活动；委托调解是指在登记立案后或者审理过程中，法院认为适宜调解的案件可以委托特邀调解组织或者特邀调解员进行调解，或者交由法院专职调解员进行调解。之所以这样规定，主要是出于时间节点的不同以及调解结果的不同。立案前的委派调解达成协议的，其法律后果是当事人可以申请司法确认，而委托调解达成协议后，则由法官审查后作出调解书。

（五）建立法院专职调解员制度，发掘法院内部调解资源

法院专职调解员制度是近年来试点法院在实践中探索出的一项新制度。最早规定于2012年《最高人民法院关于扩大诉讼与非诉讼相衔接的矛盾纠纷解决机制改革试点总体方案》（以下简称《扩大试点方案》）和2014年《多元化纠纷解决机制改革示范法院标准》中，2015年《关于完善矛盾纠纷多元化解机制的意见》中要求，建立法院专职调解员制度，探索调解与裁判适当分离。在多元化纠纷解决机制的背景下，法院将调解机制拓展到诉讼前和诉讼外，一改以往法官在行使审判权的同时兼顾调解的模式，改由调解能力较强的法官或者司法辅助人员担任专职调解员，专门从事调解工作，体现了调解专业化的方向，也更符合法院的审判规律和角色定位。《意见》规定人民法院可以在诉讼服务中心等部门配备专职调解员，由擅长调解的法官或者司法辅助人员担任，从事调解指导工作和登记立案后的委托调解工作，探索调解与裁判适当分离，合理调配司法资源，缓解审判压力。尤其是法官员额制改革之后，一部分入不了法官员额的老法官，又有调解经验的，可以安排在诉调对接中心专职从事调解工作，发挥其长项和优势。专职调解员的主要职责包括：（1）从事诉前分流案件和立案阶段的调解；（2）确认非诉讼调解协议的效力，对当事人申请司法确认的，专职调解员可以依法作出确认裁定；（3）实施立案后或者诉中的委托调解；（4）跟踪和督促调解协议的履行；（5）对非诉调解组织进行指导；（6）诉调对接的有关工作。通过专职调解员制度，可以在立案阶段分流化解大量简易和适宜调解的案件，为审判庭的法官减轻办案压力。

（六）推进律师调解制度，让律师成为多元化纠纷解决机制中的新力量

律师制度作为中国特色社会主义司法制度的重要组成部分，是国家法治文

明进步的重要标志。2016 年 6 月 13 日，中共中央办公厅、国务院办公厅印发了《关于深化律师制度改革的意见》，对深化律师制度改革作出全面部署。目前，我国执业律师已超过 29.7 万人，律师事务所数量达到 2.4 万多家。律师参与多元化纠纷解决机制改革具有得天独厚的职业优势。律师调解是指律师作为中立第三方，协助纠纷双方当事人自愿协商，达成协议。在域外 ADR（非诉讼纠纷解决程序）发展过程中，律师调解是全球调解职业化发展的一个趋势，在美国、英国以及我国香港特别行政区，律师担任调解员的比例非常高。在我国，律师调解是一项新兴制度，最早出现在 2012 年《扩大试点方案》和 2014 年《多元化纠纷解决机制改革示范法院标准》中，而 2015 年的《关于完善矛盾纠纷多元化解机制的意见》首次从中央层面提出建立完善律师调解制度，鼓励和规范律师参与矛盾纠纷化解。《意见》规定了推进律师调解制度的三种形式：一是吸纳律师加入人民法院特邀调解员名册，鼓励律师参与纠纷解决；二是探索建立律师调解工作室，支持律师加入各类调解组织担任调解员；三是律师事务所设置律师调解员，充分发挥律师专业化、职业化优势。同时，规定了推动建立律师委托代理时告知当事人选择非诉讼方式解决纠纷的机制。

（七）探索民商事纠纷中立评估等新机制，拓展纠纷解决新方式

民商事纠纷中立评估机制程序是指在民商事案件进入诉讼程序但还未进行审理前，在特定规则的约束下，由中立第三人根据案件情况为双方当事人及律师作出专业评估意见的纠纷解决机制。通常运用于医疗卫生、不动产、建筑工程、知识产权、环境保护等类型案件，但不太适宜婚姻、家庭等注重情感的案件。它是不同于调解的新型机制，与调解存在以下不同：一是目的不同。中立评估程序从中立和专业角度明确案件适用的法律和所需要的证据，让当事人获得足够信息对可能出现的诉讼结果作出判断，而调解目的是寻求双方当事人均可接受的方案。二是关键点不同。中立评估程序的关键点在于全面、客观、直接地评估案件的优势与劣势，而调解的关键点在于促成双方当事人达成和解。三是方式不同。中立评估程序禁止当事人与评估员的单方面沟通，而调解则允许调解员与当事人单方接触。四是人员素质不同。中立评估程序要求评估员必须具有专业领域的法律知识。而调解程序要求调解员必须具备沟通技巧，对于其他知识要求并不高。

《意见》还规定了探索无争议事实记载、无异议方案认可两个新机制。这两个新机制最早都是在 2012 年《扩大试点方案》中首次提出。探索无争议事实记载机制，是指调解程序终结时，当事人未达成调解协议的，调解员在征得各方当事人同意后，可以用书面形式记载调解过程中双方没有争议的事实，并由当事人签字确认。在诉讼程序中，除涉及国家利益、社会公共利益和他人合法权益的外，当事人无需对调解无争议事实举证。无争议事实记载与当事人在调解过程中的自认有着本质上的区别：一是启动不同。前者须经各方当事人同意而启动，后者由自认人一方自行决定即可。二是性质不同。前者所记载的事实是双方当事人共同认可的事实，后者的事实是自认一方作出的对己不利的事实。三是方式不同。前者须以书面形式记载并经各方当事人签字认可，后者的形式没有法定的要求。四是后果不同。前者对诉讼中各方当事人产生已记载事实的免证后果，后者不得在其后的诉讼中作为对自认方不利的证据。无争议事实记载机制适用的案件必须是依法可以调解的民事案件，须在经诉讼调解或非诉调解未能达成调解协议时记载，且必须是各方当事人不存在争议的事实，还要告知当事人无争议事实记载的后果与作用。

探索无异议调解方案认可机制，是指经调解未能达成调解协议，但是对争议事实没有重大分歧的，调解员在征得当事人各方同意后，可以提出调解方案并书面送达当事人。当事人在七日内未提出书面异议的，调解方案即视为双方自愿达成的调解协议；提出书面异议的，视为调解不成立。当事人申请司法确认调解协议的，应当依照有关规定予以确认。其运作机理在于，双方当事人在某些情况下之所以未能达成调解协议，并非源于不可调和的原则分歧，而是碍于面子，不愿呈现退步的姿态，或是自己不便主动提出调解方案。此时，如果由调解员拟定出相对公允的调解方案，送达给双方当事人，并规定其可通过默认的方式使该调解方案生效，对于存在调解成功的最后希望，双方当事人并无原则分歧，离调解成功只有一步之遥的一些纠纷而言，该机制可以最大限度地挖掘当事人协商调解的潜在意愿，当事人通过默认的方式接受调解员提出的方案，以一种双方当事人均易接受的“体面”的方式，达成双方都认可的调解协议，最终促成纠纷的协商解决。

（八）探索建立调解前置程序，引导当事人更多地选择调解方式解决纠纷

《民事诉讼法》确定的“先行调解”原则，也有多元化纠纷解决机制改革实践作支撑，一些地方法院已经开始改革试点。《意见》规定：“积极探索适用调解前置程序的纠纷范围和案件类型。有条件的基层人民法院对家事、相邻关系、小额债务、消费者权益保护、交通事故、医疗、物业管理等适宜调解的纠纷，在征求当事人意愿的基础上，引导当事人在登记立案前由特邀调解组织或者特邀调解员先行调解。”这一规定是《意见》的一大亮点和突破。我国对于调解启动的法律规定来源于《民事诉讼法》《婚姻法》和《最高人民法院关于适用简易程序审理民事案件的若干规定》。其中，《民事诉讼法》确定了先行调解的原则，《婚姻法》确定了离婚案件调解前置的原则，《最高人民法院关于适用简易程序审理民事案件的若干规定》确定了六类适宜调解纠纷审前调解的类型。目前的调解前置程序改革，主要是事实清楚，权利义务关系明确，当事人争议不大，人民法院认为有可能通过调解解决，而且当事人便于送达并愿意调

解的纠纷，这些纠纷主要包括家事、相邻关系、小额债务、消费者权益保护、交通事故、医疗、物业管理等适宜调解的纠纷。《意见》将调解可能性大的纠纷安排先行调解，符合当事人解纷多元需求以及成本效率的原则，其目的在于通过国家制度安排，将大量简易纠纷分流到诉讼外纠纷解决渠道，实现与立案登记制的有机配套。应当说明的是，探索调解前置程序不能违反当事人自愿调解原则，不能等同于国外有些国家的强制调解。调解前置程序只是规定对适宜调解的特定类型的纠纷进行先行调解，要求当事人先通过诉讼外调解方式予以解决，扩大当事人实现正义的途径。

结 语

一个改革文件的出台，不代表一项改革措施的完成。按照“国家制定发展战略、司法发挥保障作用、推动国家立法进程”三步走战略，我们仅仅完成了改革任务的第一步，进入了第二步的具体落实。“改革文件的生命力在于实施，落实的动力来源于自觉，而自觉行动的心理基础则取决于思想上的深刻认识和高度重视。”① 只有认识了改革的重要性，了解了改革的具体路径，才能抓住改革的关键问题，把握改革的正确方向，将改革措施落地生根，不剑走偏锋，不倒退回头，真正实现改革的目标。

（撰稿人：胡仕浩　龙　飞）

最高人民法院
印发《关于建立健全诉讼与非诉讼相衔接的矛盾纠纷解决机制的若干意见》的通知

2009 年 7 月 24 日　　法发〔2009〕45 号

全国地方各级人民法院、各级军事法院、各铁路运输中级法院和基层法院、各海事法院，新疆生产建设兵团各级法院：

① 胡云腾：《大力提高对多元化纠纷解决机制重要性的认识》，载《人民法院报》2016 年 7 月 13 日。

《最高人民法院关于建立健全诉讼与非诉讼相衔接的矛盾纠纷解决机制的若干意见》已经中央批准，现印发给你们，请认真贯彻落实。在贯彻落实中遇有问题，请及时报告最高人民法院司法改革领导小组办公室。

附：

最高人民法院
关于建立健全诉讼与非诉讼相衔接的
矛盾纠纷解决机制的若干意见

为发挥人民法院在建立健全诉讼与非诉讼相衔接的矛盾纠纷解决机制方面的积极作用，促进各种纠纷解决机制的发展，现制定以下意见。

一、明确主要目标和任务要求

1. 建立健全诉讼与非诉讼相衔接的矛盾纠纷解决机制的主要目标是：充分发挥人民法院、行政机关、社会组织、企事业单位以及其他各方面的力量，促进各种纠纷解决方式相互配合、相互协调和全面发展，做好诉讼与非诉讼渠道的相互衔接，为人民群众提供更多可供选择的纠纷解决方式，维护社会和谐稳定，促进经济社会又好又快发展。

2. 建立健全诉讼与非诉讼相衔接的矛盾纠纷解决机制的主要任务是：充分发挥审判权的规范、引导和监督作用，完善诉讼与仲裁、行政调处、人民调解、商事调解、行业调解以及其他非诉讼纠纷解决方式之间的衔接机制，推动各种纠纷解决机制的组织和程序制度建设，促使非诉讼纠纷解决方式更加便捷、灵活、高效，为矛盾纠纷解决机制的繁荣发展提供司法保障。

3. 在建立健全诉讼与非诉讼相衔接的矛盾纠纷解决机制的过程中，必须紧紧依靠党委领导，积极争取政府支持，鼓励社会各界参与，充分发挥司法的推动作用；必须充分保障当事人依法处分自己的民事权利和诉讼权利。

二、促进非诉讼纠纷解决机制的发展

4. 认真贯彻执行《中华人民共和国仲裁法》和相关司法解释，在仲裁协议效力、证据规则、仲裁程序、裁决依据、撤销裁决审查标准、不予执行裁决审查标准等方面，尊重和体现仲裁制度的特有规律，最大程度地发挥仲裁制度在纠纷解决方面的作用。对于仲裁过程中申请证据保全、财产保全的，人民法院应当依法及时办理。

5. 认真贯彻执行《中华人民共和国劳动争议调解仲裁法》和相关司法解释的规定，加强与劳动、人事争议等仲裁机构的沟通和协调，根据劳动、人事争议案件的特点采取适当的审理方式，支持和鼓励仲裁机制发挥作用。对劳动、人事争议仲裁机构不予受理或者逾期未作出决定的劳动、人事争议事项，申请人向人民法院提起诉讼的，人民法院应当依法受理。

6. 要进一步加强与农村土地承包仲裁机构的沟通和协调，妥善处理农村土地承包纠纷，努力为农村改革发展提供强有力的司法保障和法律服务。当事人对农村土地承包仲裁机构裁决不服而提起诉讼的，人民法院应当及时审理。当事人申请法院强制执行已经发生法律效力的裁决书和调解书的，人民法院应当依法及时执行。

7. 人民法院要大力支持、依法监督人民调解组织的调解工作，在审理涉及人民调解协议的民事案件时，应当适用有关法律规定。

8. 为有效化解行政管理活动中发生的各类矛盾纠纷，人民法院鼓励和支持行政机关依当事人申请或者依职权进行调解、裁决或者依法作出其他处理。调解、裁决或者依法作出的其他处理具有法律效力。当事人不服行政机关对平等主体之间民事争议所作的调解、裁决或者其他处理，以对方当事人为被告就原争议向人民法院起诉的，由人民法院作为民事案件受理。法律或司法解释明确规定作为行政案件受理的，人民法院在对行政行为进行审查时，可对其中的民事争议一并审理，并在作出行政判决的同时，依法对当事人之间的民事争议一并作出民事判决。

行政机关依法对民事纠纷进行调处后达成的有民事权利义务内容的调解协议或者作出的其他不属于可诉具体行政行为的处理，经双方当事人签字或者盖章后，具有民事合同性质，法律另有规定的除外。

9. 没有仲裁协议的当事人申请仲裁委员会对民事纠纷进行调解的，由该仲裁委员会专门设立的调解组织按照公平中立的调解规则进行调解后达成的有民事权利义务内容的调解协议，经双方当事人签字或者盖章后，具有民事合同性质。

10. 人民法院鼓励和支持行业协会、社会组织、企事业单位等建立健全调解相关纠纷的职能和机制。经商事调解组织、行业调解组织或者其他具有调解职能的组织调解后达成的具有民事权利义务内容的调解协议，经双方当事人签字或者盖章后，具有民事合同性质。

11. 经《中华人民共和国劳动争议调解仲裁法》规定的调解组织调解达成的劳动争议调解协议，由双方当事人签名或者盖章，经调解员签名并加盖调解组织印章后生效，对双方当事人具有合同约束力，当事人应当履行。双方当事人可以不经仲裁程序，根据本意见关于司法确认的规定直接向人民法院申请确认调解协议效力。人民法院不予确认的，当事人可以向劳动争议仲裁委员会申请仲裁。

12. 经行政机关、人民调解组织、商事调解组织、行业调解组织或者其他具有调解职能的组织对民事纠纷调解后达成的具有给付内容的协议，当事人可以按照《中华人民共和国公证法》的规定申请公证机关依法赋予强制执行效力。债务人不履行或者不适当履行具有强制执行效力的公证文书的，债权人可以依法向有管辖权的人民法院申请执行。

13. 对于具有合同效力和给付内容的调解协议，债权人可以根据《中华人民共和国民事诉讼法》和相关司法解释的规定向有管辖权的基层人民法院申请支付令。申请书应当写明请求给付金钱或者有价证券的数量和所根据的事实、证据，并附调解协议原件。

因支付拖欠劳动报酬、工伤医疗费、经济补偿或者赔偿金事项达成调解协议，用人单位在协议约定期限内不履行的，劳动者可以持调解协议书依法向人民法院申请支付令。

三、完善诉讼活动中多方参与的调解机制

14. 对属于人民法院受理民事诉讼的范围和受诉人民法院管辖的案件，人民法院在收到起诉状或者口头起诉之后、正式立案之前，可以依职权或者经当事人申请后，委派行政机关、人民调解组织、商事调解组织、行业调解组织或者其他具有调解职能的组织进行调解。当事人不同意调解或者在商定、指定时间内不能达成调解协议的，人民法院应当依法及时立案。

15. 经双方当事人同意，或者人民法院认为确有必要的，人民法院可以在立案后将民事案件委托行政机关、人民调解组织、商事调解组织、行业调解组织或者其他具有调解职能的组织协助进行调解。当事人可以协商选定有关机关或者组织，也可商请人民法院确定。

调解结束后，有关机关或者组织应当将调解结果告知人民法院。达成调解协议的，当事人可以申请撤诉、申请司法确认，或者由人民法院经过审查后制作调解书。调解不成的，人民法院应当及时审判。

16. 对于已经立案的民事案件，人民法院可以按照有关规定邀请符合条件的组织或者人员与审判组织共同进行调解。调解应当在人民法院的法庭或者其他办公场所进行，经当事人同意也可以在法院以外的场所进行。达成调解协议的，可以允许当事人撤诉，或者由人民法院经过审查后制作调解书。调解不成的，人民法院应当及时审判。

开庭前从事调解的法官原则上不参与同一案件的开庭审理，当事人同意的除外。

17. 有关组织调解案件时，在不违反法律、行政法规强制性规定的前提下，可以参考行业惯例、村规民约、社区公约和当地善良风俗等行为规范，引导当事人达成调解协议。

18. 在调解过程中当事人有隐瞒重要事实、提供虚假情况或者故意拖延时间等行为的，调解员可以给予警告或者终止调解，并将有关情况报告委派或委托人民法院。当事人的行为给其他当事人或者案外人造成损失的，应当承担相应的法律责任。

19. 调解过程不公开，但双方当事人要求或者同意公开调解的除外。

从事调解的机关、组织、调解员，以及负责调解事务管理的法院工作人员，不得披露调解过程的有关情况，不得在就相关案件进行的诉讼中作证，当事人不得在审判程序中将调解过程中制作的笔录、当事人为达成调解协议而作出的让步或者承诺、调解员或者当事人发表的任何意见或者建议等作为证据提出，但下列情形除外：

（一）双方当事人均同意的；

（二）法律有明确规定的；

（三）为保护国家利益、社会公共利益、案外人合法权益，人民法院认为确有必要的。

四、规范和完善司法确认程序

20. 经行政机关、人民调解组织、商事调解组织、行业调解组织或者其他具有调解职能的组织调解达成的具有民事合同性质的协议，经调解组织和调解员签字盖章后，当事人可以申请有管辖权的人民法院确认其效力。当事人请求履行调解协议、请求变更、撤销调解协议或者请求确认调解协议无效的，可以向人民法院提起诉讼。

21. 当事人可以在书面调解协议中选择当事人住所地、调解协议履行地、调解协议签订地、标的物所在地基层人民法院管辖，但不得违反法律对专属管辖的规定。当事人没有约定的，除《中华人民共和国民事诉讼法》第三十四条规定的情形外，由当事人住所地或者调解协议履行地的基层人民法院管辖。经人民法院委派或委托有关机关或者组织调解达成的调解协议的申请确认案件，由委派或委托人民法院管辖。

22. 当事人应当共同向有管辖权的人民法院以书面形式或者口头形式提出确认申请。一方当事人提出申请，另一方表示同意的，视为共同提出申请。当事人提出申请时，应当向人民法院提交调解协议书、承诺书。人民法院在收到申请后应当及时审查，材料齐备的，及时向当事人送达受理通知书。双方当事人签署的承诺书应当明确载明以下内容：

（一）双方当事人出于解决纠纷的目的自愿达成协议，没有恶意串通、规避法律的行为；

（二）如果因为该协议内容而给他人造成损害的，愿意承担相应的民事责任和其他法律责任。

23. 人民法院审理申请确认调解协议案件，参照适用《中华人民共和国民事诉讼法》有关简易程序的规定。案件由审判员一人独任审理，双方当事人应当同时到庭。人民法院应当面询问双方当事人是否理解所达成协议的内容，是否接受因此而产生的后果，是否愿意由人民法院通过司法确认程序赋予该协议强制执行的效力。

24. 有下列情形之一的，人民法院不予确认调解协议效力：

（一）违反法律、行政法规强制性规定的；

（二）侵害国家利益、社会公共利益的；

（三）侵害案外人合法权益的；

（四）涉及是否追究当事人刑事责任的；

（五）内容不明确，无法确认和执行的；

（六）调解组织、调解员强迫调解或者有其他严重违反职业道德准则的行为的；

（七）其他情形不应当确认的。

当事人在违背真实意思的情况下签订调解协议，或者调解组织、调解员与案件有利害关系、调解显失公正的，人民法院对调解协议效力不予确认，但当事人明知存在上述情形，仍坚持申请确认的除外。

25. 人民法院依法审查后，决定是否确认调解协议的效力。确认调解协议效力的决定送达双方当事人后发生法律效力，一方当事人拒绝履行的，另一方当事人可以依法申请人民法院强制执行。

五、建立健全工作机制

26. 有条件的地方人民法院可以按照一定标准建立调解组织名册和调解员名册，以便于引导当事人选择合适的调解组织或者调解员调解纠纷。人民法院可以根据具体情况及时调整调解组织名册和调解员名册。

27. 调解员应当遵守调解员职业道德准则。人民法院在办理相关案件过程中发现调解员与参与调解的案件有利害关系，可能影响其保持中立、公平调解的，或者调解员有其他违反职业道德准则的行为的，应当告知调解员回避、更换调解员、终止调解或者采取其他适当措施。除非当事人另有约定，人民法院不允许调解员在参与调解后又在就同一纠纷或者相关纠纷进行的诉讼程序中作为一方当事人的代理人。

28. 根据工作需要，人民法院指定院内有关单位或者人员负责管理协调与调解组织、调解员的沟通联络、培训指导等工作。

29. 各级人民法院应当加强与其他国家机关、社会组织、企事业单位和相关组织的联系，鼓励各种非诉讼纠纷解决机制的创新，通过适当方式参与各种非诉讼纠纷解决机制的建设，理顺诉讼与非诉讼相衔接过程中出现的各种关系，积极推动各种非诉讼纠纷解决机制的建立和完善。

30. 地方各级人民法院应当根据实际情况，制定关于调解员条件、职业道德、调解费用、诉讼费用负担、调解管理、调解指导、衔接方式等规范。高级人民法院制定的相关工作规范应当报最高人民法院备案。基层人民法院和中级人民法院制定的相关工作规范应当报高级人民法院备案。

【解　读】

解读《关于建立健全诉讼与非诉讼相衔接的矛盾纠纷解决机制的若干意见》

2009 年 8 月 4 日，最高人民法院正式发布了《关于建立健全诉讼与非诉讼相衔接的矛盾纠纷解决机制的若干意见》（以下简称《若干意见》），对于发挥人民法院在建立健全诉讼与非诉讼相衔接的矛盾纠纷解决机制方面的积极作用具有重要的指导意义。为便于正确理解《若干意见》，现对有关问题作一一解读。

一、《若干意见》起草的背景和原则

目前我国社会正处于转型期，社会矛盾易发、多发，纠纷数量、类型增加，处理难度加大。新时期社会矛盾的特点决定了纠纷解决不能仅靠法院一家，而应充分发挥诉讼与非诉讼纠纷解决方式的优势、特点，构建科学、系统的诉讼与非诉讼相衔接的矛盾纠纷调处机制。

起草《若干意见》主要考虑了以下几项原则：

建立健全诉讼与非诉讼相衔接的矛盾纠纷解决机制，要着眼于维护社会和谐稳定，促进经济社会又好又快发展。建立健全矛盾纠纷解决机制，要调动一切积极因素，鼓励社会力量参与纠纷解决，丰富人民群众参与社会管理和公共服务的途径，促进健全基层社会管理体制，最大限度地激发社会创造活力，最大限度地增加和谐因素，最大限度地减少不和谐因素。在建立健全矛盾纠纷解

决机制的过程中，要着重培养诚信意识，鼓励当事人本着诚信的精神参与经济、社会活动，解决矛盾纠纷；要通过提倡和保障诚信意识，促进建设和谐文化，培养文明风尚，提高国家的文化软实力。

正确对待法院在建立健全诉讼与非诉讼相衔接的矛盾纠纷解决机制中的作用。建立健全诉讼与非诉讼相衔接的矛盾纠纷解决机制，需要社会的积极参与，要依靠党委的统一领导，确保方向正确，取得实效。人民法院应当立足于审判权的行使范围和行使方式，通过发挥审判权的规范、引导和监督作用，促使非诉讼纠纷解决方式更加便捷、灵活、高效，为矛盾纠纷解决机制的繁荣发展提供司法保障。

保障当事人依法处分民事权利和诉讼权利。在建立健全诉讼与非诉讼相衔接的矛盾纠纷解决机制的过程中，必须注重充分保障当事人的民事权利和诉讼权利，这既是建立健全诉讼与非诉讼相衔接的矛盾纠纷解决机制的出发点，也是落脚点。处分包括两层含义：(1) 当事人可以依法行使诉讼权利，依法主张民事权利；(2) 当事人可以决定放弃全部或部分诉讼权利或民事权利。当事人有权利起诉、不起诉、撤诉，也有权利选择用什么方式或途径解决纠纷。司法机关应当着力解决的是推动纠纷解决机制建设，为当事人提供选择机会并保障当事人选择的权利。当然，对个人权利的保护并不是绝对的，对个人利益的保护不能损害国家、社会和他人的合法利益。

重点完善诉讼与非诉讼纠纷解决机制之间的衔接机制。发挥审判权在矛盾纠纷解决机制中规范、引导和监督作用的主要途径在于完善诉讼与非诉讼解决机制之间的衔接机制。这种衔接主要包括两个方面，一方面是立案前行政机关、社会组织调解与诉讼的衔接，仲裁与诉讼的衔接，其他非诉讼纠纷解决方式与诉讼的衔接；另一方面是立案后行政机关、社会组织调解与诉讼的衔接。《若干意见》通过规定立案前委派调解和司法确认程序，着重对非诉讼调解与诉讼的衔接进行了规范；通过规定邀请协助调解和委托协助调解，对立案后诉讼过程中行政机关、社会组织调解与诉讼的衔接进气了规范。关于仲裁与诉讼的衔接问题，由于最高法院已经对商事仲裁作出过司法解释，《若干意见》仅从原则上提出尊重仲裁特有规律的要求；对人事争议仲裁迫切需要解决的与司法衔接的问题提出了支持性意见；对农村土地承包经营纠纷仲裁，则从贯彻落实十七届三中全会精神出发，根据农村土地承包经营纠纷调解仲裁法的规定，提出了原则性意见，为推进农村改革发展提供了强有力的司法保障和法律服务。

二、非诉讼纠纷解决方式与诉讼程序的衔接机制

从《若干意见》规定的非诉讼纠纷解决方式与诉讼程序的衔接角度看，当

事人有 8 种途径使诉讼外民事纠纷解决结果接受司法审查，获得司法保障。

第一，申请人民法院撤销或执行仲裁裁决。根据仲裁法的规定，当事人可以依法向人民法院申请撤销仲裁裁决或执行仲裁裁决。为了支持仲裁事业的发展，《若干意见》规定了人民法院在仲裁协议效力、证据规则、仲裁程序、裁决依据、撤销裁决审查标准、不予执行裁决审查标准等方面，应当尊重和体现仲裁制度的特有规律，最大限度地发挥仲裁制度在纠纷解决方面的作用。

对于仲裁过程中申请证据保全、财产保全的，人民法院也应当依法及时办理。

第二，对劳动、人事争议仲裁机构不予受理或者逾期未作出决定的劳动、人事争议事项，可向人民法院提起诉讼。《若干意见》规定，劳动、人事争议的当事人申请劳动、人事仲裁，但劳动、人事争议仲裁机构不予受理或者逾期未作出决定的，申请人可以就该劳动、人事争议事项向人民法院提起诉讼。同时，《若干意见》要求人民法院要加强与劳动、人事争议等仲裁机构的沟通和协调，根据劳动、人事争议案件的特点采取适当的审理方式，支持和鼓励仲裁机制发挥作用。

第三，对农村土地承包仲裁机构的裁决不服而提起诉讼，或者申请法院强制执行已经发生法律效力的裁决书和调解书。根据《若干意见》规定，人民法院要进一步加强与农村土地承包仲裁机构的沟通和协调，妥善处理农村土地承包纠纷，努力为农村改革发展提供强有力的司法保障和法律服务。当事人对农村土地承包仲裁机构裁决不服而提起诉讼的，人民法院应当及时审理。当事人申请法院强制执行已经发生法律效力的裁决书和调解书的，人民法院应当依法及时执行。

第四，申请确认并执行调解协议。对人民调解组织调解达成的调解协议、商事调解组织调解达成的调解协议、行业协会或其他行业性调解组织对行业性民事纠纷调解达成的调解协议、仲裁机构设立的调解组织在仲裁程序外对民商事纠纷调解后达成的调解协议、行政机关对平等主体间的民事纠纷调解后达成的调解协议，以及其他组织依法对民商事纠纷调解后达成的调解协议，当事人双方如果担心该协议将来可能得不到履行，可以共同申请人民法院依法确认该调解协议的效力。人民法院确认调解协议效力的决定具有强制执行力。

第五，向人民法院起诉，请求履行、变更、撤销调解协议或者确认调解协议无效。如果经行政机关、人民调解组织、商事调解组织、行业调解组织或者其他具有调解职能的组织调解后达成了具有民事合同性质的调解协议，但当事人一方反悔，这时，当事人获得司法救济的途径是以对方当事人为被告，向人民法院提起诉讼，请求履行调解协议，变更、撤销调解协议，或者确认调解协议无效。

第六，对行政调解、裁决或者其他处理不服提起诉讼。行政机关在行政管理过程中，经常需要对平等主体之间的民事纠纷进行调解、作出裁决或其他处理。根据目前的法律和司法解释，当事人不服行政调处的司法救济途径有两种，一种是以行政机关为被告提起行政诉讼，一种是以对方当事人为被告提起民事诉讼。但是，由于目前的法律规定不够完善，对当事人因不服行政机关对平等主体间民事争议作出的行政裁决或其他处理决定，当事人应当提起民事诉讼还是行政诉讼的问题，仍有不明确之处。为了有效保障当事人的权利，鼓励行政机关积极调处民事纠纷，《若干意见》明确规定，当事人不服行政机关对平等主体之间民事争议所作的调解、裁决或者其他处理，以对方当事人为被告就原争议向人民法院起诉的，由人民法院作为民事案件受理。当然，如果法律或司法解释明确规定作为行政案件受理的，人民法院在对行政行为进行审查时，可对其中的民事争议一并审理，并在作出行政判决的同时，依法对当事人之间的民事争议一并作出民事判决。根据《若干意见》，在法律或司法解释无明确规定的情况下，当事人对行政机关就平等主体间民事争议所作裁决或其他处理不服的，有权选择提起行政诉讼或民事诉讼。

第七，申请执行公证债权文书。对具有给付内容的调解协议，当事人可以根据公证法的规定，向公证机关申请依法赋予其强制执行效力。经公证机关赋予强制执行效力的调解协议，当事人可以申请人民法院执行。

第八，依法申请支付令。调解协议可以申请支付令的有两种情况，一种是普通调解协议，即对于具有合同效力和给付内容的调解协议，债权人可以根据民事诉讼法和相关司法解释的规定向有管辖权的基层人民法院申请支付令。另一种是劳动争议调解协议。根据劳动争议调解仲裁法的规定，因支付拖欠劳动报酬、工伤医疗费、经济补偿或者赔偿金事项达成调解协议，用人单位在协议约定期限内不履行的，劳动者可以持调解协议书依法向人民法院申请支付令。

三、扩大赋予合同效力的调解协议的范围

《人民法院关于审理涉及人民调解协议的民事案件的若干规定》仅规定了人民调解协议具有合同效力。实际上，行政机关也有效调解处理了大量民事纠纷，而国际商会调解中心等商事调解机构在调解处理商事纠纷尤其是涉外商事纠纷方面发挥了重要作用，一些仲裁机构近来设立的调解中心也在仲裁程序之外积极参与商事调解工作。在处理行业内部纠纷方面，行业协会以及行业协会成立的行业性调解组织发挥其专业优势，调解了大量行业内部纠纷。为支持行政机关和社会组织开展民商事纠纷调解工作，《若干意见》进一步扩大赋予合同效力的调解协议的范围，明确规定经行政机关、人民调解组织、商事调解组织、行业调解组织或者其他具有调解职能的社会组织对民商事争议调解后达成

的调解协议都具有民事合同性质，当事人应当遵守和履行。

关于行政调解的效力。行政机关在行政管理活动中，可以依法对平等主体当事人之间的民事争议进行调解。作为我国民事纠纷调解制度的重要组成部分，行政调解在解决纠纷、减少诉讼、维护良好的社会生活秩序方面发挥了重要作用。但是，由于多数行政调解的效力并不明确，制约了当事人对行政调解的利用。一般情况下，行政机关对民事争议进行调解，调解书生效后当事人不履行的，对方当事人并不能申请行政机关或人民法院强制执行。当事人依法向人民法院提起民事诉讼后，原调解协议具有什么样的法律地位，法律并没有明确规定。对此问题，主要有两种不同理解。一种意见认为，这种行政调解对当事人不具有法律拘束力，当事人不能申请法院强制执行已然达成的调解协议，而只能将原有争议提请法院裁判，原调解协议在诉讼中也不具有任何法律意义。另一种意见认为，行政机关对民事争议进行调解后达成的调解协议对当事人应当具有约束力。调解协议本质上是当事人签订的合同，当事人不履行调解协议，就原民事争议向人民法院起诉的，人民法院应当依法审查调解协议是否是在自愿、合法基础上达成的，对符合自愿、合法原则的调解协议，人民法院应当依法支持。从实际情况看，若要真正发挥行政调解化解平等主体间民事争议的作用，就必须赋予行政调解达成的调解协议一定的法律效力。否认这种调解协议的法律效力，不利于促进当事人诚实地参与调解，不利于迅速、及时、有效地解决纠纷，同时也会在一定程度上浪费行政机关和当事人在调解中投入的人力和物力，增加纠纷解决成本，浪费公共资源。《若干意见》主要采纳了第二种意见，明确规定经行政机关依法对民事纠纷进行调处后达成的有民事权利义务内容的调解协议，经双方当事人签字或者盖章后，具有民事合同性质。

此外，行政机关除了可以依法对民事争议进行调解外，还可以依法对民事争议进行裁决或者依法作出其他处理。为支持行政机关调处民事纠纷，同时也为有效地保护当事人的权利，《若干意见》规定，除法律另有规定的外，行政机关依法对民事纠纷作出的不属于可诉具体行政行为的处理，经双方当事人签字或者盖章后，也具有民事合同性质。

关于商事、行业调解及其他民间调解的效力。随着我国社会主义市场经济的发展，贸易、投资和国际经济合作业务持续增长，各种商事纠纷和贸易摩擦也不断增加。为适应形势发展的需要，商事调解机构应运而生并逐渐发展，帮助中外当事人化解了大量商事纠纷，包括贸易、投资、金融服务、知识产权、房地产、物业纠纷等商事及海事领域里的纠纷，成为纠纷解决领域中一支重要的社会力量。此外，近年来一些仲裁机构也积极在仲裁程序外开展调解工作，使一些没有仲裁协议、没有进入仲裁程序的案件通过调解得到了妥善解决，对维护正常的市场交易秩序发挥了积极作用。

在社会主义市场经济发展的过程中，行业协会作为行业性组织也发展迅速。在现代社会，专业分工愈加细致，行业协会对其行业的熟悉就成为纠纷解决中的一种最宝贵的资源。行业调解一般是由行业协会或其他行业性内设组织，针对行业成员之间的以及行业成员与其他相关主体间发生的纠纷，通过调解方式，促进纠纷当事人沟通协调，促成纠纷解决。通过行业调解，大量的社会矛盾得到妥善化解。

在解决劳动争议方面，劳动争议调解仲裁法规定，企业劳动争议调解委员会、基层人民调解组织、在乡镇街道设立的具有劳动争议调解职能的组织可以对劳动争议进行调解。该法同时还规定："经调解达成协议的，应当制作调解协议书。调解协议书由双方当事人签名或者盖章，经调解员签名并加盖调解组织印章后生效，对双方当事人具有约束力，当事人应当履行。"根据上述规定，企业劳动争议调解委员会、基层人民调解组织、在乡镇街道设立的具有劳动争议调解职能的组织依法调解了大量劳动争议。为鼓励他们进一步发挥作用，《若干意见》进一步明确规定，经这些调解组织调解达成的劳动争议调解协议具有合同约束力，当事人应当履行。

可以说，商事调解和行业调解同人民调解及其他民间纠纷解决力量一起，构成了庞大的民间纠纷解决网络，为各种民商事纠纷的解决提供了相应的解决渠道。但是，由于对通过商事调解、行业调解及其他民间纠纷调解机制达成的调解协议效力存在不同的看法，当事人对通过这些纠纷解决途径解决纠纷的信心不足。实际上，通过这些民间纠纷解决机制达成的调解协议，属于特殊的民事合同，在传统民法上称为和解合同，是当事人对已经发生的争议达成的处理其民事权利义务的合同。我国现行合同法规定的合同种类中没有和解合同，调解协议属于合同法规定的无名合同。《若干意见》明确规定调解协议的合同性质，有利于统一认识，树立和增强当事人通过调解解决纠纷的信心，促进民间纠纷解决机制发挥更大的作用。

为区分仲裁中的调解与仲裁机构开展的仲裁程序外的调解，《若干意见》明确规定，具有民事合同性质的调解协议，是指没有仲裁协议的当事人申请仲裁委员会对民事纠纷进行调解，由该仲裁委员会专门设立的调解组织按照公平、中立的调解规则进行调解后达成的有民事权利义务内容的、经双方当事人签字或盖章的调解协议，这种调解协议不能直接成为法院执行的依据。而仲裁过程中经仲裁庭调解达成的调解协议，仲裁庭可以依法制作调解书，当事人可以依法申请法院强制执行。

四、进一步规范和完善司法确认程序

为了加强行政调解、人民调解、商事调解、行业调解及其他民间调解与诉讼的有效衔接，《若干意见》规定，经行政机关、人民调解组织、商事调解组织、行业调解组织或者其他具有调解职能的组织调解达成的调解协议，当事人可以到法院申请确认其效力。法院依法作出的确认决定具有强制执行力。《若干意见》规定的司法确认程序，既是对人民法院司法确认实践的提炼和总结，也是对最高人民法院《关于人民法院民事调解工作若干问题的规定》所提出的确认程序的完善，解决了行政调解、民间调解与司法程序的有效衔接问题，具有灵活、简便、快捷等显著优势。

关于案件范围。根据《若干意见》的规定，司法确认程序确认的调解协议范围包括经行政机关、人民调解组织、商事调解组织、行业调解组织或者其他具有调解职能的组织调解达成的具有民事合同性质、并经调解组织和调解员签字盖章的协议。可以申请确认的调解协议一般在三种情况下达成：第一种，民事纠纷产生后，当事人寻求行政机关、人民调解组织、商事调解组织、行业调解组织或者其他具有调解职能的组织调解，调解成功后达成调解协议；第二种，民事纠纷产生后，一方当事人到法院起诉，法院在正式立案之前，依职权或者经当事人申请后，委派行政机关、人民调解组织、商事调解组织、行业调解组织或者其他具有调解职能的组织进行调解，调解成功后达成调解协议；第三种，人民法院在立案后将民事案件委托行政机关、人民调解组织、商事调解组织、行业调解组织或者其他具有调解职能的组织协助进行调解，调解成功后达成调解协议。

需要特别指出的是，根据《若干意见》的规定，当事人可以不经仲裁程序，直接根据《若干意见》关于司法确认的规定，向人民法院申请确认经劳动争议调解仲裁法规定的调解组织调解达成的劳动争议调解协议的效力。《若干意见》这样规定的目的在于方便劳动者及时有效地维护合法权益。对于法院没有确认调解协议效力的，当事人如果对调解协议的内容或履行有争议的，仍有权申请仲裁。

确认程序适用于当事人对调解协议没有争议的情况。如果当事人之间对调解协议的内容和履行等问题存在争议，如当事人请求履行调解协议，请求变更、撤销调解协议或确认调解协议无效的，则可以向人民法院起诉。

当然，并不是所有调解协议都需要到法院申请确认。如果当事人认为没有必要申请确认的，也可以不申请确认。

关于管辖。调解协议从性质上看是合同，如果对调解协议产生争议，应当按照民事诉讼法有关合同纠纷管辖的规定确定管辖法院，即因合同纠纷提起的诉讼，由被告住所地或者合同履行地的人民法院管辖。合同的双方当事人可以在书面合同中协议选择被告住所地、合同履行地、合同签订地、原告住所地、标的物所在地的人民法院管辖，并不得违反民事诉讼法对级别管辖和专属管辖的规定。但是，对调解协议的确认却与此略有不同。在当事人申请确认调解效力的情况下，双方当事人没有争议，而且在一般情况下，申请确认的当事人多数不愿意再当被告，当事人的诉讼地位不是原告或被告，而是申请人，关于管辖的问题不宜再遵循原告就被告的原则。

因此，《若干意见》根据尊重当事人意愿和方便审理的原则，允许当事人选择与调解协议有关联的地点所在的法院作为管辖法院，并规定当事人的选择具有优先性。

即当事人可以在书面调解协议中选择当事人住所地、调解协议履行地、调解协议签订地、标的物所在地的基层人民法院管辖。当事人没有约定的，由当事人住所地或者调解协议履行地的基层人民法院管辖。根据《若干意见》的规定，当事人的选择受到两个限制，一是不得违反法律对专属管辖的规定，二是在经人民法院委派或委托有关机关或者组织调解后达成调解协议的情况下，如果当事人申请确认，则由委派或委托的人民法院管辖，当事人不能进行选择。这样规定的目的是方便人民法院结合全案情况对调解协议进行审查，有利于节约诉讼资源。

申请和受理。《若干意见》规定，当事人应当共同向有管辖权的人民法院以书面形式或者口头形式提出确认申请。如果一方来法院申请，另一方以一定方式表示同意的，也可以适用确认程序，比如有表示同意申请确认的书面意见。为增强当事人的诚信意识，明确提示当事人恶意申请确认可能承担的法律责任，《若干意见》要求当事人提出确认申请的同时，要向人民法院提交承诺书，承诺双方当事人出于解决纠纷的目的自愿达成协议，没有恶意串通、规避法律的行为，承诺如果因为该协议内容而给他人造成损害的，愿意承担相应的民事责任和其他法律责任。

确认程序。《若干意见》规定，人民法院审理申请确认调解协议的案件，参照适用民事诉讼法有关简易程序的规定。由于申请确认的案件本身不存在争议，所以案情相对简单，由审判员一人独任审理即可。为方便人民法院依法审查，确保调解协议的达成符合自愿和合法原则，《若干意见》要求人民法院审理申请司法确认案件时，双方当事人应当同时到庭。

人民法院在确认程序中应当对调解协议的内容进行审查，但这种审查主要是对自愿性和合法性的审查。根据《若干意见》的规定，人民法院在审查后不予确认调解协议效力的情形主要有三大类。

第一类，不予确认违反自愿原则的调解协议。《若干意见》规定，当事人在违背真实意思的情况下签订调解协议，或者调解组织、调解员与案件有利害关系，调解显失公正的，人民法院对调解协议效力不予确认，但当事人明知存在上述情形，仍坚持申请确认的除外。也就是说，违反当事人意愿的调解协议人民法院原则上不予确认。同时，由于是否违反当事人意愿通常很难确定，尤其在受到某种压力的情况下，当事人可能在口头上仍表示自己是自愿签署调解协议的。如何界定哪些压力、哪种程度的压力构成对当事人意志自由的妨碍，这是一个难以确定的问题。考虑到处于中立第三方的调解组织、调解员在调解过程中具有平衡当事人双方力量、压力、利益的重要作用，而且调解结果是否公正也能从一定层面反映当事人的意愿，因此，如果调解组织、调解员与案件有利害关系，或者调解结果显失公正的，基本可以推定调解协议违背了当事人的意愿。当然，这仅仅是一种逻辑上的推定，而且民事活动尊重当事人意思自治，因此，如果法院已经明确向当事人提示存在上述情况，但当事人仍然坚持申请确认调解协议效力的，人民法院应当尊重当事人的意愿，依法确认调解协议的效力。

第二类，不予确认违法达成的调解协议。《若干意见》规定的因违法而不予确认的情形具体包括：违反法律、行政法规强制性规定的，侵害国家利益、社会公共利益的，侵害案外人合法权益的，涉及是否追究当事人刑事责任的，调解组织、调解员强迫调解或者有其他严重违反职业道德准则的行为的。调解组织、调解员强迫调解或者有其他严重违反职业道德准则行为的情况，虽然涉及调解协议的签订是否自愿的问题，但考虑到这种行为已经严重危及调解的发展，严重损害了当事人的利益，《若干意见》将其纳入不予确认的范围，并且不受当事人意见的影响。即使当事人坚持申请确认，人民法院也不得确认。

第三类，不予确认内容不明确、无法确认和执行的调解协议。人民法院应当对调解协议是否有确认利益进行审查。确认程序仅适用于对调解协议没有争议且具有执行内容的情况。对于没有执行内容的调解协议，没有必要向法院申请确认。这种协议，即使没有经过司法确认，根据《若干意见》的规定，仍具有合同效力，当事人应当自觉遵守。如果一方违反协议，可以要求对方承担相应的法律责任。在《若干意见》起草修改的过程中，有一种观点认为，对调解协议内容不明确无法执行的，应当允许当事人在一定期限内予以明确，法院根据明确后的调解协议作出确认决定。但考虑到当事人在明确调解协议内容过程中可能产生新的争议，会有损确认程序的简易和快捷优势，因此，《若干意见》没有规定允许当事人对内容不明确的调解协议在确认程序中进一步明确，而是规定人民法院对内容不明确、无法确认和执行的调解协议不予确认。当然，如果人民法院因此对调解协议不予确认，当事人在确认程序结束后，仍然可以继续协商、参与调解，进一步明确调解协议的内容或签订新的内容明确的调解协议，当事人认为有必要确认的，可以再次向人民法院申请确认。

如果当事人的调解协议通过了自愿性和合法性审查，且具有明确的执行内容，有确认的意义的，人民法院应当根据《若干意见》规定，作出确认调解协议效力的决定。确认调解协议效力的决定送达双方当事人后发生法律效力，一方当事人拒绝履行的，另一方当事人可以依法申请人民法院强制执行。

《若干意见》是最高人民法院在推动建立健全诉讼与非诉讼相衔接的矛盾纠纷解决机制过程中取得的重大阶段性成果，具有十分重要的意义。但是，《若干意见》的规定仍较原则，各级人民法院在实施《若干意见》的过程中，可以结合实际情况，理顺诉讼与非诉讼相衔接过程中出现的各种关系，通过适当方式参与各种非诉讼纠纷解决机制建设，鼓励各种非诉讼纠纷解决机制的创新，积极推动各种非诉讼纠纷解决机制的建立和完善。

（撰稿人：卫彦明　向国慧）

最高人民法院
印发《关于扩大诉讼与非诉讼相衔接的矛盾纠纷解决机制改革试点总体方案》的通知

2012 年 4 月 10 日　　　　法〔2012〕116 号

各省、自治区、直辖市高级人民法院，新疆维吾尔自治区高级人民法院生产建设兵团分院：

为贯彻中央关于诉讼与非诉讼相衔接的矛盾纠纷解决机制改革的总体部署，落实中央社会管理综合治理委员会等 16 家单位联合印发的《关于深入推进矛盾纠纷大调解工作的指导意见》，进一步深化多元纠纷解决机制改革，有效预防和化解社会矛盾，最高人民法院制定了《关于扩大诉讼与非诉讼相衔接的矛盾纠纷解决机制改革试点总体方案》，确定了北京市朝阳区人民法院等 42 家法院为试点法院，并报请中央批准。现将《关于扩大诉讼与非诉讼相衔接的矛盾纠纷解决机制改革试点总体方案》印发给你们，请认真组织实施，实施过程中遇到的问题，请及时报告我院。

特此通知。

附：

最高人民法院
关于扩大诉讼与非诉讼相衔接的矛盾纠纷解决机制改革试点总体方案

为贯彻中央关于诉讼与非诉讼相衔接的矛盾纠纷解决机制改革的总体部署，适应社会管理创新的需要，各级人民法院在建立健全诉讼与非诉讼相衔接的矛盾纠纷解决机制改革方面大胆探索、锐意创新，积累了丰富的实践经验。为落实中央社会管理综合治理委员会等16家单位联合印发的《关于深入推进矛盾纠纷大调解工作的指导意见》（综治委〔2011〕10号），进一步深化多元纠纷解决机制改革，我院决定在总结前期试点经验的基础上，继续扩大试点工作范围，构建诉调对接工作平台，完善和创新诉调对接工作机制，加强经费保障和人员培训，促进多元纠纷解决机制改革再上一个新台阶。

一、试点工作目标

1. 试点工作目标。按照“党委领导、政府支持、多方参与、司法推动”的原则，进一步深化诉讼与非诉讼相衔接的矛盾纠纷解决机制改革，努力实现以下目标：一是探索人民法院参与社会管理创新的新方式，在确保人民法院履行依法裁判职责的基础上，充分发挥人民法院化解纠纷的功能；二是整合解决纠纷的各种力量，合理配置纠纷解决资源，为构建我国科学、系统、完整的多元纠纷解决体系积累经验；三是完善和创新诉调对接工作机制，为人民群众提供更多可供选择的纠纷解决渠道。

二、试点主要内容

（一）构建诉调对接工作平台

2. 建立诉调对接中心。试点法院设立诉调对接中心，作为诉讼外调解机制依托在法院的工作平台，配备专门的工作人员，建立完备的工作制度，明确相应的工作职责。相关调解组织可以在法院诉调对接中心设立调解室，办理法院委派或委托调解的案件。

3. 建立特邀调解组织名册制度。试点法院建立特邀调解组织名册，明确行政机关、人民调解组织、商事调解组织、行业调解组织以及其他具有调解职能的组织进入特邀调解组织名册的条件，健全名册管理制度，完善工作程序。特邀调解组织依托诉调对接中心开展调解工作。

4. 建立特邀调解员名册制度。试点法院建立特邀调解员名册，明确人大代表、政协委员、人民陪审员、专家学者、律师、仲裁员、退休法律工作者等人员进入特邀调解员名册的条件，健全名册管理制度，制定调解员工作规则和职业道德准则，完善工作程序。特邀调解员依托诉调对接中心开展调解工作。特邀调解组织内的调解员不再列入特邀调解员名册。

5. 建立法院专职调解员队伍。试点法院探索建立专职调解员队伍，由调解能力较强的法官或者司法辅助人员专职从事立案前或者诉讼过程中的调解工作。开庭前从事调解的法官原则上不参与同一案件的开庭审理，当事人同意的除外。参与开庭审理的法官不得担任本案的专职调解员。专职调解员可以依托诉调对接中心或者有关审判庭开展工作。

6. 与有关行政机关建立相对固定的诉调对接关系。试点法院可以在调解纠纷较多的行政机关设立巡回法庭，及时依法办理相关案件，依照有关规定确认调解协议的法律效力，协调指导相关调解工作。试点法院与有关行政机关建立定期沟通联络机制，并探索创新诉调对接的具体工作方式。

7. 与具有调解职能的组织建立相对固定的诉调对接关系。试点法院支持商事调解组织、行业调解组织或者其他具有调解职能的组织开展调解工作，协助其完善组织建设，制定相关管理制度，建立定期沟通联络机制，发挥其在诉调对接平台中的作用。人民法院根据需要可以派出法官巡回审理有关案件，依照有关规定确认调解协议的法律效力。

8. 推动建立律师调解员制度。试点法院应当支持律师协会、律师事务所建立专职或者兼职的律师调解员队伍，由律师调解员独立主持调解纠纷，并协助其建立和完善相关制度。

(二) 完善诉调对接工作机制

9. 落实委派调解或者委托调解机制。经双方当事人同意，或者人民法院认为确有必要的，按照《最高人民法院关于建立健全诉讼与非诉讼相衔接的矛盾纠纷解决机制的若干意见》第十四条、第十五条的规定，将民商事纠纷在立案前委派或者立案后委托给特邀调解组织或者特邀调解员进行调解。

10. 赋予调解协议合同效力。特邀调解组织或者特邀调解员主持调解达成协议后，当事人就调解协议的履行或者调解协议的内容发生争议的，一方当事人可以就调解协议问题向人民法院提起诉讼，人民法院按照合同纠纷进行审理。当事人一方以原纠纷向人民法院起诉，对方当事人以调解协议抗辩并提供调解协议书的，应当就调解协议的内容进行审理。

11. 落实调解协议的司法确认制度。经人民调解委员会调解达成协议的，当事人根据《中华人民共和国人民调解法》第三十三条的规定共同向人民法院申请确认人民调解协议的，人民法院应当依法受理。经行政机关、商事调解组织、行业调解组织或者其他具有调解职能的组织调解达成的协议，当事人申请确认其效力，参照《最高人民法院关于人民调解协议司法确认程序的若干规定》办理。

12. 建立刑事和解工作机制。按照新修订的《中华人民共和国刑事诉讼法》关于刑事和解的规定，与公安机关、检察机关建立刑事和解工作机制，明确刑事和解案件的范围、条件、方式、结果和程序等。在和解工作中，充分发挥人民调解组织、基层自治组织、当事人所在单位或者同事、亲友以及法院特邀调解组织和特邀调解员等的作用，促使当事人达成和解协议，化解矛盾。

13. 完善行政案件协调和解机制。支持行政机关发挥其职能优势，将纠纷化解在进入诉讼程序之前。对进入诉讼程序的行政纠纷，积极争取有关部门的协助和配合，邀请有关部门共同参与行政案件的协调和解，妥善化解行政纠纷。

14. 完善执行联动机制。建立健全党委政法委组织协调、人民法院主办、有关部门联动、社会各界参与的执行工作长效机制，加强执行法院之间、执行法院与政府及其他有关部门之间的联动，积极促成执行和解，促进执行案件的协调解决。

15. 建立民商事纠纷中立评估机制。当事人因民商事纠纷诉至人民法院后，人民法院可以建议当事人选择评估员协助解决纠纷。评估员应当是经验丰富的法律工作者或者相关专业领域的专家。评估员可以根据各方当事人的陈述、当事人提供的有关证据，出具中立评估报告，对判决结果进行预测。中立评估应当秘密进行，评估意见不具有法律效力。评估结束后，评估员可以引导当事人达成和解协议。试点法院在条件成熟时探索建立中立评估员名册制度。

16. 建立无异议调解方案认可机制。经调解未能达成调解协议，但当事人之间的分歧不大的，调解员征得当事人各方书面同意后，可以提出调解方案并书面送达当事人。当事人在七日内提出书面异议的，视为调解不成立；未提出书面异议的，该调解方案即视为双方自愿达成的调解协议。当事人申请司法确认的，应当依照有关规定予以确认。

17. 建立无争议事实记载机制。当事人未达成调解协议的，调解员在征得各方当事人同意后，可以用书面形式记载调解过程中双方没有争议的事实，并告知当事人所记载的内容。经双方签字后，当事人无需在诉讼过程中就已记载的事实举证。

（三）加强经费保障和人员培训

18. 争取经费保障。积极争取当地党委、政府对诉讼与非诉讼相衔接的矛盾纠纷解决机制试点工作的支持，及时通报工作进展情况，争取经费保障，对所需经费申请单独列支或者在相关经费项目中列支。

19. 探索实行调解员有偿服务。试点法院应当积极与政府有关部门沟通、协调，或者通过其他适当方式，探索实行调解员有偿服务。除法院专职调解员、入册的行政调解员和人民调解员不收取调解费用外，其他入册的特邀调解组织或者特邀调解员可以提供有偿服务。

20. 加强调解员职业培训。试点法院应当加强对调解员的职业培训工作，探索建立科学、系统的调解培训体系，提高调解员的调解能力和调解技巧，提升调解员队伍的整体素质，为调解工作的职业化奠定基础。

三、具体工作安排

21. 加强试点工作的组织领导。试点法院成立试点工作领导小组，由法院主要领导担任组长。指定专门机构并配备专门人员负责试点工作的具体落实。试点工作领导小组定期听取试点工作汇报，及时解决试点工作中遇到的问题。

22. 制定试点工作实施方案。试点法院要结合工作实际，根据试点总体方案，在周密设计和必要论证的基础上制定具体实施方案，于2012年5月31日前层报最高人民法院司法改革领导小组办公室备案。试点实施方案应当明确任务分工、时序进度和工作责任。

23. “点面结合”体现特色。各试点法院在全面落实试点总体方案的基础上，可以结合本院工作实际，选择部分内容作重点突破，体现自身特色。

24. 合理安排试点进度。各试点法院从2012年5月开始试点，制定具体实施方案，组织落实各项试点工作。12月底进行试点工作初期评估后，各试点法院可以适当调整实施方案，全面落实各项试点工作。2013年底，最高人民法院对试点工作进行阶段性总结，并在全国范围内推广成功的改革试点经验。

25. 加强试点工作管理。最高人民法院司法改革领导小组办公室具体负责试点工作的管理，了解试点工作情况，研究解决试点工作中遇到的问题，指导各地试点工作。各试点法院所在辖区的高级人民法院或者中级人民法院应当加强监督指导和督促检查，并总结推广试点经验，确保试点工作顺利进行。试点法院在试点工作中遇到问题和困难的，应当及时层报最高人民法院司法改革领导小组办公室。

第六编　其　　他

（一）司法解释

最高人民法院
印发《最高人民法院关于司法解释工作的规定》的通知

2007 年 3 月 9 日　　　　　　　　　　法发〔2007〕12 号

本院各单位：

《最高人民法院关于司法解释工作的规定》已于 2006 年 12 月 11 日经最高人民法院审判委员会第 1408 次会议通过，现印发给你们，请遵照执行。

附：

关于司法解释工作的规定

一、一般规定

第一条　为进一步规范和完善司法解释工作，根据《中华人民共和国人民法院组织法》、《中华人民共和国各级人民代表大会常务委员会监督法》和《全国人民代表大会常务委员会关于加强法律解释工作的决议》等有关规定，制定本规定。

第二条　人民法院在审判工作中具体应用法律的问题，由最高人民法院作出司法解释。

第三条　司法解释应当根据法律和有关立法精神，结合审判工作实际需要制定。

第四条　最高人民法院发布的司法解释，应当经审判委员会讨论通过。

第五条　最高人民法院发布的司法解释，具有法律效力。

第六条　司法解释的形式分为“解释”、“规定”、“批复”和“决定”四种。

对在审判工作中如何具体应用某一法律或者对某一类案件、某一类问题如何应用法律制定的司法解释，采用“解释”的形式。

根据立法精神对审判工作中需要制定的规范、意见等司法解释，采用“规定”的形式。

对高级人民法院、解放军军事法院就审判工作中具体应用法律问题的请示制定的司法解释，采用“批复”的形式。

修改或者废止司法解释，采用“决定”的形式。

第七条　最高人民法院与最高人民检察院共同制定司法解释的工作，应当按照法律规定和双方协商一致的意见办理。

第八条　司法解释立项、审核、协调等工作由最高人民法院研究室统一负责。

二、立　　项

第九条　制定司法解释，应当立项。

第十条　最高人民法院制定司法解释的立项来源：

（一）最高人民法院审判委员会提出制定司法解释的要求；

（二）最高人民法院各审判业务部门提出制定司法解释的建议；

（三）各高级人民法院、解放军军事法院提出制定司法解释的建议或者对法律应用问题的请示；

（四）全国人大代表、全国政协委员提出制定司法解释的议案、提案；

（五）有关国家机关、社会团体或者其他组织以及公民提出制定司法解释的建议；

（六）最高人民法院认为需要制定司法解释的其他情形。

基层人民法院和中级人民法院认为需要制定司法解释的，应当层报高级人民法院，由高级人民法院审查决定是否向最高人民法院提出制定司法解释的建议或者对法律应用问题进行请示。

第十一条　最高人民法院审判委员会要求制定司法解释的，由研究室直接立项。

对其他制定司法解释的立项来源，由研究室审查是否立项。

第十二条　最高人民法院各审判业务部门拟制定“解释”、“规定”类司法解释的，应当于每年年底前提出下一年度的立项建议送研究室。

研究室汇总立项建议，草拟司法解释年度立项计划，经分管院领导审批后提交审判委员会讨论决定。

因特殊情况，需要增加或者调整司法解释立项的，有关部门提出建议，由研究室报分管院领导审批后报常务副院长或者院长决定。

第十三条 最高人民法院各审判业务部门拟对高级人民法院、解放军军事法院的请示制定批复的，应当及时提出立项建议，送研究室审查立项。

第十四条 司法解释立项计划应当包括以下内容：立项来源，立项的必要性，需要解释的主要事项，司法解释起草计划，承办部门以及其他必要事项。

第十五条 司法解释应当按照审判委员会讨论通过的立项计划完成。未能按照立项计划完成的，起草部门应当及时写出书面说明，由研究室报分管院领导审批后提交审判委员会决定是否继续立项。

三、起草与报送

第十六条 司法解释起草工作由最高人民法院各审判业务部门负责。

涉及不同审判业务部门职能范围的综合性司法解释，由最高人民法院研究室负责起草或者组织、协调相关部门起草。

第十七条 起草司法解释，应当深入调查研究，认真总结审判实践经验，广泛征求意见。

涉及人民群众切身利益或者重大疑难问题的司法解释，经分管院领导审批后报常务副院长或者院长决定，可以向社会公开征求意见。

第十八条 司法解释送审稿应当送全国人民代表大会相关专门委员会或者全国人民代表大会常务委员会相关工作部门征求意见。

第十九条 司法解释送审稿在提交审判委员会讨论前，起草部门应当将送审稿及其说明送研究室审核。

司法解释送审稿及其说明包括：立项计划、调研情况报告、征求意见情况、分管副院长对是否送审的审查意见、主要争议问题和相关法律、法规、司法解释以及其他相关材料。

第二十条 研究室主要审核以下内容：

（一）是否符合宪法、法律规定；

（二）是否超出司法解释权限；

（三）是否与相关司法解释重复、冲突；

（四）是否按照规定程序进行；

（五）提交的材料是否符合要求；

（六）是否充分、客观反映有关方面的主要意见；

（七）主要争议问题与解决方案是否明确；

（八）其他应当审核的内容。

研究室应当在一个月内提出审核意见。

第二十一条　研究室认为司法解释送审稿需要进一步修改、论证或者协调的，应当会同起草部门进行修改、论证或者协调。

第二十二条　研究室对司法解释送审稿审核形成草案后，由起草部门报分管院领导和常务副院长审批后提交审判委员会讨论。

四、讨　论

第二十三条　最高人民法院审判委员会应当在司法解释草案报送之次日起三个月内进行讨论。逾期未讨论的，审判委员会办公室可以报常务副院长批准延长。

第二十四条　司法解释草案经审判委员会讨论通过的，由院长或者常务副院长签发。

司法解释草案经审判委员会讨论原则通过的，由起草部门会同研究室根据审判委员会讨论决定进行修改，报分管副院长审核后，由院长或者常务副院长签发。

审判委员会讨论认为制定司法解释的条件尚不成熟的，可以决定进一步论证、暂缓讨论或撤销立项。

五、发布、施行与备案

第二十五条　司法解释以最高人民法院公告形式发布。

司法解释应当在《最高人民法院公报》和《人民法院报》刊登。

司法解释自公告发布之日起施行，但司法解释另有规定的除外。

第二十六条　司法解释应当自发布之日起三十日内报全国人民代表大会常务委员会备案。

备案报送工作由办公厅负责，其他相关工作由研究室负责。

第二十七条　司法解释施行后，人民法院作为裁判依据的，应当在司法文书中援引。

人民法院同时引用法律和司法解释作为裁判依据的，应当先援引法律，后援引司法解释。

第二十八条　最高人民法院对地方各级人民法院和专门人民法院在审判工作中适用司法解释的情况进行监督。上级人民法院对下级人民法院在审判工作中适用司法解释的情况进行监督。

六、编纂、修改、废止

第二十九条　司法解释的编纂由审判委员会决定，具体工作由研究室负责，各审判业务部门参加。

第三十条 司法解释需要修改、废止的，参照司法解释制定程序的相关规定办理，由审判委员会讨论决定。

第三十一条 本规定自2007年4月1日起施行。1997年7月1日发布的《最高人民法院关于司法解释工作的若干规定》同时废止。

【解 读】

解读《关于司法解释工作的规定》

《最高人民法院关于司法解释工作的规定》（以下简称《规定》）自2007年4月1日起实施。这是最高人民法院认真贯彻落实《中华人民共和国各级人民代表大会常务委员会监督法》，主动接受监督，进一步规范和完善司法解释制定程序，增强司法解释的透明度，以不断提高司法解释质量和应用法律水平的重要举措。

一、《规定》的背景和根据

（一）《规定》的背景

最高人民法院行使司法解释权的主要依据，是1979年的《中华人民共和国人民法院组织法》（简称《组织法》）和1981年的《全国人民代表大会常务委员会关于加强法律解释工作的决议》（简称《决议》）。《组织法》第三十三条规定："最高人民法院对于在审判过程中如何具体应用法律、法令的问题，进行司法解释"；《决议》第二条规定："凡属于法院审判工作中具体应用法律、法令的问题，由最高人民法院进行解释。"

根据上述规定，1997年7月，最高人民法院首次公布了规范司法解释制定程序的规定——《关于司法解释工作的若干规定》（以下简称97年《规定》）。97年《规定》的制定实施，对规范最高人民法院司法解释制定工作起到了积极的作用。但由于97年《规定》有些操作性的内容比较原则，缺乏必要的具体操作程序，其中某些内容至今尚难以落实，如司法解释的立项协调和备案问题。实践中，有关庭、办、室司法解释应当立项而不立项、重复立项，司法解释内容重复或者冲突等现象时有发生，不仅造成司法资源的浪费，有的还产生了不良的社会影响。

此外，近年来，随着最高人民法院司法解释力度的加大，司法解释数量的增多，司法解释的制定过程及其质量备受关注。九届人大、十届人大代表对最高人民法院制定司法解释的工作给予了较高的评价，但也提出了许多中肯的意见和期望。

以上情况，客观上对司法解释的制定程序及其规范化程度提出了新的、更高的要求。进一步规范司法解释制定程序，已成为当务之急。院领导对这一问题相当重视，先后作过多次批示。肖扬院长2001年11月30日在《行政法规制定程序条例》上批示："《行政法规制定程序条例》很有启发。我们应当参照这个条例起草《司法解释制定条例或规则》，以增强透明度，适应入世需要。请铭山同志并研究室落实"；同年12月8日，肖扬院长在"每日信息"山东高院制定的《合议庭工作规则》消息上再次批示："研究室牵头，会同有关庭拟草一个《合议庭工作规则》，议草一个《司法解释制定条例》。"

为了进一步规范司法解释制定工作，遵照院领导的批示，研究室负责起草了《关于司法解释制定工作的规定》，研究室民事处进行了认真研究，在97年《规定》的基础上，起草出《关于制定司法解释的规定（草稿）》，并制作出"立项表"。先在研究室范围内征求意见、修改，后送刑一、刑二、民一、民二、民三、民四、行政、立案、审监庭、执行办、赔偿办和办公厅征求意见，先后修改出五稿。2003年8月5日，院党组就第五稿进行讨论，提出进一步修改意见。在院党组讨论意见的基础上，研究室民事处修改出第六稿，经分管院领导批准，正式提交审委会讨论。后因院领导指示等"二五改革纲要"出台后审委会再进行讨论而暂时搁置。

在此期间，肖扬院长提出司法解释要向全国人大常委会备案。随即，研究室按照院领导的指示，与全国人大常委会办公厅有关部门就司法解释备案工作进行过多次沟通和协调。2006年初，全国人大常委会委员长会议通过了《司法解释备案审查工作程序》，并正式发布。

《司法解释备案审查工作程序》提出了司法解释备案和审查的具体标准。随后最高人民法院《人民法院第二个五年改革纲要》正式发布，其第14条提出："改革和完善最高人民法院制定司法解释的程序，进一步提高司法解释的质量。最高人民法院对司法解释的立项、起草、审查、协调、公布、备案等事项实行统一组织、统一协调，并定期对司法解释进行清理、修改、废止和编纂。规范最高人民法院将司法解释报送全国人民代表大会常务委员会备案的制度。"研究室2006年初根据第六稿，先后修改《关于司法解释制定工作的规定》(稿)，起草《关于补充、修改或者废止司法解释有关问题的规定》（稿）和《最高人民法院司法解释内部审查规定（稿）》。后根据院领导的批示，将三个文件合并成《关于司法解释工作的规定》一个文件。根据各审判业务部门的修改意见，研究室作了进一步的修改和完善，形成提交审判委员会讨论的司法解释草案。业经最高人民法院审判委员会于2006年12月11日讨论通过。

(二)《规定》的根据

1.《规定》的根据主要有三:《中华人民共和国人民法院组织法》、《中华人民共和国各级人民代表大会常务委员会监督法》和《全国人民代表大会常务委员会关于加强法律解释工作的决议》等。

2.《规定》的体例,基本上参照了国务院2002年公布的《行政法规制定程序条例》,结合司法解释制定程序自身的特点,从"一般规定""立项""起草与报送""审议""公布、施行与备案"到"编纂、修改、废止"六个方面,作了较为详细的规定。

3.《规定》的形式,在讨论中形成两种意见。一种意见认为,《规定》应当作为内部工作文件,不宜作司法解释。理由是:第一,司法解释权是专属于最高人民法院的一项职权。不涉及其他法院的工作,也不涉及社会公众的实体权利和诉讼权利。第二,《规定》的目的是规范司法解释的程序,在性质上属于内部工作规范文件,而不属于司法解释范畴。第三,《规定》如果作为司法解释,则会受到一些限制,增加较多可变因素。另一种意见认为《规定》应当作为司法解释。理由是:第一,《规定》内容虽然主要是司法解释工作程序,但也涉及下级法院的一些工作。有的条文确实涉及下级法院的审判工作,如司法解释的效力、司法解释的适用效力等。第二,《规定》作为司法解释更具有约束力,有利于保证贯彻落实。第三,《规定》作为司法解释公布,有利于宣传。实际上,《规定》内容主要是规范司法解释制定程序的工作文件,虽然不属于司法解释,但是不应当作为内部文件,而应当公开发布,增强透明度,以便于监督。

二、《规定》的主要内容

(一)司法解释的主体

人民法院在审判工作中具体应用法律的问题,由最高人民法院作出司法解释(《规定》第二条)。最高人民法院发布的司法解释,具有法律效力。司法解释权必须由最高人民法院依法行使,最高人民法院不得委托地方法院行使,地方法院不得行使司法解释权。最高人民法院应当根据人民法院组织法、监督法、《全国人大常委会关于进一步加强法律解释工作的决议》等法律规定,严格在法律规定的范围内对审判工作中具体应用法律的问题行使司法解释权。

(二)司法解释的原则

"司法解释应当根据法律和有关立法精神,结合审判工作实际需要制定"(《规定》第三条)。这是《规定》的根本和核心,是制定司法解释的指导思想、原则在《规定》中最集中的体现。也就是说,司法解释必须与宪法、法律保持一致,必须体现有关立法精神,不能超越法律的范围,创设法律;必须结合审判工作实际需要,必须从中国当前的实际出发,务求实效。

(三) 司法解释的形式

由于最高人民法院发布的司法解释具有法律效力，为了维护司法解释的权威，必须明确规定司法解释的形式。根据《规定》第六条，司法解释的形式分为“解释”“规定”“批复”和“决定”四种。“解释”“规定”和“批复”是1997年的《规定》已经有的，“决定”是新增加的，以适应及时修改或者废止司法解释的需要。

对在审判工作中如何具体应用某一法律或者对某一类案件、某一类问题如何应用法律制定的司法解释，采用“解释”的形式。

根据立法精神对审判工作中需要制定的规范、意见等司法解释，采用“规定”的形式。

对高级人民法院、解放军军事法院就审判工作中具体应用法律问题的请示制定的司法解释，采用“批复”的形式。

修改或者废止司法解释，采用“决定”的形式。司法解释需要修改、废止的，参照司法解释制定程序的相关规定办理，由审判委员会讨论决定。

(四) 司法解释的程序

《规定》进一步完善了司法解释工作程序，促进了司法解释工作的制度化和规范化。根据《规定》，最高人民法院对司法解释的立项、起草、审查、协调、公布、备案等事项实行统一组织、统一协调，并定期对司法解释进行清理、修改、废止和编纂。司法解释立项、审核、协调等工作统一归最高人民法院研究室负责。司法解释向全国人大常委会备案工作由最高人民法院办公厅负责，其他相关工作由最高人民法院研究室负责。《规定》还统一了司法解释的形式、效力以及适用规则。

《规定》要求对涉及人民群众切身利益或者重大疑难问题的司法解释，向社会公开征求意见。最高人民法院起草涉及人民群众切身利益和有重大疑难问题的司法解释，在司法解释正式出台之前，将在媒体、网络上公开向全社会征求意见，以广泛听取社会大众的意见和建议。这一规定，为人民群众参与司法解释制定工作提供了可能，进一步增强了司法解释工作的透明度，也充分发扬了司法民主。这将有利于确保司法解释符合法律规定，符合中国国情，符合最广大人民群众的利益。

(五) 司法解释的立项

《规定》扩大了司法解释的来源。《规定》明确规定了司法解释立项来源主要有五种：一是最高人民法院审判委员会或者其他审判业务部门可以建议立项制定司法解释；二是各高级人民法院和解放军军事法院可以直接提请最高人民法院制定司法解释，基层人民法院和中级人民法院认为需要制定司法解释的，应当层报高级人民法院，由高级人民法院审查决定是否向最高人民法院提出制定司法解释的建议或者对法律应用问题进行请示；三是全国人大代表、全国政协委员可以向最高人民法院提出制定司法解释的议案、提案；四是有关国家机关、社会团体或者其他组织以及公民可以直接向最高人民法院提出制定司法解释的建议；五是最高人民法院认为需要制定司法解释的其他情形。

《规定》明确了司法解释的立项主管部门："司法解释立项、审核、协调等工作由最高人民法院研究室统一负责"（《规定》第八条)。最高人民法院审判委员会要求制定司法解释的，由研究室直接立项。对其他制定司法解释的立项来源，由研究室审查是否立项（《规定》第十一条)。司法解释是最高人民法院的一项严肃职责，尤其在全国人大正式启动司法解释备案审查后，司法解释权必须谨慎行使。司法解释的立项工作，是为了把好司法解释的入口。只有统一的立项审查制度，才能保证司法解释工作的有序、有效和协调。司法解释制定工作应当由审判委员会负责。是否需要制定司法解释，以及制定哪些司法解释，由审判委员会统一决定，这样可以确保司法解释制定的必要性和适时性。为保证立项工作顺利开始，《规定》确定研究室负责立项审查工作。主要有两点考虑：一是研究室作为最高人民法院综合审判业务部门负责立项审查，有利于司法解释立项的协调工作和宏观上的通盘考虑，也便于对立项计划的可行性作综合考量。二是审委会办公室设在研究室，由研究室负责审委会的一些前期工作，符合最高人民法院各部门的职责分工。

（六）司法解释的公开

司法解释的公开，一是起草公开。起草司法解释，应当深入调查研究，认真总结审判实践经验，广泛征求意见。涉及人民群众切身利益或者重大疑难问题的司法解释，经分管院领导审批后报常务副院长或者院长决定，可以向社会公开征求意见。二是结果公开。司法解释以最高人民法院公告形式发布。司法解释应当在《最高人民法院公报》和《人民法院报》上刊登，并印发各高级人民法院、解放军军事法院、新疆维吾尔自治区高级人民法院生产建设兵团分院。司法解释自公告发布之日起施行，但司法解释另有规定的除外。三是援引公开。司法解释施行后，人民法院作为裁判依据的，应当在司法文书中援引（先援引法律，后援引司法解释)。这些规定，都体现了司法解释的透明度，体现了审判公开原则。

（七）司法解释的审核

司法解释起草工作由最高人民法院各审判业务部门负责；涉及不同审判业务部门职能范围的综合性司法解释，由最高人民法院研究室负责起草或者组织、协调相关部门起草。起草工作完成以后，司法解释草案在提交审判委员会讨论前，起草部门应当将送审稿及其说明送研究室审核，即在提交审判委员会审议之前，先通过一定方式对司法解释送审稿的合法性、内容的妥当性、材料的完整性、程序的合格性进行审查，有利于及早发现问题，及早修改，确保审判委员会能够讨论通过。审核程序是司法解释内部审查程序，其目的在于在审委会讨论之前，先把一道关，借鉴的是行政法规制定程序和全国人大制定法律的程序的作法，由研究室具体负责。研究室主要审核以下内容：是否符合宪法、法律规定；是否超出司法解释权限；是否与相关司法解释重复、冲突；是否按照规定程序进行；提交的材料是否符合要求；是否充分、客观反映有关方面的主要意见；主要争议问题与解决方案是否明确；其他应当审核的内容。研究室对司法解释审核形成草案后，由起草部门报分管院领导和常务副院长审批后提交审判委员会讨论。

（八）司法解释的效力

关于司法解释的时间效力问题，审判委员会曾经提出就这一问题起草司法解释加以规范，以避免目前不同司法解释就此问题重复规定，且表述不一情况的发生。《规定》参照 2001 年最高人民法院、最高人民检察院《关于适用刑事司法解释时间效力问题的决定》，并结合各庭所提意见，在第二十五条对司法解释的时间效力问题作了明确规定。

（九）司法解释的监督

为便于权力机关监督，对司法解释的监督可以分为事前监督（指导）与事后监督。司法解释送审稿应当送全国人民代表大会相关专门委员会或者全国人民代表大会常务委员会相关工作部门征求意见。《规定》对司法解释备案审查工作作了明确的规定。《规定》要求，司法解释自发布之日起 30 日内，由最高人民法院办公厅负责报全国人民代表大会常务委员会备案，与司法解释备案审查有关的其他工作，由最高人民法院研究室负责。这为最高人民法院贯彻落实监督法规定，接受全国人大常委会对司法解释工作的监督提供了制度保障。

司法解释实施监督，包括最高人民法院对地方各级人民法院和专门人民法院在审判工作中适用司法解释的情况进行监督，上级人民法院对下级人民法院在审判工作中适用司法解释的情况进行监督。

（撰稿人：曹守晔）

最高人民法院　最高人民检察院
关于地方人民法院、人民检察院不得制定司法解释性质文件的通知

2012 年 1 月 18 日　　　　　　法发〔2012〕2 号

各省、自治区、直辖市高级人民法院、人民检察院，解放军军事法院、军事检察院，新疆维吾尔自治区高级人民法院生产建设兵团分院、新疆生产建设兵团人民检察院：

中国特色社会主义法律体系如期形成，在我国社会主义民主法制建设史上具有里程碑意义，标志着依法治国基本方略的贯彻实施进入了一个新阶段。有法必依、执法必严、违法必究问题在法律实施工作中更为突出、更加紧迫。为了维护国家法制统一，正确实施法律，促进公正司法，按照 2011 年全国人大常委会工作报告和立法工作计划关于督促和指导最高人民法院、最高人民检察院开展司法解释集中清理工作的总体部署和要求，现就地方人民法院、人民检察院不得制定司法解释性质文件的有关问题通知如下：

一、根据全国人大常委会《关于加强法律解释工作的决议》的有关规定，人民法院在审判工作中具体应用法律的问题，由最高人民法院作出解释；人民检察院在检察工作中具体应用法律的问题，由最高人民检察院作出解释。自本通知下发之日起，地方人民法院、人民检察院一律不得制定在本辖区普遍适用的、涉及具体应用法律问题的“指导意见”、“规定”等司法解释性质文件，制定的其他规范性文件不得在法律文书中援引。

二、地方人民法院、人民检察院对于制定的带有司法解释性质的文件，应当自行清理。凡是与法律、法规及司法解释的规定相抵触以及不适应经济社会发展要求的司法解释性质文件，应当予以废止；对于司法实践中迫切需要、符合法律精神又无相应的司法解释规定的，参照本通知第三条的规定办理。

地方人民法院、人民检察院应当自本通知下发之日起，分别对单独制定的司法解释性质文件进行清理；对法、检两家制定或者与其他部门联合制定的，由原牵头部门负责清理并做好沟通协调工作；对不属于地方人民法院、人民检察院牵头制定的，要主动会同相关牵头部门研究处理。

清理工作应当于 2012 年 3 月底以前完成，由高级人民法院、省级人民检察院分别向最高人民法院、最高人民检察院报告清理结果。

三、地方人民法院、人民检察院在总结审判工作、检察工作经验过程中，认为需要制定司法解释的，按照《最高人民法院关于司法解释工作的规定》（法发〔2007〕12 号）和《最高人民检察院司法解释工作规定》（高检发研字〔2006〕4 号）的要求，通过高级人民法院、省级人民检察院向最高人民法院、最高人民检察院提出制定司法解释的建议或者对法律应用问题进行请示。

四、在执行本通知过程中遇到的具体情况和问题，高级人民法院、省级人民检察院应当及时向最高人民法院、最高人民检察院报告。

特此通知。

最高人民法院办公厅
关于规范司法解释施行日期有关问题的通知

2007 年 8 月 23 日　　　　法办〔2007〕396 号

本院各单位：

为进一步规范我院司法解释的制定、发布工作，避免社会公众对司法解释施行日期产生误解，确保司法解释的正确适用，根据《最高人民法院关于司法解释工作的规定》第二十五条规定，现将我院制定、发布司法解释确定其施行日期的有关事项通知如下：

一、今后各部门起草的司法解释对施行日期没有特别要求的，司法解释条文中不再规定“本解释（规定）自公布之日起施行”的条款，施行时间一律以发布司法解释的最高人民法院公告中明确的日期为准。

二、司法解释对施行日期有特别要求的，应当在司法解释条文中规定相应条款，明确具体施行时间，我院公告的施行日期应当与司法解释的规定相一致。

特此通知。

高人民法院办公厅
关于司法解释施行日期问题的通知

2019 年 2 月 15 日　　　　法办发〔2019〕2 号

本院各单位：

为进一步规范和统一我院司法解释的施行日期，保证司法解释的正确适用，根据《最高人民法院关于司法解释工作的规定》，现将有关事项通知如下：

一、司法解释的施行日期是司法解释时间效力的重要内容，司法解释应当在主文作出明确规定："本解释（规定或者决定）自 X 年 X 月 X 日起施行"。批复类解释在批复最后载明的发布日期作为施行日期。

二、确定司法解释的施行日期，应当充分考虑司法解释实施准备工作的实际需要。

三、司法解释的施行日期应当在提交审判委员会的送审稿中拟出，并提请审判委员会审议确定。

发布司法解释公告中的施行日期应当与司法解释中的施行日期一致。

（二）案例指导及自由裁量规范

最高人民法院
印发《关于案例指导工作的规定》的通知

2010 年 11 月 26 日　　　　法发〔2010〕51 号

各省、自治区、直辖市高级人民法院，解放军军事法院，新疆维吾尔自治区高级人民法院生产建设兵团分院：

《最高人民法院关于案例指导工作的规定》已于2010年11月15日由最高人民法院审判委员会第1501次会议讨论通过，现印发给你们，请认真贯彻执行。

附：

最高人民法院
关于案例指导工作的规定

为总结审判经验，统一法律适用，提高审判质量，维护司法公正，根据《中华人民共和国人民法院组织法》等法律规定，就开展案例指导工作，制定本规定。

第一条　对全国法院审判、执行工作具有指导作用的指导性案例，由最高人民法院确定并统一发布。

第二条　本规定所称指导性案例，是指裁判已经发生法律效力，并符合以下条件的案例：

（一）社会广泛关注的；

（二）法律规定比较原则的；

（三）具有典型性的；

（四）疑难复杂或者新类型的；

（五）其他具有指导作用的案例。

第三条　最高人民法院设立案例指导工作办公室，负责指导性案例的遴选、审查和报审工作。

第四条　最高人民法院各审判业务单位对本院和地方各级人民法院已经发生法律效力的裁判，认为符合本规定第二条规定的，可以向案例指导工作办公室推荐。

各高级人民法院、解放军军事法院对本院和本辖区内人民法院已经发生法律效力的裁判，认为符合本规定第二条规定的，经本院审判委员会讨论决定，可以向最高人民法院案例指导工作办公室推荐。

中级人民法院、基层人民法院对本院已经发生法律效力的裁判，认为符合本规定第二条规定的，经本院审判委员会讨论决定，层报高级人民法院，建议向最高人民法院案例指导工作办公室推荐。

第五条　人大代表、政协委员、专家学者、律师，以及其他关心人民法院审判、执行工作的社会各界人士对人民法院已经发生法律效力的裁判，认为符合本规定第二条规定的，可以向作出生效裁判的原审人民法院推荐。

第六条 案例指导工作办公室对于被推荐的案例，应当及时提出审查意见。符合本规定第二条规定的，应当报请院长或主管副院长提交最高人民法院审判委员会讨论决定。

最高人民法院审判委员会讨论决定的指导性案例，统一在《最高人民法院公报》、最高人民法院网站、《人民法院报》上以公告的形式发布。

第七条 最高人民法院发布的指导性案例，各级人民法院在审判类似案件时应当参照。

第八条 最高人民法院案例指导工作办公室每年度对指导性案例进行编纂。

第九条 本规定施行前，最高人民法院已经发布的对全国法院审判、执行工作具有指导意义的案例，根据本规定清理、编纂后，作为指导性案例公布。

第十条 本规定自公布之日起施行。

【解 读】

解读《关于案例指导工作的规定》

为充分发挥指导性案例的作用，总结审批经验，统一法律适用，提高审判质量，维护司法公正，最高人民法院经过充分调查研究，制定了《关于案例指导工作的规定》(以下简称《规定》)，经最高人民法院审判委员会第1501次会议讨论通过，2010年11月26日正式公布实施。

建立案例指导制度，是人民法院全面落实依法治国方略，建设公正、高效、权威社会主义司法制度的重要工作举措，正在推进的司法体制与工作机制改革的一项重要内容。随着我国社会主义法治建设的不断深入，人民法院审判领域不断拓展，审判工作难度不断增大，案例指导工作的作用日益突出，通过案例来指导审判、执行工作，受到社会的广泛关注。与其他审判指导方式相比。案例指导制度承载着展示审判成果、宣传司法理念、总结审判经验、传递司法信息、提高司法能力等诸多功能。指导性案例体现了案件认定事实和适用法律的规则和技术，是规范自由裁量权行使的有效手段，能够更好地促进人民法院统一、平等、公正地适用法律，其所具有的解释性，示范性和确定性的特点，也成为弥补既定法律规范不周延的重要方法。《规定》的出台，标志着人民法院的案例指导工作进入一个新的阶段。

一、《规定》出台背景

制定《规定》是最高人民法院近年抓的一项重要工作。2009 年 12 月，最高人民法院发布的《关于深入贯彻落实全国政法工作电视电话会议精神的意见》（法发〔2009〕59 号）提出：发布指导性案例，加强对基层工作的监督指导，并将建立案例指导制度作为贯彻落实三项重点工作的重要举措，制定工作方案，确定职能部门，积极组织开展案例指导工作。

制定《规定》是完成人民法院司法改革的重要任务。《人民法院第二个五年改革纲要（2004—2008）》（以下简称“二五”改革纲要）明确规定：建立和完善案例指导制度，建立法院之间、法院内部审判机构之间和审判组织之间法律观点和认识的协调机制。最高人民法院在深入调查研究、广泛征求意见和充分论证的基础上数易其稿，制定了具有中国特色的案例指导制度。

制定《规定》是人民法院应对新时期出现的新情况、新问题、新挑战的必然选择。随着我国经济快速发展，社会深刻转型，社会关系日趋多样化和复杂化，人民法院受理的疑难复杂案件、新类型案件日益增多，迫切需要进行及时有效的指导。案例指导制度不仅可以使人民法院在裁判中得以统一理解适用法律规定，还有利于人们在社会生活中接受指导性案例的教育指引，对于法律一体遵守，减少矛盾纠纷的形成。

制定《规定》是统一法律适用、规范法官自由裁量权的客观需要。由于我国各地经济社会发展水平、法官司法能力有差异、地方保护主义干扰等多种原因，司法实践中类似案件不能得到相对一致判决的现象仍比较突出，影响到司法的统一和公信力。通过发布典型案例进行指导是解决上述问题的有效途径。案例指导制度要求对于案情相同或者类似的案件法律适用基本统一，裁判结果应当保持相对一致。通过案例对审判工作进行指导，不仅可以培养法官正确的法律思维模式和方法，还能够对法官自由裁量权依法予以必要的规范和限制。

制定《规定》是继承中华法律文化优良传统、科学借鉴国外有益经验和回应社会司法需求，进一步提高人民法院司法能力的需要。近年来，案例指导工作受到社会各界的广泛关注，建立案例指导制度的呼声很高。作为法律文化的组成部分，在中国古代司法传统中，秦有廷行事，汉有决事比，宋、元有断例，清有律例、条例、则例、会典等案例编撰形式。比照成例断案，是中国法律文化与司法传统的有机组成部分。新中国成立后，最高人民法院通过系统地收集、整理和研究案例，指导和规范各级法院的审判工作，不仅对广大法官审理各类案件发挥了重要的参考借鉴作用，而且对繁荣法学研究提供了极具价值的素材。当今世界，大陆法系和普通法系国家，在司法制度和工作机制层面，亦出现相互借鉴、相互学习和日益融合的趋势。建立案例指导制度，不仅是对中华优秀法律文化的继承、更是充分发挥案例的积极作用，对其他国家有益法治建设经验的科学借鉴。

二、《规定》的制定过程

1984年最高人民法院决定创办《中华人民共和国最高人民法院公报》(以下简称公报）并于1985年1月起公开发行，案例是公报的重要内容。以公报为载体，最高人民法院开始探索以发布裁判文书与裁判摘要的形式指导全国法院审判、执行工作。1999年10月，最高人民法院发布《人民法院五年改革纲要》，指出：2000年起，经最高人民法院审判委员会讨论、决定有适用法律问题的典型案件予以公布，供下级法院审判类似案件时参考。2005年，最高人民法院制定了“二五”改革纲要，其中要求建立和完善案例指导制度。据此，最高人民法院将关于案例指导制度的调研列为2005年全国法院重点调研课题，第一次在全国范围内开展大规模的案例指导制度实证调研。研究室在上述调研成果的基础上，开始着手起草关于案例指导工作的规定。2007年，为保证规定起草工作的质量和效率，最高人民法院专门成立了起草小组，由相关领导牵头组织调研。起草小组汇编整理了大量翔实的研究资料，总结了地方各级法院开展案例指导工作的实践经验，为探索建立中国特色的案例指导制度夯实了理论与实证研究基础。2008年8月5日，最高人民法院院长王胜俊在有关案例指导工作的报告上批示：“充分听取意见，确保‘指导意见’符合法律的规定。”2008年，根据中国政府与欧盟/联合国开发署合作项目“公平发展，公共治理——加强法治与公民社会的参与”下子项目“建立案例指导制度”的研究培训计划，最高人民法院通过收集情况、归纳问题、座谈研讨、组织相关领域的专家学者进行论证，对案例指导制度进行了深入研究。

最高人民法院充分研究了各审判业务部门和全国各高级人民法院所提的意见，并将《规定》的征求意见稿送全国人大常委会法制工作委员会、中央政法委、最高人民检察院和公安部征求意见，各有关方面对建立人民法院案例指导制度表示赞成和支持。

三、《规定》的主要内容和涉及的几个问题

(一)《规定》的法律和政策依据。

人民法院组织法第二十九条规定：“最高人民法院是国家最高审判机关。最高人民法院监督地方各级人民法院和专门人民法院的审判工作。”“二五”改革纲要第13条规定：“建立和完善案例指导制度，重视指导性案例在统一法律适用标准、指导下级法院审判工作、丰富和发展法学理论等方面的作用。最高

人民法院制定关于案例指导制度的规范性文件，规定指导性案例的编选标准、编选程序、发布方式、指导规则等。”以上法律与司法文件为案例指导制度的建立提供了立法依据与司法政策指引。

（二）指导性案例的界定。

为了保证指导性案例的权威性，《规定》第1条明确，最高人民法院是指导性案例的惟一发布主体。指导性案例的编选标准是裁判已经发生法律效力，并在法律适用方面具有普遍指导意义。因此，指导性案例应符合3个条件：裁判结果正确；裁判的社会效果与法律效果统一；具有指导性。遴选指导性案例不以案件审级为标准，指导性案例并不仅限于最高人民法院的裁判，全国各级法院的生效裁判，符合《规定》条件的，经过审查程序，均可成为指导性案例。

《规定》规定了指导性案例的编选标准，具体条件如下：1. 案例属于人民群众反映强烈或社会普遍关注的类型。这类案件社会关注度高，法律适用问题比较突出，从中遴选具有指导意义的案例，可以体现审判工作对于社会普遍价值的认同，有助于提升司法裁判的社会认同感和公信力，实现案例指导工作社会效果和法律效果的统一。中央政法委根据三项重点工作的要求，强调应针对“容易发生执法偏差、群众反映强烈的几类案件”推行案例指导制度。2. 裁判涉及的法律适用问题属于法律规定比较原则的领域。这类案例的裁判符合法律的基本精神和立法目的，法律适用方面具有指导意义。其指导作用有助于解决审判工作中因法律规定原则而产生的法律适用问题，有效规范自由裁量权的行使。3. 案例在法律适用方面具有典型意义。人民法院经常审理的案件客观上最需要得到统一的指导，并在统一指导下作出相对一致的裁判。在法律适用方面具有一定典型意义的案例，能够有效地指导某一类高发、频发案件。4. 案件类型新颖或疑难复杂。这类案例的裁判，法律适用准确，逻辑推理严密，能有效解决前所未见或难度较大的法律适用问题，具有指导各级法院妥当处理审判实践中新型或疑难案件的作用。

（三）指导性案例的发现、把关与公布。

指导性案例的内部发现机制。考虑到指导性案例的普遍指导意义，指导性案例的发布主体虽然仅限于最高人民法院，但是，指导性案例的推荐主体可以包括4级法院。《规定》确定了多层次的指导性案例推荐选报工作机制，在法院内部确立了指导性案例的层报推荐制度。最高人民法院各审判业务部门可以推荐。地方各级法院认为本院生效裁判符合指导性案例的条件，可以层报至本地区高级人民法院，并建议向最高人民法院推荐。随着案例指导工作的逐步深入，推荐指导性案例将成为各级法院的一项重要职责。

指导性案例的外部发现机制。《规定》将指导性案例的推荐主体扩展到人大代表、政协委员、专家学者、律师，以及其他关心人民法院审判执行工作的社会各界人士。依靠社会各界，从多个途径遴选新型、疑难、复杂、重大、典型的案例，能够更有效地体现司法民主，更好地推进案例指导工作。《规定》通过建立人民法院外部案例的发现机制，广泛听取民意；并依托生效裁判原审人民法院与指导性案例内部发现机制相衔接，拓宽指导性案例的发现渠道，提高指导性案例的公信力。

指导性案例的推荐机制。为确保指导性案例的质量，《规定》要求所有推荐案例在报送前都应经本院审判委员会讨论通过，推荐案例在法院系统内以逐级把关、层报推荐的方式，向最高人民法院案例指导工作办公室报送。同时，指导性案例的推荐程序兼顾工作效率原则。基于当前最高人民法院各审判业务单位线条状的审判业务指导模式，《规定》指出，最高人民法院各审判业务单位根据本部门业务指导范围，既可以推荐下级法院的优秀案例，也可以从本部门承办的案件中选择法律适用方面具有指导意义的案例向案例指导工作办公室推荐。

指导性案例的职能机构。最高人民法院是确定发布指导性案例的惟一主体，因此，每年来自地方各级法院的推荐案例数量将会很多，若这些案例的遴选审查工作均由最高人民法院审判委员会承担，既不符合工作实际，也难以保证工作效率。因此，成立案例指导工作办公室作为职能机构，专司其职，既能从制度和组织机构层面保障指导性案例的质量，又能避免最高人民法院审判委员会陷入负担过重的案例遴选审核工作中。同时，案例指导工作办公室可以吸纳知名法学教授参与指导性案例的梳理、归纳和遴选工作，提供咨询意见，确保指导性案例的质量。

指导性案例的决定机构。最高人民法院发布的指导性案例是对法律适用问题最具权威的阐释，是对具体司法实践最为正确的把握，因此，指导性案例的讨论决定主体必须是能够代表最高人民法院司法观点的权威组织。根据最高人民法院《关于改革和完善人民法院审判委员会制度的实施意见》（法发〔2010〕3号），最高人民法院审判委员会履行审理案件和监督、管理、指导审判工作的职责，其中包括讨论决定对审判工作具有指导性意义的典型案例。因此，最高人民法院审判委员会作为人民法院最高审判组织，法律地位明确，组成人员法律业务水平高，议事范围清晰，议事规则成熟规范，作为指导性案例的决策机构，具有相当的权威性和公信力。

指导性案例的发布。经过最高人民法院审判委员会讨论决定的指导性案例，将及时公布，以便指导审判工作。指导性案例由最高人民法院以公告形式发布，并在统一的权威媒体和网站上向社会公开。案例指导工作中，最高人民法院将充分利用网络技术，加强指导性案例的信息化建设，合理设置指导性案例的检索格式通过网络，建设一套高效务实的指导性案例信息管理系统，便于人民群众知悉查询，进一步提升司法公开。

（四）指导性案例的运用。

指导性案例的司法运用，是指人民法院在审理案件的过程中，在待审案件的主要事实与指导性案例类似的情况下，参照指导性案例作出判决。通过发布指导性案例加强对各级法院审判、执行工作的指导，是最高人民法院依照人民法院组织法，行使审判监督权的一种表现形式，其指导作用来源于指导性案例正确适用法律所具有的逻辑性、说服力、案例指导制度的科学性和指导性案例发布机关的权威性。指导性案例的拘束力是建立案例指导制度的重点，由于案例指导制度是中国特色的审判工作机制，如何理解指导性案例的拘束力，存在两种不同认识：第一种观点认为，基于我国宪政制度的考虑，将先前的判决作为有实际拘束力的法律规范来对待，缺乏立法基础，也无相应诉讼制度支撑，因此，指导性案例应不具有正式的法律效力，不属于正式的法律渊源，不能被裁判文书直接援引。从人民法院组织体系角度分析，司法系统内部协调统一的原则要求各级法院的法官在审理同类或类似案件时，必须充分注意经最高人民法院审判委员会讨论通过的指导性案例；如果没有充分理由而背离指导规则，法官将有可能面对来自上级法院审判监督与本院审判管理的双重约束。因此，指导性案例具有事实上的拘束力，法官在处理同类或类似案件时，应当充分注意、参照指导性案例。第二种观点认为，最高人民法院发布的指导性案例对各级人民法院的审判工作已产生了事实上的拘束力，因没有相应的制度予以调整和约束，有着明显的非规范性和任意性，为了进一步发挥案例指导制度的作用，应将指导性案例作为针对法律应用问题进行解释的一种创新形式，属于司法解释。经过反复讨论研究，《规定》持第一种观点。司法改革应当依法进行，为保证案例指导工作健康科学发展，案例指导制度应当立足我国的立法与司法现实，关于指导性案例拘束力的规定应当符合现行法律。

在我国法律体系中，“参照”具有特定的内容，如行政诉讼法中的参照意指当没有法律规定时可以参照规章进行判决。法官如果认为所参照的规章可以作为裁判依据时，就可以在判决中援引并将其作为判决的依据和理由。《规定》中对于指导性案例的参照与行政诉讼法中的参照意思不同。案例指导制度就是指导下级法院的审判工作、统一司法裁判尺度的一种工作机制，指导性案例本身具有的正确的决定性判决理由和经最高审判组织确定认可的程序安排，共同构成了指导性案例在司法运用中的说服力和指导作用，其拘束力是内在的、事实上的作用，而不能直接作为裁判依据适用。所以，指导性案例在司法运用中只能定位为指导，体现在法官履行审判职责，形成内心确认时，对法官裁判同类或类似个案产生影响。案例指导旨在“指导”这表明指导性案例同大量的普通案例有所不同，指导的内涵非常丰富，包括参照、示范、引导、启发、规范、监督等多重含义，需要进行全面理解和把握。

司法必须忠实于立法意图、法律原则和法律精神。指导性案例的司法运用，主要采用从具体到具体的逻辑路线，遵循指导性案例内在要义并在待审案件论证说理时，结合个案事实，融入裁判说理部分的表述中，接受指导。法官在处理同类或类似案件时，应将对指导性案例整体内容的正确理解转化为针对待审案件合法合理的司法判断。裁判文书可以摘选指导性案例中的论述性语言，但鉴于《规定》对指导性案例效力的规定，法官不能在裁判文书中直接援引指导性案例作为裁判依据。

（五）关于指导性案例的编纂与清理。

编纂和清理是案例指导制度的基础性工作。法律的规律性、体系性要求其本身应是一个内在协调的体系，并通过这个体系的规范功能对社会提供一个系统、明确的规整，从而建立起一种有秩序的状态。指导性案例的体系化构建与上同理，社会法治的实现要求最高人民法院发布的指导性案例应当是一个分类组合、内容明确、格式规范、有机联系的统一整体。这就要求案例指导工作的职能机构需要对曾发布过的既往案例从形式到内容进行清理和编纂，使指导性案例能够形成结构严密、内在协调、形式规范的案例库，令每一个指导性案例均能在制度的框架下，规范地指导各级法院的审判执行工作。

指导性案例的编纂程序包括指导性案例的清理和汇编。首先，案例指导制度的统一性和系统性需要以具有连续性和权威性的指导性案例汇编为载体；同时，为方便社会各界检索、了解、运用指导性案例，应当及时进行案例汇编。其次，适用法律、法规和司法解释正确是指导性案例正确发挥指导作用的保证，合法性是最高人民法院确定指导性案例的重要标准。为了确保案例指导工作的健康发展，职能机构应及时审查指导性案例是否与现行立法存在冲突。若已发布的指导性案例与新颁布的法律、司法解释产生冲突，或者指导性案例之间存在冲突，最高人民法院将启动指导性案例的清理程序，以有效地维护法制统一。因此，为了保证案例指导制度的稳定性、权威性和正确性，最高人民法院每一年度须对指导性案例进行编纂，以保证案例指导工作的规范有序开展。

（六）指导性案例的作用

司法实践中，典型案例一直发挥着重要作用，最高人民法院以案件批复、通知、指导意见、公报等多种形式发布典型案例以指导审判工作。这些案例的发布对于统一人民法院司法尺度，提高办案水平，起了一定作用。《规定》的出台能够进一步发挥指导性案例的作用。

加强审判指导。在我国，最高人民法院主要采取审判监督、制定司法解释和司法文件、印发会议纪要和情况通报、发布指导性案例等方式对审判工作进行指导。推行案例指导工作，一是有利于统一法律适用，规范法官自由裁量权，实现司法公正；二是有利于加强对全国法院审判执行工作的指导，提高审判质量；三是有利于在一定程度上弥补制定法的不足，确保审判工作的正常开展；四是有利于法制宣传，增强社会的司法认同感。

总结审判经验。编选指导性案例是总结审判经验的重要手段，总结审判经验是案例指导制度的根本意图。个案是法官的劳动成果，凝结了当事人、诉讼参与人尤其是法官的司法智慧；而发布的指导性案例则凝聚着集体的智慧。建立案例指导制度，能够将优秀案例的裁判思路和法律适用方法加以固定和推广，进而传承和共享审判经验。

统一法律适用。法律适用是指在具体的法律事实出现后，通过将其归入相应的抽象法律事实，然后根据该法律规范关于抽象法律关系之规定，进而形成具体的法律关系和法律秩序。法律适用问题的研究包括法律适用的标准、条件、方法、主体、范围、规则等多个方面。指导性案例从形式上促成司法尺度的统一；实质上减少了法官的司法随意性，保证了类似案件司法结果的趋同，提升司法裁判的社会认同感。

提高审判质量。新时期的司法实践需要一种反应更为迅速的审判指导方式。最高人民法院对于个案的批复依赖于下级法院的请示；指导性案例既可以快速回应司法的新需求、新期待，又可充分体现理论性和创新性，因此，案例指导制度更符合审判实践的需要。通过开展案例指导工作，有组织、有意识地总结、积累和运用案例中的司法智慧，有助于解决疑难案件，便于公众监督，防止司法擅断和法官偏见，促进审判质量提升，缩短案件审理周期，节省司法成本，全面提高审判质效。

维护司法公正。公正、高效、权威的社会主义司法制度由一系列的司法体制和工作机制构成，中国特色的案例指导制度就是其中一项重要制度。公正是司法工作最重要的目标，案例指导制度通过叶抽象规范的适用，使公平正义在实际生活中得以体现，不断推进司法公开和透明，最终达到促进司法公正的制度宗旨。

（撰稿人：胡云腾　罗东川　王艳彬　刘少阳）

最高人民法院
印发《〈关于案例指导工作的规定〉实施细则》的通知

2015 年 5 月 13 日　　　　　　　　　　法〔2015〕130 号

本院各审判业务单位；各省、自治区、直辖市高级人民法院，解放军军事法院，新疆维吾尔自治区高级人民法院生产建设兵团分院：

《〈最高人民法院关于案例指导工作的规定〉实施细则》已于 2015 年 4 月 27 日由最高人民法院审判委员会第 1649 次会议讨论通过，现印发给你们，请认真遵照执行。执行中遇到问题，请及时报告我院。

附：

《关于案例指导工作的规定》实施细则

第一条　为了具体实施《最高人民法院关于案例指导工作的规定》，加强、规范和促进案例指导工作，充分发挥指导性案例对审判工作的指导作用，统一法律适用标准，维护司法公正，制定本实施细则。

第二条　指导性案例应当是裁判已经发生法律效力，认定事实清楚，适用法律正确，裁判说理充分，法律效果和社会效果良好，对审理类似案件具有普遍指导意义的案例。

第三条　指导性案例由标题、关键词、裁判要点、相关法条、基本案情、裁判结果、裁判理由以及包括生效裁判审判人员姓名的附注等组成。指导性案例体例的具体要求另行规定。

第四条　最高人民法院案例指导工作办公室（以下简称案例指导办公室）负责指导性案例的征集、遴选、审查、发布、研究和编纂，以及对全国法院案例指导工作的协调和指导等工作。

最高人民法院各审判业务单位负责指导性案例的推荐、审查等工作，并指定专人负责联络工作。

各高级人民法院负责辖区内指导性案例的推荐、调研、监督等工作。各高级人民法院向最高人民法院推荐的备选指导性案例，应当经审判委员会讨论决定或经审判委员会过半数委员审核同意。

中级人民法院、基层人民法院应当通过高级人民法院推荐备选指导性案例，并指定专人负责案例指导工作。

第五条　人大代表、政协委员、人民陪审员、专家学者、律师，以及其他关心人民法院审判、执行工作的社会各界人士，对于符合指导性案例条件的案例，可以向作出生效裁判的原审人民法院推荐，也可以向案例指导办公室提出推荐建议。

案例指导工作专家委员会委员对于符合指导性案例条件的案例，可以向案例指导办公室提出推荐建议。

第六条　最高人民法院各审判业务单位、高级人民法院向案例指导办公室推荐备选指导性案例，应当提交下列材料：

（一）《指导性案例推荐表》；

（二）按照规定体例编写的案例文本及其编选说明；

（三）相关裁判文书。

以上材料需要纸质版一式三份，并附电子版。

推荐法院可以提交案件审理报告、相关新闻报道及研究资料等。

第七条 案例指导办公室认为有必要进一步研究的备选指导性案例，可以征求相关国家机关、部门、社会组织以及案例指导工作专家委员会委员、专家学者的意见。

第八条 备选指导性案例由案例指导办公室按照程序报送审核。经最高人民法院审判委员会讨论通过的指导性案例，印发各高级人民法院，并在《最高人民法院公报》《人民法院报》和最高人民法院网站上公布。

第九条 各级人民法院正在审理的案件，在基本案情和法律适用方面，与最高人民法院发布的指导性案例相类似的，应当参照相关指导性案例的裁判要点作出裁判。

第十条 各级人民法院审理类似案件参照指导性案例的，应当将指导性案例作为裁判理由引述，但不作为裁判依据引用。

第十一条 在办理案件过程中，案件承办人员应当查询相关指导性案例。在裁判文书中引述相关指导性案例的，应在裁判理由部分引述指导性案例的编号和裁判要点。

公诉机关、案件当事人及其辩护人、诉讼代理人引述指导性案例作为控（诉）辩理由的，案件承办人员应当在裁判理由中回应是否参照了该指导性案例并说明理由。

第十二条 指导性案例有下列情形之一的，不再具有指导作用：

（一）与新的法律、行政法规或者司法解释相冲突的；

（二）为新的指导性案例所取代的；

第十三条 最高人民法院建立指导性案例纸质档案与电子信息库，为指导性案例的参照适用、查询、检索和编纂提供保障。

第十四条 各级人民法院对于案例指导工作中做出突出成绩的单位和个人，应当依照《中华人民共和国法官法》等规定给予奖励。

第十五条 本实施细则自印发之日起施行。

【解　读】

解读《〈最高人民法院关于案例指导工作的规定〉实施细则》

《〈最高人民法院关于案例指导工作的规定〉实施细则》（以下简称《细

则》）于2015年4月27日由最高人民法院审判委员会第1649次会议讨论通过，并于5月13日以法〔2015〕130号文件印发施行。为了便于理解和执行，现就《细则》起草经过、起草《细则》把握的原则，以及《细则》的重点内容和主要条款，作如下介绍和说明。

一、《细则》起草经过

2010年11月26日，最高人民法院印发《关于案例指导工作的规定》（以下简称《规定》），对全国法院开展案例指导工作提出了基本要求。为贯彻落实《规定》，最高人民法院研究室司法解释协调和案例指导处认真研究了最高人民检察院《关于案例指导工作的规定》、有关案例指导制度的论著，以及江苏、广东、四川等省高级人民法院有关案例工作规范性文件和经验，总结了案例指导的实践经验，参考、借鉴国外的一些有益做法，于2010年12月起草了《细则》初稿。

《细则》初稿形成后，先后于2010年12月底在海南省三亚市召开的“中国一欧盟、联合国开发计划署案例指导国内培训研讨会”，2011年1月初在深圳市召开的“最高人民法院案例指导工作座谈会”、4月在山东省济南市召开的“全国法院研究室主任会议”、8月在山西省太原市召开的“案例指导国内培训研讨会”、11月在国家法官学院“全国法院案例指导工作培训班”，2012年9月在云南省丽江市召开的“全国法院案例工作会议”，以及2014年8月在青海省西宁市召开的“西部五省区案例指导工作座谈会”等7次会议上，征求并听取了与会各级法院法官和部分专家学者的意见。

为了充分听取专家意见，2013年11月，在“最高人民法院案例指导工作专家委员会第一次工作会议”上，听取了与会专家委员对《细则》的修改意见。2014年11月，再次向全体专家委员书面征求了意见。

在法院系统，还于2013年6月在“最高人民法院机关案例指导工作座谈会”上听取了各审判业务单位的意见。2014年7月，又送全国各高级人民法院和最高人民法院15个审判业务单位书面征求了意见。根据各方意见和建议，《细则》前后共修改了11稿。

二、起草《细则》把握的原则

在起草《细则》过程中，主要把握了以下三个原则：

第一，坚持严格依法原则，确保案例指导符合法治的精神和要求。《细则》规定的各项工作制度，尤其是对指导性案例的参照适用的规定，力求做到准确定位，使之符合相关法律的规定，确保其严格在现行法律制度框架下运作。

第二，坚持改革创新，确保指导性案例的作用充分发挥。案例指导制度是新生事物，是近年来司法改革的成果，没有实践和经验可资借鉴。《细则》在坚持严格依法原则的前提下，从开展案例指导工作的实际需要出发，探索建立与这项工作相适应的工作制度和机制，通过规范案例指导的各环节工作，努力使案例指导制度有序运行，并适应审判工作发展的需要，保障指导性案例在统一法律适用标准方面发挥积极作用。

第三，坚持中国案例指导制度特色与合理借鉴国外判例制度相结合，确保《细则》的规定具有中国特色和可行性、可操作性。在《细则》起草过程中，注重立足我国的法制体系和审判实际，充分听取各级法院审判一线法官的意见，吸纳各地法院多年来开展案例指导工作方面的有益经验和做法，总结最高人民法院下发《规定》以来指导性案例编选工作经验，在此基础上确立了具有中国特色的案例指导工作模式和相关工作制度。同时，在《细则》起草过程中也多次征求各领域法学教授和专家学者的意见，注意了解国外判例制度的运作方式，特别是对大陆法系国家近年来判例制度方面的发展作了比较研究，参考、借鉴了一些规律性的有益做法。

三、《细则》的框架结构和重点内容

《细则》共15个条文，主要依据开展案例指导工作的基本流程，结合近年来案例指导工作经验，对《规定》作了进一步明确和细化。《细则》可以概括为四部分内容：一是一般性规定（《细则》第1条至第4条）。主要规定了指导性案例的编选标准、体例、工作机构以及各级法院及其相关部门在案例指导工作中的职责。二是指导性案例的推荐、审查、发布的程序和要求（《细则》第5条至第8条）。主要规定了法院以外人员提出推荐建议的程序、正式推荐指导性案例应当提交的材料、审查征求意见程序以及指导性案例的发布。三是指导性案例参照适用（《细则》第9条至第12条）。主要规定了类似案例的判断、应当参照的范围、引述要求，以及指导性案例不再具有指导作用的情形。四是案例指导工作保障（《细则》第13条、第14条）。规定了指导性案例库建设及案例指导工作激励机制。

《细则》在《规定》的基础上，重点对三方面问题作了具体规定：一是进一步明确了指导性案例的编选标准。要求指导性案例必须同时符合以下条件：裁判已经发生法律效力，认定事实清楚，适用法律正确；裁判说理充分，法律效果和社会效果良好；具有普遍指导意义，能够起到统一法律适用标准的作用。二是进一步明确了指导性案例的推荐主体和程序。向最高人民法院推荐指导性案例的主体是最高人民法院各审判业务单位和全国各高级人民法院。各地中级人民法院、基层人民法院可以向高级人民法院上报并提出推荐指导性案例建议。人大代表、政协委员、人民陪审员、专家学者、律师，以及其他关心人

民法院审判、执行工作的社会各界人士，可以向作出生效裁判的原审人民法院推荐，也可以直接向最高人民法院案例指导工作办公室提出推荐建议。三是进一步明确了如何参照适用指导性案例。明确了类似案件的判断标准，要求参照指导性案例的裁判要点，在裁判文书说理部分予以援引。

四、《细则》主要条款的理解与适用

（一）关于《细则》第 2 条

《细则》第 2 条规定了最高人民法院的指导性案例应当具备的基本条件："指导性案例应当是裁判已经发生法律效力，认定事实清楚，适用法律正确，裁判说理充分，法律效果和社会效果良好，对审理类似案件具有普遍指导意义的案例。"

《规定》第 2 条规定："本规定所称指导性案例，是指裁判已经发生法律效力，并符合以下条件的案例：（一）社会广泛关注的；（二）法律规定比较原则的；（三）具有典型性的；（四）疑难复杂或者新类型的；（五）其他具有指导作用的案例。"审判实践中，在遴选指导性案例时会涉及以下问题：一是指导性案例是否需要基本的门槛性限制条件；二是"裁判已经发生法律效力"中"裁判"的范围指什么；三是何谓"指导性"。上述问题涉及对指导性案例功能、作用的定位，以及指导性案例包括哪些类型案例等问题。

1. 关于指导性案例是否需要门槛性限制条件的问题

在征求意见过程中，对应否规定指导性案例门槛性限制条件，有两种不同观点：一种观点认为，对指导性案例不宜以"认定事实清楚，适用法律正确，裁判说理充分，法律效果和社会效果良好"等条件加以限定。因为指导性案例仅仅是其裁判对类似案件有指导意义，其本身未必是完美案例。如果作如上限制，必然会缩小指导性案例的选择面。据了解，在美国和我国香港地区，只要是上级法院法官作出的判决，就可能成为下级法院待审案件应当遵循的先例。英美法系对判例不存在类似的门槛性要求。在大陆法系国家（如法国、比利时、德国）以及欧洲法院等，也没有类似的限制条件。另一种观点认为，应当有这类限定条件。主要理由：一是如果将存在问题和瑕疵的案例作为指导性案例发布，客观上将对司法公信力造成负面影响。二是从编选指导性案例 4 年多的实践看，有的高级人民法院推荐的备选案例也的确因为存在瑕疵未能入选为指导性案例。三是在法国、比利时等大陆法系国家，只有最高法院自己作出裁判并且确立了某一项新裁判规则的案例，才会成为判例。我国台湾地区的情况同法国、比利时类似。而根据《规定》的规定，我国基层人民法院法官裁判的案件也可能被推荐为指导性案例，因此对遴选、推荐备选指导性案例应当规定一个基本门槛。《细则》采纳了后一种意见，作出如上规定。

2. 关于“裁判”的范围问题

《细则》送审判委员会讨论稿中，原来还规定了《规定》第2条中“裁判已经发生法律效力”中“裁判”所包括的案例类型，即除了判决、裁定之外，还包括决定，而决定主要指国家赔偿案件中的决定。另外，明确规定了“裁判”不包括调解结案的案例。征求意见过程中，对该内容的主要分歧意见在于应否包括调解书。多数意见主张不包括调解书，作为指导性案例的案例不宜包括调解结案的案例。理由是：一是指导性案例重点在于解决审判实践中法律适用的争议，而案件经调解结案的，多数情况是对法律适用争议采取了模糊、协调的立场，缺乏法律适用规则。二是在裁判文书基础上编写的指导性案例需要公开发布，而根据最高人民法院《关于人民法院在互联网公布裁判文书的规定》第4条的规定，以调解方式结案的裁判文书，不宜在互联网公布。曾有观点主张，应有限制地包括调解案例，如由一审法院调解结案，法律效果和社会效果良好，对裁判类似案件具有较大指导价值和意义的婚姻家庭案件。审判委员会经讨论删除了这一规定。

3. 关于指导性案例的“指导性”问题

虽然《细则》送审判委员会讨论稿在《规定》第2条的基础上，曾作了进一步细化规定，但鉴于对该问题的把握目前法学理论和审判实务部门的分歧意见较大，意见还不够成熟，因此最终对该问题没有在《细则》中作出规定。不过，鉴于《细则》送审判委员会讨论稿中的细化条款，反映了近几年来全国法院开展案例指导工作形成的初步共识，对下一步做好这项工作具有一定的参考价值，故在此处略作介绍。

指导性案例的“指导性”，主要是指案例对统一法律适用标准、维护司法公正具有指示和引导作用。具体何谓“指导性”，则分歧意见比较大。有的认为，指导性表现在四个方面，即对重大、复杂、群众关心、社会影响大的案件有指导性；对疑难、有争议的案件有指导性；能够指导新类型案件审判；对如何正确认定证据事实具有指导意义，能够发挥规制、规范自由裁量权作用。有的建议把指导性定位在适用法律的技术性上，即指导性可以分为三类：对疑难案件的指导性（缺乏具体法律规则、法律规定比较原则的案件）、对复杂案件的指导性（法律适用或者事实认定方面比较复杂，在如何适用法律规则方面很费周折）、对典型案件的指导性（本身既不复杂又不疑难，但在适用法律上有代表性问题）。有的则提出，指导性案例最大的价值和意义在于解决审判实践中法律适用存在的重大争议，因此要突出“适用法律存在争议”。据此，可以把指导性案例界定为：审判、执行工作中涉及事实认定、法律适用有争议，具有指导作用的案例。《细则》围绕《规定》第2条列举的5种情形，总结归纳最高人民法院4年多编选指导性案例的经验和审判委员会讨论备选指导性案例时形成的比较一致的看法，采纳征求意见中达成的共识，曾规定对“指导性”可以从以下方面把握：一是在事实认定、证据采信、法律适用、诉讼或执行程序等方面存在疑难、复杂和争议问题，能够统一裁判标准；二是法律、行政法规的规定不明确，可以适用习惯、惯例或者学理通说认定案件事实、解决法律适用问题；三是法律、行政法规的规定不明确或者法律、行政法规、司法解释的规定不协调，能够正确适用法律、行政法规规定或者弥补司法解释不足；四是案例属于新类型或者适用了新颁布、修改的法律、行政法规或者司法解释；五是在司法理念、裁判方法和裁判规则等方面具有典型性和创新性；六是解决社会广泛关注的法律问题，回应人民群众关切和期待，弘扬法治精神，引领社会发展与进步。我们认为，某个案例是否具有指导性，一般可以从法律文本规定、司法裁判、法学理论等方面进行综合分析和审查判断。如果案例针对法律规定不明、司法裁判不一或者理论存在争议的问题，归纳提炼出有利于法律统一适用的新规则和标准，就往往具有重要指导价值。

（二）关于《细则》第3条

《细则》第3条规定了指导性案例的结构体例应当包括哪些部分。有关编选指导性案例的具体体例要求，最高人民法院已于2012年下发了《关于编写报送指导性案例体例的意见》和《指导性案例样式》。此次根据审判委员会讨论的意见，在原有标题、关键词、裁判要点、相关法条、基本案情、裁判结果、裁判理由等7个内容的基础上，增加了“生效裁判审判人员姓名的附注”的内容，以鼓励广大法官努力提高审判水平，在办好案件的基础上提供更多对类似案件具有指导价值的指导性案例。

（三）关于《细则》第4条

《细则》第4条规定了两方面内容：

一是全国四级法院各自在案例指导工作中的角色定位和基本工作职能。其中，最高人民法院案例指导工作办公室负责指导性案例的征集、遴选、审查、发布、研究和编纂，以及对全国法院案例指导工作的协调和指导等工作。最高人民法院各审判业务单位负责指导性案例的推荐、审查等工作。各高级人民法院负责辖区内指导性案例的推荐、调研、监督等工作。中级人民法院、基层人民法院可以向高级人民法院提出推荐指导性案例的建议。

二是法院系统内部推荐指导性案例的程序。《规定》第4条第2款规定：“各高级人民法院、解放军军事法院对本院和本辖区内人民法院已经发生法律效力的裁判，认为符合本规定第二条规定的，经本院审判委员会讨论决定，可以向最高人民法院案例指导工作办公室推荐。”鉴于高级人民法院审判委员会讨论案件的任务比较繁重，《细则》根据各高级人民法院反馈的意见，将高级人民法院推荐案例的程序进一步明确细化为“各高级人民法院向最高人民法院推荐的备选指导性案例，应当经审判委员会讨论决定或经审判委员会过半数委员审核同意”。《规定》第4条第3款规定：“中级人民法院、基层人民法院对本院已经发生法律效力的裁判，认为符合本规定第二条规定的，经本院审判委员会讨论决定，层报高级人民法院，建议向最高人民法院案例指导工作办公室推荐。”鉴于近年来各级法院每年受理案件数量多，尤其是中级人民法院审判委员会讨论案件的任务非常繁重，征求意见过程中，很多地方法院提出，对中级人民法院、基层人民法院建议推荐的案例，如果每一件都要求经过审判委员会讨论后上报，审判委员会可能承受不了，也拖延了推荐案例进程，因此希望不要对此作硬性要求，而由法院灵活掌握。考虑到《规定》已经规定了各中级人民法院、基层人民法院都必须通过高级人民法院向最高人民法院推荐指导性案例，因此《细则》只是强调中级人民法院、基层人民法院建议推荐的案例，只要高级人民法院审判委员会审核把关、讨论通过即可。而对中级人民法院、基层人民法院建议推荐的案例是否需要通过审判委员会讨论后层报高级人民法院，未予进一步强调。

(四) 关于《细则》第5条

《细则》第5条规定了人大代表、政协委员、人民陪审员、专家学者、律师，以及其他关心人民法院审判、执行工作的社会各界人士，向人民法院推荐指导性案例的程序。依据该条规定，人大代表、政协委员、人民陪审员、专家学者、律师，以及其他关心人民法院审判、执行工作的社会各界人士，向人民法院推荐指导性案例主要有两个渠道：一是向作出生效裁判的原审人民法院推荐。如果符合指导性案例的条件，接受推荐的原审人民法院应当启动推荐程序，层报各高级人民法院审判委员会讨论通过后，向最高人民法院案例指导工作办公室推荐。二是直接向最高人民法院案例指导工作办公室推荐。案例指导工作办公室接到推荐意见后，可以通知作出生效裁判的原审人民法院进行审核，并提出推荐意见和理由。此外，鉴于最高人民法院于2013年5月聘请了全国60位知名法学教授和专家，设立了案例指导工作专家委员会，《细则》第5条第2款专门规定：“案例指导工作专家委员会委员对于符合指导性案例条件的案例，可以向案例指导办公室提出推荐建议。”

(五) 关于《细则》第7条

《细则》第7条是关于备选指导性案例送有关国家机关、部门、社会组织以及案例指导工作专家委员会委员、专家学者征求意见的规定。《规定》对此并未作出规定。为充分听取法学专家学者和相关部门、社会组织对指导性案例的意见，保证指导性案例的质量，总结和吸收了最高人民法院编选指导性案例的工作经验，该条专门规定了征求法院系统之外意见的工作制度。该条内容在征求意见过程中的主要分歧在于，何种情况下需要启动征求意见程序？一种意见认为，既然最高人民法院发布的每一个司法解释都要求送相关部门征求意见，而指导性案例在确立裁判规则、明确法律适用意见方面，与司法解释有共同点，因此所有的备选指导性案例都应当送相关部门和社会组织、专家学者征求意见。另一种意见认为，只有在必要的情况下，才应当征求意见。主要理由是：有些推荐案例已经征求了有关方面和专家的意见，比较有把握，不需要再重复征求意见；如果逐个案例都征求意见，比较耗费精力和时间，给有关方面和专家增加负担，也不利于及时、高效地发布指导性案例。经审判委员会讨论，《细则》第 7 条最终采纳了后一种意见。

（六）关于《细则》第 9 条、第 10 条和第 11 条

《细则》第 9 条、第 10 条、第 11 条规定了指导性案例参照适用的问题。《规定》第 7 条规定："最高人民法院发布的指导性案例，各级人民法院在审判类似案件时应当参照。"指导性案例如何参照适用是事关指导性案例能否发挥作用的重大问题。审判实践中，如何具体参照适用指导性案例，主要涉及以下六个问题：一是类似案件的判断标准；二是审判类似案件时具体应参照指导性案例哪部分内容；三是在裁判文书中如何规范地引述指导性案例；四是对公诉机关、当事人、律师等在诉讼中提出应当参照某指导性案例的，法院应否回应以及如何回应；五是对应当参照指导性案例而没有参照的案件，二审或再审应当如何处理；六是《细则》起草过程中曾规定的"在审理类似案件时，承办案件的法官认为不应当参照相关指导性案例的，应当提出书面意见和理由，报本院院长或者审判委员会决定"，应否规定的问题。

由于对指导性案例的参照适用问题仅有《规定》第 7 条规定，指导性案例发布的数量还比较少，各地法院在参照适用方面积累的经验不足，起草《细则》有关参照适用部分时遇到的困难较大。经过反复征求意见，分析比较国外判例适用的一些做法，《细则》对此问题作了 3 条规定（第 9 条至第 11 条）。其中，第 9 条规定了类似案件的判断标准和指导性案例的参照范围；第 10 条规定了指导性案例的引述问题；第 11 条规定了指导性案例的查询、具体引述要求，以及引述指导性案例作为控（诉）辩理由的，案件承办人员应在裁判理由中回应和说明理由。

1. 关于第 9 条规定的类似案件判断标准的问题

征求意见过程中对此主要有四种意见：第一种意见认为，在审案件基本案情、争议焦点和法律适用三方面同时与指导性案例类似时，方可认定属于类似案件。第二种意见认为，只要基本案情和法律适用类似，就属于类似案件。因为法官审判案件，主要在于认定事实和适用法律两方面，第一种意见中的争议焦点指代并不明确，争议焦点可能会涉及法官对案件某一事实的认定、某一证据的采信、程序或实体法律的适用等方面，而这些方面完全可以包括在基本案情和法律适用中。因此，不必再加上争议焦点，否则容易引起歧义。第三种意见认为，只要“在审案件的争议焦点与指导性案例的裁判要点高度相关”，就属于类似案件。第四种意见认为，“在审案件在涉及某个法律适用问题及相关案件事实方面，与指导性案例裁判要点所解决的问题及相关案例事实相类似时”，即属于类似案件。

鉴于第一种意见中的“争议焦点”、第三种意见中的“争议焦点”和“高度相关”在实践中都不好把握，可操作性较差，第四种意见与第二种意见相似，而第二种意见表述更为简洁，《细则》采纳了第二种意见，该意见也是征求意见中的多数意见，即“各级人民法院正在审理的案件，在基本案情和法律适用方面，与最高人民法院发布的指导性案例相类似的，应当参照相关指导性案例的裁判要点作出裁判”。国外判例法国家也有类似要求。例如，美国法官要比对在审案件与先例的案件事实和作出判决时的核心法律问题是否相同或者相似。如果事实相同或者相似，先例判决所解答的法律问题与在审案件要解答的法律问题是一样的，那么这个先例就对在审案件产生拘束力。比对过程非常重要，但也很复杂。要从繁杂的先例判决中排除所有无关内容，区分哪些内容是与该先例判决的作出有关的内容，即法官作出这个判决最核心的依据和理由是什么。只有这部分依据和理由才对后来法官产生拘束力。

2. 关于第 9 条规定的应当参照指导性案例哪部分内容的问题

征求意见过程中主要有三种意见。第一种意见认为，整个指导性案例都应当参照适用。第二种意见认为，裁判理由和裁判要点均属于应当参照的范围。从英美法系和大陆法系判例看，他们的裁判文书中，法官论述的裁判理由和作出裁判的部分，一般均属于该判例需要其他法官“特别予以重视”的内容。第三种意见认为，应当参照的范围应当限定在裁判要点，整个案例都可以作为审判类似案件的参考，但不属于应当参照的范围。《细则》采纳了第三种意见，该意见也是征求意见中的多数意见，即“应当参照相关指导性案例的裁判要点作出裁判”。因为指导性案例与判例的区别在于有无明确的裁判要点，指导性案例所确立的裁判规则集中概括在裁判要点中，这是我国案例指导制度的特色。据了解，我国香港地区的判例没有特殊的编撰格式，但通常法官的判决书中“我认为……”部分的内容会涉及该法官对适用法律的见解，那么该部分对下级法院法官理解相同法律条款时就具有拘束力。因为这部分内容涉及法律适用规则，故其往往是后来法官最需要关注的重点内容。美国法官要从先例判决中排除所有无关的内容，区分先例判决中法官作出这个判决最核心的依据和理由，而这部分依据和理由才对后来法官产生拘束力。法国最高法院（普通法院）是在判例中标注“P”，提示法官该部分内容“值得关注”。

3. 关于参照指导性案例的，应当将指导性案例引述在裁判文书的哪个部

分，能否作为裁判依据引用的问题

考虑到指导性案例不是我国正式法律渊源，因此指导性案例不应当作为裁判文书判决部分的法律依据来援引，但指导性案例给法官裁判提供了参照，所以可以作为法官裁判的重要理由引述。这样既能增强裁判的说服力，又能够在裁判文书中客观呈现法官作出裁判时的思路和理由，增强裁判的透明度。

4. 关于引述指导性案例的要求问题

第 10 条规定还涉及一个问题，就是“作为裁判理由引述”规定，还有一个争点是规定对裁判要点“应当”引述抑或“可以”引述，即凡参照指导性案例作出裁判的，是不是都要在裁判文书的说理部分明确说明。对此，有一种意见认为，规定为“可以作为裁判理由引述”较为适宜。因为理论上参照有隐性参照和显性参照之分，指导性案例虽不是正式法律渊源，但可以参考、借鉴，并不需要一律指明是否引述。另一种意见则认为，既然《规定》第 7 条规定的是“各级人民法院在审判类似案件时应当参照”指导性案例，在裁判文书中要求“应当”引述才符合《规定》的精神，也符合审判公开、透明的要求，便于人民群众监督。《细则》采纳了该意见。

5. 关于第 11 条第 1 款规定的在办理案件过程中，查询相关指导性案例，以及在裁判文书中如何规范引述的问题

鉴于征求意见中部分同志建议需要明确这个问题，因为指导性案例在我国是新生事物，各地法官普遍没有养成参照指导性案例的裁判习惯，故有必要在《细则》中予以强调。另外，对如何具体引述提出明确要求，可以促进裁判文书在引述指导性案例方面更统一和规范。因此，《细则》第 11 条第 1 款规定：“在办理案件过程中，案件承办人员应当查询相关指导性案例。在裁判文书中引述相关指导性案例的，应在裁判理由部分引述指导性案例的编号和裁判要点。”

6. 关于第 11 条第 2 款规定的有关公诉机关、案件当事人等在诉讼中提出应当参照某指导性案例的，法院应否回应以及如何回应的问题

《细则》明确要求“应当在裁判理由中回应是否参照了该指导性案例并说明理由”。作如上规定主要是考虑到，既然公诉机关、案件当事人等提出案件应当参照某指导性案例的意见，以此作为控（诉）辩理由，法院理应在裁判文书中进行分析和回应，这样可以加强裁判文书释法说理，增强裁判的说服力和公信力。

此外，有关指导性案例参照适用部分的内容，《细则》送审判委员会讨论稿中还有 2 个问题，此处逐一简要介绍。关于法院在审理二审、再审案件时，如果发现裁判与相关指导性案例所依据的法律、行政法规或者司法解释相冲突的，是否应当依法作出相应处理的问题。对于这个问题，审判实践中非常关

注，但征求意见过程中的分歧也大。讨论中主要有两种观点：一种观点认为，对此不宜作硬性规定。因为我国不是判例法国家，指导性案例本身并不具备法律效力。虽然《规定》提出了“应当参照”要求，但指导性案例仅仅可以为法官在办案时提供一种指导和参考，不宜对遵循指导性案例作硬性规定。指导性案例因为解决了司法实践中疑难的法律适用问题，具有合法性、合理性和说服力而对法官办案产生影响。除德国联邦宪法法院的判例被明确有正式法律拘束办之外，其他大陆法系国家的判例均没有正式的法律拘束力，也没有明确要求法官“应当”遵循判例。大陆法系国家法官审理案件之所以很注意以判例作为参考，主要是因为他们的判例是最高法院或者上级法院作出的裁判，从审级权威和法官的水平来看，下级法院法官会主动遵循这些判例。另一种观点认为，应当作“二审或者再审可以改判或者撤销原判”的硬性规定。既然《规定》第7条明确规定了“应当参照”，就要有相应的措施保障指导性案例的指导作用落到实处，这样规定有利于充分发挥指导性案例统一司法标准的作用。尤其是在当前全国法院法官普遍没有养成参照指导性案例习惯的情况下，如果没有硬性规定，没有违反指导性案例的责任，建立案例指导制度就没有实际意义，指导性案例很容易形同虚设。既然指导性案例是最高人民法院审判委员会讨论通过的，其应当对下级法院法官的裁判形成约束力，这也是不言而喻的。同时考虑到，如果一个类似的在审案件裁判违背了指导性案例，那么也一定同时存在违背指导性案例所依据的法律、行政法规或者司法解释的情形。对于这种情况，二审或者再审无疑也应当依法纠正。据了解，判例法国家法官对先例是“应当遵循”，判例具有法律约束力。法官违反先例作出的裁判视为违法裁判，如果上诉到上级法院，则上级法院应予纠正。在我国香港地区，上级法院法官认为某案件原判没有遵循某先例，并且理由不成立，就将按照某先例予以改判。法国最高法院的判例在审判中发挥着事实上的指导和约束作用，最高法院往往依据判例对上诉法院的案件予以维持或者纠正。在比利时，如果一名法官的案件经常被上诉法院撤销，那么他在业界的威信将受损，他的升迁将受到影响。基于以上原因，比利时的法官在审判案件时都要先查阅、了解最高法院判例的情况。日本则明确将违反判例作为当事人提出上告的理由之一。综上，在判例法国家和大陆法系国家，法官裁判违反判例，并且没有正当理由时，会被上级法院改判或撤销。对于这一问题，最高人民法院审判委员会讨论《细则》过程中，考虑到目前该条款的内容还不完善，尚存在较大争议，因此未在《细则》中作出明确规定。

涉及参照适用部分还有一个争议比较大的问题，即《细则》起草过程中曾规定的“在审理类似案件时，承办案件的法官认为不应当参照相关指导性案例的，应当提出书面意见和理由，报本院院长或者审判委员会决定”，应否规定的问题。对于这一问题，有两种不同意见。一种意见建议保留这一规定，其主要理由如下：一是最高人民检察院有类似规定。最高人民检察院《关于案例指导工作的规定》第16条明确规定："在办理同类案件、处理同类问题时，承办案件的检察官认为不应当适用指导性案例的，应当书面提出意见，报经检察长或者检察委员会决定。"二是国外有背离判例的报告制度。例如，德国法院要求，背离判例另行判决时，必须向上级法院报告。《日本裁判所构成法》第49条规定，就同一法律问题，有与先前一个或两个以上的庭所为判决相反的意见时，该庭应向大审院长报告，大审院长因该报告，依事件之性质，命联合民事总庭、刑事总庭或民事及刑事总庭再予审查及裁判。三是如果一审时违背指导性案例不报告，不进行事中监督，而仅通过事后二审或者再审解决，既增加了上级法院工作量，也影响裁判稳定性和司法公信力。另一种意见建议删除，其主要理由如下：一是现在审判任务繁重，尤其在中级人民法院和基层人民法院，案件量大，对没有参照指导性案例的裁判都要求法官向院长或者审判委员会报告，会增加法官负担；二是未来司法改革方向是实行法官办案责任制，逐步淡化院长、审判委员会对法官审判案件的影响，如果作出这一规定，不符合审判改革的发展趋势要求。后因多数意见建议删除，经研究室室务会研究讨论删除了该规定。

（七）关于《细则》第12条

《细则》第12条对何种情形下指导性案例不再具有指导作用作出了规定。依据该条的规定，除第3项兜底性规定外，主要有以下两种情形：一是已经发布的指导性案例与新的法律、行政法规或者司法解释相冲突的；二是已发布的指导性案例已经为新的指导性案例所取代的。从国外判例制度来看，不论是英美法系国家还是大陆法系国家，对已经发布的判例予以正式废止都非常慎重。比如，法国最高法院对自己作出的前后两个判例出现司法观点相矛盾时，并没有建立废止判例的程序，而是通过出版判例汇编予以更正、淘汰。美国对于先例之间司法观点相互发生矛盾的情形，编纂者也仅仅会加注"该案例已经被某某案例推翻"的字样。先例被推翻，并不意味着当然失效。该先例是否仍然有拘束力，由援引的法官自行作出判断。我国处于经济社会发展较快时期，新的法律、行政法规、司法解释不断出台，并且数量较大，客观上可能造成旧的指导性案例与新的法律、行政法规、司法解释不协调甚至冲突的情形。另外，随着新的法律、行政法规、司法解释的出台，适用新的法律、行政法规、司法解释的指导性案例也会随之发布，与适用旧的法律、行政法规、司法解释的指导性案例可能发生冲突。为此，《细则》专门明确，在这种情形下指导性案例即使没有经过最高人民法院通过正式程序宣布不再具有指导作用，其客观上也不再发挥指导作用。

（八）关于《细则》第14条

《细则》第14条规定，各级人民法院对于案例指导工作中作出突出成绩的单位和个人，应当依照《法官法》等规定给予奖励。该条规定了案例指导工作激励机制。《规定》对案例指导工作激励机制，并未作出明确规定。鉴于《法官法》第30条第2项明确规定，对“总结审判实践经验成果突出，对审判工作有指导作用的”，“应当给予奖励”；法官所承办的案件被总结、提炼，变成指导性案例指导全国法院对类似案件的裁判，本身就属于“总结审判实践经验成果突出”的情形；近年来一些地方法院通过激励机制，有力推动案例指导工作开展的做法和经验，值得参考借鉴，故《细则》专门作出上述规定。

（九）关于《细则》第8条和第13条

这两条规定了指导性案例发布载体和指导性案例库，以便于法律工作者和社会公众及时了解和应用指导性案例。依据《细则》第8条的规定，最高人民法院除及时印发给各高级人民法院外，主要通过三个渠道发布指导性案例：一是在《最高人民法院公报》上登载；二是在《人民法院报》上报道；三是在最高人民法院网站上公布。指导性案例作为以司法文件发布的公共司法产品，新闻媒体和其他网站可以转载和宣传。此外，为了便于公众正确理解和参照适用指导性案例，最高人民法院专门创办了《中国案例指导》丛书，不仅刊登指导性案例，而且刊载承办法官撰写的指导性案例理解与参照文章，对指导性案例进行深度解读。为方便各级法院法官和社会公众查询、了解指导性案例，根据《细则》第13条的规定，最高人民法院将加快指导性案例信息化建设，建立指导性案例电子信息库和开放性网络平台，为指导性案例的参照适用、查询、检索和编纂提供保障和服务。

（撰稿人：郭　锋　吴光侠　李　兵）

最高人民法院
印发《关于在审判执行工作中切实规范自由裁量权行使保障法律统一适用的指导意见》的通知

2012年2月28日　　　　法发〔2012〕7号

各省、自治区、直辖市高级人民法院，解放军军事法院，新疆维吾尔自治区高级人民法院生产建设兵团分院：

现将《最高人民法院关于在审判执行工作中切实规范自由裁量权行使保障法律统一适用的指导意见》印发给你们，请认真贯彻落实。

附：

关于在审判执行工作中切实规范自由裁量权行使保障法律统一适用的指导意见

中国特色社会主义法律体系如期形成，标志着依法治国基本方略的贯彻实施进入了一个新阶段，人民法院依法履行职责、维护法制统一、建设社会主义法治国家的责任更加重大。我国正处在重要的社会转型期，审判工作中不断出现新情况、新问题；加之，我国地域辽阔、人口众多、民族多样性等诸多因素，造成经济社会发展不平衡。这就要求人民法院在强化法律统一适用的同时，正确运用司法政策，规范行使自由裁量权，充分发挥自由裁量权在保障法律正确实施，维护当事人合法权益，维护司法公正，提升司法公信力等方面的积极作用。现就人民法院在审判执行工作中切实规范自由裁量权行使，保障法律统一适用的若干问题，提出以下指导意见：

一、正确认识自由裁量权。自由裁量权是人民法院在审理案件过程中，根据法律规定和立法精神，秉持正确司法理念，运用科学方法，对案件事实认定、法律适用以及程序处理等问题进行分析和判断，并最终作出依法有据、公平公正、合情合理裁判的权力。

二、自由裁量权的行使条件。人民法院在审理案件过程中，对下列情形依法行使自由裁量权：

（一）法律规定由人民法院根据案件具体情况进行裁量的；

（二）法律规定由人民法院从几种法定情形中选择其一进行裁量，或者在法定的范围、幅度内进行裁量的；

（三）根据案件具体情况需要对法律精神、规则或者条文进行阐释的；

（四）根据案件具体情况需要对证据规则进行阐释或者对案件涉及的争议事实进行裁量认定的；

（五）根据案件具体情况需要行使自由裁量权的其他情形。

三、自由裁量权的行使原则。

（一）合法原则。要严格依据法律规定，遵循法定程序和正确裁判方法，符合法律、法规和司法解释的精神以及基本法理的要求，行使自由裁量权。不能违反法律明确、具体的规定。

（二）合理原则。要从维护社会公平正义的价值观出发，充分考虑公共政策、社会主流价值观念、社会发展的阶段性、社会公众的认同度等因素，坚持正确的裁判理念，努力增强行使自由裁量权的确定性和可预测性，确保裁判结果符合社会发展方向。

（三）公正原则。要秉持司法良知，恪守职业道德，坚持实体公正与程序公正并重。坚持法律面前人人平等，排除干扰，保持中立，避免偏颇。注重裁量结果与社会公众对公平正义普遍理解的契合性，确保裁判结果符合司法公平正义的要求。

（四）审慎原则。要严把案件事实关、程序关和法律适用关，在充分理解法律精神、依法认定案件事实的基础上，审慎衡量、仔细求证，同时注意司法行为的适当性和必要性，努力实现办案的法律效果和社会效果的有机统一。

四、正确运用证据规则。行使自由裁量权，要正确运用证据规则，从保护当事人合法权益、有利查明事实和程序正当的角度，合理分配举证责任，全面、客观、准确认定证据的证明力，严格依证据认定案件事实，努力实现法律事实与客观事实的统一。

五、正确运用法律适用方法。行使自由裁量权，要处理好上位法与下位法、新法与旧法、特别法与一般法的关系，正确选择所应适用的法律；难以确定如何适用法律的，应按照立法法的规定报请有关机关裁决，以维护社会主义法制的统一。对同一事项同一法律存在一般规定和特别规定的，应优先适用特别规定。要正确把握法律、法规和司法解释中除明确列举之外的概括性条款规定，确保适用结果符合立法原意。

六、正确运用法律解释方法。行使自由裁量权，要结合立法宗旨和立法原意、法律原则、国家政策、司法政策等因素，综合运用各种解释方法，对法律条文作出最能实现社会公平正义、最具现实合理性的解释。

七、正确运用利益衡量方法。行使自由裁量权，要综合考量案件所涉各种利益关系，对相互冲突的权利或利益进行权衡与取舍，正确处理好公共利益与个人利益、人身利益与财产利益、生存利益与商业利益的关系，保护合法利益，抑制非法利益，努力实现利益最大化、损害最小化。

八、强化诉讼程序规范。行使自由裁量权，要严格依照程序法的规定，充分保障各方当事人的诉讼权利。要充分尊重当事人的处分权，依法保障当事人的辩论权，对可能影响当事人实体性权利或程序性权利的自由裁量事项，应将其作为案件争议焦点，充分听取当事人的意见；要完善相对独立的量刑程序，将量刑纳入庭审过程；要充分保障当事人的知情权，并根据当事人的要求，向当事人释明行使自由裁量权的依据、考量因素等事项。

九、强化审判组织规范。要进一步强化合议庭审判职责，确保全体成员对案件审理、评议、裁判过程的平等参与，充分发挥自由裁量权行使的集体把关机制。自由裁量权的行使涉及对法律条文的阐释、对不确定概念的理解、对证据规则的把握以及其他可能影响当事人重大实体性权利或程序性权利事项，且有重大争议的，可报请审判委员会讨论决定，确保法律适用的统一。

十、强化裁判文书规范。要加强裁判文书中对案件事实认定理由的论证，使当事人和社会公众知悉法院对证据材料的认定及采信理由。要公开援引和适用的法律条文，并结合案件事实阐明法律适用的理由，充分论述自由裁量结果的正当性和合理性，提高司法裁判的公信力和权威性。

十一、强化审判管理。要加强院长、庭长对审判活动的管理。要将自由裁量权的行使纳入案件质量评查范围，建立健全长效机制，完善评查标准。对自由裁量内容不合法、违反法定程序、结果显失公正以及其他不当行使自由裁量权的情形，要结合审判质量考核的相关规定予以处理；裁判确有错误，符合再审条件的，要按照审判监督程序进行再审。

十二、合理规范审级监督。要正确处理依法改判与维护司法裁判稳定性的关系，不断总结和规范二审、再审纠错原则，努力实现裁判标准的统一。下级人民法院依法正当行使自由裁量权作出的裁判结果，上级人民法院应当依法予以维持；下级人民法院行使自由裁量权明显不当的，上级人民法院可以予以撤销或变更；原审人民法院行使自由裁量权显著不当的，要按照审判监督程序予以撤销或变更。

十三、加强司法解释。最高人民法院要针对审判实践中的新情况、新问题，及时开展有针对性的司法调研。通过司法解释或司法政策，细化立法中的原则性条款和幅度过宽条款，规范选择性条款和授权条款，统一法律适用标准。要进一步提高司法解释和司法政策的质量，及时清理已过时或与新法产生冲突的司法解释，避免引起歧义或规则冲突。

十四、加强案例指导。各级人民法院要及时收集、整理涉及自由裁量权行使的典型案例，逐级上报最高人民法院。最高人民法院在公布的指导性案例中，要有针对性地筛选出在诉讼程序展开、案件事实认定和法律适用中涉及自由裁量事项的案例，对考量因素和裁量标准进行类型化。上级人民法院要及时掌握辖区内自由裁量权的行使情况，不断总结审判经验，提高自由裁量权行使的质量。

十五、不断统一裁判标准。各级人民法院内部对同一类型案件行使自由裁量权的，要严格、准确适用法律、司法解释，参照指导性案例，努力做到类似案件类似处理。下级人民法院对所审理的案件，认为存在需要统一裁量标准的，要书面报告上级人民法院。在案件审理中，发现不同人民法院对同类案件的处理存在明显不同裁量标准的，要及时将情况逐级上报共同的上级人民法院予以协调解决。自由裁量权的行使涉及具有普遍法律适用意义的新型、疑难问题的，要逐级书面报告最高人民法院。

十六、加强法官职业保障。要严格执行宪法、法官法的规定，增强法官职业荣誉感，保障法官正当行使自由裁量权。要大力建设学习型法院，全面提升司法能力。要加强法制宣传，引导社会和公众正确认识自由裁量权在司法审判中的必要性、正当性，不断提高社会公众对依法行使自由裁量权的认同程度。

十七、防止权力滥用。要进一步拓展司法公开的广度和深度，自觉接受人大、政协、检察机关和社会各界的监督。要深入开展廉洁司法教育，建立健全执法过错责任追究和防止利益冲突等制度规定，积极推进人民法院廉政风险防控机制建设，切实加强对自由裁量权行使的监督，对滥用自由裁量权并构成违纪违法的人员，要依据有关法律法规及纪律规定进行严肃处理。

【解　　读】

《关于在审判执行工作中切实规范自由裁量权行使保障法律统一适用的指导意见》的理解与适用

法官自由裁量权行使的范围及对自由裁量权进行规制的方法，是当今世界各国的司法制度中理论研究和实践探索的热点问题。当前，我国正处在经济快速发展的社会转型期，各地经济社会发展不平衡，加上成文法本身所具有的特性，决定人民法院在审判工作中客观上需要一定的自由裁量权。但是，由于当箭理论界与实务界对自由裁量权行使的范围以及如何进行规制等问题尚帝在一定的争议，广大法官对如何行使自由裁量权也存在一些模糊的认识，与此同时，中央领导和社会各界对自由裁量权行使非常关注，希望人民法院进一步规范自由裁量权，促进司法公正。鉴于此，最高人民法院民二庭早在2009年就将“民商事审判自由裁量权的正当性标准及其规制”推荐作为2010年最高人民法院重点调研课题，并确定海南省高级人民法院、上海二中院、深圳中院、汉江中院四家法院作为课题承办单位。经过广泛调研，在总结四家课题兽位调研报告的基础上，民二庭起草了《关于进一步规范民商事审判行使自由裁量权的若干意见》。根据最高人民法院专业审判委员会的决定，该意见可扩大适用范围，作为规范人民法院各领域审判和执行工作的指导意见。按该意见，民二庭结合刑事审判、行政审判的特点对前述意见进行修改、充实、完善，形成了

《关于在审判执行工作中切实规范自由裁量权行使保障法律统一适用的指导意见》，并于2012年2月颁行全国法院实施。现我们结合该意见谈一谈对自由裁量权的体会和思考。

一、自由裁量权的性质及在不同司法制度中的定位

（一）自由裁量权的性质

关于自由裁量权，不同的司法制度中有不同的认识，但其核心内容基本一致，即法官或审判组织在审理案件过程中，根据法律原则及公平正义理念进行选择和判断，做出合理裁判的权力。

自由裁量权是审判权的重要内容，是法官在司法过程中基于其职业所固有的权力。任何法律都不可能完美无缺，难以为所有问题提供明确具体的答案，客观上需要法官行使一定自由裁量权，以弥补法律体系存在的不足。在英美法系，以遵循先例原则为基础的普通法体系正是借助法官们不断的司法审判活动确立起来的，法官具有开创新的先例从而创设新的法律的传统。在大陆法系，曾有一段时间，法律被认为是一个体系的、逻辑一贯的系统，现实中发生的或可能发生的一切问题，都可以通过逻辑推理方法从已有的法律体系中获得解决。法律适用是逻辑推理过程，不存在法官自由裁量权。随着经济社会的发展，成文化的法典体系逐渐暴露其局限性，法典万能主义被发现不过是理想图景，法律适用并不仅是根据法律规范得出具体结论的形式推理过程，其间不可避免存在价值判断或者利益衡量，需要法官行使自由裁量权。

自由裁量权是具有相对灵活性的审判权。审判权是依照法律规则对具体案件作出裁判的权力，法官行使审判权原则上应受严格约束，裁判结果必须符合法律规范的具体要求。自由裁量权是法官根据具体案件情况，在公平、正义价值目标指导下，权衡利弊，酌情裁判的权力。与一般的审判权相比，自由裁量权受到的拘束较少，现有法律规范未对其行使提供唯一的标准答案，具有一定的灵活性。因此，法官依法正当行使自由裁量权的结果应该受到尊重，即使该结果与其他法官的观点并不完全一致。当然，自由裁量权的灵活性是相对的。行使自由裁量权不能随心所欲，而必须以案件的公平、公正、合理的处理为目的，处理结果应当符合社会发展方向。民商审判自由裁量权的行使，还应受到当事人相关实体权利和诉讼权利的制约。

自由裁量权的存在空间取决于一个国家的法律环境以及经济社会发展状况。自由裁量权与法律规则共同致力于法律秩序的实现。法律规则具有稳定性、普遍性等特点，有利于维护安全的社会秩序，但也存在模糊性、不周延性、滞后性、不合目的性等不足，需要司法机关在具体案件审理中承担法律具体化、弥补法律漏洞、推动法律完善等职能，通过自由裁量权实现普遍正义和

个别正义、形式公正和实质公正的统一。因此，如果一个国家的法律体系非常完善，则司法机关所承担的法律具体化、填补法律漏洞的职能较少，自由裁量空间也相对较小；反之，自由裁量空间较大。如果一个国家的经济社会处于相对快速发展的时期，现有法律体系的局限性会表现得较为突出，则司法机关要承担推动法律发展和完善的职能较重，自由裁量空间也相对较大；反之，自由裁量空间较小。

（二）自由裁量权在不同司法制度中的定位

自由裁量权是司法机关所承担的法治功能在具体个案中的体现，司法机关的职能设计对自由裁量权的定位有重要影响。在英美法系，受历史传统的影响，司法机关在社会管理中承担较大的职能，其不仅是立法的执行者，更是法律的创造者，直接参与甚至是决定一些重大政策的形成。因此，英美法系对自由裁量权更多持积极态度，强调自由裁量权是一种豁免权，希望法官在具体个案中发挥主观能动性，承担发展法律的职责，以使法律更符合经济社会发展的要求。在大陆法系，司法机关是立法的执行机构，其主要功能在于根据立法机关制定的法律规则审理案件，在具体案件审理中贯彻法律承载的政策精神，司法机关享有过多的自由裁量权是对法治秩序的背离。因此，大陆法系对自由裁量权更多持消极态度，强调对自由裁量权的限制，希望消除或减少法官在司法裁判过程中的主观因素。

自由裁量权在不同司法制度中有不同的范围。在英美法系，法官固然具有创设新的法律的传统，但法官的审判活动并非不受约束，而需遵循先例原则。随着遵循先例原则的精细化，普通法体系在实际运行中显得过于僵化，暴露出明显的滞后性。在此情况下，理论界与实务界才纷纷提出自由裁量权，要求法官在特定情况下突破遵循先例的原则，发展法律。因此，英美法系的自由裁量权是以发展法律为核心的权力。在大陆法系，自由裁量权的提出更多是与法典完美主义理想图景的破灭相联系。由于法律适用不可避免存在价值判断或者利益衡量，如何看待法官个人主观因素对案件审理的影响成为不得不面对的问题。在此情况下，理论界与实务界才开始关注法官在案件审理过程中存在的自由裁量权，并不断探索各种途径对自由裁量权的行使进行规范。因此，大陆法系的自由裁量权是指法官在案件审理的法律适用、事实认定以及程序指挥等各个阶段所存在的裁量空间。受行政裁量理论影响，德国和我国台湾地区还明确区分裁量条款中的裁量与不确定概念中的裁量，认为不确定概念存在于法律规范的构成要件之中，虽有多种解释或判断之可能，但只有一种是正确的，上级法院可以对下级法院适用不确定概念的结果进行审查，故其不属于自由裁量权。

自由裁量权的正确行使离不开相应的制度保障和规范。为防止自由裁量权的行使受到不应有的外部干扰，独立的司法制度、正当的诉讼程序、成熟的司法技术以及健全的职业保障等对法官依法独立行使自由裁量权尤为重要，这也是两大法系的共同经验。自由裁量权的行使缺乏法律上的实体标准，容易被个别法官用于牟取个人私利，因此，两大法系都积极探索各种机制对自由裁量权的行使进行规范，但规制方式各有侧重：大陆法系更侧重行使方法和实体标准的规范，英美法系则更侧重于行使程序的规范。大陆法系曾认为，严格遵循司法裁判方法，任何案件都能找到唯一正确的答案，司法裁判过程是一种科学的、可以验证的过程，裁判过程具有客观标准。这种观念虽不符合裁判过程的实际，但并没有动摇司法裁判方法的重要性，司法裁判方法仍可以使自由裁量权的行使成为一种公开的过程，一种可以审查的对象。针对司法裁判过程中可能存在的裁量空间，理论界与实务界倾向于通过原有裁判方法的修正，对自由裁量权的行使提供方法指引和实体标准。英美法系认为，自由裁量权具有豁免性，更多是通过诉讼制度、证据规则、裁判文书说理、审判管理程序等方式对自由裁量权的行使过程进行规范，以实现自由裁量权行使的有序性。

二、自由裁量权存在的条件和范围

（一）自由裁量权存在的客观条件

中国特色社会主义法律体系的形成，总体上解决了有法可依的问题，但从我国所处的历史阶段、所具有的国情来看，完全消除自由裁量权在客观上不可能，也不现实。

1. 当前所处的特定历史阶段客观上需要自由裁量权。当前我国正处于社会转型和经济高速发展的历史时期，社会转型过程中暴露出的历史遗留问题逐渐以案件的形式进入法院。由于这类问题属于社会转型过程中的产物，有特定的历史背景和政策原因，立法一般没有对其做出明确规范，也很难单纯依据当前的法律规范进行调整，这就要求审理案件的法官行使自由裁量权，在法律与政策允许的范围内，努力化解矛盾和纠纷。与此同时，经济社会快速发展也带来了很多新情况，新问题，立法客观上存在一定的滞后性，这也要求人民法院要发挥主观能动性，弥补立法在此的不足，确定相关交易规则，为经济平稳较快发展提供司法保障。

2. 特定的国情决定法官需要自由裁量权。我国幅员辽阔，各地经济社会发展并不均衡，这给立法带来很大难题。法律规定得过于具体，可能无法适用所有地方，或者在适用过程中可能容易造成新的不合理问题；法律规定得较为原则，能够具有较大的弹性，适用范围广，但可能给法院的裁量空间过大。这种现实状况在给立法造成困难的同时，也要求审理具体案件的法官，准确把握法律精神，正确解释法律，弥合立法与现实之间的缝隙。此外，我国地域广衷，民族众多，不同的地方以及不同的民族之间往往经常存在不同风俗习惯，对同样的问题存在不同的认识，法律无法对这些问题做出统一的规定，这也要求法官在审理相关纠纷时，正确行使自由裁量权，根据各地风俗习惯做出合理裁判。

3. 成文法的不足客观上需要自由裁量权。中国特色社会主义法律体系虽已形成，但并不是封闭的，而是开放的、发展的。为了保持法律条文的灵活性以及适应性，立法会采用一些不确定概念以及裁量条款，允许人民法院在具体案件中，根据案件具体情况进行处理，此时法官需要行使自由裁量权，在具体案件中贯彻落实法律精神。此外，作为成文法系国家，成文法所具有的模糊性、不周延性、滞后性、不合目的性等局限性在我国也是不可避免，有些案件无法从现有法律体系中找到唯一正确答案，这就需要法官在个案审理中严格依照法律规定以及司法裁判方法，依法行使自由裁量权，努力实现裁判的公平与正义。

（二）自由裁量权的范围

对自由裁量权，社会大众存在不同认识，理论界的观点也不尽相同，经常在不同意义上使用自由裁量权。为统一认识，减少争议，有必要对自由裁量权进行界定。从当前通说来看，自由裁量权是人民法院在审理案件过程中，在法律规定的范围内、或者法律没有规定以及规定不明确，但情势所需时，依据立法原意或者法律精神、原则和规则，秉持正确司法理念和良知，遵循经验法则，运用逻辑推理方法，对案件事实认定、法律适用以及程序指挥等事项进行选择和判断，并最终作出合法、公平、合理裁判的权力。对该界定，可从以下几个方面来理解。

1. 自由裁量权的行使主体是各级人民法院。有观点认为，自由裁量权是在具体案件中酌情选择、判断的权力，其行使主体是审理具体案件的法官或者审判组织。我们认为，根据我国《宪法》规定，人民法院依照法律规定独立行使审判权。自由裁量权是审判权的重要内容，其行使主体是各级人民法院。

2. 自由裁量权仅存在于法律规则之内和法律规则之外。根据自由裁量权与法律规则之间的关系，自由裁量权可以分为法律规则之下的自由裁量权、法律规则之外的自由裁量权以及超越规则的自由裁量权。法律规则之内的自由裁量权是因法律明确授权或规定不明确而存在的自由裁量权。法律规则之外的自由裁量权是指因法律没有规定而存在的自由裁量权。超越规则的自由裁量权是法律虽已作出明确规定但可能导致不公正结果时，法官享有的修正法律的自由裁量权。法律规则之内与法律规则之外的自由裁量权在各个国家都是不可避免要存在的，我国也不例外，对该部分自由裁量权应予承认。超越规则之外的自由裁量权可能会破坏现有法律规则的稳定性，原则上不应认可。

3. 自由裁量权存在于法律适用、事实认定以及程序处理等环节。审判活动是法官遵循法定程序，根据法律以及案件事实作出裁判的过程，包括事实认定、法律适用和诉讼处理三个环节。有观点认为，事实认定属于法官自由心证的范畴，不属于自由裁量权的范围。我们认为，事实认定、法律适用以及程序处理三个环节存在的自由裁量空间具有相似性，法官在这三个环节都有一定的、灵活性，也都需要进行规范。自由心证过程虽有一定的特殊性，但并不否认其本质上也是一种自由裁量权。

4. 自由裁量权不仅存在于裁量条款中，还存在于不确定概念中。有观点认为，在不确定概念中的裁量与在裁量条款中的裁量并不相同，应当借鉴德国和我国台湾地区的做法，对二者进行区分。不可否认，不确定概念的裁量与裁量条款的裁量并不一致，不确定概念的裁量一般认为应有唯一正确答案，裁量条款的裁量一般认为可以有不同答案。但在实践中，不确定概念与裁量条款给法官留下的裁量空间是一致的，法官存在的灵活性也都需要进行制约，且制约方式上具有相似之处，可以统一规范，只是需要在一些具体规范制度的设计予以区别对待。德国和我国台湾地区对二者进行区分的最重要原因是，其民事诉讼中明确区分法律问题与事实问题。我国的民商事审判并不明确区分事实问题与法律问题，且对不确定概念的适用也缺乏规范，没有必要区分不确定概念的裁量和裁量条款的裁量。

三、自由裁量权的行使及其规制

（一）自由裁量权行使的条件、原则和方法

1. 自由裁量权行使的条件。自由裁量权存在于案件审理各个阶段，但并不是所有案件都存在自由裁量权。一般来说，以下几种情况可允许法官行使自由裁量权。一是法律明确授权的。法律授权可以是直接授权根据案件具体情况进行裁量，也可以是授权从几种法定情形中选择其一进行裁量，或者在法定的范围、幅度内进行裁量的。二是法律虽未明确授权，但由于其所使用的表述不够具体、明确，无法为法官提供确定结论的，法官需要结合案件具体情况行使自由裁量权，对法律精神、规则或者条文进行阐释。三是事实认定过程。法官在证据材料的搜集、证据证明力的认定以及证明标准的判断等方面都不可避免存在裁量空间。当然，并不是所有案件事实的认定都存在自由裁量权，证据规则具体、明确的，只能严格依照证据规则作出判断，不能行使自由裁量权。四是出现法律没有规定的新类型案件时，法官需行使自由裁量权，根据法律原则和精神对案件进行审理。需要强调的是，法律明确规定的，法官不应违背法律规定行使自由裁量权。

2. 自由裁量权行使的原则。自由裁量权是体现于具体案件审理中，个案

特殊性决定自由裁量权行使无法设立具体规则，但可以通过原则对自由裁量权行使提供方向性指引。当前，我国司法裁判技术尚不成熟，加强自由裁量权的原则规范尤为必要，具体可以包括以下几项原则：一是合法原则。行使自由裁量权应当具备相应条件，遵循法定程序，符合法律、法规和司法解释的精神以及基本法理的要求，不能违反法律明确、具体的规定，这是对自由裁量权行使最基本的要求。二是合理原则。行使自由裁量权要充分考虑公共政策、社会主流价值观念、社会发展的阶段性、社会公众的认同度等因素，正确把握不同审判工作的裁判理念，正确处理好公共利益与个人利益、人身利益与财产利益、生存利益与商业利益的关系，确保裁判结果应符合社会发展方向，努力实现法律效果与社会效果的统一。三是公正原则。行使自由裁量权应坚持实体公正与程序公正并重，在程序上应严格保持中立，平等对待各方当事人，不能有所偏袒，在实体上应注重裁量结果与社会公众对公平正义普遍理解的契合性，裁判结果应符合司法公平正义的要求。四是公开原则。公开原则是指应通过适当的方式，公开自由裁量过程中所涉及的程序、方法、结果等事项，做到裁量过程公开、裁量理由公开、裁量结果公开。五是审慎原则。审慎原则要求行使自由裁量权时，应增强责任意识，在充分理解法律精神、依法认定案件事实的基础上，审慎做出裁判，不得随意、草率行使自由裁量权。

3. 自由裁量权行使的方法。司法裁判方法是法官根据现有法律规范为具体个案寻找结论的方法，统一司法裁判方法是正确行使自由裁量权的重要保障。审判实践中，通过司法裁判方法能够获得确定结论的，不能行使自由裁量权；需要行使自由裁量权的，应当明确自由裁量权存在的环节，并运用正确的方法，实现自由裁量权行使的标准化、客观化。从审判过程来看，司法裁判方法包括事实认定方法、法律发现方法、法律解释方法、法律适用方法等，其中法律解释方法包括狭义法律解释方法和法律漏洞填补方法，前者指文义解释、体系解释、历史解释和目的解释以及不确定概念具体化等方法，后者指当然推理、类推适用、目的性扩张、目的性限缩以及非正式法律渊源补充等方法。当前理论界与实务界对司法裁判方法已经进行大量研究，对一些方法已经形成相对统一的观点，审判实践中应当正确运用这些方法。此外，在一些疑难复杂案件中，应正确利用利益衡量方法行使自由裁量权。利益衡量包括客观利益的衡量以及价值取舍。利益衡量必须注意与法条结合，通过衡量得出的结论不能离开法律理由的说理和论证，必须经得起法律规范以及相关法学理论的检验，以免沦为个人的任意决断。

（二）自由裁量权行使的程序制约机制

我国当前所处的历史发展阶段和特殊国情决定自由裁量权有其存在的必要性和正当性，应予充分肯定。从我国司法机关的定位以及司法环境来看，当前应以加强“规范”行使自由裁量权为目标。

第一，司法机关的地位决定应规范自由裁量权。根据我国《宪法》和《人民法院组织法》的规定，全国人民代表大会是最高国家权力机关，人民法院是由全国人民代表大会以及地方各级人民代表大会选举产生并对其负责的，除了最高人民法院可以制定司法解释外，立法权和法律解释权都归属于全国人民代表大会和全国人民代表大会常委会，人民法院只能严格根据法律的规定审理案件。从这个角度来看，我国的司法机关更多是立法的执行机构，其主要职能是根据法律规定审理案件，没有创造法律和解释法律的权限。因此，自由裁量权应受严格规制。

第二，司法裁判技术的不成熟要求加强自由裁量权的规范。不管是英美法系还是大陆法系的自由裁量权问题，都是以成熟的司法裁判技术存在为基础的。英美法系倡导自由裁量权，是因为其所坚持的遵循先例原则导致了法律的僵化，需要法官行使自由裁量权进行突破。我国经过30多年的法治建设，民商立法得到很大的发展，但统一司法裁判方法尚未形成，司法裁判技术仍较为粗糙，对法官解释法律、认定事实的拘束有限，造成法官存在较大自由裁量权的表象。在此情况下，应尽快建立统一司法裁判方法，提高广大法官司法裁判能力，引导法官正确行使自由裁量权。

第三，司法外部环境要求加强自由裁量权的规范。自由裁量权的行使对法官个人的能力、知识与经验要求较高，而当前我国广大法官的个人素养和业务水平尚未完全达到这一要求，自由裁量权容易被不当行使。同时，我国当前司法体制改革尚未完全到位，法院审理案件在个别情况下仍可能受一些外部因素的影响。这导致了法官有时难以正确行使自由裁量权，“同案不同判”现象较为突出，不仅严重损害当事人的合法权益，而且影响了人民法院和法官在当事人和社会大众心目中的形象。因此，客观的司法环境要求加强自由裁量权的规范，实现司法公正。

公正的程序能够消除法官在案件审理中可能存在的恣意因素，促使法官正确将法律适用于具体案件，实现实体公正。同时，公正程序具有独立的价值，能够增强当事人对裁判结果的认同度，实现裁判的正当性。自由裁量权的行使欠缺具体的实体标准，强化程序规范尤为重要。

1. 强化诉讼程序规范。《民事诉讼法》以及相关司法解释对案件的起诉、受理、开庭、举证、质证、辩论、认证、裁判等审理环节进行了规定，法官行使自由裁量权应当严格遵循以上相关规定。在民商事案件中，应特别强调当事人诉讼权利对法官自由裁量权的制约。首先，应充分保障当事人的申请回避权，防止非正当因素可能对自由裁量权行使产生的负面影响。其次，应充分尊重当事人在诉讼中的处分权，法官一般只能在当事人的诉讼请求范围内行使自由裁量权。当事人放弃或者未主张的，应该予以尊重。再次，应依法保障当事人的辩论权。应进一步完善庭审程序，提高庭审质量，通过庭审解决自由裁量权行使中的难点问题；对可能影响当事人实体性权利或程序性权利的自由裁量事项，应将其作为争议焦点，允许当事人进行辩论；未经过充分质证、辩论的证据裁量不得作为裁判依据。此外，应充分保障当事人的知情权，当事人对自由裁量权行使提出疑问的，法官应对行使自由裁量权的依据、考量因素等事项予以释明。

2. 强化审判组织规范。审判组织是行使自由裁量权的主体，强化审判组织建设，是保障自由裁量权正确行使的重要途径。因此，应对行使自由裁量权的审判组织进行规范，提高自由裁量权行使的质量。首先，应加强对独任审判员的规范。当前，我国大部分案件是由独任审判员审理，这些案件有部分涉及自由裁量问题。为减少自由裁量权行使中的随意性，应通过合理的程序对独任审判员行使自由裁量权进行规范。当然，对独任审判员的程序规范应注意可行性，在案多人少矛盾十分突出的情况下，过于复杂的程序对广大基层法院可能是个无法承受的负担。其次，应强化合议庭审判职责。合议庭全体成员应依法履行职责，平等参与案件的审理，并对行使自由裁量权的问题进行重点评议。再次，应充分发挥审判委员会对自由裁量权行使的把关作用，对一些可能影响当事人重大实体性权利或程序性权利事项，且有重大争议的，应由审判委员会讨论决定。

3. 强化裁判文书规范。裁判文书是审判行使的最终格式的体现。加强裁判文书规范，公开裁判过程，可以对法官行为形成有效制约，也可以使当事人了解裁判过程，提高司法裁判公信力和权威性。自由裁量权的行使是法官个人主观选择和判断的过程，难以用外在的标准进行衡量，存在一定的隐蔽性，强化裁判文书规范，让法官通过裁判文书公开自由裁量权过程，是消除自由裁量权神秘性最为有效的方式。因此，行使自由裁量权的裁判文书应加强案件事实认定理由的论证，应公开所援引和适用的法律条文，并结合案件事实阐明法律适用的理由，充分论述自由裁量结果的正当性和合理性，使当事人能够清晰地看到法律适用于具体案件事实的逻辑过程。

4. 强化审判管理。法院承担的是审判职能，但该职能是由具体的人来履行，. 且离不开一定的物质基础，这就决定法院内部不可避免会有一些行政管理事务。这些行政管理事务可能与法院审判工作有所交叉、混合，甚至与审判权行使发生某种冲突，并在一定程序上会影响审判权的行使。自由裁量权的行使具有相对灵活性，受行政管理事务影响的可能性更大。因此，有必要加强法院内部的审判管理，通过法院内部管理规范，对自由裁量权的行使过程及结果进行监督，促进自由裁量结果的公正合理。首先，应完善案件流程管理制度，对立案、分案、排期、开庭、裁判.、执行等各个审判环节进行规范，确保自由裁量权按照法定程序公开、公正、有序地行使。其次，应完善案件质量评查机制，探索涉自由裁量权案件的评查标准，将自由裁量权的行使纳入案件质量评查范围，对不当行使自由裁量权的情形，应结合审判质量考核的相关规定予以处理。

5. 合理规范审级监督和审判监督。审级制度和审判监督的功能在于通过纠正确有错误的裁判，统一裁判标准，保护当事人合法权益。自由裁量权的行使受法官个人主观因素影响较大，加强审级监督和审判监督可以促使法官认真履行审判职责，谨慎行使自由裁量权。值得注意的是，自由裁量权的监督应该注意监督的程度和深度，不能以一种自由裁量权取代另一种自由裁量权。因此，对下级法院依法正当行使自由裁量权作出的裁判结果，上级法院应当依法予以维持；下级法院行使自由裁量权明显不当的，上级法院才可予以撤销或变更；原审法院行使自由裁量权显著不当的，才可以按照审判监督程序予以撤销或变更。

(三) 自由裁量权行使的保障机制

1. 加强司法解释。任何法律都无法完全消除自由裁量权的存在，但可以通过合理的方式尽可能地将自由裁量权约束在相对合理的空间内，避免同类案件自由裁量结果差异过大，从而使自由裁量权的行使处于一个相对合理的、一般公众可接受的范围内。由于我国民商事立法领域遵循的是“宜粗不宜细”的立法思路，客观上为法官自由裁量权留下了较大空间。因此，应加强司法解释工作，细化立法中的原则性条款和幅度过宽条款，规范选择性条款和授权条款，及时清理已过时或与新法产生冲突的司法解释，保持司法解释的协调性和时效性，减少不必要的自由裁量空间。

2. 加强案例指导。判例制度虽是英美法系的产物，但当前大陆法系国家和地区也都纷纷建立各种不同形式的案例制度，对新类型案件进行指导，以应对成文法的不足。最高人民法院于 2010 年下发了《关于案例指导工作的规定》，正式启动案例指导工作，并逐步开始发布指导性案例。为增强自由裁量权指导的针对性，应在公布的指导性案例中，有针对性地筛选出在诉讼程序展开、案件事实认定和法律适用中涉及自由裁量事项的案例，对考量因素和裁量标准进行类型化。

3. 加强沟通协调。为了进一步减少同案不同判现象，应通过审判工作机制的完善统一裁量标准。法院内部应建立健全各审判机构、各审判组织之间的审判信息传递机制，及时发现自由裁量权行使中存在的问题，努力实现法院内部裁判标准统一。上级法院应建立法律适用协调机制，解决辖区法院的法律适用问题。不同法院之间应加强沟通协调，努力做到不同地区法院对同类案件裁判结果基本一致，保证正确行使自由裁量权。

4. 加强法官队伍建设。司法裁判权的行使离不开具体的法官，提高自由裁量权的行使水平，应当切实加强法官队伍建设。应做好法官的选任和培训工作，提升法官的司法裁判能力；应加强法官职业道德建设，培养法官职业共同体意识，形成共同的法律价值观；应严格执行宪法、法官法的规定，加强法官职业保障，保护法官正当行使自由裁量权。此外，还应加强对自由裁量权行使的监督，对滥用自由裁量权并构成违纪违法的人员，应依据有关法律法规及纪律规定进行处理。

5. 制定裁判指引。自由裁量权的范围广泛，但行使的环节相对较为集中，因此，可以对自由裁量权行使问题较为集中的案件类型开展调研，总结审判经验，制定相关裁判指引，引导正确行使自由裁量权。例如，可以就合同纠纷、公司类纠纷、金融类纠纷、侵权纠纷、物权纠纷等民商事案件的自由裁量权行使出台相应的裁判指引，保证自由裁量权的行使更为严谨、规范。

（撰稿人：宋晓明　雷继平　林海权）

（三）裁判文书

最高人民法院
印发《关于加强和规范裁判文书释法说理的指导意见》的通知

2018 年 6 月 1 日　　法发〔2018〕10 号

各省、自治区、直辖市高级人民法院，解放军军事法院，新疆维吾尔自治区高级人民法院生产建设兵团分院：

现将《最高人民法院关于加强和规范裁判文书释法说理的指导意见》印发给你们，请遵照执行。

附：

最高人民法院
关于加强和规范裁判文书释法说理的指导意见

为进一步加强和规范人民法院裁判文书释法说理工作，提高释法说理水平和裁判文书质量，结合审判工作实际，提出如下指导意见。

一、裁判文书释法说理的目的是通过阐明裁判结论的形成过程和正当性理由，提高裁判的可接受性，实现法律效果和社会效果的有机统一；其主要价值体现在增强裁判行为公正度、透明度，规范审判权行使，提升司法公信力和司法权威，发挥裁判的定分止争和价值引领作用，弘扬社会主义核心价值观，努力让人民群众在每一个司法案件中感受到公平正义，切实维护诉讼当事人合法权益，促进社会和谐稳定。

二、裁判文书释法说理，要阐明事理，说明裁判所认定的案件事实及其根据和理由，展示案件事实认定的客观性、公正性和准确性；要释明法理，说明裁判所依据的法律规范以及适用法律规范的理由；要讲明情理，体现法理情相协调，符合社会主流价值观；要讲究文理，语言规范，表达准确，逻辑清晰，合理运用说理技巧，增强说理效果。

三、裁判文书释法说理，要立场正确、内容合法、程序正当，符合社会主义核心价值观的精神和要求；要围绕证据审查判断、事实认定、法律适用进行说理，反映推理过程，做到层次分明；要针对诉讼主张和诉讼争点、结合庭审情况进行说理，做到有的放矢；要根据案件社会影响、审判程序、诉讼阶段等不同情况进行繁简适度的说理，简案略说，繁案精说，力求恰到好处。

四、裁判文书中对证据的认定，应当结合诉讼各方举证质证以及法庭调查核实证据等情况，根据证据规则，运用逻辑推理和经验法则，必要时使用推定和司法认知等方法，围绕证据的关联性、合法性和真实性进行全面、客观、公正的审查判断，阐明证据采纳和采信的理由。

五、刑事被告人及其辩护人提出排除非法证据申请的，裁判文书应当说明是否对证据收集的合法性进行调查、证据是否排除及其理由。民事、行政案件涉及举证责任分配或者证明标准争议的，裁判文书应当说明理由。

六、裁判文书应当结合庭审举证、质证、法庭辩论以及法庭调查核实证据等情况，重点针对裁判认定的事实或者事实争点进行释法说理。依据间接证据认定事实时，应当围绕间接证据之间是否存在印证关系、是否能够形成完整的证明体系等进行说理。采用推定方法认定事实时，应当说明推定启动的原因、反驳的事实和理由，阐释裁断的形成过程。

七、诉讼各方对案件法律适用无争议且法律含义不需要阐明的，裁判文书应当集中围绕裁判内容和尺度进行释法说理。诉讼各方对案件法律适用存有争议或者法律含义需要阐明的，法官应当逐项回应法律争议焦点并说明理由。法律适用存在法律规范竞合或者冲突的，裁判文书应当说明选择的理由。民事案件没有明确的法律规定作为裁判直接依据的，法官应当首先寻找最相类似的法律规定作出裁判；如果没有最相类似的法律规定，法官可以依据习惯、法律原则、立法目的等作出裁判，并合理运用法律方法对裁判依据进行充分论证和说理。法官行使自由裁量权处理案件时，应当坚持合法、合理、公正和审慎的原则，充分论证运用自由裁量权的依据，并阐明自由裁量所考虑的相关因素。

八、下列案件裁判文书，应当强化释法说理：疑难、复杂案件；诉讼各方争议较大的案件；社会关注度较高、影响较大的案件；宣告无罪、判处法定刑以下刑罚、判处死刑的案件；行政诉讼中对被诉行政行为所依据的规范性文件一并进行审查的案件；判决变更行政行为的案件；新类型或者可能成为指导性案例的案件；抗诉案件；二审改判或者发回重审的案件；重审案件；再审案件；其他需要强化说理的案件。

九、下列案件裁判文书，可以简化释法说理：适用民事简易程序、小额诉讼程序审理的案件；适用民事特别程序、督促程序及公示催告程序审理的案件；适用刑事速裁程序、简易程序审理的案件；当事人达成和解协议的轻微刑事案件；适用行政简易程序审理的案件；适用普通程序审理但是诉讼各方争议不大的案件；其他适宜简化说理的案件。

十、二审或者再审裁判文书应当针对上诉、抗诉、申请再审的主张和理由强化释法说理。二审或者再审裁判文书认定的事实与一审或者原审不同的，或者认为一审、原审认定事实不清、适用法律错误的，应当在查清事实、纠正法律适用错误的基础上进行有针对性的说理；针对一审或者原审已经详尽阐述理由且诉讼各方无争议或者无新证据、新理由的事项，可以简化释法说理。

十一、制作裁判文书应当遵循《人民法院民事裁判文书制作规范》《民事申请再审诉讼文书样式》《涉外商事海事裁判文书写作规范》《人民法院破产程序法律文书样式（试行）》《民事简易程序诉讼文书样式（试行）》《人民法院刑事诉讼文书样式》《行政诉讼文书样式（试行）》《人民法院国家赔偿案件文书样式》等规定的技术规范标准，但是可以根据案件情况合理调整事实认定和说理部分的体例结构。

十二、裁判文书引用规范性法律文件进行释法说理，应当适用《最高人民法院关于裁判文书引用法律、法规等规范性法律文件的规定》等相关规定，准确、完整地写明规范性法律文件的名称、条款项序号；需要加注引号引用条文内容的，应当表述准确和完整。

十三、除依据法律法规、司法解释的规定外，法官可以运用下列论据论证裁判理由，以提高裁判结论的正当性和可接受性：最高人民法院发布的指导性案例；最高人民法院发布的非司法解释类审判业务规范性文件；公理、情理、经验法则、交易惯例、民间规约、职业伦理；立法说明等立法材料；采取历史、体系、比较等法律解释方法时使用的材料；法理及通行学术观点；与法律、司法解释等规范性法律文件不相冲突的其他论据。

十四、为便于释法说理，裁判文书可以选择采用下列适当的表达方式：案情复杂的，采用列明裁判要点的方式；案件事实或数额计算复杂的，采用附表的方式；裁判内容用附图的方式更容易表达清楚的，采用附图的方式；证据过多的，采用附录的方式呈现构成证据链的全案证据或证据目录；采用其他附件方式。

十五、裁判文书行文应当规范、准确、清楚、朴实、庄重、凝炼，一般不得使用方言、俚语、土语、生僻词语、古旧词语、外语；特殊情形必须使用的，应当注明实际含义。裁判文书释法说理应当避免使用主观臆断的表达方式、不恰当的修辞方法和学术化的写作风格，不得使用贬损人格尊严、具有强烈感情色彩、明显有违常识常理常情的用语，不能未经分析论证而直接使用"没有事实及法律依据，本院不予支持"之类的表述作为结论性论断。

十六、各级人民法院应当定期收集、整理和汇编辖区内法院具有指导意义的优秀裁判文书，充分发挥典型案例释法说理的引导、规范和教育功能。

十七、人民法院应当将裁判文书的制作和释法说理作为考核法官业务能力和审判质效的必备内容，确立为法官业绩考核的重要指标，纳入法官业绩档案。

十八、最高人民法院建立符合裁判文书释法说理规律的统一裁判文书质量评估体系和评价机制，定期组织裁判文书释法说理评查活动，评选发布全国性的优秀裁判文书，通报批评瑕疵裁判文书，并作为监督指导地方各级人民法院审判工作的重要内容。

十九、地方各级人民法院应当将裁判文书释法说理作为裁判文书质量评查的重要内容，纳入年度常规性工作之中，推动建立第三方开展裁判文书质量评价活动。

二十、各级人民法院可以根据本指导意见，结合实际制定刑事、民事、行政、国家赔偿、执行等裁判文书释法说理的实施细则。

二十一、本指导意见自2018年6月13日起施行。

【解　　读】

新时代裁判文书释法说理的制度构建与规范诠释

——《关于加强和规范裁判文书释法说理的指导意见》的理解与适用

2018 年 6 月 11 日最高人民法院公布的《关于加强和规范裁判文书释法说理的指导意见》(以下简称《指导意见》),是裁判文书改革征程中具有承上启下功能的关键举措,是新时代推进国家治理体系和治理能力现代化的基础工程。现就《指导意见》的起草背景、经过及主要制度与规范作些介绍和诠释。

一、《指导意见》的制定背景和经过

党的十八届三中全会通过的《关于全面深化改革若干重大问题的决定》提出,“增强法律文书说理性,推动公开法院生效裁判文书”。党的十八届四中全会通过的《关于全面推进依法治国若干重大问题的决定》提出,“加强法律文书释法说理,建立生效法律文书统一上网和公开查询制度”。为贯彻落实两个《决定》的前述内容,《最高人民法院关于全面深化人民法院改革的意见—人民法院第四个五年改革纲要(2014—2018)》专门列出“推动裁判文书说理改革”条目,提出“根据不同审级和案件类型,实现裁判文书的繁简分流,加强对当事人争议较大、法律关系复杂、社会关注度较高的一审案件,以及所有的二审案件、再审案件、审判委员会讨论决定案件裁判文书的说理性。对事实清楚、证据确实充分、被告人认罪的一审轻微刑事案件,使用简化的裁判文书,通过填充要素、简化格式,提高裁判效率。重视律师辩护代理意见,对于律师依法提出的辩护代理意见未予采纳的,应当在裁判文书中说明理由。完善裁判文书说理的刚性约束机制和激励机制,建立裁判文书说理的评价体系,将裁判文书的说理水平作为法官业绩评价和晋级、选升的重要因素”。

裁判文书释法说理改革涉及方方面面的理论与实践问题、不同的诉讼领域、众多的文书种类、系列的配套机制建设,从“一五改革纲要”提出题目,到“四五改革纲要”必须落地,确实是司法改革项目中一块“难啃的骨头”。按照院“四五改革纲要分工方案”,司改办承担此项改革任务。按照院领导的指示,我办成立调研起草小组,制定调研方案,经过广泛调研、吸收本院各审判部门和地方法院意见、征求专家意见的基础上,数易其稿,形成《最高人民

法院关于人民法院裁判文书说理的若干规定（征求意见稿）》，以我院办公厅名义向中央政法委办公室、全国人大法工委办公室、中国法学会办公室征求意见。在充分吸收各方意见建议基础上，修改形成《最高人民法院关于人民法院裁判文书说理若干问题的意见（送审稿）》，报请院领导提请审判委员会讨论。2018 年 4 月 2 日，院审判委员会第 1735 次会议讨论了《意见（送审稿）》。现根据审委会的讨论决议"将《意见》作为改革指导性文件"，修改形成《最高人民法院关于加强裁判文书释法说理的指导意见（送审稿）》（以下简称《指导意见（送审稿）》）。最高人民法院于 2018 年 6 月 11 日发布《最高人民法院关于加强裁判文书释法说理的指导意见》（法发［2018］10 号），《指导意见》于 2018 年 6 月 13 日起施行。

二、《指导意见》的制定原则和结构安排

裁判文书释法说理，事关司法公开的实质性深化，事关审判权的严格规范行使，事关司法责任制的全面落实，事关裁判文书定分止争功能的发挥，事关司法公信力的不断提升。《指导意见》作为未来一个时期指导全国法院裁判文书释法说理改革的指导性文件，契合十九大报告提出的"深化司法体制综合配套改革，全面落实司法责任制，努力让人民群众在每一个司法案件中感受到公平正义"的精神和要求。

《指导意见》起草主要遵循下列原则：

一是坚持合法性原则。从裁判说理的立法化来看，域外一些国家在《民事诉讼法》和《刑事诉讼法》中加以具体规定，例如德国、韩国、日本、俄罗斯。我国 2017 年修正的《民事诉讼法》第 152 条针对民事判决书的记载内容明确规定，"判决书应当写明判决结果和作出该判决的理由"；第 154 条针对民事裁定书的记载内容明确规定，"裁定书应当写明裁定结果和作出该裁定的理由"。2017 年修正的《行政诉讼法》第 43 条第 2 款规定，"对未采纳的证据应当在裁判文书中说明理由"；2012 年修正的《刑事诉讼法》没有作出明文规定，但 2013 年 1 月 1 日《最高人民法院关于适用〈中华人民共和国刑事诉讼法〉的解释》第 246 条规定，"裁判文书应当写明裁判依据，阐释裁判理由，反映控辩双方的意见并说明采纳或者不予采纳的理由"，等等。这些法律和司法解释规定是《指导意见》的主要制定依据。

二是坚持问题导向。无论是学术界的学理研究还是实务界的实证分析，均表明我国当下的裁判文书依然存在"不愿说理""不会说理""不敢说理""不善说理""说不好理"等方面的问题。《指导意见》以解决一些重点问题为出发点和落脚点，提出有针对性的意见和要求。

三是坚持从实际出发。我国当下司法实践中，裁判文书存在不同的种类，

包括判决书、裁定书、决定书、调解书；适用于不同的审判领域，包括刑事审判、民事审判、行政审判、国家赔偿、执行；适用于不同的诉讼阶段，包括立案、一审、二审、再审、执行；适用于不同的诉讼程序，包括普通程序、简易程序、特别程序、督促程序、公示催告程序，等等；适用于不同的案件，包括简单案件、复杂案件；适用于不同层级法院，包括基层法院、中级法院、高级法院和最高法院。案件难易、讼争事实、审判程序、案情影响大小、文书种类等因素，均会直接或者间接地影响裁判文书的释法说理。《指导意见》不追求"大而全"，而是重点解决一些宏观层面的共性问题，至于刑事裁判文书释法说理、民事裁判文书释法说理、行政裁判文书释法说理等方面的个性问题，可在总结审判实践经验的基础上再分别作出细则性的规定（《指导意见》第十九条》）。同时，针对一些实践中尚存在较大争议的问题，例如，合议庭成员不同意见及其理由是否在全部或者部分裁判文书中公开、裁判文书是否附加法官寄语，等等，《指导意见》未予明确，有待司法实践的进一步探索。

四是坚持系统整体协同。裁判文书释法说理是一项机制性改革，关联着司法责任制改革、多元化纠纷解决机制改革、繁简分流机制改革、以审判为中心的刑事诉讼制度改革等等。《指导意见》注重与2015年最高人民法院《关于完善人民法院司法责任制的若干意见》（法发〔2015〕13号）、2016年最高人民法院《关于人民法院进一步深化多元化纠纷解决机制改革的意见》（法发〔2016〕14号）、2016年最高人民法院、最高人民检察院、公安部、国家安全部、司法部《关于推进以审判为中心的刑事诉讼制度改革的意见》（法发〔2016〕18号）、2016年最高人民法院《关于进一步推进案件繁简分流优化司法资源配置的若干意见》（法发〔2016〕21号）等改革文件内容的照应与配套，最大程度地提高改革集成度和优化整体改革效能。

《指导意见》共20条，主要包括以下内容：裁判文书释法说理应当遵守的基本原则；裁判文书释法说理的四个方面即证据采信说理、事实认定说理、法律适用说理、自由裁量权说理；裁判文书释法说理的繁简分流；裁判文书遵循的技术规范、法律引用、裁判辅助论据、表达方式、语言规范；裁判文书释法说理应当健全的配套机制包括指导机制、考核机制、评估监督机制、评查机制。

三、裁判文书释法说理的目的和价值功能

《指导意见》第1条就裁判文书释法说理的目的和价值功能作了规定，即"裁判文书释法说理的目的是通过阐明裁判结论的形成过程和正当性理由，提高裁判的可接受性，实现法律效果和社会效果的有机统一；其主要价值体现在增强裁判行为公正度、透明度，规范审判权行使，提升司法公信力和司法权

威，发挥裁判的定分止争和价值引领作用，弘扬社会主义核心价值观，努力让人民群众在每一个司法案件中感受到公平正义，切实维护诉讼当事人合法权益，促进社会和谐稳定”。

裁判文书是人民法院依照法律规定独立行使审判权，审理民事、刑事、行政等案件过程中制作的法律文书，记录裁判过程、公开裁判理由，是彰显司法公正、弘扬法治精神、维护社会公平正义的载体。裁判文书释法说理是独任法官或者合议庭在制作裁判文书过程中围绕审查判断证据、认定案件事实、法律适用等方面的争议焦点、裁判论点和推理过程，论证裁判主文的合法性和正当性的活动。裁判文书释法说理的目的就是提高裁判文书的可接受性，实现法律效果和社会效果的统一。

裁判文书释法说理的价值功能主要体现在以下几个方面：

（一）裁判文书释法说理是深化依法治国实践和提升国家治理能力的基础工程。党的十八届三中全会《决定》提出，“全面深化改革的总目标是完善和发展中国特色社会主义制度，推进国家治理体系和治理能力现代化”。党的十八届四中全会《决定》强调，“法治建设还存在许多不适应、不符合的问题，主要表现为：……执法司法不规范、不严格、不透明、不文明现象较为突出”。无论是深化依法治国实践还是提升国家治理能力，均离不开严格司法、离不开公正、高效、权威的社会主义司法制度的强有力支撑。裁判文书释法说理，事关审判权的严格规范行使，事关司法责任制的全面落实，事关裁判文书定分止争功能的发挥，事关司法公信力的不断提升。裁判文书的说理，在某种程度上是检测全面深化司法改革最终成效的重要指数，是助推人民法院审判能力现代化的重要切口，是促进国家治理能力现代化的重要途径。

（二）裁判文书释法说理是展示法院公正形象的载体工程。党的十八届四中全会《决定》强调，“公正是法治的生命线。司法公正对社会公正具有重要引领作用，司法不公对社会公正具有致命破坏作用”。习近平总书记指出，“司法是维护社会公平正义的最后一道防线”。按照中央的部署，为确保法院依法独立公正行使审判权，此轮司法体制改革中推出的系列举措，例如，建立领导干部干预司法活动、插手具体案件处理的记录、通报和责任追究制度、建立健全司法人员履行法定职责保护机制等，着重从外围建立确保司法公正的“防火墙”。“司法公正不仅要实现，而且要以看得见的方式实现”，裁判文书释法说理则是人民法院从内部增加的倒逼司法公正的“加压器”，是以“让人感觉到的方式”来呈现司法公正的重要环节和关键载体。

（三）裁判文书释法说理是提高司法产品质量和审判效率的优化工程。当前世界主要法治国家均面临一个共同的现实问题，即民众既要求严格司法，实现正义，又要求快速审判，提高效率，节约成本。随着经济社会的发展和人民群众法治意识、权利意识的增强，全国法院案件数量近年来持续大幅增长，始终保持高位运行。特别是随着立案登记制的实施和行政诉讼法等许多法律的修改或制定，“案多人少”矛盾在部分地区和法院愈发凸显。裁判文书释法说理专门提出“繁简适度”的要求，不仅强调法官应当根据案情是否重大复杂、诉讼各方争议程度、审判程序类型、案件社会影响大小、文书种类等不同情况进行繁简适度的说理，而且详细列举了“应当加强说理”和“可以简化说理”的情形，确保“简案快审、繁案精审”“该繁则繁，当简则简，繁简适度”原则在裁判文书制作和说理环节的落实，从而更好地实现更高层次的司法公正与效率的有机统一。如果把公正的判决比作一份合格的司法产品，那么裁判文书释法说理在很大程度上决定着这份产品的质量和性价比。人民法院通过建立健全积极引导法官“愿说理”、“敢说理”、“说好理”的机制，不断地优化裁判文书释法说理，必将为人民群众提供优质、高效的司法产品。

（四）裁判文书释法说理是推进司法公开的升华工程。审判公开作为我国《宪法》规定的一项重要原则，是社会主义司法民主政治的要求，是司法文明的标志，是司法公正的保障。党的十八届四中全会《决定》强调，“构建开放、动态、透明、便民的阳光司法机制，推进审判公开、检务公开、警务公开、狱务公开，依法及时公开执法司法依据、程序、流程、结果和生效法律文书，杜绝暗箱操作。加强法律文书释法说理，建立生效法律文书统一上网和公开查询制度”。最高人民法院近年来以此为动力，以上率下，统筹谋划，一体部署，强有力地采取了系列深化司法公开制度改革的工作举措，包括推进审判流程公开、庭审活动公开、裁判文书公开、执行信息公开四大平台建设，开通最高人民法院英文网站，法院政务网站、12368 诉讼服务平台、法院微博、微信、移动新闻客户端的建设与升级，等等，使得我国的司法公开水平迅速地迈入世界先进行列。司法公开是一面镜子，是一块试金石，更是一缕阳光。《意见》强调的裁判文书释法说理公开、审判委员会讨论案件适用法律的理由公开、裁判文书释法说理如实反映庭审过程，等等，必将促进司法的实质化公开迈上新台阶。

（五）裁判文书释法说理是是改善人民群众公平正义获得感的民生工程。在司法权运行的各个环节中，裁判文书全景展现司法裁判的内容，直接影响当事人和社会公众对公平正义的感受。司法个案的案情不同，难易有别，具体当事人自然会存在不同的需求。对于简单案件，当事人对诉讼程序的需求更偏重于及时、便捷、低成本、高效益，不希望因为程序复杂导致诉讼拖延；而对于复杂程序，当事人往往更愿意法院严格适用普通程序进行实质化或者优质化审理，更期待法官进行精准到位的裁判文书释法说理，切实发挥司法裁判定分止争的功能。当前，一些法院的审判工作存在繁简不分、简案办不快、难案办不精等突出问题，不能充分满足人民群众的不同司法需求。《意见》深入贯彻以人民为中心的发展思想，充分关注有限司法资源与多元司法需求的冲突，根据案件的不同情形合理配置司法资源，即“说理支出”不是广洒“胡椒面”，而是有重点地“聚焦”，真正地把需要说的理说透讲明，不需要说的理绝不“无病呻吟”，不断地提升裁判文书对不同受众的说服效果，切实地“让人民群众在每一个司法案件中感受到公平正义”。

四、裁判文书释法说理的基本要求和具体原则

《指导意见》第 2 条对裁判文书释法说理的基本内容和要求作了规定，即“裁判文书释法说理，要阐明事理，说明裁判所认定的案件事实及其根据和理由，展示案件事实认定的客观性、公正性和准确性；要释明法理，说明裁判所依据的法律规范以及适用法律规范的理由；要讲明情理，体现法理情相协调，符合社会主流价值观；要讲究文理，语言规范，表达准确，逻辑清晰，合理运用说理技巧，增强说理效果”。具体包括以下几个方面：

（一）阐明事理。此处“事理”就是案件的来龙去脉、本来面目和前因后果。阐明事理，就是说明裁判所认定的案件事实及其根据和理由。显然，经审判查明和认定的事实不是纯本源意义上的客观事实，而是经由各诉讼参与人和法官的系列诉讼活动加工和“重塑”而成的法律事实。考虑到法律事实只能无限地趋近于客观事实，阐明事理必须展示案件事实认定的客观性、公正性和准确性。

（二）释明法理。此处“法理”就是法律根据，即裁判所依凭的法律、行政法规、司法解释、地方性法规等。释明法理就是要说明裁判所依据的法律规范以及适用法律规范的理由。就法律适用简单的案件而言，仅需列明所适用的法律就可；而针对实践中的以下几种情况而言，既需说明裁判所依据的法律规范，而且需要适用法律规范的理由。一是法律条文里规定了多种情形，如果案件只符合其中的一种情形，裁判文书就必须说明本案符合该种情形，不能简单地引用条文了事。二是法律规定了很多种处罚方法，法官如果只选择其中的一种处罚方法，裁判文书必须说明为什么只选择其中的一种处罚方法。例如，如果一个刑法条文规定的犯罪有死刑、无期徒刑和有期徒刑，法官选择了死刑，裁判文书就必须说明判决选择死刑而不选择其他刑罚方法的理由。三是法律条文本身模糊和抽象，甚至包容多种含义，而判决选择的是其中的一种理解或含义，在这种情况下，裁判文书就必须说清为何这样而不那样解释法律的道理，以告诉当事人采纳该种理解的理由。四是法律条文存在冲突或者竞合的情形，裁判文书就要说明裁判所选择的法律规范及其选择理由。五是法律存在漏洞的情形，裁判文书就要说明采用填补漏洞等法律方法所“发现”和最终适用的法

律规范，并通过法律论证来确保裁判的正当性和可接受性。

（三）讲明情理。从理的普遍性看，事理、法理与情理都是相通的，任何道理都是通人情的。中国人是情感最发达的民族，中国传统法律是最讲人情的。现代中国的立法和司法都不能排斥人情。讲情理的裁判文书，更能打动人、说服人。裁判文书讲明情理，要体现法理情相协调，符合社会主流价值观。裁判文书对情理的运用，应注意两点：一是情理能否被法律所包容。凡是已被法律包容或者能为法律所包容的人情，裁判文书就应当把法律所包容或者与法律相协调的人情阐发出来，以展示法律的可亲可近之情；凡是不为法律所包容的人情，就不能以情废法。二是要区分集体人情、大众人情和极少数人的人情。集体人情、大众人情就是社情和民情，裁判文书释法说理时应当予以格外的尊重，不得伤害正当的民情；当民情的舆论取向与判决的结论不一致时，更要注重说理方式，有效引导和化解不当或者错误的民情。

（四）讲究文理。此处“文理”主要指说理的语言、形式和技巧，其往往反映一个人的说理能力特别是文字能力、思维能力、逻辑能力等。裁判文书讲究文理，既要做到语言规范、表达准确、逻辑清晰，也要合理运用说理技巧，增强说理效果。其中，逻辑清晰、严密方面的要求，主要包括以下三个方面内容：

其一，裁判文书释法说理应遵循形式逻辑和非形式逻辑。形式逻辑要求裁判文书以案件事实和法律适用为基础，严格按照逻辑学三段论的推理规则进行说理，充分论证和阐明法律规范与案件事实之间的内在联系，使事实、理由和判决结果相互联系，思路清晰，层次分明，做到理由与事实一致，理由与判决结果一致。形式逻辑的基本原理包括同一律、矛盾律、排中律和充足理由律。同一律要求在论证过程中，实际证明的判断要和需要证明的判断同一；矛盾律要求裁判文书释法说理不能前后矛盾；排中律要求法官的判决要观点鲜明，是非明确，不能观点含糊，模棱两可；充足理由律要求每一个判断都要有充足的理由。非形式逻辑是逻辑的一个分支，其任务是讲述日常生活中分析、解释、评价、批评和论证建构的非形式标准、尺度和程序。非形式逻辑要求裁判文书释法说理不可以违背日常经验法则、常识判断等，在依据法律、司法解释规定外，法官可以运用公理、情理、经验法则、交易习惯、职业伦理等论据论证裁判理由，以提高裁判结论的正当性和可接受性。

其二，裁判文书释法说理应遵循法律逻辑。法律逻辑要求裁判文书释法说理在形式上遵守裁判文书制作规范；语言表述上符合法律规范、严谨科学；在证据审查和认定事实的过程中严格遵守证据规则；在法律适用和形成裁判结论过程中进行法律解释和法律推理。

其三，裁判文书释法说理应遵循诉讼逻辑和审判逻辑。诉讼逻辑要求裁判文书对诉讼各阶段全面反映和记录，对诉讼各方在法庭辩论中的主张与抗辩、举证与质证、论证与反驳等进行回应，并阐明理由。不同审判领域的裁判文书释法说理各自应当遵循民事诉讼逻辑、刑事诉讼逻辑和行政诉讼逻辑。审判逻辑要求裁判文书释法说理过程必须全面反映人民法院的审理过程和结果，不得遗漏案件审理的程序性事项、诉讼各方的诉讼主张、公诉及辩护意见等。

《意见》第 3 条对裁判文书释法说理的具体原则作了规定，即“裁判文书释法说理，要立场正确、内容合法、程序正当，符合社会主义核心价值观的精神和要求；要围绕证据审查判断、事实认定、法律适用进行说理，反映推理过程，做到层次分明；要针对诉讼主张和诉讼争点、结合庭审情况进行说理，做到有的放矢；要根据案件社会影响、审判程序、诉讼阶段等不同情况进行繁简适度的说理，简案略说，繁案精说，力求恰到好处”。具体包括以下几方面：

（一）合法性原则。裁判文书释法说理应合乎法律，做到“有法必依”。党的十八届三中全会《决定》强调“推进严格司法。坚持以事实为根据、以法律为准绳，健全事实认定符合客观真相、办案结果符合实体公正、办案过程符合程序公正的法律制度”。合法性原则贯穿于裁判文书释法说理的方方面面，具体来说裁判文书释法说理的合法性原则主要体现在以下四个方面：第一，对审查判断证据的说理应严格遵守《关于民事诉讼证据的若干规则》《关于行政诉讼证据若干问题的规定》《关于办理刑事案件严格排除非法证据若干问题的规定》等相关证据规则的规定。第二，对认定案件事实的说理应在审查判断证据的基础上，结合庭审举证、质证、法庭辩论等情况，严格遵守《民事诉讼法》《刑事诉讼法》《行政诉讼法》的相关规定认定案件事实。第三，对适用法律的说理应当严格遵守《立法法》《关于裁判文书引用法律、法规等规范性法律文件的规定》等适用法律的相关法律法规以及《民法》《刑法》《行政法》等实体法律法规的相关规定。第四，对行使自由裁量权的说理应当遵守相关法律规定。

（二）正当性原则。其包括以下三个层面：第一，裁判文书释法说理的内容要正当合理，传达社会正能量，宣扬正确的价值观，将法理和情理融为一体。如“狼牙山五壮士”名誉侵权案一、二审裁判文书①有力地维护了英雄形象，弘扬了社会主义核心价值观。于欢故意伤害案二审刑事判决书②坚持法治、道德与伦理相结合，体现了法理情的有机统一。朱振彪追赶交通肇事逃逸者案③支持鼓励见义勇为，捍卫善良风俗。第二，裁判文书释法说理要遵守

① 详见北京市海淀区人民法院（2014）海民初字第 13924 号民事判决书和北京市第一中级人民法院（2016）京 01 民终 1563 号民事判决书。

② 详见山东省高级人民法院（2017）鲁刑终 151 号刑事附带民事判决书。

③ 详见河南省滦南县人民法院（2017）冀 0224 民初 3480 号民事判决书。

“禁止向一般条款逃逸”的规则，不能借口符合情理来突破法律规定。第三，裁判文书释法说理应平等对待诉讼各方，回应诉讼各方的意见。第四，裁判文书释法说理应符合“正当程序原理”和“程序正义”的基本要求和内在精神。

（三）层次性原则。裁判文书要围绕证据审查判断、事实认定、法律适用进行说理，并反映出推理过程。具体来说，第一，审查判断证据说理。审查判断证据是法官进行裁判的第一道程序，更是准确认定案件事实、正确适用法律、恰当运用自由裁量权的基础和依据，因此，裁判文书释法说理的首要要求就是对“审查判断证据”进行说理。第二，认定案件事实说理。案件事实是裁判的前提和基础，是法官在诉讼过程中基于审查判断后所采信的证据而认定的有关案件的具有法律意义的事实。认定案件事实说理是法的适用过程中承上启下的环节，要以法律关系的构成要件为指导，在证据的支撑下抽象概括事实要素，分析认定案件性质。第三，法律适用说理。法律适用是在查明案件事实的基础上寻找合适的法律规范，并在法律规范和案件事实的基础上进行推理而形成裁判结论。

（四）针对性原则。裁判文书释法说理要注意针对具体对象和具体问题，做到有的放矢。一方面，随着当事人主义诉讼模式的逐步完善，法官更需要对诉讼各方的意见进行回应，尤其是要对不予采纳的观点说明理由，从而淡化裁判文书的威权色彩。另一方面，繁简分流要求法官应当在裁判文书中围绕争议焦点分配说理资源，集中笔墨解决有争议事项。具体来说，裁判文书释法说理的针对性原则主要包括以下三个方面的内容：第一，裁判文书释法说理应针对诉讼各方的主张来进行。对是否支持当事人的诉辩主张明确表态，分清是非，明确责任。如“薄熙来案”二审裁定书针对薄熙来提出的 11 条上诉意见、律师提出的 4 条辩护意见，逐一进行分析、论证、判断。① 第二，裁判文书释法说理应针对诉讼各方的争点来进行，既包括诉讼各方对证据“三性”（关联性、合法性和真实性）的争论，也包括事实认定方面的争论，还包括法律适用方面的争论，甚至是某个量刑情节是否存在的问题。第三，裁判文书释法说理应针对不同的受众来进行，案件当事人、与案件程序流转相关的法官、法律职业共同体、社会普通大众均会或多或少地直接或者间接地影响法官的裁判文书释法说理。以刑事案件为例，一审裁判文书释法说理主要针对公诉方的指控意见和被告方的辩护意见；二审裁判文书释法说理主要针对上诉人的上诉意见或检察机关的抗诉意见；改判发回案件的裁判文书释法说理，还要针对下级法院的原审判决。

---

① 详见山东省济南市中级人民法院（2013）济刑二初字第 8 号刑事判决书和山东省高级人民法院（2013）鲁刑二终自第 110 号刑事裁定书。

（五）必要性原则。裁判文书释法说理要“繁简分流”和“适可而止”。具体来说，裁判文书释法说理的必要性原则主要包括以下几个方面：第一，法官应根据案件难易、讼争事实、庭审情况的不同进行繁简适度的说理。简单案件简化说理，繁难案件需要强化说理。第二，法官在判决书、裁定书、调解书、决定书中的说理应存有差别。实体类的判决书、裁定书要求说理的程度较高，程序类的裁定书和决定书一般说理要求不高，调解书因双方当事人的合意处分因素自然地会减少说理的必要性。第三，从协同性、配套性角度来说，不同的诉讼程序往往需要不同的裁判文书样式，其中就包括对裁判说理作出不同的安排，普通程序需要制作“要式裁判文书”，简易程序需要制作“简式裁判文书”。第四，从不同层级法院功能的角度而言，四级法院制作的裁判文书的说理理应有别。基层法院和中级法院应该更加注重解决纠纷，高级法院和最高法院则应该更加偏重确立规则。党的十八届四中全会《决定》提出，“完善审级制度，一审重在解决事实认定和法律适用，二审重在解决事实法律争议、实现二审终审，再审重在解决依法纠错、维护裁判权威”。按照此种一审、二审、再审的功能定位，单纯审理一审案件的基层法院的裁判文书释法说理要求有别于中级、高级、最高法院制作的裁判文书，同时中级、高级、最高法院各自制作的一审裁判文书的说理要求也有别于二审、再审裁判文书。第五，裁判文书释法说理应注意“度”的把握，一方面，从论点和论据的关系而言，既要求整个裁判文书的论据对于最终的裁判结论而言是充分的，也要求裁判文书中的每个论点均有充分的论据；另一方面，从具体标准而言，裁判文书既不能说理不到位、有欠缺，也不能繁琐说理、啰嗦说理、“表演式”说理，而要谨守“中庸之道”，力争“恰到好处”。

五、裁判文书释法说理的具体类型及重点

《指导意见》第 5 至第 7 条对裁判文书释法说理的具体类型和重点作了规定。裁判文书释法说理具体包括审查判断证据说理、认定案件事实说理、适用法律说理和运用自由裁量权说理四种类型或者四个方面。

（一）审查判断证据说理。《指导意见》第 4 条规定：“裁判文书中对证据的认定，应当结合诉讼各方举证质证以及法庭调查核实证据等情况，根据证据规则，运用逻辑推理和经验法则，必要时使用推定和司法认知等方法，围绕证据的关联性、合法性和真实性进行全面、客观、公正的审查判断，阐明证据采纳和采信的理由。”

从法的适用阶段看，“审查判断证据”是第一道环节，缺乏对证据的认证分析，既不能展示法官心证的过程，也无从知晓证据与待证事实之间的关联性。审查判断证据说理的重点主要包括以下方面：

1. 关于“举证”、“质证”和法庭“调查核实证据”的情况。证据必须在法庭上出示，并经过质证，才可以作为认定案件事实的根据。法庭调查的过程就是诉讼各方在法官的主持下进行举证、质证的过程。《刑诉法解释》第63条规定：“证据未经当庭出示、辨认、质证等法庭调查程序查证属实，不得作为定案的根据，但法律和本解释另有规定的除外。”我国三大诉讼法都不同程度地赋予法院依职权调查取证的权利。法院依职权调取的证据不是质证的对象。在庭审中，法官应当将依职权调取的证据予以出示，诉讼各方可以对法院调查收集证据的合法性、真实性和关联性提出质疑，法庭也可以就调查收集证据的情况对当事人进行说明。法官应当将调查收集证据的情况以及庭审出示情况在裁判文书中加以说明。

2. 关于运用证据规则和司法证明方法的情况。证据规则是指在诉讼中，规范证据的收集、证据的审查以及证据的评价等诉讼证明活动的准则。从通常意义上说，证据规则有利于查明案件事实，实现实体公正，有利于约束裁判者的自由裁量权，有利于提升诉讼效率。在三大诉讼法中，证据规则的设定和要求有很大不同。刑事证据规则不仅具有发现事实，增强程序的可操作性功能，还具有保障人权和增进特定社会利益保护的功能。典型的刑事证据规则有：关联性规则、非法证据排除规则、补强证据规则、传闻证据规则、最佳证据规则、意见证据规则等。通常认为，关联性规则、补强证据规则属于调整证明力的规则，而非法证据排除规则、传闻证据规则、意见证据规则、最佳证据规则都属于调整证据能力的规则。民事诉讼尊重当事人意思自治，为促进当事人和解、使诉讼更有效率，《民事诉讼法》规定了举证期限、证据交换等规则。《民事诉讼证据规定》和《民诉法解释》对于无需证明的事实、举证责任分配和证明标准等规则作出了系统规定。行政诉讼的特殊证据规则主要集中在《行政诉讼证据规定》中，典型证据规则是“被告负举证责任”的证明责任分配原则和行政案卷排除规则。

根据证据裁判主义与正当程序原则的要求，法官在认定案件事实时，首先以直接证据认定事实；只有以直接证据来认定事实存有疑问时，方可运用逻辑推理、经验法则、司法认知、推定等司法证明方法，且运用的过程必须透明、公开，确保司法的合法性与正当性。具体来说：

其一，逻辑推理是司法证明中最基本的方法，是指从已知事实或者判断出发，按照一定的逻辑规律或者规则，推导出新的认识或者判断。在逻辑推理中必须遵循的逻辑规律一般包括同一律、矛盾律和排中律等。在司法裁判中，常用的推理方式为演绎推理和归纳推理。在民事、行政诉讼中，当案件缺乏请求权基础时，会运用到类比推理方式；在刑事案件中，类比推理间或也会被运用。在演绎推理中，法官应当围绕大前提与小前提的涵摄关系，对案件事实是否满足法律规范的事实构成并产生法律规范效果进行论证。在归纳推理中，法官应着重对归纳推理的前提与结论之间的必要性关系进行论证。在类比推理中，法官应当对案件事实缺乏法律规定、案件事实与拟类推适用的法律要件事实之间的相似性、拟类推适用的法律规范的立法本意进行充分论证。

其二，经验法则，是指人们从生活经验中归纳获得的关于事物因果关系或属性状态的法则或知识。我国的《民事诉讼证据规定》和《行政诉讼证据规定》均确立了经验法则在诉讼过程中的法律地位和作用。在刑事诉讼中，《办理死刑案件证据规定》第5条界定“证据确实、充分”的证明标准时，其中一项要求就是根据证据认定案件事实的过程符合逻辑和经验规则，由证据得出的结论为唯一结论。经验法则在决定证据能力、评价证据价值、事实推定中的推理、引导当事人证明活动的进行以及为证明标准的适用提供判断依据等方面起决定性作用。另一方面，经验法则也存在较大的局限性，具体表现为法官运用较低程度盖然性的经验法则推出的结论容易出错，经验法则的适用需建立在案件具体情况基础之上、具有适用的针对性与复杂性，经验法则属于主观判断活动畴等等。由于经验法则本身在证明案件事实上具有一定的盖然性，同时法官适用经验法则受个体条件的影响和制约，因此，法官运用经验法则认定案件事实时，应当在裁判文书中阐述理由，并对当事人或控辩双方就适用经验法则认定案件事实提出的意见进行评判和分析，增强裁判的说服力，规范法官自由裁量权的行使。

其三，推定是作为证据证明的一种补充手段而存在。法学理论将推定分为法律推定和事实推定。其划分标准是推定所依凭的根据，法律推定是指立法者按照特定的立法意图，依据立法程序在成文法条文中所设置的推定规范，规定以某一事实的存在为基础，据以认定另一事实或权利的存在；事实推定又称司法上的推定或诉讼上的推定，是指司法者在具体的诉讼过程中，在自由心证范围内根据有关证据和经验法则对有关证明对象所作出的一种推论。法官应当在裁判文书中公开推定的过程，以展示如何适用推定认定案件事实的心证过程，说明运用证据认定基础事实的过程、推定依据的经验法则和法律规定的有效性以及适用推定的合理性，同时对提出异议一方的反驳理由进行分析，增强推定的说服力，提高司法裁判的认同度。

其四，司法认知是指法院在审理过程中依申请或依职权，对特定事实的真实性直接予以确认的事实认定方法。法院对一定事实无须当事人举证即确认真实性，及时排除当事人无合理根据的争议，以确保审理高效有序地进行。从立法上来看，目前在我国的法律规范中并没有明确出现司法认知这一概念，只有最高人民法院2002年发布的《民事诉讼证据规定》规定了六类免证事实的内容。学界认为，采用司法认知之前，应当保障当事人的程序参与权，当事人有权对是否采用司法认知表达意见，特别是要保障对方当事人提出反证机会；在保障当事人程序参与权和进行必要调查的基础上，对方当事人没有提出反证的情况下，法官才能采用司法认知的事实。在裁判文书中，法官应当注重阐述司法认知的形成过程，对这一司法证明的必要性、合法性进行充分论证。

3. 关于审查判断证据的情况。审查判断证据是认定案件事实的前提，包括证据能力和证明力的审查判断两个方面。审查判断证据能力适用证据的关联性、合法性和真实性三项标准，审查判断证明力则适用证据的确实性和充分性两项标准。《民事诉讼证据规定》第 50 条规定："质证时，当事人应当围绕证据的真实性、关联性、合法性，针对证据证明力有无以及证明力大小，进行质疑、说明与辩驳。"《行政诉讼证据规定》第 39 条第 1 款规定："当事人应当围绕证据的关联性、合法性和真实性，针对证据有无证明效力以及证明效力大小，进行质证。"与之相应，我国的现行立法中确立了一些审查判断证据能力和证明力的规则，前者主要包括非法证据排除规则、电子证据的可采性规则、民事诉讼的最佳证据规则、行政案卷排他性规则、特定人员作证特免权规则等；后者主要包括补强证据规则、复制件证明力规则与证据证明力高的确认规则等。

法官首先根据证据能力的审查判断规则，对证据的合法性、关联性和真实性进行全面判断，从而界定证据有无证据资格，并阐述理由。证据的合法性决定了一项证据是否具有证据资格或证明能力。只有具有合法性的证据才具有证据能力，才存在进一步对其证明力作出判断的可能。具备合法性的证据，在形式上必须是客观存在的，在内容上必须是真实的。法官可以从证据的来源和内容以及是否与其他证据之间存在矛盾来判断证据是否真实可靠。判断证据是否具有关联性，需要考察的是证据与待证事实之间的是否有联系以及联系是否密切。证据与案件事实联系越密切，证据的证明力就越强；联系越疏远，证据的证明力就越弱；无联系的，无证明力。实践中，对于案件争议焦点所涉及的关键证据、当事人提出异议的证据尤其应当注重强化说理。

证明力的审查判断是对案件中各种证据的认识活动，应该从个别到整体，循序渐进地进行。法官对单一证据可以从下列方面进行审核认定：证据是否原件、原物，复印件、复制品与原件、原物是否相符；证据与本案事实是否相关；证据的形式、来源是否符合法律规定；证据的内容是否真实；证人或者提供证据的人，与当事人有无利害关系。对于案件的全部证据，法官应当从各证据与案件事实的关联程度、各证据之间的联系等方面进行综合审查判断。就数个证据对同一事实的证明力，通常认为，国家机关、社会团体依职权制作的公文书证的证明力一般大于其他书证；物证、档案、鉴定结论、勘验笔录或者经过公证、登记的书证，其证明力一般大于其他书证、视听资料和证人证言；原始证据的证明力一般大于传来证据；直接证据的证明力一般大于间接证据；证人提供的对与其有亲属或者其他密切关系的当事人有利的证言，其证明力一般小于其他证人证言。

4. 裁判文书阐明是否采纳证据及其理由。《民事诉讼证据规定》和《行政诉讼证据规定》均规定，“人民法院应当在裁判文书中阐明证据是否采纳的理由”。在刑事诉讼中，裁判文书阐明证据是否采纳的理由，是刑事司法正当程序原则的基本要求。法官撰写裁判文书不应简单罗列证据后直接给出认定结论，而是应当注重对证据进行详略得当、有主有次的分析和说理。对于诉讼各方无争议的证据可以简化说理，对于关键证据和争议证据应当强化说理，充分阐述证据采纳或不予采纳的理由，公开法官心证形成的过程，提升裁判文书公信力。

5. 关于“非法证据排除”的说理要求。《指导意见》第5条规定：“刑事被告人及其辩护人提出排除非法证据申请的，裁判文书应当说明是否对证据收集的合法性进行调查、证据是否排除及其理由。”非法证据排除规则，是指在刑事诉讼中，以非法手段取得的证据，不得被采纳为认定被告人有罪的根据。2010年以来，我国非法证据排除规则在两大方面得以完善：一是确立了以强制性排除、裁量性排除与瑕疵证据补正三元并立的非法证据排除模式，特别是确立了较为明确的非法证据排除对象；二是非法证据排除程序具备了大体稳定的制度框架，对于非法证据排除的启动、初步审查、庭前会议、庭审调查、裁判方式、救济途径等，确立了一系列具有可操作的规则。根据本条规定，凡是当事人及其辩护人、诉讼代理人提出非法证据申请的，法官应当说明是否对证据收集的合法性进行调查，阐明是否排除证据及其相关理由，实际上系要求法官在裁判文书中对非法证据排除程序的全过程即启动、调查、认定结论，进行全面说理。

法官在审查排除非法证据申请时，首先需要判断被告人及其辩护人申请排除的证据是否属于非法证据排除规则的适用范围。《刑事诉讼法》第54条第一款规定：“采用刑讯逼供等非法方法收集的犯罪嫌疑人、被告人供述和采用暴力、威胁等非法方法收集的证人证言、被害人陈述，应当予以排除。收集物证、书证不符合法定程序，可能严重影响司法公正的，应当予以补正或者作出合理解释；不能补正或者作出合理解释的，对该证据应当予以排除。”我国非法证据排除规则的适用范围包括非法言词证据和非法实物证据。两类非法证据的构成条件不同。

非法证据排除调查程序的启动包括两种方式：其一是依职权启动方式，即在法庭审理过程中，审判人员认为可能存在某一证据系侦查人员以非法方法所获取的证据，依据职权启动对该证据收集的合法性进行调查的程序。其二是依申请启动方式，即经当事人及其辩护人、诉讼代理人申请启动，法院经审查认为符合法定条件才启动排除非法证据程序。此处的法定条件是“提供相关线索或者材料”，其中“线索”是指内容具体、指向明确的涉嫌非法取证的人员、时间、地点、方式等；“材料”是指能够反映非法取证的伤情照片、体检记录、医院病历、讯问笔录、讯问录音录像或者同监室人员的证言等。实践中，绝大多数案件的非法证据排除程序系经被告人及其辩护人申请启动的方式。为保障被告人充分行使诉权，同时又避免被告方滥用诉权，我国法律确立了在开庭审理前提出排除非法证据申请的基本原则。被告方在开庭审理前提出排除非法证据的申请，人民法院经审查，对证据收集的合法性有疑问的，应当召开庭前会议，就非法证据排除等问题了解情况，听取意见，公诉人、被告人及其辩护人在庭前会议中对证据收集是否合法未达成一致意见的，法院应当开展庭审调查。对于被告方在开庭审理前未申请排除非法证据，在庭审过程中提出申请的，应当说明理由；法院经审查，对证据收集的合法性有疑问的，应当进行调查；没有疑问的，应当驳回申请。对于被告方申请排除非法证据，因不具备法定条件而未启动非法证据排除调查程序的情形，尤其应当注重在裁判文书中对被告方提供线索的情况进行说明，并阐述不启动非法证据排除程序的理由。

在法院启动对证据收集合法性的调查程序后，检察院对控诉证据的合法性负有证明责任，应当达到的证明标准是：证明至排除该证据系非法取得的可能性。经过法庭审理，确认或者不能排除存在《刑事诉讼法》第 54 条规定的以非法方法收集证据情形的，对有关证据应当予以排除。对于庭审调查过程和认定结果，法官应当在裁判文书中针对检察院提供证据的质证结果、录音录像播放、侦查人员出庭等关键情况进行充分说明，并详细阐述证据应否排除的理由。申言之，对于检察院出示的讯问笔录、提讯登记、体检记录、采取强制措施或者侦查措施的法律文书、侦查终结前对讯问合法性的核查材料等证据材料，详细阐述法庭举证、质证情况。对于讯问录音录像，详细说明对于讯问录音录像是否依法制作，讯问录音录像是否完整，讯问录音录像是否同步制作，讯问录音录像与讯问笔录的内容是否存在差异等内容的审查结论。

6. 关于“举证责任分配或证明标准争议”的说理要求。《指导意见》第 5 条规定：“民事、行政案件涉及举证责任分配或者证明标准争议的，裁判文书应当说明理由”。证明责任，又称举证责任，是指当作为裁判基础的法律要件事实在诉讼中处于真伪不明的状态时，一方当事人因此而承担的诉讼上的不利后果。法院在裁判案件争议时，首先确定作为裁判基础的事实关系是否存在，然后才能适用相应的法律作出裁判。在民事诉讼和行政诉讼中，即使案件事实真伪不明，法院也必须作出裁判，而且裁判后果总是对其中一方当事人不利。证明责任是一种不利的后果，这种后果只在作为裁判基础的主要事实真伪不明时才发生作用。

在事实真伪不明时，法律上规定由谁承担由此带来的不利后果就是所谓的证明责任分配。民事诉讼和行政诉讼实行不同的证明责任分配规则。民事诉讼证明责任分配一般贯彻“谁主张，谁举证”原则，同时存有证明责任的转移、证明责任的倒置、证明责任的司法裁量等特殊规则。《民事诉讼证据规定》第2条第1款规定：“当事人对自己提出的诉讼请求所依据的事实或者反驳对方诉讼请求所依据的事实有责任提供证据加以证明。”同时，该规定对合同案件、特殊侵权案件、劳动争议案件的证明责任分配作出了比较明确的规定。实践中的问题是，在法律没有明确规定时，哪些事实是诉讼请求所依据的事实并不明确，需要法官针对个案进行判断。

行政诉讼中，证据论证主要围绕被诉行政行为合法性展开，证明责任分配原则是“被告负举证责任”。《行政诉讼法》第32条规定：“被告对作出的具体行政行为负有举证责任，应当提供作出该具体行政行为的证据和所依据的规范性文件。”行政诉讼的原告也要承担一定的证明责任，在不作为、行政赔偿案件中，应当提供曾经提交过申请、自己遭受损害的证据。《行政诉讼证据规定》第4条规定：“公民、法人或者其他组织向人民法院起诉时，应当提供其符合起诉条件的相应的证据材料。在起诉被告不作为的案件中，原告应当提供其在行政程序中曾经提出申请的证据材料。”第5条规定：“在行政赔偿诉讼中，原告应当对被诉具体行政行为造成损害的事实提供证据。”

证明标准是指法院在诉讼中认定案件事实所要达到的证明程度。民事诉讼法和行政诉讼法均没有关于证明标准的明确规定，但在相关条款中均有所涉及。2017年修正的《民事诉讼法》第170条规定：“第二审人民法院对上诉案件，经过审理，按照下列情形，分别处理：（一）原判决、裁定认定事实清楚，适用法律正确的，以判决、裁定方式驳回上诉，维持原判决、裁定；（二）原判决、裁定认定事实错误或者适用法律错误的，以判决、裁定方式依法改判、撤销或者变更；（三）原判决认定基本事实不清的，裁定撤销原判决，发回原审人民法院重审，或者查清事实后改判；（四）原判决遗漏当事人或者违法缺席判决等严重违反法定程序的，裁定撤销原判决，发回原审人民法院重审。原审人民法院对发回重审的案件作出判决后，当事人提起上诉的，第二审人民法院不得再次发回重审。”该规定采取否定表述方式规定民事诉讼的证明标准为“事实清楚，证据充分”。《民事诉讼证据规定》第73条规定：“双方当事人对同一事实分别举出相反的证据，但都没有足够的依据否定对方证据的，人民法院应当结合案件情况，判断一方提供证据的证明力是否明显大于另一方提供证据的证明力，并对证明力较大的证据予以确认。因证据的证明力无法判断导致争议事实难以认定的，人民法院应当依据举证责任分配的规则作出裁判。”该条规定表明，在我国司法解释中确认了民事诉讼“优势证据”的标准。《民诉法解释》第108条规定：“对负有举证证明责任的当事人提供的证据，人民法院经审查并结合相关事实，确信待证事实的存在具有高度可能性的，应当认定该事实存在。对一方当事人为反驳负有举证证明责任的当事人所主张事实而提供的证据，人民法院经审查并结合相关事实，认为待证事实真伪不明的，应当认定该事实不存在。法律对于待证事实所应达到的证明标准另有规定的，从其规定。”该条规定表明，在我国司法解释中，结合举证责任，确认了民事诉讼“高度盖然性”的证明标准。

2017年《行政诉讼法》第69条规定：“行政行为证据确凿，适用法律、法规正确，符合法定程序的，或者原告申请被告履行法定职责或者给付义务理由不成立的，人民法院判决驳回原告的诉讼请求。”第89条第1款规定：“人民法院审理上诉案件，按照下列情形，分别处理：（一）原判决、裁定认定事实清楚，适用法律、法规正确的，判决或者裁定驳回上诉，维持原判决、裁定；……（三）原判决认定基本事实不清、证据不足的，发回原审人民法院重审，或者查清事实后改判……”。这从正反两方面阐述了行政诉讼的证明标准是“案件事实清楚，证据确凿（实）、充分”。

（二）认定案件事实说理。《指导意见》第6条对认定案件事实说理的重点作了规定，即“裁判文书应当结合庭审举证、质证、法庭辩论以及法庭调查核实证据等情况，重点针对裁判认定的事实或者事实争点进行释法说理。依据间接证据认定事实时，应当围绕间接证据之间是否存在印证关系、是否能够形成完整的证明体系等进行说理。采用推定方法认定事实时，应当说明推定启动的原因、反驳的事实和理由，阐释裁断的形成过程”。

1. 裁判文书结合庭审对认定事实及事实争点的说理要求。

法官在审查判断证据的基础上认定案件事实。法院实务上最主要、最困难的工作，在于认定事实，以适用法律。因此，法院必须调查证据，发现事实真相，并判断何者与法律的适用有关，何者无关。作为在裁判文书中被以文字形式表述的案件事实，系基于当事人主张，由法官对其提供证据进行审查判断的基础上予以认定的。认定案件事实，必须以证据为根据。案件事实的认定是司法裁判活动的重要组成部分，法官进行审判的首要步骤，是裁判活动的逻辑起点。

学界和实务界通常使用客观事实与法律事实来表述案件所涉事实，一般认为客观事实是指生活中实际发生的“原汁原味”的案件事实，不依赖人们的主观意识而存在于过去的事实真相；法律事实是指法官在审判程序中，依据法律规范认定的具有法律效果的案件事实。对于法律事实的定义，学术界从不同角度分别有“构成要件说”“因果关系说”“法律所规范之事实说”“实证法规范说”“法律事实的客观说”“法律适用前提说”“法律关系说”等不同认识，每个角度都有其合理性。客观事实真实存在，但由于存在于过去，在现实审判中就需要予以证明，因此，客观事实在诉讼中是通过当事人的陈述、主张、举证、质证来呈现的。法官基于当事人的主张进一步审查判断证据，实际上就是按照法定程序对客观事实予以“再现”或者“复原”，可以说法律事实是法官在审判程序中认定的案件事实。

法官应当在审查判断证据的基础上认定案件事实，亦即法官审查判断证据是认定案件事实的前提和基础。刑事、民事、行政三大诉讼法均规定法官对证据的查明判断是认定事实的根据，反之，没有查明判断的证据不能作为认定事实的根据，这是司法证明活动的基本原则。《民事诉讼法》第 63 条规定，证据必须查证属实，才能作为认定事实的根据；第 64 条规定，人民法院应当按照法定程序，全面地、客观地审查核实证据。《行政诉讼法》第 33 条规定，证据经法庭审查属实，才能作为认定案件事实的根据；第 43 条规定人民法院应当按照法定程序，全面、客观地审查核实证据。对未采纳的证据应当在裁判文书中说明理由。《刑事诉讼法》第 48 条规定，证据必须经过查证属实，才能作为定案的根据。上述诉讼法对证据必须查证属实的规定，赋予了法官对证据进行审查判断的权力和职责。立法者解释认为，只有经过人民法院认真、细致地调查和分析，查证属实后，这些证据才能作为认定事实的根据。未查证属实的证据，不得作为认定事实的根据。在法官审查判断证据的基础上进行案件事实的认定，实践中主要涉及两方面的问题，第一是区分不同法定形式的证据与遵守相应的证据规则进行审查判断。刑事、民事、行政三大诉讼法规定的法定证据形式，主要有陈述、书证、物证、视听资料、鉴定意见、勘验笔录、证人证言等，不同形式的证据遵守不同的证据规则进行审查判断。第二是从证明对象构成角度分析，对证据能否证明案件事实进行认定。证明对象，是指证明主体进行证明活动所指向的对象。在诉讼中，其是指公安司法机关以及当事人等在诉讼过程中运用证据加以证明的案件事实及有关情况，又称为“待证事实”、“要证事实”、“证明标的”或者“证明客体”。如刑事诉讼处理的是犯罪行为，其证明对象包括犯罪行为构成要件的事实；与犯罪行为轻重有关的量刑情节事实；排除行为违法性、可罚性的事实；具有免除或减轻刑事责任的事实，等等。民事诉讼处理的是有关民事权利义务关系的纠纷，其证明对象主要是民事法律关系发生、变更和消灭的事实；行政诉讼处理的是具体行政行为合法性合理性的争议，其证明对象主要是与被诉具体行政行为合法性和合理性有关的事实。

在裁判文书中，案件事实常表现为主要事实或者争议事实。主要事实是指当事人对引发案件的事实本身无争议，而对该事实产生的法律效果有争议。此类案件审理中，法官不能因当事人承认而简单认定，而是有责任通过庭审审查证据判断主要事实的存在，并予以认定。实践中，存在一些表面上当事人对主要事实无争议，实际是通过恶意串通，共谋虚构事实的手段进行虚假诉讼，因此，实践中对主要事实进行查明是必要的。争议事实是指当事人对引发案件的事实存在争议，包括事实存在与否，以及事实构成、情节、程度、状态等方面的争议。此类案件审理中，法官基于当事人之间就事实存在争议，因而依诉讼程序，运用证据规则进行事实的查明和认定。

主要事实或者争议事实包括的范围，因案件性质不同而有所区别，但基本内容在各诉讼法中均有所规定。诉讼法及其司法解释还对哪些事实需要运用证据证明作出了规定，这些事实即是案件的主要事实，或者是争议事实。如刑事案件的主要事实，应当根据《刑事诉讼法司法解释》第 64 条认定，即应当运用证据证明的案件事实包括：（一）被告人、被害人的身份；（二）被指控的犯罪是否存在；（三）被指控的犯罪是否为被告人所实施；（四）被告人有无刑事责任能力，有无罪过，实施犯罪的动机、目的；（五）实施犯罪的时间、地点、手段、后果以及案件起因等；（六）被告人在共同犯罪中的地位、作用；（七）被告人有无从重、从轻、减轻、免除处罚情节；（八）有关附带民事诉讼、涉案财物处理的事实；（九）有关管辖、回避、延期审理等的程序事实；（十）与定罪量刑有关的其他事实。民事诉讼法和行政诉讼法基于案件类型特征确定需查明的事实范围，如婚姻类型案件必须查明婚姻登记时间、感情状况、子女情况、财产与债务情况，以及前后提起离婚诉讼的间隔时间等；公司担保纠纷必须查明公司章程、担保决议及程序、担保对象是股东或对外担保、担保合同内容；建设工程纠纷必须查明承包资质、招标备案、工程价款、竣工验收等事实。

庭审中对事实的证明活动由举证、质证、认证三个基本环节组成。此条规定“裁判文书应当结合庭审举证、质证、法庭辩论以及法庭调查核实证据等情况，重点针对裁判认定的事实或者事实争点进行释法说理”的内容，体现了裁判文书力求将审判中的程序正义与实体正义相结合的要求。该条规定要求法官在认定事实时，严格遵守诉讼程序进行庭审的举证、质证、辩论、调查核实，并进一步提出在认定事实时说明理由，其实质上是要求法官具备运用证据规则的能力，并通过裁判文书说理来向当事人和社会公开展示运用证据规则得出结论的方法，从而取信于众。实践中，法官应当在证据规则体系中把握以下三个方面的内容：第一是举证规则的运用与说理。举证规则包含了证明责任分配规则、举证时限与责任规则、举证程序规则、申请证人和申请鉴定规则等，其核心是通过确定举证程序和证明责任分配为查明事实提供条件。如民事案件中，大陆法系国家在举证责任分配理论中，提出待证事实分类说和法律要件分类说，前者根据待证事实证明难易决定举证责任的分配，后者从法律规范要件分类出发，在对实体法律规范结构分析的基础上，从权利发生与权利妨碍规范角度证明事实。《民事诉讼法司法解释》第 91 条规定了举证的规则，即人民法院应当依照下列原则确定举证证明责任的承担，但法律另有规定的除外：（一）主张法律关系存在的当事人，应当对产生该法律关系的基本事实承担举证证明责任；（二）主张法律关系变更、消灭或者权利受到妨害的当事人，应当对该法律关系变更、消灭或者权利受到妨害的基本事实承担举证证明责任。在裁判文书中对涉及上述举证规则的事实认定时，应当依该法条说明理由。第二是质证规则。质证的本质特征是“质”，即对证据进行质疑，具有当面对抗的性质，程序上要求在法庭上公开对质，如《行政诉讼法》第 43 条和《民事诉讼法》第 68 条均规定，证据应当在法庭上出示，并由当事人互相质证；《刑事诉讼法》第 58 条规定，证据必须经过当庭出示、辨认、质证等法庭调查程序查证属实，否则不能作为定案的根据。质证不限于法庭调查阶段发表的质证意见，也包括在法庭辩论过程中对证据的运用、采信和适用法律的意见。质证的内容主要是证据的三性，即真实性、合法性和关联性，如《民事诉讼法司法解释》第 104 条规定，人民法院应当组织当事人围绕证据的真实性、合法性以及与待证事实的关联性进行质证，并针对证据有无证明力和证明力大小进行说明和辩论。在裁判文书中，对当事人的质证意见以及证据三性应当予以回应并说明理由。第三是认证规则。法官在审判活动中对证据进行审查评判，确认其证明力需依照相应的程序和证明标准进行，其主要包括证据审核的法定程序，证明力判断的逻辑推理和日常经验法则等标准。如《民事诉讼法司法解释》第 105 条规定，人民法院应当按照法定程序，全面、客观地审核证据，依照法律规定，运用逻辑推理和日常生活经验法则，对证据有无证明力和证明力大小进行判断，并公开判断的理由和结果。

2. 依据间接证据认定事实需判断印证关系，形成完整证明体系并说理。从证据与案件事实之间的证明关系划分，可将证据划分为直接证据与间接证据。直接证据是能够单独直接证明案件事实的证据，间接证据以间接方式与案件事实相关联，不能单独、直接证明事实，因此必须与其他证据共同形成证据链或相互印证才可证明案件事实。运用间接证据认定案件事实比运用直接证据更为困难和复杂，较易出现差错。

运用间接证据证明案件事实的过程具有复杂性。在每个单独的间接证据均无法证明案件事实时，只有将若干间接证据相互结合，加以论证分析，形成一个相互依赖、连接的证据体系时，方具有较强的证明力，而这个由间接证据组成的证据体系通常被称之为证据链。这些间接证据成为证据链中环环相扣的一环。依据间接证据认定事实，需要结合间接证据的特点，遵守相应的证据运用规则。《刑事诉讼法解释》对间接证据运用有较为明确规定，其第105条规定，没有直接证据，但间接证据同时符合下列条件的，可以认定被告人有罪：（一）证据已经查证属实；（二）证据之间相互印证，不存在无法排除的矛盾和无法解释的疑问；（三）全案证据已经形成完整的证明体系；（四）根据证据认定案件事实足以排除合理怀疑，结论具有唯一性；（五）运用证据进行的推理符合逻辑和经验。显然，运用间接证据定案与直接证据定案规则有所不同。除了强调单个间接证据要查证属实、相互印证以外，司法解释还要求间接证据形成完整的证明体系，并且达到了“结论唯一”、“排除合理怀疑”的证明程度。运用间接证据，首先，应当审查每个间接证据的真实性、合法性，真实性是所有证据客观存在的基础，在证据法上强调不得作伪证、伪造证据都是为了满足证据的真实性要求，而合法性要求对非法方法收集的证据依法予以排除，如民事诉讼中以侵害他人合法权益或者违反法律禁止性规定的方法取得的证据，不能作为认定案件事实的依据，刑事诉讼中严禁刑讯逼供和以威胁、引诱、欺骗以及其他非法方法收集证据。当间接证据不具备真实性、合法性时，应当予以排除。其次，应当审查间接证据之间的关联性，判断各间接证据之间是否存在印证关系。在证据链中，证据与案件事实存在关联性，审判中通过庭审的举证、质证环节，对证据互相衔接、互相印证进行辨别，将其中相互矛盾、相互脱节之处进行查明，确定不存在无法排除的矛盾和无法解释的疑问，以确定间接证据之间的印证关系。最后，应当审查间接证据是否形成完整的证明体系。将间接证据结合起来，经过推理符合逻辑分析和经验判断，能够形成完整的证据链，运用间接证据组成的证据体系得出的结论具有确定性，而且能够排他，依该间接证据所构成的证据体系可以通过判断和推理得出案件事实。上述间接证据的运用、论证过程在裁判文书中应当予以充分说理。

3. 采用推定方法认定事实的需要阐释说明推定相关事项。根据证据裁判原则，认定案件事实需要证据证明，无证据不能认定事实。但在诉讼中受到事过境迁、证据灭失、审理期限、调查方法等因素限制，难以取证，出现事实真假不明、难以查清的情况，未知事实导致诉讼陷入僵局，此时推定作为例外，也是证据制度的重要组成部分，在诉讼中发挥着不可替代的作用。一般认为，推定乃指由法律规定或者由法院按照经验法则，从已知的前提事实、基础事实推断未知的结果事实（又叫推定事实）存在，并允许当事人举证推翻的一种证据法则。通说认为，推定通常包含基础事实、推定事实以及从基础事实到推定事实的推论过程三个要素。推定的发生依据包括法律规定和经验法则，可划分为法律推定和事实推定。法律推定是通过法律明文确立下来的推定，即在诉讼活动中法官依据法律规定，依法审查某特定事实符合法律规定的条件，从而推断认定该案件事实。事实推定，是在法律没有明文规定情况下推定事实，法官在诉讼活动中依据已知事实，根据经验法则进行逻辑上的演绎，判断待证事实存在与真伪，从而推断认定该案件事实。

推定毕竟只是一种辅助性的证明方法，并存在一定的局限性。在运用推定规则时，应当注意以下几点：第一是推定属于证据制度的例外，其运用是现有证据无法证明事实；第二是推定反映的是已知事实和未知事实，前提事实和推定事实之间的关系，因此已知事实是前提；第三是防止滥用推定，对因果关系盖然率不高的事件和经验法则不能验证的，均不得运用推定，因此，此条规定在裁判文书中应当说明推定启动的原因，阐释裁断的形成过程，以求运用推定的理由正当；第四是允许对法律推定和事实推定进行反驳，通过对反驳意见的判断分析和理由论证，求证待证事实的真实性。

（三）适用法律说理。《指导意见》第7条对适用法律说理及其重点作了规定，即“诉讼各方对案件法律适用无争议且法律含义不需要阐明的，裁判文书应当集中围绕裁判内容和尺度进行释法说理。诉讼各方对案件法律适用存有争议或者法律含义需要阐明的，法官应当逐项回应法律争议焦点并说明理由。法律适用存在法律规范竞合或者冲突的，裁判文书应当说明选择的理由。民事案件没有明确的法律规定作为裁判直接依据的，法官应当首先寻找最相类似的法律规定作出裁判；如果没有最相类似的法律规定，法官可以依据习惯、法律原则、立法目的等作出裁判，并合理运用法律方法对裁判依据进行充分论证和说理”。具体包括以下几点：

1. 诉讼各方对案件法律适用无争议情况下的裁判文书说理要求。司法裁判必须以事实为依据，以法律为准绳。法官对案件事实的正确认定是适用法律进行公正裁判的前提和基础。在法学方法论中，认定事实与适用法律通常被认为属于司法三段论的运用，即将法律规范作为大前提，将具体案件事实通过涵摄过程，归属于法律构成要件，形成小前提，然后通过三段论的逻辑推理以发生的法律效果为结论。在认定事实的基础上正确适用法律，就是根据司法裁判活动的特点，将事实这一小前提，涵摄于法律适用的构成要件中。

实践中运用司法三段论方法，构建事实、寻找法律以及进行涵摄操作时，应当考虑以下问题：第一，司法三段论以演绎推理的形式逻辑为基础，法律大前提与事实小前提均应为真。法律推理主要采用归纳推理与演绎推理，而司法三段论采取从一般到个别的方法进行演绎推理，这要求法官在运用演绎推理时，必须确定大小前提都是真实的，否则会得出错误结论，因此查明事实和准确找法两者缺一不可。第二，司法三段论以涵摄为核心，在法律大前提与事实小前提间建立有效衔接。当人们说在这一案件中具体的事实被涵摄到抽象的法定事实构成当中时，人们即是把一个司法上的思维过程纳入了一个（肯定前件）推理的逻辑结构。从具体事实到法定事实，从法定事实到法律规范，从法律规范到法律适用，存在着认定、构成、解释、漏洞等诸多不确定性。因此，审判中需要不断细致反复地进行审查、推敲、衡量、解释、判断，运用司法三段论推理，在大小前提间进行涵摄操作，也就是法官的“目光往返流转”于事实与法律之间，运用法律思维作出符合逻辑与经验判断结论的过程。

诉讼中各方当事人对案件的法律适用无争议时，法官应审查该法律适用是否正确，法律含义是否需要阐明解释。随着社会生活的丰富发展，法律规则不断完善和增多，这导致法官们一方面在审理案件时面对不断增加和更新的更专业、更细致、更庞杂的法规范，另一方面为解决纷繁复杂、变化多端的现实生活而产生的纠纷，需要在浩瀚如海的法条中“找法”，准确娴熟地进行法律适用。司法三段论法确实提供了法律适用的一般方法，但并不意味着案件事实和法律适用均得到认可时，只要运用三段论法即可得出裁判结果。实践中，法官在运用三段论进行法律适用时，必然对法律适用是否正确和法律含义是否明确进行判断。上述判断的前提是对所适用法律条文的认知和对法律适用方法的掌握。

首先，法律由法条构成，正确适用法律需要法官掌握理解法规范、法条的功能。法规范是由法律规定组成，而非由法条组成。法规范本身构成一个体系，其下又分成各个较小的规范单元或体系，所以法规范必须被整体地了解。法条只是组成各种法律规定之成员，而法律规定则又是组成法规范之单位，几乎没有一个法条是完全的。法条具体分为完全法条和不完全法条两类，其中完全法条兼备构成要件与法律效果这两个部分，并将该法律效果系于该构成要件，当然完全法条是为法律适用设计的理想目标。不完全法条较为常见，包括说明性法条、限制性法条、引用性法条和拟制性法条。如《合同法》第 39 条规定（格式条款是当事人为了重复使用而预先拟定，并在订立合同时未与对方协商的条款，都属于说明性法条）、第 40 条规定（格式条款具有本法第 52 条和第 53 条规定情形的，或者提供格式条款一方免除其责任、加重对方责任、排除对方主要权利的，该条款无效）属于引用性法条，而第 41 条规定（对格式条款的理解发生争议的，应当按照通常理解予以解释。对格式条款有两种以上解释的，应当作出不利于提供格式条款一方的解释。格式条款和非格式条款不一致的，应当采用非格式条款）属于限制性法条。裁判中运用对法规范、法条的理解，准确找到并识别法条性质，将法条组合成兼备构成要件与法律效果的法规范加以适用。

其次，法官应当掌握有效的法律适用方法。法律适用方法是一种系统性的方法，国内外许多学者对此都进行了系统和深入的研究，在司法实践中也为法官们所应用。就民事审判而言，一是请求权基础分析的法律适用方法；二是法律关系分析的法律适用方法。王泽鉴先生在《法律思维与民法实例》提出请求权基础理念体系源于德国。在德国法学家的大量著作中，以及近年国家法官学院与德国国际合作机构引入的法律适用方法中，都阐述了该方法。请求权关系之基本模式为“谁得向谁，依据何种法律规范，主张何种权利”，在于探寻得支持一方当事人，向他方当事人有所主张的法律规范。这是围绕诉讼请求与权利基础让当事人提供法律规范依据，并加以审查的方法。法律关系分析法，是指通过理顺不同的法律关系，确定其要素及变动情况，从而全面地把握案件的性质和当事人的权利义务关系，并在此基础上通过司法三段论的适用以准确适用法律，作出正确判决的一种案例分析方法。在法律关系分析法中，法官需要熟练掌握不同类型案件的法律关系，从而判断当事人主张的权利义务与适用法律规范。上述两种方法，从法官的视角观察，请求权基础的方法是以“诉”为中心进行法律适用，法律关系分析法则是以“审”为中心进行法律适用。当法官运用正确法律适用方法完成“找法”之后，就可以直接援引相关法律规定作出裁判，并集中围绕裁判内容和尺度进行充分说理。

2. 诉讼各方对案件法律适用存有争议或者法律含义需要阐明的裁判文书说理要求。审理具体案件时，诉讼各方基于各自主张和对法律的理解不同，而对案件法律适用存在争议，或者法律含义有需要予以阐明的内容，法官在裁判文书中应当予以回应，阐明法律含义及法律适用的理由。阐明法律含义与说明法律适用的理由，均涉及法律解释。法律解释无疑是法律适用中一个至关重要的环节。法律条文是抽象的，案件事实是具体的，司法过程就是将抽象的法律条文适用到具体的案件事实的过程。对抽象的法律条文含义进行阐明，决定法律规范适用具体案件并说明理由的过程就是法律解释。此条要求法官应当阐明法律含义及法律适用的理由，针对的是有法律条文规定情况下进行法律解释，不包括出现法律漏洞的情形。学者对法律解释考虑的因素或方法有不同的称谓与分类。萨维尼区分“文法”“逻辑”、“历史”及“体系”的解释因素。德国法学家卡尔·拉伦茨考虑的是解释的标准，即字义；法律的意义脉络；历史上的立法者之规定意向、目标及规范想法；客观的目的论；合宪法性解释的要求；各种解释标准之间的关系；解释法律与解释法律行为之比较。我国大陆法学家梁慧星对法律解释方法分类为文义解释；论理解释；比较法解释；社会学解释。其中论理解释包括：体系解释；法意解释；扩张解释；限缩解释；当然解释；目的解释；合宪性解释。我国台湾地区法学家黄茂荣提出法律解释的因素，分为五大类，即文义因素、历史因素、体系因素、目的因素及合宪性因素，并认为上述只是法律解释时必须考虑到的因素，它根本就不是解释的方法。上述这些学者提出的解释因素或方法，都是从不同角度为完成法律解释的任务而探求法律意旨。解释法律意味着对法律用词的涵义进行探究，也就是说，探究法律用词所表达的事实、价值和应然观念。实践中，具体裁判文书并不会清晰地指明运用哪种解释方法或考虑哪些因素、标准，法律适用的过程主要是一种内在的思维分析活动，最终以文字方式在裁判文书上予以表达。

司法实践主要运用以下几种解释方法：(1) 文义解释，对法律条文字面含义的解释是法律适用的基础，是法律解释中最常用、最基本的解释方法。法官在进行文义解释时，必须尊重文本，不能脱离文本进行解释，否则就会导致裁判权的滥用。(2) 历史解释，也称为立法解释、法意解释或沿革解释。其意在探求立法者或准立法者在制定法律时所作的价值判断及其所欲实现的目的，以推知立法者的意思。其重要的手段是引用立法过程中的记录、文件资料等，当前许多立法形成的资料以及参与立法者出版的书籍都成为解释的依据。历史解释与目的解释有交集，均涉及法律所追求的目的，历史解释更侧重于立法者意思的客观化，特定的历史环境背景是解释时考虑的因素。(3) 目的解释，是指在解释法律文本时，将法律所追求的目的价值取向化，不拘泥于文字本身，考量法律规范所要达到的效果，使法律解释适应社会需求。学者指出，一个法律规整通常以一种关于社会过程控制的特定法律政治模式为基础：当立法者对特定行为方式作出了有约束力的规定，他是要以此实现特定的目的。对法律的解释要服务于法律的目的。客观解释理论并不停留于法律的发生过程及其发生史。客观解释理论更倾向于认为，法律的含义会随着时代精神的变迁而变迁。(4) 体系解释，要将个别的法律观念放在整个法律秩序的框架当中，或者在所有法律制度和法律规范连接成为一个大统一体的内在关联当中来考察。运用体系解释时，法官将法律作为合理、符合逻辑的完整体系，对法律条文进行解释。从外在体系上考虑条文在法律体系中的地位，即哪部法律、哪些章节等逻辑结构安排；再从内在体系上整体地理解法律制度之间的基本价值联系，与其同位阶和更高位阶的法规范不矛盾；最后观察法条所组成的法规范，各法条之间的联系与作用，从而作出解释。体系解释使法官不再孤立地观察某个法律规范，而是强调法律体系和价值目标的完整性，因此有利于更全面地验证法律适用的正确性。

法官在裁判文书中针对法律含义进行阐明以及说明法律适用的理由时，需要掌握上述解释因素、标准和方法。诉讼活动中，各方当事人常常会面临法律解释问题，并据此提出法律适用意见，这些意见在不同程度上与司法裁判中的法律适用相联系，对裁判构成大小不同的影响。诉讼各方所提出的法律适用意见，如何影响裁判者的判断，这些意见对错与否，法官对这些法律意见是否采纳，对裁判结果发生什么样的作用，都需要在裁判文书中予以回应，从而让法院的裁判文书真正能够作到以理服人。在司法公开、公信的要求下，法官对诉讼各方（尤其是公诉人、公益诉讼人、律师）所提出的法律适用意见，是如何进行采纳与判断的，应当逐项予以回应并说明理由。

3. 法律规范竞合或者冲突时的说理要求。法律适用的过程中常常会遇到法律规范竞合或者冲突，由于同一法律事实为不同的法律规范所调整，而适用不同的法律规范可能产生不同的法律效果，因此，法官在进行判断和选择后，应当对选择的理由予以公开说明。法律规范竞合或者冲突，有别于请求权竞合的解决。请求权竞合时，当事人因同一目的而产生数个请求权并存，其可选择其中一个请求权，并因选择请求权使目的达到而消灭时，其他请求权因此消灭。法律规范竞合或者冲突时，因一法律规范的适用而排除另一法律规范的适用，两者不可并存，亦不可自由选择，必须遵守一定的法律适用规则。一般而言从法律体系位阶上遵循以下规则：第一，在法律体系位阶上，异位阶之间遵循上位法优于下位法的原则判断；第二，在同位阶法律规范之间，分别依据后法优于前法或者特别法优于一般法的原则判断。比如《民法总则》于 2017 年 10 月 1 日起施行后，《民法总则》与《民法通则》有关诉讼时效的规定同时存在，在一定范围内存在法律适用上的冲突。《民法通则》规定的二年普通诉讼时效期间与《民法总则》规定的三年普通诉讼时效期间均属于在同一法律事实上作出的不同规定，一旦产生争议，法官必须在该法律规范冲突时作出判断，并写明选择的理由。

在选择理由上，法官会分析，因为《民法通则》与《民法总则》均属于基本法，在效力等级上处于同一位阶，故根据新法优于旧法的原则，在《民法总则》施行后，普通诉讼时效期间应为三年。再举例说明，《民法总则》规定的诉讼时效期间与民事单行法中有关诉讼时效期间亦会产生冲突。对此，《民法总则》第 188 条明确规定，法律对于诉讼时效期间另有规定的，依照其规定。因此，在出现法律规范冲突时，法官会分析，《民法总则》有关诉讼时效期间的规定与民事单行法中有关诉讼时效期间的规定属于一般法与特别法的关系，应按照特别法优于一般法的原则判断，在《民法总则》施行后仍应优先适用民事单行法中有关诉讼时效期间的规定。

4. 没有明确法律规定作为裁判直接依据时的说理要求。本条针对“无法可司”的情形下如何进行裁判说理作了规定。在法律适用过程中，由于找不到相应的法条而陷入“无法可司”的局面，但基于法官不得拒绝裁判的裁判原则，在不涉及法外空间的情形下，必须找到某类裁判依据进行裁判。

本条规定的特殊情形必然要求充分说理论证。在裁判说理中，应当注意区分裁判依据和说理依据。在一般案件中，裁判依据通常就是法律规则或司法解释，[①] 说理依据一般指如何解释、支持规则，属于规则的正当性论证过程，比

① 最高法院司法解释应当与其解释的具体法律条文具有同一效力。参见王成：“最高法院司法解释效力研究”，载《中外法学》2016 年第 1 期。

如，以法律解释方法、政策、道德、案例、学术观点等作为说理依据，支持法律规则的具体适用。因此，一般案件（有规则可适用的案件）的说理可能存在两种类型：一是引出论证结论的说理，即裁判依据，它们是得出裁判结论所依赖的论证，直接影响裁判结论，作为法律适用的理由；二是强化论证效果的说理，即说理依据，这类说理只是在必要的情况下加强论证效果。但在特殊案件中，由于缺乏明确的规则，裁判的依据不再是明确的法条，而可能采取类推的方法、习惯、原则的运用进行裁判，在这种特殊情形下，裁判依据与说理依据不可分，说理的目标就是要找寻到裁判依据，发现裁判依据的过程就必然伴随充分说理。

(1) 什么是“真正的法律漏洞”。从法理学的发展来看，对于法律漏洞的认识不一，比如自然法学派认为，法律的空白之处能够依靠一般原则进行填补，因此不存在法律漏洞的问题；分析法学派对规范体系的信赖而淡化了法律漏洞的问题；而法社会学派承认广泛存在法律漏洞，并以“社会福利”作为衡量法律适用正确与否的标准。总体而言，自从利益法学派对概念法学全面批判之后，法学界基本已经认可法律漏洞的存在。

学术界对法律漏洞的定义颇多，比如，王泽鉴认为，“所谓法律漏洞指的是以现行法律规范之基本思想及内在目的，对某项问题，可期待有规定而未有规定之谓”。杨仁寿先生认为，“法律规范对于应规范之事项，由于立法疏忽、未预见，或者情况变更，致就某一法律事实未设规定时，审判官应探求其规范目的，就此漏洞加以补充，斯为漏洞补充”。杨解君认为，“法律漏洞是指由于各种主客观原因使法律规定在内容上出现欠缺或不周密，从而造成法律适用的困难”。从法律漏洞的分类来看，也不统一，比如，卡纳里斯将法律漏洞分为禁止拒绝裁判式漏洞、目的性漏洞、原则漏洞；拉伦茨将法律漏洞划分为开放的漏洞和隐藏的漏洞、自始的漏洞和嗣后的漏洞等。以上分类都有意义，但本条所规定的就是“无法可司”的情形，而非“法律适用困难”的情形，因此，仅指“禁止拒绝裁判式漏洞”或“开放的漏洞”，并不包含目的性漏洞（目的限缩或目的扩张）、碰撞型漏洞（规则冲突）、原则性漏洞（规则与原则冲突）等。

(2) 填补真正漏洞的方法。司法实践中，填补真正漏洞的方法主要包括以下几种：一是类推适用的方法。所谓类推适用，是指将法律明文之规定，适用到该法律规定所未直接加以规定，但其规范上之重要特征与该规定所明文规定者相同的案型。需要指出的是，本条所规定的类推适用与类比推理有一定区别，类比推理一般采用个案之间的类比，在判例法国家较为常用，而本条并非是论证“后案”与“前案”相似，而是一种类型化思维，其主要论证的是个案事实是否类属于法律条文中对案件事实的抽象化规范。首先是考察能否被规范涵摄。如果可以通过法律解释予以涵摄，则不属于“真正的漏洞”。如果在文义上根本没有涵摄的可能性，则会考虑进行类推。其次要判断类推适用的可行性，某些法律规范因其自身特点而不具有进行类推的可能性，比如规范本身就是特殊规范，不具有一般性，是故要予以排除。最后是对案件事实的可类推性进行判断，其判断重点乃是规范事实构成与案件具体事实之间的相似性问题，由于类推说理已经排除了文义、体系、目的扩张、限缩等法律体系内的解释方法，此处的说理应当追求事物本质与法规范的一致性，通过探求法律的真意进行判断，该相似性的论证就是类推说理的核心。

二是习惯的方法。在现今各国法制，在民事方面，不论其法典本身有无明文规定，几无不承认习惯为法源之一种。习惯要成为民法渊源，一是要具有稳定性和内心确信性的特点。所谓稳定性，是指习惯应当有一定的历史积淀并被反复使用；所谓内心确信性，是指该习惯应当被所涉及的圈子认为具有拘束力，这是习惯能够作为裁判依据的核心属性。二是要具有具体行为规则属性，否则无法予以适用。三是习惯要符合公序良俗，不得违反法律的强制性规定。

三是法律原则、立法目的方法。依法律原则、立法目的进行裁判均需进行相应的法益考量。在运用法律原则、立法目的作为裁判依据时，需要注重原则、目的之间的利益衡量问题。在存在多个原则、目的相互冲突的情形，选取哪个原则、目的作为裁判依据，就需要进行充分的论证说理。此处需要强化论证的是通过利益衡量的方法。利益的衡量方法应采取比例原则，衡量哪种利益具有明显的价值优越性；哪种利益受影响的程度更高；对哪种利益保护更具有紧迫性；假如某种利益需要做出让步，其受害程度如何；选择保护哪种利益能使相对利益的损害程度最低；利益并存时，可否使其各自实现一部分。参照生活常情或“事物本质”确立原则、目的之间的优先条件，通过具体的优先条件确立优先原则、目的，继而适用于个案。

(3) 填补真正的法律漏洞要加强法律论证

审判实践中，要注意以下几点：一是要在庭审中以方法适用作为辩论的焦点。一般来说，裁判说理具有三条基本的进路：一是逻辑进路；二是修辞进路；三是商谈进路。在“填补真正法律漏洞”时，要充分重视商谈程序的运用。在“填补真正漏洞”的情形下，类推的适用，习惯的确认，原则的运用都直接关涉法律适用，只有通过庭审、经过充分的辨法析理，对各方提出的观点进行汇总，才能够辨明方法运用的可取性，比如，对于某类习惯的确认，就需要在听取双方当事人观点基础上形成判断。在这一过程中，要尽可能塑造庭审中的“理想交谈情境”（哈贝马斯语）；对于方法适用的讨论，要更为开放自由，在充分听取双方观点基础上形成裁断。二是要在裁判文书中对方法适用进行充分说理。在类推适用中，要寻找法律规范欲以保护的法益，以此论证规范事实构成与案件具体事实之间的相似性问题。在习惯的运用中，要抓住习惯的本质特征，对待证习惯进行论证，是否具有稳定性以及在某个范围内具有普遍的内心确认与约束力。在原则的运用中，应对该项原则本身进行阐明，在出现“原则冲突”的情形下，要通过优先条件论证出某原则的优先性。

（四）运用自由裁量权说理。《指导意见》第 7 条规定：“法官行使自由裁量权处理案件时，应当坚持合法、合理、公正和审慎的原则，充分论证运用自由裁量权的依据，并阐明自由裁量所考虑的相关因素”。

1. 审判中的自由裁量权。立法的一般性、抽象性、概括性、滞后性等特点、立法权与司法权的合理分工、司法判断权行使的实践性等属性，等等，均决定了自由裁量主义相比于严格规则主义更能反映司法活动的内在规律。换言之，任何法律都不可能完美无缺，客观上需要法官行使一定自由裁量权，以弥补法律体系存在的不足。因此，自由裁量权是审判权的重要内容，是法官在司法过程中必然享有的权力，具体存在于法律适用、事实认定以及程序处理三个环节之中。

自由裁量权存在于案件审理的各个阶段，但并不是所有案件的处理均存在或者需要自由裁量权。一般来说，下列几种情况会涉及自由裁量权的运用：一是法律明确授权的。法律授权可以是直接授权根据案件具体情况进行裁量，也可以是授权从几种法定情形中选择其一进行裁量，或者在法定的范围、幅度内进行裁量。二是法律虽未明确授权，但由于其所使用的表述不够具体、明确，无法为法官提供确定结论的，法官需要结合案件具体情况行使自由裁量权，对法律精神、规则或者条文进行阐释。三是出现法律没有规定的新类型案件时，法官需行使自由裁量权，根据法律原则和精神对案件进行审理。四是证据审查判断和案件事实认定过程中的自由心证，涉及自由裁量权的运用。

2. 运用自由裁量权的原则。审判中自由裁量权的运用是法官个人主观选择和判断的过程，要遵循以下几项原则：一是合法原则，即要遵循法定程序，符合法律、法规和司法解释的精神以及基本法理的要求，不能违反法律明确、具体的规定。二是合理原则，即要充分考虑公共政策、社会主流价值观念、社会发展的阶段性、社会公众的认同度等因素，正确把握不同审判工作的裁判理念，确保裁判结果符合社会发展方向，努力实现法律效果与社会效果的统一。三是公正原则，即要坚持实体公正与程序公正并重，在程序上应严格保持中立，平等对待各方当事人，不能有所偏袒，在实体上应注重裁量结果与社会公众对公平正义普遍理解的契合性，裁判结果应符合司法公平正义的要求。四是审慎原则，即要求法官增强责任意识，在充分理解法律精神、依法认定案件事实的基础上，审慎作出裁判，不得随意、草率地行使自由裁量权。

3. 运用自由裁量权的具体情形。（1）运用自由心证的。涉及自由心证的，法官裁判文书说理时应当说明在证据规则基础上认定的证据和事实符合经验法则、逻辑规则、社会伦理。(2)“无法可司”的。在民事审判中，当出现法律没有规定的新类型案件时，法官需行使自由裁量权，根据法律原则对案件进行审理。(3)涉及利益衡量的。法官应当综合把握具体案情，结合社会环境、价值观念等，注意寻找实质判断的法律根据，对相互冲突的利益进行衡量和取舍，努力实现利益最大化，并说明进行衡量的理由。利益衡量必须注意与法条结合，通过衡量得出的结论不能离开法律理由的说理和论证，必须经得起法律规范以及相关法学理论的检验，以免沦为个人的任意决断。

六、裁判文书释法说理的繁简分流

案件客观上既存在简单案件与复杂案件之分，也存在明晰案件和疑难案件之分。从司法实践来看，案件总体上存在一个“二八定律”现象，即80%属于事实较为清楚、争议不大的案件，20%属于疑难复杂或争议较大的案件。立足于此定律，法院要实行案件繁简分流，把80%的精力投入到20%疑难复杂的案件之中，用20%的精力处理80%简单或相对简单的案件。裁判文书释法说理的繁简分流就是其中的重要环节或者方面。

(一)“应当加强释法说理”。《指导意见》第8条对“应当加强释法说理”的情形作了规定，即“下列案件裁判文书，应当强化释法说理：疑难、复杂案件；诉讼各方争议较大的案件；社会关注度较高、影响较大的案件；宣告无罪、判处法定刑以下刑罚、判处死刑的案件；行政诉讼中对被诉行政行为所依据的规范性文件一并进行审查的案件；判决变更行政行为的案件；新类型或者可能成为指导性案例的案件；抗诉案件；二审改判或者发回重审的案件；重审案件；再审案件；其他需要强化说理的案件”。上述情形大致又可归类为以下几种：一是疑难、复杂、新类型、影响大的案件，具体包括疑难、复杂案件；诉讼各方争议较大的案件；社会关注度较高、影响较大的案件；新类型或者可能成为指导性案例的案件。二是裁判结果特殊的案件，包括宣告无罪、判处法定刑以下刑罚、判处死刑的案件；行政诉讼中对被诉行政行为所依据的规范性文件一并进行审查的案件；判决变更行政行为的案件。三是审判程序特殊的案件，包括二审改判或者发回重审的案件；重审案件；再审案件。四是其他需要加强释法说理的案件。

(二)“可以简化释法说理”。《指导意见》第9条对“可以简化释法说理”的具体情形作了规定，即“下列案件裁判文书，可以简化释法说理：适用民事简易程序、小额诉讼程序审理的案件；适用民事特别程序、督促程序及公示催告程序审理的案件；适用刑事速裁程序、简易程序审理的案件；当事人达成和解协议的轻微刑事案件；适用行政简易程序审理的案件；适用普通程序审理但是诉讼各方争议不大的案件；其他适宜简化说理的案件”。

（三）二审或者再审裁判文书的释法说理。《指导意见》第 10 条专门针对二审或者再审裁判文书的释法说理作了规定，即“二审或者再审裁判文书应当针对上诉、抗诉、申请再审的主张和理由强化释法说理。二审或者再审裁判文书认定的事实与一审或者原审不同的，或者认为一审、原审认定事实不清、适用法律错误的，应当在查清事实、纠正法律适用错误的基础上进行有针对性的说理；针对一审或者原审已经详尽阐述理由且诉讼各方无争议或者无新证据、新理由的事项，可以简化释法说理”。

四级法院的职能存在着差别，一审法院明断是非、定分止争、二审法院案结事了、再审法院有错必究、最高人民法院保证法律统一正确实施。一审距离案件争议的事实更近，便于及时查明事实。二审重在解决诉辩双方对一审认定事实和适用法律的争议。再审重在审查终审裁判的正当性，维护裁判的权威性、稳定性，最终实现法院裁判的终局性。

法官在裁判文书说理时，应当充分注意不同层级法院在职能定位上的差异。原则上说，审理法院的层级越高，裁判文书说理的要求相应就高，再审比原审裁判文书、二审裁判文书比一审裁判文书的说理要求更高。一审裁判文书应当对证据和事实认定、法律适用等进行全面分析，重点围绕争议焦点进行说理。二审裁判文书应当针对上诉或抗诉的主张和理由进行说理，并对一审裁判文书中的说理不当和错误进行补强和修正。二审裁判文书应当侧重对与一审存在差异的地方，以及诉讼各方存在争议的部分进行说理。再审裁判文书应当针对申诉、申请再审或抗诉的主张和理由进行说理，并对一审、二审裁判文书中的说理不当和错误进行补强和修正。再审裁判文书应当侧重对与一审、二审存在差异的地方，以及诉讼各方存在争议的部分进行说理。对于原审裁判存在的问题，应当在二审、再审案件的裁判文书中予以表述，不宜采取发“内部函”的方式。在以往的司法实践中，二审、再审改判、发回重审的案件，裁判文书一般不说明改判发回理由，而是在“内部函”中指出问题。“内部函”只是法院系统内部的工作函件，只发给下级法院，案件当事人无法得知其内容，也就无法得知真正的裁判依据，与审判公开的要求不相符。发回重审或指令再审的裁定书应当重点说明发回重审或指定再审的理由，说明原审裁判事实不清、证据不足或违反法定程序、适用法律错误等问题。

与此同时，二审裁判文书应当避免与一审裁判文书在事实和证据部分的不必要重复，适当简化原审内容介绍。再审裁判文书应当避免与一审、二审裁判文书在事实和证据部分的不必要重复，适当简化原审内容介绍。

七、裁判文书释法说理的技术规范和增效方法

裁判文书释法说理离不开裁判文书的制作规范、引用法律规范、语言运用

规范的支撑和保障。裁判文书要达至好的释法说理效果，离不开辅助论据、附件和修辞方法的合理运用。

（一）裁判文书的制作规范。《指导意见》第11条规定："裁判文书应当遵循《人民法院民事裁判文书制作规范》《民事申请再审诉讼文书样式》《涉外商事海事裁判文书写作规范》《人民法院破产程序法律文书样式（试行）》《民事简易程序诉讼文书样式（试行）》《人民法院刑事诉讼文书样式》《行政诉讼文书样式（试行）》《人民法院国家赔偿案件文书样式》等规定的技术规范标准，但是可以根据案件情况合理调整事实认定和说理部分的体例结构。"

裁判文书是诉讼参与人和人民法院进行诉讼活动的重要载体，本质上属于公文，应当具有统一的文书样式和规范标准。法院诉讼文书样式对裁判文书说理的模式、要素、写作要求等作了规范。最高人民法院自1992年起先后制定了《法院诉讼文书样式（试行）》、《法院刑事诉讼文书样式》、《行政诉讼文书样式（试行）》、《民事诉讼文书样式》等涉及不同诉讼类型的裁判文书样式，供法官制作裁判文书时参照。例如，《人民法院民事裁判文书制作规范》强调，"为指导全国法院民事裁判文书的制作，确保文书撰写做到格式统一、要素齐全、结构完整、繁简得当、逻辑严密、用语准确，提高文书质量，制定本规范"。同时要求，"本规范关于裁判文书的要素和文书格式、标点符号、数字使用、印刷规范等技术化标准，各级人民法院应当认真执行"。

从2015年4月30日发布的《行政诉讼文书样式（试行）》和2016年8月1日发布的《民事诉讼文书样式》可以看出，与原有样式相比，新样式有以下几个特点：第一，重视区分争议证据和无争议证据，争议事实和无争议事实，以便让其后的审理和裁判文书制作紧密围绕争议问题，重点突出；第二，要求说理应当围绕争议焦点展开，逐一进行分析论证，层次明确。第三，更加强调裁判文书的论理性和可读性，注重文书撰写的繁简得当，重视文书对法理问题和争议问题的阐述分析。

诉讼文书样式和文书制作规范等技术规范为裁判文书事实认定和说理部分的体例结构提供了基本遵循。根据案件情况，法官可以合理调整裁判文书事实认定和说理部分的体例结构。例如，《人民法院民事裁判文书制作规范》指出，"本规范可以适用于人民法院制作的其他诉讼文书，根据具体文书性质和内容作相应调整。……对于裁判文书正文内容、事实认定和说理部分，可以根据案件的情况合理确定"。《行政诉讼文书样式（试行）》指出，"更加强调文书规范化和个性化的统一，在确保裁判文书基本要素完整、主要结构规范的同时，也注意兼顾为各级人民法院和法官个人对文书的发展续造预留空间"。

裁判文书说理与诉讼文书样式，是内容与形式的关系，案件类型的复杂性、多样化决定了裁判文书说理模式的多元化。在坚持裁判文书规范化的同时，不能否定或者排斥“个性化”，法官可以在遵循裁判文书基本样式、逻辑推理规则等基础上，积极发挥主观能动性，在释法说理方面充分展现出“个性化”。

（二）裁判文书的引用法律规范。《指导意见》第12条规定：“裁判文书引用规范性法律文件进行释法说理，应当适用《最高人民法院关于裁判文书引用法律、法规等规范性法律文件的规定》等相关规定，准确、完整地写明规范性法律文件的名称、条款项序号；需要加注引号引用条文内容的，应当表述准确和完整。”最高人民法院《关于裁判文书引用法律、法规等规范性法律文件的规定》是当前关于裁判文书引用法律、法规等规范性法律文件的专门性司法解释。该解释包括以下内容：

1. 引用顺序。裁判文书中引用规范性法律文件，应当按照文书各部分的具体情况而分别引用适当的规范性法律文件，但如果在裁判文书的同一部分并列引用多个规范性法律文件时，则产生引用顺序问题。并列引用多个规范性法律文件的，引用顺序如下：法律及法律解释、行政法规、地方性法规、自治条例或者单行条例、司法解释。同时引用两部以上法律的，应当先引用基本法律，后引用其他法律。引用同时包括实体法和程序法的，先引用实体法，后引用程序法。

2. 引用范围。刑事、民事、行政三大诉讼裁判文书引用规范性法律文件的范围有所区别。其一，刑事裁判文书的引用范围。刑法罪刑法定原则决定了确定犯罪并科以刑罚的依据原则上只能是法律，不能引用法律之外的规范性文件。刑事法律主要指刑法、刑事诉讼法等，刑法修正案是全国人大常委会通过的对刑法内容的修改，本身仍然属于刑法的组成部分，在引用时等同于刑法。根据《中华人民共和国立法法》规定，法律解释与刑法具有同等的法律效力，可以在刑事裁判文书中直接引用。最高人民法院制定的刑事司法解释，从本质上看是对法律条文的理解，属于刑法应有之义，可以在刑事裁判文书中直接引用。刑事附带民事诉讼裁判文书引用规范性法律文件，适用民事裁判文书的引用规定。其二，民事裁判文书的引用范围。民事裁判文书应当引用法律、法律解释或者司法解释。对于应当适用的行政法规、地方性法规或者自治条例和单行条例，可以直接引用。其三，行政裁判文书的引用范围。行政裁判文书应当引用法律、法律解释、行政法规或者司法解释。对于应当适用的地方性法规、自治条例和单行条例、国务院或者国务院授权的部门公布的行政法规解释或者行政规章，可以直接引用。

3. 关于规范性法律文件冲突的解决。确需引用的规范性文件之间存在冲突，根据《立法法》等有关法律规定无法选择适用的，应依法提请有决定权的机关作出裁决，不得自行在裁判文书中认定相关规范性法律文件的效力。根据

《立法法》的规定，法律、法规等规范性法律文件之间根据效力等级的不同，有不同的选择适用规则。(1) 法律的效力高于行政法规、地方性法规、规章。行政法规的效力高于地方性法规、规章。(2) 地方性法规的效力高于本级和下级地方政府规章。省、自治区的人民政府制定的规章的效力高于本行政区域内的设区的市、自治州的人民政府制定的规章。(3) 自治条例和单行条例依法对法律、行政法规、地方性法规作变通规定的，在本自治地方适用自治条例和单行条例的规定。经济特区法规根据授权对法律、行政法规、地方性法规作变通规定的，在本经济特区适用经济特区法规的规定。(4) 部门规章之间、部门规章与地方政府规章之间具有同等效力，在各自的权限范围内施行。(5) 同一机关制定的法律、行政法规、地方性法规、自治条例和单行条例、规章，特别规定与一般规定不一致的，适用特别规定；新的规定与旧的规定不一致的，适用新的规定。(6) 法律之间对同一事项的新的一般规定与旧的特别规定不一致，不能确定如何适用时，由全国人民代表大会常务委员会裁决。行政法规之间对同一事项的新的一般规定与旧的特别规定不一致，不能确定如何适用时，由国务院裁决。(7) 地方性法规、规章之间不一致时，由有关机关依照下列规定的权限作出裁决：(i) 同一机关制定的新的一般规定与旧的特别规定不一致时，由制定机关裁决；(ii) 地方性法规与部门规章之间对同一事项的规定不一致，不能确定如何适用时，由国务院提出意见，国务院认为应当适用地方性法规的，应当决定在该地方适用地方性法规的规定；认为应当适用部门规章的，应当提请全国人民代表大会常务委员会裁决；(iii) 部门规章之间、部门规章与地方政府规章之间对同一事项的规定不一致时，由国务院裁决。根据授权制定的法规与法律规定不一致，不能确定如何适用时，由全国人民代表大会常务委员会裁决。

4. 引用规则。针对司法实践中，裁判文书存在的法律文件引用不完整、不规范、不准确等问题，该条着重强调了裁判文书引用规范性法律文件进行说理，应当准确、完整地写明规范性法律文件的名称、条款项序号，需要加注引号引用条文内容的，应当表述准确和完整，以当事人看得见、听得懂、能理解的方式实现司法公正。

（三）裁判文书的语言运用规范。《指导意见》第 15 条规定："裁判文书行文应当规范、准确、清楚、朴实、庄重、凝炼，一般不得使用方言、俚语、土语、生僻词语、古旧词语、外语；特殊情形必须使用的，应当注明实际含义。裁判文书释法说理应当避免使用主观臆断的表达方式、不恰当的修辞方法和学术化的写作风格，不得使用贬损人格尊严、具有强烈感情色彩、明显有违常识常理常情的用语，不能未经分析论证而直接使用'没有事实及法律依据，本院不予支持'之类的表述作为结论性论断。"

裁判文书说理是一个使用语言表达和证成观点的过程。概括来说，裁判文书的语言运用应当达到如下要求：

1. 行文规范、准确、清楚、朴实、庄重、凝炼。“规范、准确、清楚”是对文字承载信息准确性的要求，也是裁判文书书写的基本要求。裁判文书一旦生效，即具有法律效力，就会成为执行判决的依据，裁判文书的语言表达不能有歧义，必须非常清晰。在一个统一的国家、统一的市场经济状态下，法院代表国家做出的司法裁决，其适用范围也是中华人民共和国管辖的所有区域以内，裁判文书必须能被所有受过统一正规通用汉语教育的国民所明确理解。方言、俚语、土语、生僻词语、古旧词语、外语等，既可能存在多数人不懂的问题，也可能存在不同方言造成重大理解差异的问题。因此，此条对如何使用上述表达方式做出了明确要求，即“一般不得使用”；但也存在例外的特殊情况，即如不使用就不能表达真切其意时，可以使用，但应当进行注释并解释明确。

“朴实、庄重、凝练”是对文字表述风格的要求。朴实是指质朴实在，淳朴诚实，不奢侈、不华丽；庄重是指文辞严谨，典雅端重，不虚夸；精练是指文章或语言，简明扼要，没有多余的词句，防止累赘。

2. 逻辑严密。绝大多数裁判文书必须展示事实与法律推理的过程，这个逻辑推理的过程，是要向当事人公开裁判结果的形成过程。这就要求相比普通的文字表达，裁判文书需要有更为严格的逻辑结构要求。裁判文书始终离不开证成的过程，就像层层剥笋一样，逻辑的要求必然带来清晰的结果。此条以否定性表达方式要求，裁判文书释法说理要避免使用主观臆断的表达方式，其原因就在于裁判文书本身的逻辑要求。

裁判文书的基本逻辑结构是：将大前提、小前提进行逻辑比对，进而推导出裁判结果。作为事实的小前提必须建立在法官采信的证据之上，也就是说，法官对事实的所有描述，必须是建立在证据之上。事实必须由证据“说话”，而不是法官“自言自语”、“自说自话”，法官对事实的描述都有充分的证据作为支撑。裁判的客观性就表现在以证据来构成小前提。以证据来构筑事实，防止主观臆断就是其中应有之义。对此，此条提出了“应当避免使用主观臆断的表达方式”的明确要求。

裁判文书说理的基础是案件事实，说理过程必须围绕着基础而展开，既然说理严格受制于案件事实的清晰表达，在严密的逻辑要求下，绚丽的文风很难有立足之地。在事实认定方面，法官必须追求朴实、庄重和精练。从裁判文书主要受众是当事人及其代理律师方面考虑，此条强调应当避免“学术化的写作风格”，避免为受众带来理解的障碍。

3. 论证充分。此条明确提出，“不能未经分析论证而直接使用‘没有事实及法律依据，本院不予支持’之类的表述作为结论性论断”。多年以来，裁判文书不说理，而以一句“没有事实及法律依据，本院不予支持”作为替代，简单粗暴甚至可以说是司法蛮横。长期以来裁判文书不说理的状况，不仅具有普遍化，而且已经影响到公民对司法的信心。从法院的内部监督管理来说，不说理的裁判文书使司法监督因缺乏监督标的而无从下手，更遑论落实司法责任！实有必要明确禁止不说理或一语概之的情况，这一禁止性规定是切中要害的。

从域外来看，两大法系国家曾对裁判文书论证充分的要求有所不同。如果说大陆法系法官是“不厌其简”，则普通法系法官是“不厌其繁”。不过，当今在裁判文书方面均呈现出这样的发展方向：简之更简、繁之更繁。简单明了的案件基本不解释论证，以提高结案效率，而对复杂疑难的案件加强说理，“不厌其繁”。

裁判文书说理，尤其是疑难案件的说理，运用一种论证方法往往难以达到充分说服的程度，而必须借助多种方法，通过详细的说明来表达法官的内心思考和确信。为此，已故美国最高法院卡多佐大法官总结认为，法官裁判有四种需要遵循的力量和论证方法，具体包括：“逻辑或类比的力量，其提供的是哲学的方法；历史的力量，提供的是历史或进化的方法；习惯的力量，提供的是传统的方法；正义、道德、社会福利的力量，以及当代的风俗习惯，提供的是社会学的方法”。法官若能根据案件需要将这些论证方法具体地用于裁判说理之中，那么就能达到论证充分的要求。

（四）辅助论据的运用。《指导意见》第 13 条规定：“除依据法律法规、司法解释的规定外，法官可以运用下列论据论证裁判理由，以提高裁判结论的正当性和可接受性：最高人民法院发布的指导性案例；最高人民法院发布的非司法解释类审判业务规范性文件；公理、情理、经验法则、交易惯例、民间规约、职业伦理；立法说明等立法材料；采取历史、体系、比较等法律解释方法时使用的材料；法理及通行学术观点；与法律、司法解释等规范性法律文件不相冲突的其他论据。”具体来说：1. 最高人民法院发布的指导性案例。根据《关于案例指导工作的规定》，指导案例所确定的裁判要点，对人民法院审理类似案件、作出裁判具有指导作用，即在根据法律、有关司法解释作出裁判的同时，各级人民法院在审判类似案件时应当参照，并可以作为裁判文书的说理依据加以引用。尽管指导性案例不具备强制的约束力，但因发布机关的权威性和指导性案例本身的示范作用，在类似的案件中引用指导性案例进行说理时，由于裁判结果的相同或大体的一致，可以使人们对司法公正和正义产生合理的信赖。同时，指导性案例说理较为充分，法院在参照指导性案例裁决类似案件时，可以减轻法院的说理义务。根据权威的观点，在参照指导性案例说理时，要准确把握指导性案例中“裁判要点”所归纳的裁判规则，不得超越裁判要点的指导范围借题发挥；二是要切实把握准“类似案件”；三是要参照指导性案例确定的裁判规则或者价值精神。

2. 最高人民法院发布的非司法解释类审判业务规范性文件。最高人民法院《关于司法解释工作的规定》第 6 条规定：司法解释包括“解释”“规定”“批复”和“决定”四种形式。司法解释施行后，人民法院作为裁判依据的，应当在裁判文书中援引。除上述四种情形以外，针对某一类案件、某一类事项如何应用法律问题的指导性意见，系最高人民法院针对实践中的疑难或普遍性问题，经广泛调研、论证后发布，具有较强的现实针对性和公信力，这些规范性文件虽不是司法解释，但引用这些文件进行说理，亦容易为当事人所接受。如为妥善应对和处理因全球金融危机蔓延所引发的矛盾和纠纷，最高人民法院于 2009 年 7 月 7 日发布《关于当前形势下审理民商事合同纠纷案件若干问题的指导意见》，就人民法院在当时情势下审理民商事合同纠纷发布指导意见，属于非司法解释类审判业务规范性文件。

3. 公理、情理、经验法则、交易惯例、民间规约、职业伦理。所谓“公理”，在通用语言中，指公众普遍认同的道理；与科学相联的，指已经为实践反复证实，无需加以证明的命题。从真理、学科定理以及人类智慧发展出来的为公众普遍认同的判断，都应视为公理。所谓“情理”，是裁判文书不可不说的道理，任何道理都是通人情的，有情理的裁判文书才能打动人、征服人。所谓“经验法则”，是指人们从生活经验中归纳获得的关于事物因果关系或属性状态的法则或知识，既包括一般人日常生活所归纳的常识，也包括某些专门性的知识，如科学（法学）、技术、艺术、商贸等方面的知识。最高人民法院《关于民事诉讼证据的若干规定》第 9 条第 3 项规定，根据法律规定或者已知事实和日常生活经验法则，能推定出的另一事实，该事实无需举证加以证明。经验法则和交易惯例都是从以前的生活或习惯性做法中归纳出来的一种认知，反映了事物发展在一定程度上的规律性和发生的概率。民间规约和职业伦理具有地域性或行业性，反映了一定地域或行业内的道德要求和价值观。但有些民间规约中的部分规定可能与法律规定的精神不符，也与社会主义核心价值观的要求不符，不得用来说理，否则会导致不公正的结果。职业伦理要求从业者遵守职业的行为规范和伦理准则。比如商人应当诚信经营，价格公道，童叟无欺。买卖交易，各取所需，看起来你情我愿，但如果商家的利润过高，对顾客来说是不公平的，违背了销售职业伦理。再比如，消防队员在抢险救灾中，保护人民群众生命财产安全，这既是一种岗位职责，也是一种伦理要求。

4. 立法说明等立法材料。立法说明是法律草案说明的一种通用提法，是立法活动中形成的重要法律文件。《中华人民共和国立法法》第 48 条规定：“提出法律案，应当同时提出法律草案文本及其说明，并提供必要的资料。法律草案的说明应当包括制定该法律的必要性和主要内容。”检索立法材料，有助于理解立法目的和立法时的本源含义。在我国审判实践中，法意解释是常用的解释方法，在立法机关有特殊的立法意图，以及法律规范文义模糊或者产生歧义时，检索立法说明等立法材料是确定其含义的重要方法。例如《中华人民共和国民法总则（草案)》的说明中提到，为匡正社会风气，鼓励见义勇为的行为，草案规定，因自愿实施紧急救助行为造成受助人损害的，救助人不承担民事责任。草案中的第187条，就是后来通过的《民法总则》第184条。通过立法说明，可以更好的理解《民法总则》第第184条的立法目的和涵义。

5. 采取历史、体系、比较等解释时使用的材料。法律解释方法是指为了探究法律规范意旨，澄清法律疑义，使法律含义明确化、具体化、正确化而采用的方法。法学本身是以解释论为中心的。法律颁布后，除了法理解释，还有司法解释。司法解释本身有时也需要解释。通过法律解释来不断地完善法律，在遭遇法律空白时，法官需要通过法律解释填补立法漏洞来裁决案件。在法律含义不明确时，适用历史、体系、比较等解释来确定法律的含义。如比较法解释，就是参考外国的立法例及判例来解释本国法律的解释方法。现在，不同国家间的借鉴和吸收已是不争的事实，特别是在民法领域，立法的国际化趋势非常明显。与之相适应，比较法解释也就有了更大的适用余地。

6. 法理及通行学术观点。法理，即法律通常之原理，例如历来办案之成例及法律一般原理、原则。在大陆法系国家，法条本身就是一种理。法理的基本功能系在补法律及习惯法的不备，是执法者自立于立法者的地位，寻求就该当案件所应适用的法则，以实现公平与正义，调和社会生活上相对立的各种利益。

利用学术观点说理时应引用通行学术观点，学界并无争议。法官尽量注意不引用有争议的学术观点在裁判文书中说理，而且论证任何理论，都必须坚信该学术观点对本案判决的唯一正确性。如果说引用的观点争议比较大，或者有些片面，没有说到位，就会引起比较大的争议，不仅不能起到辅助说理的作用，反而冲淡了裁判文书的说服力。

此处需要提及的是，关于在引用学术观点说理时能否说出具体的学者名字的问题，有两种不同的观点。一种观点认为，点名点姓的引用学者的观点，可以推动理论与实务的衔接。以往学者会抱怨，实务部门不理睬自己的观点，而实务部门也抱怨，学者都是自娱自乐，搞文字游戏，束之高阁，相互之间似乎缺乏一种沟通和融洽。在这种情况之下，如何让一个学者的观点在实务中得到有效的接受，如果说一个学者的观点在裁判文书中得到引用，那么对提高该学者对实践的关注度，以及实务部门对于该学者理论产出产品的关注度，都有相当的好处，刺激学者关注实务中疑难问题，推动理论与实务的衔接。另一种观点认为，中国是一个成文法国家，如果说对相关的法律条文通过解释已经无法适用本案的情况，也不一定通过直接援引学术观点，可以通过将学术观点转化成法官自己的观点来加以说理。在中国当代，援引一些似是而非、模棱两可的观点，效果可能还不一定好，为什么这么说呢？在你引用时，很难说观点就是你的，类似的观点总是有很多，是否是该学者首先说的，存在着不同的看法。法学不像理工科那样，有个明确的认定标准。我们指名道姓地引用学术观点后，可能会引起其他学者的意见，导致不必要的争议，故目前不适宜在引用学术观点时指名是哪位学者的观点。这一问题尚需要在实践中继续加以探索。

7. 与法律、司法解释等规范性法律文件不相冲突的其他论据。此兜底条款中的其他论据的范围很广，在实务中大量存在，比如部门规章，会议纪要，等等，只要不与法律、司法解释等规范性法律文件相冲突，就可以在裁判中用来说理，以提高裁判结论的正当性和可接受性。

（五）附件的运用。《指导意见》第 14 条规定："为便于释法说理，裁判文书可以选择采用下列适当的表达方式：案情复杂的，采用列明裁判要点的方式；案件事实或数额计算复杂的，采用附表的方式；裁判内容用附图的方式更容易表达清楚的，采用附图的方式；证据过多的，采用附录的方式呈现构成证据链的全案证据或证据目录；采用其他附件方式。"具体来说：1. 案情复杂的案件，可以采取列明裁判要点的说理方式。"裁判要点"一词最早出现在《〈最高人民法院关于案例指导工作的规定〉实施细则》当中。其第三条规定："指导性案例由标题、关键词、裁判要点、相关法条、基本案情、裁判结果、裁判理由以及包括生效裁判审判人员姓名的附注等组成"；第九条规定："各级人民法院正在审理的案件，在基本案情和法律适用方面，与最高人民法院发布的指导性案例相类似的，应当参照相关指导性案例的裁判要点作出裁判"；第 11 条规定："在办理案件过程中，案件承办人员应当查询相关指导性案例。在裁判文书中引述相关指导性案例的，应在裁判理由部分引述指导性案例的编号和裁判要点。"对于当事人争议较大、法律关系复杂、案情复杂的案件，采取列明裁判要点的说理方式，能够有效理清说理条理、理顺说理逻辑、明细说理重点，使裁判文书说理始终紧紧围绕案件争议焦点问题，明确表达裁判要点所涉及的法律、司法解释内容和知识，增强裁判文书说理的条理性、针对性、逻辑性。具体操作上，常采取一个裁判要点归纳为一个自然段。有两个以上裁判要点的，按照裁判要点的重要性或者逻辑关系用数字顺序号分段标示。

2. 采取附表、附图、附录或者其他附件方式，以实现裁判文书说理繁简得当、条理清楚，重点突出，直白易懂。对于案件事实、裁判内容以及证据繁多的案件，可以灵活采取附表、附图、附录或者其他附件等形式多元的说理表达方式，以实现裁判文书说理主旨明确、条理清楚，繁简得当、重点突出，直白易懂，做到裁判文书说理详细充分、明确透彻，人民群众乐于接受。

3. “其他附件方式”，属于兜底项，包括审判实践中的其他做法，例如，将本裁判文书主文所引用的主要法律条文作为附件，全文载明所引用法律条文、司法解释的内容；对本裁判文书主文中所涉及的特定名词、法律术语、技术术语、行业术语以及其他特定文字内容的含义，通过附件的方式，全面准确客观地予以阐述、解释和说明。

（六）修辞方法的运用。《指导意见》第15条规定：“……裁判文书释法说理应当避免使用……不恰当的修辞方法……”。此处“不恰当的修辞方法”，既包括有悖于“规范、准确、清楚、朴实、庄重、凝炼”要求的夸张、反讽、拟人等修辞方法，也包括一切不为说服目的而使用的修辞方法。这意味着裁判文书可以使用恰当的修辞方法，增强释法说理的效果。裁判文书的目的是说服当事人（及为其服务的法律工作者）。为达到说服的目的，对说理做一个恰当的表达，面对不同的受众，针对不同的案件，使用恰当的修辞方式是必要的。修辞是人们在对各种加强言语表达效果的方法和手段的运用。恰当地使用修辞方式，不仅可以增强裁判文书的说理效果，也可以使裁判文书在一定程度上呈现出不同的风格特点，在保持基本共性的基础上，避免千篇一律。修辞的自由使用，意味着将裁判文书作为法官的作品予以尊重，也就是尊重法官的写作个性，甚至是尊重法官的思考自由。

需注意的是，裁判文书运用修辞方法必须谨慎而行。运用修辞的目的不是为了裁判语言的美丽，而是增强说理的强度和厚度，提高裁判的说服力。修辞本身不是目的，修辞的运用必须为说服的目的服务，也就是为说理服务。如果不为说服的目的使用修辞，那实际上是炫耀技巧。脱离主旨的、花哨无用的修辞，反而会让裁判文书的读者反感。

八、裁判文书释法说理的保障机制

裁判文书释法说理改革是一项系统工程，裁判文书释法说理质量水平的提升，离不开系列保障机制的建立和完善。《指导意见》第16至第19条对相关保障机制作了规定。

（一）指导机制。《指导意见》第16条规定：“各级人民法院应当定期收集、整理和汇编辖区内法院具有指导意义的优秀裁判文书，充分发挥典型案例释法说理的引导、规范和教育功能。”

（二）考核机制。《指导意见》第17条规定：“人民法院应当将裁判文书的制作和释法说理作为考核法官业务能力和审判质效的必备内容，确立为法官业绩考核的重要指标，纳入法官业绩档案。”此条将裁判文书质量考评结果与法官的履职考评挂钩，有利于推动建立权责明晰、权责统一、监督有序、制约有效的裁判文书质量考评机制，既可以提升法官裁判说理的积极性，也可以营造裁判说理的紧迫感，促使法官强化对裁判文书说理的重视，真正花精力、下功夫写好裁判文书。

（三）评估、评价机制。《指导意见》第18条规定："最高人民法院建立符合裁判文书释法说理规律的统一裁判文书质量评估体系和评价机制，定期组织裁判文书释法说理评查活动，评选发布全国性的优秀裁判文书，通报批评瑕疵裁判文书，并作为监督指导地方各级人民法院审判工作的重要内容。"

（四）评查机制。《指导意见》第19条规定："地方各级人民法院应当将裁判文书释法说理作为裁判文书质量评查的重要内容，纳入年度常规性工作之中，推动建立第三方开展裁判文书质量评价活动。"其具体包括几个方面：一是制定明确的评查标准。按照《指导意见》规定的说理要求，从"审查判断证据说理""认定案件事实说理""法律适用说理""自由裁量权行使说理"等四个方面，设计科学、合理的评查依据和标准。二是建立评查机构。目前，全国各地法院裁判文书评查机构设在审判管理部门的较多，中央机构编制委员会办公室、最高人民法院《关于积极推进省以下人民法院内设机构改革工作的通知》（法发〔2018〕8号）"内设机构不超过8个的基层人民法院设立审判管理办公室"的规定，为审判管理部门承担评查任务提供了依据。三是推动建立第三方评价裁判文书机制。根据实践的需要，评查文书的方式由传统的封闭式评查逐渐转变为开放式评查，比较常见的开放式评查就是委托第三方开展评查。其操作流程是，设定评查文书的范围，将拟评查的文书交由法院之外的第三方单位或机构进行评查，或直接由第三方选取评查样本进行评查。比如，委托法学研究机构、法律院校、律师协会等进行评查。

（撰稿人：胡仁浩　刘树德）

最高人民法院
关于印发《关于人民法院案件案号的若干规定》及配套标准的通知

2015年5月13日　　　　法〔2015〕137号

本院各业务单位；各省、自治区、直辖市高级人民法院，解放军军事法院，新疆维吾尔自治区高级人民法院生产建设兵团分院：

最高人民法院审判委员会第 1645 次会议审议通过《关于人民法院案件案号的若干规定》（以下简称《规定》）及配套标准，现予以印发。

执行中发现情况和问题请及时报告最高人民法院。

附：

关于人民法院案件案号的若干规定

为统一规范人民法院案件案号的编制、使用与管理，根据有关法律、行政法规、司法解释及最高人民法院规范性文件规定，结合工作实际，制定本规定。

一、一般规定

第一条　本规定所称的案号是指用于区分各级法院办理案件的类型和次序的简要标识，由中文汉字、阿拉伯数字及括号组成。

第二条　案号的基本要素为收案年度、法院代字、类型代字、案件编号。

收案年度是收案的公历自然年，用阿拉伯数字表示。

法院代字是案件承办法院的简化标识，用中文汉字、阿拉伯数字表示。

类型代字是案件类型的简称，用中文汉字表示。

案件编号是收案的次序号，用阿拉伯数字表示。

第三条　案号各基本要素的编排规格为："（＋收案年度＋）"＋法院代字＋类型代字＋案件编号＋"号"。

每个案件编定的案号均应具有唯一性。

二、法院代字

第四条　最高人民法院的法院代字为"最高法"。

各省、自治区、直辖市高级人民法院的法院代字与其所在省、自治区、直辖市行政区划简称一致，但第三款规定情形除外。

内蒙古自治区高级人民法院、中国人民解放军军事法院、新疆维吾尔自治区高级人民法院生产建设兵团分院的法院代字分别为"内""军""兵"。

第五条　中级、基层法院的法院代字，分别由所属高院的法院代字与其数字代码组合而成。

中级、基层法院的数字代码，分别由两位、四位阿拉伯数字表示，并按下列规则确定：

（一）各省、自治区按地级市、地区、自治州、盟等地级行政区划设置的中级法院和按县、自治县、县级市、旗、自治旗、市辖区、林区、特区等县级行政区划设置的基层法院，数字代码分别与其相应行政区划代码（即三层六位层次码）的中间两位、后四位数字一致；

（二）直辖市、中国人民解放军军事法院、新疆维吾尔自治区高级人民法院生产建设兵团分院所辖的中级法院，数字代码均按01～20确定；

（三）省、自治区、直辖市高级人民法院所辖的铁路、海事、知识产权、油田、林业、农垦专门中级法院，各省、自治区高级人民法院所辖的跨行政区划中级法院以及为省（自治区）直辖县级行政区划人民法院对应设立的中级法院，数字代码分别按71、72、73、74、75～80、81～85，87～95以及96～99确定；

（四）中国人民解放军军事法院和新疆维吾尔自治区高级人民法院生产建设兵团分院所辖的基层法院，以及在同一高院辖区内铁路、油田、林业、农垦专门中级法院所辖的铁路、油田、林业、农垦基层法院，数字代码的前两位与其中院数字代码一致，后两位均按01～40确定；

（五）地级市未设县级行政区划单位时，该市中级法院所辖基层法院的数字代码，前两位与该中院数字代码一致，后两位按71～80确定；

（六）在同一高院辖区内无铁路专门中院的铁路基层法院，其数字代码前两位为86，后两位按01～20确定；

（七）非林业、农垦专门中院所辖的林业、农垦基层法院及为非行政区划建制的开发区、新区、园区、库区、矿区等特别设立的基层法院，数字代码的前两位与其所属中院数字代码一致，后两位在91～99范围内确定。

前款第（二）项至第（七）项所列中级、基层法院，分别同属一个高院、中院的，综合设立先后、建制等因素编制数字代码顺序。

第六条 确定中级、基层法院的所属各省、自治区、直辖市高院，以人、财、物统一管理为标准。

本规定第五条第二款第（七）项所列基层法院的所属中院是指在同一高院辖区内主要承担该基层法院案件二审职权的中级法院。

三、类型代字

第七条 确定案件的类型代字，应结合案件所涉事项的法律关系性质与适用程序的特点。

类型代字应简练、贴切反映该类型案件的核心特征，用3个以内中文汉字表示。

每一类型案件的类型代字均应具有唯一性。

第八条 案件合并审理或并用多个程序办理时，以必须先决的事项及所适用程序作为确定类型代字的依据。

四、案件编号

第九条 不同法院承办或同一法院承办不同类型代字的案件，其编号均应单独编制。

第十条 同一类型代字的案件编号，按照案件在同一收案年度内的收案顺序，以顺位自然数编排，但第二款规定情形除外。

刑事复核案件的编号以8位自然数为固定长度，由承办法院随机确定，且不得依序编制。

五、案号管理

第十一条 案号的基本要素、规格及编制规则，由最高人民法院统一制定。

第十二条 各省、自治区、直辖市高级人民法院、中国人民解放军军事法院、新疆维吾尔自治区高级人民法院生产建设兵团分院及其所辖中级、基层法院的法院代字，由最高人民法院定期统一发布。

第十三条 行政区划发生变更但对应的中级、基层法院未作相应调整前，法院代字按原行政区划代码编制。

中级、基层法院因其原适用的第五条第二款所列规则情形发生变化的，法院代字按变化后情形应适用的编码规则编制。

第十四条 案件类型的具体划分及其代字，由最高人民法院另行制定标准。

第十五条 法律、行政法规的制定、修改、废止致使案件类型发生变化的，最高人民法院应及时调整案件类型及其代字标准。

最高人民法院制定、修改、废止司法解释或规范性文件将导致案件类型发生变化的，应同步调整案件类型及其代字标准。

第十六条 具体案件的案号编制，由各级法院的立案或承担相应职责的部门负责。

六、附则

第十七条 本规定自2016年1月1日起施行。

最高人民法院以前涉及案号的其他规定与本规定不一致的，以本规定为准。

本规定施行前已经编制案号但尚未办结的案件，其案号不因本规定的施行而变更。

附件1：人民法院案件类型及其代字标准（略）

附件2：《各级法院代字表》（略）

附件3：《人民法院案件收、立案信息登记表》（略）

【链　接】

积极推进人民法院标准化工作构建案件信息新型标准体系

——最高人民法院研究室负责人就《关于人民法院案件案号的若干规定》及配套标准答记者问

2015年5月13日，最高人民法院印发了《关于人民法院案件案号的若干规定》及配套标准的通知（以下简称《案号标准》）。最高人民法院研究室负责就《案号标准》回答了记者提问。

一、问：从文件的内容来看，《案号标准》实际上是一个系列标准，能否概括介绍一下它的主要内容？

答：的确，《案号标准》是一个一体化的标准，主要由一个规定和两个配套标准构成，规定就是《关于人民法院案件案号的若干规定》（以下简称《规定》），配套标准就是人民法院案件类型及其代字标准、各级法院代字表。

《规定》是总纲，人民法院案件类型及其代字标准、各级法院代字表是案号要素细则，三者可以说是一体的，人民法院案件收、立案信息登记表是一种辅助性的标准。此种安排，主要是考虑到案件类型、法院代字在今后应用中会出现频繁调整的情况，而《规定》在此过程中会保持相对稳定。

概括来讲，《案号标准》主要有以下四个方面的内容：

一是案号要素规范化。《规定》确立了案号的概念，并将其核心功能定位于对案件类型的识别。在此基础上，明确了规定案号的四个基本要素，即收案年度、法院代字、类型代字及案件编号，同时对每个要素的含义、表示方式以及编排规格等均作出统一规范。这就基本解决了全国法院在案号要素构成及编排规格方面标准不统一的问题。

二是法院简称代码化。与过去的习惯相比，《案号标准》的最大变化就是法院简称的代码化处理，即最高人民法院以及各高级人民法院的简称用中文汉字表示，中级、基层法院则用高级人民法院代字＋数字代码组合表示。我们结合全国3500多家法院的设立方式、专门化程度等具体情况，概括为七种类型，并确定了相应的数字代码编码规则。此种代码化设计，不仅解决了部分法院汉字简称不易确定取字规则的难题，确保每个法院代字都不重复，也在最大程度上体现了全国法院的组织体系、法院的不同设立方式和类型等情况。

三是案件类型体系化。我们根据反映法院办案司法活动所体现的职权属性和适用程序的特征，将案件类型分为10大类、52中类、131小类，归纳了类型代字115个。同时对这些案件类型进行三层级的体系化构建，这也是首次对司法职权活动进行类型化处理的一种有益探索。上述三层级的体系化构建，不仅可以实现每个层级、每个类型的单独使用，也可以将相似案件类型进行整合应用，具有很强的可扩展性。

四是案号管理制度化。《规定》不仅明确由最高人民法院统一规定的事项和内容，也规定了最高人民法院在这方面的职责，如出现新的案件类型时，要及时或同步确定类型代字，改变过去完全由下级法院请示的被动式管理。同时，还规定最高人民法院要定期发布全国法院代字等。

二、问：在制定《案号标准》过程中，把握的总体思路是什么？坚持了哪些原则？

答：制定《案号标准》把握的总体思路是：紧紧围绕司法工作目标和主线，紧扣“到2018年初步建成建设有中国特色的社会主义审判权力运行体系”改革目标，着力奠定人民法院司法信息标准化工作的框架性、体系性基础，推动建立一套适用于各级法院、符合司法规律、顺应改革需要、衔接外部标准的案件信息新型标准体系，促进发挥标准化工作的基础性和战略性作用。

制定《案号标准》主要遵循以下五项基本原则：

一是遵循习惯与大胆创新相结合。案号各要素的编排顺序、绝大多数案件类型的代字等仍然遵循以往习惯。对案号要素之一即法院代字则进行大胆创新，对中级、基层法院的法院代字改用中文汉字与数字代码组合表示。

二是依据规范与紧贴实践相结合。案件范围和类型都严格依据各类诉讼法律法规、司法解释及最高级人民法院规范性文件来确定，确保案件范围和类型规范、统一。案件类型的分类标准、类型代字的确定等紧贴实践需要，确保好用、实用。

三是衔接国标与创设行标相结合。在法院代字代码化处理过程中，对按照行政区划设置的法院，与行政区划代码的国家标准充分衔接；对未按照行政区划设置的法院，则结合法院设立类型、管辖等具体情况，确立个性化编码规则。

四是构建体系与融合应用相结合。例如，对100多种案件类型进行体系化构建，确立了法院代字中数字代码的编码规则体系，类型代字的取字规则也有相应的体系化考虑。对案号的功能定位予以清晰化，并考虑与其他案件信息在信息化条件下进行融合应用。

五是强调统一与兼顾灵活相结合。对案号要素构成、规格以及制定权限等方面均作了制度化的统一规定。明确各类型法院的数字代码编码规则，充分考虑各级法院在新情况出现时的应用灵活性，即可直接依规则确定数字代码。

三、问：能否简要介绍一下，与过去的案件范围相比，总体上有哪些变化？

答：实际上，这次对案件类型的梳理，既是为统一规范全国法院在案件范围上的统计口径，也是对全国法院可能办理哪些类型的案件作了一次全面普查。结果充分表明，人民法院的审判职能不断拓展，任务十分艰巨。

我们此次界定案件范围所把握的总体原则是严格限定，仅将具有相对独立性的司法职权活动作为案件，其他独立性较弱的则未列为独立类型案件，如刑事附带民事诉讼、诉讼保全等。这与过去把握的总体原则是一致的。

当然，从新标准确定的案件范围来看，确实比过去有所扩大。但这种扩大并非因我们掌握原则宽松而虚增，而是新类型案件的出现以及统计调查模式改革所致。

我们以往进行案件统计调查的方式主要是依靠制式统计报表，而现行报表对管辖、司法制裁、区际司法协助、国际司法协助、非诉保全审查等类型案件并未涵盖。此外，强制医疗、申请没收违法所得、第三人撤销之诉等因法律法规修订，或司法救助、刑罚执行与变更备案等因中央要求推进制度改革而产生的新类型案件以前尚未涉及。

至于报表原本涵盖的刑事、民事、行政、国家赔偿、执行等主要类型案件，这次只是在分类体例上作了适当调整，案件范围则与过去大致相当。

四、问：新标准对案件类型进行了全面的体系化构建，施行后势必会涉及对每一类型案件的具体把握。最高人民法院在规范、指导下级法院统一把握这类标准方面，将会有哪些具体措施？

答：您提到的这个问题，我们已经给予高度重视。现在《案号标准》只是列举了每一类型案件的名称及代字标准，对于具体类型的内涵和边界并没有详细注明。

之所以如此主要考虑到：一是案件类型的体系划分标准并不是绝对的，具有一定相对性，每一类型所包含的具体情形仍具有进一步的可分性，如指定管辖案件就包括依职权指定和依下级法院报请指定两种情形；二是审判实践中也会出现案件类型竞合的情况，本身就需要我们通过相应的规则加以规范，如刑事一、二审审理中适用强制医疗程序，就会涉及如何确定该情形下的案件类型问题。

为了能让案件类型标准在一定时期内保持相对稳定，我们虽然简化了类型标准的文件本身，但会通过其他方式来明确类型标准的具体把握问题。

一方面，我们正在起草《案号标准》的理解与适用，其中将对每一案件类型的内涵、边界进行详细解读，并就相关法律规范依据进行标注，以便于各级法院准确把握相关标准。

另一方面，我们正在起草案件的司法统计规则，将对每一类型案件的收案、结案标准以及计量口径作出明确规定，把好"入口关"。

同时，在《案号标准》正式施行前，最高人民法院还将组织大规模的培训，并将要求、指导各高级人民法院开展更大范围的业务培训以及各级法院内部的自我学习。

五、问：刚才您提到，此次《案号标准》与以往的做法相比最大的变化就是将法院简称进行代码化处理，作出这种改变主要基于哪些考虑？

答：将法院简称代码化不仅是相比以往的最大改变，其实也是《案号标准》起草中争议最大的问题。为何要作出这种改变？一方面是为规范全国的统一标准，明确相应的标准化规则；另一方面是为增加法院代字的信息价值。

我们在起草《案号标准》前，对全国法院裁判文书进行了大范围的抽样调查。结果表明，各地法院在案号方面的规格标准差异很大，其中法院简称尤为明显。例如，在高级人民法院层面上，有的用"高"字，有的是行政区划简称＋"高"，有的是行政区划简称＋"高法"，有的是行政区划简称＋"法"，有的就是用行政区划简称。中级、基层法院更是多种多样。

由于地级、县级行政区划缺乏明确的简称，中级、基层法院简称的习惯做法基本就是从法院名称中取其中一个字或两个字，原则上取首字，遇到首字相同则取次字或其他两个以上汉字。例如，天津市河东区人民法院取"东"字，河西区人民法院就取"西"字。

这种做法在局部地区可能不会有问题，但放在全国层面上来看，就会很容易出现重复，如北京市海淀区人民法院与内蒙古自治区呼伦贝尔市海拉尔区人民法院的现行法院简称都是"海"。

有的同志可能会建议，加上省级行政区划简称就不会重复。但在同一个省级辖区内，相同方法得到简称相同的情形并不少见，如河北省唐山市有路南区、路北区，还有丰南区、丰润区。若要唯一区分这四个法院的简称，就需要多个规则才能避免取字重复，而且取字还不能都是相同数量的汉字。

若采用代码化方法处理，这个问题就比较容易解决。因为近90%的法院是按照行政区划设立的，用省级行政区划简称与地级、县级行政区划代码相结合方式来表示法院代字，就不会有重复。至于未按行政区划设置的法院，我们将其区分为六种类型，并借鉴行政区划代码编码规则，确定每个类型的个性化编码规则，如此就很容易确保实现各级法院代字的唯一性，而且刚才也提到了这种处理可以最大限度体现法院的组织体系和反映法院设立类型发生变化的情况，实际上就增加了法院代字本身的信息价值。

六、问：通过刚才您的介绍可知，以前法院简称主要就是从法院名称中取部分汉字来表示的，现在是用中文汉字＋数字代码组合表示。这种变化对实践应用将产生哪些影响？最高人民法院是如何看待这些影响的？

答：这种改变的确会给实践应用造成一定影响，但我们认为，最大的影响就是要改变一下应用习惯，其他方面则不会产生不良影响，同时还将更加有利于案件信息的检索、分析等应用。

《案号标准》在征求意见过程中，部分法院担心代码化会导致审判人员乃至社会公众从案号中不易识别案件由哪个法院或哪类专门法院承办，将会造成陌生感等。

当然，如果要从全国法院的数字代码中快速识别是哪个法院，的确不太容易，但这并不是说以中文汉字简称就容易实现快速识别。实际上，以往我们对部分辖区法院的简称比较熟悉，也是因为长期使用的结果，并不是汉字简称本身就比数字代码易于辨识。比如，北京的法官可能比较了解本市十几家法院的简称，但对其他省市法院的汉字简称，就可能不熟悉。

代码化处理后，大家只要了解了《规定》所确定的七种编码规则，就能通过案号识别出有关承办法院的更多情况，如是哪个高级人民法院所辖，高级、中级还是基层法院，是否为专门法院，是否为跨行政区划法院，是否按行政区划设置，是否为开发区等特殊区域设置的法院，是否为省会所在地法院，甚至可以判断基层法院是县、县级市还是市辖区法院等。这些在传统标准或案号中是看不出来的，即使改按高级、中级、基层法院三层级的中文汉字简称叠加表示，也难以识别出这么多信息。

当然，为了广大法官或社会公众能便捷了解、查询全国法院代字情况，我们将定期发布全国法院代字表，并对变更的情况予以详细载明。

七、问：您刚才提到，代码化处理反而更加有利于案件信息的检索、分析等应用，能否给我们详细介绍一下？

答：刚才我谈到在代码化处理的情况下，通过法院代字可以了解诸多方面信息，这些信息实际上就蕴含于代码之中，这也是号段式数字代码的特殊价值。比如，我们在有四位数字代码的法院中，检索最后两位代码在91～99区间的，就可以掌握有关开发区、新区等特殊区域法院的情况。

检索的便利实际上也就是分析的便捷。当然，有的同志可能会认为，在信息化条件下，即使采用汉字简称也能够快速检索和分析。的确，对于信息化技术来讲，我们已经感知不到这种响应速度上的差异，但在后台检索规则的设定上，汉字简称实际比代码化要复杂。如上文所述，要避免法院代字重复，取字规则7种情形恐怕是不够的。

而且，对于用户而言，在代码化处理的情况下，一些检索分析的规则在用户界面上就可以实现，而不必每次都通过后台的技术配置。比如，我们要了解全国法院跨行政区划中级法院的总体情况，只要在检索界面设定中级法院代字中数字代码为87～95号段即可，但如果采用汉字简称，可能就需要输入十几个甚至几十个不同的汉字，操作则可能需要上百次，如此才能涵盖这类法院的所有简称。

【链　　接】

最高人民法院印发《关于修改〈关于人民法院案件案号的若干规定〉的决定》的通知

2018年12月7日　　　　法〔2018〕335号

各省、自治区、直辖市高级人民法院，解放军军事法院，新疆维吾尔自治区高级人民法院生产建设兵团分院；本院各单位：

根据审判工作需要，最高人民法院决定对《关于人民法院案件案号的若干规定》部分条款进行调整，并确定部分案件的专门审判代字，现予以印发，自2019年1月1日起施行。

执行中发现情况和问题请及时报告最高人民法院。

附：

关于修改《关于人民法院案件案号的若干规定》的决定

根据审判工作需要，对《关于人民法院案件案号的若干规定》作如下修改：

一、将第二条修改为："案号的基本要素为收案年度、法院代字、专门审判代字、类型代字、案件编号。

收案年度是收案的公历自然年，用阿拉伯数字表示。

法院代字是案件承办法院的简化标识，用中文汉字、阿拉伯数字表示。

专门审判代字是最高人民法院确定的专门审判类别简称，用1个中文汉字表示。

类型代字是案件类型的简称，用中文汉字表示。

案件编号是收案的次序号，用阿拉伯数字表示。"

二、将第三条第一款修改为："案号各基本要素的编排规格为：'('＋收案年度＋')'＋法院代字＋专门审判代字＋类型代字＋案件编号＋'号'。"

三、将第五条第二款第三项修改为："(三) 省、自治区、直辖市高级人民法院所辖的铁路、海事、知识产权、油田、林业、农垦专门中级法院，各省、自治区高级人民法院所辖的跨行政区划中级法院以及为省（自治区）内部分县级行政区划人民法院对应设立的中级法院，数字代码分别按71，72，73，74，75～80，81～85，87～95以及96～99确定；"

四、将第十条第一款修改为："相同专门审判和类型代字的案件编号，按照案件在同一收案年度内的收案顺序，以顺位自然数编排，但第二款规定情形除外。"

专利等知识产权案件的专门审判代字

人民法院审理《全国人民代表大会常务委员会关于专利等知识产权案件诉讼程序若干问题的决定》所确定的案件，其专门审判代字为"知"。

最高人民法院
关于在同一案件多个裁判文书上规范使用案号有关事项的通知

2016年2月1日　　　　　　　　　　　　法〔2016〕27号

各省、自治区、直辖市高级人民法院，解放军军事法院，新疆维吾尔自治区高级人民法院生产建设兵团分院：

为规范案号在同一案件多个裁判文书上的使用，便于区分、识别，以满足审判执行工作实际需要，现就有关事项通知如下：

一、同一案件的案号具有唯一性，各级法院应规范案号在案件裁判文书上的使用。对同一案件出现的多个同类裁判文书，首份裁判文书直接使用案号，第二份开始可在案号后缀“之一”“之二”……，以示区别。

二、在同一案件的多个不同类型裁判文书之间，无需通过上述案号后缀方法进行区分。

三、同一案件不同类型的裁判文书均出现两个以上时，每一类型裁判文书从其第二份开始均可采用上述案号后缀方法加以区分。

四、上述所称裁判文书的类型包括判决书、裁定书、调解书、决定书以及通知书等。

附件：《同一案件多个裁判文书案号后缀示例》

附件：

同一案件多个裁判文书案号后缀示例

一、对同一案件出现的多个同类裁判文书，首份裁判文书直接使用案号，第二份开始可在案号后缀“之一”“之二”……，以示区别。

1. 某法院执行案件第一份裁定：

×××××××中级人民法院

执行裁定书

（201×）×01 执 8 号

2. 某法院执行案件第二份裁定：

×××××××中级人民法院

执行裁定书

（201×）×01 执 8 号之一

3. 某法院执行案件第三份裁定：

×××××××中级人民法院

执行裁定书

（201×）×01 执 8 号之二

二、在同一案件的多个不同类型裁判文书之间，无需通过上述案号后缀方法进行区分。

1. 某法院一审案件管辖权异议裁定：

×××××××中级人民法院

民事裁定书

（201×）×01 民初 9 号

2. 某法院一审案件判决：

×××××××中级人民法院

民事判决书

（201×）×01 民初 9 号

三、同一案件不同类型的裁判文书均出现两个以上时，每一类型裁判文书从其第二份开始均可采用上述案号后缀方法加以区分。

1. 某法院一审案件管辖权异议裁定：

×××××××中级人民法院

民事裁定书

（201×）×01 民初 10 号

2. 某法院一审案件先予执行裁定：

××××××中级人民法院

民事裁定书

（201×）×01 民初 10 号之一

3. 某法院一审案件中间判决：

××××××中级人民法院

民事判决书

（201×）×01 民初 10 号

4. 某法院一审案件最终判决：

××××××中级人民法院

民事判决书

（201×）×01 民初 10 号之一

（四）律　师

最高人民法院　最高人民检察院
公安部　国家安全部　司法部
印发《关于依法保障律师执业权利的规定》的通知

2015 年 9 月 16 日　　　　司发〔2015〕14 号

各省、自治区、直辖市高级人民法院、人民检察院、公安厅（局）、国家安全厅（局）、司法厅（局），解放军军事法院、军事检察院、总政治部保卫部、司法局，新疆维吾尔自治区高级人民法院生产建设兵团分院、新疆生产建设兵团人民检察院、公安局、国家安全局、司法局：

现将《关于依法保障律师执业权利的规定》印发你们，请认真遵照执行。

附：

最高人民法院　最高人民检察院
公安部　国家安全部　司法部
关于依法保障律师执业权利的规定

第一条　为切实保障律师执业权利，充分发挥律师维护当事人合法权益、维护法律正确实施、维护社会公平和正义的作用，促进司法公正，根据有关法律法规，制定本规定。

第二条　人民法院、人民检察院、公安机关、国家安全机关、司法行政机关应当尊重律师，健全律师执业权利保障制度，依照刑事诉讼法、民事诉讼法、行政诉讼法及律师法的规定，在各自职责范围内依法保障律师知情权、申请权、申诉权，以及会见、阅卷、收集证据和发问、质证、辩论等方面的执业权利，不得阻碍律师依法履行辩护、代理职责，不得侵害律师合法权利。

第三条　人民法院、人民检察院、公安机关、国家安全机关、司法行政机关和律师协会应当建立健全律师执业权利救济机制。

律师因依法执业受到侮辱、诽谤、威胁、报复、人身伤害的，有关机关应当及时制止并依法处理，必要时对律师采取保护措施。

第四条　人民法院、人民检察院、公安机关、国家安全机关、司法行政机关应当建立和完善诉讼服务中心、立案或受案场所、律师会见室、阅卷室，规范工作流程，方便律师办理立案、会见、阅卷、参与庭审、申请执行等事务。探索建立网络信息系统和律师服务平台，提高案件办理效率。

第五条　办案机关在办理案件中应当依法告知当事人有权委托辩护人、诉讼代理人。对于符合法律援助条件而没有委托辩护人或者诉讼代理人的，办案机关应当及时告知当事人有权申请法律援助，并按照相关规定向法律援助机构转交申请材料。办案机关发现犯罪嫌疑人、被告人属于依法应当提供法律援助的情形的，应当及时通知法律援助机构指派律师为其提供辩护。

第六条　辩护律师接受犯罪嫌疑人、被告人委托或者法律援助机构的指派后，应当告知办案机关，并可以依法向办案机关了解犯罪嫌疑人、被告人涉嫌或者被指控的罪名及当时已查明的该罪的主要事实，犯罪嫌疑人、被告人被采取、变更、解除强制措施的情况，侦查机关延长侦查羁押期限等情况，办案机关应当依法及时告知辩护律师。

办案机关作出移送审查起诉、退回补充侦查、提起公诉、延期审理、二审不开庭审理、宣告判决等重大程序性决定的，以及人民检察院将直接受理立案侦查案件报请上一级人民检察院审查决定逮捕的，应当依法及时告知辩护律师。

第七条 辩护律师到看守所会见在押的犯罪嫌疑人、被告人，看守所在查验律师执业证书、律师事务所证明和委托书或者法律援助公函后，应当及时安排会见。能当时安排的，应当当时安排；不能当时安排的，看守所应当向辩护律师说明情况，并保证辩护律师在四十八小时以内会见到在押的犯罪嫌疑人、被告人。

看守所安排会见不得附加其他条件或者变相要求辩护律师提交法律规定以外的其他文件、材料，不得以未收到办案机关通知为由拒绝安排辩护律师会见。

看守所应当设立会见预约平台，采取网上预约、电话预约等方式为辩护律师会见提供便利，但不得以未预约会见为由拒绝安排辩护律师会见。

辩护律师会见在押的犯罪嫌疑人、被告人时，看守所应当采取必要措施，保障会见顺利和安全进行。律师会见在押的犯罪嫌疑人、被告人的，看守所应当保障律师履行辩护职责需要的时间和次数，并与看守所工作安排和办案机关侦查工作相协调。辩护律师会见犯罪嫌疑人、被告人时不被监听，办案机关不得派员在场。在律师会见室不足的情况下，看守所经辩护律师书面同意，可以安排在讯问室会见，但应当关闭录音、监听设备。犯罪嫌疑人、被告人委托两名律师担任辩护人的，两名辩护律师可以共同会见，也可以单独会见。辩护律师可以带一名律师助理协助会见。助理人员随同辩护律师参加会见的，应当出示律师事务所证明和律师执业证书或申请律师执业人员实习证。办案机关应当核实律师助理的身份。

第八条 在押的犯罪嫌疑人、被告人提出解除委托关系的，办案机关应当要求其出具或签署书面文件，并在三日以内转交受委托的律师或者律师事务所。辩护律师可以要求会见在押的犯罪嫌疑人、被告人，当面向其确认解除委托关系，看守所应当安排会见；但犯罪嫌疑人、被告人书面拒绝会见的，看守所应当将有关书面材料转交辩护律师，不予安排会见。

在押的犯罪嫌疑人、被告人的监护人、近亲属解除代为委托辩护律师关系的，经犯罪嫌疑人、被告人同意的，看守所应当允许新代为委托的辩护律师会见，由犯罪嫌疑人、被告人确认新的委托关系；犯罪嫌疑人、被告人不同意解除原辩护律师的委托关系的，看守所应当终止新代为委托的辩护律师会见。

第九条 辩护律师在侦查期间要求会见危害国家安全犯罪、恐怖活动犯罪、特别重大贿赂犯罪案件在押的犯罪嫌疑人的，应当向侦查机关提出申请。侦查机关应当依法及时审查辩护律师提出的会见申请，在三日以内将是否许可的决定书面答复辩护律师，并明确告知负责与辩护律师联系的部门及工作人员的联系方式。对许可会见的，应当向辩护律师出具许可决定文书；因有碍侦查或者可能泄露国家秘密而不许可会见的，应当向辩护律师说明理由。有碍侦查或者可能泄露国家秘密的情形消失后，应当许可会见，并及时通知看守所和辩护律师。对特别重大贿赂案件在侦查终结前，侦查机关应当许可辩护律师至少会见一次犯罪嫌疑人。

侦查机关不得随意解释和扩大前款所述三类案件的范围，限制律师会见。

第十条 自案件移送审查起诉之日起，辩护律师会见犯罪嫌疑人、被告人，可以向其核实有关证据。

第十一条 辩护律师会见在押的犯罪嫌疑人、被告人，可以根据需要制作会见笔录，并要求犯罪嫌疑人、被告人确认无误后在笔录上签名。

第十二条 辩护律师会见在押的犯罪嫌疑人、被告人需要翻译人员随同参加的，应当提前向办案机关提出申请，并提交翻译人员身份证明及其所在单位出具的证明。办案机关应当及时审查并在三日以内作出是否许可的决定。许可翻译人员参加会见的，应当向辩护律师出具许可决定文书，并通知看守所。不许可的，应当向辩护律师书面说明理由，并通知其更换。

翻译人员应当持办案机关许可决定文书和本人身份证明，随同辩护律师参加会见。

第十三条 看守所应当及时传递辩护律师同犯罪嫌疑人、被告人的往来信件。看守所可以对信件进行必要的检查，但不得截留、复制、删改信件，不得向办案机关提供信件内容，但信件内容涉及危害国家安全、公共安全、严重危害他人人身安全以及涉嫌串供、毁灭证据等情形的除外。

第十四条 辩护律师自人民检察院对案件审查起诉之日起，可以查阅、摘抄、复制本案的案卷材料，人民检察院检察委员会的讨论记录、人民法院合议庭、审判委员会的讨论记录以及其他依法不能公开的材料除外。人民检察院、人民法院应当为辩护律师查阅、摘抄、复制案卷材料提供便利，有条件的地方可以推行电子化阅卷，允许刻录、下载材料。侦查机关应当在案件移送审查起诉后三日以内，人民检察院应当在提起公诉后三日以内，将案件移送情况告知辩护律师。案件提起公诉后，人民检察院对案卷所附证据材料有调整或者补充的，应当及时告知辩护律师。辩护律师对调整或者补充的证据材料，有权查阅、摘抄、复制。辩护律师办理申诉、抗诉案件，在人民检察院、人民法院经审查决定立案后，可以持律师执业证书、律师事务所证明和委托书或者法律援助公函到案卷档案管理部门、持有案卷档案的办案部门查阅、摘抄、复制已经审理终结案件的案卷材料。

辩护律师提出阅卷要求的，人民检察院、人民法院应当当时安排辩护律师阅卷，无法当时安排的，应当向辩护律师说明并安排其在三个工作日以内阅卷，不得限制辩护律师阅卷的次数和时间。有条件的地方可以设立阅卷预约平台。

人民检察院、人民法院应当为辩护律师阅卷提供场所和便利，配备必要的设备。因复制材料发生费用的，只收取工本费用。律师办理法律援助案件复制材料发生的费用，应当予以免收或者减收。辩护律师可以采用复印、拍照、扫描、电子数据拷贝等方式复制案卷材料，可以根据需要带律师助理协助阅卷。办案机关应当核实律师助理的身份。

辩护律师查阅、摘抄、复制的案卷材料属于国家秘密的，应当经过人民检察院、人民法院同意并遵守国家保密规定。律师不得违反规定，披露、散布案件重要信息和案卷材料，或者将其用于本案辩护、代理以外的其他用途。

第十五条 辩护律师提交与案件有关材料的，办案机关应当在工作时间和办公场所予以接待，当面了解辩护律师提交材料的目的、材料的来源和主要内容等有关情况并记录在案，与相关材料一并附卷，并出具回执。辩护律师应当提交原件，提交原件确有困难的，经办案机关准许，也可以提交复印件，经与原件核对无误后由辩护律师签名确认。辩护律师通过服务平台网上提交相关材料的，办案机关应当在网上出具回执。辩护律师应当及时向办案机关提供原件核对，并签名确认。

第十六条 在刑事诉讼审查起诉、审理期间，辩护律师书面申请调取公安机关、人民检察院在侦查、审查起诉期间收集但未提交的证明犯罪嫌疑人、被告人无罪或者罪轻的证据材料的，人民检察院、人民法院应当依法及时审查。经审查，认为辩护律师申请调取的证据材料已收集并且与案件事实有联系的，应当及时调取。相关证据材料提交后，人民检察院、人民法院应当及时通知辩护律师查阅、摘抄、复制。经审查决定不予调取的，应当书面说明理由。

第十七条 辩护律师申请向被害人或者其近亲属、被害人提供的证人收集与本案有关的材料的，人民检察院、人民法院应当在七日以内作出是否许可的决定，并通知辩护律师。辩护律师书面提出有关申请时，办案机关不许可的，应当书面说明理由；辩护律师口头提出申请的，办案机关可以口头答复。

第十八条 辩护律师申请人民检察院、人民法院收集、调取证据的，人民检察院、人民法院应当在三日以内作出是否同意的决定，并通知辩护律师。辩护律师书面提出有关申请时，办案机关不同意的，应当书面说明理由；辩护律师口头提出申请的，办案机关可以口头答复。

第十九条 辩护律师申请向正在服刑的罪犯收集与案件有关的材料的，监狱和其他监管机关在查验律师执业证书、律师事务所证明和犯罪嫌疑人、被告人委托书或法律援助公函后，应当及时安排并提供合适的场所和便利。

正在服刑的罪犯属于辩护律师所承办案件的被害人或者其近亲属、被害人提供的证人的，应当经人民检察院或者人民法院许可。

第二十条 在民事诉讼、行政诉讼过程中，律师因客观原因无法自行收集证据的，可以依法向人民法院申请调取。经审查符合规定的，人民法院应当予以调取。

第二十一条 侦查机关在案件侦查终结前，人民检察院、人民法院在审查批准、决定逮捕期间，最高人民法院在复核死刑案件期间，辩护律师提出要求的，办案机关应当听取辩护律师的意见。人民检察院审查起诉、第二审人民法院决定不开庭审理的，应当充分听取辩护律师的意见。

辩护律师要求当面反映意见或者提交证据材料的，办案机关应当依法办理，并制作笔录附卷。辩护律师提出的书面意见和证据材料，应当附卷。

第二十二条 辩护律师书面申请变更或者解除强制措施的，办案机关应当在三日以内作出处理决定。辩护律师的申请符合法律规定的，办案机关应当及时变更或者解除强制措施；经审查认为不应当变更或者解除强制措施的，应当告知辩护律师，并书面说明理由。

第二十三条 辩护律师在侦查、审查起诉、审判期间发现案件有关证据存在刑事诉讼法第五十四条规定的情形的，可以向办案机关申请排除非法证据。

辩护律师在开庭以前申请排除非法证据，人民法院对证据收集合法性有疑问的，应当依照刑事诉讼法第一百八十二条第二款的规定召开庭前会议，就非法证据排除问题了解情况，听取意见。

辩护律师申请排除非法证据的，办案机关应当听取辩护律师的意见，按照法定程序审查核实相关证据，并依法决定是否予以排除。

第二十四条 辩护律师在开庭以前提出召开庭前会议、回避、补充鉴定或者重新鉴定以及证人、鉴定人出庭等申请的，人民法院应当及时审查作出处理决定，并告知辩护律师。

第二十五条 人民法院确定案件开庭日期时，应当为律师出庭预留必要的准备时间并书面通知律师。律师因开庭日期冲突等正当理由申请变更开庭日期的，人民法院应当在不影响案件审理期限的情况下，予以考虑并调整日期，决定调整日期的，应当及时通知律师。

律师可以根据需要，向人民法院申请带律师助理参加庭审。律师助理参加庭审仅能从事相关辅助工作，不得发表辩护、代理意见。

第二十六条 有条件的人民法院应当建立律师参与诉讼专门通道，律师进入人民法院参与诉讼确需安全检查的，应当与出庭履行职务的检察人员同等对待。有条件的人民法院应当设置专门的律师更衣室、休息室或者休息区域，并配备必要的桌椅、饮水及上网设施等，为律师参与诉讼提供便利。

第二十七条 法庭审理过程中，律师对审判人员、检察人员提出回避申请的，人民法院、人民检察院应当依法作出处理。

第二十八条 法庭审理过程中，经审判长准许，律师可以向当事人、证人、鉴定人和有专门知识的人发问。

第二十九条 法庭审理过程中，律师可以就证据的真实性、合法性、关联性，从证明目的、证明效果、证明标准、证明过程等方面，进行法庭质证和相关辩论。

第三十条 法庭审理过程中，律师可以就案件事实、证据和适用法律等问题，进行法庭辩论。

第三十一条 法庭审理过程中，法官应当注重诉讼权利平等和控辩平衡。对于律师发问、质证、辩论的内容、方式、时间等，法庭应当依法公正保障，以便律师充分发表意见，查清案件事实。

法庭审理过程中，法官可以对律师的发问、辩论进行引导，除发言过于重复、相关问题已在庭前会议达成一致、与案件无关或者侮辱、诽谤、威胁他人，故意扰乱法庭秩序的情况外，法官不得随意打断或者制止律师按程序进行的发言。

第三十二条 法庭审理过程中，律师可以提出证据材料，申请通知新的证人、有专门知识的人出庭，申请调取新的证据，申请重新鉴定或者勘验、检查。在民事诉讼中，申请有专门知识的人出庭，应当在举证期限届满前向人民法院申请，经法庭许可后才可以出庭。

第三十三条 法庭审理过程中，遇有被告人供述发生重大变化、拒绝辩护等重大情形，经审判长许可，辩护律师可以与被告人进行交流。

第三十四条 法庭审理过程中，有下列情形之一的，律师可以向法庭申请休庭：

（一）辩护律师因法定情形拒绝为被告人辩护的；

（二）被告人拒绝辩护律师为其辩护的；

（三）需要对新的证据作辩护准备的；

（四）其他严重影响庭审正常进行的情形。

第三十五条 辩护律师作无罪辩护的，可以当庭就量刑问题发表辩护意见，也可以庭后提交量刑辩护意见。

第三十六条 人民法院适用普通程序审理案件，应当在裁判文书中写明律师依法提出的辩护、代理意见，以及是否采纳的情况，并说明理由。

第三十七条 对于诉讼中的重大程序信息和送达当事人的诉讼文书，办案机关应当通知辩护、代理律师。

第三十八条 法庭审理过程中，律师就回避，案件管辖，非法证据排除，申请通知证人、鉴定人、有专门知识的人出庭，申请通知新的证人到庭，调取新的证据，申请重新鉴定、勘验等问题当庭提出申请，或者对法庭审理程序提出异议的，法庭原则上应当休庭进行审查，依照法定程序作出决定。其他律师有相同异议的，应一并提出，法庭一并休庭审查。法庭决定驳回申请或者异议的，律师可当庭提出复议。经复议后，律师应当尊重法庭的决定，服从法庭的安排。

律师不服法庭决定保留意见的内容应当详细记入法庭笔录，可以作为上诉理由，或者向同级或者上一级人民检察院申诉、控告。

第三十九条 律师申请查阅人民法院录制的庭审过程的录音、录像的，人民法院应当准许。

第四十条 侦查机关依法对在诉讼活动中涉嫌犯罪的律师采取强制措施后，应当在四十八小时以内通知其所在的律师事务所或者所属的律师协会。

第四十一条 律师认为办案机关及其工作人员明显违反法律规定，阻碍律师依法履行辩护、代理职责，侵犯律师执业权利的，可以向该办案机关或者其上一级机关投诉。

办案机关应当畅通律师反映问题和投诉的渠道，明确专门部门负责处理律师投诉，并公开联系方式。

办案机关应当对律师的投诉及时调查，律师要求当面反映情况的，应当当面听取律师的意见。经调查情况属实的，应当依法立即纠正，及时答复律师，做好说明解释工作，并将处理情况通报其所在地司法行政机关或者所属的律师协会。

第四十二条 在刑事诉讼中，律师认为办案机关及其工作人员的下列行为阻碍律师依法行使诉讼权利的，可以向同级或者上一级人民检察院申诉、控告：

（一）未依法向律师履行告知、转达、通知和送达义务的；

（二）办案机关认定律师不得担任辩护人、代理人的情形有误的；

（三）对律师依法提出的申请，不接收、不答复的；

（四）依法应当许可律师提出的申请未许可的；

（五）依法应当听取律师的意见未听取的；

（六）其他阻碍律师依法行使诉讼权利的行为。

律师依照前款规定提出申诉、控告的，人民检察院应当在受理后十日以内进行审查，并将处理情况书面答复律师。情况属实的，通知有关机关予以纠正。情况不属实的，做好说明解释工作。

人民检察院应当依法严格履行保障律师依法执业的法律监督职责，处理律师申诉控告。在办案过程中发现有阻碍律师依法行使诉讼权利行为的，应当依法、及时提出纠正意见。

第四十三条 办案机关或者其上一级机关、人民检察院对律师提出的投诉、申诉、控告，经调查核实后要求有关机关予以纠正，有关机关拒不纠正或者累纠累犯的，应当由相关机关的纪检监察部门依照有关规定调查处理，相关责任人构成违纪的，给予纪律处分。

第四十四条　律师认为办案机关及其工作人员阻碍其依法行使执业权利的，可以向其所执业律师事务所所在地的市级司法行政机关、所属的律师协会申请维护执业权利。情况紧急的，可以向事发地的司法行政机关、律师协会申请维护执业权利。事发地的司法行政机关、律师协会应当给予协助。

司法行政机关、律师协会应当建立维护律师执业权利快速处置机制和联动机制，及时安排专人负责协调处理。律师的维权申请合法有据的，司法行政机关、律师协会应当建议有关办案机关依法处理，有关办案机关应当将处理情况及时反馈司法行政机关、律师协会。

司法行政机关、律师协会持有关证明调查核实律师权益保障或者违纪有关情况的，办案机关应当予以配合、协助，提供相关材料。

第四十五条　人民法院、人民检察院、公安机关、国家安全机关、司法行政机关和律师协会应当建立联席会议制度，定期沟通保障律师执业权利工作情况，及时调查处理侵犯律师执业权利的突发事件。

第四十六条　依法规范法律服务秩序，严肃查处假冒律师执业和非法从事法律服务的行为。对未取得律师执业证书或者已经被注销、吊销执业证书的人员以律师名义提供法律服务或者从事相关活动的，或者利用相关法律关于公民代理的规定从事诉讼代理或者辩护业务非法牟利的，依法追究责任，造成严重后果的，依法追究刑事责任。

第四十七条　本规定所称“办案机关”，是指负责侦查、审查逮捕、审查起诉和审判工作的公安机关、国家安全机关、人民检察院和人民法院。

第四十八条　本规定所称“律师助理”，是指辩护、代理律师所在律师事务所的其他律师和申请律师执业实习人员。

第四十九条　本规定自发布之日起施行。

【解　　读】

解读《关于依法保障律师执业权利的规定》

最高人民法院、最高人民检察院、公安部、国家安全部、司法部2015年9月16日联合出台了《关于依法保障律师执业权利的规定》（以下简称《规定》)。

一、《规定》的出台背景和意义

这些年来，在党中央、国务院领导下，在有关部门和社会各界的关心和支持下，律师工作改革发展不断推进，律师队伍规模不断壮大，队伍结构不断优化，服务领域不断拓展，律师事业取得长足发展。截至2014年底，我国律师已达27万多人，律师事务所已达2万多家。律师执业权利的保障程度，关系到当事人合法权益能否得到有效维护，关系到律师作用能否得到有效发挥，关系到司法制度能否得到完善和发展。

党中央、国务院高度重视保障律师执业权利，中央政法各部门陆续出台了一系列保障律师执业权利的规范性文件，一些地方政法部门也联合出台了保障律师执业权利的规范性文件，律师执业环境得到很大的改善，但也还存在对律师执业权利的保障不够充分的问题。根据党的十八大和十八届三中、四中全会精神和习近平总书记等中央领导同志重要指示精神，在深入调查研究、广泛听取意见的基础上，最高人民法院、最高人民检察院、公安部、国家安全部、司法部联合出台了《关于依法保障律师执业权利的规定》，提出了依法保障律师执业权利措施，着力解决当前律师权利保障中存在的突出问题。这次由“两院三部”联合出台《规定》，在律师事业发展史上还是第一次，对于进一步加强律师工作，保障律师执业权利，推进律师事业发展，充分发挥律师在全面推进依法治国中的重要作用，为协调推进“四个全面”战略布局作出新贡献，具有重大而深远的意义。

二、出台《规定》总的考虑

出台《规定》总的考虑：一是坚持突出主题。以律师执业权利保障为主题，紧紧围绕党的十八届三中、四中全会提出的关于完善律师执业权利保障机制的要求，全面设计，综合施策，强调各政法机关应当尊重律师，健全律师执业权利保障制度，不得阻碍律师依法履行辩护、代理职责，不得侵害律师合法权利。二是坚持问题导向。《规定》主要针对法律规定的律师执业各项权利落实不够有力，尤其是在律师会见、阅卷、申请调取证据以及庭审辩论辩护遇到的困难和问题，提出了保障律师执业权利的相应措施。三是坚持于法有据。《规定》以三大诉讼法和律师法等现行法律法规为依据，对相关规定内容予以进一步明确和细化，注意与相关法律法规相衔接。同时，吸收了近年来最高人民法院、最高人民检察院、公安部、国家安全部、司法部颁布的有关保障律师执业权利的规定。

三、律师执业权利的保障措施

《规定》分别就保障律师知情权、申请权、申诉权，以及会见、阅卷、收集证据和发问、质证、辩论辩护等方面的权利作出规定。

一是保障律师的知情权，明确了律师向办案机关了解案件情况时办案机关应当依法告知和办案机关作出重大程序性决定时应当及时告知的范围。二是保障律师的会见权，明确了律师会见在押的犯罪嫌疑人、被告人的权利，尤其是明确了三类案件中律师提出会见申请时办案机关不得以法律规定之外的理由限制律师会见，律师会见犯罪嫌疑人、被告人时不被监听，办案机关不得派员在场，看守所为律师会见提供便利等方面要求。三是保障律师通信权，明确了除特殊情形以外办案机关不得对辩护律师同犯罪嫌疑人、被告人的往来信件截留、复制、删改等。四是保障律师阅卷权，进一步明确了律师的阅卷范围和复制案卷方式等内容，同时也规定了律师的保密义务。五是保障律师申请收集、调取证据权，明确了律师向办案机关提交自行收集的证据材料，申请调取办案机关未提交的证据材料，申请向被害人等收集案件相关材料，申请人民检察院、人民法院收集调取证据，申请向正在服刑的罪犯收集案件相关材料等内容。六是依法听取律师意见，明确了办案机关应当听取律师意见的情形和相关附卷程序。七是保障律师庭审权利，包括保障律师庭审前的申请权，保障律师参加庭审和安全检查、出庭便利的具体措施，庭审过程中的诉讼权利保障、申请休庭、发表辩护代理意见，向法庭提出异议，申请查阅庭审录音、录像以及与庭审相关的通知和文书送达等内容。八是侦查机关对律师采取强制措施时，应当在规定时间内通知其所在的律师事务所或者所属的律师协会。

四、律师执业权利的救济机制

权利救济是权利保障的重要内容。各级政法机关和律师协会要在保障律师执业权利不受侵犯的同时，建立完善救济机制，确保侵犯律师执业权利的行为能够得到及时纠正。为此，《规定》对律师执业权利保障分四个层次设置了救济机制。一是投诉机制，《规定》明确了律师可以就办案机关及其工作人员侵犯律师执业权利的行为向办案机关及其上一级机关投诉，主要由办案机关进行处理和救济。二是申诉控告机制，《规定》明确了律师向检察机关申诉控告时的处理和救济机制。三是维护律师执业权利工作机制，《规定》明确了律师向司法行政机关和律师协会申请维护执业权益时的处理和救济机制。四是各部门联席会议制度，《规定》明确了各部门要定期沟通保障律师执业权利工作情况，及时调查处理侵犯律师执业权利的突发事件。

五、对侵犯律师执业权利的行为的责任追究机制

为强化责任，严格落实保障律师执业权利的各项措施，《规定》明确规定了侵犯律师执业权利行为的责任追究机制。办案机关或者其上一级机关、人民检察院对律师提出的投诉、申诉、控告，经调查核实后要求有关机关予以纠正，有关机关拒不纠正或者累纠累犯的，应当由相关机关的纪检监察部门依照有关规定调查处理。相关责任人构成违纪的，给予纪律处分。

六、《规定》在完善规范法律服务秩序方面的具体措施

为进一步规范和完善法律服务市场秩序，优化法律服务和法治环境，《规定》提出，严肃查处假冒律师执业和非法从事法律服务的行为。对未取得律师执业证书或者已经被注销、吊销执业证书的人员以律师名义提供法律服务或者从事相关活动的，或者利用相关法律关于公民代理的规定从事诉讼代理或者辩护业务非法牟利的，依法追究责任，造成严重后果的，依法追究刑事责任。

七、对各地贯彻落实《规定》的具体要求

贯彻落实好《规定》，是当前和今后一个时期各级政法机关的重大任务，再好的制度得不到执行，都是一纸空文。各级政法机关要加强领导，把《规定》的学习、宣传、贯彻工作摆上重要位置，列入重要议事日程。主要负责同志要亲自研究、亲自部署、亲自抓，分管领导要具体抓，扎实推进各项工作。要明确工作职责，细化分工方案，做到工作有步骤、有阶段、有目标、有成效。要加强协调沟通，落实好相关政策措施，使律师执业权利得到有力保障、律师执业行为得到有效规范、律师职能作用得到充分发挥。要加强督查，会同有关机关和部门及时检查《规定》落实情况，积极解决执行中出现的问题，确保《规定》的各项措施落到实处。

（撰稿人：吴孟栓　李昊昕　王　佳）

【链　　接】

保障律师执业权利　有效发挥律师作用
——“两院三部”负责人解读《关于依法保障律师执业权利的规定》

最高人民法院、最高人民检察院、公安部、国家安全部、司法部（以下简称“两院三部”）于2015年9月16日联合出台了《关于依法保障律师执业权利的规定》（以下简称《规定》）。

“两院三部”负责人日前就《规定》的有关问题回答了记者提问。

一、问：请介绍《规定》的出台背景和意义。

答：这些年来，在党中央、国务院领导下，在有关部门和社会各界的关心和支持下，律师工作改革发展不断推进，律师队伍规模不断壮大，队伍结构不断优化，服务领域不断拓展，律师事业取得长足发展。截至2014年年底，我国律师已达27万多人，律师事务所已达2万多家。律师执业权利的保障程度关系到当事人合法权益能否得到有效维护，关系到律师作用能否得到有效发挥，关系到司法制度能否得到完善和发展。

党中央、国务院高度重视保障律师执业权利，中央政法各部门陆续出台了一系列保障律师执业权利的规范性文件，一些地方政法部门也联合出台了保障律师执业权利的规范性文件，律师执业环境得到很大的改善，但也还存在对律师执业权利的保障不够充分的问题。根据党的十八大和十八届三中、四中全会精神和习近平总书记等中央领导同志重要指示精神，在深入调查研究、广泛听取意见的基础上，“两院三部”联合出台了《规定》，提出了依法保障律师执业权利措施，着力解决当前律师权利保障中存在的突出问题。这次由“两院三部”联合出台《规定》，在律师事业发展史上还是第一次，对于进一步加强律师工作，保障律师执业权利，推进律师事业发展，充分发挥律师在全面推进依法治国中的重要作用，为协调推进“四个全面”战略布局作出新贡献，具有重大而深远的意义。

二、问：请问出台《规定》总的考虑是什么？

答：出台《规定》总的考虑：一是坚持突出主题。以律师执业权利保障为主题，紧紧围绕党的十八届三中、四中全会提出的关于完善律师执业权利保障机制的要求，全面设计，综合施策，强调各政法机关应当尊重律师，健全律师执业权利保障制度，不得阻碍律师依法履行辩护、代理职责，不得侵害律师合法权利。二是坚持问题导向。《规定》主要针对法律规定的律师执业各项权利落实不够有力，尤其是在律师会见、阅卷、申请调取证据以及庭审辩论辩护遇到的困难和问题，提出了保障律师执业权利的相应措施。三是坚持于法有据。《规定》以三大诉讼法和《律师法》等现行法律法规为依据，对相关规定内容予以进一步明确和细化，注意与相关法律法规相衔接。同时，吸收了近年来最高人民法院、最高人民检察院、公安部、国家安全部、司法部颁布的有关保障律师执业权利的规定。

三、问：《规定》提出哪些律师执业权利的保障措施？

答：《规定》分别就保障律师知情权、申请权、申诉权，以及会见、阅卷、收集证据和发问、质证、辩论辩护等方面的权利作出规定。

一是保障律师的知情权，明确了律师向办案机关了解案件情况时办案机关应当依法告知和办案机关作出重大程序性决定时应当及时告知的范围。二是保障律师的会见权，明确了律师会见在押的犯罪嫌疑人、被告人的权利，尤其是明确了三类案件中律师提出会见申请时办案机关不得以法律规定之外的理由限制律师会见，律师会见犯罪嫌疑人、被告人时不被监听，办案机关不得派员在场，看守所为律师会见提供便利等方面要求。三是保障律师通信权，明确了除特殊情形以外办案机关不得对辩护律师同犯罪嫌疑人、被告人的往来信件截留、复制、删改等。四是保障律师阅卷权，进一步明确了律师的阅卷范围和复制案卷方式等内容，同时也规定了律师的保密义务。五是保障律师申请收集、调取证据权，明确了律师向办案机关提交自行收集的证据材料，申请调取办案机关未提交的证据材料，申请向被害人等收集案件相关材料，申请人民检察院、人民法院收集、调取证据，申请向正在服刑的罪犯收集案件相关材料等内容。六是依法听取律师意见，明确了办案机关应当听取律师意见的情形和相关附卷程序。七是保障律师庭审权利，包括保障律师庭审前的申请权，保障律师参加庭审和安全检查、出庭便利的具体措施，庭审过程中的诉讼权利保障、申请休庭、发表辩护代理意见，向法庭提出异议，申请查阅庭审录音、录像以及与庭审相关的通知和文书送达等内容。八是侦查机关对律师采取强制措施时，应当在规定时间内通知其所在的律师事务所或者所属的律师协会。

四、问：律师执业权利受到侵害时有哪些救济机制？

答：权利救济是权利保障的重要内容。各级政法机关和律师协会要在保障律师执业权利不受侵犯的同时，建立完善救济机制，确保侵犯律师执业权利的行为能够得到及时纠正。为此，《规定》对律师执业权利保障分四个层次设置了救济机制：一是投诉机制，《规定》明确了律师可以就办案机关及其工作人员侵犯律师执业权利的行为向办案机关及其上一级机关投诉，主要由办案机关进行处理和救济。二是申诉控告机制，《规定》明确了律师向检察机关申诉控告时的处理和救济机制。三是维护律师执业权利工作机制，《规定》明确了律师向司法行政机关和律师协会申请维护执业权利时的处理和救济机制。四是各部门联席会议制度，《规定》明确了各部门要定期沟通保障律师执业权利工作情况，及时调查处理侵犯律师执业权利的突发事件。

五、问：对侵犯律师执业权利的行为有哪些责任追究机制？

答：为强化责任，严格落实保障律师执业权利的各项措施，《规定》明确规定了侵犯律师执业权利行为的责任追究机制。办案机关或者其上一级机关、人民检察院对律师提出的投诉、申诉、控告，经调查核实后要求有关机关予以纠正，有关机关拒不纠正或者累纠累犯的，应当由相关机关的纪检监察部门依照有关规定调查处理。相关责任人构成违纪的，给予纪律处分。

六、问：《规定》在完善规范法律服务秩序方面有什么具体措施？

答：为进一步规范和完善法律服务市场秩序，优化法律服务和法治环境，《规定》提出，严肃查处假冒律师执业和非法从事法律服务的行为。对未取得律师执业证书或者已经被注销、吊销执业证书的人员以律师名义提供法律服务或者从事相关活动的，或者利用相关法律关于公民代理的规定从事诉讼代理或者辩护业务非法牟利的，依法追究责任，造成严重后果的，依法追究刑事责任。

七、问：对各地贯彻落实《规定》有什么具体要求？

答：贯彻落实好《规定》，是当前和今后一个时期各级政法机关的重大任务，再好的制度得不到执行，都是一纸空文。各级政法机关要加强领导，把《规定》的学习、宣传、贯彻工作摆上重要位置，列入重要议事日程。主要负责同志要亲自研究、亲自部署、亲自抓，分管领导要具体抓，扎实推进各项工作。要明确工作职责，细化分工方案，做到工作有步骤、有阶段、有目标、有成效。要加强协调沟通，落实好相关政策措施，使律师执业权利得到有力保障、律师执业行为得到有效规范、律师职能作用得到充分发挥要加强督查，会同有关机关和部门及时检查《规定》落实情况，积极解决执行中出现的问题，确保《规定》的各项措施落到实处。

最高人民法院
印发《关于依法切实保障律师诉讼权利的规定》的通知

2015 年 12 月 29 日　　　　　　　　法发〔2015〕16 号

各省、自治区、直辖市高级人民法院，解放军军事法院，新疆维吾尔自治区高级人民法院生产建设兵团分院：

现将《最高人民法院关于依法切实保障律师诉讼权利的规定》予以印发，请认真贯彻执行。

附：

最高人民法院
关于依法切实保障律师诉讼权利的规定

为深入贯彻落实全面推进依法治国战略，充分发挥律师维护当事人合法权益、促进司法公正的积极作用，切实保障律师诉讼权利，根据中华人民共和国刑事诉讼法、民事诉讼法、行政诉讼法、律师法和《最高人民法院、最高人民检察院、公安部、国家安全部、司法部关于依法保障律师执业权利的规定》，作出如下规定：

一、依法保障律师知情权。人民法院要不断完善审判流程公开、裁判文书公开、执行信息公开“三大平台”建设，方便律师及时获取诉讼信息。对诉讼程序、诉权保障、调解和解、裁判文书等重要事项及相关进展情况，应当依法及时告知律师。

二、依法保障律师阅卷权。对律师申请阅卷的，应当在合理时间内安排。案卷材料被其他诉讼主体查阅的，应当协调安排各方阅卷时间。律师依法查阅、摘抄、复制有关卷宗材料或者查看庭审录音录像的，应当提供场所和设施。有条件的法院，可提供网上卷宗查阅服务。

三、依法保障律师出庭权。确定开庭日期时，应当为律师预留必要的出庭准备时间。因特殊情况更改开庭日期的，应当提前三日告知律师。律师因正当理由请求变更开庭日期的，法官可在征询其他当事人意见后准许。律师带助理出庭的，应当准许。

四、依法保障律师辩论、辩护权。法官在庭审过程中应合理分配诉讼各方发问、质证、陈述和辩论、辩护的时间，充分听取律师意见。除律师发言过于重复、与案件无关或者相关问题已在庭前达成一致等情况外，不应打断律师发言。

五、依法保障律师申请排除非法证据的权利。律师申请排除非法证据并提供相关线索或者材料，法官经审查对证据收集合法性有疑问的，应当召开庭前会议或者进行法庭调查。经审查确认存在法律规定的以非法方法收集证据情形的，对有关证据应当予以排除。

六、依法保障律师申请调取证据的权利。律师因客观原因无法自行收集证据的，可以依法向人民法院书面申请调取证据。律师申请调取证据符合法定条件的，法官应当准许。

七、依法保障律师的人身安全。案件审理过程中出现当事人矛盾激化，可能危及律师人身安全情形的，应当及时采取必要措施。对在法庭上发生的殴打、威胁、侮辱、诽谤律师等行为，法官应当及时制止，依法处置。

八、依法保障律师代理申诉的权利。对律师代理当事人对案件提出申诉的，要依照法律规定的程序认真处理。认为原案件处理正确的，要支持律师向申诉人做好释法析理、息诉息访工作。

九、为律师依法履职提供便利。要进一步完善网上立案、缴费、查询、阅卷、申请保全、提交代理词、开庭排期、文书送达等功能。有条件的法院要为参加庭审的律师提供休息场所，配备桌椅、饮水及其他必要设施。

十、完善保障律师诉讼权利的救济机制。要指定专门机构负责处理律师投诉，公开联系方式，畅通投诉渠道。对投诉要及时调查，依法处理，并将结果及时告知律师。对司法行政机关、律师协会就维护律师执业权利提出的建议，要及时予以答复。

【解　　读】

依法切实保障律师诉讼权利　为律师执业创造良好条件

——解读《关于法切实保障律师诉讼权利的规定》

2015 年 12 月 21 日，最高人民法院审判委员会通过了《关于依法切实保障律师诉讼权利的规定》(以下简称《规定》)。这是最高人民法院深入贯彻落实全面推进依法治国战略，充分发挥律师维护当事人合法权益、促进司法公正的积极作用，切实保障律师诉讼权利的新的重要举措。《规定》的制定背景、意义和重点内容介绍如下：

一、制定《规定》的背景

党的十八大以来，党中央对全面推进依法治国作出部署，对加强公正司法、维护人民群众合法权益、完善中国特色社会主义律师制度提出明确要求。党的十八届三中、四中全会相继就完善律师执业权利保障机制作出决定。2015 年 8 月 20 日，最高法、最高检、公安部、司法部四部门在北京联合召开全国律师工作会议。2015 年 9 月 16 日，最高法、最高检、公安部、国家安全部、司法部印发《关于依法保障律师执业权利的规定》。最高人民法院党组和周强院长高度重视发挥律师在严格公正司法中的积极作用。为履行好人民法院依法保障律师诉讼权利的重要职责，将保障律师诉讼权利的规定落实到位，切实解决好广大律师参与诉讼活动最为关切的现实问题，最高人民法院制定了本《规定》。

二、制定《规定》依法切实保障律师诉讼权利的意义

第一，依法切实保障律师诉讼权利，是进一步落实十八届四中全会决定的需要。十八届四中全会决定明确提出保证公正司法、推进严格司法，并要求“健全事实认定符合客观真相、办案结果符合实体公正、办案过程符合程序公正的法律制度”；“推进以审判为中心的诉讼制度改革，确保侦查、审查起诉的案件事实证据经得起法律的检验。”依法确保律师参与诉讼活动的各项权利，确保律师在诉讼活动的各个环节充分履行职责，是人民法院贯彻落实十八届四中全会决定要求，实现司法为民、公正司法，提高司法公信力的重要举措。

第二，依法切实保障律师诉讼权利，是国家法治文明的重要标志。律师制度是我国社会主义法律制度的重要组成部分。我国刑事诉讼法、民事诉讼法、行政诉讼法、律师法等法律均对律师诉讼权利作了明确规定。律师在诉讼活动中担负着维护当事人合法权益和促进司法公正的双重使命，对律师诉讼权利的保障，实质上是对当事人合法权益的保障。律师诉讼权利得到尊重和保障，反映了国家的法治进步、法治民主、法治文明。

第三，依法保障律师诉讼权利，是全国各级人民法院和广大法官的重要职责。周强院长明确要求全国法院必须不断增强保障律师依法履职的责任感和使命感。各级法院领导干部和广大法官，无论是依法履行审判职责，还是推进司法体制改革，都要从全面依法治国、维护社会公平正义的战略高度，充分认识律师参与诉讼活动的重要地位和作用，认真学习并贯彻执行好本《规定》，切

实尊重和保障律师诉讼权利，积极为律师依法履职提供支持和便利。

三、《规定》的重点内容

本《规定》以三大诉讼法、律师法和相关司法解释为依据，就依法保障律师诉讼权利规定了更加具体的措施，进一步明确了人民法院对律师知情权、阅卷权、出庭权、辩护辩论权、有关申请权等诉讼权利以及人身安全的保障。

（一）不断完善信息公开平台，切实保障律师知情权。

构建开放、动态、透明、便民的阳光司法机制，是人民法院贯彻十八届四中全会精神的一项重要任务。近年来，最高法院依托现代信息技术，打造阳光司法工程，全面推进审判流程公开、裁判文书公开、执行信息公开三大平台建设。随着这三大平台软件硬件的不断完善，信息量的日益丰富，更加方便快捷地满足律师获取诉讼信息的需要。依托最高法院诉讼服务网建立的律师服务平台，已经为律师提供网上立案、网上阅卷、案件查询、电子送达、联系法官等服务。另外，《规定》中还强调，“对诉讼程序、诉权保障、调解和解、裁判文书等重要事项及相关进展情况，应当依法及时告知律师”。

（二）适应推进以审判为中心的诉讼制度改革，切实保障律师在庭审中的有关权利。

在以审判为中心的诉讼制度改革中，律师的作用至关重要。《规定》以五条内容（三至七条），强调要依法保障律师出庭权，庭审中的辩论、辩护权，申请排除非法证据的权利，申请调取证据的权利，以及律师在庭审中的人身安全。这些规定主要是针对审判实践中存在的律师出庭时间冲突、辩论辩护时间得不到保障、申请排除非法证据权利难以落实、调查取证难、人身安全威胁或隐患等问题而采取的对应性措施。通过这些措施的具体落实，确保律师在诉讼活动中的职能作用得到充分发挥，实现司法程序公正和实体公正。

（三）总结实践经验和做法，为律师依法履职创造条件。

尊重和保障律师诉讼权利，还体现在为律师依法履职创造良好条件。因此，《规定》要求，人民法院要进一步完善网上立案、缴费、查询、阅卷、申请保全、提交代理词、开庭排期、文书送达等功能。有条件的法院要为参加庭审的律师提供休息场所，配备桌椅、饮水及其他必要设施。这条规定总结了全国一些法院的实践经验和成熟做法。实际上，还有不少法院根据自身条件为律师依法履职提供了更多方便条件。例如，不少法院设立了律师参与诉讼专门通道，律师因出庭、阅卷、提交诉讼材料等需要进入法院的，凭律师执业证、当事人委托书、律师事务所函或人民法院允许的其他凭证免予安全检查。

（撰稿人：郭　锋）

最高人民法院　最高人民检察院　司法部
关于逐步实行律师代理申诉制度的意见

2017 年 4 月 1 日　　法发〔2017〕8 号

实行律师代理申诉制度，是保障当事人依法行使申诉权利，实现申诉法治化，促进司法公正，提高司法公信，维护司法权威的重要途径。为贯彻落实《中共中央关于全面推进依法治国重大问题的决定》和中央政法委《关于建立律师参与化解和代理涉法涉诉信访案件制度的意见》，对不服司法机关生效裁判和决定的申诉，逐步实行由律师代理制度。根据相关法律，结合人民司法工作实际，制定本意见。

一、坚持平等、自愿原则。当事人对人民法院、人民检察院作出的生效裁判、决定不服的，提出申诉的，可以自行委托律师；人民法院、人民检察院，可以引导申诉人、被申诉人委托律师代为进行。

申诉人因经济困难没有委托律师的，可以向法律援助机构提出申请。

二、完善便民工作机制。依托公益性法律服务机构和法律援助机构，运用网络平台，法律服务热线等多种形式，为当事人寻求律师服务和法律援助提供多元化渠道。

三、探索建立律师驻点工作制度。人民法院、人民检察院可以在诉讼服务大厅等地开辟专门场所，提供必要的办公设施，由律师协会派驻律师开展法律咨询等工作。对未委托律师的申诉人到人民法院、人民检察院反映诉求的，可以先行引导由驻点律师提供法律咨询。法律援助机构安排律师免费为申诉人就申诉事项提供法律咨询。

四、明确法律援助范围条件。申诉人申请法律援助应当符合《法律援助条例》、地方法律援助法规规章规定的法律援助经济困难标准和事项范围，且具有法定申诉理由及明确事实依据。

扩大法律援助范围，进一步放宽经济困难标准，使法律援助范围逐步拓展至低收入群体。

五、规范律师代理申诉法律援助程序。申诉人申请法律援助，应当向作出生效裁判、决定的人民法院所在地同级司法行政机关所属法律援助机构提出，或者向作出人民检察院诉讼终结的刑事处理决定的人民检察院所在地同级司法行政机关所属法律援助机构提出。申诉已经人民法院或者人民检察院受理的，应当向该人民法院或者人民检察院所在地同级司法行政机关所属法律援助机构提出。

法律援助机构经审查认为符合法律援助条件的，为申诉人指派律师，并将律师名单函告人民法院或者人民检察院。

六、扩大律师服务范围。律师在代理申诉过程中，可以开展以下工作：听取申诉人诉求，询问案件情况，提供法律咨询；对经审查认为不符合人民法院或者人民检察院申诉立案条件的，做好法律释明工作；对经审查符合人民法院或者人民检察院申诉立案条件的，为申诉人代写法律文书，接受委托代为申诉；经审查认为可能符合法律援助条件的，协助申请法律援助；接受委托后，代为提交申诉材料，接收法律文书，代理参加听证、询问、讯问和开庭等。

七、完善申诉立案审查程序。律师接受申诉人委托，可以到人民法院、人民检察院申诉接待场所或者通过来信、网上申诉平台、远程视频接访系统、律师服务平台等提交申诉材料。

提交的材料不符合要求的，人民法院或人民检察院可以通知其限期补充或者补正，并一次性告知应当补充或者补正的全部材料。未在通知期限内提交的，人民法院或者人民检察院不予受理。

对符合法律规定条件的申诉，人民法院、人民检察院应当接收材料，依法立案审查。经审查认为不符合立案条件的，应当以书面形式通知申诉人及代理律师。

八、尊重代理申诉律师意见。人民法院、人民检察院应认真审查律师代为提出的申诉意见，并在法律规定期限内审查完毕。

对经审查认为申诉不能成立的，依法向申诉人出具法律文书，同时送达代理律师。认为案件确有错误的，依法予以纠正。认为案件存在瑕疵的，依法采取相应补正、补救措施。

九、依法保障代理申诉律师的阅卷权、会见权。在诉讼服务大厅或者信访接待场所建立律师阅卷室、会见室。为律师查阅、摘抄、复制案卷材料等提供方便和保障。对法律援助机构指派的律师复制相关材料的费用予以免收。有条件的地区，可以提供网上阅卷服务。

十、依法保障代理申诉律师人身安全。对在驻点或者代理申诉过程中出现可能危害律师人身安全的违法行为，人民法院或人民检察院要依法及时制止，固定证据，并做好相关处置工作。

十一、完善律师代理申诉公开机制。对律师代理的申诉案件，除法律规定不能公开、当事人不同意公开或者其他不适宜公开的情形，人民法院、人民检察院可以公开立案、审查程序，并告知申诉人及其代理律师，审查结果。案件疑难、复杂的，申诉人及其代理律师可以申请举行公开听证，人民法院人、民检察院可以依申请或者依职权进行公开听证，并邀请相关领域专家、人大代表、政协委员及群众代表等社会第三方参加。

十二、探索建立律师代理申诉网上工作平台。运用信息技术，探索建立律师事务所、法律援助机构与人民法院、人民检察院之间视频申诉系统，鼓励律师通过视频形式开展工作；开发律师申诉接待平台，实现与人民法院、人民检察院可公开申诉信息的互联互通、共享共用。

十三、建立多层次经费保障机制。对符合法律援助条件的申诉人，纳入法律援助范围，律师代理申诉属于公益性质的，依靠党委政法委，协调有关部门争取经费，购买服务。全额支付律师在提供服务过程中产生的费用，并给予适当补助及奖励。

对申诉人自行聘请律师代理的，可以按照《律师服务收费管理办法》由双方自愿协商代理费用。

加强法律援助经费保障，明确申诉法律援助案件补贴标准，确保经费保障水平适应开展法律援助参与申诉案件代理工作需要。

十四、建立申诉案件代理质量监管机制。司法行政部门指导当地律师协会将律师代理申诉业绩作为律师事务所检查考核和律师执业年度考核的重要指标。

十五、强化律师代理申诉执业管理。对律师在代理申诉过程中，违反《中华人民共和国律师法》《律师执业管理办法》等规定，具有煽动、教唆和组织申诉人以违法方式表达诉求；利用代理申诉案件过程中获得的案件信息进行歪曲、有误导性的宣传和评论，恶意炒作案件；与申诉人订立风险代理协议；在人民法院或者人民检察院驻点提供法律服务时接待其他当事人，或者通过虚假承诺、明示或暗示与司法机关的特殊关系等方式诱使其他当事人签订委托代理协议等行为的，司法行政部门或者律师协会应当相应给予行业处分和行政处罚。构成犯罪的，依法追究刑事责任。

人民法院、人民检察院发现律师存在违法违规行为的，应当向司法行政部门、律师协会提出处罚、处分建议。司法行政部门、律师协会核查后，应当将结果及时通报建议机关。

十六、建立健全律师代理申诉激励机制。人民法院、人民检察院、司法行政部门要营造支持律师开展代理申诉工作的良好氛围，全面加强律师代理申诉业务培训和指导，通过将代理申诉业绩作为评选优秀律师事务所、优秀律师等重要条件，定期开展专项表彰，在人才培养、项目分配、扶持发展、办案补贴等方面给予倾斜，同等条件下优先招录表现优异的律师作为法官、检察官等措施，调动律师代理申诉的积极性。

十七、加强有关部门协调配合。各地区有关部门要依靠党委领导，形成工作合力。根据实际，进一步细化相关制度，推动工作全面开展，促进形成理性表达、依法维权的导向，切实维护人民群众合法利益。

人民法院、人民检察院、司法行政部门、律师协会建立联席会议制度，定期沟通工作情况，共同研究解决律师代理申诉工作中的重大问题，根据各地实际，积极推进律师代理申诉立法工作，提高法制化水平。

最高人民法院　司法部
关于依法保障律师诉讼权利和规范律师参与庭审活动的通知

2018 年 4 月 21 日　　　　司发通〔2018〕36 号

各省、自治区、直辖市高级人民法院、司法厅（局），新疆维吾尔自治区高级人民法院生产建设兵团分院、新疆生产建设兵团司法局：

为进一步保障律师诉讼权利，规范律师参与庭审活动，充分发挥律师维护当事人合法权益、维护法律正确实施和司法公正的职能作用，现就有关事项通知如下。

一、各级人民法院及其工作人员要尊重和保障律师诉讼权利，严格执行法定程序，平等对待诉讼各方，合理分配各方发问、质证、陈述和辩论、辩护的时间，充分听取律师意见。对于律师在法庭上就案件事实认定和法律适用的正常发问、质证和发表的辩护代理意见，法官不随意打断或者制止；但是，攻击党和国家政治制度、法律制度的，发表的意见已在庭前会议达成一致、与案件无关或者侮辱、诽谤、威胁他人，故意扰乱法庭秩序的，审判长或者独任审判员可以根据情况予以制止。律师明显以诱导方式发问，公诉人提出异议的，审判长或者独任审判员审查确认后，可以制止。

二、律师参加庭审不得对庭审活动进行录音、录像、拍照或使用移动通信工具等传播庭审活动，不得进行其他违反法庭规则和不服从法庭指令的行为。律师对庭审活动进行录音、录像、拍照或使用移动通信工具等传播庭审活动的，人民法院可以暂扣其使用的设备及存储介质，删除相关内容。

三、法庭审理过程中，法官应当尊重律师，不得侮辱、嘲讽律师。审判长或者独任审判员认为律师在法庭审理过程中违反法庭规则、法庭纪律的，应当依法给予警告、训诫等，确有必要时可以休庭处置，除当庭攻击党和国家政治制度、法律制度等严重扰乱法庭秩序的，不采取责令律师退出法庭或者强行带出法庭措施。确需司法警察当庭对律师采取措施维持法庭秩序的，有关执法行为要规范、文明，保持必要、合理限度。律师被依法责令退出法庭、强行带出法庭或者被处以罚款后，具结保证书，保证服从法庭指令、不再扰乱法庭秩序的，经法庭许可，可以继续担任同一案件的辩护人、诉讼代理人；具有擅自退庭、无正当理由不按时出庭参加诉讼、被拘留或者具结保证书后再次被依法责令退出法庭、强行带出法庭的，不得继续担任同一案件的辩护人、诉讼代理人。人民法院应当对庭审活动进行全程录像或录音，对律师在庭审活动中违反法定程序的情形应当记录在案。

四、律师认为法官在审判过程中有违法违规行为的，可以向相关人民法院或其上一级人民法院监察部门投诉、举报，人民法院应当依法作出处理并及时将处理情况答复律师本人，同时通报当地司法行政机关、律师协会。对社会高度关注的，应当公布结果。律师认为法官侵犯其诉讼权利的，应当在庭审结束后，向司法行政机关、律师协会申请维护执业权利，不得以维权为由干扰庭审的正常进行，不得通过网络以自己名义或通过其他人、媒体发表声明、公开信、敦促书等炒作案件。

五、人民法院认为律师有违法违规行为的，应当向司法行政机关、律师协会提出司法建议，并移交庭审录音录像、庭审记录等相关证据材料。对需要进一步调查核实的，应配合、协助司法行政机关、律师协会有关调查取证工作。司法行政机关、律师协会接到当事人投诉举报、人民法院司法建议书的，应当及时立案调查，对违法违规的要依法依规作出行政处罚或行业惩戒。处理结果应当及时书面告知当事人、人民法院。对公开谴责以上行业惩戒和行政处罚的决定一律向社会公开披露。各地司法行政机关、律师协会主动发现律师违法违规行为的，要及时立案查处。

六、司法行政机关应当会同人民法院、律师协会建立分级分类处理机制。对于发生在当地的律师维权和违法违规事件，由所在地人民法院、司法行政机关按有关要求依法及时作出处理，能即时纠正的应当依法立即纠正。对于跨区域的律师维权和违法违规事件，行为发生地司法行政机关发现律师涉嫌违法违规执业的，应当向注册地司法行政机关提出处罚意见和建议，注册地司法行政机关收到意见建议后应当立案调查，并将查处结果反馈行为发生地司法行政机关。行为发生地司法行政机关不同意处罚意见的，应当报共同上级司法行政机关审查。上级司法行政机关应当对两地司法行政机关意见和相关证据材料进行审查，提出处理意见。跨省（区、市）的律师维权与违规交织等重大复杂事件，可以由司法部会同最高人民法院、全国律协，必要时商请事件发生地的省

（区、市）党委政法委牵头组成联合调查组，负责事件调查处理工作。省（区、市）内跨区域重大复杂事件参照上述做法办理。

七、重大敏感复杂案件开庭审理时，根据人民法院通知，对律师具有管理监督职责的司法行政机关或律师协会应当派员旁听，进行现场指导监督。

八、各级人民法院、司法行政机关要注重发现宣传人民法院依法尊重、保障律师诉讼权利和律师尊重法庭权威、遵守庭审纪律的典型，大力表彰先进，发挥正面引领作用。同时，要通报人民法院、司法行政机关侵犯律师正当权利、处置律师违法违规行为不当以及律师违法违规执业受到处罚处分的典型，教育引导法官和律师自觉树立正确观念，彼此尊重、相互支持、相互监督，为法院依法审判、律师依法履职营造良好环境。

（五）其　他

最高人民法院
关于印发《人民法院法槌使用规定（试行）》的通知

2002 年 1 月 8 日　　　　　　　　　　法发〔2002〕1 号

各省、自治区、直辖市高级人民法院，解放军军事法院，新疆维吾尔自治区高级人民法院生产建设兵团分院：

《人民法院法槌使用规定（试行）》已于 2001 年 12 月 24 日由最高人民法院审判委员会第 1201 次会议通过，现将《人民法院法槌使用规定（试行）》印发给你们，请认真组织学习，贯彻执行。

附：

人民法院法槌使用规定（试行）

为维护法庭秩序，保障审判活动的正常进行，现就人民法院法槌使用问题规定如下：

第一条 人民法院审判人员在审判法庭开庭审理案件时使用法槌。

适用普通程序审理案件时，由审判长使用法槌；适用简易程序审理案件时，由独任审判员使用法槌。

第二条 有下列情形之一的，应当使用法槌：

（一）宣布开庭、继续开庭；

（二）宣布休庭、闭庭；

（三）宣布判决、裁定。

第三条 有下列情形之一的，可以使用法槌：

（一）诉讼参与人、旁听人员违反《中华人民共和国人民法院法庭规则》，妨害审判活动，扰乱法庭秩序的；

（二）诉讼参与人的陈述与本案无关或者重复陈述的；

（三）审判长或者独任审判员认为有必要使用法槌的其他情形。

第四条 法槌应当放置在审判长或者独任审判员的法台前方。

第五条 审判长、独任审判员使用法槌的程序如下：

（一）宣布开庭、继续开庭时，先敲击法槌，后宣布开庭、继续开庭；

（二）宣布休庭、闭庭时，先宣布休庭、闭庭，后敲击法槌；

（三）宣布判决、裁定时，先宣布判决、裁定，后敲击法槌；

（四）其他情形使用法槌时，应当先敲击法槌，后对庭审进程作出指令。

审判长、独任审判员在使用法槌时，一般敲击一次。

第六条 诉讼参与人、旁听人员在听到槌声后，应当立即停止发言和违反法庭规则的行为；仍继续其行为的，审判长、独任审判员可以分别情形，依照《中华人民共和国人民法院法庭规则》的有关规定予以处理。

第七条 法槌由最高人民法院监制。

第八条 本规定（试行）自 2002 年 6 月 1 日起施行。

最高人民法院
关于印发《人民法院法官袍穿着规定》的通知

2002 年 1 月 24 日　　　　　　　　法发〔2002〕3 号

各省、自治区、直辖市高级人民法院，解放军军事法院，新疆维吾尔自治区高级人民法院生产建设兵团分院：

《人民法院法官袍穿着规定》已于 2002 年 1 月 24 日由最高人民法院审判委员会第 1208 次会议通过，现将《人民法院法官袍穿着规定》印发给你们，请认真组织学习，贯彻执行。

附：

人民法院法官袍穿着规定

为增强法官的职业责任感，进一步树立法官公正审判形象，现就法官袍穿着问题规定如下：

第一条　人民法院的法官配备法官袍。

第二条　法官在下列场合应当穿着法官袍：

（一）审判法庭开庭审判案件；

（二）出席法官任命或者授予法官等级仪式。

第三条　法官在下列场合可以穿着法官袍：

（一）出席重大外事活动；

（二）出席重大法律纪念、庆典活动。

第四条　法官在本规定第二条、第三条之外的其他场合，不得穿着法官袍，其他人员在任何场合不得穿着法官袍。

第五条　暂不具备条件的基层人民法院，开庭审判案件时可以不穿着法官袍，具体办法由各高级人民法院根据当地的具体情况制定。

第六条　法官袍应当妥善保管，保持整洁。

第七条　有关法官袍穿着规定与本规定不一致的，以本规定为准。